HUNTERDON COUNTY NEW JERSEY 1895 STATE CENSUS

PART I
ALEXANDRIA – JUNCTION

By
Patricia B. Duncan

HERITAGE BOOKS
2012

HERITAGE BOOKS
AN IMPRINT OF HERITAGE BOOKS, INC.

Books, CDs, and more—Worldwide

For our listing of thousands of titles see our website
at
www.HeritageBooks.com

Published 2012 by
HERITAGE BOOKS, INC.
Publishing Division
100 Railroad Ave. #104
Westminster, Maryland 21157

Copyright © 1999 Patricia B. Duncan

All rights reserved. No part of this book may be reproduced or transmitted in any form or by any means, electronic or mechanical, including photocopying, recording or by any information storage and retrieval system without written permission from the author, except for the inclusion of brief quotations in a review.

International Standard Book Numbers
Paperbound: 978-0-7884-1310-0
Clothbound: 978-0-7884-9203-7

TABLE OF CONTENTS

INTRODUCTION	v
1895 MAP OF HUNTERDON COUNTY, NEW JERSEY	vii
TOWNSHIP MAP OF HUNTERDON COUNTY, NEW JERSEY	viii
TOWNSHIP OF ALEXANDRIA	1
TOWNSHIP OF BETHLEHEM	12
TOWNSHIP OF CLINTON, TOWN OF ANNANDALE	29
CLINTON BOROUGH	47
TOWNSHIP OF DELAWARE	56
TOWNSHIP OF EAST AMWELL	82
TOWNSHIP OF FRANKLIN	94
BOROUGH OF FRENCHTOWN	106
TOWNSHIP OF HIGH BRIDGE	116
TOWNSHIP OF HOLLAND	135
BOROUGH OF JUNCTION	151
INDEX	160

INTRODUCTION

Beginning in 1855, a mid-decade state census was conducted in the state of New Jersey. Although not as detailed, it was similar to the Federal Census conducted at the beginning of each decade.

This is Volume I of a complete transcription of the Hunterdon Co. 1895 State Census, Reel 34 filmed on 10/26/88 for the New Jersey State Archives. It details the information recorded in first portion of the film - Alexandria Township, Bethlehem Township, Clinton Township, Delaware Township, East Amwell Township, Franklin Township, the Borough of Frenchtown, High Bridge Township, Holland Township, and the Borough of Junction.

Recapitulation sheets for each township gave the following information:

Township of Alexandria
    Total number of dwelling houses: 294
    Total number of families: 313
    Total number of people: 1202

Township of Bethlehem
    Total number of dwelling houses: 434
    Total number of families: 453
    Total number of people: 1761

Township of Clinton, Town of Annandale
    Total number of dwelling houses: 439
    Total number of families: 499
    Total number of people: 1941

Clinton Borough
    Total number of dwelling houses: 210
    Total number of families: 226
    Total number of people: 895

Township of Delaware
    Total number of dwelling houses: 624
    Total number of families: 686
    Total number of people: 2819

Township of East Amwell
    Total number of dwelling houses: 292
    Total number of families: 303
    Total number of people: 1273

Township of Franklin
    Total number of dwelling houses: 302
    Total number of families: 333
    Total number of people: 1278

Borough of Frenchtown
    Total number of dwelling houses: 277
    Total number of families: 298
    Total number of people: 1052

Township of High Bridge
    Total number of dwelling houses: 432
    Total number of families: 492
    Total number of people: 2082

Township of Holland
    Total number of dwelling houses: 390
    Total number of families: 422
    Total number of people: 1706

Borough of Junction
    Total number of dwelling houses: 211
    Total number of families: 246
    Total number of people: 975

Nationalities and age groupings for the more than 16,900 residents broke down as follows:

    Colored: approx. 1%
    German: less than 1%
    Irish: less than 2%
    Other nationalities: less than 2%
    Native born: approx. 95%

    5 and under: less than 10%
    5-20: less than 30%
    20-60: approx. 52%
    over 60: approx. 10%

INFORMATION IS GIVEN IN THE FOLLOWING FORMAT:

SURNAME, given name, age by class, remarks, nationality, page number - dwelling house numbered in order of visitation . families numbered in order of visitation . number of person

Age is listed by class:
    5 and under (0-5)
    5-20
    20-60
    over 60 (60+)

The following abbreviations are used for nationalities:

    native born colored female: CF
    native born colored male: CM
    Irish born female: IF
    Irish born male: IM
    German born female: GF
    German born male: GM
    female of all other nationalities: OF
    male of all other nationalities: OM
    native born white female: WF
    native born white male: WM

1895 Map of Hunterdon County, New Jersey

TOWNSHIP MAP OF HUNTERDON COUNTY, NEW JERSEY

HUNTERDON CO. NJ 1895 STATE CENSUS
Township of Alexandria

TOWNSHIP OF ALEXANDRIA

John C. Davis, Commissioner

REED, Jeremiah, 20-60, WM, 1-1.1.1
REED, Deborah, 20-60, WF, 1-1.1.2
REED, Charles, 5-20, WM, 1-1.1.3
REED, Anna May, 5-20, WF, 1-1.1.4
REED, Edeth, 5-20, WF, 1-1.1.5
REED, Edna, 5-20, WF, 1-1.1.6
DAVIS, William, 60+, WM, 1-2.2.7
DAVIS, Sarah Ann, 60+, WF, 1-2.2.8
DAVIS, John C., 20-60, WM, 1-2.2.9
ODELL, Seymour, 20-60, WM, 1-1-2.2.10
MILLS, Lena, 5-20, WF, 1-2.2.11
OPDYKE, Henry, 20-60, WM, 1-3.3.12
OPDYKE, Mary Jane, 20-60, WF, 1-3.3.13
GANO, Lambert, 5-20, WM, 1-3.3.14
SICKLE, John, 60+, WM, 1-4.4.15
DILTS, Garrett, 60+, WM, 1-4.4.16
BREWER, Charles, 20-60, WM, 1-4.4.17
FLEMING, Howard, 5-20, WM, 1-4.4.18
MARTIN, George Green, 20-60, WM, 1-5.5.19
MARTIN, Margaret Jane, 20-60, WF, 1-5.5.20
MARTIN, Daisy B., 5-20, WF, 1-5.5.21
MARTIN, Ella H., 5-20, WF, 1-5.5.22
MARTIN, Albert J., 5-20, WM, 1-5.5.23
OPDYKE, Steward H., 20-60, WM, 1-6.6.24
OPDYKE, Cora V., 20-60, WF, 1-6.6.25
FLEMING, William, 5-20, WM, 1-6.6.26
OPDYKE, William J., 20-60, WM, 1-7.7.27
OPDYKE, Kate S., 20-60, WF, 1-7.7.28
OPDYKE, Leon. Abbet., 5-20, WM, 1-7.7.29
OPDYKE, Mary Jane, 0-5, WF, 1-7.7.30
O'HARA, Lurinda, 5-20, WF, 2-7.7.31
DUCKWORTH, William Martin, 20-60, WM, 2-8.8.32
DUCKWORTH, May, 20-60, WF, 2-8.8.33
DUCKWORTH, Linus B., 5-20, WM, 2-8.8.34
DUCKWORTH, Clarence J., 5-20, WM, 2-8.8.35
DUCKWORTH, Laura May, 5-20, WF, 2-8.8.36
TALOR, William A., 60+, WM, 2-9.9.37
TALOR, Charity, 20-60, WF, 2-9.9.38
TALOR, Charles, 20-60, WM, 2-9.9.39
TALOR, Carrie B., 20-60, WF, 2-9.9.40
TALOR, Sarah Agusta, 20-60, WF, 2-9.9.41
TALOR, Harvey W., 20-60, WM, 2-9.9.42
ROBBINS, Jonas, 60+, WM, 2-10.10.43
ROBBINS, Sarah Jane, 60+, WF, 2-10.10.44
ROBBINS, John H., 20-60, WM, 2-10.10.45
ROBBINS, Cora Bell, 20-60, WF, 2-10.10.46
HASSEL, Robbins, 5-20, WM, 2-10.10.47
HASSEL, Isaac, 5-20, WM, 2-10.10.48
ROBBINS, Johathan, 20-60, WM, 2-11.11.49
ROBBINS, Caroline, 20-60, WF, 2-11.11.50
GODOWN, Frank O., 20-60, WM, 2-12.12.51
GODOWN, Hettie F., 20-60, WF, 2-12.12.52
METLER, William B., 60+, WM, 2-13.13.53
METLER, Deliah, 60+, WF, 2-13.13.54
HARRISON, Manning, 5-20, WM, 2-13.13.55
FLEMING, Richard, 5-20, WM, 2-13.13.56
PARKS, Hugh, 60+, WM, 2-13.13.57
BUTLER, Mahala, 60+, WF, 2-14.14.58
BUTLER, Oliver, 20-60, WM, 2-14.14.59
DICKEY, Maggie, 5-20, WF, 2-14.14.60
ROSEBURY, Robert M., 20-60, WM, 3-15.15.61
ROSEBURY, Ellanora, 20-60, WF, 3-15.15.62
ROSEBURY, Walter C., 5-20, WM, 3-15.15.63
ROSEBURY, David E., 5-20, WM, 3-15.15.64
ROSEBURY, Bessie May, 5-20, WF, 3-15.15.65
ROSEBURY, Edgar B., 0-5, WM, 3-15.15.66
McLOUGHAN, John, 20-60, WM, 3-16.16.67
McLOUGHAN, Mary Ellen, 20-60, WF, 3-16.16.68
McLOUGHAN, Clara, 5-20, WF, 3-16.16.69
McLOUGHAN, Jennie, 0-5, WF, 3-16.16.70
PARKS, Ella, 20-60, WF, 3-17.17.71
BUTLER, David F., 60+, WM, 3-18.18.72
BUTLER, Catherine, 60+, WF, 3-18.18.73
SEVERS, Levi, 20-60, WM, 3-19.19.74
SEVERS, Sarah, 20-60, WF, 3-19.19.75
SEVERS, Emanuel, 5-20, WM, 3-19.19.76
HALSEY, Alfred, 5-20, WM, 3-19.19.77
WILLIAMSON, Watson S., 20-60, WM, 3-20.20.78
WILLIAMSON, Sarah Ellen, 20-60, WF, 3-20.20.79
WILLIAMSON, Viola, 0-5, WF, 3-20.20.80
GARY, Johnson, 20-60, WM, 3-21.21.81
GARY, Kesia, 20-60, WF, 3-21.21.82
GARY, Maggie, 5-20, WF, 3-21.21.83
GARY, Anna May, 5-20, WF, 3-21.21.84
McCREA, Ella, 0-5, WF, 3-21.21.85
STANGLE, Frank, 20-60, OM, 3-22.22.86
STANGLE, Mary, 20-60, OF, 3-22.22.87
DISTEL, Joseph, 20-60, GM, 3-22.22.88
FRETZ, Samuel, 20-60, WM, 3-23.23.89
FRETZ, Ida, 20-60, WF, 3-23.23.90
CASE, Nathaniel W., 20-60, WM, 4-24.24.91
CASE, Mary, 20-60, WF, 4-24.24.92
DUCKWORTH, Edward, 20-60, WM, 4-24.24.93
APGAR, Lucy, 5-20, WF, 4-24.24.94
PARKER, Isaac, 20-60, WM, 4-25.25.95
PARKER, Agnes M., 20-60, WF, 4-25.25.96
PARKER, Abbie, 0-5, WF, 4-25.25.97
BONNELL, Eclement, 60+, WM, 4-26.26.98
BONNELL, Sarah Ann, 20-60, WF, 4-26.26.99
CAHART, Asa D., 60+, WM, 4-26.26.100
METLER, Andrew, 20-60, WM, 4-27.27.101
METLER, Mary E., 20-60, WF, 4-27.27.102
METLER, Ida Bessie, 0-5, WF, 4-27.27.103
KIRKWOOD, William, 5-20, WM, 4-2727.104
WHITE, Alfred, 20-60, WM, 4-28.28.105
WHITE, Lizzie, 20-60, WF, 4-28.28.106

HUNTERDON CO. NJ 1895 STATE CENSUS
Township of Alexandria

WHITE, Jennie Ethel, 0-5, WF, 4-28.28.107
WHITE, John, 60+, WM, 4-28.28.108
APGAR, Paul P., 20-60, WM, 4-29.29.109
APGAR, Margaret, 20-60, WF, 4-29.29.110
GROSS, Margaret A., 5-20, WF, 4-29.29.111
COLLINS, Michael, 5-20, WM, 4-29.29.112
GRUBE, Lewis, 20-60, WM, 4-30.30.113
GRUBE, Sylvania C., 20-60, WF, 4-30.30.114
GRUBE, William J., 5-20, WM, 4-30.30.115
GRUBE, Anna Lousia, 5-20, WF, 4-30.30.116
GRUBE, Mamie F., 5-20, WF, 4-30.30.117
DAVIS, Steward V., 20-60, WM, 4-31.31.118
DAVIS, Daisy H., 20-60, WF, 4-31.31.119
DAVIS, Viola May, 0-5, WF, 4-31.31.120
HUFF, Jessie R., 60+, WM, 5-32.32.121
HUFF, Mary, 60+, WF, 5-32.32.122
STANGLE, Joseph, 20-60, OM, 5-33.33.123
STANGLE, Fannie, 20-60, OF, 5-33.33.124
STANGLE, Lena, 5-20, WF, 5-33.33.125
STANGLE, Frank, 5-20, WM, 5-33.33.126
STANGLE, Sarah, 5-20, WF, 5-33.33.127
STANGLE, Mary, 5-20, WF, 5-33.33.128
STANGLE, Joseph, 5-20, WM, 5-33.33.129
STANGLE, Charles, 5-20, WM, 5-33.33.130
STANGLE, Lizzie, 5-20, WF, 5-33.33.131
STANGLE, John, 0-5, WM, 5-33.33.132
FLECK, William, 5-20, WM, 5-33.33.133
ROUNDER, Barney, 20-60, OM, 5-34.34.134
ROUNDER, Mary, 20-60, OF, 5-34.34.135
GOVITZ, Emil, 20-60, GM, 5-35.35.136
GOVITZ, Clemhint, 20-60, GF, 5-35.35.137
GOVITZ, Mary L., 5-20, WF, 5-35.35.138
GOVITZ, Kate, 5-20, WF, 5-35.35.139
GOVITZ, Joseph, 5-20, WM, 5-35.35.140
GOVITZ, Louisa, 5-20, WF, 5-35.35.141
GOVITZ, Anna, 0-5, WF, 5-35.35.142
WIELLER, John D., 60+, OM, 5-36.36.143
WIELLER, Mary Ann, 60+, OF, 5-36.36.144
WIELLER, Joseph, 20-60, WM, 5-37.37.145
WIELLER, Louisa, 20-60, WF, 5-37.37.146
WIELLER, Mary A., 5-20, WF, 5-37.37.147
WIELLER, John J., 5-20, WM, 5-37.37.148
WIELLER, George, 5-20, WM, 5-37.37.149
WIELLER, Julia, 5-20, WF, 5-37.37.150
WIELLER, Henry, 0-5, WM, 6-37.37.151
BAKER, Jacob, 60+, GM, 6-37.37.152
HOCKENBURY, Mary Ann, 60+, WF, 6-38.38.153
HOCKENBURY, Sarah Ellen, 20-60, WF, 6-38.38.154
McCREA, David, 60+, WM, 6-39.39.155
McCREA, Catherine, 60+, WF, 6-39.39.156
McCREA, Emma, 20-60, WF, 6-39.39.157
McCREA, Edwin, 20-60, WM, 6-39.39.158
BOWLBY, Smith, 20-60, WM, 6-39.38.159
GODOWN, Jonas, 20-60, WM, 6-40.40.160
GODOWN, Mary, 60+, WF, 6-40.40.161
HAGAMAN, William H., 20-60, WM, 6-41.41.162
HAGAMAN, Sarah, 20-60, WF, 6-41.41.163
HAGAMAN, Cora E., 20-60, WF, 6-41.41.164
HAGAMAN, Willard R., 5-20, WM, 6-41.41.165
HAGAMAN, Albert S., 5-20, WM, 6-41.41.166
HAGAMAN, Grover C., 5-20, WM, 6-41.41.167
HAGAMAN, Raman C., 5-20, WM, 6-41.41.168
HUFF, Netta W., 0-5, WF, 6-41.41.169
FITZER, James, 20-60, WM, 6-42.42.170
FITZER, Emma J., 20-60, WF, 6-42.42.171
FITZER, Moris, 5-20, WM, 6-42.42.172
FITZER, Charles E., 5-20, WM, 6-42.42.173
FITZER, Lizzie B., 5-20, WF, 6-42.42.174
FITZER, Nellie M., 5-20, WF, 6-42.42.175
FITZER, Rebecca, 5-20, WF, 6-42.42.176
FITZER, Mary, 5-20, WF, 6-42.42.177
FITZER, George C., 0-5, WM, 6-42.42.178
FITZER, Jonas J., 0-5, WM, 6-42.42.179
KUGEL, George, 60+, WM, 6-42.42.180
SNYDER, John B., 60+, WM, 7-43.43.181
SNYDER, Mary Ann, 20-60, WF, 7-43.43.182
SNYDER, Joseph A., 20-60, WM, 7-43.43.183
SNYDER, Celia, 5-20, WF, 7-43.43.184
SNYDER, Elsie, 5-20, WF, 7-43.43.185
HUFF, Joseph, 0-5, WM, 7-43.43.186
BAKER, Lousia, 20-60, GF, 7-44.44.187
BAKER, Rudolf, 5-20, WM, 7-44.44.188
BAKER, Emma, 5-20, WF, 7-44.44.189
BAKER, Lizzie, 5-20, WF, 7-44.44.190
HARRISON, John, 20-60, WM, 7-45.45.191
HARRISON, Jennie, 20-60, WF, 7-45.45.192
HARRISON, Harmond, 0-5, WM, 7-45.45.193
HARRISON, George B., 0-5, WM, 7-45.45.194
HARRISON, Nellie May, 0-5, WF, 7-45.45.195
BEERS, William S., 20-60, WM, 7-46.46.196
BEERS, Flora S., 20-60, WF, 7-46.46.197
BEERS, Edith P., 5-20, WF, 7-46.46.198
BEERS, Sarah H., 5-20, WF, 7-46.46.199
BEERS, Roy, 0-5, WM, 7-46.46.200
BROWN, William, 5-20, WM, 7-46.46.201
HAWK, Phillip L., 60+, WM, 7-47.47.202
HAWK, Caroline, 60+, WF, 7-47.47.203
HAWK, Arzella, 20-60, WF, 7-47.47.204
HAWK, Anna, 20-60, WF, 7-47.47.205
HAWK, Howard, 20-60, WM, 7-47.47.206
BAKER, Phillip, 20-60, GM, 7-47.47.207
SNYDER, Wholston V., 20-60, WM, 7-48.48.208
SNYDER, Ella, 5-20, WF, 7-48.48.209
SNYDER, Edith, 5-20, WF, 7-48.48.210
DUCKWORTH, Dunbar, 60+, WM, 8-48.48.211
FLEMING, Thomas, 20-60, WM, 8-48.48.212
LUKENS, Fannie, 20-60, WF, 8-48.48.213
LUKENS, Lydia, 5-20, WF, 8-48.48.214
LUKENS, Chester, 0-5, WF, 8-48.48.215
HARRISON, George W., 20-60, WM, 8-49.49.216

HUNTERDON CO. NJ 1895 STATE CENSUS
Township of Alexandria

HARRISON, Mary H., 20-60, IF, 8-49.49.217
HARRISON, Edward, 5-20, WM, 8-49.49.218
HARRISON, Joseph, 5-20, WM, 8-49.49.219
HOUSEL, William B., 20-60, WM, 8-50.50.220
HOUSEL, Anna E., 20-60, WF, 8-50.50.221
HOUSEL, Bartlett B., 20-60, WM, 8-50.50.222
HOUSEL, Martha D., 20-60, WF, 8-50.50.223
HOUSEL, Amy J., 5-20, WF, 8-50.50.224
COLLINS, Mary Ann, 20-60, IF, 8-51.51.225
COLLINS, Dennis, 20-60, WM, 8-51.51.226
COLLINS, Mary J., 5-20, WF, 8-51.51.227
COLLINS, Phillip A., 5-20, WM, 8-51.51.228
COLLINS, Jeremiah C., 5-20, WM, 8-51.51.229
MILLS, Mordecai, 60+, WM, 8-52.52.230
ABLE, Any, 60+, WF, 8-53.53.231
ABLE, Lewis, 20-60, WM, 8-53.53.232
ABLE, Lillard, 20-60, WF, 8-53.53.233
SMITH, William, 60+, WM, 8-53.53.234
HARRISON, Elizabeth, 60+, WF, 8-54.54.235
HARRISON, Samuel, 20-60, WM, 8-55.55.236
HARRISON, Emma, 20-60, WF, 8-55.55.237
HARRISON, Leonah, 0-5, WF, 8-55.55.238
WELCH, Elsie, 5-20, WF, 8-55.55.239
KEEPHART, Charles, 60+, WM, 8-56.56.240
HUFF, George W., 20-60, WM, 9-57.57.241
HUFF, Mary C., 20-60, WF, 9-57.57.242
HUFF, Charles S., 5-20, WM, 9-57.57.243
HUFF, Samuel R., 5-20, WM, 9-57.57.244
BURKET, Lemuel H., 20-60, WM, 9-58.58.245
BURKET, Corinda S., 20-60, WF, 9-58.58.246
BURKET, John W., 5-20, WM, 9-58.58.247
BURKET, Mary Edna, 0-5, WF, 9-58.58.248
WALKER, Jacob S., 20-60, WM, 9-58.58.249
ASHCROFT, Edwin, 20-60, WM, 9-59.59.250
ASHCROFT, Margaret A., 20-60, WF, 9-59.59.251
McCALLY, Josephine, 5-20, WF, 9-59.59.252
CARRH, George, 5-20, WM, 9-59.59.253
RAMSEY, Robert H., 20-60, WM, 9-60.60.254
RAMSEY, Elizabeth, 20-60, WF, 9-60.60.255
RAMSEY, John A., 5-20, WM, 9-60.60.256
GANO, Susan, 60+, WF, 9-61.61.257
VANSYCLE, John A., 60+, WM, 9-61.62.258
VANSYCLE, Hanner, 60+, WF, 9-61.62.259
HOLJES, Richard H., 20-60, WM, 9-62.63.260
HOLJES, E. Ida E., 20-60, WF, 9-62.63.261
KEEPHART, Samuel, 60+, WM, 9-63.64.262
KEEPHART, Ella Ann, 20-60, WF, 9-63.64.263
KEEPHART, Henry, 20-60, WM, 9-63.64.264
KEEPHART, Jennie, 20-60, WF, 9-63.64.265
KEEPHART, Frederick, 60+, WM, 9-64.65.266
QUEEN, John W., 60+, WM, 9-65.66.267
QUEEN, Livera, 60+, WF, 9-65.66.268
HOUSEL, Anna, 5-20, WF, 9-65.66.269
HARRISON, Charles, 5-20, WM, 9-65.66.270
STULL, Peter, 60+, WM, 10-66.67.271
STULL, Jane, 60+, WF, 10-66.67.272
ECKEL, Jacob B., 20-60, WM, 10-66.67.273
HURST, Silas, 20-60, WM, 10-67.68.274
HURST, Mary A., 20-60, WF, 10-67.68.275
HURST, Robert P., 5-20, WM, 10-67.68.276
HURST, Thomas D., 5-20, WM, 10-67.68.277
HURST, Royal V., 5-20, WM, 10-67.68.278
HURST, Freddy, 5-20, WM, 10-67.68.279
HURST, Earl, 0-5, WM, 10-67.68.280
HINER, William K., 20-60, WM, 10-68.69.281
HINER, Jane, 20-60, WF, 10-68.69.282
PARKER, Yarley C., 20-60, WM, 10-69.70.283
PARKER, Emma E., 20-60, WF, 10-69.70.284
PARKER, Nora B., 5-20, WF, 10-69.70.285
PARKER, Malinda S., 5-20, WF, 10-69.70.286
PARKER, Clarence, 5-20, WM, 10-69.70.287
PARKER, Kate S., 5-20, WF, 10-69.70.288
PARKER, May H., 5-20, WF, 10-69.70.289
SEVERS, Samuel M., 60+, WM, 10-70.71.290
SEVERS, Elizabeth, 60+, WF, 10-70.71.291
LOUDER, John, 20-60, WM, 10-70.72.292
LOUDER, Clara, 20-60, WF, 10-70.72.293
RAPP, Anna, 60+, WF, 10-70.72.294
WENE, Margaret A., 60+, WF, 10-71.73.295
RUPLE, Barbara Ann, 20-60, WF, 10-71.73.296
RUPLE, Harry Austin, 5-20, WM, 10-71.73.297
SEVERS, George B., 20-60, WM, 10-72.74.298
SEVERS, Livera, 20-60, WF, 10-72.74.299
SEVERS, George H., 5-20, WM, 10-72.74.300
SEVERS, Enock W., 5-20, WM, 11-72.74.301
HARTPENCE, Enock C., 60+, WM, 11-73.75.302
HARTPENCE, Lucinda, 20-60, WF, 11-73.75.303
HARTPENCE, Hellen C., 20-60, WF, 11-73.75.304
HARTPENCE, William B., 20-60, WM, 11-73.75.305
HARTPENCE, Ruth M., 20-60, WF, 11-73.75.306
HARTPENCE, Elmer C., 5-20, WM, 11-73.75.307
HARTPENCE, Paul E., 5-20, WM, 11-73.75.308
HARTPENCE, Bertha, 5-20, WF, 11-73.75.309
HACKETT, William C., 20-60, WM, 11-74.76.310
HACKETT, Amy Catherine, 20-60, WF, 11-74.76.311
HACKETT, John C., 0-5, WM, 11-74.76.312
SEVERS, Samuel M. Jr., 20-60, WM, 11-74.76.313
HACKETT, Ellen, 60+, WF, 11-74.77.314
HACKETT, Mary Allice, 20-60, WF, 11-74.77.315
RUPLE, William H., 20-60, WM, 11-75.78.316
RUPLE, Sarah Ann, 20-60, WF, 11-75.78.317
HAWK, Martin H., 20-60, WM, 11-76.79.318
HAWK, Rachael C., 20-60, WF, 11-76.79.319
HAWK, Rosco H., 5-20, WM, 11-76.79.320
WOOLF, Emanuel, 20-60, WM, 11-77.80.321
WOOLF, Lizzie, 20-60, WF, 11-77.80.322
WOOLF, Phillip Russel, 5-20, WM, 11-77.80.323
WOOLF, Frederic, 5-20, WM, 11-77.80.324
WOOLF, Rebecca May, 5-20, WF, 11-77.80.325
WOOLF, Florence, 5-20, WF, 11-77.80.326

HUNTERDON CO. NJ 1895 STATE CENSUS
Township of Alexandria

WOOLF, Bessie, 0-5, WF, 11-77.80.327
WOOLF, Eva, 0-5, WF, 11-77.80.328
COWELL, Abaham, 20-60, WM, 11-78.81.329
COWELL, Matilda A., 20-60, WF, 12-78.81.330
FINE, Henry, 60+, WM, 12-78.81.331
COLLINS, William, 5-20, WM, 12-78.81.332
DUCKWORTH, John Wesley, 20-60, WM, 12-79.82.333
DUCKWORTH, Maggie A., 20-60, WF, 12-79.82.334
DUCKWORTH, John Johnson, 20-60, WM, 12-79.82.335
DUCKWORTH, Milton, 20-60, WM, 12-79.82.336
DUCKWORTH, Charles, 20-60, WM, 12-79.83.337
DUCKWORTH, Lizzie, 20-60, WF, 12-79.83.338
DUCKWORTH, Ola, 0-5, WF, 12-79.83.339
BOWLBY, John R., 20-60, WM, 12-79.83.340
BOWLBY, Sarah, 20-60, WF, 12-80.84.341
BUTLER, John, 20-60, WM, 12-80.84.342
DALRYMPLE, Altha, 20-60, WF, 12-80.84.343
DALRYMPLE, Mabel, 5-20, WF, 12-80.84.344
BARNES, Samuel Talor, 20-60, WM, 12-81.85.345
BARNES, Charlotte, 20-60, WF, 12-81.85.346
BARNES, Martha, 20-60, WF, 12-81.85.347
BARNES, Edna May, 0-5, WF, 12-81.85.348
BARNES, Joseph, 60+, WM, 12-81.85.349
MOORE, Eli C., 20-60, WM, 12-82.86.350
MOORE, L. F., 5-20, WM, 12-82.86.351
MOORE, John E., 5-20, WM, 12-82.86.352
OPDYKE, Nathaniel E., 20-60, WM, 12-83.87.353
OPDYKE, Rachael Jane, 20-60, WF, 12-83.87.354
VANDOREN, Levitt S., 20-60, WM, 12-84.88.355
VANDOREN, Angie R., 20-60, WF, 12-84.88.356
VANDOREN, Allice Jane, 0-5, WF, 12-84.88.357
EDMUNDS, Dewitt C., 60+, WM, 12-85.89.358
EDMUNDS, Catherine, 20-60, WF, 12-85.89.359
EDMUNDS, George C., 20-60, WM, 12-85.89.360
MARTIN, Peter, 20-60, WM, 13-86.90.361
MARTIN, Mary Ellen, 20-60, WF, 13-86.90.362
MARTIN, Grace J., 5-20, WF, 13-86.90.363
MARTIN, Lela, 5-20, WF, 13-86.90.364
MYRES, Albert, 60+, WM, 13-87.91.365
MYRES, Elizabeth, 60+, WF, 13-87.91.366
WILLIAMSON, Charles C., 20-60, WM, 13-87.92.367
WILLIAMSON, Jessie B., 5-20, WF, 13-87.92.368
KIMENHOUR, Michael, 20-60, WM, 13-88.93.369
KIMENHOUR, Permila, 20-60, WF, 13-88.93.370
KIMENHOUR, Francis C., 5-20, WF, 13-88.93.371
KIMENHOUR, Maudleane, 5-20, WF, 13-88.93.372
KIMENHOUR, Frank, 5-20, WM, 13-88.93.373
KIMENHOUR, Jennie, 0-5, WF, 13-88.92.374
EDMUNDS, Abram, 20-60, WM, 13-89.94.375
EDMUNDS, Wilda, 20-60, WF, 13-89.95.376
EDMUNDS, J. Ethel, 0-5, WF, 13-89.94.377
EDMUNDS, A. Mabel, 0-5, WF, 13-89.94.378
JOHNSON, Alavanus R., 20-60, WM, 13-90.95.379
JOHNSON, Lizzie, 20-60, WF, 13-90.95.380
JOHNSON, Daisy L., 5-20, WF, 13-90.95.381
JOHNSON, Cora B., 0-5, WF, 13-90.95.382
WILLIAMSON, Enoch W., 20-60, WM, 13-91.96.383
WILLIAMSON, Sarah Elizabeth, 20-60, WF, 13-91.96.384
HALSEY, Lewella, 20-60, WF, 13-91.96.385
HALSEY, Orval, 20-60, WM, 13-91.96.386
EVERETT, Jacob R., 20-60, WM, 13-92.97.387
EVERETT, Martha, 20-60, WF, 13-92.97.388
EVERETT, Mary Elizabeth, 0-5, WF, 13-92.97.389
TRANSAW, Anna, 0-5, WF, 13-92.97.390
KINNEY, William E., 20-60, WM, 14-93.98.391
KINNEY, Mary Agnus, 20-60, WF, 14-93.98.392
KINNEY, Floyd W., 0-5, WF, 14-93.99.393
RACE, William Lambert, 20-60, WM, 14-93.99.394
RACE, Laura L., 20-60, WF, 14-93.99.395
RACE, Mary Agnus, 5-20, WF, 14-93.99.396
APGAR, Mary, 60+, WF, 14-93.99.397
RACE, George W., 20-60, WM, 14-94.99.398
RACE, Lizzie L., 20-60, WF, 14-94.99.399
RACE, Dorthy, 0-5, WF, 14-94.99.400
SEVERS, Elias C., 20-60, WM, 14-95.100.401
SEVERS, Cora R., 20-60, WF, 14-95.100.402
SEVERS, Carrie, 5-20, WF, 14-95.100.403
KITCHEN, Whitfield, 60+, WM, 14-96.101.404
KITCHEN, Catherine, 20-60, WF, 14-96.101.405
KITCHEN, Thomas E., 20-60, WM, 14-96.101.406
KITCHEN, George E., 20-60, WM, 14-96.101.407
KITCHEN, Alison W., 5-20, WM, 14-96.101.408
VANDABELT, Harmond K., 20-60, WM, 14-97.102.409
VANDABELT, Emma Agusta, 20-60, WF, 14-97.102.410
VANDABELT, George A., 5-20, WM, 14-97.102.411
MATHEWS, John H., 60+, WM, 14-98.103.412
MATHEWS, Lydia, 60+, WF, 14-98.103.413
MATHEWS, Isaac Elwood, 20-60, WM, 14-98.103.414
HILL, Daniel R., 20-60, WM, 14-99.104.415
HILL, Emeline, 20-60, WF, 14-99.104.416
LERCHENMILLER, Max, 5-20, GM, 14-99.104.417
RUPLE, George W. Jr., 20-60, WM, 14-99.105.418
RUPLE, Jennie, 20-60, WF, 14-99.105.419
RUPLE, Raymon Wiley, 0-5, WM, 14-99.105.420
RUPLE, William L., 0-5, WM, 15-99.105.421
RUPLE, John C., 20-60, WM, 15-100.106.422
RUPLE, Mary, 20-60, WF, 15-100.106.423
RUPLE, Ella, 5-20, WF, 15-100.106.424
RUPLE, Jacob, 5-20, WM, 15-100.106.425
RUPLE, Walter, 5-20, WM, 15-100.106.426
RUPLE, Edward, 0-5, WM, 15-100.106.427
RUPLE, Maggie, 0-5, WF, 15-100.106.428
RUPLE, Roy, 0-5, WM, 15-100.106.429
RUPLE, Mary, 0-5, WF, 15-100.106.430
MANNING, William A., 60+, WM, 15-101.107.431
MANNING, Hannah, 60+, WF, 15-101.107.432
BEERS, David, 20-60, WM, 15-101.108.433
BEERS, Harriett, 20-60, WF, 15-101.108.434
BEERS, Frank, 5-20, WM, 15-101.108.435
BEERS, Hannah E., 5-20, WF, 15-101.108.436

HUNTERDON CO. NJ 1895 STATE CENSUS
Township of Alexandria

BEERS, Katie A., 5-20, WF, 15-101.108.437
NIECE, George W., 20-60, WM, 15-102.109.438
NIECE, Almia, 20-60, WF, 15-102.109.439
NEICE, Harmond, 0-5, WM, 15-102.109.440
RUPLE, Albert, 20-60, WM, 15-103.110.441
RUPLE, Amanda, 20-60, WF, 15-103.110.442
STEVENSON, Samuel, 60+, WM, 15-104.111.443
STEVENSON, Rebecca A., 60+, WF, 15-104.111.444
MATHEWS, Edward H., 20-60, WM, 15-105.112.445
MATHEWS, Laura E., 20-60, WF, 15-105.112.446
MATHEWS, Minnie S., 5-20, WF, 15-105.113.447
MATHEWS, Allena, 5-20, WF, 15-105.113.448
RUPLE, George W., Sr., 20-60, WM, 15-106.113.449
RUPLE, Anna, 20-60, WF, 15-106.113.450
WILLIAMSON, Reuban A., 20-60, WM, 16-107.114.451
WILLIAMSON, Sarah, 20-60, WF, 16-107.114.452
WILLIAMSON, Lewis E., 20-60, WM, 16-107.114.453
WILLIAMSON, Charles R., 20-60, WM, 16-107.114.454
WILLIAMSON, Raymond, 5-20, WM, 16-107.114.455
WILLIAMSON, Sarah, 0-5, WF, 16-107.114.456
WILLIAMSON, Charity, 60+, WF, 16-107.114.457
COOLEY, Alton R., 20-60, WM, 16-108.115.458
COOLEY, Emma F., 20-60, WF, 16-108.115.459
COOLEY, Alton T., 0-5, WM, 16-108.115.460
CRONCE, Thomas C., 20-60, WM, 16-109.116.461
CRONCE, Amy C., 20-60, WF, 16-109.116.462
CRONCE, Beulah M., 5-20, WF, 16-109.116.463
CRONCE, Margaret T., 20-60, WF, 16-109.116.464
HALSEY, William H., 5-20, WM, 16-109.116.465
ORT, Jacob K., 20-60, WM, 16-110.117.466
ORT, Semantha, 20-60, WF, 16-110.117.467
ORT, Jacob B., 5-20, WM, 16-110.117.468
ORT, Edgar R., 5-20, WM, 16-110.117.469
ORT, Minnie, 20-60, WF, 16-110.117.470
ORT, Franklin H., 5-20, WM, 16-110.117.471
STOUT, Godfrey C., 20-60, WM, 16-111.118.472
STOUT, Catherine E., 20-60, WF, 16-111.118.473
STOUT, Elmer H., 5-20, WM, 16-111.118.474
STOUT, William F., 5-20, WM, 16-111.118.475
STOUT, Samuel S., 5-20, WM, 16-111.118.476
STOUT, Anna, 0-5, WF, 16-111.118.477
STOUT, Lillie E., 0-5, WF, 16-111.118.478
DALRYMPLE, James, 20-60, WM, 16-112.119.479
DALRYMPLE, Mary B., 20-60, WF, 16-112.119.480
RUNYAN, Mary Jane, 20-60, WF, 17-113.120.481
RUNYAN, Oakley, 5-20, WM, 17-113.120.482
RUNYAN, Howard, 5-20, WM, 17-113.120.483
RUNYAN, Stella, 5-20, WF, 17-113.120.484
DINGLE, Frank H., 20-60, WM, 17-113.120.485
MECHLING, Edward M., 60+, WM, 17-114.121.486
MECHLING, Margaret, 20-60, WF, 17-114.121.487
MECHLING, John, 20-60, WM, 17-114.121.488
SUTPHIN, William B., 20-60, WM, 17-115.122.489
SUTPHIN, Mary C., 20-60, WF, 17-115.122.490
SUTPHIN, Rettie May, 0-5, WF, 17-115.122.491
GANO, Ishmael, 60+, WM, 17-116.123.492
GANO, Mary, 60+, WF, 17-116.123.493
GANO, William, 20-60, WM, 17-116.123.494
VANSYCLE, Joseph R., 20-60, WM, 17-117.124.495
VANSYCLE, Mary E., 20-60, WF, 17-117.124.496
VANSYCLE, Harvey R., 20-60, WM, 17-117.124.497
BELLIS, Mahlon R., 20-60, WM, 17-118.125.498
BELLIS, Amy Bell, 20-60, WF, 17-118.125.499
BELLIS, Edgar S., 5-20, WM, 17-118.125.500
BELLIS, Mary F., 5-20, WF, 17-118.125.501
BELLIS, Mary Amy, 60+, WF, 17-118.125.502
BUTLER, David H., 20-60, WM, 17-119.126.503
BUTLER, Hannah E., 20-60, WF, 17-119.126.504
BUTLER, Anna K., 20-60, WF, 17-119.126.505
BUTLER, Joseph K., 20-60, WM, 17-119.126.506
BUTLER, George T., 20-60, WM, 17-119.126.507
PEGG, Christopher, 20-60, WM, 17-120.127.508
PEGG, Anna J., 20-60, WF, 17-120.127.509
BLOOM, Hanner M., 20-60, WF, 17-121.128.510
KITCHEN, Frederic, 20-60, WM, 18-122.129.511
KITCHEN, Carrie B., 20-60, WF, 18-122.129.512
KITCHEN, Lambert, 5-20, WM, 18-122.129.513
KITCHEN, Lizzie, 5-20, WF, 18-122.129.514
KITCHEN, Chester D., 5-20, WM, 18-122.129.515
KITCHEN, Nora, 0-5, WF, 18-122.129.516
APGAR, John, 20-60, WM, 18-122.129.517
RUPLE, Elizabeth, 20-60, WF, 18-123.130.518
RUPLE, Edward, 20-60, WM, 18-123.130.519
RUPLE, Levi R., 20-60, WM, 18-123.130.520
RUPLE, Lida, 20-60, WF, 18-123.130.521
RUPLE, Nathaniel, 5-20, WM, 18-123.130.522
HILL, James L., 20-60, WM, 18-124.131.523
HILL, Mary E., 20-60, WF, 18-124.131.524
HILL, Anna J., 5-20, WF, 18-124.131.525
HILL, William M., 5-20, WM, 18-124.131.526
HILL, James S., 5-20, WM, 18-124.131.527
HILL, Erma B., 0-5, WF, 18-124.131.528
HILL, Andrew, 0-5, WM, 18-124.131.529
CASE, Cathorine, 20-60, WF, 18-124.131.530
TALOR, Peter M., 60+, WM, 18-125.132.531
TALOR, Elizabeth R., 60+, WF, 18-125.132.532
HUMMER, Sadie, 5-20, WF, 18-125.132.533
BENNETT, J. Rittenhouse, 20-60, WM, 18-126.133.534
BENNETT, Lenora Ann, 20-60, WF, 18-126.133.535
BENNETT, John P., 20-60, WM, 18-126.133.536
BENNETT, Joseph R., 20-60, WM, 18-126.133.537
BENNETT, Anna R., 5-20, WF, 18-126.133.538
DALRYMPLE, Ellis, 5-20, WM, 18-126.133.539
DALRYMPLE, Winnie, 0-5, WF, 18-126.133.540
DAUS, John N., 20-60, WM, 19-127.134.541
DAUS, Eletta, 20-60, WF, 19-127.134.542
VANCAMP, Eldridge, 20-60, WM, 19-127.134.543
FRITTS, Andrew M., 20-60, WM, 19-128.135.544
FRITTS, Mary, 20-60, WF, 19-128.135.545
FRITTS, William M., 5-20, WM, 19-128.135.546

HUNTERDON CO. NJ 1895 STATE CENSUS
Township of Alexandria

PIELL, Christopher C., 20-60, WM, 19-129.136.547
PIELL, Lizzie Y., 20-60, WF, 19-129.136.548
PIELL, Author W., 0-5, WM, 19-129.136.549
PITTENGER, William E., 20-60, WM, 19-130.137.550
PITTENGER, Eunice H., 20-60, WF, 19-130.137.551
PITTENGER, Mamie B., 0-5, WF, 19-130.137.552
COOK, Talor S., 20-60, WM, 19-131.138.553
COOK, Emma J., 20-60, WF, 19-131.138.554
COOK, John R., 5-20, WM, 19-131.138.555
COOK, Edward L., 0-5, WM, 19-131.138.556
HYDE, Isaac W., 20-60, WM, 19-131.138.557
DUFFICY, Barney, 20-60, WM, 19-132.139.558
DUFFICY, Ella H., 20-60, WF, 19-132.139.559
DUFFICY, John S., 5-20, WM, 19-132.139.560
ANDERSON, George, 60+, WM, 19-133.140.561
ANDERSON, Rachael H., 20-60, WF, 19-133.140.562
ANDERSON, Anna M., 20-60, WF, 19-133.140.563
ANDERSON, Peter T. S., 5-20, WM, 19-133.140.564
ANDERSON, Norwood, 5-20, WM, 19-133.140.565
ANDERSON, Verga H., 5-20, WF, 19-133.140.566
ANDERSON, Rachael E., 5-20, WF, 19-133.140.567
ANDERSON, Hariett M., 5-20, WF, 19-133.140.568
WRIGHT, Sylvester H., 20-60, WM, 19-134.141.569
WRIGHT, Cornelia A., 20-60, WF, 19-134.141.570
HANNA, William, 20-60, IM, 20-134.142.571
HANNA, Mary, 20-60, IF, 20-134.142.572
HANNA, Robbert, 5-20, WM, 20-134.142.573
SIMANTON, Joseph W., 20-60, WM, 20-135.143.574
SIMANTON, Sarah C., 20-60, WF, 20-135.143.575
SIMANTON, Florence, 5-20, WF, 20-135.143.576
SIMANTON, Bessie, 0-5, WF, 20-135.143.577
SIMANTON, Mattie, 0-5, WF, 20-135.143.578
ABLE, Peter T., 20-60, WM, 20-136.144.579
ABLE, Rachael, 20-60, WF, 20-136.144.580
ABLE, Lambert S., 20-60, WM, 20-136.144.581
ABLE, Lucinda, 5-20, WF, 20-136.144.582
CASE, Joseph R., 20-60, WM, 20-137.145.583
CASE, Mary Ida, 20-60, WF, 20-137.145.584
CASE, John W., 5-20, WF, 20-137.145.585
CASE, Ella Bell, 5-20, WF, 20-137.145.586
CASE, Jessie M., 5-20, WF, 20-137.145.587
CASE, Levi W., 5-20, WF, 20-137.145.588
CASE, Emma B., 5-20, WF, 20-137.145.589
CASE, Anna E., 0-5, WF, 20-137.145.590
CASE, Joseph R., Jr., 0-5, WM, 20-137.145.591
HOGLAND, William, 20-60, WM, 20-137.145.592
NICHOLAS, Oliver, 20-60, WM, 20-138.146.593
NICHOLAS, Mary, 5-20, WF, 20-138.146.594
NICHOLAS, Clarah, 0-5, WF, 20-138.146.595
RUTH, George, 20-60, WM, 20-139.147.596
RUTH, Mary Etta, 20-60, WF, 20-139.147.597
RUTH, Harvey, 20-60, WM, 20-139.147.598
RUTH, Walter, 5-20, WM, 20-139.147.599
WALTERS, Bloomfield, 20-60, WM, 20-140.148.600
WALTERS, Carrie E., 20-60, WF, 21-140.148.601
WALTERS, Bessie, 5-20, WF, 21-140.148.602
ANDERSON, James, 5-20, WM, 21-140.148.603
SEVERS, John, Sen., 60+, WM, 21-141.149.604
SEVERS, Lydia, 60+, WF, 21-141.149.605
HINER, Nancy, 20-60, WF, 21-142.150.606
BUTLER, Sedgwick, 20-60, WM, 21-142.150.607
BUTLER, Lida M., 5-20, WF, 21-142.150.608
HOLJES, William H. M., 20-60, WM, 21-143.151.609
HOLJES, Fannie E., 20-60, WF, 21-143.151.610
HOLJES, Phillip R., 5-20, WM, 21-143.151.611
HOLJES, William H., 5-20, WM, 21-143.151.612
HOLJES, Paul K., 5-20, WM, 21-143.151.613
HOLJES, Markley K., 5-20, WM, 21-143.151.614
HOLJES, Florence A., 5-20, WF, 21-143.151.615
FLEMING, Lyda Ann, 60+, WF, 21-143.151.616
HUNT, Mary C., 60+, WF, 21-144.152.617
HUNT, John J., 20-60, WF, 21-144.152.618
WELLER, George W., 20-60, WM, 21-145.153.619
WELLER, Deborah, 20-60, WF, 21-145.153.620
WELLER, Herbert B., 20-60, WM, 21-145.153.621
WELLER, Lewis A., 5-20, WM, 21-145.153.622
WELLER, Theodore, 20-60, WM, 21-145.153.623
MANN, Levi D., 20-60, WM, 21-146.154.624
MANN, Franie Etta, 20-60, WF, 21-146.154.625
MANN, Raymond, 0-5, WM, 21-146.154.626
BONNELL, William, 20-60, WM, 21-147.155.627
BONNELL, Keziah M., 20-60, WF, 21-147.155.628
DALRYMPLE, Samuel B., 60+, WM, 21-148.156.629
DALRYMPLE, Catherine, 60+, WF, 21-148.156.630
HOPPOCK, Reading, 20-60, WM, 22-149.157.631
HOPPOCK, Lyda, 20-60, WF, 22-149.157.632
HOPPOCK, George, 0-5, WM, 22-149.157.633
HOPPOCK, William M., 60+, WM, 22-149.157.634
HOPPOCK, James D., 20-60, WM, 22-149.157.635
HOPPOCK, William H., 5-20, WM, 22-149.157.636
HOPPOCK, Anna, 60+, WF, 22-149.157.637
JOHNSON, Daniel, 60+, WM, 22-150.158.638
JOHNSON, Matilda S., 60+, WF, 22-150.158.639
APGAR, George W., 20-60, WM, 22-151.159.640
APGAR, Jane, 20-60, WF, 22-151.159.641
WEAN, David, 20-60, WM, 22-152.160.642
WEAN, Mary Jane, 20-60, WF, 22-152.160.643
WEAN, Ella May, 20-60, WF, 22-152.160.644
WEAN, William B., 20-60, WM, 22-152.160.645
ROLLE, Frank, 20-60, WM, 22-152.160.646
MARTIN, Walton, 20-60, WM, 22-153.161.647
MARTIN, Hetta, 20-60, WF, 22-153.161.648
MARTIN, Maud, 0-5, WF, 22-153.161.649
SIMANTON, Ephraim, 20-60, WM, 22-154.162.650
SIMANTON, Isabell, 20-60, WF, 22-154.162.651
WRIGHT, William, 20-60, WM, 22-155.163.652
WRIGHT, Elizabeth, 20-60, WF, 22-155.163.653
REA, John J., 20-60, WM, 22-156.164.654
REA, Jane K., 20-60, WF, 22-156.164.655
ROCKAFELLOW, Elijah L., 20-60, WM, 22-157.165.656

HUNTERDON CO. NJ 1895 STATE CENSUS
Township of Alexandria

ROCKAFELLOW, Mary T., 20-60, WF, 22-157.165.657
ROCKAFELLOW, Efinger H., 5-20, WM, 22-157.165.658
ROCKAFELLOW, Margaret, 5-20, WF, 22-157.165.659
ROCKAFELLOW, Eva, 5-20, WF, 22-157.165.660
MANNING, John R., 20-60, WM, 23-158.166.661
MANNING, Emeline, 20-60, WF, 23-158.166.662
HULL, Renview L., 20-60, WM, 23-158.166.663
MARTIN, Sylvester, not marked, WM [OF also marked], 23-158.167.664
MARTIN, Mary Ann, 60+, WF, 23-158.167.665
HARRISON, Jacob B., 20-60, WM, 23-159.168.666
HARRISON, Evaline, 20-60, WF, 23-159.168.667
HARRISON, George B., 20-60, WM, 23-159.168.668
CASE, William H., 60+, WM, 23-160.169.669
CASE, Sarah E., 60+, WF, 23-160.169.670
CASE, Martin, 20-60, WM, 23-160.170.671
CASE, Regessa, 20-60, WF, 23-160.170.672
CASE, Lewis C., 5-20, WM, 23-160.170.673
CASE, William R., 0-5, WM, 23-160.170.674
CASE, Levi, 60+, WM, 23-161.170.675
CASE, Mary E., 60+, WM, 23-161.170.676
CASE, Dewitt C., 20-60, WM, 23-161.170.677
CASE, Lucy B., 20-60, WF, 23-161.170.678
CASE, Susan S., 20-60, WF, 23-161.170.679
STONE, Esrial, 20-60, WM, 23-161.170.680
OPDYKE, Horace, 5-20, WM, 23-161.170.681
CHALOUPKA, John, 20-60, OM, 23-161.170.682
HINER, Elbrig, 20-60, WM, 23-162.171.683
HINER, Mary Marthy, 20-60, WF, 23-162.171.684
HINER, Nora, 20-60, WF, 23-162.171.685
HINER, Phillip A., 5-20, WM, 23-162.171.686
HINER, Alvi, 20-60, WM, 23-162.171.687
PRALL, Josiah, 60+, WM, 23-163.172.688
PRALL, Lyda, 20-60, WF, 23-163.172.689
NIXON, Edward, 20-60, WM, 23-163.172.690
HAWK, Forman, 60+, WM, 24-164.173.691
HAWK, Elizabeth Ann, 60+, WF, 24-164.173.692
HAWK, Samuel D., 20-60, WM, 24-164.173.693
EGERTER, Kate, 20-60, WF, 24-164.173.694
McPHERSON, Addie, 20-60, WF, 24-164.173.695
McPHERSON, Bessie, 5-20, WF, 24-164.173.696
HAWK, Jasper, 5-20, WM, 24-164.173.697
SALTERS, Jonathan, 20-60, WM, 24-165.174.698
SALTERS, Alice M., 20-60, WF, 24-165.174.699
SALTERS, Lottie F., 5-20, WF, 24-165.174.700
SALTERS, Raymond E., 5-20, WM, 24-165.174.701
HOFFMAN, Isaac, 60+, WM, 24-166.175.702
HOFFMAN, Rachael, 60+, WF, 24-166.175.703
RITTENHOUSE, Edward, 60+, WM, 24-167.176.704
RITTENHOUSE, Sarah L. C., 60+, WF, 24-167.176.705
RITTENHOUSE, Jennie M., 5-20, WF, 24-167.176.706
MEYRS, Reed, 20-60, WM, 24-168.177.707
MEYRS, Ida M., 20-60, WF, 24-168.177.708
MEYRS, Orval, 0-5, WM, 24-168.177.709
RITTENHOUSE, Wilson T., 20-60, WM, 24-169.178.710
RITTENHOUSE, Emma B., 20-60, WF, 24-169.178.711
RITTENHOUSE, Stella B., 5-20, WF, 24-169.178.712
RITTENHOUSE, Harvey E., 5-20, WM, 24-169.178.713
RITTENHOUSE, Edna S., 5-20, WF, 24-169.178.714
RITTENHOUSE, John B., 0-5, WM, 24-169.178.715
NIXON, William, 5-20, WM, 24-169.178.716
HALL, William M., 20-60, WM, 24-170.179.717
HALL, Helena J., 20-60, WF, 24-170.179.718
HALL, Bertha M., 5-20, WF, 24-170.179.719
HALL, Lillie F., 5-20, WF, 24-170.179.720
CASE, Elijah R., 20-60, WM, 25-171.180.721
CASE, Jane, 20-60, WF, 25-171.180.722
CASE, Addie, 5-20, WF, 25-171.180.723
APGAR, John R., 20-60, WM, 25-172.181.724
APGAR, Kate, 20-60, WF, 25-172.181.725
PHILKILL, John B., 20-60, WM, 25-173.182.726
PHILKILL, Lizzie K., 20-60, WF, 25-173.182.727
PHILKILL, Bessie M., 5-20, WF, 25-173.182.728
PHILKILL, Oscar S., 0-5, WM, 25-173.182.729
PHILKILL, Russel, 0-5, WM, 25-173.182.730
NICHOLS, David, 60+, WM, 25-174.183.731
NICHOLS, Elizabeth T., 60+, WF, 25-174.183.732
NICHOLS, Will D., 20-60, WM, 25-174.183.733
SINCLEAIR, Garrett L., 20-60, WM, 25-175.184.734
SINCLEAIR, Sarah C., 20-60, WF, 25-175.184.735
HUFF, William Steward, 20-60, WM, 25-176.185.736
HUFF, Emma, 20-60, WF, 25-176.185.737
HUFF, Eva Larine, 0-55-20, WF, 25-176.185.738
STEMETS, Charles, 5-20, WM, 25-176.185.739
FRITTS, Albert, 20-60, WM, 25-177.186.740
FRITTS, Harriet, 20-60, WF, 25-177.186.741
NAILOR, Howard, 5-20, WM, 25-177.186.742
FRITTS, Lydia, 20-60, WF, 25-177.187.743
NEICE, William W., 20-60, WM, 25-178.188.744
NEICE, Anna Bell, 20-60, WF, 25-178.188.745
NEICE, Harry C., 5-20, WM, 25-178.188.746
NEICE, Lizzie C., 0-5, WF, 25-178.188.747
KUGLER, Anna, 60+, WF, 25-178.189.748
ATKSON, William S., 20-60, WM, 25-179.190.749
ATKSON, Anna E., 20-60, WF, 25-179.190.750
BUTLER, Alonzo, 20-60, WM, 26-180.191.751
BUTLER, Ann, 20-60, WF, 26-180.191.752
NAILOR, Theodore, 20-60, WM, 26-180.191.753
FLEMING, Cora, 5-20, WF, 26-180.191.754
SINCLEAIR, John H., 20-60, WM, 26-181.192.755
SINCLEAIR, Elizabeth, 20-60, WF, 26-181.192.756
SINCLEAIR, William, 5-20, WM, 26-181.192.757
SINCLEAIR, Hugh M., 20-60, WM, 26-182.193.758
SINCLEAIR, Josephine, 20-60, WF, 26-182.193.759
SINCLEAIR, Katie M., 5-20, WF, 26-182.193.760
SINCLEAIR, Bessie B., 5-20, WF, 26-182.193.761
KINNEY, Andrew K., 20-60, WM, 26-183.194.762
KINNEY, Anna, 20-60, WF, 26-183.194.763
KINNEY, Clarence A., 0-5, WM, 26-183.194.764
KINNEY, George H., 0-5, WM, 26-183.194.765

HUNTERDON CO. NJ 1895 STATE CENSUS
Township of Alexandria

BONHAM, Priscilla, 60+, WF, 26-183.194.766
STATTS, John W., 60+, WM, 26-184.195.767
STATTS, Mary J., 20-60, WF, 26-184.195.768
STATTS, Walter, 5-20, WM, 26-184.195.769
SILVERTHORN, Margaret, 20-60, WF, 26-185.196.770
SILVERTHORN, John, 20-60, WM, 26-185.196.771
SILVERTHORN, Elizabeth, 20-60, WF, 26-185.196.772
ENSLEY, Harry, 5-20, WM, 26-185.196.773
CURTIS, Charles H., 20-60, WM, 26-186.197.774
CURTIS, Ella S., 20-60, WF, 26-186.197.775
VANSYCLE, Spencer A., 60+, WM, 26-187.198.776
CURTIS, Milton, 20-60, WM, 26-187.199.777
CURTIS, Alice, 20-60, WF, 26-187.199.778
CURTIS, Mary E., 0-5, WF, 26-187.199.779
WRIGHT, Jane, 60+, WF, 26-189.200.780
PIELL, Theodore, 20-60, WM, 27-190.201.781
PIELL, Anna, 5-20, WF, 27-190.201.782
ROLLE, John, 5-20, WM, 27-190.201.783
COOLEY, Ulysess S. G., 20-60, WM, 27-191.202.784
COOLEY, Jennie R., 20-60, WF, 27-191.202.785
COOLEY, Myrtie, 5-20, WF, 27-191.202.786
LENNARD, George H., 20-60, WM, 27-192.203.787
LENNARD, Anna, 20-60, WF, 27-192.203.788
LENNARD, Auther C., 5-20, WM, 27-192.203.789
LENNARD, May B., 5-20, WF, 27-192.203.790
LENNARD, Birtie W., 5-20, WM, 27-192.203.791
LENNARD, David C., 60+, WM, 27-192.203.792
LENNARD, Ezra D., 20-60, WM, 27-193.204.793
LENNARD, Susan W., 20-60, WF, 27-193.204.794
LENNARD, Anna M., 5-20, WF, 27-193.204.795
VANDABELT, Isabel, 20-60, WF, 27-193.204.796
NEICE, Charles N., Jr., 20-60, WM, 27-193.204.797
HOFF, Samuel, 20-60, WM, 27-194.205.798
HOFF, Sarah C., 20-60, WF, 27-194.205.799
BESSON, Catherine F., 20-60, WF, 27-195.206.800
BESSON, Mary E., 20-60, WF, 27-195.206.801
LANNING, Levi S., 20-60, WM, 27-196.207.802
LANNING, Ella, 20-60, WF, 27-196.207.803
LANNING, Wallace, 5-20, WM, 27-196.207.804
LANNING, Catherine, 5-20, WF, 27-196.207.805
BREWER, Francis C., 60+, WM, 27-197.208.806
KEEN, Ruhamah, 20-60, WF, 27-197.208.807
KEEN, Edward, 5-20, WM, 27-197.208.808
WHITE, John H. P., 20-60, WM, 27-198.209.809
WHITE, Harry R., 5-20, WM, 27-198.209.810
SMALLEY, David D., 20-60, WM, 28-199.210.811
SMALLEY, Charity L., 20-60, WF, 28-199.210.812
SMALLEY, David D., Jr., 5-20, WM, 28-199.210.813
SMALLEY, Harriet M., 5-20, WF, 28-199.210.814
SMALLEY, Edwin See, 5-20, WM, 28-199.210.815
SMALLEY, Maud Estelle, 5-20, WF, 28-199.210.816
COOLEY, Mahlon M., 20-60, WM, 28-200.211.817
COOLEY, Sharlet L., 20-60, WF, 28-200.211.818
COOLEY, Edna M., 5-20, WF, 28-200.211.819
COOLEY, John B., 5-20, WM, 28-200.211.820
COOLEY, William M., 0-5, WM, 28-200.211.821
BAKER, Samuel, 60+, WM, 28-201.212.822
LARGE, Ruth, 20-60, WF, 28-201.212.823
WILSON, William, 20-60, WM, 28-202.213.824
WILSON, Elizabeth, 20-60, WF, 28-202.213.825
WILSON, John C., 20-60, WM, 28-202.213.826
HOLLAND, Thomas, 60+, WM, 28-203.214.827
HOLLAND, Mary E., 20-60, WF, 28-203.214.828
CASE, John F., 60+, WM, 28-204.215.829
CASE, Rachael A., 20-60, WF, 28-204.215.830
TROUT, George H., 20-60, WM, 28-204.216.831
TROUT, Mary E., 20-60, WF, 28-204.216.832
TROUT, Eddie C., 5-20, WM, 28-204.216.833
TROUT, Aslater, 0-5, WM, 28-204.216.834
TROUT, Emma, 0-5, WF, 28-204.216.835
DOUGHERTY, William, 5-20, WM, 28-204.216.836
HINER, Fannie, 20-60, WF, 28-205.217.837
SNYDER, Mary, 20-60, WF, 28-205.217.838
HINKEL, George, 60+, WM, 28-206.218.839
HINKEL, Sarah, 60+, WF, 28-206.218.840
LUKENS, Sarah, 60+, WF, 29-207.219.841
LUKENS, Nathaniel B., 20-60, WM, 29-207.291.842
LUKENS, Abraham L., 20-60, WM, 29-207.219.843
HOUSEL, Wilson, 20-60, WM, 29-208.220.844
HOUSEL, Lavinia, 20-60, WF, 29-208.220.845
HOUSEL, Emma J., 20-60, WF, 29-208.220.846
HOUSEL, Sarah E., 20-60, WF, 29-208.220.847
HOUSEL, Theodore H., 5-20, WM, 29-208.220.848
HOUSEL, Anna L., 5-20, WF, 29-208.220.849
CASE, Sarah A., 20-60, WF, 29-209.221.850
COOLEY, Samuel E., 20-60, WM, 29-210.222.851
COOLEY, Awildia, 20-60, WF, 29-210.222.852
COOLEY, Sadie A., 5-20, WF, 29-210.222.853
COOLEY, Daisy L., 5-20, WF, 29-210.222.854
COOLEY, Grace J., 5-20, WF, 29-210.222.855
COOLEY, Foster B., 5-20, WM, 29-210.222.856
LANNING, Charles W., 20-60, WM, 29-211.223.857
LANNING, Lizzie, 5-20, WF, 29-211.223.858
LANNING, Samuel D., 5-20, WM, 29-211.223.859
LANNING, Elender, 5-20, WF, 29-211.223.860
LANNING, Maggie, 0-5, WF, 29-211.223.861
McPERSON, Samuel, 60+, WM, 29-212.224.862
McPERSON, Cornelia, 60+, WF, 29-212.224.863
McPERSON, Susan, 20-60, WF, 29-212.224.864
McPERSON, Eliza, 20-60, WF, 29-212.224.865
McPERSON, Aaron, 20-60, WM, 29-212.224.866
McPERSON, Laura, 20-60, WF, 29-212.224.867
WELCH, Edgar E., 20-60, WM, 29-213.225.868
WELCH, Anna K., 20-60, WF, 29-213.225.869
WELCH, Elizabeth C., 60+, WF, 29-213.226.870
LUKENS, Seth, 20-60, WM, 30-214.227.871
LUKENS, Jennie, 20-60, WF, 30-214.227.872
LUKENS, Ethel A., 5-20, WF, 30-214.227.873
LUKENS, Josie, 5-20, WF, 30-214.227.874
LUKENS, Bertha, 0-5, WF, 30-214.227.875

HUNTERDON CO. NJ 1895 STATE CENSUS

Township of Alexandria

CRONCE, Hiram W., 20-60, WM, 30-215.228.876
CRONCE, Mary, 20-60, WF, 30-215.228.877
CRONCE, Cora B., 5-20, WF, 30-215.228.878
CRONCE, Auther S., 5-20, WM, 30-215.228.879
CRONCE, Francis, 5-20, WF, 30-215.228.880
CRONCE, Ethel R., 5-20, WF, 30-215.228.881
DOUGHERTY, Ephraim T., 5-20, WM, 30-215.228.882
EICK, John A., 20-60, WM, 30-216.229.883
EICK, Anna H., 20-60, WF, 30-216.229.884
EICK, Ida B., 5-20, WF, 30-216.229.885
SEALS, Nathan, 60+, WM, 30-216.229.886
DUCKWORTH, William Y., 20-60, WM, 30-217.230.887
DUCKWORTH, Sarah M., 20-60, WF, 30-217.230.888
DUCKWORTH, Aletha, 0-5, WF, 30-217.230.889
CLATON, William B., 20-60, WM, 30-218.231.890
CLATON, Lavina, 20-60, WF, 30-218.231.891
McCONNELL, Joseph H., 20-60, WM, 30-219.232.892
McCONNELL, Ida, 20-60, WF, 30-219.232.893
McCONNELL, Cecil R., 5-20, WM, 30-219.232.894
McCONNELL, Raymond, 0-5, WM, 30-219.232.895
METLER, Howard, 20-60, WM, 30-220.233.896
METLER, Lillie, 20-60, WF, 30-220.233.897
METLER, Elsie, 5-20, WF, 30-220.233.898
METLER, Ethel, 5-20, WF, 30-220.233.899
METLER, Henry B., 5-20, WM, 30-220.233.900
OPDYKE, Samuel E., 20-60, WM, 31-220.234.901
OPDYKE, Anna, 20-60, WF, 31-220.234.902
OPDYKE, Leroy, 5-20, WM, 31-220.234.903
FURRY, George H., 20-60, WM, 31-221.235.904
FURRY, Cicilia, 20-60, WF, 31-221.235.905
FURRY, William B., 5-20, WM, 31-221.235.906
GARRETT, David, 60+, WM, 31-222.236.907
GARRETT, Spencer B., 20-60, WM, 31-222.236.908
RUTT, William W., 20-60, WM, 31-223.237.909
RUTT, Matilda E., 20-60, WF, 31-223.237.910
RUTT, Woolsey A., 5-20, WM, 31-223.237.911
RUTT, Mary A., 5-20, WF, 31-223.237.912
BLOOM, William V., 20-60, WM, 31-224.238.913
BLOOM, Anna, 20-60, WF, 31-224.238.914
BLOOM, George H., 20-60, WM, 31-224.238.915
BLOOM, Mary E., 5-20, WF, 31-224.238.916
BLOOM, Edward E., 20-60, WM, 31-225.239.917
BLOOM, Sarah, 20-60, WF, 31-225.239.918
COWELL, Diann, 60+, WF, 31-226.240.919
SIDDERS, Hummer B., 60+, WM, 31-226.241.920
SIDDERS, Sophia, 20-60, WF, 31-226.241.921
LAIR, Minnie, 20-60, WF, 31-226.241.922
FOX, Jordan R., 20-60, WM, 31-227.242.923
FOX, Catherine L., 20-60, WF, 31-227.242.924
FOX, Henry J., 20-60, WM, 31-227.242.925
FOX, Susie May, 5-20, WF, 31-227.242.926
DUCKWORTH, William J., 60+, WM, 31-228.243.927
DUCKWORTH, Susan L., 20-60, WF, 31-228.243.928
DUCKWORTH, Uhler H., 20-60, WM, 31-228.243.929
HART, Cecelia, 5-20, WF, 31-228.243.930

MASON, Samuel, 20-60, WM, 32-229.244.931
MASON, Mary E., 20-60, WF, 32-229.244.932
MASON, Mammie M., 20-60, WF, 32-229.244.933
MASON, Lambert H., 20-60, WM, 32-229.244.934
MASON, Lewis H., 20-60, WM, 32-229.244.935
ALPAUGH, Spencer A., 60+, WM, 32-230.245.936
ALPAUGH, Catherine A., 60+, WF, 32-230.245.937
ALPAUGH, Mary E., 20-60, WF, 32-230.245.938
ALPAUGH, Commelia, 20-60, WF, 32-230.245.939
ECKERT, John W., 20-60, WM, 32-231.246.940
ECKERT, Mattie M., 20-60, WF, 32-231.246.941
ECKERT, Fulmer, 5-20, WM, 32-231.246.942
PICKEL, Samuel B., 60+, WM, 32-232.247.943
PICKEL, Elizabeth, 60+, WF, 32-232.247.944
COSS, Edwin Burts, 20-60, WM, 32-232.247.945
COLLINS, John, 5-20, WM, 32-232.247.946
PICKEL, George, 20-60, WM, 32-232.248.947
PICKEL, Catherine T., 20-60, WF, 32-232.248.948
PICKEL, Marion, 20-60, WF, 32-232.248.949
PICKEL, James H., 20-60, WM, 32-233.248.950
PICKEL, Anna L., 5-20, WF, 32-233.248.951
PICKEL, Jonathan, 5-20, WM, 32-233.248.952
LAIR, George W., 20-60, WM, 32-234.249.953
LAIR, Anna A., 20-60, WF, 32-234.249.954
LAIR, Ella F., 5-20, WF, 32-234.249.955
LAIR, Hugh W., 5-20, WM, 32-234.249.956
LAIR, George F., 5-20, WM, 32-234.249.957
HOFF, Joseph, 20-60, WM, 32-235.250.958
HOFF, Sarah D., 20-60, WF, 32-235.250.959
HOFF, Ella, 5-20, WF, 32-235.250.960
CURTIS, Willard, 20-60, WM, 33-236.251.961
CURTIS, Anna, 20-60, WF, 33-236.251.962
CURTIS, Florence E., 5-20, WF, 33-236.251.963
CURTIS, Willard H., 0-5, WM, 33-236.251.964
BEERS, Howard, 20-60, WM, 33-236.251.965
HILL, Benjman S., 20-60, WM, 33-237.252.966
HILL, Emma B., 20-60, WF, 33-237.252.967
SUYDAM, William H., 20-60, WM, 33-238.253.968
SUYDAM, Sallie B., 20-60, WF, 33-238.253.969
SUYDAM, Minnie, 0-5, WF, 33-238.253.970
PARKS, Ralph, 20-60, WM, 33-239.254.971
PARKS, Jennie, 20-60, WF, 33-239.254.972
PARKS, Walter M., 5-20, WM, 33-239.254.973
PARKS, Alton S., 0-5, WM, 33-239.254.974
STOUT, George W., 20-60, WM, 33-240.255.975
STOUT, Crissie C., 20-60, WF, 33-240.255.976
STOUT, Howard S., 5-20, WM, 33-240.255.977
STOUT, Lizzie M., 5-20, WF, 33-240.255.978
SIMANTON, John, 20-60, WM, 33-240.255.979
STOUT, Samuel, Sr., 60+, WM, 33-241.256.980
STOUT, Mary Jane, 60+, WF, 33-241.256.981
COOK, Gertie, 5-20, WF, 33-241.256.982
HINKLE, William M., 20-60, WM, 33-242.257.983
HINKLE, Lillie, 20-60, WF, 33-242.257.984
PIELL, Frederic H., 20-60, WM, 33-243.258.985

HUNTERDON CO. NJ 1895 STATE CENSUS
Township of Alexandria

PIELL, Agnus L., 20-60, WF, 33-243.258.986
BAKER, Bloomfield, 5-20, WM, 33-243.258.987
TOMSON, Charles E., 20-60, WM, 33-244.259.988
TOMSON, Rachael, 20-60, WF, 33-244.259.989
TOMSON, Charles E., Jr., 20-60, WM, 33-244.259.990
WILSON, Joseph P., 20-60, WM, 34-245.260.991
WILSON, Sarah E., 20-60, WF, 34-245.260.992
WILSON, George S., 20-60, WM, 34-245.260.993
WILSON, John M., 5-20, WM, 34-245.260.994
WILSON, Jennie L., 5-20, WF, 34-245.260.995
WILSON, Eva, 5-20, WF, 34-245.260.996
WILSON, Bertha, 5-20, WF, 34-245.260.997
WILSON, Samuel S., 5-20, WM, 34-245.260.998
WILSON, Joseph R., 5-20, WM, 34-245.260.999
WILSON, Margaret A., 20-60, WF, 34-246.261.1000
WILSON, Jennie, 20-60, WF, 34-246.261.1001
GULICK, Stephen, 20-60, WM, 34-247.262.1002
GULICK, Emma, 20-60, WF, 34-247.262.1003
GULICK, Frederic J., 5-20, WM, 34-247.262.1004
GULICK, William R., 5-20, WM, 34-247.262.1005
GULICK, Ella E., 5-20, WF, 34-247.262.1006
GULICK, Florence E., 0-5, WF, 34-247.262.1007
GULICK, Jacob, 0-5, WM, 34-247.262.1008
HENRY, Samuel B., 20-60, WM, 34-248.263.1009
HENRY, Mary E., 20-60, WF, 34-248.263.1010
HENRY, Stella, 5-20, WF, 34 248.263.1011
STRYKER, Joseph R., 60+, WM, 34-248.263.1012
GANO, Peter W., 20-60, WM, 34-249.264.1013
GANO, Mary H., 20-60, WF, 34-249.264.1014
GANO, William S., 20-60, WM, 34-249.264.1015
GANO, Albert L., 5-20, WM, 34-249.264.1016
GANO, John C., 5-20, WM, 34-249.264.1017
GANO, Daniel B., 5-20, WM, 34-249.264.1018
GANO, Susie L., 0-5, WF, 34-249.264.1019
GULICK, Stella, 0-5, WF, 34-249.264.1020
FRACE, Martin, 20-60, WM, 35-250.265.1021
FRACE, Elizabeth, 20-60, WF, 35-250.265.1022
FRACE, Minnie, 20-60, WF, 35-250.265.1023
HOALMAN, Walter, 5-20, WM, 35-250.265.1024
KINNEY, Henry, 20-60, WM, 35-250.266.1025
KINNEY, Mary, 20-60, WF, 35-250.266.1026
KINNEY, Charles D., 0-5, WM, 35-250.266.1027
KINNEY, Hellen, 0-5, WF, 35-250.266.1028
JULIAN, Claude E., 20-60, WM, 35-251.267.1029
JULIAN, Helena A., 20-60, WF, 35-251.267.1030
JULIAN, Claude E., Jr., 5-20, WM, 35-251.267.1031
JULIAN, John M., 5-20, WM, 35-251.267.1032
JULIAN, Rose C., 0-5, WF, 35-251.267.1033
JULIAN, Harvey F., 0-5, WM, 35-251.267.1034
GARY, Raymond, 20-60, WM, 35-252.268.1035
GARY, Ella, 20-60, WF, 35-252.268.1036
GARY, Russel, 0-5, WM, 35-252.268.1037
CASE, William B., 20-60, WM, 35-253.269.1038
CASE, Sarah C., 20-60, WF, 35-253.269.1039
CASE, Edna, 5-20, WF, 35-253.269.1040
CASE, Charles A., 5-20, WM, 35-253.269.1041
VANDABELT, Robert, 20-60, WM, 35-254.270.1042
VANDABELT, Emma S., 20-60, WF, 35-254.270.1043
VANDABELT, Henry, 20-60, WM, 35-254.270.1044
VANDABELT, Lucy J., 20-60, WF, 35-254.270.1045
VANDABELT, Nellie B., 5-20, WF, 35-254.270.1046
VANDABELT, Jonathan, 5-20, WM, 35-254.270.1047
HOFFMAN, James, 20-60, WM, 35-255.271.1048
HOFFMAN, Anna, 20-60, WF, 35-255.271.1049
HOFFMAN, Harry C., 5-20, WM, 35-255.271.1050
GULICK, Hiram, 20-60, WM, 36-256.272.1051
GULICK, Elizabeth, 20-60, WF, 36-256.272.1052
GULICK, Albert E., 5-20, WM, 36-256.272.1053
GULICK, Lillian R., 5-20, WF, 36-256.272.1054
GULICK, Mable J., 0-5, WF, 36-256.272.1055
GULICK, Peter G., 20-60, WM, 36-257.273.1056
CASE, Mary L., 20-60, WF, 36-257.273.1057
CASE, Sarah Jane, 5-20, WF, 36-257.273.1058
BURNS, Frank, 5-20, WM, 36-257.273.1059
BURD, Joseph L., 20-60, WM, 36-257.273.1060
BURD, Sarah, 20-60, WF, 36-257.273.1061
BURD, Mary, 0-5, WF, 36-257.273.1062
LENNARD, Elizabeth, 60+, WF, 36-257.274.1063
ROUNSVILLE, Mary, 20-60, WF, 36-257.274.1064
ROUNSVILLE, Lizzie, 5-20, WF, 36-257.274.1065
ROUNSVILLE, George F., 5-20, WM, 36-257.274.1066
STRYKER, J. Dawes, 20-60, WM, 36-258.275.1067
STRYKER, Sarah Ellen, 20-60, WF, 36-258.275.1068
STRYKER, Albert W., 5-20, WM, 36-258.275.1069
STRYKER, May B., 5-20, WF, 36-258.275.1070
APGAR, Nathan, 60+, WM, 36-258.275.1071
ROBERTS, John B., 20-60, WM, 36-259.276.1072
ROBERTS, Hannah M., 20-60, WF, 36-259.276.1073
ROBERTS, Sedwick L., 20-60, WM, 36-259.276.1074
ROBERTS, Elizabeth E., 20-60, WF, 36-259.276.1075
ROBERTS, Carrie S., 5-20, WF, 36-259.276.1076
ROBERTS, Charles W., 5-20, WM, 36-259.276.1077
COMFORD, John, 5-20, WM, 36-259.276.1078
BREWER, William, 20-60, WM, 36-260.277.1079
BREWER, Ella A., 20-60, WF, 36-260.277.1080
WEAN, Emanuel S., 20-60, WM, 37-261.278.1081
WEAN, Mary J., 20-60, WF, 37-261.278.1082
WEAN, Clara M., 5-20, WF, 37-261.278.1083
WEAN, Walter E., 5-20, WM, 37-261.278.1084
WEAN, Elmer H., 5-20, WM, 37-261.278.1085
WEAN, Mary B., 0-5, WF, 37-261.278.1086
TALOR, Alexander H., 20-60, WM, 37-261.278.1087
BONNELL, John G., 20-60, WM, 37-262.279.1088
BONNELL, George W., Jr., 20-60, WM, 37-262.279.1089
BONNELL, Elizabeth M., 20-60, WF, 37-262.279.1090
DILTS, Liddia, 60+, WF, 37-262.279.1091
McLOUGHAN, Theodore, 20-60, WM, 37-262.279.1092
REA, Newton, 20-60, WM, 37-262.279.1093
SNYDER, Peter, 20-60, WM, 37-263.280.1094
SNYDER, Lydia A., 20-60, WF, 37-263.280.1095

Township of Alexandria

STOUT, Samuel, Jr., 60+, WM, 37-264.281.1096
STOUT, Amy Jane, 20-60, WF, 37-264.281.1097
HYDE, Martin, 20-60, WM, 37-265.282.1098
HYDE, Mahalia, 20-60, WF, 37-265.282.1099
HYDE, Lizzie S., 20-60, WF, 37-265.282.1100
HYDE, Maetta D., 5-20, WF, 37-265.282.1101
STOUT, Bateman, 60+, WM, 37-265.282.1102
CHAMBERLIN, Peter B., 20-60, WM, 37-266.283.1103
CHAMBERLIN, Stella, 20-60, WF, 37-266.283.1104
EVERITT, Rosco, 5-20, WM, 37-266.283.1105
STOUT, Joseph P., 20-60, WM, 37-267.284.1106
STOUT, Anna J., 20-60, WF, 37-267.284.1107
STOUT, Ella D., 20-60, WF, 37-267.284.1108
STOUT, Edward P., 5-20, WM, 37-267.284.1109
STOUT, George W., 5-20, WM, 37-267.284.1110
SCHUYLER, William R., 20-60, WM, 38-268.285.1111
SCHUYLER, Catherine, 20-60, WF, 38-268.285.1112
DALRYMPLE, Thomas J., 60+, WM, 38-269.286.1113
DALRYMPLE, Keziah E., 20-60, WF, 38-269.286.1114
BLOOM, Martha, 60+, WF, 38-270.287.1115
HYDE, Hiram, 20-60, WM, 38-270.287.1116
ROBERSON, Thomas C., 20-60, WM, 38-271.288.1117
ROBERSON, Emma L., 20-60, WF, 38-271.288.1118
ROBERSON, Laura, 5-20, WF, 38-271.288.1119
SHUSTER, Samuel S., 60+, WM, 38-272.289.1120
SHUSTER, Elizabeth, 60+, WF, 38-272.289.1121
SHUSTER, Nathaniel R., 20-60, WM, 38-272.290.1122
SHUSTER, Catherine, 20-60, WF, 38-272.290.1123
SHUSTER, John, 5-20, WM, 38-272.290.1124
SHUSTER, Charles, 5-20, WM, 38-272.290.1125
OPDYKE, Amos, 20-60, WM, 38-272.290.1126
JOHNSON, John W., 5-20, WM, 38-272.290.1127
RUNK, Lizzie, 5-20, WF, 38-272.290.1128
RITTENHOUSE, Mahlon, 60+, WM, 38-273.291.1129
RITTENHOUSE, Aba, 60+, WF, 38-273.291.1130
MATHEWS, Lambert B., 20-60, WM, 38-274.292.1131
MATTHEWS, Lizzie, 20-60, WF, 38-274.292.1132
MATTHEWS, Rufus B., 5-20, WM, 38-274.292.1133
CRONCE, John C., 20-60, WM, 38-275.293.1134
CRONCE, Sarah Catherine, 20-60, WF, 38-275.293.1135
CASE, Daniel M., 20-60, WM, 38-276.294.1136
CASE, Ella N., 20-60, WF, 38-276.294.1137
CASE, Mitchell R., 5-20, WM, 38-276.294.1138
CASE, Harry W., 0-5, WM, 38-276.294.1139
MORGAN, John, 20-60, WM, 38-276.294.1140
VANCAMP, Fannie, 60+, WF, 39-277.295.1141
VANCAMP, Charles, 20-60, WM, 39-277.295.1142
BUTLER, John, 60+, WM, 39-278.296.1143
BUTLER, Jane B., 60+, WF, 39-278.296.1144
BUTLER, William H. M., 5-20, WM, 39-278.296.1145
PEARSON, Archer, 5-20, WM, 39-278.296.1146
HARRISON, Maud S., 5-20, WF, 39-278.296.1147
ROBERSON, Samuel M., 20-60, WM, 39-279.297.1148
ROBERSON, Adelia, 20-60, WF, 39-279.297.1149
LEWIS, Matilda, 20-60, WF, 39-279.297.1150
PEARSON, George, 5-20, WM, 39-279.297.1151
BLOOM, William, 20-60, WM, 39-280.298.1152
BLOOM, Thisbe W., 20-60, WF, 39-280.298.1153
BLOOM, Walter S., 20-60, WM, 39-280.298.1154
LARISON, Mary E., 20-60, WF, 39-280.299.1155
DEMUTT, Cornelius H., 20-60, WM, 39-281.300.1156
DEMUTT, Anna J., 20-60, WF, 39-281.300.1157
DEMUTT, Ida Bell, 5-20, WF, 39-281.300.1158
DEMUTT, Arndt R., 5-20, WM, 39-281.300.1159
RITTENHOUSE, Elijah R., 20-60, WM, 39-282.301.1160
RITTENHOUSE, Susan M., 20-60, WF, 39-282.301.1161
RITTENHOUSE, Sarah E., 20-60, WF, 39-282.301.1162
RITTENHOUSE, Jackson E., 5-20, WM, 39-282.301.1163
CASE, Anna Eliza, 20-60, WF, 39-283.302.1164
CASE, Lillie May, 5-20, WF, 39-283.302.1165
CASE, Sarah E., 5-20, WF, 39-283.303.1166
KEELER, William H., 20-60, WM, 39-283.303.1167
NEICE, Charles A., 60+, WM, 39-283.303.1168
NEICE, Hanner C., 60+, WF, 39-283.303.1169
NEICE, Horace G., 20-60, WM, 39-283.303.1170
NEICE, Anna J., 20-60, WF, 40-283.303.1171
NEICE, Rosco C., 5-20, WM, 40-283.303.1172
NEICE, Frank L., 5-20, WM, 40-283.303.1173
MATHEWS, George, 60+, WM, 40-284.304.1174
HILL, Deboria, 20-60, WF, 40-285.304.1175
APGAR, Homer, 20-60, WM, 40-286.305.1176
APGAR, Agusta, 20-60, WF, 40-286.305.1177
APGAR, Mary, 5-20, WF, 40-286.305.1178
APGAR, Charles, 5-20, WM, 40-286.305.1179
APGAR, John, 0-5, WM, 40-286.305.1180
APGAR, Rachael, 60+, WF, 40-286.305.1181
KULP, Harry, 20-60, WM, 40-287.306.1182
KULP, Anna, 20-60, WF, 40-287.306.1183
KULP, Anna, 0-5, WF, 40-287.306.1184
KRIETZ, Ray, 5-20, WF, 40-287.306.1185
MOORE, Archabald, 5-20, WM, 40-287.306.1186
APGAR, F. Wilson, 60+, WM, 40-288.307.1187
CREVELING, Julia, 20-60, WF, 40-288.307.1188
HINER, Margaret, 20-60, WF, 40-289.308.1189
HINER, Jennie, 5-20, WF, 40-289.308.1190
OPDYKE, Mary, 60+, WF, 40-290.309.1191
QUEEN, William, 20-60, WM, 40-291.310.1192
QUEEN, Emma, 20-60, WF, 40-291.310.1193
QUEEN, Eleanor, 0-5, WF, 40-291.310.1194
ROLLE, Jacob, 60+, GM, 40-292.311.1195
DALRYMPLE, Samuel, 60+, WM, 40-293.312.1196
DALRYMPLE, Ann E., 60+, WF, 40-293.312.1197
BLOOM, William, 20-60, WM, 40-294.313.1198
BLOOM, Isabell, 20-60, WF, 40-294.313.1199
BLOOM, Willus, 5-20, WM, 40-294.313.1200
BLOOM, Bertha, 5-20, WF, 41-294.313.1201
BLOOM, Orval, 0-5, WM, 41-294.313.1202

TOWNSHIP OF BETHLEHEM
Wm. W. Swayze, commissioner

DUCKWORTH, Frederick, 20-60, WM, 1-1.1.1
DUCKWORTH, Rebecca, 20-60, WF, 1-1.1.2
DUCKWORTH, George, 5-20, WM, 1-1.1.3
DUCKWORTH, Ira, 5-20, WM, 1-1.1.4
DUCKWORTH, Essie, 5-20, WF, 1-1.1.5
PEOPLESDORPH, Joseph, 20-60, WM, 1-2.2.6
PEOPLESDORPH, Amanda, 20-60, WF, 1-2.2.7
PEOPLESDORPH, Maggie, 20-60, WF, 1-2.2.8
PEOPLESDORPH, Charles, 20-60, WM, 1-2.2.9
PEOPLESDORPH, Curtis, 0-5, WM, 1-2.2.10
EDMONDS, Joseph, 20-60, WM, 1-3.3.11
EDMONDS, Jane, 20-60, WF, 1-3.3.12
EDMONDS, Lizzie, 5-20, WF, 1-3.3.13
EDMONDS, Susan, 5-20, WF, 1-3.3.14
EDMONDS, Jonathan, 5-20, WM, 1-3.3.15
EDMONDS, Samuel, 5-20, WM, 1-3.3.16
EDMONDS, James, 5-20, WM, 1-3.3.17
EDMONDS, Harry, 5-20, WM, 1-3.3.18
EDMONDS, Clarence, 0-5, WM, 1-3.3.19
EDMONDS, ___, 0-5, WM, 1-3.3.20
ROBISON, William, 20-60, WM, 1-4.4.21
ROBISON, Sarah, 20-60, WF, 1-4.4.22
ROBISON, Howard, 5-20, WM, 1-4.4.23
ROBISON, George, 5-20, WM, 1-4.4.24
ROBISON, Lottie, 5-20, WF, 1-4.4.25
ROBISON, Charles, 0-5, WM, 1-4.4.26
ROBISON, Mabel, 0-5, WF, 1-4.4.27
BANGHART, John W., 60+, WM, 1-5.5.28
BANGHART, Matilda, 60+, WF, 1-5.5.29
CARHART, Elmira, 20-60, WF, 1-5.5.30
SKINNER, Nathaniel, 20-60, WM, 2-6.6.31
SKINNER, Kate M., 20-60, WF, 2-6.6.32
SKINNER, Ruth, 5-20, WF, 2-6.6.33
KRAUSS, Henry, 20-60, WM, 2-7.7.34
KRAUSS, Fanny, 20-60, WF, 2-7.7.35
KRAUSS, Bessie, 0-5, WF, 2-7.7.36
KRAUSS, Gertrude, 0-5, WF, 2-7.7.37
KRAUSS, Mabel, 0-5, WF, 2-7.7.38
KRAUSS, Christian F., 20-60, GM, 2-7.7.39
KRAUSS, Sarah J., 20-60, WF, 2-7.7.40
KRAUSS, Lizzie, 20-60, WF, 2-7.7.41
KRAUSS, Mary M., 20-60, WF, 2-7.7.42
KRAUSS, Annie, 5-20, WF, 2-7.7.43
KRAUSS, Christian F. Jr., 5-20, WM, 2-7.7.44
FRITTS, Sarah, 60+, WF, 2-9.9.45
APGAR, Eli, 20-60, WM, 2-9.10.46
APGAR, Clara, 20-60, WF, 2-9.10.47
GIBSON, James, 20-60, WM, 2-10.11.48
GIBSON, Christina, 20-60, WF, 2-10.11.49
GIBSON, Frank, 20-60, WM, 2-10.11.50
GIBSON, Charles, 5-20, WM, 2-10.11.51
GARDNER, Kate, 5-20, WF, 2-10.11.52
JOHNSON, David, 20-60, WM, 2-11.12.53
JOHNSON, Alice, 20-60, WF, 2-11.12.54
HAUGHAWOT, Lizzie M., 5-20, WF, 2-11.12.55
HAUGHAWOT, Luther F., 5-20, WM, 2-11.23.56
HAUGHAWOT, Whitfield, 5-20, WM, 2-11.12.57
JOHNSON, James, 5-20, WM, 2-11.12.58
JOHNSON, Sarah T., 5-20, WF, 2-11.12.59
JOHNSON, George R., 0-5, WM, 2-11.12.60
MOORE, Silas V., 20-60, WM, 3-12.13.61
MOORE, Martha B., 20-60, WF, 3-12.13.62
MOORE, Ella A., 5-20, WF, 3-12.13.63
MOORE, Arthur, 5-20, WM, 3-12.13.64
MOORE, Floyd, 5-20, WM, 3-12.13.65
RIDDLE, James, 20-60, WM, 3-13.14.66
RIDDLE, Mary E., 20-60, WF, 3-13.14.67
RIDDLE, Frank G., 5-20, WM, 3-13.14.68
RIDDLE, Florence, 5-20, WF, 3-13.14.69
REED, Augustus J., 5-20, WM, 3-13.14.70
HARINGTON, Dennis, 20-60, WM, 3-14.15.71
HARINGTON, Mary, 5-20, WF, 3-14.15.72
HARINGTON, Mary, 0-5, WF, 3-14.15.73
HACKETT, Benjamin, 20-60, WM, 3-15.16.74
HACKETT, Mary, 20-60, WF, 3-15.16.75
HACKETT, John, 5-20, WM, 3-15.16.76
HACKETT, Thomas, 5-20, WM, 3-15.16.77
HACKETT, Mary, 5-20, WF, 3-15.16.78
HACKETT, Benjamin, 5-20, WM, 3-15.16.79
HACKETT, Nellie, 5-20, WF, 3-15.16.80
HACKETT, Wm., 5-20, WM, 3-15.16.81
HACKETT, Stephen, 0-5, WM, 3-15.16.82
HACKETT, Catharine, 0-5, WF, 3-15.16.83
MOONEY, John, 20-60, IM, 3-16.17.84
MOONEY, Annie, 5-20, WF, 3-16.17.85
MOONEY, Joseph, 5-20, WM, 3-16.17.86
MOONEY, Maggie, 5-20, WF, 3-16.17.87
MOONEY, Robert, 5-20, WM, 3-16.17.88
REED, Patrick, 20-60, IM, 3-17.18.89
REED, Maggie, 60+, WF, 3-17.18.90
CASEY, Kate, 20-60, WF, 4-17.18.91
CASEY, Maggie, 5-20, WF, 4-17.18.92
CASEY, Mary, 5-20, WF, 4-17.18.93
CASEY, Nellie, 5-20, WF, 4-17.18.94
CASEY, Lizzie, 5-20, WF, 4-17.18.95
CASEY, Willie, 0-5, WM, 4-17.18.96
CASEY, John, 0-5, WM, 4-17.18.97
BOWLBY, David, 60+, WM, 4-18.19.98
BOWLBY, Mary J., 20-60, WF, 4-18.19.99
BOWLBY, Harvey, 20-60, WM, 4-18.19.100
BOWLBY, Edith, 5-20, WF, 4-18.19.101
BOWLBY, Estella, 5-20, WF, 4-18.19.102
BOWLBY, James A., 5-20, WM, 4-18.19.103
DEHART, Milleo, 20-60, WM, 4-19.20.104

HUNTERDON CO. NJ 1895 STATE CENSUS
Township of Bethlehem

DEHART, Carrie, 5-20, WF, 4-19.20.105
DEHART, Dora J., 0-5, WM, 4-19.20.106
DEHART, John W., 0-5, WM, 4-19.20.107
DEHART, Samuel H., 0-5, WM, 4-19.20.108
BUSENBURY, Mary J., 20-60, WF, 4-20.21.109
BUSENBURY, Lizzie, 5-20, WF, 4-20.21.110
BUSENBURY, Elijah, 5-20, WM, 4-20.21.111
BOWLBY, Robert, 20-60, WM, 4-21.22.112
BOWLBY, Elizabeth, 20-60, WF, 4-21.22.113
BOWLBY, Carrie, 20-60, WF, 4-21.22.114
BOWLBY, Harry, 20-60, WM, 4-21.22.115
BOWLBY, Rosco, 5-20, WM, 4-21.22.116
BOWLBY, Martin L., 5-20, WM, 4-21.22.117
THARP, Daniel, 60+, WM, 4-22.23.118
THARP, Rachel, 60+, WF, 4-22.23.119
CASE, Wm. R., 20-60, WM, 4-23.24.120
CASE, Mary A., 20-60, WF, 5-23.24.131
CASE, Sallie A., 20-60, WF, 5-23.24.122
CASE, Theo H., 20-60, WM, 5-23.24.123
CASE, Ida M., 5-20, WF, 5-23.24.124
REED, Henry, 20-60, WM, 5-24.25.125
MILLER, Lewis, 20-60, WM, 5-24.25.126
MILLER, Jennie, 20-60, WF, 5-24.25.127
MILLER, Mary, 0-5, WF, 5-24.25.128
MILLER, Milton H., 0-5, WM, 5-24.25.129
MILLER, Esther, 0-5, WF, 5-24.25.130
HAZELET, John W., 20-60, WM, 5-25.26.131
HAZELET, Annie D., 20-60, WF, 5-25.26.132
HAZELET, Maud P., 5-20, WF, 5-25.26.133
HAZELET, Jennie A., 0-5, WF, 5-25.26.134
HAZELET, Phillip A., 20-60, WM, 5-25.26.135
TETTEMER, Edward, 20-60, WM, 5-25.26.136
DAVIS, Peter, 20-60, WM, 5-26.27.137
DAVIS, Mary, 20-60, WF, 5-26.27.138
DAVIS, Elisha, 5-20, WM, 5-26.27.139
DAVIS, Harry, 5-20, WM, 5-26.27.140
DAVIS, Howard, 5-20, WM, 5-26.27.141
DAVIS, Joseph, 5-20, WM, 5-26.27.142
DAVIS, Miller, 0-5, WM, 5-26.27.143
DAVIS, Mamie, 0-5, WF, 5-26.27.144
CAWLEY, Arthur, 20-60, WM, 5-27.28.145
CAWLEY, Penelope, 5-20, WF, 5-27.28.146
CAWLEY, Herbert, 0-5, WM, 5-27.28.147
CAWLEY, Mary L., 20-60, WF, 5-27.28.148
CAWLEY, Bessie, 20-60, WF, 5-27.28.149
CAWLEY, Frank, 20-60, WM, 5-27.28.150
JORDON, James, 60+, WM, 6-27.28.151
KINNEY, James C., 20-60, WM, 6-28.29.152
KINNEY, Rebecca A., 20-60, WF, 6-28.29.153
KINNEY, Frank, 5-20, WM, 6-28.29.154
KINNEY, John, 5-20, WM, 6-28.29.155
SMITH, James B., 20-60, WM, 6-28.29.156
SMITH, Margaret, 20-60, WF, 6-28.29.157
CASE, Trommer, 60+, WM, 6-29.30.158
CASE, Caroline, 20-60, WF, 6-29.30.159
CASE, Catherine, 20-60, WF, 6-29.30.160
HENDERSHOT, Peter, 20-60, WM, 6-30.31.161
HENDERSHOT, Mary J., 20-60, WF, 6-30.31.162
HENDERSHOT, Annie, 20-60, WF, 6-30.31.163
HENDERSHOT, Martha, 5-20, WF, 6-30.31.164
HENDERSHOT, Harry, 5-20, WM, 6-30.31.165
HAUGHWOUT, Charles, 20-60, WM, 6-31.32.166
HAUGHWOUT, Sarah, 20-60, WF, 6-31.32.167
HAUGHWOUT, Frank, 5-20, WM, 6-31.32.168
HOWARD, Wm. H., 20-60, WM, 6-32.33.169
HOWARD, Matilda C., 20-60, WF, 6-32.33.170
TINSMAN, Sylvester J., 20-60, WM, 6-33.34.171
TINSMAN, Mary W., 20-60, GF, 6-33.34.172
TINSMAN, Edith May, 5-20, WF, 6-33.34.173
LEFFEVER, James, 20-60, WM, 6-34.35.174
LEFFEVER, Lydia, 20-60, WF, 6-34.35.175
LEFFEVER, Arthur, 5-20, WM, 6-34.35.176
LEFFEVER, Susan D., 5-20, WF, 6-34.35.177
LEFFEVER, Maggie, 5-20, WF, 6-34.35.178
EGERTY, Jacob, 20-60, GM, 6-35.36.179
EGERTY, Rebecca A., 20-60, WF, 6-35.36.180
EGERTY, Benjamin, 5-20, WM, 7-35.36.181
EGERTY, Harvey, 5-20, WM, 7-35.36.182
BULMER, Anna, 20-60, GF, 7-36.37.183
OSBORN, Minnie A., 5-20, WF, 7-36.37.184
MURPHY, Timothy, 60+, IM, 7-37.38.185
MAHLON, Patrick, 60+, IM, 7-37.38.186
KIERMAN, John, 20-60, IM, 7-38.39.187
KIERMAN, Susan, 20-60, IF, 7-38.39.188
KIERMAN, Joseph, 5-20, WM, 7-38.39.189
KIERMAN, Susan, 5-20, WF, 7-38.39.190
KIERMAN, Ellen, 5-20, WF, 7-38.39.191
McCORMICK, Frank, 20-60, WM, 7-39.40.192
McCORMICK, Mary, 20-60, WF, 7-39.40.193
McCORMICK, Matilda, 0-5, WF, 7-39.40.194
McCORMICK, Lillie, 0-5, WF, 7-39.40.195
CISCO, Peter, 60+, IM, 7-40.41.196
CISCO, Eliza, 60+, IF, 7-40.41.197
HACKETT, Theodosia, 60+, WF, 7-41.42.198
HACKETT, Amanda, 20-60, WF, 7-41.42.199
MILLS, Wm. H., 20-60, WM, 7-42.43.200
MILLS, Matilda, 20-60, WF, 7-42.43.201
MILLS, Hattie R., 5-20, WF, 7-42.43.202
MILLS, Charles, 5-20, WM, 7-42.43.203
MILLS, Frank H., 5-20, WM, 7-42.43.204
MILLS, Mary E., 0-5, WF, 7-42.43.205
MILLS, Perl C., 0-5, WF, 7-42.43.206
BENWARD, Sarah, 20-60, WF, 7-43.44.207
BENWARD, Lizzie, 5-20, WF, 7-43.44.208
WENE, Nancy, 60+, WF, 7-44.45.209
SCOTT, Lizzie, 20-60, WF, 7-44.45.210
OHARON, Patrick, 20-60, IM, 8-45.46.211
OHARON, Mary, 20-60, IF, 8-45.46.212
OHARON, John, 5-20, WM, 8-45.46.213
OHARON, James, 5-20, WM, 8-45.46.214

HUNTERDON CO. NJ 1895 STATE CENSUS
Township of Bethlehem

OHARON, Margaret, 5-20, WF, 8-45.46.215
OHARON, Annie, 5-20, WF, 8-45.46.216
OHARON, Edward, 5-20, WM, 8-45.46.217
OHARON, Frances, 0-5, WM, 8-45.46.218
OHARON, Kate, 0-5, WF, 8-45.46.219
OHARON, Michael, 60+, IM, 8-46.47.220
OHARON, Ellen, 60+, IF, 8-46.47.221
McCARTHY, Dennis, 60+, IM, 8-47.48.222
McCARTHY, Hannora, 60+, IF, 8-47.48.223
McCARTHY, Maggie, 20-60, WF, 8-47.48.224
MANEY, John, 60+, IM, 8-48.49.225
MANEY, Mary, 60+, IF, 8-48.49.226
HAYS, Margaret, 20-60, WF, 8-48.49.227
HAYS, John, 0-5, WM, 8-48.49.228
HAYS, James, 0-5, WM, 8-48.49.229
MANEY, Kate, 5-20, WF, 8-48.49.230
MANEY, Mary, 20-60, WF, 8-48.49.231
RUSSEL, Patrick, 60+, IM, 8-48.49.232
RUSSEL, Mary, 20-60, IF, 8-48.49.233
RUSSEL, Kate, 5-20, WF, 8-48.49.234
AYLWARD, Richard, 20-60, OM, 8-48.49.235
AYLWARD, Marga, 20-60, IF, 8-48.49.236
AYLWARD, John, 5-20, WM, 8-48.49.237
AYLWARD, Thomas, 0-5, WM, 8-48.49.238
AYLWARD, Mary A., 0-5, WF, 8-48.49.239
AYLWARD, Richard N., 0-5, WM, 8-48.49.240
DAVIS, John, 20-60, WM, 9-51.52.241
DAVIS, Mary, 20-60, WF, 9-51.52.242
CROFFERD, Thomas, 20-60, WM, 9-51.52.243
CHAMBERLIN, Wm., 20-60, WM, 9-52.53.244
CHAMBERLIN, Jane, 20-60, WF, 9-52.53.245
CHAMBERLIN, Mathias, 20-60, WM, 9-52.53.246
SAMPSON, John, 20-60, OM, 9-52.54.247
SAMPSON, Uddie, 20-60, WF, 9-52.54.248
SAMPSON, Grace J., 5-20, WF, 9-52.54.249
SAMPSON, Wm. H., 0-5, WM, 9-52.54.250
MURPHY, Dennis, 60+, IM, 9-53.55.251
MURPHY, Mary, 60+, IF, 9-53.55.252
MULLIGAN, Wm., 60+, WM, 9-54.56.253
MULLIGAN, Margaret, 20-60, WF, 9-54.56.254
SLATER, Isaac, 20-60, WM, 9-54.56.255
MARTIN, Jacob, 60+, WM, 9-55.57.256
MARTIN, Sarah E., 60+, WF, 9-55.57.257
MARTIN, Nellie, 5-20, WF, 9-55.57.258
MARTIN, Harry, 5-20, WM, 9-55.57.259
DILTS, John C., 20-60, WM, 9-55.58.260
DILTS, Anna J., 20-60, WF, 9-55.58.261
DILTS, Cora, 5-20, WF, 9-55.58.262
DILTS, Charles, 5-20, WM, 9-55.58.263
DILTS, Martin, 5-20, WM, 9-55.58.264
HULSIZER, John A., 20-60, WM, 9-56.59.265
HULSIZER, Lizzie, 60+, WF, 9-56.59.266
HULSIZER, Wm. R., 5-20, WM, 9-56.59.267
HULSIZER, Emily B., 5-20, WF, 9-56.59.268
HULSIZER, Catherine, 5-20, WF, 9-56.59.269
HULSIZER, Anna B., 0-5, WF, 9-56.59.270
BRISTOL, Samuel A., 20-60, WM, 10-57.60.271
BRISTOL, Annie, 20-60, WF, 10-57.60.272
MORRIS, Mary, 20-60, WF, 10-57.60.273
OSMUN, Charles W., 20-60, WM, 10-58.61.274
OSMUN, Lizzie M., 20-60, WF, 10-58.61.275
OSMUN, Blanch L., 5-20, WF, 10-58.61.276
MILLS, Wm. E., 5-20, WM, 10-58.61.277
EGERTY, Oliver, 20-60, WM, 10-58.61.278
PROCTOR, Emma, 20-60, WF, 10-58.61.279
HINER, Wm., 20-60, WM, 10-59.62.280
HINER, Mary, 20-60, WF, 10-59.62.281
HINER, Frank P., 5-20, WM, 10-59.62.282
HINER, John F., 5-20, WM, 10-59.62.283
HINER, Wm. E., 5-20, WM, 10-59.62.284
HINER, Harry W., 5-20, WM, 10-59.62.285
HINER, John, 20-60, WM, 10-59.62.286
CARBERRY, Michael, 20-60, IM, 10-60.63.287
CARBERRY, Margaret, 20-60, IF, 10-60.63.288
CARBERRY, James, 5-20, WM, 10-60.63.289
ELDRIDGE, John, 60+, IM, 10-60.63.290
HOFFMAN, Samuel, 20-60, WM, 10-61.64.291
HOFFMAN, Annie, 20-60, WF, 10-61.64.292
GROVES, Rachel, 60+, CF, 10-62.65.293
GROVES, Fred, 5-20, CM, 10-62.65.294
GROVES, Hattie, 5-20, CF, 10-62.65.295
BROKAW, Bessie, 5-20, CF, 10-62.65.296
BROKAW, Rachel, 0-5, CF, 10-62.65.297
BROKAW, Grace, 0-5, CF, 10-62.65.298
BROKAW, Francis, 20-60, CF, 10-62.65.299
BROKAW, George, 20-60, CM, 10-62.65.300
GROVES, James, 5-20, CM, 11-62.65.301
GROVES, Stewart, 20-60, CM, 11-63.66.302
GROVES, Mary, 20-60, CF, 11-63.66.303
GROVES, Lulu, 5-20, CF, 11-63.66.304
GROVES, George, 5-20, CM, 11-63.66.305
GROVES, Jennie, 5-20, CF, 11-63.66.306
GROVES, Arthur, 0-5, CM, 11-63.66.307
BOWLBY, Nelson, 20-60, WM, 11-64.67.308
BOWLBY, Emma, 20-60, WF, 11-64.67.309
BOWLBY, Arthur, 5-20, WM, 11-64.67.310
BOWLBY, Lulu, 5-20, WF, 11-64.67.311
FITZER, Mella, 5-20, WF, 11-64.67.312
TIGER, John, 20-60, WM, 11-64.67.313
BOWLBY, Lee, 5-20, WM, 11-64.67.314
CREVELING, Jacob, 60+, WM, 11-64.68.315
CREVELING, Emma C., 20-60, WF, 11-64.68.316
MYRES, Wm. E., 20-60, WM, 11-65.69.317
MYRES, Eva, 20-60, WF, 11-65.69.318
MYRES, Lena E., 5-20, WF, 11-65.69.319
MYRES, Albert J., 5-20, WM, 11-65.69.320
ORT, James K., 20-60, WM, 11-66.70.321
ORT, Matilda B., 20-60, WF, 11-66.70.322
ORT, Walter E., 20-60, WM, 11-66.70.323
ORT, Minnie E., 5-20, WF, 11-66.70.324

HUNTERDON CO. NJ 1895 STATE CENSUS
Township of Bethlehem

ORT, Miller F., 5-20, WM, 11-66.70.325
LANNING, Ida, 5-20, WF, 11-66.70.326
HULSIZER, Wm. K., 20-60, WM, 11-67.71.327
HULSIZER, Barbera, 20-60, WF, 11-67.71.328
HULSIZER, Thomas, 5-20, WM, 11-67.71.329
HULSIZER, James, 5-20, WM, 11-67.71.330
HULSIZER, Irvin, 5-20, WM, 12-67.71.331
HULSIZER, Fannie, 5-20, WF, 12-67.71.332
BENJAMIN, Thomas, 20-60, CM, 12-68.72.333
TENEYCKE, Margaret A., 60+, CF, 12-68.72.334
CREAGER, George, 20-60, WM, 12-69.73.335
CREAGER, Roslina, 20-60, WF, 12-69.73.336
CREAGER, Samuel, 20-60, WM, 12-69.73.337
CREAGER, Harry, 5-20, WM, 12-69.73.338
CREAGER, Lizzie, 5-20, WF, 12-69.73.339
CREAGER, Fanny, 5-20, WF, 12-69.73.340
HUMMEL, Henry, 60+, WM, 12-70.74.341
HUMMEL, Margaret, 60+, WF, 12-70.74.342
HUMMEL, Joseph, 20-60, WM, 12-70.74.343
HOPPOCK, Amos, 60+, WM, 12-71.75.344
OHARA, Susan, 20-60, WF, 12-71.75.345
OHARA, Joseph, 5-20, WM, 12-71.75.346
CRATSLEY, Margaret, 20-60, WF, 12-72.76.347
STIRES, Eleazer, 20-60, WM, 12-73.77.348
STIRES, Mary, 20-60, WF, 12-73.77.349
STIRES, Viola, 5-20, WF, 12-73.77.350
STIRES, Gertrude, 0-5, WF, 12-73.77.351
WILLEVER, Elisha, 20-60, WM, 12-74.78.352
WILLEVER, Elizabeth, 20-60, WF, 12-74.78.353
WILLEVER, Stella E., 5-20, WF, 12-74.78.354
WILLEVER, Lena B., 5-20, WF, 12-74.78.355
WILLEVER, Roy C., 5-20, WM, 12-74.78.356
WILLEVER, Sadie, 5-20, WF, 12-74.78.357
SMITH, Simeon H., 20-60, WM, 12-75.79.358
SMITH, Evalena, 20-60, WF, 12-75.79.359
SMITH, Kate, 5-20, WF, 12-75.79.360
SMITH, Anna E., 5-20, WF, 13-75.79.361
SMITH, Edna F., 5-20, WF, 13-75.79.362
SMITH, Sallie, 5-20, WF, 13-75.79.363
SMITH, Simeon H. Jr., 5-20, WM, 13-75.79.364
BLOOM, Wm. C., 60+, WM, 13-76.80.365
BLOOM, J. L., 20-60, WF, 13-76.80.366
CREVELING, Elsworth S., 20-60, WM, 13-77.81.367
CREVELING, Adrena J., 20-60, WF, 13-77.81.368
CREVELING, Mildred A., 5-20, WF, 13-77.81.369
CREVELING, Edith W., 5-20, WF, 13-77.81.370
CREVELING, Margie M., 0-5, WF, 13-77.81.371
ALBRIGHT, George P., 20-60, WM, 13-78.82.372
ALBRIGHT, Estella, 20-60, WF, 13-78.82.373
ALBRIGHT, Blanche H., 5-20, WF, 13-78.82.374
ALBRIGHT, Robert E., 0-5, WM, 13-78.82.375
ALBRIGHT, George E., 0-5, WM, 13-78.82.376
WYCKOFF, George A., 20-60, WM, 13-79.83.377
WYCKOFF, Henrietta V., 20-60, WF, 13-79.83.378
WYCKOFF, Ida, 5-20, WF, 13-79.83.379
WYCKOFF, Benjamin L., 5-20, WM, 13-79.83.380
WYCKOFF, Mary A., 5-20, WF, 13-79.83.381
STRUBLE, Howard S., 20-60, WM, 13-80.84.382
STRUBLE, Lena P., 20-60, WF, 13-80.84.383
STRUBLE, Rebecca A., 60+, WF, 13-80.84.384
SEGUINE, Jennie, 20-60, WF, 13-81.85.385
SEGUINE, Wm. P., 5-20, WM, 13-81.85.386
SEGUINE, Lucy P., 5-20, WF, 13-81.85.387
LANNING, John, 20-60, WM, 13-82.86.388
LANNING, Charity, 20-60, WF, 13-82.86.389
LANNING, Lizzie, 5-20, WF, 13-82.86.390
RACE, Stacy B., 20-60, WM, 14-83.87.391
RACE, Ella, 20-60, WF, 14-83.87.392
RACE, Mabel, 0-5, WF, 14-83.87.393
BLOOM, Wm. H., 20-60, WM, 14-83.87.394
BLOOM, Matilda, 20-60, WF, 14-83.87.395
LAIR, Bell, 20-60, WF, 14-83.87.396
LAIR, Nettie, 5-20, WF, 14-83.87.397
WILLIAMSON, Helena A., 20-60, WF, 14-84.88.398
WILLIAMSON, Minnie, 20-60, WF, 14-84.88.399
LOW, John, 20-60, WM, 14-85.89.400
LOW, Rebecca, 20-60, WF, 14-85.89.401
PAINTER, Joseph H., 60+, WM, 14-86.90.402
PAINTER, Elizabeth A., 60+, WF, 14-86.90.403
BAYLOR, George A., 20-60, WM, 14-87.91.404
BAYLOR, Sallie A., 20-60, WF, 14-87.91.405
BAYLOR, Earl, 0-5, WM, 14-87.91.406
WALLICE, Thomas, 60+, WM, 14-87.91.407
BURWELL, Charles R., 60+, WM, 14-88.92.408
BURWELL, Margaret E., 60+, WF, 14-88.92.409
BURWELL, Mary J., 20-60, WF, 14-88.92.410
BURWELL, Lizzie H., 20-60, WF, 14-88.92.411
BURWELL, Charles R., 20-60, WM, 14-88.92.412
HOUGHAWOUT, Charles Jr., 5-20, WM, 14-88.92.413
DALRYMPLE, John, 20-60, WM, 14-89.93.414
DALRYMPLE, Martha, 20-60, WF, 14-89.93.415
DALRYMPLE, Mary E., 5-20, WF, 14-89.93.416
DALRYMPLE, Ellis M., 5-20, WM, 14-89.93.417
DALRYMPLE, Mathias T., 5-20, WM, 14-89.93.418
DALRYMPLE, Thomas D., 60+, WM, 14-89.93.419
HUDDLESON, Robert, 20-60, WM, 14-89.93.420
CREVELING, Wm. S., MD, 60+, WM, 15-90.94.421
CREVELING, Thisby M., 60+, WF, 15-90.94.422
PERSON, Anna, 20-60, WF, 15-91.95.423
PERSON, John B., 20-60, WM, 15-91.95.424
PERSON, Charles, 5-20, WM, 15-91.95.425
PERSON, Ella, 5-20, WF, 15-91.95.426
PERSON, Harry, 5-20, WM, 15-91.95.427
KITCHEN, George, 20-60, WM, 15-91.95.428
KITCHEN, Mary, 60+, WF, 15-91.95.429
KITCHEN, Nellie, 0-5, WF, 15-91.95.430
KITCHEN, Edith, 0-5, WF, 15-91.95.431
KITCHEN, Hannah, 0-5, WF, 15-91.95.432
KITCHEN, Judson, 0-5, WM, 15-91.95.433
CREVELING, John R., 20-60, WM, 15-92.96.434

HUNTERDON CO. NJ 1895 STATE CENSUS
Township of Bethlehem

CREVELING, Laura H., 20-60, WF, 15-92.96.435
CREVELING, Mary A., 5-20, WF, 15-92.96.436
HASSEL, Holaway, 20-60, WM, 15-93.97.437
HASSEL, Matilda, 20-60, WF, 15-93.97.438
BEBBLER, Juliers, 5-20, WM, 15-93.97.439
HOUSEL, James, 60+, WM, 15-93.97.440
DEWYER, Michael, 20-60, IM, 15-94.98.441
DEWYER, Mary, 20-60, IF, 15-94.98.442
WILLIAMSON, Benton, 20-60, WM, 15-95.99.443
WILLIAMSON, Lydia, 20-60, WF, 15-95.99.444
WILLIAMSON, Minnie, 5-20, WF, 15-95.99.445
WILLIAMSON, Della, 5-20, WF, 15-95.99.446
WILLIAMSON, Thurman, 5-20, WM, 15-95.99.447
RODENBAUGH, Emery, 20-60, WM, 15-96.100.448
RODENBAUGH, Hannah, 20-60, WF, 15-96.100.449
RODENBAUGH, Christiana, 5-20, WF, 15-96.100.450
RODENBAUGH, Thomas, 20-60, WM, 16-96.100.451
HECK, Christopher, 60+, pawpers, GM, 16-96.100.452
LANDERS, Michael, 60+, pawper, IM, 16-96.100.453
EDMONDS, Ruth, 60+, pawper, WF, 16-96.100.454
RIDDLE, George R., 20-60, WM, 16-97.101.455
RIDDLE, May K., 20-60, WF, 16-97.101.456
RIDDLE, Jennie S., 0-5, WF, 16-97.101.457
WILLEVER, Elizabeth W., 60+, WF, 16-98.102.458
WILLEVER, James H., 20-60, WM, 16-98.102.459
WILLEVER, George W., 20-60, WM, 16-98.102.460
WILLEVER, Anna E., 20-60, WF, 16-98.102.461
HAWK, John S., 20-60, WM, 16-99.103.462
HAWK, Chester H., 20-60, WM, 16-99.103.463
HAWK, Edith, 20-60, WF, 16-99.103.464
HAWK, Kate, 5-20, WF, 16-99.103.465
HAWK, Sallie, 5-20, WF, 16-99.103.466
HAWK, Frank, 5-20, WM, 16-99.103.467
HAWK, Anna B., 5-20, WF, 16-99.103.468
VLIET, Garret M., 20-60, WM, 16-100.104.469
VLIET, George M., 20-60, WM, 16-100.104.470
VLIET, Alice V., 20-60, WF, 16-100.104.471
KEIFER, Michael, 20-60, GM, 16-101.105.472
KEIFER, Mary, 20-60, WF, 16-101.105.473
KEIFER, Lizzie, 5-20, WF, 16-101.105.474
KEIFER, George H., 5-20, WM, 16-101.105.475
KEIFER, Charles S., 5-20, WM, 16-101.105.476
KEIFER, Oscar E., 5-20, WM, 16-101.105.477
KEIFER, Alfred W., 0-5, WM, 16-101.105.478
KEIFER, Lewis, 20-60, GM, 16-101.105.479
WIZE, William, 20-60, WM, 16-102.106.480
WIZE, Emma C., 20-60, WF, 17-102.106.481
WIZE, Oscar T., 5-20, WM, 17-102.106.482
WIZE, Sarah J., 5-20, WF, 17-102.106.483
WIZE, George R., 5-20, WM, 17-102.106.484
COLE, Godfrey, 60+, WM, 17-103.107.485
COLE, Lucinda, 60+, WF, 17-103.107.486
COLE, Levenia, 5-20, WF, 17-103.107.487
COLE, Jacob, 5-20, WM, 17-103.107.488
BOSS, Joseph B., 60+, WM, 17-104.108.489
BOSS, Jane, 60+, WF, 17-104.108.490
SMITH, Reuben H., 20-60, WM, 17-105.109.491
SMITH, Maggie, 20-60, WF, 17-105.109.492
SMITH, Grace, 5-20, WF, 17-105.109.493
SMITH, Stella, 5-20, WF, 17-105.109.494
SMITH, Howard, 5-20, WM, 17-105.109.495
SMITH, Viola, 0-5, WF, 17-105.109.496
HUMMER, Mahlon O., 20-60, WM, 17-106.110.497
HUMMER, Electa, 20-60, WF, 17-106.110.498
HUMMER, James C., 5-20, WM, 17-106.110.499
HUMMER, Sadie, 5-20, WF, 17-106.110.500
POTTS, Peter, 20-60, WM, 17-106.110.501
COLE, Neoma, 5-20, WF, 17-106.110.502
BIGBY, Samuel, 20-60, WM, 17-107.111.503
BIGBY, Jennie, 20-60, WF, 17-107.111.504
BIGBY, Mabel, 0-5, WF, 17-107.111.505
MYRES, Frank P., 20-60, WM, 17-108.112.506
MYRES, Lizzie, 20-60, WF, 17-108.112.507
MYRES, Charles, 5-20, WM, 17-108.112.508
MYRES, Mattie, 5-20, WF, 17-108.112.509
MYRES, Luella, 5-20, WF, 17-108.112.510
MYRES, Eddie J., 5-20, WM, 18-108.112.511
MYRES, Catherine, 0-5, WF, 18-108.112.512
LEWIS, Joseph, 20-60, WM, 18-109.113.513
LEWIS, Mary, 20-60, WF, 18-109.113.514
LEWIS, Mabel, 0-5, WF, 18-109.113.515
APGAR, H. Stanford, 20-60, WM, 18-110.114.516
APGAR, Lizzie, 20-60, WF, 18-110.114.517
APGAR, Mary B., 20-60, WF, 18-110.114.518
APGAR, Kate D., 5-20, WF, 18-110.114.519
APGAR, Florence E., 5-20, WF, 18-110.114.520
APGAR, Samuel W., 5-20, WM, 18-110.114.521
APGAR, Ella N., 5-20, WF, 18-110.114.522
THATCHER, Jesse B., 20-60, WM, 18-111.115.523
THATCHER, Helen B., 20-60, WF, 18-111.115.524
THATCHER, Edna B., 5-20, WF, 18-111.115.525
STAATES, Amos, 20-60, WM, 18-112.116.526
STAATES, Sarah E., 20-60, WF, 18-112.116.527
STAATES, Viola, 20-60, WF, 18-112.116.528
STAATES, Frank, 5-20, WM, 18-112.116.529
STAATES, Walter, 5-20, WM, 18-112.116.530
STAATES, Lena, 5-20, WF, 18-112.116.531
STAATES, Susan, 5-20, WF, 18-112.116.532
MILLS, Barren, 20-60, WM, 18-113.117.533
MILLS, Annie, 20-60, WF, 18-113.117.534
MILLS, Florence, 5-20, WF, 18-113.117.535
MILLS, James, 5-20, WM, 18-113.117.536
MILLS, Clara, 5-20, WF, 18-113.117.537
MILLS, Eddie, 0-5, WM, 18-113.117.538
HART, John, 20-60, WM, 18-114.118.539
HART, Josephin, 20-60, WF, 18-114.118.540
HART, Wm. D., 5-20, WM, 19-114.118.541
HART, Charles S., 0-5, WM, 19-114.118.542
JUMPER, Sarah, 20-60, WF, 19-115.119.543
JUMPER, Anna, 5-20, WF, 19-115.119.544

HUNTERDON CO. NJ 1895 STATE CENSUS
Township of Bethlehem

JUMPER, Harry, 5-20, WM, 19-115.119.545
JUMPER, Percy, 5-20, WM, 19-115.119.546
JUMPER, Lattie, 5-20, WF, 19-115.119.547
JUMPER, Hilda, 0-5, WF, 19-115.119.548
SNYDER, Abraham P., 20-60, WM, 19-116.120.549
SNYDER, Jessie, 20-60, WF, 19-116.120.550
SNYDER, Clinton, 5-20, WM, 19-116.120.551
SNYDER, Raymond, 5-20, WM, 19-116.120.552
ROBBINS, Susan M., 60+, WF, 19-117.121.553
ROBBINS, Sylvester, 20-60, WM, 19-117.121.554
ROBBINS, Ella, 20-60, WF, 19-117.121.555
ROBBINS, Harry K., 20-60, WM, 19-117.121.556
ROBBINS, Isabelle, 20-60, WF, 19-117.121.557
HOFFMAN, Thomas T., 20-60, WM, 19-118.122.558
HOFFMAN, Anna E., 20-60, WF, 19-118.122.559
HOFFMAN, Mary, 20-60, WF, 19-118.122.560
HOFFMAN, Frank, 5-20, WM, 19-118.122.561
PARKER, Wm. H., 20-60, WM, 19-119.123.562
PARKER, Charlotte, 20-60, WF, 19-119.123.563
PARKER, Eliza, 20-60, WF, 19-119.123.564
PARKER, Charlotte W., 5-20, WF, 19-119.123.565
MELLICK, Theo., 20-60, WM, 19-120.124.566
MELLICK, Emma, 20-60, WF, 19-120.124.567
MELLICK, Blanche, 5-20, WF, 19-120.124.568
MELLICK, Maud, 5-20, WF, 19-120.124.569
MELLICK, Wm. R., 5-20, WM, 19-120.124.570
FULMER, Wm. A., 20-60, WM, 20-121.125.571
FULMER, Kate, 20-60, WF, 20-121.125.572
STAMATS, Oscar, 20-60, WM, 20-122.126.573
STAMATS, Lizzie, 20-60, WF, 20-122.126.574
STAMATS, Raymond, 0-5, WM, 20-122.126.575
STAMATS, Frank, 20-60, WM, 20-122.126.576
STAMATS, Susan, 60+, WF, 20-122.126.577
BECKERLEY, Wm. H., 20-60, OM, 20-123.127.578
BECKERLEY, Ellen N., 20-60, WF, 20-123.127.579
BECKERLEY, Wm. R., 5-20, WM, 20-123.127.580
BECKERLEY, Viola, 5-20, WF, 20-123.127.581
GARDNER, Mary E., 20-60, WF, 20-124.128.582
SMITH, Addie E., 20-60, WF, 20-124.128.583
LINABERRY, John S., MD, 60+, WM, 20-125.129.584
LINABERRY, Ellen, 20-60, WF, 20-125.129.585
EMERY, Henry J., 20-60, WM, 20-126.130.586
EMERY, Arletta, 20-60, WF, 20-126.130.587
EMERY, Laura, 5-20, WF, 20-126.130.588
VANWAGENEN, Silas W., 20-60, WM, 20-127.131.589
VLIET, Elisha T., 60+, WM, 20-128.132.590
VLIET, Rachel, 20-60, WF, 20-128.132.591
TOMLINSON, Ann, 60+, WF, 20-128.132.592
KREMER, George B., 20-60, WM, 20-129.133.593
KREMER, Martha, 20-60, WF, 20-129.133.594
KREMER, Lizzie, 5-20, WF, 20-130.134.595
HOUCK, Ase T., 20-60, WM, 20-130.134.596
HOUCK, Matilda, 20-60, WF, 20-130.134.597
HOUCK, Samuel, 0-5, WM, 20-130.134.598
PARKER, Luther C., 20-60, WM, 20-131.135.599
PARKER, Anna E., 20-60, WF, 20-131.135.600
PARKER, Mary, 0-5, WF, 21-131.135.601
WENE, George W., 20-60, WM, 21-132.136.602
WENE, Sarah M., 20-60, WF, 21-132.136.603
LEWDROP, John, 20-60, WM, 21-133.137.604
LEWDROP, Anna, 20-60, WF, 21-133.137.605
FUNK, Henry L., 60+, WM, 21-134.138.606
FUNK, Mary, 20-60, WF, 21-134.138.607
SHIPMAN, Emma, 20-60, WF, 21-134.138.608
SHIPMAN, Charles, 20-60, WM, 21-134.138.609
McKINNEY, Michael, 20-60, WM, 21-135.139.610
McKINNEY, Anna M., 5-20, WF, 21-135.139.611
McKINNEY, Catherine, 0-5, WF, 21-135.139.612
BRUNER, George, 20-60, WM, 21-136.140.613
BRUNER, Sophia F., 20-60, WF, 21-136.140.614
STAMATS, Margaret, 20-60, WF, 21-137.141.615
STAMATS, Mary K., 5-20, WF, 21-137.141.616
STAMATS, Katie, 5-20, WF, 21-137.141.617
STAMATS, Hummer, 5-20, WM, 21-137.141.618
LEWIS, Joseph, 20-60, WM, 21-138.142.619
LEWIS, Mary, 20-60, WF, 21-138.142.620
LEWIS, Mabel, 0-5, WF, 21-138.142.621
LAKE, Jesse J., 60+, WM, 21-139.143.622
LAKE, Matilda, 60+, WF, 21-139.143.623
LAKE, Ora, 5-20, WF, 21-139.143.624
SCOTT, George W., 20-60, WM, 21-140.144.625
SCOTT, Isabelle, 20-60, WF, 21-140.144.626
SCHOOLEY, Wm. A., 20-60, WM, 21-141.145.627
SCHOOLEY, Mary E., 20-60, WF, 21-141.145.628
SCHOOLEY, Edna S., 20-60, WF, 21-141.145.629
VLIET, Abraham, 20-60, WM, 22-142.146.630
VLIET, Sarah, 20-60, WF, 22-142.146.631
VLIET, Reba J., 0-5, WF, 22-142.146.632
PIDCOCK, George M., 20-60, WM, 22-[143.147].633
PIDCOCK, Minnie, 20-60, WF, 22-[143.147].634
PIDCOCK, Helen A., 0-5, WF, 22-[143.147].635
LARE, Charles, 20-60, WM, 22-[144.148].636
LARE, Sarah, 20-60, WF, 22-[144.148].637
LARE, Martin, 20-60, WM, 22-[144.148].638
LARE, Margaret, 60+, WF, 22-[144.148].639
STREEPY, George, 20-60, WM, 22-[145.149].640
STREEPY, Nettie, 20-60, WF, 22-[145.149].641
STREEPY, Wm., 5-20, WM, 22-[145.149].642
VLIET, John T., 20-60, WM, 22-[146.150].643
VLIET, Semantha, 20-60, WF, 22-[146.150].644
VLIET, Emily T., 5-20, WF, 22-[146.150].645
WAGNER, Samuel L., 20-60, WM, 22-[147.151].646
WAGNER, Livera A., 20-60, WF, 22-[147.151].647
HUFF, Wm. L., 20-60, WM, 22-[148.152].648
HUFF, Keziah A., 20-60, WF, 22-[148.152].649
HUFF, Ernest L., 5-20, WM, 22-[148.152].650
SMITH, George, 60+, WM, 22-[149.153].651
SMITH, Catherine, 60+, WF, 22-[149.153].652
SNYDER, Wm. H., 20-60, WF, 22-[150.154].653
SNYDER, Lizzie, 20-60, WF, 22-[150.154].654

HUNTERDON CO. NJ 1895 STATE CENSUS
Township of Bethlehem

SNYDER, Mary R., 5-20, WF, 22-[150.154].655
WILLIAMSON, Ingham, 20-60, WM, 22-[151.155].656
WILLIAMSON, Caroline, 20-60, WF, 22-[151.155].657
OPDYKE, John, 20-60, WM, 22-[152.156].658
OPDYKE, Elizabeth, 20-60, WF, 22-[152.156].659
OPDYKE, Orben, 5-20, WM, 22-[152.156].660
FLEMING, Wm., 20-60, WM, 23-153.157.661
FLEMING, Lucinda, 20-60, WF, 23-153.157.662
FLEMING, L. Bessie, 5-20, WF, 23-153.157.663
BASS, James, 60+, WM, 23-154.158.664
BASS, Mary C., 60+, WF, 23-154.158.665
McBRIDE, Carrie, 20-60, WF, 23-154.158.666
McBRIDE, Catherine, 0-5, WF, 23-154.158.667
SIDDERS, John, 20-60, WM, 23-155.159.668
SIDDERS, Sophia, 20-60, WF, 23-155.159.669
SIDDERS, Charles, 20-60, WM, 23-155.159.670
CARHART, Lydia, 60+, WF, 23-156.160.671
CARHART, Lizzie M., 20-60, WF, 23-156.160.672
GARDNER, Susan, 20-60, WF, 23-157.161.673
HUFF, Anna L., 20-60, WF, 23-157.161.674
DOUGLAS, A. A., 20-60, OM, 23-157.161.675
CURNAN, James, 20-60, IM, 23-157.161.676
GLERTZ, August, 60+, IM, 23-157.161.677
BLOGER, Henry, 20-60, WM, 23-157.161.678
KAFFITZ, Jacob, 5-20, IM, 23-157.161.679
TRIMMER, Frank, 20-60, WM, 23-158.162.680
TRIMMER, Clara, 20-60, WF, 23-158.162.681
HANCE, John T., 20-60, WM, 23-159.163.682
HANCE, Anna, 20-60, WF, 23-159.163.683
HANCE, Abraham S., 0-5, WM, 23-159.163.684
BUTLER, Mary, 20-60, WF, 23-160.164.685
BUTLER, James, 20-60, WM, 23-160.164.686
BUTLER, John H., 20-60, WM, 23-160.164.687
BUTLER, Asher, 5-20, WM, 23-160.164.688
BUTLER, Charles, 5-20, WM, 23-160.164.689
ANDERSON, Frances, 20-60, WF, 23-161.165.690
ANDERSON, Sherwood L., 5-20, WM, 24-162.166.691
ANDERSON, Ruth T., 5-20, WF, 24-162.166.692
LITTLE, Wm. R., 20-60, WM, 24-163.167.693
LITTLE, Wm. D., 5-20, WM, 24-163.167.694
PETTY, Emma, 20-60, WF, 24-163.167.695
CACKENER, Chaltta, 60+, WF, 24-164.168.696
CREVELING, John W., 20-60, WM, 24-165.169.697
CREVELING, Jennie, 20-60, WF, 24-165.169.698
CREVELING, Nellie, 20-60, WF, 24-165.169.699
HART, Catherine, 60+, WF, 24-166.170.700
VLIET, Stephen A. D., 20-60, WM, 24-167.171.701
VLIET, Lida, 20-60, WF, 24-167.171.702
VLIET, Frank, 0-5, WM, 24-167.171.703
VLIET, Addie, 0-5, WF, 24-167.171.704
VLIET, Mary J., 60+, WF, 24-168.172.705
VLIET, Garet E., 60+, WM, 24-168.172.706
REILEY, John, 20-60, WM, 24-169.173.707
ABLE, Mrs. K., 20-60, WF, 24-170.174.708
GUTMAN, Phoebe, 5-20, WF, 24-170.174.709
GUTMAN, Hamilton, 20-60, WM, 24-170.174.710
GALLEGER, Mary, 60+, IF, 24-170.174.711
SANSMAN, Wm., 20-60, WM, 24-170.174.712
ROSENBERGER, John B., 20-60, WM, 24-171.175.713
ROSENBERGER, Jennie, 20-60, WF, 24-171.175.714
ROSENBERGER, Hannah, 5-20, WF, 24-171.175.715
ROSENBERGER, George D., 5-20, WM, 24-171.175.716
BERDLEMAN, John, 20-60, WM, 24-172.176.717
BERDLEMAN, Adda, 20-60, WF, 24-172.176.718
BERDLEMAN, Adelade, 0-5, WF, 24-172.176.719
SHEARER, Ezekiah K., 20-60, WM, 24-173.177.720
SHEARER, Edith, 20-60, WF, 25-173.177.721
SMITH, Mrs. Rebecca K., 20-60, WF, 25-174.178.722
GASKELL, Lizzie, 20-60, WF, 25-174.178.723
GASKELL, Ora, 5-20, WF, 25-174.178.724
CREVELING, Marcus, 20-60, WM, 25-175.179.725
CREVELING, Bell, 20-60, WF, 25-175.179.726
DALRYMPLE, Charity, 20-60, WF, 25-175.179.727
THATCHER, Emily, 20-60, WF, 25-176.180.728
SMITH, Lizzie T., 20-60, WF, 25-176.180.729
CARTER, Charles S., 20-60, WM, 25-177.181.730
CARTER, Frances, 20-60, WF, 25-177.181.731
CARTER, Margaret, 0-5, WF, 25-177.181.732
BERTHOLOMEW, Sawilla, 20-60, WF, 25-177.181.733
SCHOOLEY, Wm. E., 60+, WM, 25-178.182.734
SCHOOLEY, Mary J., 60+, WF, 25-178.182.735
SCHOOLEY, George W., 20-60, WM, 25-178.182.736
SCHOOLEY, Victor Y., 20-60, WM, 25-178.182.737
PARKER, James, 20-60, WM, 25-179.183.738
PARKER, Mary M., 20-60, WF, 25-179.183.739
LEIGH, Charles, 20-60, WF, 25-179.183.740
HAWK, George, 20-60, WM, 25-180.184.741
HAWK, Elizabeth, 20-60, WF, 25-180.184.742
HAWK, Lester C., 5-20, WM, 25-180.184.743
HAWK, Carrie B., 60+, WF, 25-180.184.744
HULSIZER, Martin, 60+, WM, 25-181.185.745
HULSIZER, Sarah, 20-60, WF, 25-181.185.746
HULSIZER, S. C., 20-60, WM, 25-181.185.747
HARRISON, David, 20-60, WM, 25-182.186.748
HARRISON, Sarah J., 20-60, WF, 25-182.186.749
BUNN, Henry, 60+, WM, 26-183.187.750
BISSEY, John, 20-60, WM, 26-183.187.751
BISSEY, Mary, 20-60, WF, 26-183.187.752
GLITZ, Otto, 20-60, WM, 26-183.187.753
METTLER, Ann E., 60+, WF, 26-184.188.754
PARK, Stacy N., 60+, WM, 26-185.189.755
PARK, Catherine, 60+, WF, 26-185.189.756
THATCHER, Catherine, 60+, WF, 26-186.190.757
SCHOOLEY, Elizabeth, 60+, WF, 26-186.190.758
WEIDER, Abbie, 60+, WF, 26-187.191.759
WEIDER, John D., 20-60, WM, 26-187.191.760
WEIDER, Emma, 20-60, WF, 26-187.191.761
INSLEY, Anna, 20-60, WF, 26-187.191.762
INSLEY, Clarence, 5-20, WM, 26-187.191.763
REIGLE, Erasmus L., MD, 20-60, WM, 26-187.191.764

HUNTERDON CO. NJ 1895 STATE CENSUS
Township of Bethlehem

McCREA, Ella, 20-60, WF, 26-188.192.765
McCREA, Flora, 5-20, WF, 26-188.192.766
FARROW, Anna, 20-60, WF, 26-188.192.767
WILLIAMSON, Amos, 60+, WM, 26-189.193.768
WILLIAMSON, Margaret, 60+, WF, 26-189.193.769
WILLIAMSON, Bertha, 5-20, WF, 26-189.193.770
OSTERSTOCK, Alfred K., 20-60, WM, 26-189.193.771
OSTERSTOCK, Chester, 5-20, WM, 26-189.193.772
OSTERSTOCK, Cooper E., 0-5, WM, 26-189.193.773
STAMATS, George, 20-60, WM, 26-190.194.774
STAMATS, Emma, 20-60, WF, 26-190.194.775
STUTE, Anna, 60+, WF, 26-191.195.776
STUTE, Alice, 20-60, WF, 26-191.195.777
STUTE, Annie A., 20-60, WF, 26-191.195.778
STUTE, Wilhelmina B., 20-60, WF, 26-191.195.779
STIN, Philip, 20-60, WM, 26-191.195.780
KREMER, Philip K., 20-60, WM, 27-191.195.781
THUMA, Jacob, 20-60, WM, 27-191.195.782
ABLE, James, 20-60, WM, 27-192.196.783
ABLE, Sophia, 20-60, WF, 27-192.196.784
ABLE, Wm., 20-60, WM, 27-192.196.785
ABLE, Bertha, 5-20, WF, 27-192.196.786
ABLE, Joseph, 5-20, WM, 27-192.196.787
ABLE, Charles, 5-20, WM, 27-192.196.788
ABLE, Lester, 5-20, WM, 27-192.196.789
ABLE, Mary B., 0-5, WF, 27-192.196.790
ABLE, George, 0-5, WM, 27-192.196.791
PETTY, Cline, 20-60, WM, 27-193.197.792
PETTY, Sarah, 20-60, WF, 27-193.197.793
PETTY, Charles, 5-20, WM, 27-193.197.794
PETTY, Inez, 5-20, WF, 27-193.197.795
BROWN, Lillis C., 60+, WF, 27-194.198.796
BROWN, Alice, 20-60, WF, 27-194.198.797
OPDYKE, George, 60+, WM, 27-195.199.798
OPDYKE, Sarah, 20-60, WF, 27-195.199.799
WELCH, John C., 20-60, WM, 27-195.199.800
STOPP, Mary M., 60+, WF, 27-196.200.801
QUEEN, Allen J., 20-60, WM, 27-197.201.802
QUEEN, Cora J., 20-60, WF, 27-197.201.803
QUEEN, Lizzie G., 5-20, WF, 27-197.201.804
QUEEN, Charles W., 0-5, WM, 27-197.201.805
YOUNG, Valentine, 60+, WM, 27-198.202.806
YOUNG, Mary, 60+, WF, 27-198.202.807
YOUNG, Eston, 20-60, WM, 27-198.202.808
PETTY, Ida, 20-60, WF, 27-199.203.809
PETTY, Lizzie, 5-20, WF, 27-199.203.810
PETTY, Sadie, 5-20, WF, 28-199.203.811
PETTY, Minnie, 5-20, WF, 28-199.203.812
APGAR, Frank, 20-60, WM, 28-200.204.813
APGAR, Sadie, 20-60, WF, 28-200.204.814
APGAR, Ida M., 5-20, WF, 28-200.204.815
APGAR, Bessie, 0-5, WF, 28-200.204.816
WILLIAMSON, James M., 20-60, WM, 28-201.205.817
WILLIAMSON, Susan, 60+, WF, 28-201.205.818
ALLEN, Charles S., 20-60, WM, 28-201.205.819
ALLEN, Mary D., 20-60, WF, 28-201.205.820
ALLEN, Anna D., 0-5, WF, 28-201.205.821
DACHRODT, Wm., 60+, WM, 28-201.205.822
ALLEN, Catherine A., 60+, WF, 28-202.206.823
ALLEN, Mary E., 20-60, WF, 28-202.206.824
ALLEN, Edgar, 5-20, WM, 28-202.206.825
ALLEN, Eva M., 5-20, WF, 28-202.206.826
CREVELING, John W., 20-60, WM, 28-203.207.827
CREVELING, Mary, 20-60, WF, 28-203.207.828
CREVELING, Wm. S., 5-20, WM, 28-203.207.829
CREVELING, Anne, 5-20, WF, 28-203.207.830
CREVELING, Louis, 0-5, WM, 28-203.207.831
SHANNON, Martha, 20-60, WF, 28-204.208.832
SHANNON, Mary C., 5-20, WF, 28-204.208.833
HOUSEL, George W., 20-60, WM, 28-205.209.834
HOUSEL, Martha, 5-20, WF, 28-205.209.835
HOUSEL, John W., 5-20, WM, 28-[205].210.836
TEATS, Robert, 20-60, WM, 28-206.210.837
TEATS, Harriet L., 20-60, WF, 28-206.210.838
TEATS, Susan, 5-20, WF, 28-206.210.839
TEATS, Alfred, 5-20, WM, 28-206.210.840
BECKER, Nicholas, 60+, GM, 29-[207].210.841
BECKER, Helena, 60+, GF, 29-[207].210.842
BECKER, Sarah, 20-60, WF, 29-[207].210.843
BECKER, Katie, 20-60, WM, 29-[207].210.844
SMITH, Abraham W., 20-60, WM, 29-208.211.845
SMITH, Elsie A., 60+, WF, 29-208.212.846
SIDDERS, Wesley, 60+, WM, 29-209.213.847
HOPLER, Mary, 20-60, WF, 29-209.213.848
HOPLER, John, 20-60, WM, 29-209.213.849
HOPLER, Margie M., 0-5, WF, 29-209.213.850
CRESMAN, Lewis, 20-60, GM, 29-210.214.851
CRESMAN, Catherine, 20-60, GF, 29-210.214.852
CRESMAN, Chrissie, 20-60, WF, 29-210.214.853
CRESMAN, Peter, 5-20, WM, 29-210.214.854
CRESMAN, John, 5-20, WM, 29-210.214.855
CRESMAN, Wm., 5-20, WM, 29-210.214.856
CRESMAN, George, 5-20, WM, 29-210.214.857
SMITH, John C., 60+, GM, 29-211.215.858
SMITH, Mary, 20-60, GF, 29-211.215.859
OAKS, Christiana, 20-60, WF, 29-211.215.860
OAKS, John, 5-20, WM, 29-211.215.861
OAKES, Matilda, 5-20, WF, 29-211.215.862
OAKES, Mary, 5-20, WF, 29-211.215.863
OAKES, George, 5-20, WM, 29-211.215.864
OAKES, Katie, 0-5, WF, 29-211.215.865
JONES, Charles, 20-60, OM, 29-211.215.866
BIGLEY, Henry, 60+, WM, 29-212.216.867
BIGLEY, Mary J., 20-60, WF, 29-212.216.868
BIGLEY, Annie, 5-20, WF, 29-212.216.869
SIDDERS, Frank, 20-60, WM, 29-213.217.870
SIDDERS, Lizzie, 20-60, WF, 30-213.217.871
SIDDERS, Myrtle, 5-20, WF, 30-213.217.872
TIETSWORTH, Jacob S., 20-60, WM, 30-214.218.873
TIETSWORTH, Lydia, 20-60, WF, 30-214.218.874

HUNTERDON CO. NJ 1895 STATE CENSUS
Township of Bethlehem

TIETSWORTH, Wm., 20-60, WM, 30-214.218.875
TIETSWORTH, Mary, 5-20, WF, 30-214.218.876
WILLEVER, Jacob V., 20-60, WM, 30-215.219.877
WILLEVER, Lenora B., 20-60, WF, 30-215.219.878
WILLEVER, J. Ernest, 5-20, WM, 30-215.219.879
STUCKER, Bertha G., 5-20, WF, 30-215.219.880
VANSANT, Isaac N., 20-60, WM, 30-216.220.881
VANSANT, Mrs., 20-60, WF, 30-216.220.882
ANDERSON, Louis, 20-60, WM, 30-217.221.883
ANDERSON, Laura, 20-60, WF, 30-217.221.884
ANDERSON, Wm. E., 5-20, WM, 30-217.221.885
ANDERSON, Louis Jr., 5-20, WM, 30-217.221.886
ANDERSON, Charles R., 5-20, WM, 30-217.221.887
ANDERSON, Henry B., 0-5, WM, 30-217.221.888
SMITH, Lizzie H., 20-60, WF, 30-217.221.889
CLYDE, Rev. John C., 20-60, WM, 30-218.222.890
CLYDE, Martha H., 20-60, WM, 30-218.222.891
CLYDE, Margaret H., 5-20, WF, 30-218.222.892
GRUVER, Erwin, 20-60, WM, 30-219.223.893
GRUVER, Lillie, 20-60, WF, 30-219.223.894
GRUVER, Gilberta, 0-5, WF, 30-219.223.895
SMITH, Martha V., 20-60, WF, 30-220.224.896
EICHLIN, Levi, 60+, WM, 30-221.225.897
EICHLIN, Margaret, 20-60, WF, 30-221.225.898
EICHLIN, Flora, 5-20, WF, 30-221.225.899
EICHLIN, Maggie, 5-20, WF, 30-221.225.900
EICHLIN, Mattie, 20-60, WF, 31-221.225.901
HUNT, Mary A., 60+, WF, 31-222.226.902
SMITH, John B., 20-60, WM, 31-223.227.903
SMITH, Anna, 20-60, WF, 31-223.227.904
SEIFERT, Charles H., 20-60, WM, 31-224.228.905
SEIFERT, Lizzie, 20-60, WF, 31-224.228.906
SEIFERT, Eddie, 5-20, WM, 31-224.228.907
SEIFERT, Amber, 5-20, WF, 31-224.228.908
SEIFERT, Clair, 5-20, WF, 31-224.228.909
SEIFERT, Albert, 20-60, WM, 31-225.229.910
DALRYMPLE, James, 20-60, WM, 31-226.230.911
DALRYMPLE, Hattie, 20-60, WF, 31-226.230.912
DALRYMPLE, Edith, 0-5, WF, 31-226.230.913
DALYRMPLE, Anson M., 0-5, WM, 31-226.230.914
SINCLAIR, Lewis, 20-60, WM, 31-227.231.915
SINCLAIR, Catherine, 20-60, WF, 31-227.231.916
SINCLAIR, Frank, 20-60, WM, 31-227.231.917
SINCLAIR, Wm., 20-60, WM, 31-227.231.918
SINCLAIR, Eda L., 5-20, WF, 31-227.231.919
SINCLAIR, Mary, 5-20, WF, 31-227.231.920
RUNON, Ann, 20-60, WF, 31-228.232.921
CARLING, David, 20-60, WM, 31-229.233.922
CARLING, Harriet, 20-60, WF, 31-229.233.923
DALRYMPLE, Jamima, 20-60, WF, 31-230.234.924
HUFF, Meriam, 20-60, WF, 31-230.235.925
HUFF, Hattie, 20-60, WF, 31-230.235.926
HUFF, Julia M., 20-60, WF, 31-230.235.927
BANGHART, Frank, 20-60, WM, 31-231.236.928
BANGHART, Annie, 20-60, WF, 31-231.236.929
BANGHART, Frank H., 0-5, WM, 31-231.236.930
VLIET, Wm. T., 20-60, WM, 32-232.237.931
VLIET, Mary E., 20-60, WF, 32-232.237.932
VLIET, Eve S., 5-20, WF, 32-232.237.933
VLIET, Erel J., 0-5, WM, 32-232.237.934
FORCE, Moses, 20-60, WM, 32-233.238.935
FORCE, Sarah, 20-60, WF, 32-233.238.936
FORCE, Frank, 5-20, WM, 32-233.238.937
FORCE, Jacob, 5-20, WM, 32-233.238.938
FORCE, Carrie, 5-20, WF, 32-233.238.939
BOSENBURY, David, 20-60, WM, 32-234.239.940
BOSENBURY, Mame, 20-60, WF, 32-234.239.941
BOSENBURY, Charles, 0-5, WM, 32-234.239.942
BOSENBURY, Elijah, 20-60, WM, 32-234.239.943
BUTLER, Henry, 20-60, WM, 32-235.240.944
BUTLER, Annie, 20-60, WF, 32-235.240.945
BUTLER, Wm., 0-5, WM, 32-235.240.946
BUTLER, Margaret, 0-5, WF, 32-235.240.947
DORSEY, Wm., 60+, IM, 32-235.240.948
DORSEY, Bridget, 60+, IF, 32-235.240.949
WARMAN, Joseph, 20-60, WM, 32-236.241.950
WARMAN, Margaret, 20-60, WF, 32-236.241.951
WARMAN, Theodore, 20-60, WM, 32-236.241.952
BIGLEY, Ora, 20-60, WF, 32-236.241.953
WARMAN, Wm. R., 5-20, WM, 32-236.241.954
BIGLEY, Clarence, 0-5, WM, 32-236.241.955
YOUNG, John C., 20-60, WM, 32-237.242.956
YOUNG, Mary M., 20-60, WF, 32-237.242.957
YOUNG, Bessie, 5-20, WF, 32-237.242.958
YOUNG, Wm. J., 0-5, WM, 32-237.242.959
DILLEY, Matilda, 5-20, WF, 32-237.242.960
GILROY, John, 20-60, WM, 33-238.243.961
GILROY, James, 5-20, WM, 33-238.243.962
GILROY, Mary, 5-20, WF, 33-238.243.963
GILROY, Wm., 5-20, WM, 33-238.243.964
GILROY, Nora, 0-5, WF, 33-238.243.965
DENNIS, John, 20-60, WM, 33-239.244.966
DENNIS, Elizabeth, 20-60, WF, 33-239.244.967
DENNIS, George, 20-60, WM, 33-239.244.968
DENNIS, Wm., 5-20, WM, 33-239.244.969
DENNIS, Nora, 5-20, WF, 33-239.244.970
DENNIS, Lillie, 5-20, WF, 33-239.244.971
DENNIS, Maud, 5-20, WF, 33-239.244.972
DENNIS, Sadie, 5-20, WF, 33-239.244.973
DENNIS, Blanche, 5-20, WF, 33-239.244.974
GOODFELLOW, George R., 5-20, WM, 33-239.244.975
CRANDLE, John, 20-60, WM, 33-240.245.976
CRANDLE, Bridget, 20-60, IF, 33-240.245.977
CRANDLE, Mary, 5-20, WF, 33-240.245.978
CRANDLE, Stephen, 20-60, WM, 33-240.245.979
CRANDLE, Katie, 5-20, WF, 33-240.245.980
CRANDLE, Alice, 5-20, WF, 33-240.245.981
KRINIC, Martin, 20-60, GM, 33-241.246.982
KRINIC, Phobe, 20-60, GF, 33-241.246.983
KRINIC, George M., 20-60, WM, 33-241.246.984

HUNTERDON CO. NJ 1895 STATE CENSUS
Township of Bethlehem

KRINIC, Mary, 5-20, WF, 33-241.246.985
KRINIC, Wm., 5-20, WM, 33-241.246.986
KRINIC, Edward, 5-20, WM, 33-241.246.987
KRINIC, Eva, 5-20, WF, 33-241.246.988
WARMSTON, Thressa, 5-20, WF, 33-241.246.989
MAST, Samuel, 20-60, WM, 34-242.247.990
MAST, Sarah, 20-60, WF, 34-242.247.991
HIXSON, Frank, 20-60, WF, 34-243.248.992
HIXSON, Norah, 20-60, WF, 34-243.248.993
HIXSON, Grace, 0-5, WF, 34-243.248.994
HUFF, Vieletta, 60+, WF, 34-244.249.995
SNYDER, Christian, 20-60, WF, 34-245.250.996
SNYDER, Wm. R., 5-20, WM, 34-245.250.997
SLACK, Wm. R., 60+, WM, 34-245.250.998
STINER, Wm. C., 20-60, WM, 34-246.251.999
STINER, Jane W., 20-60, WF, 34-246.251.1000
MYRES, Wm., 5-20, WM, 34-246.251.1001
KELLY, Michael, 20-60, IM, 34-247.252.1002
KELLY, Mary, 20-60, WF, 34-247.252.1003
KELLY, Margaret, 20-60, IF, 34-247.252.1004
KELLY, John, 20-60, WM, 34-247.252.1005
KELLY, Patrick, 5-20, WM, 34-247.252.1006
SHAFER, Keturah, 60+, WF, 34-248.253.1007
BLOOM, Daniel, 60+, WM, 34-249.254.1008
BLOOM, Julia A., 60+, WF, 34-249.254.1009
BLOOM, Minnie, 5-20, WF, 34-249.254.1010
BEERS, Charles, 20-60, WM, 34-250.255.1011
BEERS, A. Lizzie, 20-60, WF, 34-250.255.1012
MAXWELL, Amos, 60+, WM, 34-251.256.1013
MAXWELL, Mary J., 20-60, WF, 34-251.256.1014
HUMMEL, Thomas, 20-60, WM, 34-252.257.1015
HUMMEL, Permelia, 20-60, WF, 34-252.257.1016
HALL, Edward, 20-60, WM, 34-253.258.1017
DALRYMPLE, Abraham D., 20-60, WM, 34-254.259.1018
DALRYMPLE, Clara M., 20-60, WF, 34-254.259.1019
DALRYMPLE, John, 5-20, WM, 34-254.259.1020
DALRYMPLE, Lillie M., 5-20, WF, 35-254.259.1021
DALRYMPLE, Mary E., 0-5, WF, 35-254.259.1022
DALRYMPLE, Caroline, 0-5, WF, 35-255.260.1023
TODD, Sarah, 60+, WF, 35-255.260.1024
GRAVES, Clifton B., 20-60, WM, 35-256.262.1025
GRAVES, Bertha, 20-60, WF, 35-256.262.1026
GRAVES, Fredie, 0-5, WM, 35-256.262.1027
GRAVES, Bertha, 5-20, WF, 35-256.262.1028
SCHILER, Harmine, 20-60, GF, 35-256.263.1029
SCHILER, Harry, 0-5, WM, 35-256.263.1030
SCHILER, Wm., 0-5, WM, 35-256.263.1031
DALRYMPLE, Andrew J., 60+, WM, 35-257.264.1032
DALRYMPLE, Elizabeth, 20-60, WF, 35-257.264.1033
DALRYMPLE, Caroline B., 5-20, WF, 35-257.264.1034
CHAMBERLIN, Jacob, 20-60, WM, 35-258.265.1035
CHAMBERLIN, Annie, 20-60, WF, 35-258.265.1036
COUGLE, Edward, 20-60, WM, 35-259.266.1037
COUGLE, Rozlia, 20-60, WF, 35-259.266.1038
COUGLE, Harry B., 5-20, WM, 35-259.266.1039
COUGLE, James C., 5-20, WM, 35-259.266.1040
COUGLE, Elizabeth W., 5-20, WF, 35-259.266.1041
COUGLE, Lillian R., 0-5, WF, 35-259.266.1042
COUGLE, James C., 20-60, WM, 35-259.266.1043
DEHART, John W., 60+, WM, 35-260.267.1044
DEHART, Mary J., 20-60, WF, 35-260.267.1045
CREVELING, James A., 20-60, WM, 35-261.268.1046
CREVELING, Luy E., 20-60, WF, 35-261.268.1047
VLIET, Jacob J., 20-60, WM, 35-262.269.1048
VLIET, Alice, 20-60, WF, 35-262.269.1049
VLIET, Delezene, 5-20, WM, 35-262.269.1050
VLIERT, Edgar M., 0-5, WM, 36-262.269.1051
HEANEY, John H., 20-60, WM, 36-263.270.1052
HEANEY, Clara M., 20-60, WF, 36-263.270.1053
HEANEY, Clara L., 5-20, WF, 36-263.270.1054
HEANEY, Anna E., 5-20, WF, 36-263.270.1055
HEANEY, John H. Jr., 5-20, WM, 36-263.270.1056
HEANEY, Mary B., 5-20, WF, 36-263.270.1057
HEANEY, Wm. L., 5-20, WM, 36-263.270.1058
CREVELING, James L., 20-60, WM, 36-264.271.1059
CREVELING, Anna S., 20-60, WF, 36-264.271.1060
CREVELING, Alfred G., 20-60, WM, 36-265.272.1061
CREVELING, Julia J., 20-60, WF, 36-265.272.1062
CREVELING, Charles S., 5-20, WM, 36-265.272.1063
CREVELING, James F., 5-20, WM, 36-265.272.1064
CREVELING, Alfred J., 5-20, WM, 36-265.272.1065
OAKES, Wm. F., 20-60, WM, 266.273.1066
OAKES, Lizzie, 20-60, WF, 36-266.273.1067
OAKES, Katie, 5-20, WF, 36-266.273.1068
OAKES, Wm. E., 5-20, WM, 36-266.273.1069
OAKES, Addie M., 5-20, WF, 36-266.273.1070
OAKES, George, 0-5, WM, 36-266.273.1071
OAKES, Annie, 0-5, WF, 36-266.273.1072
OAKES, Ruth, 0-5, WF, 36-266.273.1073
APGAR, Samuel, 60+, WM, 36-267.274.1074
APGAR, Elizabeth, 60+, WF, 36-267.274.1075
APGAR, Emma, 20-60, WF, 36-267.274.1076
MILLER, John, 20-60, WM, 36-268.275.1077
MILLER, Mary E., 20-60, WF, 36-268.275.1078
MILLER, Julia, 5-20, WF, 36-268.275.1079
MILLER, Harry R., 5-20, WF, 36-268.275.1080
CRATSLEY, Samuel, 20-60, WM, 37-269.276.1081
CRATSLEY, Lizzie, 20-60, WF, 37-269.276.1082
CRATSLEY, George, 5-20, WM, 37-269.276.1083
CRATSLEY, Russel, 0-5, WM, 37-269.276.1084
SHARP, Mary, 20-60, WF, 37-269.276.1085
BURD, Edward, 20-60, WM, 37-270.277.1086
BURD, Laura, 20-60, WF, 37-270.277.1087
BURD, Iva, 0-5, WF, 37-270.277.1088
ADDAMS, Iva M., 20-60, WF, 37-270.277.1089
LAKE, Joseph P., 60+, WM, 37-271.278.1090
GANO, Ora, 5-20, WF, 37-271.278.1091
GANO, Sansberry, 20-60, WM, 37-272.279.1092
GANO, Jane, 20-60, WF, 37-272.279.1093
GANO, Erwin, 5-20, WM, 37-272.279.1094

HUNTERDON CO. NJ 1895 STATE CENSUS
Township of Bethlehem

GANO, Joseph, 5-20, WM, 37-272.279.1095
GANO, Maggie, 5-20, WF, 37-272.279.1096
GANO, Katie, 5-20, WF, 37-272.279.1097
GANO, Bertha, 5-20, WF, 37-272.279.1098
HOPPOCK, Nelson F., 20-60, WM, 37-273.280.1099
HOPPOCK, Emma, 20-60, WF, 37-273.280.1100
HOPPOCK, Frank B., 5-20, WM, 37-273.280.1101
WEBER, Samuel, 5-20, WM, 37-273.280.1102
LAKE, Ervin, 20-60, WM, 37-274.281.1103
LAKE, Lydia A., 20-60, WF, 37-274.281.1104
BURCOGH, Amanda, 5-20, WF, 37-274.281.1105
KELLEY, Milton, 5-20, WM, 37-274.281.1106
SHURTS, Michael, 60+, WM, 37-275.282.1107
SHURTS, Abby A., 20-60, WF, 37-275.282.1108
SHURTS, Carrie, 5-20, WF, 37-275.282.1109
PALL, Wm., 60+, WM, 37-276.283.1110
PALL, Hannah, 60+, WF, 38-276.283.1111
CONNER, Jennie, 20-60, WF, 38-276.283.1112
CONNER, Lizzie, 0-5, WF, 38-276.283.1113
TODD, James, 20-60, OM, 38-276.283.1114
HACKETT, Charles W., 20-60, WM, 38-277.284.1115
HACKETT, Mary C., 20-60, WF, 38-277.284.1116
HACKETT, Lillie M., 5-20, WF, 38-277.284.1117
HACKETT, Watson W., 5-20, WM, 38-277.284.1118
HACKETT, Lena, 0-5, WF, 38-277.284.1119
MAYBERRY, George, 20-60, WM, 38-277.284.1120
LEFFEVER, Wm., 20-60, WM, 38-278.285.1121
LEFFEVER, Harrietta, 20-60, WF, 38-278.285.1122
LEFFEVER, Pall B., 0-5, WM, 38-278.285.1123
RODENBAUGH, Lee, 20-60, WM, 38-279.286.1124
RODENBAUGH, Amanda, 20-60, WF, 38-279.286.1125
RODENBAUGH, Wm., 5-20, WM, 38-279.286.1126
RODENBAUGH, George, 20-60, WM, 38-280.287.1127
WENE, David S., 20-60, WM, 38-280.287.1128
WENE, Jennie, 20-60, WF, 38-280.287.1129
WENE, Hannah, 5-20, WF, 38-280.287.1130
WENE, Anna M., 5-20, WF, 38-280.287.1131
MILLS, John R., 20-60, WM, 38-281.288.1132
MILLS, Lenora, 20-60, WF, 38-281.288.1133
ALPAUGH, John G., 20-60, WM, 38-282.289.1134
ALPAUGH, Mary, 5-20, WF, 38-282.289.1135
CRATSLEY, Alfred, 5-20, WM, 38-282.289.1136
STEVENSON, David, 60+, WF, 38-283.290.1137
STEVENSON, Sarah, 60+, WF, 38-283.290.1138
HUBBS, George, 60+, WM, 38-283.290.1139
STEVENSON, Sarah, 60+, WF, 38-283.290.1140
STEVENSON, Samuel, 20-60, WM, 39-283.291.1141
STEVENSON, Emma, 20-60, WF, 39-283.292.1142
STEVENSON, Sadie, 5-20, WF, 39-283.292.1143
STEVENSON, George, 5-20, WM, 39-283.292.1144
STEVENSON, Edward, 5-20, WM, 39-283.292.1145
STEVENSON, Howard, 5-20, WM, 39-283.292.1146
TRANSUE, David, 20-60, WM, 39-284.292.1147
TRANSUE, Lavina, 20-60, WF, 39-284.292.1148
TRANSUE, John A., 20-60, WM, 39-284.292.1149
TRANSUE, Godfrey L., 5-20, WM, 39-284.292.1150
JOHNSON, Wm. E., 20-60, WM, 39-285.293.1151
JOHNSON, Olivia, 20-60, WF, 39-285.293.1152
JOHNSON, Bertha G., 5-20, WF, 39-285.293.1153
JOHNSON, Addie L., 5-20, WF, 39-285.293.1154
SKINNER, Wm., 60+, WM, 39-286.294.1155
SKINNER, Margaret, 60+, WF, 39-286.294.1156
HAZELETT, Sylvester, 20-60, WM, 39-286.295.1157
HAZELETT, Abbie, 60+, WF, 39-286.295.1158
HAZELETT, Theodore O., 20-60, WM, 39-286.295.1159
FULPER, John S., 20-60, WM, 39-287.296.1160
FULPER, Catherine, 20-60, WF, 39-287.296.1161
FULPER, Jacob, 5-20, WM, 39-287.296.1162
SMITH, Wm. H., 20-60, WM, 39-288.297.1163
SMITH, Lizzie, 20-60, WF, 39-288.297.1164
SMITH, Charles, 5-20, WM, 39-288.297.1165
SMITH, Frank, 5-20, WM, 39-288.297.1166
SMITH, Andrew, 5-20, WM, 39-288.297.1167
STIRES, Tunis, 60+, WM, 39-289.298.1168
STIRES, Elizabeth, 60+, WF, 39-289.298.1169
STIRES, Willard D., 20-60, WM, 39-289.298.1170
STIRES, Howard, 5-20, WM, 40-289.298.1171
SHROPE, Judson J., 20-60, WM, 40-290.299.1172
SHROPE, Mary, 20-60, WF, 40-290.299.1173
BUTLER, Christina, 60+, WF, 40-291.300.1174
BUTLER, John, 20-60, WM, 40-292.301.1175
BUTLER, Mary, 20-60, WF, 40-292.301.1176
BUTLER, Mary E., 5-20, WF, 40-292.301.1177
BUTLER, Frank, 5-20, WM, 40-292.301.1178
BUTLER, Florence, 5-20, WF, 40-292.301.1179
BUTLER, Bessie, 5-20, WF, 40-292.301.1180
BUTLER, Earl, 5-20, WM, 40-292.301.1181
BUTLER, Ruth, 0-5, WF, 40-292.301.1182
DIREMER, Moses, 60+, WM, 40-292.301.1183
MICHAELS, Robert, 20-60, GM, 40-293.302.1184
MICHAELS, Meta, 20-60, GF, 40-293.302.1185
MICHAELS, Carl, 5-20, WM, 40-293.302.1186
MICHAELS, Lena, 5-20, WF, 40-293.302.1187
MICHAELS, Nellie, 5-20, WF, 40-293.302.1188
MICHAELS, Willie, 5-20, WM, 40-293.302.1189
BERRY, Wm. H., 20-60, WM, 40-294.303.1190
BERRY, Lucy, 20-60, WF, 40-294.303.1191
BERRY, Howard, 5-20, WM, 40-294.303.1192
BERRY, Grace, 5-20, WF, 40-294.303.1193
BERRY, Sadie, 20-60, WF, 40-294.303.1194
SHERER, Edward, 20-60, WF, 40-295.304.1195
SHERER, Sarah, 20-60, WF, 40-295.304.1196
DEHART, Woodruff, 60+, WF, 40-296.305.1197
DEHART, Lizzie, 20-60, WF, 40-296.305.1198
DEHART, John, 20-60, WM, 40-296.305.1199
DEHART, Florence, 5-20, WF, 40-296.305.1200
DEHART, Lena, 5-20, WF, 41-296.305.1201
WRIGHT, Wm., 60+, WM, 41-297.306.1202
WRIGHT, Isabelle, 20-60, WF, 41-297.306.1203
PHILIP, David, 20-60, WM, 41-298.307.1204

HUNTERDON CO. NJ 1895 STATE CENSUS
Township of Bethlehem

PHILIP, Rebecca, 20-60, WF, 41-298.307.1205
PETTY, Mary, 60+, WF, 41-298.307.1206
PHILIP, Henry, 20-60, WM, 41-299.308.1207
PHILLIPS, Annie, 5-20, WF, 41-299.308.1208
PHILIP, Frank, 0-5, WM, 41-299.308.1209
SEGRAVES, Eugene, 20-60, WM, 41-300.309.1210
SEGRAVES, Sarah, 20-60, WF, 41-300.309.1211
SEGRAVES, Herald, 0-5, WM, 41-300.309.1212
STAMATS, James, 20-60, WM, 41-300.310.1213
STAMATS, Maggie, 20-60, WF, 41-300.310.1214
STAMATS, George, 0-5, WM, 41-300.310.1215
FOOSE, John, 60+, WM, 41-301.311.1216
FOOSE, Elmira, 20-60, WF, 41-301.311.1217
WILLEVER, James, 60+, WM, 41-302.312.1218
WILLEVER, Lydia, 60+, WF, 41-302.312.1219
WILLIAMSON, Chester H., 20-60, WM, 41-303.313.1220
WILLIAMSON, Carrie, 20-60, WF, 41-303.313.1221
WILLIAMSON, Dorothy E., 0-5, WF, 41-303.313.1222
ROSENBERGER, Hannah E., 20-60, WF, 41-304.314.1223
HUFF, Chester, 20-60, WM, 41-304.314.1224
HUFF, Jennie, 20-60, WF, 41-304.314.1225
YARD, Peninh, 20-60, WF, 41-305.315.1226
APGAR, Norwood, 20-60, WM, 41-305.315.1227
APGAR, Clara, 20-60, WF, 41-305.315.1228
APGAR, Emma, 0-5, WF, 41-305.315.1229
BUTLER, Edward, 20-60, WM, 41-306.316.1230
BUTLER, Martha, 20-60, WF, 42-306.316.1231
BUTLER, Harry, 20-60, WM, 42-306.316.1232
BUTLER, Annie, 20-60, WF, 42-306.316.1233
BUTLER, Wm. E., 0-5, WM, 42-306.316.1234
BUTLER, Margaret, 0-5, WF, 42-306.316.1235
HANCE, John, 60+, WM, 42-307.317.1236
HANCE, John E., 20-60, WM, 42-307.317.1237
SHROPE, A. L., 20-60, WM, 42-308.318.1238
SHROPE, Saphronia, 20-60, WF, 42-308.318.1239
SHROPE, Frank D., 20-60, WM, 42-308.318.1240
SHROPE, Emma, 20-60, WF, 42-308.318.1241
SHROPE, Viola, 0-5, WF, 42-308.318.1242
SHROPE, Laura, 5-20, WF, 42-308.318.1243
SHROPE, Hazel, 5-20, WF, 42-308.318.1244
FETTERS, John G., 20-60, WM, 42-309.319.1245
FETTERS, Mary R., 60+, WF, 42-309.319.1246
MANGE, Jacob, 20-60, WM, 42-310.320.1247
INGLE, Charles, 20-60, WM, 42-310.320.1248
INGLE, Margaret, 20-60, WF, 42-310.320.1249
INGLE, Wm. H., 5-20, WM, 42-310.320.1250
INGLE, Luella, 5-20, WF, 42-310.320.1251
INGLE, Edward, 5-20, WM, 42-310.320.1252
INGLE, Charles, 5-20, WM, 42-310.320.1253
INGLE, John, 5-20, WM, 42-310.320.1254
INGLE, Delbert, 0-5, WM, 42-310.320.1255
COWELL, Calvin, 20-60, WM, 42-311.321.1256
COWELL, Lottie, 20-60, WF, 42-311.321.1257
COWELL, Oliver, 5-20, WM, 42-311.321.1258
COWELL, George, 5-20, WM, 42-311.321.1259
COWELL, Martha E., 5-20, WF, 42-311.321.1260
COWELL, Charles T., 5-20, WM, 43-311.321.1261
JENKINS, Rebecca A., 60+, CF, 43-312.322.1262
BURR, Wm., 20-60, CM, 43-312.322.1263
CREAGER, Naum, 20-60, WM, 43-312.322.1264
CREAGER, Larren, 20-60, WF, 43-312.322.1265
CREAGER, Charles C., 5-20, WM, 43-312.322.1266
YOUNG, Elmer E., 5-20, WM, 43-312.322.1267
WARD, Abigal A., 60+, WF, 43-313.323.1268
WARMAN, John M., 20-60, WM, 43-314.324.1269
WARMAN, Mary E., 20-60, WF, 43-314.324.1270
WARMAN, John, 20-60, WM, 43-314.324.1271
WARMAN, Eyears, 5-20, WM, 43-314.324.1272
WARMAN, Bertha, 5-20, WF, 43-314.324.1273
WARMAN, Emma J., 20-60, WF, 43-314.324.1274
RICKER, Amsey N., 60+, WF, 43-315.325.1275
RICKER, Margaret, 60+, WF, 43-315.325.1276
MACK, Wm., 60+, IM, 43-316.326.1277
MACK, Ellen, 60+, IF, 43-316.326.1278
MACK, Sarah, 20-60, WF, 43-316.326.1279
MACK, Lizzie, 20-60, WF, 43-316.326.1280
MACK, Lizzie, 5-20, WF, 43-316.326.1281
SWAYZE, Wm. W., 20-60, WM, 43-317.327.1282
SWAYZE, Leantha, 20-60, WF, 43-317.327.1283
SWAYZE, Nora, 20-60, WF, 43-317.327.1284
SWAYZE, Minnie, 20-60, WF, 43-317.327.1285
SWAYZE, Grace, 5-20, WF, 43-317.327.1286
SWAYZE, Wm. W. Jr., 5-20, WM, 43-317.327.1287
ELDREDGE, George, 20-60, WM, 43-318.328.1288
ELDREDGE, Mary, 20-60, WF, 43-318.328.1289
ELDREDGE, Anna R., 5-20, WF, 43-318.328.1290
JOHNSON, John, 20-60, WM, 44-319.329.1291
JOHNSON, Lillie, 20-60, WF, 44-319.329.1292
JOHNSON, Howard, 5-20, WM, 44-319.329.1293
JOHNSON, Laura, 5-20, WF, 44-319.329.1294
JOHNSON, Wm., 0-5, WM, 44-319.329.1295
COLE, John S., 20-60, WM, 44-319.329.1296
VUSLER, Catherine, 60+, WF, 44-320.330.1297
BOWLBY, Richey, 20-60, WM, 44-321.331.1298
BOWLBY, Mary, 20-60, WF, 44-321.331.1299
BOWLBY, Chester, 5-20, WM, 44-321.331.1300
BOWLBY, Samuel, 20-60, WM, 44-321.331.1301
BECKER, Frank, 20-60, WM, 44-322.332.1302
BECKER, Maggie, 20-60, WF, 44-322.332.1303
BECKER, Maggie, 5-20, WF, 44-322.332.1304
BECKER, John, 5-20, WM, 44-322.332.1305
BECKER, Katie, 5-20, WF, 44-322.332.1306
BECKER, Mary, 0-5, WF, 44-322.332.1307
BECKER, Alice, 0-5, WF, 44-322.332.1308
FULPER, Mary A., 60+, WF, 44-323.333.1309
SEALS, Mary, 20-60, WF, 44-323.333.1310
FULPER, Isaiah, 20-60, WM, 44-323.333.1311
SEALS, Leona, 5-20, WF, 44-323.333.1312
BOWLBY, Joseph, 20-60, WM, 44-324.334.1313
BOWLBY, Rebecca, 20-60, WF, 44-324.334.1314

HUNTERDON CO. NJ 1895 STATE CENSUS
Township of Bethlehem

OBRIEN, Thomas, 20-60, IM, 44-325.335.1315
OBRIEN, Mary, 20-60, IF, 44-325.335.1316
OBRIEN, John, 5-20, WM, 44-325.335.1317
OBRIEN, Thomas Jr., 5-20, WM, 44-325.335.1318
CONNOLEY, Patrick, 20-60, IM, 44-326.336.1319
CONNOLEY, Alice, 20-60, IF, 44-326.336.1320
CONNOLEY, Hannah, 20-60, WF, 45-326.336.1321
CONNOLEY, Michael, 5-20, WM, 45-326.336.1322
CONNOLEY, Alice, 5-20, WF, 45-326.336.1323
CONNOLEY, Thomas, 5-20, WM, 45-326.336.1324
CONNOLEY, Wm. J., 5-20, WM, 45-327.337.1325
HOPPOCK, Nathan, 20-60, WM, 45-327.337.1326
HOPPOCK, Margaret A., 20-60, WF, 45-327.337.1327
HOPPOCK, Carrie, 5-20, WF, 45-327.337.1328
OAKES, Ellanora, 20-60, WF, 45-328.338.1329
MELLIGAN, Nathan, 20-60, WM, 45-328.338.1330
MULLIGAN, Melissa, 20-60, WF, 45-328.338.1331
MULLIGAN, Walter T., 5-20, WM, 45-328.338.1332
MULLIGAN, Harvey W., 5-20, WM, 45-328.338.1333
MULLIGAN, Charles, 0-5, WM, 45-329.339.1334
HAIGHT, Wm., 60+, WM, 45-329.339.1335
HAIGHT, Mary J., 20-60, WF, 45-329.339.1336
HAIGHT, James, 20-60, WM, 45-330.340.1337
SHROPE, John H., 20-60, WM, 45-330.340.1338
SHROPE, Emma R., 20-60, WF, 45-331.341.1339
STURN, Elijah, 20-60, WM, 45-331.341.1340
STURN, Isdora, 20-60, WF, 45-331.341.1341
STURN, Wm., 5-20, WM, 45-331.341.1342
STURN, Sadie, 0-5, WF, 45-332.342.1343
OAKES, George, 20-60, WM, 45-332.342.1344
OAKES, Amanda, 20-60, WF, 45-332.342.1345
OAKES, Charles, 5-20, WM, 45-332.342.1346
OAKES, Peter W., 5-20, WM, 45-333.343.1347
BOWLBY, George, 20-60, WM, 45-333.343.1348
BOWLBY, Rebecca, 20-60, WF, 45-333.343.1349
BOWLBY, Lizzie, 5-20, WF, 45-333.343.1350
BOWLBY, Amanda, 0-5, WF, 46-333.343.1351
BOWLBY, Eddie, 0-5, WM, 46-333.343.1352
HACKETT, Jacob, 20-60, WM, 46-334.344.1353
HACKETT, Sarah A., 20-60, WF, 46-334.344.1354
HACKETT, Mary E., 20-60, WF, 46-334.344.1355
HACKETT, Grace R., 5-20, WF, 46-334.344.1356
HACKETT, Edwin C., 5-20, WM, 46-334.344.1357
HACKETT, Harvey V., 5-20, WM, 46-334.344.1358
CRATSLEY, Rebecca, 60+, WF, 46-334.344.1359
OAKES, Peter, 60+, WM, 46-335.345.1360
OAKES, Mary, 20-60, WF, 46-335.345.1361
OAKES, Florence, 5-20, WF, 46-335.345.1362
JOHNSON, Hannah M., 60+, WF, 46-336.346.1363
JOHNSON, Annie, 20-60, WF, 46-336.346.1364
JOHNSON, Florence, 5-20, WF, 46-336.346.1365
JOHNSON, Howard W., 5-20, WM, 46-336.346.1366
WALTER, Lewis, 20-60, WM, 46-337.347.1367
WALTERS, Bertha, 20-60, WF, 46-337.347.1368
ASHTON, David, 20-60, WM, 46-337.347.1369
WALTERS, Andrew, 60+, WM, 46-337.348.1370
WALTERS, Marcenia, 20-60, WF, 46-337.348.1371
COLE, Jacob M., 20-60, WM, 46-338.349.1372
COLE, Addie, 20-60, WF, 46-338.349.1373
COLE, Minnie A., 5-20, WF, 46-338.349.1374
COLE, George T., 5-20, WM, 46-338.349.1375
COLE, Orval H., 0-5, WM, 46-338.349.1376
VUSLER, Lewis, 5-20, WM, 46-338.349.1377
MELROY, James, 20-60, WM, 46-339.350.1378
MELROY, Jennie, 20-60, OF, 46-339.350.1379
MATHEWS, Wesley, 20-60, WM, 46-339.351.1380
MATHEWS, Lizzie, 20-60, WF, 47-339.351.1381
RHINEHART, Chrissie, 5-20, WF, 47-339.351.1382
OSBORN, Wm., 20-60, WM, 47-340.352.1383
OSBORN, Catherine, 20-60, WF, 47-340.352.1384
MELROY, Martin, 20-60, WM, 47-341.353.1385
MELROY, Sella, 20-60, WF, 47-341.353.1386
MOYLE, Henry, 20-60, OM, 47-341.353.1387
MOYLE, Mary E., 20-60, OF, 47-342.354.1388
MOYLE, Charles W., 5-20, WM, 47-342.354.1389
MOYLE, George W., 5-20, WM, 47-342.354.1390
MOYLE, Bertha E., 5-20, WF, 47-342.354.1391
MOYLE, Mabel, 5-20, WF, 47-342.354.1392
MOYLE, Mamie D., 5-20, WF, 47-342.354.1393
MOYLE, John S., 0-5, WM, 47-342.354.1394
WENE, John L., 60+, WM, 47-343.355.1395
WENE, Esther, 20-60, WF, 47-343.356.1396
WENE, Watson A. C., 20-60, WM, 47-343.356.1397
WENE, Sarah, 20-60, WF, 47-343.356.1398
WENE, Earl, 0-5, WM, 47-343.356.1399
FLEMING, Charles, 20-60, WM, 47-343.356.1400
WENE, Elizabeth, 60+, WF, 47-344.357.1401
WENE, John W., 20-60, WM, 47-344.357.1402
SMITH, Elizabeth, 20-60, WF, 47-344.357.1403
SMITH, Abraham, 20-60, WM, 47-344.357.1404
WENE, Mary M., 20-60, idiot, WF, 47-344.357.1405
RODENBAUGH, Stewart, 20-60, WM, 47-345.358.1406
RODENBAUGH, Ann, 20-60, WF, 47-345.358.1407
RODENBAUGH, Charles, 20-60, WM, 47-345.359.1408
RODENBAUGH, Florence, 20-60, WF, 47-345.359.1409
RODENBAUGH, George H., 0-5, WM, 47-345.359.1410
GANO, Wellington, 20-60, WM, 48-346.360.1411
WEBER, Fredrick, 20-60, GM, 48-347.361.1412
WEBER, Helen, 20-60, WF, 48-347.361.1413
WEBER, Mary M., 5-20, WF, 48-347.361.1414
WEBER, Samuel F., 5-20, WM, 48-347.361.1415
WEBER, Clara, 5-20, WF, 48-347.361.1416
WEBER, Charles, 5-20, WM, 48-347.361.1417
WEBER, Russel, 5-20, WM, 48-347.361.1418
DALRYMPLE, Thomas J., 60+, WM, 48-348.362.1419
DALRYMPLE, Susanah, 20-60, WF, 48-348.362.1420
DALRYMPLE, Charles, 20-60, WM, 48-348.362.1421
DALRYMPLE, Lillie, 5-20, WF, 48-348.362.1422
DALRYMPLE, Lizzie, 5-20, WF, 48-348.362.1423
DALRYMPLE, Stanford, 0-5, WM, 48-348.362.1424

HUNTERDON CO. NJ 1895 STATE CENSUS
Township of Bethlehem

ROUNSAVILLE, Peter, 60+, WM, 48-349.363.1425
ROUNSAVILLE, Mary J., 20-60, WF, 48-349.363.1426
ROUNSAVILLE, Almon, 20-60, WM, 48-349.363.1427
ROUNSAVILLE, Lillie E., 20-60, WF, 48-349.363.1428
LOTT, Mansfield, 20-60, WM, 48-350.364.1429
LOTT, Ella, 20-60, WF, 48-350.364.1430
LOTT, Stella M., 5-20, WF, 48-350.364.1431
LOTT, Olive, 0-5, WF, 48-350.364.1432
LOTT, Iva, 0-5, WF, 48-350.364.1433
LOBB, Godfrey C., 60+, WM, 48-351.365.1434
LOBB, Emma, 20-60, WF, 48-351.365.1435
LETTS, Andrew, 20-60, WM, 48-352.366.1436
LETTS, Elizabeth, 20-60, WF, 48-352.366.1437
INGLE, Lawrence, 5-20, WM, 48-352.366.1438
McCREA, John, 20-60, WM, 48-353.367.1439
McCREA, Blondena, 5-20, WF, 48-353.367.1440
McCREA, Bessie, 0-5, WF, 49-353.367.1441
McCREA, Nellie, 0-5, WF, 49-353.367.1442
HAGERMAN, Hiram, 60+, WM, 49-354.368.1443
HAGERMAN, Malinda, 60+, WF, 49-354.368.1444
HAGERMAN, Wm. F., 20-60, WM, 49-354.368.1445
GODOWN, James O., 20-60, WM, 49-355.369.1446
GODOWN, Estella, 5-20, WF, 49-355.369.1447
GODOWN, Roy, 0-5, WM, 49-355.369.1448
PORTER, James T., 60+, IM, 49-356.370.1449
PORTER, Mary, 60+, WF, 49-356.370.1450
PORTER, John W., 20-60, WM, 49-356.370.1451
ELLIS, Elmer, 20-60, WM, 49-357.371.1452
ELLIS, Sarah, 20-60, WF, 49-357.371.1453
ELLIS, Richard, 0-5, WM, 49-357.371.1454
ELLIS, Nora, 0-5, WF, 49-357.371.1455
ELLIS, Albert, 0-5, WM, 49-357.371.1456
WORMSER, Joseph, 20-60, WM, 49-358.372.1457
WORMSER, Amanda, 20-60, WF, 49-358.372.1458
WORMSER, John, 5-20, WM, 49-358.372.1459
WORMSER, Mary, 5-20, WF, 49-358.372.1460
WORMSER, William, 5-20, WM, 49-358.372.1461
WORMSER, Annie, 0-5, WF, 49-358.372.1462
WORMSER, Bartholomew, 0-5, WM, 49-358.372.1463
RACE, Fannie, 60+, WF, 49-359.373.1464
RACE, Christopher, 20-60, WM, 49-359.373.1465
RACE, Wm. B., 20-60, WM, 49-359.373.1466
RACE, Mary B., 20-60, WF, 49-359.373.1467
CASE, Hiram, 20-60, WM, 49-360.374.1468
CASE, Sarah A., 20-60, WF, 49-360.374.1469
CASE, Jennie A., 5-20, WF, 49-360.374.1470
WILLEVER, Joseph, 60+, WM, 50-360.374.1471
HUBBS, Daniel, 60+, WM, 50-360.374.1472
CASE, Sidney Y., 20-60, WM, 50-361.375.1473
CASE, Jennie, 20-60, WF, 50-361.375.1474
RUPLE, Mary J., 5-20, WF, 50-361.375.1475
WENE, John P., 20-60, WM, 50-362.376.1476
WENE, Caroline, 5-20, WF, 50-362.376.1477
WENE, Howard, 5-20, WM, 50-362.376.1478
KILEY, Edward, 20-60, WM, 50-363.377.1479
KILEY, Laura, 20-60, WF, 50-363.377.1480
CORILLE, William B., 5-20, WM, 50-363.377.1481
FARROW, Wm. B., 20-60, WM, 50-363.378.1482
FARROW, Elizabeth, 20-60, WF, 50-363.378.1483
CORILLE, Rosslyn H., 5-20, WM, 50-363.378.1484
KITCHEN, Wm., 20-60, WM, 50-364.379.1485
KITCHEN, Kate, 20-60, WF, 50-364.379.1486
HENRY, Peter S., 60+, WM, 50-365.380.1487
HENRY, Sophia, 20-60, WF, 50-365.380.1488
HENRY, Alice, 20-60, WF, 50-365.380.1489
OPDYKE, Alexander, 20-60, WM, 50-366.381.1490
OPDYKE, Mary, 20-60, WF, 50-366.381.1491
OPDYKE, Claude, 5-20, WM, 50-366.381.1492
FARLEY, Wilson, 20-60, WM, 50-366.381.1493
RHINEHART, Martin, 20-60, WM, 50-367.382.1494
RHINEHART, Hannah, 20-60, WF, 50-367.382.1495
RHINEHART, Anna, 20-60, WF, 50-367.382.1496
RHINEHART, Minnie, 20-60, WF, 50-367.382.1497
OPDYKE, Wm., 60+, WM, 50-368.383.1498
RIDDLE, Wm. C., 60+, WM, 50-369.384.1499
RIDDLE, Sovenia, 20-60, WF, 50-369.384.1500
RIDDLE, Jennie, 5-20, WF, 51-369.384.1501
RIDDLE, Annie, 5-20, WF, 51-369.384.1502
RIDDLE, Robert, 5-20, WM, 51-369.384.1503
RIDDLE, Herbert, 5-20, WM, 51-369.384.1504
RIDDLE, Etta, 5-20, WF, 51-369.384.1505
RIDDLE, David, 0-5, WM, 51-369.384.1506
SIGLER, Robert, 20-60, WM, 51-369.384.1507
DORAN, John, 20-60, WM, 51-370.385.1508
DORAN, Bridget, 20-60, WF, 51-370.385.1509
DORAN, John F., 5-20, WM, 51-370.385.1510
DORAN, Walter J., 5-20, WM, 51-370.385.1511
DORAN, Wm. A., 5-20, WM, 51-370.385.1512
DORAN, Thomas V., 5-20, WM, 51-370.385.1513
DORAN, James J., 0-5, WM, 51-370.385.1514
DORAN, Lawrence E., 0-5, WM, 51-370.385.1515
DORAN, Leo M., 0-5, WM, 51-370.385.1516
MYERS, Charles, 20-60, WM, 51-371.386.1517
MYERS, Henrietta, 20-60, WF, 51-371.386.1518
MYERS, Russel, 0-5, WM, 51-371.386.1519
ROTHROCK, David B., 20-60, WM, 51-372.387.1520
ROTHROCK, Alice, 20-60, WF, 51-372.387.1521
ROTHROCK, Rosa, 5-20, WF, 51-372.387.1522
ROTHROCK, Arthur, 5-20, WM, 51-372.387.1523
ROTHROCK, Elwood L., 5-20, WM, 51-372.387.1524
ROTHROCK, Nettie A., 5-20, WF, 51-372.387.1525
LEIGHT, Eliza A., 60+, WF, 51-372.387.1526
VANDERBELT, Peter, 20-60, WM, 51-372.387.1527
SHAFER, Joseph, 20-60, WM, 51-372.387.1528
MILLER, Alfred, 20-60, WM, 51-372.387.1529
OPDYKE, Charles, 60+, WM, 51-373.388.1530
OPDYKE, George E., 20-60, WM, 52-373.388.1531
OPDYKE, Jennie, 20-60, WF, 52-373.388.1532
HART, Joseph, 60+, WM, 52-374.389.1533
HART, Emma, 20-60, WF, 52-374.389.1534

HUNTERDON CO. NJ 1895 STATE CENSUS
Township of Bethlehem

HART, Howard, 5-20, WM, 52-374.389.1535
HART, Lizzie, 5-20, WF, 52-374.389.1536
HART, Wm., 5-20, WM, 52-374.389.1537
OPDYKE, Elizabeth, 60+, WF, 52-375.390.1538
OPDYKE, Oscar, 20-60, WM, 52-375.390.1539
CASE, Chester, 20-60, WM, 52-376.391.1540
CASE, Lucy, 20-60, WF, 52-376.391.1541
CASE, Laura, 5-20, WF, 52-376.391.1542
CASE, Maggie, 5-20, WF, 52-376.391.1543
SMITH, Henry A., 20-60, WM, 52-377.392.1544
SMITH, Ratie, 20-60, WF, 52-377.392.1545
SHOEMAKER, Mary M., 20-60, WF, 52-378.393.1546
PATRICK, Wm., 20-60, WM, 52-378.393.1547
DUCKWORTH, Alfred, 20-60, WM, 52-379.394.1548
DUCKWORTH, Ret, 20-60, WF, 52-379.394.1549
PERSON, Stewart, 60+, WM, 52-380.395.1550
PERSON, Rachel, 20-60, WF, 52-380.395.1551
CASE, Stephen Y., 60+, WM, 52-381.396.1552
PIPER, Annie, 5-20, WF, 52-381.396.1553
PIPER, Fredrick, 20-60, OM, 52-382.397.1554
PIPER, Amy, 20-60, WF, 52-382.397.1555
PIPER, Flora, 20-60, WF, 52-382.397.1556
PIPER, May, 5-20, WF, 52-382.397.1557
PIPER, Jennie, 5-20, WF, 52-382.397.1558
PIPER, Fredrick, 0-5, WM, 52-382.397.1559
SMITH, Charles O., 20-60, WM, 52-383.398.1560
SMITH, May, 20-60, WF, 53-383.398.1561
SMITH, May, 0-5, WF, 53-383.398.1562
DUCKWORTH, Irvin, 20-60, WM, 53-384.399.1563
DUCKWORTH, Lizzie, 20-60, WF, 53-384.399.1564
DUCKWORTH, Maggie, 5-20, WF, 53-384.399.1565
DUCKWORTH, Edgar, 5-20, WM, 53-384.399.1566
DUCKWORTH, Walter, 5-20, WM, 53-384.399.1567
DUCKWORTH, Lillie, 5-20, WF, 53-384.399.1568
DUCKWORTH, Harvey, 5-20, WM, 53-384.399.1569
DUCKWORTH, Rachel, 5-20, WF, 53-384.399.1570
DUCKWORTH, Cline, 0-5, WM, 53-384.399.1571
BOWLBY, Wm., 20-60, WM, 53-385.400.1572
BOWLBY, Mary, 60+, WF, 53-385.400.1573
KEMINHOUR, Margaret, 60+, GF, 53-386.401.1574
KEMINHOUR, Joseph, 20-60, GM, 53-386.401.1575
KEMINHOUR, Benjamin, 20-60, GM, 53-386.401.1576
REDER, Carl, 20-60, GM, 53-387.402.1577
REDER, Eliza, 20-60, GF, 53-387.402.1578
HORNBAKER, Jarvam, 20-60, WM, 53-388.403.1579
HORNBAKER, Mary E., 20-60, WF, 53-388.403.1580
HORNBAKE[R], Margaret, 5-20, WF, 53-388.403.1581
FARLEY, Theodore, 20-60, WM, 53-389.404.1582
FARLEY, Adalade, 20-60, WF, 53-389.404.1583
FARLEY, Bertha, 5-20, WF, 53-389.404.1584
FARLEY, Chester, 5-20, WM, 53-389.404.1585
FARLEY, Oscar, 5-20, WM, 53-389.404.1586
CRATSLEY, George S., 20-60, WM, 53-390.405.1587
CRATSLEY, Mary C., 20-60, WF, 53-390.405.1588
CRATSLEY, Alfred G., 5-20, WM, 53-390.405.1589
CRATSLEY, John R., 5-20, WM, 53-390.405.1590
CRATSLEY, Sarah A., 5-20, WF, 54-390.405.1591
CRATSLEY, Merenda R., 0-5, WF, 54-390.405.1592
APGAR, John B., 60+, WM, 54-391.406.1593
APGAR, Rebecca, 20-60, WF, 54-391.406.1594
APGAR, Bloomfield, 20-60, WM, 54-391.407.1595
APGAR, Lydia, 20-60, WF, 54-391.407.1596
APGAR, Harlem, 0-5, WM, 54-391.407.1597
APGAR, Ruth, 0-5, WF, 54-391.407.1598
FRITTS, David, 60+, WM, 54-392.408.1599
FRITT[S], Elizabeth, 60+, WF, 54-392.408.1600
BERRY, Amanda, 20-60, WF, 54-392.409.1601
RHINEHART, Robert, 20-60, WM, 54-393.410.1602
RHINEHART, Lizzie, 20-60, WF, 54-393.410.1603
RHINEHART, Howard J., 5-20, WM, 54-393.410.1604
ALPAUGH, Mary, 60+, WF, 54-394.411.1605
ALPAUGH, Wm., 20-60, WM, 54-394.411.1606
LAKE, Kate, 20-60, WF, 54-394.411.1607
APGAR, Wm. H., 20-60, WM, 54-394.411.1608
APGAR, Lizzie, 20-60, WF, 54-395.412.1609
APGAR, Bloomfield, 5-20, WM, 54-395.412.1610
APGAR, Frank, 5-20, WM, 54-395.412.1611
APGAR, Wm., 0-5, WM, 54-395.412.1612
RHINEHART, Wm. P., 20-60, WM, 54-396.413.1613
RHINEHART, Georgana, 20-60, WF, 54-396.413.1614
RHINEHART, Floyd, 0-5, WM, 54-396.413.1615
MYRES, Eliaha, 60+, WM, 54-396.413.1616
MYRES, Naomi, 20-60, WF, 54-397.414.1617
BOWLBY, Ulysses, 60+, WM, 54-397.414.1618
BOWLBY, Susanah, 60+, WF, 54-398.415.1619
LANTZ, Anna, 20-60, WF, 54-398.415.1620
LANTZ, Manerva, 20-60, WF, 55-398.415.1621
CRONCE, Ira, 60+, WM, 55-399.416.1622
CRONCE, Mary A., 60+, WF, 55-399.416.1623
SEALS, Annie, 5-20, WF, 55-399.416.1624
SEAL, Raymond, 5-20, WM, 55-399.416.1625
SKINNER, George C., 20-60, WM, 55-400.417.1626
SKINNER, Mary T., 20-60, WF, 55-400.417.1627
SKINNER, Leslie H., 5-20, WM, 55-400.417.1628
SKINNER, Ruth E., 0-5, WF, 55-400.417.1629
ALPAUGH, Miller, 20-60, WM, 55-401.418.1630
ALPAUGH, Edith, 5-20, WF, 55-401.418.1631
SHERMAN, Cora B., 5-20, WF, 55-401.418.1632
FRACE, Wm. W., 20-60, WM, 55-402.419.1633
FRACE, Mary C., 20-60, WF, 55-402.419.1634
FRACE, Lyda S., 5-20, WF, 55-402.419.1635
FRACE, Howard E., 5-20, WM, 55-402.419.1636
PITTENGER, Abraham, 20-60, WM, 55-403.420.1637
PITTENGER, Annie, 20-60, WF, 55-403.420.1638
PITTENGER, Minnie, 5-20, WF, 55-403.420.1639
PITTENGER, Arthur, 5-20, WM, 55-403.420.1640
PITTENGER, Harry, 5-20, WM, 55-403.420.1641
PITTENGER, Frank, 5-20, WM, 55-403.420.1642
PITTENGER, Allie, 5-20, WF, 55-403.420.1643
THOMPSON, Hugh, 20-60, WM, 55-404.58-421.1644

HUNTERDON CO. NJ 1895 STATE CENSUS
Township of Bethlehem

THOMPSON, Mary, 20-60, WF, 55-404.58-421.1645
THOMPSON, Joseph, 5-20, WM, 55-404.58-421.1646
THOMPSON, Jennie, 5-20, WF, 55-404.58-421.1647
THOMPSON, Mame, 5-20, WF, 55-404.58-421.1648
THOMPSON, Florence, 5-20, WF, 55-404.58-421.1649
TRIMMER, Jeramiah, 20-60, WM, 55-[405].58-421.1650
TRIMMER, Sarah E., 20-60, WF, 56-[405].422.1651
TRIMMER, Luella, 5-20, WF, 56-[405].422.1652
TRIMMER, Mary, 5-20, WF, 56-[405].422.1653
TRIMMER, Bessie, 0-5, WF, 56-[405].422.1654
TRIMMER, Sadie, 0-5, WF, 56-[405].422.1655
TRIMMER, Edward, 20-60, WM, 56-[405].422.1656
SIGLER, Zachariah T., 20-60, WM, 56-[405].422.1657
SIGLER, Fanny, 20-60, WF, 56-406.423.1658
SIGLER, Radie, 5-20, WF, 56-406.423.1659
CREVELING, Wm., 20-60, WM, 56-406.423.1660
CREVELING, Matilda, 20-60, WF, 56-407.424.1661
HOPPOCK, Joseph, 20-60, WM, 56-407.424.1662
MELROY, Wm., 20-60, WM, 56-407.424.1663
MELROY, Minerva, 20-60, WF, 56-408.425.1664
MELROY, Watson C., 5-20, WM, 56-408.425.1665
MELROY, Asher S., 5-20, WM, 56-408.425.1666
MELROY, John L., 5-20, WM, 56-408.425.1667
MELROY, Esther M., 0-5, WF, 56-408.425.1668
CASE, Mathias H., 60+, WM, 56-408.425.1669
CASE, Mary, 20-60, WF, 56-409.426.1670
HACKETT, George A., 20-60, WM, 56-409.426.1671
HACKETT, Agnes, 20-60, WF, 56-410.427.1672
HACKETT, Bessie, 5-20, WF, 56-410.427.1673
CREAGER, Peter, 20-60, WM, 56-410.427.1674
CREAGER, Catharine, 20-60, WF, 56-411.428.1675
CREAGER, Whitfield, 20-60, WM, 56-411.428.1676
CREAGER, Amelia, 5-20, WF, 56-411.428.1677
CREAGER, Mabel, 5-20, WF, 56-411.428.1678
BEERMAN, John, 60+, GM, 56-412.429.1679
SMITH, James T., 20-60, WM, 56-413.430.1680
SMITH, Alice, 20-60, WM, 57-413.430.1681
SMITH, Ella K., 5-20, WF, 57-413.430.1682
BRUDEN, Mary, 60+, IF, 57-414.431.1683
BRUDEN, Mary, 20-60, WF, 57-414.431.1684
CASE, Mary M., 60+, WF, 57-414.431.1685
STORM, Jacob, 20-60, WM, 57-415.432.1686
STORM, Lydia, 20-60, WF, 57-415.432.1687
McCARTHY, Michael, 20-60, IM, 57-416.433.1688
McCARTHY, Nancy, 20-60, IF, 57-416.433.1689
McCARTHY, Thomas, 20-60, IM, 57-417.434.1690
McCARTHY, Catherine, 20-60, IF, 57-417.434.1691
OLOCKLIN, Michael, 20-60, IM, 57-418.435.1692
OLOCKLIN, Mary, 20-60, IF, 57-418.435.1693
McDOLE, Charles, 20-60, WM, 57-419.436.1694
McDOLE, Ida, 20-60, WF, 57-419.436.1695
MILLER, Oliver, 20-60, WM, 57-419.437.1696
MILLER, Kate, 20-60, WF, 57-419.437.1697
MILLER, Susie, 5-20, WF, 57-419.437.1698
MILLER, Charles F., 0-5, WM, 57-419.437.1699
MILLER, Bessie, 0-5, WF, 57-419.437.1700
SCULLEY, Patrick, 20-60, IM, 57-420.438.1701
SCULLEY, Susan, 20-60, IF, 57-420.438.1702
SCULLEY, Mamie, 5-20, WF, 57-420.438.1703
DOYLE, David, 20-60, IM, 57-58-421.439.1704
DOYLE, Mary, 20-60, IF, 57-58-421.439.1705
DOYLE, Lawarence, 20-60, WM, 57-58-421.439.1706
DOYLE, Wm. J., 5-20, WM, 57-58-421.439.1707
DOYLE, David B., 5-20, WM, 57-58-421.439.1708
DOYLE, Thomas, 5-20, WM, 57-58-421.439.1709
DOYLE, John, 5-20, WM, 57-58-421.439.1710
DOYLE, Annie, 0-5, WF, 58-421.439.1711
SHOEMAKER, Fanny, 20-60, WF, 58-422.440.1712
NEVINS, John, 5-20, CM, 58-422.440.1713
COLE, Theodore, 60+, WM, 58-423.441.1714
COLE, Diannah, 20-60, WF, 58-423.441.1715
FARROW, Clarkson, 20-60, WM, 58-424.442.1716
FARROW, Almira, 20-60, WF, 58-424.442.1717
FARROW, Raymond, 5-20, WM, 58-424.442.1718
FARROW, Grace, 5-20, WF, 58-424.442.1719
REIGEL, Mattie M., 20-60, WF, 58-424.442.1720
VANNATTA, Charles W., 20-60, WM, 58-425.443.1721
VANNATTA, Mary, 20-60, WF, 58-425.443.1722
VANNATTA, A. Florence, 5-20, WF, 58-425.443.1723
VANNATTA, Grace, 5-20, WF, 58-425.443.1724
VANNATTA, Floyd, 0-5, WM, 58-425.443.1725
WHEELER, Ida A., 20-60, WF, 58-426.444.1726
SMITH, Lydia, 60+, WF, 58-427.445.1727
DILTS, Salindia, 60+, WF, 58-427.445.1728
SMITH, Judson G., 20-60, WM, 58-427.446.1729
DILTS, Maning F., 60+, WM, 58-427.446.1730
NEVENS, Patrick, 20-60, IM, 58-428.447.1731
NEVENS, Mary, 20-60, WF, 58-428.447.1732
NEVENS, Albert, 5-20, WM, 58-428.447.1733
NEVENS, James, 5-20, WM, 58-428.447.1734
NEVENS, Ellie, 5-20, WF, 58-428.447.1735
COUGHLIN, Michael, 60+, IM, 58-429.448.1736
COUGHLIN, Bessie, 20-60, WF, 58-429.448.1737
COUGHLIN, Francis, 5-20, WM, 58-429.448.1738
FLAHERTY, Margaret, 20-60, IF, 58-430.449.1739
FLAHERTY, Wm., 5-20, WM, 58-430.449.1740
COMMEFORD, James, 20-60, IM, 59-431.450.1741
COMMEFORD, Margaret, 20-60, IF, 59-431.450.1742
COMMEFORD, Annie, 5-20, WF, 59-431.450.1743
COMMEFORD, John, 5-20, WM, 59-431.450.1744
COMMEFORD, Kate, 5-20, WF, 59-431.450.1745
COMMEFORD, Nellie, 5-20, WF, 59-431.450.1746
COMMEFORD, Mary, 5-20, WF, 59-431.450.1747
CONNOLLEY, Thomas, 60+, IM, 59-432.451.1748
CONNOLLEY, Ellen, 60+, IF, 59-432.451.1749
CONNOLLEY, Catherine, 20-60, insane, WF, 59-432.451.1750
CHAMBERLIN, John, 60+, WM, 59-433.452.1751
CHAMBERLIN, Lillie, 20-60, WF, 59-433.452.1752
HUNT, Thomas E., 60+, WM, 59-433.452.1753

HUNTERDON CO. NJ 1895 STATE CENSUS
Township of Bethlehem

HUNT, Cynthia M., 60+, WF, 59-433.452.1754
HUNT, Edgar, 20-60, WM, 59-433.452.1755
HUNT, Minnie, 20-60, WF, 59-433.452.1756
HUNT, Harry A., 20-60, WM, 59-433.452.1757
HENDERSON, Wm. J., 20-60, WM, 59-434.453.1758
HENDERSON, Meta H., 20-60, WF, 59-434.453.1759
HENDERSON, Edgar C., 20-60, WM, 59-434.453.1760
BUSHNELL, Catherine, 60+, WF, 59-434.453.1761

HUNTERDON CO. NJ 1895 STATE CENSUS
Township of Clinton, Town of Annandale

TOWNSHIP OF CLINTON, TOWN OF ANNANDALE
Austin Cramer, commissioner

BERKAW, Williard E., M.D., 20-60, WM, 1-1.1.1
BERKAW, Louisa, 20-60, WF, 1-1.1.2
VAN FLEET, Jane, 60+, WF, 1-1.1.3
YOUNG, William A., 60+, WM, 1-2.2.4
YOUNG, Mamie, 20-60, WF, 1-2.2.5
YOUNG, Mary I., 60+, WF, 1-2.2.6
MANNING, Albert, 5-20, WM, 1-2.2.7
HENDERSHOT, John, 5-20, WM, 1-2.2.8
YOUNG, Frederick A., 20-60, WM, 1-3.3.9
YOUNG, Bertha, 20-60, WF, 1-3.3.10
YOUNG, Hazel M., 0-5, WF, 1-3.3.11
BOBB, Frederick, 20-60, WM, 1-4.4.12
BOBB, Mary A., 20-60, WF, 1-4.4.13
HULSIZER, Christopher V., 20-60, WM, 1-5.5.14
HULSIZER, Ida M., 20-60, WF, 1-5.5.15
HULSIZER, Mabel, 5-20, WM, 1-5.5.16
HULSIZER, Alfred L., 5-20, WM, 1-5.5.17
DUCKWORTH, William M., 60+, WM, 1-6.6.18
DUCKWORTH, Euphena E., 20-60, WF, 1-6.6.19
DUCKWORTH, Etta E., 5-20, WF, 1-6.6.20
DUCKWORTH, Minnie B., 5-20, WF, 1-6.6.21
DUCKWORTH, Clarance C., 5-20, WM, 1-6.6.22
DUCKWORTH, Cecelia A., 5-20, WF, 1-6.6.23
DUCKWORTH, Mamie A., 0-5, WF, 1-6.6.24
HAZELEET, James, 20-60, WM, 1-7.7.25
HAZELEET, Elizabeth, 20-60, WF, 1-7.7.26
HAZELEET, James, 0-5, WM, 1-7.7.27
HAZELEET, Anna M., 0-5, WF, 1-7.7.28
BOEMAN, Theodore R., 20-60, WM, 1-8.8.29
BOEMAN, Annie, 20-60, WF, 1-8.8.30
BOEMAN, Walter, 5-20, WM, 2-0.0.1
BOEMAN, Lulu, 5-20, WF, 2-0.0.2
BOEMAN, Stela, 5-20, WF, 2-0.0.3
THATCHER, Martha, 5-20, WF, 2-0.0.4
CHRISTIANA, Lizzie, 20-60, WF, 2-1.1.5
MUSSELMAN, Rosy, 20-60, WF, 2-1.1.6
BOEMAN, Margaret, 60+, WF, 2-2.2.7
APGAR, Elmer, 20-60, WM, 2-3.3.8
APGAR, Mary E., 20-60, WF, 2-3.3.9
APGAR, Iva, 0-5, WF, 2-3.3.10
APGAR, Frank, 0-5, WM, 2-3.3.11
GANO, William, 20-60, WM, 2-4.4.12
GANO, Lydia, 20-60, WF, 2-4.4.13
GANO, Grace, 5-20, WF, 2-4.4.14
GANO, Daisie, 5-20, WF, 2-4.4.15
MILLER, John H., 20-60, WM, 2-5.5.16
MILLER, Harriet E., 20-60, WF, 2-5.5.17
MILLER, Frances L., 20-60, WF, 2-5.5.18
MILLER, Hattie S., 20-60, WF, 2-5.5.19
MILLER, Bessie, 5-20, WF, 2-5.5.20
HOFFMAN, Jacob, 60+, WM, 2-5.6.21
HOFFMAN, Mary, 60+, WF, 2-5.6.22
HOFFMAN, Fannie, 20-60, WF, 2-5.6.23
HOFFMAN, William E., 20-60, WM, 2-6.7.24
HOFFMAN, Susan A., 20-60, WF, 2-6.7.25
HOFFMAN, John R., 20-60, WM, 2-6.7.26
HOFFMAN, Walter R., 5-20, WM, 2-6.7.27
HOFFMAN, Harry E., 5-20, WM, 2-6.7.28
PITTMAN, William H., 20-60, WM, 2-7.8.29
PITTMAN, Alma C., 20-60, WF, 2-7.8.30
PITTMAN, Lottie E., 5-20, WF, 3-0.0.1
HUMMER, Mansfield, 20-60, WM, 3-1.1.2
HUMMER, Belinda C., 20-60, WF, 3-1.1.3
HUMMER, Elias W., 20-60, WM, 3-2.2.4
HUMMER, Mary S., 20-60, WF, 3-2.2.5
HUMMER, George F., 20-60, WM, 3-2.2.6
PHILLIPS, Thomas J., 20-60, WM, 3-2.2.7
HUMMER, Anna A., 60+, WF, 3-2.2.8
SMITH, Isaac, 20-60, WM, 3-3.3.9
SMITH, Emma, 20-60, WF, 3-3.3.10
DIPPLE, William, 20-60, WM, 3-4.4.11
DIPPLE, Catharine, 20-60, WF, 3-4.4.12
DIPPLE, Charles A., 0-5, WM, 3-4.4.13
HULSIZER, Jacob S., 20-60, WM, 3-5.5.14
HULSIZER, Sarah E., 20-60, WF, 3-5.5.15
HULSIZER, Addie E., 20-60, WF, 3-5.5.16
FULPER, John W., 20-60, WM, 3-5.6.17
FULPER, Minnie V., 20-60, WF, 3-5.6.18
MATTHEWS, Leslie, 20-60, WM, 3-6.7.19
MATHEWS, Anna M., 20-60, WF, 3-6.7.20
YAWGER, Peter, 20-60, WM, 3-7.8.21
YAWGER, Abbie, 20-60, WF, 3-7.8.22
YAWGER, Robert D., 5-20, WM, 3-7.8.23
FRECH, Barbary, 20-60, WF, 3-8.9.24
FRECH, George M., 20-60, WM, 3-8.9.25
FRECH, John, 20-60, WM, 3-8.9.26
FRECH, Anna B., 20-60, WF, 3-8.9.27
FRECH, Maggie E., 20-60, WF, 3-8.9.28
STALY, Ottam, 20-60, WM, 3-8.9.29
HENDERSHOT, William, 20-60, WM, 3-8.9.30
HACKETT, John, 20-60, WM, 4-1.1.1
HACKETT, Sarah J., 20-60, WF, 4-1.1.2
HACKETT, Annie A., 5-20, WF, 4-1.1.3
FOX, Jacob F., 20-60, WM, 4-1.1.4
SUTPHIN, Clinton, 20-60, WM, 4-1.1.5
REED, Sylvester R., 20-60, WM, 4-2.2.6
REED, Sarah R., 20-60, WF, 4-2.2.7
REED, Ervan M., 5-20, WM, 4-2.2.8
REED, Carrie M., 5-20, WF, 4-2.2.9
STARNAR, Theodore, 20-60, WM, 4-3.3.10
STARNAR, Ida V., 20-60, WF, 4-3.3.11
MELICK, Alvah, 5-20, WM, 4-3.3.12

HUNTERDON CO. NJ 1895 STATE CENSUS
Township of Clinton, Town of Annandale

CASE, Elisha, 20-60, WM, 4-4.4.13
CASE, Christiana, 20-60, WF, 4-4.4.14
CASE, Bessie, 5-20, WF, 4-4.4.15
STORE, Newton, 20-60, WM, 4-5.5.16
STORE, Jane, 20-60, WF, 4-5.5.17
STORE, Edna, 5-20, WF, 4-5.5.18
STORE, Herbert R., 0-5, WM, 4-5.5.19
BELLIS, Sarah M., 20-60, WF, 4-6.6.20
BELLIS, Anna M., 5-20, WF, 4-6.6.21
YAWGER, Catharine C., 20-60, WF, 4-7.7.22
BALDWIN, Fannie O., 20-60, WF, 4-7.7.23
SHARITT, Joseph M., 20-60, WM, 4-8.8.24
SHARITT, Anna M., 20-60, WF, 4-8.8.25
SHARITT, Alta M., 5-20, WF, 4-8.8.26
SHARITT, Ethel G., 0-5, WF, 4-8.8.27
HOFFMAN, Mathias, 20-60, WM, 4-9.9.28
HOFFMAN, Martha, 20-60, WF, 4-9.9.29
HOFFMAN, Carrie, 20-60, WF, 4-9.9.30
CRAFT, Nicholas N., 60+, WM, 5-1.1.1
SUTPHIN, Mattie, 20-60, WF, 5-1.1.2
FRITTS, William J., 20-60, WM, 5-2.2.3
FRITTS, Lauretta, 20-60, WF, 5-2.2.4
FRITTS, Edna, 5-20, WF, 5-2.2.5
MARTENIS, Maggie A., 20-60, WF, 5-2.2.6
MARTENIS, Luella K., 5-20, WF, 5-2.2.7
CREGAR, Jacob, 60+, WM, 5-3.3.8
CREGAR, Catharine, 20-60, WF, 5-3.3.9
CREGAR, George, 60+, WM, 5-4.4.10
CREGAR, Sallie A., 20-60, WF, 5-4.4.11
CREGAR, Hattie H., 20-60, WF, 5-4.4.12
CREGAR, Jacob C., 5-20, WM, 5-4.4.13
CREGAR, Sylvester V., 5-20, WM, 5-4.4.14
CREGAR, Lydia C., 5-20, WF, 5-4.4.15
CRAMER, Andrew J., 60+, WM, 5-5.5.16
CRAMER, Emily A., 60+, WF, 5-5.5.17
HOCKENBERY, Mary E., 20-60, WF, 5-6.6.18
HOCKENBERY, Anna M., 5-20, WF, 5-6.6.19
HOPPAUGH, Hannah, 20-60, WF, 5-6.7.20
HOPPAUGH, Joseph, 20-60, WM, 5-6.7.21
HOPPAUGH, Frank, 20-60, WM, 5-6.7.22
TIGER, Christopher, 60+, WM, 5-7.8.23
TIGER, Ellen, 60+, WF, 5-7.8.24
TIGER, Elisa S., 20-60, WF, 5-7.8.25
TIGER, Bessie, 5-20, WF, 5-7.8.26
SNYDER, Maggie, 20-60, WF, 5-7.8.27
BELLIS, Charriet, 60+, WF, 5-8.9.28
BELLIS, James, 20-60, WM, 5-8.9.29
WYCHOFF, John S., 20-60, WM, 5-9.10.30
WYCHOFF, Elisa, 20-60, WF, 6-0.0.1
WYCHOFF, David C., 20-60, WM, 6-0.0.2
WYCHOFF, Joseph H., 5-20, WM, 6-0.0.3
WYCHOFF, Ada L., 5-20, WF, 6-0.0.4
WYCHOFF, Charles G., 5-20, WM, 6-0.0.5
ALPAUGH, John M., 20-60, WM, 6-1.1.6
ALPAUGH, Matilda, 20-60, WF, 6-1.1.7

CARHART, Samuel J., 20-60, WM, 6-2.2.8
CARHART, Lydia, 20-60, WF, 6-2.2.9
CARHART, John B., 5-20, WM, 6-2.2.10
CARHART, Allie A., 5-20, WM, 6-2.2.11
CARHART, Arthur I., 5-20, WM, 6-2.2.12
CARHART, Leon, 5-20, WM, 6-2.2.13
MICHEAL, John I., 60+, WM, 6-3.3.14
ALLEN, Catharine E., 20-60, WF, 6-4.4.15
ALLEN, Mathias C., 20-60, WM, 6-4.4.16
ALLEN, Matilda M., 5-20, WF, 6-4.4.17
ALLEN, Abner A., 20-60, WM, 6-5.5.18
ALLEN, Ann A., 20-60, WF, 6-5.5.19
ALLEN, Charles O., 0-5, WM, 6-5.5.20
HENDERSHOT, Asa, 20-60, WM, 6-6.6.21
HENDERSHOT, Mary A., 20-60, WF, 6-6.6.22
MYER, Sarah, 20-60, WF, 6-7.7.23
MYER, Adaline H., 20-60, WF, 6-7.7.24
MYER, Rezena, 20-60, WF, 6-7.7.25
RUNYON, Charles, 20-60, WM, 6-8.8.26
RUNYON, Canelia, 20-60, WF, 6-8.8.27
RUNYON, Nellie A., 5-20, WF, 6-8.8.28
RUNYON, John, 5-20, WM, 6-8.8.29
RUNYON, George, 5-20, WM, 6-8.8.30
RUNYON, Maria, 5-20, WF, 7-0.0.1
RUNYON, Rusco, 5-20, WM, 7-0.0.2
RUNYON, Freddie, 5-20, WM, 7-0.0.3
RUNYON, Charles, 0-5, WM, 7-0.0.4
RUNYON, Bessie, 0-5, WF, 7-0.0.5
RUNYON, Bertsil, 0-5, WM, 7-0.0.6
RUNYON, Anna, 0-5, WF, 7-0.0.7
BAKER, Henry, 60+, WM, 7-1.1.8
BAKER, Diana, 20-60, WF, 7-1.1.9
CREGAR, Abraham, 60+, WM, 7-2.2.10
CREGAR, Hannah, 20-60, WF, 7-2.2.11
KANNA, Mary, 60+, IF, 7-3.3.12
KANNA, William, 20-60, WM, 7-3.3.13
KANNA, Katie, 20-60, WF, 7-3.3.14
McMAHON, James, 20-60, WM, 7-3.3.15
McMAHON, Anna T., 20-60, WF, 7-4.4.16
McMAHON, Thomas, 5-20, WM, 7-4.4.17
McMAHON, Mary, 0-5, WF, 7-4.4.18
McMAHON, James, 0-5, WM, 7-4.4.19
McMAHON, Austin, 0-5, WM, 7-4.4.20
HULSIZER, William C., 20-60, WM, 7-5.5.21
HULSIZER, Rachael A., 20-60, WF, 7-5.5.22
HULSIZER, Daisy D., 5-20, WF, 7-5.5.23
HULSIZER, Juddison K., 5-20, WM, 7-5.5.24
KRYMER, David G., 60+, WM, 7-6.6.25
KRYMER, Elizabeth, 60+, WF, 7-6.6.26
SMITH, Gabrel L., 20-60, WM, 7-7.7.27
SMITH, Mary A., 20-60, WF, 7-7.7.28
LAIR, Emily, 60+, WF, 7-7.7.29
SUTTEN, Joseph G., 20-60, WM, 7-8.8.30
SUTTEN, Amy H., 20-60, WF, 8-0.0.1
SUTTEN, William A., 5-20, WM, 8-0.0.2

HUNTERDON CO. NJ 1895 STATE CENSUS
Township of Clinton, Town of Annandale

SUTTEN, George, 5-20, WM, 8-0.0.3
SUTTEN, Dunham, 5-20, WM, 8-0.0.4
SUTTEN, Oliv, 0-5, WF, 8-1.1.5
HOFFMAN, Delmer E., 20-60, WM, 8-1.1.6
HOFFMAN, Lizzie S., 20-60, WF, 8-1.1.7
HOFFMAN, George S., 5-20, WM, 8-1.1.8
BROKAW, Cornelious N., 20-60, WM, 8-2.2.9
BROKAW, Maggie G., 20-60, WF, 8-2.2.10
BROKAW, Frank, 5-20, WM, 8-2.2.11
BROKAW, Cornelious E., 5-20, WM, 8-2.2.12
BROKAW, Mary C., 0-5, WF, 8-2.2.13
GANO, Manning F., 20-60, WM, 8-3.3.14
GANO, Carrie Y., 20-60, WF, 8-3.3.15
GANO, Mabel F., 5-20, WF, 8-3.3.16
GANO, Cora B., 0-5, WF, 8-3.3.17
MATHIAS, Ann, 60+, WF, 8-3.3.18
DRAKE, John, 60+, WM, 8-4.4.19
DRAKE, Rachael, 60+, WF, 8-4.4.20
ROSSERSON, David J., 20-60, OM, 8-5.5.21
ROSSERSON, Ida G., 20-60, OF, 8-5.5.22
ROSSERSON, Ann S., 5-20, OF, 8-5.5.23
ROSSERSON, Rose, 5-20, OF, 8-5.5.24
ROSSERSON, Bessie T., 0-5, WF, 8-5.5.25
ROSSERSON, Nathan H., 60+, WM, 8-5.5.26
LOURIE, Israel, 20-60, OM, 8-5.5.27
BACON, Lazaran, 20-60, OM, 8-6.6.28
BACON, Rebecca, 20-60, OF, 8-6.6.29
BACON, Anna, 5-20, OF, 8-6.6.30
BACON, Jacob D., 5-20, OM, 9-0.0.1
BACON, Mahala, 0-5, WF, 9-0.0.2
LEVEN, Isaac, 20-60, OM, 9-0.0.3
MUREKLE, Joseph, 20-60, OM, 9-1.1.4
MAREKLE, Rachael, 20-60, OF, 9-1.1.5
MAREKLE, Rose L., 5-20, OF, 9-1.1.6
LIES?, Lewis, 20-60, OM, 9-1.1.7
SHAPRO, Solomon, 20-60, OM, 9-1.1.8
SWEAZY, John, 20-60, WM, 9-2.2.9
SWEAZY, Arabella S., 20-60, WF, 9-2.2.10
SWEAZY, Clara M., 5-20, WF, 9-2.2.11
GODOWN, John, 20-60, WM, 9-3.3.12
GODOWN, Mahalia, 20-60, WF, 9-3.3.13
KRYMER, Jacob, 60+, WM, 9-4.4.14
KRYMER, Marilda, 60+, WF, 9-4.4.15
KRYMER, David G. Jr., 20-60, WM, 9-4.5.16
KRYMER, Ella S., 20-60, WF, 9-4.5.17
KRYMER, Mabel, 5-20, WF, 9-4.5.18
KRYMER, Jacob M. Jr., 5-20, WM, 9-4.5.19
KRYMER, Howard C., 20-60, WM, 9-4.5.20
McCLOUGHAN, John, 60+, WM, 9-5.6.21
McCLOUGHAN, Euphoeba A., 20-60, WF, 9-5.6.22
SCHUYLER, Wesley W., 20-60, WM, 9-6.7.23
SCHUYLER, Mary A., 20-60, WF, 9-6.7.24
SCHUYLER, Benj. W., 5-20, WM, 9-6.7.25
SCHUYLER, Andrew H., 5-20, WM, 9-6.7.26
SCHUYLER, Alice M., 5-20, WF, 9-6.7.27
SCHUYLER, Jennie T., 5-20, WF, 9-6.7.28
SCHUYLER, Alvah M., 0-5, WM, 9-6.7.29
SCHUYLER, Elmer E., 0-5, WM, 9-6.7.30
SCHUYLER, Leon, 0-5, WM, 10-0.0.1
PRATTE, Edman R., 20-60, WM, 10-1.1.2
PRATTE, Miama H., 20-60, WF, 10-1.1.3
HAMPTON, Joseph, 20-60, WM, 10-2.2.4
HAMPTON, Amy Y., 20-60, WF, 10-2.2.5
LAMBERT, Harry, 20-60, WM, 10-2.2.6
HENDERSHOT, Annie J., 20-60, WF, 10-2.3.7
HENDERSHOT, Frank W., 5-20, WM, 10-2.3.8
JAMES, Bessie E., 0-5, WF, 10-2.3.9
ROBBINS, Benj. F., 20-60, WM, 10-3.4.10
ROBBINS, Carrie, 20-60, WF, 10-3.4.11
ROBBINS, Warren M., 0-5, WM, 10-3.4.12
BOWERS, Jacob F., 20-60, WM, 10-4.5.13
BOWERS, Josephine F., 20-60, WF, 10-4.5.14
BOWERS, Lilian J., 20-60, WF, 10-4.5.15
STONE, Mary, 60+, IF, 10-5.6.16
STONE, Kate J., 20-60, WF, 10-5.6.17
STONE, Lizzie C., 20-60, WF, 10-5.6.18
STONE, Joseph L., 5-20, WM, 10-5.6.19
SMITH, William G., 60+, WM, 10-6.7.20
SMITH, Mary A., 60+, WF, 10-6.7.21
CULVIN, Bernard, 60+, IM, 10-7.8.22
CULVIN, Rose A., 60+, IF, 10-7.8.23
CULVIN, Ella B., 20-60, WF, 10-7.8.24
MAXWELL, Samuel, 20-60, WM, 10-8.9.25
MAXWELL, Sarah L., 20-60, WF, 10-8.9.26
MAXWELL, Emma J., 5-20, WF, 10-8.9.27
MAXWELL, William, 5-20, WM, 10-8.9.28
DRAKE, Melvin, 20-60, WM, 10-9.10.29
DRAKE, Nora, 20-60, WF, 10-9.10.30
DRAKE, Eddie, 0-5, WM, 11-0.0.1
DRAKE, Harry, 0-5, WM, 11-0.0.2
HINES, Patrick, 20-60, IM, 11-0.1.3
HINES, Katie, 20-60, IF, 11-0.1.4
HINES, Joseph, 20-60, WM, 11-0.1.5
KEHOE, Joseph, 5-20, WM, 11-0.1.6
KEHOE, Katie, 5-20, WF, 11-0.1.7
DRAKE, Ulysis G., 20-60, WM, 11-2.2.8
DRAKE, Sarah C., 20-60, WF, 11-2.2.9
DRAKE, George N., 5-20, WM, 11-2.2.10
DRAKE, Edna, 0-5, WF, 11-2.2.11
DRAKE, Anna B., 0-5, WF, 11-2.2.12
OAKES, Steward, 20-60, WM, 11-2.3.13
OAKES, Ida, 20-60, WF, 11-2.3.14
OAKES, Edna, 0-5, WF, 11-2.3.15
OAKES, Perria, 0-5, WM, 11-2.3.16
MORRISON, Bertha, 20-60, WF, 11-3.4.17
HINES, Maggie, 20-60, WF, 11-3.4.18
CONLEY, Mame, 20-60, WF, 11-3.4.19
STASETIS, Mary, 5-20, WF, 11-3.4.20
CRAGE, Frank, 20-60, WM, 11-3.4.21
TINSMAN, Frederick, 20-60, GM, 11-3.4.22

HUNTERDON CO. NJ 1895 STATE CENSUS
Township of Clinton, Town of Annandale

FRITTS, Benj. S., 20-60, WM, 11-4.5.23
FRITTS, Lily, 20-60, WF, 11-4.5.24
FRITTS, Marion S., 5-20, WF, 11-4.5.25
FRITTS, Clara E., 5-20, WF, 11-4.5.26
SMITH, Clara, 20-60, WF, 11-4.5.27
WIGGENS, Mathias, 20-60, WM, 11-5.6.28
WIGGENS, Louisa, 20-60, WF, 11-5.6.29
WINTERMUTE, Louisa, 60+, WF, 11-6.7.30
JOHNSON, Eva, 20-60, WF, 12-0.0.1
JOHNSON, Lizzie, 20-60, WF, 12-0.0.2
SMITH, Englebert, 20-60, WM, 12-1.1.3
SMITH, Fanny M., 20-60, WF, 12-1.1.4
SMITH, Alfred L., 5-20, WM, 12-1.1.5
SMITH, Jessie N., 5-20, WM, 12-1.1.6
THATCHER, Joseph, 20-60, WM, 12-2.2.7
DIPPLE, Sarah, 20-60, WF, 12-3.3.8
DIPPLE, Augustus, 20-60, WM, 12-3.3.9
FLEMMINGS, David, 5-20, WM, 12-3.3.10
ARKELL, Charles, 60+, OM, 12-4.4.11
ARKELL, Sarah E., 20-60, WF, 12-4.4.12
JOHNSON, Jacob M., 20-60, WM, 12-4.5.13
JOHNSON, Bell, 20-60, WF, 12-4.5.14
JOHNSON, Mary, 5-20, WF, 12-4.5.15
ROWLAND, Ryncar, 20-60, WM, 12-5.6.16
ROWLAND, Lily A., 20-60, WF, 12-5.6.17
ROWLAND, Birdsel S., 5-20, WM, 12-5.6.18
ROWLAND, George H., 0-5, WM, 12-5.6.19
APGAR, Robert L., 20-60, WM, 12-6.7.20
APGAR, Laura, 20-60, WF, 12-6.7.21
APGAR, Joseph H., 5-20, WM, 12-6.7.22
APGAR, Ann, 60+, WF, 12-6.7.23
DIPPLE, Mary, 20-60, WF, 12-6.7.24
BONNELL, Elmer E., 20-60, WM, 12-7.8.25
BONNELL, Anna C., 20-60, WF, 12-7.8.26
HACKETT, Margaret, 20-60, WF, 12-8.9.27
SWEAZY, Whitfield, 60+, WM, 12-9.10.28
SWEAZY, Carrie, 60+, WF, 12-9.10.29
SWEAZY, Austin, 20-60, WM, 12-9.10.30
ASTLE, James T., 60+, OM, 13-1.1.1
ASTLE, Harriet, 20-60, WF, 13-1.1.2
ASTLE, Lydia, 20-60, WF, 13-1.1.3
ASTLE, William, 20-60, WM, 13-1.1.4
ASTLE, Geo., 20-60, WM, 13-2.2.5
ASTLE, Minnie H., 20-60, WF, 13-2.2.6
ASTLE, Hattie A., 0-5, WF, 13-2.2.7
ASTLE, James T., 0-5, WM, 13-2.2.8
HENDERSHOT, Thomas, 20-60, WM, 13-3.3.9
HENDERSHOT, Rachael E., 20-60, WF, 13-3.3.10
JONES, Geo., 20-60, WM, 13-3.3.11
FULKERSON, Edgar, 60+, WM, 13-4.4.12
STIRES, Margaret T., 20-60, WF, 13-4.4.13
MANNING, Garret, 20-60, WM, 13-5.5.14
MANNING, Mary J., 20-60, WF, 13-5.5.15
MANNING, John N., 5-20, WM, 13-5.5.16
MANNING, Richard B., 5-20, WM, 13-5.5.17
MANNING, Raymond R., 5-20, WM, 13-5.5.18
MANNING, Clarance J., 5-20, WM, 13-5.5.19
MANNING, Syrus C., 5-20, WM, 13-5.5.20
CRAMER, John C., 60+, WM, 13-6.6.21
CRAMER, Sarah S., 60+, WF, 13-6.6.22
HOPPAUGH, Catharine C., 20-60, WF, 13-6.6.23
CHAMBERLIN, Eugene, 20-60, WM, 13-6.6.24
HAYNES, John C., 20-60, WM, 13-6.7.25
HAYNES, Minnie E., 20-60, WF, 13-6.7.26
HAYNES, Lulu C., 5-20, WF, 13-6.7.27
SMITH, William, 20-60, WM, 13-7.8.28
SMITH, Laura B., 20-60, WF, 13-7.8.29
SMITH, John H., 5-20, WM, 13-7.8.30
SMITH, Walter S., 5-20, WM, 14-0.0.1
SMITH, Frank W., 5-20, WM, 14-0.0.2
SMITH, Anna B., 5-20, WF, 14-0.0.3
SMITH, Minnie, 0-5, WF, 14-0.0.4
BOSENBURY, Thomas, 60+, WM, 14-1.1.5
BOSENBURY, Sarah, 20-60, WF, 14-1.1.6
BOSENBURY, Margaret, 60+, WF, 14-1.1.7
BOSENBURY, Edgar, 20-60, WM, 14-1.1.8
CREGAR, Aaron, 20-60, WM, 14-2.2.9
CREGAR, Addie, 20-60, WF, 14-2.2.10
CREAGER, Carrie, 5-20, WF, 14-2.2.11
CREAGER, Frank, 0-5, WM, 14-2.2.12
HOCKENBURY, Alvah, 5-20, WF, 14-2.2.13
CREGAR, Archabald, 20-60, WM, 14-3.3.14
CREAGER, Cora A., 20-60, WF, 14-3.3.15
CREGER, George, 5-20, WM, 14-3.3.16
CREGAR, Almetta, 5-20, WF, 14-3.3.17
CREGAR, Andrew, 0-5, WM, 14-3.3.18
PITTMAN, John E., 20-60, WM, 14-3.3.19
BRASELMAN, Edward, 20-60, GM, 14-4.4.20
BRASELMAN, Mary, 20-60, OF, 14-4.4.21
BRASELMAN, Eddie, 5-20, WM, 14-4.4.22
RUTAN, Charlotte A., 60+, WF, 14-4.5.23
RUTAN, Elizabeth F., 20-60, WF, 14-4.5.24
KRYMER, Garrett P., 20-60, WF, 14-5.6.25
KRYMER, Julia, 20-60, WF, 14-5.6.26
KRYMER, Charles H., 5-20, WM, 14-5.6.27
KRYMER, Chrissie S., 5-20, WF, 14-5.6.28
WOOLDSON, John, 5-20, CM, 14-5.6.29
ALPAUGH, Wesley, 60+, WM, 14-6.7.30
BUNN, Mathias S., 20-60, WM, 15-1.1.1
BUNN, Anna, 20-60, WF, 15-1.1.2
BUNN, William H., 5-20, WM, 15-1.1.3
HOCKENBURY, Adaline, 60+, WF, 15-1.1.4
MATTIS, Mathias F., 60+, WM, 15-2.2.5
MATTIS, Mary C., 20-60, WF, 15-2.2.6
MATTIS, Sarah E., 5-20, WF, 15-2.2.7
WACK, Mary C., 20-60, WF, 15-3.3.8
WACK, J. S., 20-60, WF, 15-3.3.9
WACK, Ella, 20-60, WF, 15-3.3.10
WACK, Elisa, 20-60, WF, 15-3.3.11
STRYKER, Geo. L., 60+, WM, 15-4.4.12

HUNTERDON CO. NJ 1895 STATE CENSUS
Township of Clinton, Town of Annandale

STRYKER, Martha V., 20-60, WF, 15-4.4.13
STRYKER, Laura, 20-60, WF, 15-4.4.14
APGAR, Henry A., 20-60, WM, 15-4.4.15
LASSAR, William, 20-60, WM, 15-4.4.16
SHURTS, Henry H., 60+, WM, 15-5.5.17
SHURTS, Ann C., 60+, WF, 15-5.5.18
SHURTS, Lottie M., 20-60, WF, 15-5.5.19
SHURTS, Agnes C., 5-20, WF, 15-5.5.20
APGAR, Geo. A., 60+, WM, 15-6.6.21
BOUYER, Geo. B., 20-60, WM, 15-6.6.22
BOUYER, Adaline, 20-60, WF, 15-6.6.23
APGAR, William, 20-60, WM, 15-6.7.24
APGAR, Laura H., 20-60, WF, 15-6.7.25
APGAR, Keturah R., 5-20, WF, 15-6.7.26
APGAR, Jacob S., 0-5, WM, 15-6.7.27
APGAR, Oscar, 20-60, WM, 15-7.8.28
APGAR, Lizzie, 20-60, WF, 15-7.8.29
APGAR, Ruth, 0-5, WF, 15-7.8.30
HINKLE, Augustus, 20-60, WM, 16-1.1.1
HINKLE, Emma J., 20-60, WF, 16-1.1.2
NIPER, Peter S., 20-60, WM, 16-2.2.3
NIPER, Mame A., 20-60, WF, 16-2.2.4
NIPER, Schuyler A., 5-20, WM, 16-2.2.5
WILSON, Keturah M., 20-60, WF, 16-3.3.6
WILSON, Geo. H., 20-60, WM, 16-3.3.7
WILSON, Lottie L., 5-20, WF, 16-3.3.8
CLARK, James S., 60+, WM, 16-4.4.9
CLARK, Ann E., 20-60, WF, 16-4.4.10
CLARK, Nettie L., 20-60, WF, 16-4.4.11
CLARK, Lizzie S., 5-20, WF, 16-4.4.12
COX, Henry, 60+, CM, 16-4.4.13
SHARP, David B., 60+, WM, 16-5.5.14
SHARP, Keturah, 60+, WF, 16-5.5.15
SMITH, Ollny, 20-60, WM, 16-5.5.16
SMITH, John, 0-5, WM, 16-5.5.17
SMITH, Lonso, 0-5, WM, 16-5.5.18
RAMSEY, William N., 20-60, WM, 16-6.6.19
RAMSEY, Mary V., 20-60, WF, 16-6.6.20
RAMSEY, William N., 5-20, WM, 16-6.6.21
McCLOUGHAN, Henry, 20-60, WM, 16-7.7.22
McCLOUGHAN, Elizabeth A., 20-60, WF, 16-7.7.23
McCLOUGHAN, Edna, 5-20, WF, 16-7.7.24
McCLOUGHAN, Harry K., 5-20, WM, 16-7.7.25
SUTTON, Alexander W., 20-60, WM, 16-7.8.26
SUTTON, Sarah A., 5-20, WF, 16-7.8.27
SHURTS, Catharine, 5-20, WF, 16-8.9.28
SHURTS, Geo. A., 20-60, WM, 16-8.9.29
SHURTS, Anna S., 5-20, WF, 16-8.9.30
SHURTS, Mercel A., 0-5, WF, 17-0.0.1
SHURTS, Robert V., 0-5, WM, 17-0.0.2
VAN SYCKEL, Andrew, 20-60, WM, 17-1.1.3
VAN SYCKEL, Lydia S., 60+, WF, 17-1.1.4
VAN SYCKEL, Cora, 20-60, WF, 17-1.1.5
LINDABERY, John, 20-60, S., WM, 17-2.2.6
LINDABERY, Nansy, 20-60, WF, 17-2.2.7
VAN NAMBURGH, Henry A., 20-60, S., WM, 17-2.2.8
APGAR, Ransfield S., 20-60, WM, 17-3.3.9
APGAR, Minnie B., 20-60, WF, 17-3.3.10
APGAR, Russel S., 0-5, WM, 17-3.3.11
APGAR, Jennie M., 0-5, WF, 17-3.3.12
SMITH, Amos, 20-60, WM, 17-3.3.13
HILDABRANT, Nathan, 20-60, S., WM, 17-4.4.14
HILDEBRANT, Mary, 20-60, WF, 17-4.4.15
HILDABRANT, Etta, 20-60, WF, 17-4.4.16
CREAGER, William, 60+, WM, 17-5.5.17
CREAGER, Sarah A., 20-60, WF, 17-5.5.18
FORCE, Geo., 20-60, WM, 17-6.6.19
FORCE, Irene, 20-60, WF, 17-6.6.20
VAN BELARD, Eva, 5-20, WF, 17-6.6.21
FORCE, Carrie D., 5-20, WF, 17-6.6.22
FORCE, Ada, 5-20, WF, 17-6.6.23
FORCE, Lenora, 0-5, WF, 17-6.6.24
FORCE, Lizzie M., 0-5, WF, 17-6.6.25
CRAMER, Harry L., 20-60, WM, 17-7.7.26
CRAMER, Larrance, 20-60, WF, 17-7.7.27
CRAMER, Austin L., 0-5, WM, 17-7.7.28
CRAMER, May E., 0-5, WF, 17-7.7.29
CRATER, Frank, 20-60, WM, 17-7.8.30
CRATER, Anna, 20-60, WF, 18-0.0.1
RITTENHOUSE, Andrew B., 20-60, WM, 18-1.1.2
RITTENHOUSE, Emma L., 20-60, WF, 18-1.1.3
RITTENHOUSE, Geo. B., 5-20, WM, 18-1.1.4
RITTENHOUSE, Nellie M., 5-20, WF, 18-1.1.5
RITTENHOUSE, Jennie, 5-20, WF, 18-1.1.6
RITTENHOUSE, Mallie P., 5-20, WF, 18-1.1.7
RITTENHOUSE, Walter T., 5-20, WM, 18-1.1.8
RITTENHOUSE, Rufus P., 0-5, WM, 18-1.1.9
HOCKENBURY, Susan, 20-60, WF, 18-1.1.10
MELICK, Gilbert C., 20-60, WM, 18-2.2.11
MELICK, Anna G., 20-60, WF, 18-2.2.12
MELICK, Sallie B., 5-20, WF, 18-2.2.13
STREICK, Albert, 20-60, IM, 18-3.3.14
STREICK, Anna M., 20-60, IF, 18-3.3.15
STREICK, Sallie K., 5-20, WF, 18-3.3.16
MARMON, William, 20-60, WM, 18-4.4.17
MARMON, Bell, 20-60, WF, 18-4.4.18
SHURTS, Isaac, 20-60, WM, 18-5.5.19
SHURTS, Martha E., 20-60, WF, 18-5.5.20
SHURTS, Emily, 5-20, WF, 18-5.5.21
SHURTS, Bertha, 5-20, WF, 18-5.5.22
YAWGER, Ira B., 20-60, WM, 18-5.5.23
YAWGER, Adaline, 20-60, WF, 18-5.5.24
YAWGER, Eddison, 0-5, WM, 18-5.5.25
SHURTS, Samuel J., 60+, WM, 18-6.6.26
SHURTS, Mary W., 60+, WF, 18-6.6.27
SHURTS, Austin W., 20-60, WM, 18-6.7.28
SHURTS, Rachael, 20-60, WF, 18-6.7.29
SHARP, Frances E., 60+, WF, 18-7.8.30
ROBISON, Samuel, 20-60, WM, 19-0.1.1
ROBISON, Jennie, 20-60, WF, 19-0.1.2

Township of Clinton, Town of Annandale

DAVIS, Rev. W. E., 20-60, WM, 19-1.2.3
DAVIS, Sener L., 20-60, WF, 19-1.2.4
DAVIS, Lulu V., 5-20, WF, 19-1.2.5
DAVIS, Helen, 5-20, WF, 19-1.2.6
DAVIS, William E., 5-20, WM, 19-1.2.7
DAVIS, Marion, 5-20, WF, 19-1.2.8
HILL, Jennie, 20-60, WF, 19-1.2.9
SHARP, France E., 20-60, WF, 19-2.3.10
HUNT, Susan H., 60+, WF, 19-2.4.11
MELICK, Baltise E., 60+, WM, 19-3.5.12
MELICK, Wilmie W., 60+, WF, 19-3.5.13
BONNELL, Marion M., 20-60, WM, 19-3.5.14
LOWE, Austin W., 20-60, WM, 19-4.6.15
LOWE, Emily, 20-60, WF, 19-4.6.16
LOWE, Vanrenselar, 5-20, WM, 19-4.6.17
LOWE, Edna S., 5-20, WF, 19-4.6.18
HAGERMAN, Abraham C., 20-60, WM, 19-5.7.19
HAGERMAN, Laura, 20-60, WF, 19-5.7.20
HAGERMAN, May, 5-20, WF, 19-5.7.21
HAGERMAN, Frank, 5-20, WM, 19-5.7.22
HAGERMAN, Viola, 0-5, WF, 19-5.7.23
HAGERMAN, Clarance, 0-5, WM, 19-5.7.24
HAGERMAN, Jennie, 0-5, WF, 19-5.7.25
SNYDER, Peter T., 20-60, WM, 19-5.8.26
SNYDER, Anna, 20-60, WF, 19-5.8.27
SNYDER, Edith, 5-20, WF, 19-5.8.28
SNYDER, Laura, 5-20, WF, 19-5.8.29
SNYDER, Lizzie, 5-20, WF, 19-5.8.30
SNYDER, Lucy, 0-5, WF, 20-0.0.1
HOFFMAN, Geo. W., 20-60, WM, 20-1.1.2
HOFFMAN, Emma, 20-60, WF, 20-1.1.3
HOFFMAN, Clyde, 0-5, WM, 20-1.1.4
HOFFMAN, Phoenix, 0-5, WM, 20-1.1.5
APGAR, Raymond, 5-20, WM, 20-1.1.6
ALLER, Henry, 20-60, WM, 20-2.2.7
ALLER, Matilda Y., 20-60, WF, 20-2.2.8
ALLER, Edna B., 5-20, WF, 20-2.2.9
HOFFMAN, Margaret A., 5-20, WF, 20-3.3.10
PIDCOCK, Anna, 20-60, WF, 20-3.3.11
REUMSCHUSEL, Henry, 60+, IM, 20-3.3.12
REUMSCHUSEL, Emma M., 60+, IF, 20-3.3.13
REUMSCHUSEL, Catharine, 20-60, WF, 20-3.3.14
HOFFMAN, David T., 20-60, WM, 20-4.4.15
HOFFMAN, Mary M., 20-60, WF, 20-4.4.16
HOFFMAN, Laura A., 20-60, WF, 20-4.4.17
HOFFMAN, Isaac C., 20-60, WM, 20-4.4.18
HOFFMAN, Lizzie, 20-60, WF, 20-4.4.19
STRYKER, Josiah, 20-60, WM, 20-5.5.20
STRYKER, Mary L., 20-60, WF, 20-5.5.21
STRYKER, Lenora T., 5-20, WF, 20-5.5.22
STRYKER, Anna, 5-20, WF, 20-5.5.23
STRYKER, John C., 5-20, WM, 20-5.5.24
STRYKER, Ellis R., 5-20, WF, 20-5.5.25
WOLF, Abraham, 20-60, WM, 20-6.6.26
WOLF, Fanny E., 20-60, WF, 20-6.6.27
WOLF, Austin, 20-60, WM, 20-6.6.28
MAHAFEE, Anna L., 60+, WF, 20-6.6.29
CRAMER, Mathias M., 20-60, WM, 20-7.7.30
CRAMER, Manda A., 20-60, WF, 21-0.0.1
CRAMER, Wm. P., 0-5, WM, 21-0.0.2
HENRY, Jacob, 60+, WM, 21-0.0.3
CRAMER, Mathias J., 60+, WM, 21-1.1.4
CRAMER, Lily J., 20-60, WF, 21-1.1.5
CRAMER, Fanny E., 5-20, WF, 21-1.1.6
APGAR, Conrod F., 20-60, WM, 21-1.1.7
GRIPPIN, Mary, 20-60, WF, 21-2.2.8
PIDCOCK, Elizabeth A., 60+, WF, 21-2.2.9
GRIPPIN, Lemuel P., 20-60, WM, 21-2.2.10
DAVIS, Edward W., 20-60, WM, 21-3.3.11
DAVIS, Jennie V., 20-60, WF, 21-3.3.12
DAVIS, Elston V., 5-20, WM, 21-3.3.13
DAVIS, Anna S., 5-20, WF, 21-3.3.14
DAVIS, Mabel M., 5-20, WF, 21-3.3.15
DAVIS, Bartin R., 5-20, WM, 21-3.3.16
DAVIS, Conrod, 60+, WM, 21-3.3.17
EVERSOLE, Howard, 5-20, WM, 21-3.3.18
SUTTON, Austin E., 20-60, WM, 21-4.4.19
SUTTON, Edna M., 20-60, WF, 21-4.4.20
SUTTON, Agnes S., 5-20, WF, 21-4.4.21
COOK, Alvah B., 5-20, WM, 21.4.4.22
HOFFMAN, Wm. A., 20-60, WM, 21-5.5.23
HOFFMAN, Mary E., 20-60, WF, 21-5.5.24
HOFFMAN, Wm. A., 5-20, WM, 21-5.5.25
HALL, Austin A., 5-20, WM, 21-5.5.26
FRISCO, Allis, 5-20, WF, 21-5.5.27
HOYT, Enoch, 20-60, WM, 21-5.5.28
HOYT, Lydia B., 20-60, WF, 21-5.5.29
HOYT, Irene C., 5-20, WF, 21-5.5.30
FISHER, Wilson, 20-60, WM, 22-1.1.1
FISHER, Emma, 20-60, WF, 22-1.1.2
REED, Thomas, 20-60, OM, 22-2.2.3
REED, Hannah, 20-60, OF, 22-2.2.4
REED, Wm., 5-20, OM, 22-2.2.5
REED, Mabel, 5-20, OF, 22-2.2.6
REED, Alfred L., 5-20, WM, 22-2.2.7
REED, John, 60+, OM, 22-2.3.8
MICKELSON, John, 20-60, GM, 22-3.4.9
MICKELSON, Hannah, 20-60, GF, 22-3.4.10
MICKELSON, Geo., 5-20, WM, 22-3.4.11
MICKELSON, Annie E., 5-20, WF, 22-3.4.12
MICKELSON, Amelia, 5-20, WF, 22-3.4.13
MICKELSON, Johnny, 5-20, WM, 22-3.4.14
MICKELSON, Edna, 0-5, WF, 22-3.4.15
KNOX, John, 20-60, WM, 22-4.5.16
KNOX, Lizzie, 20-60, WF, 22-4.5.17
KNOX, Sarah H., 5-20, WF, 22-4.5.18
KNOX, Samuel, 5-20, WM, 22-4.5.19
KNOX, Jessie, 5-20, WF, 22-4.5.20
KNOX, John H., 5-20, WM, 22-4.5.21
KNOX, Florence, 0-5, WF, 22-4.5.22

HUNTERDON CO. NJ 1895 STATE CENSUS
Township of Clinton, Town of Annandale

HILL, Carrie T., 5-20, WF, 22-4.5.23
SNYDAM, David N., 20-60, WM, 22-5.6.24
SNYDAM, Rettie, 20-60, WF, 22-5.6.25
SNYDAM, Geo. B., 20-60, WM, 22-5.6.26
HEIM, John, 60+, IM, 22-6.7.27
HEIM, Elizabeth, 60+, WF, 22-6.7.28
HEIM, Maggie, 20-60, WF, 22-6.7.29
BYERLAN, Albert, 20-60, IM, 22-6.7.30
BIGERLEE, Maggie, 20-60, WF, 23-0.0.1
EVERSOLE, Walter, 5-20, WM, 23-0.0.2
EVERSOLE, Ella, 0-5, WF, 23-0.0.3
BIGERLEE, Alice E., 0-5, WF, 23-0.0.4
HOFFMAN, Wyckoff N., 20-60, WM, 23-1.1.5
HOFFMAN, Anna C., 20-60, WF, 23-1.1.6
HOFFMAN, Albert C., 5-20, WM, 23-1.1.7
LENNY, Amelia, 20-60, WF, 23-1.1.8
STIGER, Elias M., 20-60, WM, 23-2.2.9
STIGER, Mary E., 20-60, WF, 23-2.2.10
HENRY, Harmon J., 60+, WM, 23-2.2.11
CHRISTAINSEN, Niels, 20-60, OM, 23-3.3.12
CHRISTAINSEN, Alex C., 5-20, OM, 23-3.3.13
CHRISTAINSEN, Sophie G., 20-60, OF, 23-3.3.14
CHRISTAINSEN, Anna C., 5-20, OF, 23-3.3.15
FERRIS, John E., 20-60, WM, 23-4.4.16
FERRIS, Jennie E., 20-60, WF, 23-4.4.17
FERRIS, Arthur N., 0-5, WM, 23-4.4.18
FERRIS, Mary R., 5-20, WF, 23-4.4.19
RADDLEY, Catharine, 60+, WF, 23-5.5.20
RADDLEY, Samuel, 5-20, WM, 23-5.5.21
LUNGER, Elizabeth, 20-60, WF, 23-5.6.22
DOWD, Edward, 20-60, WM, 23-6.7.23
DOWD, Ella, 20-60, WF, 23-6.7.24
DOWD, Austin W., 0-5, WM, 23-6.7.25
LOWE, Sarah M., 60+, WF, 23-6.7.26
SNYDER, Newton, 20-60, WM, 23-7.8.27
SNYDER, Louisa, 20-60, WF, 23-7.8.28
MILLER, Henry, 20-60, WM, 23-8.9.29
MILLER, Jennie G., 20-60, WF, 23-8.9.30
STIGERS, Jacob M., 60+, WM, 24-1.1.1
STIGERS, Sarah M., 60+, WF, 24-1.1.2
HENRY, Stephen R., 20-60, WM, 24-2.2.3
HENRY, Margaret, 20-60, WF, 24-2.2.4
HENRY, Martin L., 5-20, WM, 24-2.2.5
BARKLEY, Maria E., 20-60, WF, 24-3.3.6
ALPAUGH, Jacob R., 20-60, WM, 24-4.4.7
ALPAUGH, Anna C., 20-60, WF, 24-4.4.8
ALPAUGH, Frank O., 5-20, WM, 24-4.4.9
EMMONS, Clarance, 5-20, WM, 24-4.4.10
TIGER, Wm. C., 20-60, WM, 24-4.4.11
CRAMER, Theo., 20-60, WM, 24-5.5.12
CRAMER, Catharine, 20-60, WF, 24-5.5.13
WOLF, John H., 20-60, WM, 24-6.6.14
WOLF, Jennie E., 20-60, WF, 24-6.6.15
WOLF, Austin E., 0-5, WM, 24-6.6.16
REED, John, 60+, WM, 24-7.7.17
REED, Rachael, 60+, WF, 24-7.7.18
BURLS, Emma, 5-20, WF, 24-7.7.19
APGAR, Howard E., 20-60, WM, 24-8.8.20
APGAR, Bertha, 20-60, WF, 24-8.8.21
APGAR, Lewis, 5-20, WM, 24-8.8.22
APGAR, Russel, 0-5, WM, 24-8.8.23
HUBBARD, Theo., 20-60, WM, 24-9.9.24
HUBBARD, Julia, 20-60, WF, 24-9.9.25
BRAGG, Henry N., 20-60, WM, 24-10.10.26
BRAGG, Louisa, 20-60, WF, 24-10.10.27
BUNN, Charles H., 20-60, WM, 24-10.11.28
BUNN, Carrie A., 20-60, WF, 24-10.11.29
BUNN, Ramsey A., 0-5, WM, 24-10.11.30
ALPAUGH, John N., 20-60, WM, 25-1.1.1
ALPAUGH, Fanny V., 20-60, WF, 25-1.1.2
ALPAUGH, Charles H., 5-20, WM, 25-1.1.3
ALPAUGH, Sadie, 0-5, WF, 25-1.1.4
ALPAUGH, Paul H., 0-5, WM, 25-1.2.5
STOUT, Mary, 60+, WF, 25-1.2.6
STOUT, Mame, 5-20, WF, 25-1.2.7
STOUT, Jacob K., 5-20, WM, 25-1.2.8
HILDABRANT, Wm., 60+, WM, 25-2.3.9
SMITH, Steward, 20-60, WM, 25-2.3.10
SMITH, Anna J., 20-60, WF, 25-2.3.11
SMITH, Laura B., 5-20, WF, 25-2.3.12
SMITH, Nathan H., 5-20, WM, 25-2.3.13
SMITH, Luther H., 0-5, WM, 25-2.3.14
SMITH, Emmett, 20-60, WM, 25-2.3.15
SMITH, Amos, 20-60, WM, 25-2.3.16
CORSON, Amos, 20-60, WM, 25-3.4.17
CORSON, Fannie L., 20-60, WF, 25-3.4.18
HENRY, Dayton, 20-60, WM, 25-4.5.19
HENRY, Julia M., 20-60, WF, 25-4.5.20
HENRY, Elizabeth, 5-20, WF, 25-4.5.21
HENRY, Jennie, 5-20, WF, 25-4.5.22
MEIRS, Charles R., 20-60, WM, 25-5.6.23
MEIRS, Ida M., 20-60, WF, 25-5.6.24
MEIRS, Anna E., 5-20, WF, 25-5.6.25
MEIRS, Linda K., 5-20, WF, 25-5.6.26
MEIRS, Ida L., 5-20, WF, 25-5.6.27
MEIRS, Lily A., 5-20, WF, 25-5.6.28
LEGGAT, Simon, 5-20, WM, 25-5.6.29
HOFFMAN, Lewis, 20-60, WM, 25-6.7.30
HOFFMAN, Mary E., 20-60, WF, 26-0.0.1
HOFFMAN, Lenora, 5-20, WF, 26-0.0.2
PARKS, Asa L., 20-60, WM, 26-0.1.3
PARKS, Emma J., 20-60, WF, 26-0.1.4
LOWE, Sylvester, 60+, WM, 26-1.2.5
GREEN, Catharine, 20-60, WF, 26-1.2.6
SUTTEN, Luther, 20-60, WM, 26-1.2.7
SUTTEN, Lydia, 20-60, WF, 26-1.2.8
SUTTEN, Lester N., 0-5, WM, 26-1.2.9
PARKS, Samuel, 5-20, WM, 26-1.2.10
WOLFE, Frank W., 20-60, WM, 26-2.3.11
WOLFE, Sarah M., 20-60, WF, 26-2.3.12

HUNTERDON CO. NJ 1895 STATE CENSUS
Township of Clinton, Town of Annandale

WOLFE, Harry H., 5-20, WM, 26-2.3.13
WOLFE, Nellie H., 5-20, WF, 26-2.3.14
WOLFE, Ethel C., 5-20, WF, 26-2.3.15
WOLFE, Lottie S., 0-5, WF, 26-2.3.16
WOLFE, Allen L., 0-5, WM, 26-2.3.17
HOFFMAN, Isaac P., 60+, WM, 26-3.4.18
HOFFMAN, Mary M., 60+, WF, 26-3.4.19
HOFFMAN, Wilson J., 20-60, WM, 26-3.5.20
HOFFMAN, Emma L., 20-60, WF, 26-3.5.21
HOFFMAN, Lenard I., 5-20, WM, 26-3.5.22
HOFFMAN, Raymond M., 5-20, WM, 26-3.5.23
HOFFMAN, Fred H., 5-20, WM, 26-3.5.24
HOFFMAN, Geo. H., 0-5, WM, 26-3.5.25
CLARK, Geo. N. Jr., 20-60, WM, 26-4.6.26
CLARK, Susan H., 20-60, WF, 26-4.6.27
DILTS, Henry, 5-20, WM, 26-4.6.28
SUTTON, Wm. H., 20-60, WM, 26-5.7.29
SUTTON, Edith, 20-60, WF, 26-5.7.30
SUTTON, Raymond, 5-20, WM, 27-0.0.1
SUTTON, Harry, 5-20, WM, 27-0.0.2
CLARK, Geo., 20-60, WM, 27-1.1.3
CLARK, Anna, 20-60, WF, 27-1.1.4
CLARK, Margaret R., 20-60, WF, 27-1.1.5
MATTIS, Newton, 5-20, WM, 27-1.1.6
YAWGER, Henry, 20-60, WM, 27-2.2.7
YAWGER, Martha, 20-60, WF, 27-2.2.8
YAWGER, Sallie M., 5-20, WF, 27-2.2.9
YAWGER, Ella, 0-5, WF, 27-2.2.10
BROWN, Mary, 60+, WF, 27-2.2.11
BROWN, Walter, 5-20, WM, 27-2.2.12
CARLE, Lewis, 60+, WM, 27-3.3.13
CARLE, Scharett C., 20-60, WF, 27-3.3.14
CARLE, Anne, 20-60, WF, 27-3.3.15
HALL, Richard H., 60+, WM, 27-4.4.16
HALL, Minnie C., 20-60, WF, 27-4.4.17
HALL, Helen, 5-20, WF, 27-4.4.18
HOFFMAN, Nathan, 60+, WM, 27-5.5.19
EVERSOLE, Martha, 20-60, WF, 27-5.5.20
SLONE, John, 20-60, WM, 27-5.5.21
SLONE, Maggie, 20-60, WF, 27-5.5.22
EVERSOLE, Edna, 5-20, WF, 27-5.5.23
RIN[E]HART, Charles M., 20-60, WM, 27-6.6.24
RINEHART, Ada V., 20-60, WF, 27-6.6.25
RINEHART, Albert H., 0-5, WM, 27-6.6.26
YAWGER, Elijah W., 20-60, WM, 27-7.7.27
YAWGER, Manda, 20-60, WF, 27-7.7.28
YAWGER, Iva R., 0-5, WF, 27-7.7.29
YAWGER, Harry, 0-5, WM, 27-7.7.30
CORSON, Elizabeth, 60+, WF, 28-0.1.1
HOFFMAN, Joseph R., 20-60, WM, 28-1.2.2
HOFFMAN, Anna E., 20-60, WF, 28-1.2.3
HOFFMAN, Hazel M., 0-5, WF, 28-1.2.4
FARLEY, Oliver A., 20-60, WM, 28-2.3.5
FARLEY, Angeline, 20-60, WF, 28-2.3.6
FARLEY, Hoyt A., 0-5, WM, 28-2.3.7
AGANS, Fred, 0-5, WM, 28-3.4.8
AGANS, Charles M., 0-5, WM, 28-3.4.9
FRITTS, Oliver, 20-60, WM, 28-4.5.10
FRITTS, Mary E., 20-60, WF, 29-4.5.11
FRITTS, Anna C., 20-60, WF, 28-4.5.12
FRITTS, Anna, 60+, WF, 28-4.5.13
SMITH, Wm., 60+, WM, 28-5.6.14
SMITH, Mrs., 20-60, WF, 28-5.6.15
SMITH, Manda, 20-60, WF, 28-5.6.16
SMITH, Lulu, 5-20, WF, 28-5.6.17
SMITH, James, 5-20, WM, 28-5.6.18
ALPAUGH, Howard, 20-60, WM, 28-6.7.19
ALPAUGH, Isabelle T., 20-60, WF, 28-6.7.20
ALPAUGH, Howard T., 5-20, WM, 28-6.7.21
ALPAUGH, Mary V., 5-20, WF, 28-6.7.22
ALPAUGH, Wesley S., 5-20, WM, 28-6.7.23
HILL, Lewis, 20-60, WM, 28-6.7.24
ALPAUGH, Peter A., 60+, WM, 28-7.8.25
ALPAUGH, Jane, 20-60, WF, 28-7.8.26
ALPAUGH, Lewis E., 20-60, WM, 28-7.8.27
ALPAUGH, Ella, 20-60, WM, 28-7.8.28
ALPAUGH, Frank W., 20-60, WM, 28-7.8.29
ALPAUGH, Edna, 0-5, WF, 28-7.8.30
ALPAUGH, Elizabeth, 60+, WF, 29-0.0.1
VANCAMP, Elmer, 5-20, WM, 29-0.0.2
SCHUYLER, Geo. B., 20-60, WM, 29-1.1.3
SCHUYLER, Elizabeth N., 20-60, WF, 29-1.1.4
SCHUYLER, John A., 5-20, WM, 29-1.1.5
SCHUYLER, Mame L., 5-20, WF, 29-1.1.6
SCHUYLER, Harry, 5-20, WM, 29-1.1.7
SCHUYLER, Frank, 5-20, WM, 29-1.1.8
SCHUYLER, Edward W., 5-20, WM, 29-1.1.9
ALLER, Isaac S., 60+, WM, 29-2.2.10
ALLER, Mary B., 60+, WF, 29-2.2.11
CHAMBERLIN, Joseph, 20-60, WM, 29-3.3.12
CHAMBERLIN, Emma, 20-60, WF, 29-3.3.13
CHAMBERLIN, Florence, 0-5, WF, 29-3.3.14
CHAMBERLIN, Charles, 0-5, WM, 29-3.3.15
PINE, Howard W., 60+, WM, 29-4.4.16
PINE, Sarah J., 20-60, WF, 29-4.4.17
PINE, Johnny H., 5-20, WM, 29-4.4.18
ALPAUGH, Geo., 60+, WM, 29-5.5.19
ALPAUGH, Elsie J., 20-60, WF, 29-5.5.20
ALLER, James M., 20-60, WM, 29-6.6.21
ALLER, Mary A., 20-60, WF, 29-6.6.22
ALLER, Johnson V., 20-60, WM, 29-6.6.23
ALLER, Howard, 5-20, WM, 29-6.6.24
ALLER, Geo. C., 5-20, WM, 29-6.6.25
ALLER, Charlotte, 5-20, WF, 29-6.6.26
ALLER, Lizzie L., 5-20, WF, 29-6.6.27
ALLER, Catharine, 60+, WF, 29-6.6.28
CRAMER, Theo. J., 20-60, WM, 29-7.7.29
CRAMER, Elizabeth, 20-60, WF, 29-7.7.30
CRAMER, John W. B., 20-60, WM, 30-1.1.1
CRAMER, Martha, 20-60, WF, 30-1.1.2

HUNTERDON CO. NJ 1895 STATE CENSUS
Township of Clinton, Town of Annandale

CRAMER, Lottie, 5-20, WF, 30-1.1.3
CRAMER, Isaac H., 5-20, WM, 30-1.1.4
ALLER, Geo. W., 20-60, WM, 30-2.2.5
ALLER, Elizabeth, 60+, WF, 30-2.2.6
McCONNELL, Wm. H., 20-60, WM, 30-3.3.7
McCONNELL, Jennie, 20-60, WF, 30-3.3.8
McCONNELL, Lulu, 5-20, WF, 30-3.3.9
McCONNELL, Geo. P., 5-20, WM, 30-3.3.10
WYCKOFF, Haynis, 5-20, WM, 30-3.3.11
EICK, Silas W., 20-60, WM, 30-4.4.12
EICK, Sallie S., 20-60, WF, 30-4.4.13
EICK, Raymond, 5-20, WM, 30-4.4.14
EICK, Leslie, 5-20, WM, 30-4.4.15
EICK, Nellie, 0-5, WF, 30-4.4.16
EICK, Asa, 0-5, WM, 30-4.4.17
CASE, Chas., 20-60, WM, 30-4.4.18
CASE, Lizzie, 20-60, WF, 30-4.4.19
McCLOUGHAN, Howard, 20-60, WM, 30-4.4.20
DILTS, David M., 20-60, WM, 30-5.5.21
DILTS, Sarah A., 20-60, WF, 30-5.5.22
CRAMER, Lizzie, 20-60, WF, 30-5.5.23
DILTS, Jennie, 5-20, WF, 30-5.5.24
DILTS, Trimmer, 5-20, WM, 30-5.5.25
DILTS, Isaac C., 5-20, WM, 30-5.5.26
PRAUL, Nathan, 20-60, WM, 30-5.5.27
PRAUL, Catharine, 20-60, WF, 30-5.5.28
PRAUL, Anna, 5-20, WF, 30-5.5.29
PRAUL, Ralph, 0-5, WM, 30-5.5.30
MELIGAN, John C., 20-60, WM, 31-1.1.1
MELIGAN, Sarah E., 20-60, WF, 31-1.1.2
MELIGAN, Maggie E., 20-60, WF, 31-1.1.3
MELIGAN, Authur, 5-20, WM, 31-1.1.4
SMITH, Mahlon, 60+, WM, 31-2.2.5
SMITH, Lucy, 60+, WF, 31-2.2.6
SMITH, John A., 20-60, WM, 31-2.2.7
SMITH, Jacob B., 20-60, WM, 31-2.2.8
SMITH, Emma, 20-60, WF, 31-2.2.9
KRYMER, Englebert, 20-60, WM, 31-3.3.10
KRYMER, Ella, 5-20, WF, 31-3.3.11
SANDERS, Jacob, 5-20, WM, 31-3.3.12
BELLIS, Wm., 20-60, WM, 31-4.4.13
BELLIS, Mary E., 20-60, WF, 31-4.4.14
HANN, Moses, 20-60, WM, 31-5.5.15
HANN, Anna, 20-60, WF, 31-5.5.16
STEMETO, Wm., 5-20, WM, 31-5.5.17
HILL, Peter, 20-60, WM, 31-6.6.18
HILL, Mary, 20-60, WF, 31-6.6.19
HILL, Emma, 5-20, WF, 31-6.6.20
HILL, Charles, 0-5, WM, 31-6.6.21
DILLEY, Charles V., 20-60, WM, 31-7.7.22
DILLEY, Anna B., 20-60, WF, 31-7.7.23
DILLEY, Mary C., 20-60, WF, 31-7.7.24
DILLEY, Sylvester V., 5-20, WM, 31-7.7.25
DILLEY, Robert T., 5-20, WM, 31-7.7.26
DILLEY, Joseph V., 5-20, WM, 31-7.7.27
CRAMER, Mathias, 60+, WM, 31-8.8.28
CRAMER, Mary, 20-60, WF, 31-8.8.29
CRAMER, Howard M., 20-60, WM, 31-8.8.30
CRAMER, Jennie, 20-60, WF, 32-1.1.1
CRAMER, Willard B., 5-20, WM, 32-1.1.2
CRAMER, Frank P., 0-5, WM, 32-1.1.3
COUGLE, Joseph B., 60+, WM, 32-2.2.4
COUGLE, Ellen, 20-60, WF, 32-2.2.5
COUGLE, Frankie, 5-20, WF, 32-2.2.6
COUGLE, Joseph C., 5-20, WM, 32-2.2.7
BEAVERS, Harmon, 20-60, WM, 32-3.3.8
BEAVERS, Julia A., 20-60, WF, 32-3.3.9
BEAVERS, Alice A., 20-60, WF, 32-3.3.10
BEAVERS, Joseph, 20-60, WM, 32-3.3.11
BEAVERS, Edward G., 20-60, WM, 32-3.3.12
BEAVERS, Maggie, 5-20, WF, 32-3.3.13
BEAVERS, Fred, 5-20, WM, 32-3.3.14
BEAVERS, Luchris, 5-20, WF, 32-3.3.15
BEAVERS, Howard, 5-20, WM, 32-3.3.16
McCOY, John, 20-60, IM, 32-4.4.17
McCOY, Eliza D., 20-60, WF, 32-4.4.18
McCOY, John B., 5-20, WM, 32-4.4.19
McCOY, James F., 5-20, WM, 32-4.4.20
McCOY, Conrod, 5-20, WM, 32-4.4.21
McCOY, Rose V., 5-20, WF, 32-4.4.22
McCOY, Martin, 0-5, WM, 32-4.4.23
McCOY, Anna, 0-5, WF, 32-4.4.24
FENSTEMAKER, Milton H., 20-60, WM, 32-5.5.25
FENSTEMAKER, Anna, 20-60, WF, 32-5.5.26
FENSTEMAKER, Wm. H., 0-5, WM, 32-5.5.27
FENSTEMAKER, Russel, 0-5, WM, 32-5.5.28
AGANS, Andrew, 20-60, WM, 32-6.6.29
AGANS, Mary, 20-60, WF, 32-6.6.30
SPANGENBURG, John W., 20-60, WM, 33-1.1.1
SPANGENBURG, Sarah, 20-60, WF, 33-1.1.2
FRITTS, Wm., 5-20, WM, 33-1.1.3
MARSHALL, Anderson, 20-60, WM, 33-2.2.4
MARSHALL, Charlotte, 60+, WF, 33-2.2.5
MARSHALL, Lizzie, 20-60, WF, 33-2.2.6
MILLER, Newton, 20-60, WM, 33-2.3.7
WILSON, Peter, 60+, WM, 33-3.4.8
WILSON, Emma K., 60+, WF, 33-3.4.9
SHAFER, Samuel, 60+, WM, 33-4.5.10
SHAFER, Jane, 60+, WF, 33-4.5.11
YAWGER, John W., 20-60, WM, 33-4.6.12
YAWGER, Josie, 20-60, WF, 33-4.6.13
YAWGER, Lottie, 5-20, WF, 33-4.6.14
KINNEY, Garret, 20-60, WM, 33-5.7.15
KINNEY, Mary, 20-60, WF, 33-5.7.16
KINNEY, Earl, 5-20, WM, 33-5.7.17
BERKAW, Bergen, 20-60, WM, 33-6.8.18
BERKAW, Ella, 20-60, WF, 33-6.8.19
BERKAW, Laura, 5-20, WF, 33-6.8.20
BERKAW, Lulu G., 5-20, WF, 33-6.8.21
SNYDER, John, 20-60, WM, 33-7.9.22

HUNTERDON CO. NJ 1895 STATE CENSUS
Township of Clinton, Town of Annandale

SNYDER, Barren, 20-60, WF, 33-7.9.23
McCONNELL, Melinda, 20-60, WF, 33-7.10.24
STORE, John, 20-60, WM, 33-8.11.25
STORE, Rettie, 20-60, WF, 33-8.11.26
STORE, Evona, 5-20, WF, 33-8.11.27
STORE, Amos, 5-20, WM, 33-8.11.28
WILSON, Samuel, 20-60, WM, 33-9.12.29
WILSON, Lizabeth, 20-60, WF, 33-9.13.30
WILSON, Raymond, 5-20, WM, 34-0.0.1
WILSON, Wm., 5-20, WM, 34-0.0.2
WILSON, Carl, 0-5, WM, 34-0.0.3
HANN, Olive, 5-20, WF, 34-0.0.4
HUNT, Nicholas, 20-60, WM, 34-1.1.5
HUNT, Rebecca E., 20-60, WF, 34-1.1.6
HUNT, Sadie C., 20-60, WF, 34-1.1.7
HUNT, David K., 5-20, WM, 34-1.1.8
ABBAT, Viola, 5-20, WF, 34-1.1.9
ABBAT, Bercil, 5-20, WM, 34-1.1.10
HOFFMAN, Geo. H., 20-60, WM, 34-2.2.11
HOFFMAN, Lizzie L., 20-60, WF, 34-2.2.12
HOFFMAN, Miller E., 0-5, WM, 34-2.2.13
SHAFER, Geo. H., 20-60, WM, 34-3.3.14
SHAFER, Sarah F., 20-60, WF, 34-3.3.15
SHAFER, Cora, 5-20, WF, 34-3.3.16
GETHARD, John, 20-60, WM, 34-4.4.17
GETHARD, Kate, 20-60, WF, 34-4.4.18
GETHARD, Nelson, 5-20, WM, 34-4.4.19
GETHARD, Willie, 5-20, WM, 34-4.4.20
STURM, Fred, 20-60, WM, 34-5.5.21
STURM, Carrie L., 20-60, WF, 34-5.5.22
STURM, Mary L., 0-5, WF, 34-5.5.23
HILDABRANT, Maria, 60+, WF, 34-5.6.24
HILDABRANT, Geo. L., 20-60, WM, 34-5.6.25
KEPHART, Wm., 20-60, WM, 34-6.7.26
KEPHART, Anna, 20-60, WF, 34-6.7.27
CASE, Henry, 20-60, WM, 34-7.8.28
CASE, Mary A., 20-60, WF, 34-7.8.29
CASE, Liscombe, 20-60, WM, 34-7.8.30
DILTS, Levi, 20-60, WM, 35-0.0.1
DILTS, Alvah, 5-20, WM, 35-0.0.2
BERKAW, Peter B., 60+, WM, 35-1.1.3
BERKAW, Mary L., 20-60, WF, 35-1.1.4
BERKAW, Charles H., 5-20, WM, 35-1.1.5
EICK, Hezekiah, 20-60, WM, 35-1.1.6
BERKAW, John G., 20-60, WM, 35-1.2.7
BERKAW, Lizzie G., 20-60, WF, 35-1.2.8
BERKAW, Laura B., 0-5, WF, 35-1.2.9
KRYMER, David, 20-60, WM, 35-2.3.10
KRYMER, Aaline, 20-60, WF, 35-2.3.11
KRYMER, Lambert, 20-60, WM, 35-2.3.12
FISHER, James, 20-60, WM, 35-3.4.13
FISHER, Mary F., 20-60, WF, 35-3.4.14
FISHER, Walter, 5-20, WM, 35-3.4.15
FISHER, Ada K., 0-5, WF, 35-3.4.16
PROBASCO, A. J., 20-60, WM, 35-4.5.17
STORE, Margaret J., 20-60, WF, 35-4.5.18
HALL, Daniel, 5-20, WM, 35-4.5.19
STORE, Anna, 5-20, WF, 35-4.5.20
STORE, Rose, 0-5, WF, 35-4.5.21
SWEARER, Geo., 20-60, WM, 35-4.6.22
SWARER, Lizzie, 20-60, WF, 35-4.6.23
BRAGGE, Frank, 20-60, WM, 35-5.7.24
BRAGGE, Rebecca, 20-60, WF, 35-5.7.25
BRAGGE, Bertie, 5-20, WM, 35-5.7.26
BRAGGE, Wm., 5-20, WM, 35-5.7.27
HALOCKE, James, 5-20, WM, 35-5.7.28
SPANGENBURG, John, 60+, WM, 35-5.7.29
SPANGENBURG, Elizabeth, 20-60, WF, 35-5.7.30
COLE, Benj. L., 20-60, WM, 36-1.1.1
COLE, Georgia Anna, 20-60, WF, 36-1.1.2
COLE, Clarance, 5-20, WM, 36-1.1.3
COLE, Frederick, 0-5, WM, 36-1.1.4
SMITH, Anna, 5-20, WF, 36-1.1.5
JOHNSON, Lewis, 5-20, WM, 36-1.1.6
HOFFMAN, Isaac Jr., 20-60, WM, 36-2.2.7
HOFFMAN, Samuel, 5-20, WM, 36-2.2.8
HOFFMAN, Isaac, 20-60, WM, 36-2.2.9
KINNEY, Mahlon, 20-60, WM, 36-3.3.10
KINNEY, Ella, 20-60, WF, 36-3.3.11
KINNEY, Sarah A., 60+, WF, 36-3.4.12
KINNEY, Sarah, 20-60, WF, 36-3.4.13
KINNEY, Lizzie A., 5-20, WF, 36-3.4.14
CRATE, Joseph, 20-60, WM, 36-4.5.15
CRATE, Mary E., 20-60, WF, 36-4.5.16
CRATE, Wilson R., 5-20, WM, 36-4.5.17
CRATE, Leon T., 0-5, WM, 36-4.5.18
HARSELL, Samuel P. S., 20-60, WM, 36-4.6.19
HARSELL, Mary A., 20-60, WF, 36-4.6.20
HIBLER, Wm. H., 20-60, WM, 36-5.7.21
HIBLER, Ellen N., 60+, WF, 36-5.7.22
TRIMMER, Englebert, 20-60, WM, 36-6.8.23
TRIMMER, Jane, 20-60, WF, 36-6.8.24
TRIMMER, Samuel, 5-20, WM, 36-6.8.25
TRIMMER, John, 5-20, WM, 36-6.8.26
TRIMMER, Martha, 5-20, WF, 36-6.8.27
TRIMMER, Charles, 0-5, WM, 36-6.8.28
DILTS, Wm., 60+, WM, 36-7.9.29
DILTS, Anna, 60+, WF, 36-7.9.30
FRITTS, Lemuel, 20-60, WM, 37-1.1.1
FRITTS, Maggie J., 20-60, WF, 37-1.1.2
FRITTS, Ida M., 5-20, WF, 37-1.1.3
FRITTS, Cora B., 5-20, WF, 37-1.1.4
VAUGHER, William, 5-20, WM, 37-1.1.5
FRITTS, Emma, 20-60, WF, 37-1.1.6
YAWGER, Elizabeth, 20-60, WF, 37-2.2.7
YAWGER, Peter A., 20-60, WM, 37-2.2.8
YAWGER, John C., 20-60, WM, 37-2.2.9
HINES, Margaret T., 20-60, S., WF, 37-2.2.10
YAWGER, Elisha W., 20-60, WM, 37-2.2.11
STORE, John, 20-60, WM, 37-3.3.12

HUNTERDON CO. NJ 1895 STATE CENSUS
Township of Clinton, Town of Annandale

STORE, Ruth T., 20-60, WF, 37-3.3.13
STORE, Robert E., 5-20, WM, 37-3.3.14
TINE, Geo. N., 20-60, WM, 37-3.3.15
TINE, Josie Y., 20-60, WF, 37-3.3.16
PITTENGER, Martin F., 60+, WM, 37-4.4.17
PITTENGER, Lucinda, 60+, WF, 37-4.4.18
SUTTON, India, 20-60, WM, 37-5.5.19
SUTTON, Lottie V., 20-60, WF, 37-5.5.20
SUTTON, Katie, 5-20, WF, 37-5.5.21
SUTTON, Geo., 5-20, WM, 37-5.5.22
SUTTON, Mary L., 5-20, WF, 37-5.5.23
SUTTON, Sarah G., 5-20, WF, 37-5.5.24
SUTTON, John L., 5-20, WM, 37-5.5.25
SUTTON, Laura, 0-5, WF, 37-5.5.26
SUTTON, Willard, 0-5, WM, 37-5.5.27
FRITTS, Emanuel, 20-60, WM, 37-6.6.28
FRITTS, Elizabeth, 20-60, WF, 37-6.6.29
FRITTS, Charles, 20-60, WM, 37-6.6.30
FRITTS, Mamie, 20-60, WF, 38-0.0.1
TINE, Whitfield, 20-60, WM, 38-1.1.2
TINE, Eliza J., 20-60, WF, 38-1.1.3
TINE, Geo. N., 5-20, WM, 38-1.1.4
LEONARD, Wilson, 20-60, WM, 38-2.2.5
LE[O]NARD, Matilda, 20-60, WF, 38-2.2.6
LEONARD, Lulu, 5-20, WF, 38-2.2.7
MARSHALL, Geo. W., 20-60, WM, 38-3.3.8
MARSHALL, Emily R., 20-60, WF, 38-3.3.9
MARSHALL, Walter S., 5-20, WM, 38-3.3.10
MARSHALL, Lulu M., 5-20, WF, 38-3.3.11
MARSHALL, Mabel H., 5-20, WF, 38-3.3.12
MARSHALL, Freddie B., 5-20, WM, 38-3.3.13
MARSHALL, Maud H., 5-20, WF, 38-3.3.14
MARSHALL, John T., 0-5, WM, 38-3.3.15
BELFAR, Fred, 60+, WM, 38-3.3.16
KINNEY, Geo. W., 20-60, WM, 38-4.4.17
KINNEY, Martha J., 20-60, WF, 38-4.4.18
KINNEY, Catharine E., 20-60, WF, 38-4.4.19
KINNEY, John P., 5-20, WM, 38-4.4.20
KINNEY, Anderson Y., 5-20, WM, 38-4.4.21
KINNEY, Joseph C., 5-20, WM, 38-4.4.22
HOFFMAN, John D., 20-60, WM, 38-5.5.23
HOFFMAN, Anna J., 20-60, WF, 38-5.5.24
SMITH, Cyrus B., 20-60, WM, 38-5.5.25
RAMSEY, Alvah L., 20-60, WM, 38-6.6.26
RAMSEY, Marilda, 20-60, WF, 38-6.6.27
SHARP, May, 5-20, WF, 38-6.6.28
MAXWELL, William, 5-20, WM, 38-6.6.29
LEIGH, Alvah L., 5-20, WM, 38-6.6.30
RAMSEY, John S., 5-20, WM, 39-0.0.1
KLINE, James R., 5-20, WM, 39-0.0.2
CRAMER, David C., 60+, WM, 39-1.1.3
CRAMER, Harriett, 60+, WF, 39-1.1.4
McMAHON, Thomas, 60+, IM, 39-2.2.5
TURNER, Herbert, 20-60, WM, 39-2.2.6
TURNER, Maggie, 20-60, WF, 39-2.2.7
HOFFMAN, Addison, 20-60, WM, 39-3.3.8
HOFFMAN, Anna, 20-60, WF, 39-3.3.9
HOFFMAN, Peter F., 5-20, WM, 39-3.3.10
EDMUNDS, Milton H., 20-60, WM, 39-3.3.11
CRAMER, Howard E., 20-60, WM, 39-4.4.12
CRAMER, Lydia S., 20-60, WF, 39-4.5.13
LANCE, Jacob, 20-60, WM, 39-5.6.14
LANCE, Mary E., 20-60, WF, 39-5.6.15
LANCE, Sadie, 0-5, WF, 39-5.6.16
SMITH, Horace H., 20-60, WM, 39-6.7.17
SMITH, Ella, 20-60, WF, 39-6.7.18
SMITH, Sarah, 20-60, WF, 39-6.7.19
ALLEN, Elmer S., 20-60, WM, 39-7.8.20
ALLEN, Lasella, 20-60, WF, 39-7.8.21
ALLEN, Abner, 20-60, WM, 39-7.8.22
SNYDER, Wm., 20-60, WM, 39-8.9.23
SNYDER, Tillie, 20-60, WF, 39-8.9.24
SNYDER, Alice, 5-20, WF, 39-8.9.25
SNYDER, Carrie, 5-20, WF, 39-8.9.26
SNYDER, Theo, 0-5, WM, 39-8.9.27
SNYDER, Wilbert, 0-5, WM, 39-8.9.28
BROWN, Peter W., 20-60, WM, 39-8.9.29
KERR, Bernard, Sr., 60+, IM, 39-9.10.30
KERR, Margaret, 20-60, WF, 40-0.0.1
KERR, Bernard, 20-60, WM, 40-0.0.2
KERR, John, 5-20, WM, 40-0.0.3
KERR, Frances, 20-60, WF, 40-0.0.4
SNYDER, Theo, 20-60, WM, 40-1.1.5
SNYDER, Sarah E., 20-60, WF, 40-1.1.6
SEALS, Wm., 5-20, WM, 40-1.1.7
LEIGH, Henry T., 20-60, WM, 40-2.2.8
LEIGH, Susan A., 20-60, WF, 40-2.2.9
LEIGH, Ada L., 5-20, WF, 40-2.2.10
LEIGH, Mary A., 5-20, WF, 40-2.2.11
VAN FLEET, Alvah H., 5-20, WM, 40-2.2.12
LEIGH, Martha, 60+, WF, 40-2.3.13
CHANDLER, Richard, 60+, WM, 40-2.3.14
LEIGH, Mary E., 20-60, WF, 40-2.3.15
VAN FLEET, Anna C., 5-20, WF, 40-2.3.16
VAN FLEET, Hannah, 20-60, WF, 40-2.3.17
HACKETT, Samuel, 20-60, WM, 40-3.4.18
HACKETT, Jane, 20-60, WF, 40-3.4.19
HACKETT, Lena, 20-60, WF, 40-3.4.20
HACKETT, Elijah, 20-60, WM, 40-3.4.21
APGAR, Jacob C., 20-60, WM, 40-4.5.22
APGAR, Sarah A., 20-60, WF, 40-4.5.23
APGAR, Raymond H., 5-20, WM, 40-4.5.24
APGAR, Margaret J., 5-20, WF, 40-4.5.25
BROWN, Geo. W., 20-60, WM, 40-5.6.26
BROWN, Anna E., 20-60, WF, 40-5.6.27
BROWN, Benj., 5-20, WM, 40-5.6.28
BROWN, Jacob W., 5-20, WM, 40-5.6.29
HENDERSHOT, Watson, 20-60, WM, 40-6.7.30
HENDERSHOT, Arabelle, 20-60, WF, 41-0.0.1
HENDERSHOT, Theo, 5-20, WM, 41-0.0.2

HUNTERDON CO. NJ 1895 STATE CENSUS
Township of Clinton, Town of Annandale

HENDERSHOT, Robert, 0-5, WM, 41-0.0.3
SHARP, David C., 20-60, WM, 41-1.1.4
SHARP, Anna A., 20-60, WF, 41-1.1.5
SHARP, Howard, 20-60, WM, 41-1.1.6
SHARP, Asa, 5-20, WM, 41-1.1.7
SHARP, Willie, 5-20, WM, 41-1.1.8
ALPAUGH, Stella, 5-20, WF, 41-1.1.9
HENDERSHOT, Lewis, 20-60, WM, 41-2.2.10
HENDERSHOT, Emma, 20-60, WF, 41-2.2.11
WOLFE, Sarah J., 60+, WF, 41-3.3.12
WOLFE, Wm. C., 20-60, WM, 41-3.3.13
WOLFE, Simon V., 20-60, WM, 41-3.3.14
WOLFE, Amy G., 20-60, WF, 41-3.3.15
SHARP, John L., 20-60, WM, 41-4.4.16
SHARP, Addie, 20-60, WF, 41-4.4.17
SHARP, Walter, 5-20, WM, 41-4.4.18
SHARP, Hoyt, 5-20, WM, 41-4.4.19
TIGER, John G., 20-60, WM, 41-5.5.20
TIGER, Lizzie L., 20-60, WF, 41-5.5.21
MATHERSON, Anthony R., 20-60, WM, 41-6.6.22
MATHERSON, Sarah J., 20-60, WF, 41-6.6.23
MATHERSON, Willie, 5-20, WM, 41-6.6.24
MATHERSON, Bessie, 5-20, WF, 41-6.6.25
MATHERSON, Ethel, 0-5, WF, 41-6.6.26
MATHERSON, Johnny, 0-5, WM, 41-6.6.27
HANN, Albert, 20-60, WM, 41-7.7.28
HANN, Hannah, 20-60, WF, 41-7.7.29
HANN, Ida, 5-20, WF, 41-7.7.30
HANN, Marilda, 5-20, WF, 42-0.0.1
HANN, Willie R., 5-20, WM, 42-0.0.2
HANN, Freddie, 5-20, WF, 42-0.0.3
HAVER, Wm. B., 20-60, WM, 42-1.1.4
HAVER, Bell, 20-60, WF, 42-1.1.5
HAVER, Charles, 5-20, WM, 42-1.1.6
HAVER, David, 0-5, WM, 42-1.1.7
HAVER, Mabel, 0-5, WF, 42-1.1.8
HAVER, David, 60+, WM, 42-1.2.9
HAVER, Mary, 60+, WF, 42-1.2.10
HAVER, Mary L., 20-60, WF, 42-1.2.11
MELICK, Theo., 20-60, WM, 42-2.3.12
MELICK, Kate A., 20-60, WF, 42-2.3.13
BENNETT, Geo. E., 20-60, WM, 42-2.3.14
HAVER, Margaret, 60+, WF, 42-2.3.15
RAMSEY, James, 20-60, WM, 42-3.4.16
RAMSEY, Rachael, 20-60, WF, 42-3.4.17
BERKAW, Letta, 60+, WF, 42-3.4.18
BERKAW, Emma, 20-60, WF, 42-3.4.19
MATTIS, Geo., 20-60, WM, 42-3.4.20
KLINE, Lambert, 5-20, WM, 42-3.4.21
EICK, Theo., 20-60, WM, 42-4.5.22
EICK, Lydia, 20-60, WF, 42-4.5.23
HOPPAUGH, Jacob, 20-60, WM, 42-4.5.24
TIGER, Norah C., 60+, WM, 42-5.6.25
TIGER, Adaline, 20-60, WF, 42-5.6.26
TIGER, Catharine L., 20-60, WF, 42-5.6.27
FRITTS, Catharine, 60+, WF, 42-5.6.28
MAXWELL, Geo. M., 20-60, WM, 42-6.7.29
MAXWELL, Mary, 20-60, WF, 42-6.7.30
MAXWELL, Loyd, 0-5, WM, 43-0.0.1
TIGER, Sarah A., 60+, WF, 43-1.1.2
TIGER, Mattie, 20-60, WF, 43-1.1.3
HOFFMAN, Jacob, 5-20, WM, 43-1.1.4
TIGER, Jacob E., 20-60, WM, 43-2.2.5
TIGER, Sarah, 20-60, WF, 43-2.2.6
TIGER, Pearl, 0-5, WF, 43-2.2.7
BLACKFAN, Sarah, 60+, WF, 43-3.3.8
LOMISON, Winfield, 20-60, WM, 43-3.4.9
LOMISON, Jennie, 20-60, WF, 43-3.4.10
VAN SYCKEL, Conrod, 20-60, WM, 43-4.5.11
VAN SYCKEL, Fanny L., 20-60, WF, 43-4.5.12
BEAVERS, Mary J., 20-60, WF, 43-4.5.13
APGAR, Wm. L., 20-60, WM, 43-5.6.14
APGAR, Jane, 20-60, WF, 43-5.6.15
APGAR, Lugene, 20-60, WM, 43-6.7.16
CRAMER, Laura, 20-60, WF, 43-6.7.17
CRAMER, John B., 5-20, WM, 43-6.7.18
PAINTER, James, 20-60, WM, 43-7.8.19
PAINTER, Rachael, 20-60, WF, 43-7.8.20
PAINTER, Mary E., 20-60, WF, 43-7.8.21
PAINTER, Elisha K., 5-20, WM, 43-7.8.22
PAINTER, Oliver, 5-20, WM, 43-7.8.23
HARTPENCE, Joseph, 20-60, WM, 43-7.8.24
FRITTS, Elmer E., 20-60, WM, 43-8.9.25
FRITTS, Anna B., 20-60, WF, 43-8.9.26
YORKE, Henry W. C., 20-60, WM, 43-9.10.27
YORKE, Lizzie, 20-60, WF, 43-9.10.28
YORKE, Nellie A., 0-5, WF, 43-9.10.29
YORKS, Alice S., 0-5, WF, 43-9.10.30
YORKS, Willard E., 0-5, WM, 44-0.0.1
HOCKENBURY, Lewis A., 20-60, WM, 44-1.1.2
HOCKENBURY, Lizzie, 20-60, WF, 44-1.1.3
HOCKENBURY, Charles, 0-5, WM, 44-1.1.4
HOCKENBURY, Dora, 0-5, WF, 44-1.1.5
HOCKENBURY, Bessie, 0-5, WF, 44-1.1.6
HOCKENBURY, Sallie, 20-60, WF, 44-1.1.7
HOCKENBURY, Wm., 60+, WM, 44-1.1.8
RAMSEY, Henry A., 20-60, WM, 44-2.2.9
RAMSEY, Sarah A., 20-60, WF, 44-2.2.10
RAMSEY, Minnie L., 5-20, WF, 44-2.2.11
RAMSEY, Geo. W., 5-20, WM, 44-2.2.12
RAMSEY, James R., 5-20, WM, 44-2.2.13
RAMSEY, Maggie A., 5-20, WF, 44-2.2.14
RAMSEY, Ruth B., 0-5, WF, 44-2.2.15
WINTERS, Geo. D., 60+, WM, 44-2.2.16
ROUTH, Peter, 20-60, WM, 44-2.2.17
BANSTEER, Ruth B., 60+, WF, 44-2.2.18
SHEETS, Samuel S., 60+, WM, 44-3.3.19
SHEETS, Hannah, 20-60, WF, 44-3.3.20
SHEETS, Maud, 5-20, WF, 44-3.3.21
SHEETS, Walter, 5-20, WM, 44-3.3.22

HUNTERDON CO. NJ 1895 STATE CENSUS
Township of Clinton, Town of Annandale

HOFFMAN, James, 60+, WM, 44-4.4.23
HOFFMAN, Emaline, 20-60, WF, 44-4.4.24
HOFFMAN, Lydia M., 20-60, WF, 44-4.4.25
HOFFMAN, Edna, 20-60, WF, 44-4.4.26
CARHART, Lewis, 5-20, WM, 44-4.4.27
APGAR, Wyckoff A., 20-60, WM, 44-5.5.28
APGAR, Sophia J., 20-60, WF, 44-5.5.29
APGAR, Wm. C., 5-20, WM, 44-5.5.30
APGAR, John, 5-20, WM, 45-0.0.1
BOSS, Elwood, 20-60, WM, 45-1.1.2
BOSS, Sarah J., 20-60, WF, 45-1.1.3
BOSS, Stella P., 5-20, WF, 45-1.1.4
BOSS, Helen, 5-20, WF, 45-1.1.5
BOSS, Howard, 5-20, WM, 45-1.1.6
BOSS, Anna, 5-20, WF, 45-1.1.7
WILLIAMSON, Sarah L., 60+, WF, 45-2.2.8
WILLIAMSON, Abraham, 20-60, WM, 45-2.2.9
WILLIAMSON, Mary M., 20-60, WF, 45-2.2.10
WILLIAMSON, Tusla C., 5-20, WF, 45-2.2.11
WILLIAMSON, Sarah L., 5-20, WF, 45-2.2.12
WILLIAMSON, Geo. C., 5-20, WM, 45-2.2.13
WILLIAMSON, Authur, 5-20, WM, 45-2.2.14
WILLIAMSON, Andrew R., 0-5, WM, 45-2.2.15
WILLIAMSON, Herman R., 0-5, WM, 45-2.2.16
SIGLEY, Thomas, 20-60, WM, 45-2.2.17
STASSATT, Jacob, 20-60, GM, 45-3.3.18
STASSATT, Mary, 20-60, GF, 45-3.3.19
STASSATT, August, 5-20, WM, 45-3.3.20
STASSATT, Mary, 5-20, WF, 45-3.3.21
STASSATT, Amelia, 5-20, WF, 45-3.3.22
STASSATT, Maggie, 5-20, WF, 45-3.3.23
STASSATT, Emma, 5-20, WF, 45-3.3.24
STASSATT, Geo., 5-20, WM, 45-3.3.25
STASSATT, Lillie, 0-5, WF, 45-3.3.26
STASSATT, Anna, 0-5, WF, 45-3.3.27
STASSATT, Johnny, 0-5, WM, 45-3.3.28
HENRY, Peter T., 60+, WM, 45-4.4.29
HENRY, Sarah A., 60+, WF, 45-4.4.30
HENRY, Wm. D., 5-20, WM, 46-0.0.1
GROVENDYKE, Jacob N., 20-60, WM, 46-1.1.2
GROVEND[Y]KE, Rebecca, 20-60, WF, 46-1.1.3
GROVENDYKE, Sanford, 20-60, WM, 46-1.1.4
APGAR, Clarance, 5-20, WM, 46-1.1.5
TRESSAR, Wm, 20-60, WM, 46-2.2.6
TRESSAR, Emma, 20-60, WF, 46-2.2.7
TRESSAR, David, 5-20, WM, 46-2.2.8
TRESSAR, Katie, 5-20, WF, 46-2.2.9
TRESSAR, Arthur, 5-20, WM, 46-2.2.10
KAGAN, Charles W., 20-60, WM, 46-3.3.11
THURSTON, Mary E., 20-60, WF, 46-3.3.12
SHANKLEN, Eddie, 5-20, WM, 46-3.3.13
CREGAR, John H., 20-60, WM, 46-4.4.14
CREGAR, Louisa J., 20-60, WF, 46-4.4.15
MELLIGAN, Nathan, 20-60, WM, 46-5.5.16
MELLIGAN, Eva, 5-20, WF, 46-5.5.17

MELLIGAN, Charoline, 20-60, WF, 46-5.5.18
MELLIGAN, Charles, 5-20, WM, 46-5.5.19
MELLIGAN, Wm., 5-20, WM, 46-5.5.20
MELLIGAN, John, 5-20, WM, 46-5.5.21
MELLIGAN, Alfred, 5-20, WM, 46-5.5.22
MELLIGAN, Geo., 0-5, WM, 46-5.5.23
MELLIGAN, Viola, 0-5, WF, 46-5.5.24
LOTT, Chester, 20-60, WM, 46-6.6.25
LOTT, Mary, 20-60, WF, 46-6.6.26
LOTT, Russell, 5-20, WM, 46-6.6.27
LOTT, Wm., 5-20, WM, 46-6.6.28
LOTT, Alice, 5-20, WF, 46-6.6.29
LOTT, Lizzie, 0-5, WF, 46-6.6.30
TINE, Benj. F., 20-60, WM, 47-1.1.1
TINE, Mary C., 20-60, WF, 47-1.1.2
TINE, Jennie, 20-60, WF, 47-1.1.3
STEWARD, Wm., 20-60, WM, 47-2.2.4
STEWARD, Elizabeth, 20-60, WF, 47-2.2.5
STEWARD, Jennie L., 5-20, WF, 47-2.2.6
STEWARD, Anna, 5-20, WF, 47-2.2.7
TINE, John, 20-60, WM, 47-3.3.8
TINE, Catharine, 20-60, WF, 47-3.3.9
TINE, Laura, 0-5', WF, 47-3.3.10
ROBBINSON, John, 20-60, WM, 47-[4.4].11
ROBINSON, Georgia, 5-20, WF, 47-[4.4].12
ROBINSON, Morris, 0-5, WM, 47-[4.4].13
DAWS, John, 20-60, WM, 47-5.5.14
DAWES, Laura, 20-60, WF, 47-5.5.15
DAWES, John, 5-20, WM, 47-5.5.16
DAWS, Alice, 5-20, WF, 47-5.5.17
YOUNG, Austin, 20-60, WM, 47-6.6.18
YOUNG, Catharine, 20-60, WF, 47-6.6.19
YOUNG, Emma, 5-20, WF, 47-6.6.20
YOUNG, Howard, 5-20, WM, 47-6.6.21
YOUNG, Fanny, 5-20, WF, 47-6.6.22
YOUNG, John D., 0-5, WM, 47-6.6.23
YOUNG, Charles, 0-5, WM, 47-6.6.24
PICKELL, Jacob K., 20-60, WM, 47-[7.7].25
PICKELL, Bell, 20-60, WF, 47-[7.7].26
PICKELL, Frank, 5-20, WM, 47-[7.7].27
PICKELL, Geo., 5-20, WM, 47-[7.7].28
PICKELL, Elmer, 5-20, WM, 47-[7.7].29
PICKELL, Austin, 5-20, WM, 47-[7.7].30
PICK[E]LL, Lewis, 0-5, WM, 48-0.0.1
SHURTS, John, 20-60, WM, 48-1.1.2
SHURTS, Emma, 20-60, WF, 48-1.1.3
SHURTS, Carol, 5-20, WM, 48-1.1.4
FISHER, Emma, 60+, WF, 48-1.1.5
SHURTS, Jacob, 20-60, WM, 48-2.2.6
SHURTS, Nancy, 20-60, WF, 48-2.2.7
SHURTS, Frank, 5-20, WM, 48-2.2.8
SHURTS, Maud, 5-20, WF, 48-2.2.9
McCLOUGHAN, Peter A., 20-60, WM, 48-3.3.10
McCLOUGHAN, Susan A., 20-60, WF, 48-3.3.11
McCLOUGHAN, Russell, 5-20, WM, 48-3.3.12

HUNTERDON CO. NJ 1895 STATE CENSUS
Township of Clinton, Town of Annandale

McCLOUGHAN, John, 5-20, WM, 48-3.3.13
McCLOUGHAN, Freddie, 0-5, WM, 48-3.3.14
McCONNELL, John, 20-60, IM, 48-3.3.15
POTTS, John R., 20-60, WM, 48-4.4.16
POTTS, Jane E., 20-60, WF, 48-4.4.17
POTTS, Geo. W., 5-20, WM, 48-4.4.18
POTTS, Anna M., 5-20, WF, 48-4.4.19
POTTS, Robert E., 5-20, WM, 48-4.4.20
HANN, Albert, 60+, WM, 48-5.5.21
HANN, Anna, 20-60, WF, 48-5.5.22
HANN, Mary A., 20-60, WF, 48-5.5.23
HANN, Bertha, 5-20, WF, 48-5.5.24
ANDERSON, Joseph, 20-60, WM, 48-6.6.25
ANDERSON, Harriett, 20-60, WF, 48-6.6.26
ANDERSON, Robert P., 20-60, WM, 48-6.6.27
ANDERSON, Rachael W., 5-20, WF, 48-6.6.28
YAWGER, Wm., 60+, WM, 48-6.6.29
ANDERSON, Watson, 20-60, WM, 48-6.6.30
ANDERSON, Tillie, 20-60, WF, 49-0.0.1
ANDERSON, Benj., 5-20, WM, 49-0.0.2
ANDERSON, Elwood E., 0-5, WM, 49-0.0.3
HALL, Sarah, 60+, WF, 49-1.1.4
SHEETS, Zachariah, 60+, WM, 49-2.2.5
SHEETS, Catharine A., 20-60, WF, 49-22.6
SHEETS, Howard S., 5-20, WM, 49-2.2.7
MATTIS, Wm. J., 20-60, WM, 49-3.3.8
MATTIS, Lily, 20-60, WF, 49-3.3.9
MATTIS, Harry H., 0-5, WM, 49-3.3.10
BATES, Wm., 60+, OM, 49-4.4.11
BATES, Emanda, 20-60, WF, 49-4.4.12
BATES, Sarah A., 5-20, WF, 49-4.4.13
BATES, Emanda J., 0-5, WF, 49-4.4.14
GRAY, James S., 20-60, WM, 49-5.5.15
GRAY, Elizabeth, 20-60, WF, 49-5.5.16
GRAY, Peter T., 5-20, WM, 49-5.5.17
GRAY, Laura E., 5-20, WF, 49-5.5.18
CASE, Pheobe, 20-60, WF, 49-5.5.19
SHEETS, Embly O., 60+, WM, 49-6.6.20
SHEETS, Elizabeth, 20-60, WF, 49-6.6.21
SHEETS, John, 20-60, WM, 49-6.6.22
SHEETS, Mary E., 5-20, WF, 49-6.6.23
YORKS, John S., 20-60, WM, 49-7.7.24
YORKS, Jennie, 20-60, WF, 49-7.7.25
YORKS, Minnie, 5-20, WF, 49-7.7.26
HARSELL, Russell W., 5-20, WM, 49-7.7.27
ALLIGOR, John L., 60+, WM, 49-8.8.28
ALLIGOR, Hannah M., 20-60, WF, 49-8.8.29
ALLIGOR, Louisa, 5-20, WF, 49-8.8.30
LUNGER, Geo. H., 60+, WM, 50-1.1.1
LUNGER, Mary Ann, 20-60, WF, 50-1.1.2
LUNGER, Raymond, 5-20, WM, 50-1.1.3
YAWGER, John M., 60+, WM, 50-2.2.4
YAWGER, Anna C., 60+, WF, 50-2.2.5
YAWGER, Charles H., 20-60, WM, 50-2.3.6
YAWGER, Mary, 20-60, WF, 50-2.3.7
YAWGER, Albert S., 5-20, WM, 50-2.3.8
YAWGER, Raymond, 5-20, WM, 50-2.3.9
YAWGER, Lourod?, 5-20, WM, 50-2.3.10
YAWGER, Frederick, 0-5, WM, 50-2.3.11
GARY, Fremont, 20-60, WM, 50-3.4.12
GRAY, Margaret, 20-60, WF, 50-3.4.13
GRAY, Johnson, 5-20, WM, 50-3.4.14
SCHULYER, Peter M., 20-60, WM, 50-3.5.15
SCHUYLER, Bertha, 20-60, WF, 50-3.5.16
SCHUYLER, Lord G., 0-5, WM, 50-3.5.17
GARY, Johnson, 60+, WM, 50-4.6.18
GARY, Elizabeth, 60+, WF, 50-4.6.19
GARY, Susie E., 20-60, WF, 50-4.6.20
GARY, Mary J., 20-60, WF, 50-4.6.21
BARLOW, Geo. W., 20-60, WM, 50-5.7.22
BARLOW, Minnie E., 20-60, WF, 50-5.7.23
BARLOW, Russel E., 5-20, WM, 50-5.7.24
BARLOW, Harry C., 0-5, WM, 50-5.7.25
BARLOW, John B., 20-60, WM, 50-6.8.26
PICKELL, John, 60+, WM, 50-6.8.27
PICKELL, John B., 60+, WM, 50-6.8.28
PICKELL, Margaret, 60+, WF, 50-6.8.29
POTTS, Elizabeth, 20-60, WF, 50-6.8.30
POTTS, Emma A., 20-60, WF, 50-0.0.1
POTTS, Susie D., 20-60, WF, 50-0.0.2
DeMOTT, John M., 20-60, WM, 50-1.1.3
DeMOTT, Jennie A., 20-60, WF, 50-1.1.4
DeMOTT, Daisy, 5-20, WF, 50-1.1.5
VAN LERVERSE, Howard, 20-60, WM, 50-1.1.6
SUTTON, Kate, 5-20, WF, 50-1.1.7
HILL, David, 20-60, WM, 50-2.2.8
HILL, Ella, 20-60, WF, 50-2.2.9
HILL, Amanda, 0-5, WF, 50-2.2.10
HILL, Katie, 0-5, WF, 50-2.2.11
EICK, Wesley G., 20-60, WM, 50-3.3.12
EICK, Hattie C., 20-60, WF, 50-3.3.13
EICK, Elias C., 20-60, WM, 50-3.3.14
HIGGENS, Mahlon C., 60+, WM, 50-4.4.15
HIGGENS, Laura, 20-60, WF, 50-4.4.16
ALPAUGH, David B., 60+, WM, 50-4.4.17
ALPAUGH, Sarah A., 60+, WF, 50-4.4.18
HENDERSHOT, Fred E., 5-20, WM, 50-4.4.19
ALPAUGH, Hester E., 20-60, WF, 50-4.4.20
LEIGH, Samuel H., 60+, WM, 50-5.5.21
LEIGH, Mary A., 60+, WF, 50-5.5.22
SCHOMP, Hannah, 60+, WF, 50-5.5.23
HILL, Peter, 20-60, WM, 50-5.5.24
LEIGH, Willard, 20-60, WM, 50-5.6.25
LEIGH, Sallie, 20-60, WF, 50-5.6.26
LEIGH, Samuel H., 5-20, WM, 50-5.6.27
HENDERSHOT, Anna, 5-20, WF, 50-5.6.28
HOWELL, Wesley, 20-60, WM, 50-6.7.29
HOWELL, Ellen, 20-60, WF, 50-6.7.30
HOWELL, Nora, 5-20, WF, 52-0.0.1
SHARP, Wm., 20-60, WM, 52-1.1.2

HUNTERDON CO. NJ 1895 STATE CENSUS
Township of Clinton, Town of Annandale

SHARP, Nora, 20-60, WF, 52-1.1.3
SHARP, Mary E., 20-60, WF, 52-1.1.4
SHARP, Garret, 5-20, WM, 52-1.1.5
SHARP, Frances E., 5-20, WF, 52-1.1.6
SHARP, Edith O., 5-20, WF, 52-1.1.7
SHEETS, Howard, 5-20, WM, 52-1.1.8
SHAFER, Oriole, 20-60, WF, 52-1.1.9
SHEETS, Oller, 20-60, WM, 52-2.2.10
SHEETS, Germania, 20-60, WF, 52-2.2.11
SHEETS, Edna, 5-20, WF, 52-2.2.12
SHEETS, Mabel, 5-20, WF, 52-2.2.13
McPHERSON, Geo., 20-60, WM, 52-3.3.14
McPHERSON, Mary, 20-60, WF, 52-3.3.15
McPHERSON, Howard L., 5-20, WM, 52-3.3.16
McPHERSON, Minnie J., 5-20, WF, 52-3.3.17
McPHERSON, Laura, 0-5, WM, 52-3.3.18
FAREL, Peter, 5-20, WM, 52-3.3.19
ALPAUGH, Anna M., 20-60, WF, 52-3.3.20
PHILHOWER, Alvah, 20-60, WM, 52-3.3.21
HENDERSHOT, John C., 20-60, WM, 52-4.4.22
HENDERSHOT, Hannah, 20-60, WF, 52-4.4.23
MANNING, Nicholas, 60+, WM, 52-4.4.24
YAWGER, Henry H., 20-60, WM, 52-5.5.25
YAWGER, Emma, 20-60, WF, 52-5.5.26
YAWGER, Belard, 5-20, WM, 52-5.5.27
HILL, Eva, 5-20, WF, 52-5.5.28
CONE, Eddie, 20-60, CM, 52-5.5.29
YAWGER, John W., 20-60, WM, 52-6.6.30
YAWGER, Emma J., 20-60, WF, 53-0.0.1
YAWGER, Eva. M., 5-20, WF, 53-0.0.2
ROCKAFELLAR, John, 20-60, WM, 53-1.1.3
ROCKAFELLAR, Jerusha, 60+, WF, 53-1.1.4
ROCKAFELLAR, Howard H., 5-20, WM, 53-1.1.5
ROCKAFELLAR, Edward T., 5-20, WM, 53-1.1.6
ROCKAFELLAR, Sarah T., 60+, WF, 53-1.1.7
ROCKAFELLAR, Peter, 20-60, WM, 53-2.2.8
ROCKAFELLAR, Abbie, 20-60, WF, 53-2.2.9
CAMBERLIN, Alfred R., 60+, WM, 53-3.3.10
HUNT, Oliver W., 20-60, WM, 53-4.4.11
CHAMBERLIN, Mary, 60+, WF, 53-4.4.12
HUNT, Mary A., 20-60, WF, 53-4.4.13
HUNT, Arthur W., 5-20, WM, 53-4.4.14
HUNT, John R., 5-20, WM, 53-4.4.15
HUNT, Wm. V., 5-20, WM, 53-4.4.16
HUNT, Eddison, 5-20, WM, 53-4.4.17
HUNT, Ethel L., 0-5, WF, 53-4.4.18
COWAN, Francis, 60+, WM, 53-5.5.19
COWAN, Anna, 20-60, WF, 53-5.5.20
COWAN, Jennie W., 5-20, WF, 53-5.5.21
GETHARD, Lewis C., 20-60, WM, 53-6.6.22
GETHARD, Anna C., 20-60, WF, 53-6.6.23
GETHARD, Clarance M., 0-5, WM, 53-6.6.24
PURRIS, Elizabeth, 20-60, WF, 53-6.6.25
ALPAUGH, Geo. A., 20-60, WM, 53-7.7.26
ALPAUGH, Mary A., 20-60, WF, 53-7.7.27
ALPAUGH, Clarance F., 5-20, WM, 53-7.7.28
ALPAUGH, Ethel, 0-5, WF, 53-7.7.29
HAVER, Alvah H., 20-60, WM, 53-8.8.30
HAVER, Lizzie E., 20-60, WF, 54-0.0.1
HAVER, Anna M., 5-20, WF, 54-0.0.2
HAVER, Minnie L., 5-20, WF, 54-0.0.3
HAVER, Clara F., 5-20, WF, 54-0.0.4
HAVER, Alvah H. Jr., 5-20, WM, 54-0.0.5
HAVER, Maggie P., 5-20, WF, 54-0.0.6
HAVER, Wm. R., 0-5, WM, 54-0.0.7
CONOVER, Jonas M., 20-60, WM, 54-1.1.8
CONOVER, Amanda, 20-60, WF, 54-1.1.9
CONOVER, John, 20-60, WM, 54-1.1.10
CONOVER, Cora, 5-20, WF, 54-1.1.11
HAVER, Peter F., 60+, WM, 54-2.2.12
HAVER, Catharine, 60+, WF, 54-2.2.13
HAVER, Geo. V., 20-60, WM, 54-2.3.14
HAVER, Lenora, 20-60, WF, 54-2.3.15
SHEETS, Willard, 20-60, WM, 54-2.3.16
MELICK, A. V., 60+, WM, 54-3.4.17
MELICK, Margaret V., 60+, WF, 54-3.4.18
HENDERSHOT, Theo. H., 20-60, WM, 54-3.4.19
HENDERSHOT, Charlot S., 20-60, WF, 54-3.4.20
HENDERSHOT, Eddie R., 0-5, WM, 54-3.4.21
CAMMELL, Aaron, 20-60, WM, 54-3.4.22
MERRIL, Theo., 20-60, WM, 54-4.5.23
MERRIL, Sarah C., 20-60, WF, 54-4.5.24
SWICK, Lizzie L., 0-5, WF, 54-4.5.25
MERRIL, Raymond D., 0-5, WM, 54-4.5.26
SHEETS, Geo. H., 20-60, WM, 54-5.6.27
SHEETS, Maggie C., 20-60, WF, 54-5.6.28
SHEETS, Katie M., 5-20, WF, 54-5.6.29
SHEETS, Bergen, 20-60, WM, 54-5.7.30
SHEETS, Laura B., 20-60, WF, 55-0.0.1
SHEETS, Eva, 20-60, WF, 55-0.0.2
VOORHEES, Elias W., 60+, WM, 55-1.1.3
VOORHEES, Jane, 60+, WF, 55-1.1.4
VOORHEES, Oscar, 20-60, WM, 55-1.1.5
VOORHEES, Emma, 20-60, WF, 55-1.1.6
VOORHEES, Sarah L., 20-60, WF, 55-1.1.7
VOORHEES, Willard, 20-60, WM, 55-1.1.8
SHAFER, Peter K., 20-60, WM, 55-2.2.9
SHAFER, Mary A., 20-60, WF, 55-2.2.10
HALL, Fred, 5-20, WM, 55-2.2.11
HILDABRANT, Wm. J., 20-60, WM, 55-2.3.12
HILDABRANT, Lizzie, 20-60, WF, 55-2.3.13
HILDABRANT, Ina, 0-5, WF, 55-2.3.14
SHEETS, John R., 20-60, WM, 55-3.4.15
SHEETS, Lesona, 20-60, WF, 55-3.4.16
SHEETS. Mary E., 0-5, WF, 55-3.4.17
RINEHART, Philip A., 20-60, WM, 55-4.5.18
RINEHART, Sarah, 20-60, WF, 55-4.5.19
RINEHART, Raymond, 5-20, WM, 55-4.5.20
RINEHART, Helen, 0-5, WF, 55-4.5.21
ALLEN, Peter D., 20-60, WM, 55-4.5.22

HUNTERDON CO. NJ 1895 STATE CENSUS
Township of Clinton, Town of Annandale

MELICK, John V., 60+, WM, 55-5.6.23
MELICK, Elnor S., 60+, WF, 55-5.6.24
CRAFT, Christopher M., 5-20, WM, 55-5.6.25
CRAFT, John H., 20-60, WM, 55-6.7.26
CRAFT, Sarah M., 20-60, WF, 55-6.7.27
CRAFT, Lugreta M., 5-20, WF, 55-6.7.28
CRAFT, Elinor C., 5-20, WF, 55-6.7.29
CRAFT, Charlott, 5-20, WF, 55-6.7.30
CRAFT, Blanche, 0-5, WF, 56-0.0.1
CRAFT, Rose C., 0-5, WF, 56-0.0.2
JOHNSON, James L., 20-60, WM, 56-1.1.3
JOHNSON, Dora, 20-60, WF, 56-1.1.4
JOHNSON, Lulu S., 5-20, WF, 56-1.1.5
JOHNSON, Mattie T., 5-20, WF, 56-1.1.6
JOHNSON, Chas. W., 5-20, WM, 56-1.1.7
VAN SCHOSEN, Chas., 60+, WM, 56-2.2.8
VAN SCHOSEN, Lottie, 60+, WF, 56-2.2.9
CONOVER, Wesley, 20-60, WM, 56-3.3.10
CONOVER, Anna, 20-60, WF, 56-3.3.11
VAN FLEET, Jacob, 60+, WM, 56-3.4.12
VAN FLEET, Matilda, 60+, WF, 56-3.4.13
RHYNE, James, 20-60, IM, 56-3.4.14
CRAMER, Lyman, 20-60, WM, 56-4.5.15
CRAMER, Catharine, 20-60, WF, 56-4.5.16
CRAMER, Walter N., 5-20, WM, 4504.5.17
CRAMER, Cora S., 5-20, WF, 56-4.5.18
CRAMER, Berten L., 5-20, WM, 56-4.5.19
SUTTON, Isaac, 20-60, WM, 56-5.6.20
SUTTON, Katie D., 20-60, WF, 56-5.6.21
WALKER, Samuel, 20-60, WM, 56-5.6.22
ALPAUGH, Elijah S., 20-60, WM, 56-6.7.23
FRITTS, Isaac, 20-60, WM, 56-7.8.24
FRITTS, Rachael S., 20-60, WF, 56-7.8.25
FRITTS, Albert V., 5-20, WM, 56-7.8.26
EARLEY, Aaron M., 20-60, CM, 56-7.8.27
STONE, Mary, 60+, WF, 56-7.9.28
COX, Peter H., 20-60, WM, 56-8.10.29
COX, Otella, 20-60, WF, 56-8.10.30
FEMLY, Moses, 60+, WM, 57-1.1.1
FEMLY, Anna M., 60+, WF, 57-1.1.2
FEMLY, Ella, 20-60, WF, 57-1.1.3
COX, Lewis, 20-60, WM, 57-1.1.4
JOHNSON, Wm., 60+, WM, 57-2.2.5
JOHNSON, Edgar C., 20-60, WM, 57-2.2.6
VAN HENSHA, Lena, 20-60, GF, 57-2.2.7
GRANDIN, Fanny, 20-60, WF, 57-2.2.8
GRANDIN, Julia F., 5-20, WF, 57-2.2.9
KLINE, Samuel, 5-20, WM, 57-2.2.10
TODD, Sarah, 20-60, WF, 57-2.2.11
ROCKAFELLAR, John H., 60+, WM, 57-3.3.12
ROCKAFELLAR, Sarah, 60+, WF, 57-3.3.13
APGAR, Julia A., 20-60, WF, 57-3.3.14
HOFFMAN, John D., 5-20, WM, 57-3.3.15
ROCKAFELLAR, David, 20-60, WM, 57-3.4.16
ROCKAFELLAR, Anna, 20-60, WF, 57-3.4.17
ROCKAFELLAR, Bertha, 5-20, WF, 57-3.4.18
MERRIL, Enoch, 20-60, WM, 57-4.5.19
MERRIL, Sarah J., 20-60, WF, 57-4.5.20
MERRIL, Arthur H., 5-20, WM, 57-4.5.21
MERRIL, James B., 0-5, WM, 57-4.5.22
MERRIL, Lulu V., 0-5, WF, 57-4.5.23
STIGERS, Elijah, 60+, WM, 57-5.6.24
STIGERS, Mary, 60+, WF, 57-5.6.25
STIGERS, Emma, 20-60, WF, 57-5.6.26
STIGERS, Georgia, 20-60, WF, 57-5.6.27
BYRLEY, Frederick, 20-60, OM, 57-5.6.28
SMITH, Wm. P., 20-60, WM, 57-6.7.29
SMITH, Mary E., 20-60, WF, 57-6.7.30
SMITH, Kate C., 20-60, WF, 58-0.0.1
SMITH, Fred, 5-20, WM, 58-0.0.2
BIGGS, Chas., 20-60, WM, 58-1.1.3
BIGGS, Lizzie, 20-60, WF, 58-1.1.4
BIGGS, Howard, 5-20, WM, 58-1.1.5
BIGGS, Ethel, 5-20, WF, 58-1.1.6
BIGGS, Elmer E., 5-20, WM, 58-1.1.7
HOFFMAN, Elizabeth, 60+, WF, 58-2.2.8
HOFFMAN, Maggie, 20-60, WF, 58-2.2.9
HOFFMAN, Elijah, 5-20, WM, 58-2.2.10
JONES, Georgia, 5-20, WF, 58-2.2.11
LANCE, Wm., 20-60, WM, 58-2.2.12
VAN SYCKEL, James, 20-60, WM, 58-3.3.13
VAN SYCK[E]LL, Catharine, 20-60, WF, 58-3.3.14
VAN SYCKELL, Anna, 5-20, WF, 58-3.3.15
VAN SYCKEL, Howard, 20-60, WM, 58-3.3.16
RINEHART, Lizzie, 20-60, WF, 58-3.3.17
ZEPPHLIN, Earnest, 20-60, WM, 58-3.3.18
DAVIS, Charles, 20-60, WM, 58-3.3.19
KLINE, Edgar, 20-60, WM, 58-4.4.20
KLINE, Elizabeth, 20-60, WF, 58-4.4.21
KLINE, Lucy, 5-20, WF, 58-4.4.22
KLINE, Johnny, 5-20, WM, 58-4.4.23
KLINE, Ida, 0-5, WF, 58-4.4.24
KLINE, David M., 0-5, WM, 58-4.4.25
KLINE, Samuel, 5-20, WM, 58-4.4.26
FORGUS, Theo., 20-60, WM, 58-5.5.27
FORGUS, Minnie, 20-60, WF, 58-5.5.28
HOFFMAN, Henry B., 20-60, WM, 58-6.6.29
HOFFMAN, Mary E., 20-60, WF, 58-6.6.30
HOFFMAN, Maggie E., 5-20, WF, 59-0.0.1
HOFFMAN, Fanny C., 5-20, WF, 59-0.0.2
HOFFMAN, Edna L., 5-20, WF, 59-0.0.3
HOFFMAN, Wm. H., 5-20, WM, 59-0.0.4
HOFFMAN, Harry L., 0-5, WM, 59-0.0.5
HOFFMAN, John W., 20-60, WM, 59-1.1.6
CONOVER, Lizzie, 20-60, WF, 59-1.1.7
CONOVER, John, 20-60, WM, 59-1.1.8
RHINEHART, David, 20-60, WM, 59-2.2.9
RHINEHART, Anna, 20-60, WF, 59-2.2.10
RHINEHART, Jennie M., 5-20, WF, 59-2.2.11
LEIGH, Frank, 5-20, WM, 59-2.2.12

HUNTERDON CO. NJ 1895 STATE CENSUS
Township of Clinton, Town of Annandale

RAMSEY, Joseph L., 20-60, WM, 59-3.3.13
RAMSEY, Laura V., 20-60, WF, 59-3.3.14
RAMSEY, Reuben M., 0-5. WM, 59-3.3.15
MANNING, John N., 5-20, WM, 59-3.3.16
TODD, Geo. A., 60+, WM, 59-4.4.17
TODD, Emaline, 20-60, WF, 59-4.4.18
TODD, Jacob N., 20-60, WM, 59-4.4.19
TODD, Geo. W., 5-20, WM, 59-4.4.20
BRAGG, Wm., 20-60, WM, 59-5.5.21
BRAGG, Florence S., 20-60, WF, 59-5.5.22
BRAGG, Georgia I., 0-5, WF, 59-5.5.23
BRAGG, Fanny, 20-60, WF, 59-5.6.24
RAMSEY, John H., 60+, WM, 59-6.7.25
RAMSEY, Catharine L., 60+, WF, 59-6.7.26
RAMSEY, Anna, 60+, WF, 59-6.7.27
RAMSEY, Bertha L., 5-20, WF, 59-6.7.28
RAMSEY, John H., 5-20, WM, 59-6.7.29
RAMSEY, James C., 60+, WM, 59-7.8.30
RAMSEY, Gertrude, 60+, WF, 60-0.0.1
RAMSEY, Parker L., 5-20, WM, 60-0.0.2
RAMSEY, James L., 20-60, WM, 60-1.1.3
RAMSEY, Georgia, 20-60, WF, 60-1.1.4
RAMSEY, Alvah P., 0-5, WM, 60-1.1.5
LAMBERT, Harry, 20-60, WM, 60-1.1.6
VOORHEES, Lucas A., 60+, WM, 60-2.2.7
VOORHEES, Catharine, 60+, WF, 60-2.2.8
VOORHEES, Alvah, 20-60, WM, 60-2.2.9
VOORHEES, Margaret, 20-60, WF, 60-2.2.10
LANCE, John, 20-60, WM, 60-2.2.11
ROTH, Elmer, 5-20, WM, 60-2.2.12
HENRY, Ella W., 60+, WF, 60-3.3.13
HENRY, Geo. W., 20-60, WM, 60-4.4.14
HENRY, Mary A., 20-60, WF, 60-4.4.15
HENRY, John W., 20-60, WM, 60-4.4.16
HENRY, Jacob C., 20-60, WM, 60-4.4.17
SHARP, Edward, 20-60, WM, 60-5.5.18
SHARP, Barbary, 20-60, WF, 60-5.5.19
SHARP, Lucy, 5-20, WF, 60-5.5.20
SHARP, Minnie, 5-20, WF, 60-5.5.21
SHARP, Wm., 20-60, WM, 60-5.5.22
ALPAUGH, John W., 20-60, WM, 60-6.6.23
ALPAUGH, Isaiah M., 20-60, WF, 60-6.6.24
ALPAUGH, Arcla [or Arch], 5-20, WM, 60-6.6.25
ALPAUGH, Aaron, 0-5, WM, 60-6.6.26
APGAR, Atlas, 20-60, WM, 60-7.7.27
APGAR, Luvena, 20-60, WF, 60-7.7.28
APGAR, Aaron, 0-5, WM, 60-7.7.29
APGAR, Rasco, 0-5, WM, 60-7.7.30
HERRINGTON, Jacob, 20-60, WM, 61-0.0.1
ALPAUGH, Conrod, 60+, WM, 61-0.1.2
HOFFMAN, Elisha, 20-60, WF, 61-0.1.3
ALPAUGH, Mary, 60+, WF, 61-0.1.4
RAMSEY, Joseph N., 20-60, WM, 61-1.2.5
RAMSEY, Lizzie A., 20-60, WF, 61-1.2.6
SHARP, Wm. B., 5-20, WM, 61-1.2.7
DILLEY, Clarance M., 5-20, WM, 61-1.2.8
RAMSEY, Dora K., 5-20, WF, 61-1.2.9
RAMSEY, May, 0-5, WF, 61-1.2.10
HOFFMAN, Augustus W., 20-60, WM, 61-2.3.11
HOFFMAN, Hattie T., 20-60, WF, 61-2.3.12
HOFFMAN, Abbie R., 0-5, WF, 61-2.3.13
BOWLSBY, Wm. R., 20-60, WM, 61-2.3.14
RAMSEY, James X., 60+, WM, 61-3.4.15
RAMSEY, Catharine M., 60+, WF, 61-3.4.16
RAMSEY, Emma C., 20-60, WF, 61-3.4.17
RAMSEY, Geo. L., 5-20, WM, 61-3.4.18
KLINE, Lucinda, 5-20, WF, 61-3.4.19
KLINE, Clara, 5-20, WF, 61-3.4.20
KLINE, Oliver, 5-20, WM, 61-3.4.21
HARTRUM, Gilbert, 20-60, WM, 61-3.4.22
YAWGER, Peter A., 20-60, WM, 61-4.5.23
YAWGER, Harry H., 60+, WM, 61-4.5.24
YAWGER, Sarah, 60+, WF, 61-4.5.25
YAWGER, Richard S., 20-60, WM, 61-4.5.26
YAWGER, Ellen, 20-60, WF, 61-4.5.27
YAWGER, Catharine, 20-60, WF, 61-4.5.28
RHINEHART, Morris, 20-60, WM, 61-5.6.29
RHINEHART, Jennie A., 5-20, WF, 61-5.6.30
RHINEHART, Philip K., 20-60, WM, 62-0.0.1
RHINEHART, Emma L., 20-60, WF, 62-0.0.2
STIGERS, John, 20-60, WM, 62-1.1.3
STIGERS, Hannah M., 20-60, WF, 62-1.1.4
HENDERSHOT, Joseph H., 60+, WM, 62-2.2.5
HENDERSHOT, Rachael A., 60+, WF, 62-2.2.6
HENDERSHOT, John M., 5-20, WM, 62-2.2.7
FYNKS, Andrew, 20-60, WM, 62-3.3.8
FYNKS, Mrs., 20-60, WF, 62-3.3.9
FYNKS, Jennie, 5-20, WF, 62-3.3.10
ANDERSON, Martin, 20-60, IM, 62-4.4.11
APGAR, Newton J., 60+, WM, 62-5.5.12
APGAR, Mary J., 60+, WF, 62-5.5.13
APGAR, John W., 20-60, WM, 62-5.6.14
APGAR, Ida A., 20-60, WF, 62-5.6.15
APGAR, John W., 5-20, WM, 62-5.6.16
APGAR, Wilson J., 20-60, WM, 62-6.7.17
APGAR, Fanny L., 20-60, WF, 62-6.7.18
APGAR, Lottie H., 5-20, WF, 62-6.7.19
LAUDON, Joseph, 5-20, WM, 62-6.7.20
ALPAUGH, Mary, 20-60, WF, 62-6.7.21
FARLEY, Lizzie, 5-20, WF, 62-6.7.22
HENDERSHOT, Jacob J., 60+, WM, 62-7.8.23
HENDERSHOT, Hannah, 60+, WF, 62-7.8.24
COX, Wm. A., 20-60, WM, 62-8.9.25
COX, Catharine L., 20-60, WF, 62-8.9.26
COX, Samuel, 5-20, WM, 62-8.9.27
COX, Stella B., 5-20, WF, 62-8.9.28
COX, Johnson, 5-20, WM, 62-8.9.29
COX, Jennie E., 5-20, WF, 62-8.9.30
COX, Mary E., 0-5, WF, 63-0.0.1
CASE, Geo. F., 20-60, WM, 63-1.1.2

HUNTERDON CO. NJ 1895 STATE CENSUS
Township of Clinton, Town of Annandale

CASE, Anna E., 20-60, WF, 63-1.1.3
YOUNG, John H., 20-60, WM, 63-2.2.4
YOUNG, Mary R., 20-60, WF, 63-2.2.5
YOUNG, Geo. P., 5-20, WM, 63-2.2.6
YOUNG, Willard R., 5-20, WM, 63-2.2.7
YOUNG, Elizabeth, 60+, WF, 63-2.2.8
YOUNG, Annie E., 5-20, WF, 63-2.2.9
SUTTON, Geo. N., 20-60, WM, 63-2.2.10
WARDELL, Aaron, 20-60, WM, 63-2.2.11
HOCKENBURY, Tunis, 20-60, WM, 63-3.3.12
HOCKENBURY, Aletta, 20-60, WF, 63-3.3.13
HOCKENBURY, Edward, 20-60, WM, 63-3.3.14
HOCKENBURY, Austin, 5-20, WM, 63-3.3.15
HENDERSHOT, Mary, 60+, WF, 63-4.4.16
HENDERSHOT, Martha, 20-60, WF, 63-4.4.17
HENDERSHOT, Hannah, 20-60, WF, 63-4.4.18
VAN FLEET, Wm. L., 20-60, WM, 63-5.5.19
VAN FLEET, Ella, 20-60, WF, 63-5.5.20
HOFFMAN, Luther, 20-60, WM, 63-6.6.21
HOFFMAN, Emma, 20-60, WF, 63-6.6.22
DILLEY, Anna, 5-20, WF, 63-6.6.23
HOFFMAN, Wm. H., 20-60, WM, 63-7.7.24
HOFFMAN, Emma, 20-60, WF, 63-7.7.25
HOFFMAN, Clara L., 5-20, WF, 63-7.7.26
HOFFMAN, Howard, 5-20, WM, 63-7.7.27
HOFFMAN, Sarah E., 5-20, WF, 63-7.7.28
HOFFMAN, Gilford W., 5-20, WM, 63-7.7.29
HOFFMAN, Anna V., 5-20, WF, 63-7.7.30
HOFFMAN, Mary A., 20-60, WF, 64-1.1.1
MATTHEWS, Chas., 20-60, WM, 64-1.1.2
HENRY, Harmon J., 60+, WM, 64-1.2.3
RAMSEY, Joseph, 60+, WM, 64-2.3.4
RAMSEY, Susan C., 20-60, WF, 64-2.3.5
RAMSEY, Joseph, 20-60, WM, 64-2.3.6
RAMSEY, Sanford, 5-20, WM, 64-2.3.7
RAMSEY, Mary, 20-60, WF, 64-2.3.8
RAMSEY, Maggie, 20-60, WF, 64-2.3.9
RAMSEY, Ella, 5-20, WF, 64-2.3.10
DILLEY, Isaac, 20-60, WM, 64-3.4.11
DILLEY, Stephen, 20-60, WM, 64-3.4.12
DILLEY, Clarance, 5-20, WM, 64-3.4.13
DILLEY, Lewis, 5-20, WM, 64-3.4.14
DILLEY, Anna, 5-20, WF, 64-3.4.15
DILLEY, Tillie, 5-20, WF, 64-3.4.16
DILLEY, Mary, 5-20, WF, 64-3.4.17
DILLEY, John, 5-20, WM, 64-3.4.18
DILLEY, Fred, 0-5, WM, 64-3.4.19
HOFFMAN, Addison A., 20-60, WM, 64-4.5.20
HOFFMAN, Anna, 20-60, WF, 64-4.5.21
HOFFMAN, Peter F., 5-20, WM, 64-4.5.22
EDMUNDS, Milton H., 20-60, WM, 64-4.5.23
EDMUNDS, Howard, 5-20, WM, 64-4.5.24
HOFFMAN, John R., 20-60, WM, 64-5.6.25
HOFFMAN, Sarah A., 20-60, WF, 64-5.6.26
HOFFMAN, Catharine A., 5-20, WF, 64-5.6.27
HOFFMAN, Edith A., 5-20, WF, 64-5.6.28
BOSENBURY, Samuel, 20-60, WM, 64-5.6.29
HOFFMAN, Steward, 20-60, WM, 64-5.6.30
HOFFMAN, Peter F., 60+, WM, 65-1.1.1
HOFFMAN, Catharine, 60+, WF, 65-1.1.2
CUMMINGS, Sarah, 20-60, WF, 65-1.1.3
CUMMINGS, Nettie, 5-20, WF, 65-1.1.4
EDMUNDS, Susie, 20-60, WF, 65-1.1.5
EDMUNDS, Howard, 20-60, WM, 65-1.1.6
ROBINSON, Edward E., 20-60, WM, 65-2.2.7
BESS, Peter, 20-60, WM, 65-3.3.8
BESS, Emma, 20-60, WF, 65-3.3.9
TAYLOR, Lydia, 60+, WF, 65-4.4.10
HOFFMAN, John H., 20-60, WM, 65-4.4.11
HOFFMAN, Steward, 20-60, WM, 65-4.4.12
HOFFMAN, Lewis, 20-60, WM, 65-4.4.13
EICK, Raider, 20-60, WM, 65-5.5.14
EICK, Jane, 20-60, WF, 65-5.5.15
EICK, John, 5-20, WM, 65-5.5.16
CRAMER, Austin, 20-60, WM, 65-6.6.17
CRAMER, Mary J., 20-60, WF, 65-6.6.18
CRAMER, Laura, 5-20, WF, 65-6.6.19
CRAMER, Carrie V., 5-20, WF, 65-6.6.20
CRAMER, Freddie T., 5-20, WM, 65-6.6.21

CLINTON BOROUGH
Hermin Altemus, commissioner

BLACKBURN, Henry, 60+, WM, 1-1.1.1
BLACKBURN, Jane, 60+, WF, 1-1.1.2
MULLIGAN, Michael B., 20-60, WM, 1-2.2.3
MULLIGAN, Catharine A., 20-60, WF, 1-2.2.4
MULLIGAN, Frank, 0-5, WM, 1-2.2.5
MULLIGAN, Maggie, 0-5, WF, 1-2.2.6
WYCKOFF, James W., 20-60, WM, 1-3.3.7
WYCKOFF, Augusta, 20-60, WF, 1-3.3.8
WYCKOFF, Jennie A., 5-20, WF, 1-3.3.9
WYCKOFF, Edgar, 5-20, WM, 1-3.3.10
WYCKOFF, Nathan S., 5-20, WM, 1-3.3.11
CARPENTER, William H., 20-60, WM, 1-4.4.12
CARPENTER, Jane, 20-60, WF, 1-4.4.13
CARPENTER, Wescot, 20-60, WM, 1-4.4.14
CARPENTER, Leon, 5-20, WM, 1-4.4.15
BIRD, Sarah, 60+, WF, 1-5.5.16
BIRD, Carrie D., 20-60, WF, 1-5.5.17
MADISON, John, 20-60, WM, 1-6.6.18
MADISON, Annie, 20-60, WF, 1-6.6.19
MADISON, Frank, 5-20, WM, 1-6.6.20
MADISON, Russell, 5-20, WM, 1-6.6.21
CAREY, John T., 60+, WM, 1-7.7.22
CAREY, Adaline, 60+, WF, 1-7.7.23
HOFFMAN, William G., 20-60, WM, 1-7.7.24
CRAMER, William, 20-60, WM, 1-8.8.25
CRAMER, Lizzie P., 20-60, WF, 1-8.8.26
CRAMER, Edna, 0-5, WF, 1-8.8.27
SHEETS, Andrew, 20-60, WM, 1-9.9.28
SHEETS, Nellie, 20-60, WF, 1-9.9.29
SHEETS, Elsie, 5-20, WF, 1-9.9.30
SHEETS, Stella M., 0-5, WF, 2-9.9.31
KNIGHT, Moses D., 20-60, WM, 2-10.10.32
KNIGHT, A. M., 20-60, WF, 2-10.10.33
KNIGHT, Mary, 20-60, WF, 2-10.10.34
KNIGHT, C. P., 5-20, WM, 2-10.10.35
STRYKER, John, 20-60, WM, 2-11.11.36
STRYKER, Ellen, 20-60, WF, 2-11.11.37
STRYKER, Nelson, 20-60, WM, 2-11.11.38
SLADDEN, Benson, 20-60, OM, 2-12.12.39
SLADDEN, Ann, 20-60, OF, 2-12.12.40
SLADDEN, Fanny, 20-60, WF, 2-12.12.41
SLADDEN, Annie, 5-20, WF, 2-12.12.42
SMITH, Samuel, 60+, WM, 2-13.13.43
SMITH, Ann, 60+, WF, 2-13.13.44
MAINS, John M., 20-60, WM, 2-14.14.45
MAINS, Annie W., 20-60, WF, 2-14.14.46
MAINS, Bishop W., 20-60, WM, 2-14.14.47
MAINS, George D., 5-20, WM, 2-14.14.48
MAINS, Laura, 5-20, WF, 2-14.14.49
MAINS, Howard W., 5-20, WM, 2-14.14.50
MAINS, Wm. L., 0-5, WM, 2-14.14.51
YOUNG, John A., 60+, WM, 2-15.15.52
YOUNG, Kesiah, 60+, WF, 2-15.15.53
YOUNG, Theo. F., 20-60, WM, 2-15.15.54
CARPENTER, Chas., 20-60, WM, 2-16.16.55
CARPENTER, Nettie, 20-60, WF, 2-16.16.56
EICK, Minnie, 5-20, WF, 2-16.16.57
EICK, Jacob, 60+, WM, 2-16.16.58
BUTLER, William C., 20-60, WM, 2-17.17.59
BUTLER, Annie J., 20-60, WF, 2-17.17.60
BUTLER, Mary, 20-60, WF, 3-17.17.61
BUTLER, Keziah, 5-20, WF, 3-17.17.62
BUTLER, Chas., 5-20, WM, 3-17.17.63
BUTLER, Malcolm, 5-20, WM, 3-17.17.64
BUTLER, William, 0-5, WM, 3-17.17.65
STOUT, Sarah C., 20-60, WF, 3-18.18.66
STOUT, Jennie, 5-20, WF, 3-18.18.67
STOUT, Walter G., 5-20, WM, 3-18.18.68
STOUT, Letha, 5-20, WF, 3-18.18.69
SMITH, George, 20-60, WM, 3-19.19.70
SMITH, Mamie C., 20-60, WF, 3-19.19.71
ALTEMUS, Hermin, 20-60, WM, 3-20.20.72
ALTEMUS, Maggie, 20-60, WF, 3-20.20.73
ALTEMUS, Ida, 20-60, WF, 3-20.20.74
ALTEMUS, Agnes, 5-20, WF, 3-20.20.75
ALTEMUS, Raymond, 5-20, WM, 3-20.20.76
THATCHER, Isaiah, 20-60, WM, 3-21.21.77
THATCHER, Amanda, 20-60, WF, 3-21.21.78
BERGER, Harry, 20-60, WM, 3-22.22.79
BERGER, Ellen J., 20-60, WF, 3-22.22.80
BERGER, Kate, 5-20, WF, 3-22.22.81
BERGER, Bell A., 5-20, WF, 3-22.22.82
BERGER, George, 5-20, WM, 3-22.22.83
BERGER, Laura M., 5-20, WF, 3-22.22.84
DALRYMPLE, John, 20-60, WM, 3-23.23.85
DALRYMPLE, Catharine A., 20-60, WF, 3-23.23.86
DALRYMPLE, Isaac L., 5-20, WM, 3-23.23.87
DALRYMPLE, Bessie C., 0-5, WF, 3-23.23.88
DALRYMPLE, Levi, 20-60, WM, 3-23.23.89
SMITH, Wm. R., 20-60, WM, 3-24.24.90
SMITH, Sybilla, 20-60, WF, 4-24.24.91
SMITH, Nellie B., 5-20, WF, 4-24.24.92
SMITH, Charles, 0-5, WM, 4-24.24.93
SMITH, Samuel, 20-60, WM, 4-25.25.94
SMITH, Emily, 20-60, WF, 4-25.25.95
SMITH, Bessie, 5-20, WF, 4-25.25.96
DALRYMPLE, Lizzie, 5-20, WF, 4-25.25.97
GARRISON, Chas., 20-60, WM, 4-26.26.98
GARRISON, Mary, 20-60, WF, 4-26.26.99
GARRISON, Floyd, 0-5, WM, 4-26.26.100
HOPE, John, 20-60, WM, 4-26.27.101
HOPE, Anna E., 20-60, WF, 4-26.27.102

HUNTERDON CO. NJ 1895 STATE CENSUS
Clinton Borough

HOPE, Louisa, 5-20, WM, 4-26.27.103
HOPE, Cornelia, 5-20, WF, 4-26.27.104
HOPE, Lester, 0-5, WM, 4-26.27.105
COLE, Caroline, 20-60, WF, 4-27.28.106
CORZATT, Margaret, 20-60, WF, 4-27.28.107
CASE, John, 20-60, WM, 4-28.29.108
CASE, Lizzie, 20-60, WF, 4-28.29.109
CASE, Laura, 20-60, WF, 4-28.29.110
CASE, Benj., 5-20, WM, 4-28.28.111
CASE, Ada, 5-20, WF, 4-28.28.112
GRANDIN, Jane, 20-60, WF, 4-29.30.113
WHITE, Catharine, 20-60, WF, 4-29.30.114
VOORHEES, Ralph, 20-60, WM, 4-30.31.115
VOORHEES, Elizabeth R., 20-60, WF, 4-30.31.116
OPDYKE, Maggie, 20-60, WF, 4-30.31.117
ROCKAFELLAR, James B., 20-60, WM, 4-31.32.118
ROCKAFELLAR, Jennie E., 20-60, WF, 4-31.32.119
ROCKAFELLAR, J. F., 5-20, WM, 4-31.32.120
SMITH, Kate M., 5-20, WF, 5-31.32.121
ROCKAFELLAR, Albert P., 0-5, WM, 5-31.32.122
ROCKAFELLAR, Joseph C., 0-5, WM, 5-31.32.123
ROCKAFELLAR, Sylvester P., 20-60, WM, 5-31.32.124
METTER, Levi, 20-60, WM, 5-32.33.125
METTER, R. V., 20-60, WF, 5-32.33.126
METTER, Peter, 20-60, WM, 5-32.33.127
BUNN, Elsie, 60+, WF, 5-33.34.128
BUNN, Mary, 20-60, WF, 5-33.34.129
BUNN, Crissie, 20-60, WF, 5-33.34.130
BUNN, Anjie, 20-60, WF, 5-33.34.131
COOK, James, 20-60, WM, 5-33.34.132
VOORHEES, Samuel L., 20-60, WM, 5-34.35.133
VOORHEES, Carrie A., 20-60, WF, 5-34.35.134
VOORHEES, Cortland, 5-20, WM, 5-34.35.135
VOORHEES, Foster M., 0-5, WM, 5-34.35.136
WYCKOFF, Joseph, 60+, CM, 5-35.36.137
WYCKOFF, Rosana, 60+, CF, 5-35.36.138
WYCKOFF, Mary E., 5-20, CF, 5-35.36.139
HACKETT, Nate, 20-60, CM, 5-35.36.140
SWARER, Theo., 20-60, WM, 5-36.37.141
SWARER, Mary A., 20-60, WF, 5-36.37.142
SWARER, Hannah, 20-60, WF, 5-36.37.143
SWARER, John, 20-60, WM, 5-36.37.144
ALTEMUS, James W., 20-60, WM, 5-36.37.145
JOHNSON, James W., 20-60, WM, 5-37.38.146
JOHNSON, Mary, 20-60, WF, 5-37.38.147
RUSH, Chas., 20-60, WM, 5-38.39.148
RUSH, Elizabeth, 20-60, WF, 5-38.39.149
RUSH, Lillie, 5-20, WF, 5-38.39.150
RUSH, Ada, 0-5, WF, 6-38.39.151
RUSH, Sarah, 0-5, WF, 6-38.39.152
SMITH, A. K., 20-60, WM, 6-39.40.153
SMITH, Mary E., 20-60, WF, 6-39.40.154
SMITH, Eva, 20-60, WF, 6-39.40.155
SMITH, Mahlon H., 20-60, WM, 6-39.40.156
SMITH, Daniel, 20-60, WM, 6-39.40.157
SMITH, Francis, 20-60, WF, 6-39.40.158
ALLEGAR, John W., 20-60, WM, 6-40.41.159
ALLEGAR, Maria, 20-60, WF, 6-40.41.160
OAKLEY, Pauline, 20-60, WF, 6-40.41.161
RODENBAUGH, Robert S., 20-60, WM, 6-41.42.162
RODENBAUGH, Mary, 20-60, WF, 6-41.42.163
RODENBAUGH, Henry, 20-60, WM, 6-41.42.164
RODENBAUGH, Crissie, 20-60, WF, 6-41.42.165
RODENBAUGH, Edward, 20-60, WM, 6-41.42.166
RODENBAUGH, Mattie, 20-60, WF, 6-41.42.167
HALL, William, 60+, WM, 6-42.43.168
HALL, Cornelia, 60+, WF, 6-42.43.169
HALL, Ida, 20-60, WF, 6-42.43.170
HALL, Gussie, 20-60, WF, 6-42.43.171
HALL, George, 5-20, WM, 6-42.43.172
SMITH, David, 20-60, WM, 6-42.43.173
BUTLER, Elmer, 20-60, WM, 6-43.44.174
BUTLER, Lina, 20-60, WF, 6-43.44.175
CONLEY, Geo., 20-60, WM, 6-44.45.176
CONLEY, Sarah, 20-60, WF, 6-44.45.177
HONNESS, B. F., 60+, WM, 6-45.46.178
HONNESS, Sarah, 60+, WF, 6-45.46.179
HONNESS, Geo., 20-60, WM, 6-45.46.180
TERRSBERRY, Stewart, 20-60, WM, 7-46.47.181
TERRSBERRY, Grace, 20-60, WF, 7-46.47.182
TERRSBERRY, Nate, 20-60, WM, 7-46.47.183
TERRSBERRY, Joseph, 5-20, WM, 7-46.47.184
STIGER, Adaline, 60+, WF, 7-47.48.185
WAGNER, Ahimen R., 20-60, WM, 7-48.49.186
WAGNER, Georgie, 20-60, WF, 7-48.49.187
WAGNER, Hazel, 0-5, WF, 7-48.49.188
BODINE, Martha, 20-60, WF, 7-49.50.189
ALLER, Henry E., 20-60, WM, 7-50.51.190
ALLER, Lina P., 20-60, WF, 7-50.51.191
ALLER, Erma, 5-20, WF, 7-50.51.192
ALLER, Julia, 0-5, WF, 7-50.51.193
HANN, John, 20-60, WM, 7-51.52.194
HANN, Jane, 20-60, WF, 7-51.52.195
HANN, George, 5-20, WM, 7-51.52.196
HANN, Lizzie E., 5-20, WF, 7-51.52.197
HANN, Albert, 5-20, WM, 7-51.52.198
HANN, Lenora, 0-5, WF, 7-51.52.199
HANN, John, 0-5, WM, 7-51.52.200
REEVES, George, 20-60, WM, 7-52.53.201
REEVES, Josephine, 20-60, WF, 7-52.53.202
REEVES, Eliza, 5-20, WF, 7-52.53.203
REEVES, Irvin, 0-5, WM, 7-52.53.204
LANCE, John, 60+, WM, 7-53.54.205
LANCE, Matilda, 20-60, WF, 7-53.54.206
WAGNER, Peter C., 60+, WM, 7-54.55.207
WAGNER, Adeline, 60+, WF, 7-54.55.208
JOHNSON, Fred. C., 20-60, WM, 7-55.56.209
JOHNSON, Debora, 20-60, WF, 7-55.56.210
TOMSON, Emanuel, 60+, WM, 8-56.57.211
TOMSON, Annie E., 20-60, WF, 8-56.57.212

HUNTERDON CO. NJ 1895 STATE CENSUS
Clinton Borough

TOMSON, Elmer, 20-60, WM, 8-56.57.213
TOMSON, Chester, 20-60, WM, 8-56.57.214
TOMSON, Maggie, 20-60, WF, 8-56.57.215
TARNER?, Sybille, 20-60, WF, 8-56.57.216
GREGORY, Mary, 20-60, WF, 8-56.57.217
VAN DEVENDER, Milton, 20-60, WM, 8-56.57.218
STEWART, Samuel, 60+, WM, 8-56.57.219
STEWART, S. Lean, 20-60, WF, 8-56.57.220
HOPE, Edward, 20-60, WM, 8-56.57.221
METTER, Isaac S., 60+, WM, 8-56.57.222
METTER, William, 20-60, WM, 8-56.57.223
METTER, Edna, 20-60, WF, 8-56.57.224
DALRYMPLE, Stout, 20-60, WM, 8-57.58.225
DALRYMPLE, Mary E., 20-60, WF, 8-57.58.226
DALRYMPLE, Lizzie, 5-20, WF, 8-57.58.227
DALRYMPLE, Ina, 5-20, WF, 8-57.58.228
DALRYMPLE, Fred. A., 5-20, WM, 8-57.58.229
DALRYMPLE, Chas., 0-5, WM, 8-57.58.230
WYCKOFF, Emma, 60+, WF, 8-58.59.231
STEVENSON, Rebecca, 20-60, WF, 8-58.59.232
GIBBS, Euphemia, 20-60, WF, 8-58.59.233
GORDON, Arthur, 20-60, WM, 8-59.60.234
GORDON, Isabella, 20-60, WF, 8-59.60.235
GORDON, William, 20-60, WM, 8-59.60.236
GORDON, Mary, 20-60, WF, 8-59.60.237
DALRYMPLE, Irvin, 20-60, WM, 8-59.60.238
YOUNG, Jacob, 60+, WM, 8-60.61.239
YOUNG, Mary T., 60+, WF, 8-60.61.240
DUNN, William C., 20-60, WM, 9-60.61.241
DUNN, Martha Y., 20-60, WF, 9-60.61.242
LUNGER, John, 20-60, WM, 9-61.62.243
LUNGER, Jennie, 20-60, WF, 9-61.62.244
LUNGER, Emma, 5-20, WF, 9-61.62.245
CRAMPTON, Amanda, 20-60, WF, 9-62.63.246
CRAMPTON, Emma, 20-60, WF, 9-62.63.247
CRAMPTON, Charles, 20-60, WM, 9-62.63.248
EMERY, Godfrey, 20-60, WM, 9-62.63.249
EMERY, Annie, 20-60, WF, 9-62.63.250
LISK, R. R., 60+, WM, 9-63.64.251
LISK, Josie, 60+, WF, 9-63.64.252
LAWSON, James, 20-60, CM, 9-64.65.253
BODINE, Martha, 20-60, WF, 9-65.66.254
STRYKER, Joseph, 20-60, WM, 9-66.67.255
STRYKER, Mary, 20-60, WF, 9-66.67.256
STRYKER, Lester, 0-5, WM, 9-66.67.257
JOHNSON, William, 20-60, WM, 9-67.68.258
JOHNSON, Jennie, 20-60, WF, 9-67.68.259
JOHNSON, Carrie, 5-20, WF, 9-67.68.260
TODD, Daniel, 20-60, WM, 9-68.69.261
TODD, Sarah, 20-60, WF, 9-68.69.262
TODD, Carrie, 20-60, WF, 9-68.69.263
TODD, Mary, 20-60, WF, 9-69.70.264
TUNISON, John, 20-60, WM, 9-69.70.265
TUNISON, Catharine, 20-60, WF, 9-69.70.266
TUNISON, Rena, 5-20, WF, 9-69.70.267
GEBHARDT, G. W., 60+, WM, 9-70.71.268
GEBHARDT, Rebecca, 20-60, WF, 9-70.71.269
GEBHARDT, John, 20-60, WM, 9-70.71.270
RITTENHOUSE, M. J., 20-60, WM, 10-71.72.271
RITTENHOUSE, Chas. P., 5-20, WM, 10-71.72.272
HOFFMAN, J. P., 60+, WM, 10-72.73.273
HOFFMAN, Eliza P., 60+, WF, 10-72.73.274
HOFFMAN, Annie K., 20-60, WF, 10-72.73.275
BONNELL, Harry, 20-60, WM, 10-73.74.276
BONNELL, Lois, 20-60, WF, 10-73.74.277
INGHAM, E. S., 20-60, WM, 10-73.75.278
INGHAM, Kate S., 20-60, WF, 10-73.75.279
INGHAM, Eva S., 5-20, WF, 10-73.75.280
INGHAM, Juneta, 0-5, WF, 10-.73.75.281
INGHAM, Pauline, 0-5, WF, 10-73.75.282
SNOWDEN, Wm., 20-60, WM, 10-74.76.283
SNOWDEN, Susan, 20-60, WF, 10-74.76.284
SNOWDEN, Susan, 5-20, WF, 10-74.76.285
PROBASCO, Harriet, 60+, WF, 10-75.77.286
PROBASCO, Alex, 20-60, WM, 10-75.77.287
BAKER, L. B., 20-60, WM, 10-75.77.288
BAKER, Hattie, 5-20, WF, 10-75.77.289
YATES, Josephine, 20-60, WF, 10-75.77.290
TAYLOR, Martha, 20-60, WF, 10-76.78.291
TAYLOR, Susan, 20-60, WF, 10-76.78.292
WARFORD, Elizabeth, 20-60, WF, 10-76.78.293
WOOLSON, Sarah, 20-60, CF, 10-77.79.294
DRAKE, D. W., 20-60, WM, 10-78.80.295
DRAKE, Francis B., 20-60, WF, 10-78.80.296
DRAKE, D. Webster, 0-5, WM, 10-78.80.297
WILLIAMSON, John, 20-60, WM, 10-79.81.298
WILLIAMSON, Bell, 20-60, WF, 10-79.81.299
WILLIAMSON, Cora E., 5-20, WF, 10-79.81.300
WILLIAMSON, Lola, 5-20, WF, 11-79.81.301
WILLIAMSON, Lolly, 5-20, WF, 11-79.81.302
WILLIAMSON, Hattie, 5-20, WF, 11-79.81.303
GULICK, Mary B., 60+, WF, 11-80.82.304
GULICK, Nancy C., 20-60, WF, 11-80.82.305
GULICK, Frank, 20-60, WM, 11-80.83.306
GULICK, Clara, 20-60, WF, 11-80.83.307
GULICK, Lewis H., 5-20, WM, 11-80.83.308
GULICK, Selma, 0-5, WF, 11-80.83.309
RHEA, Bessie, 20-60, CF, 11-80.83.310
KLINE, J. Ed., 20-60, WM, 11-81.84.311
KLINE, Mollie E., 20-60, WF, 11-81.84.312
KLINE, Ella M., 20-60, WF, 11-81.84.313
WELLER, John B., 20-60, WM, 11-81.84.314
WELLER, Anna M., 20-60, WF, 11-81.84.315
WELLER, Maria, 60+, WF, 11-81.84.316
KENT, Margaret, 60+, WF, 11-81.84.317
WELLER, Emma L., 20-60, WF, 11-81.84.318
McDERMOTT, Maggie, 20-60, IF, 11-81.84.319
BREEMAN, Alice, 20-60, IF, 11-81.84.320
WHITE, Henry, 20-60, CM, 11-81.84.321
HOFFMAN, S. D., 20-60, WM, 11-81.84.322

HUNTERDON CO. NJ 1895 STATE CENSUS
Clinton Borough

CRANE, Benj., 20-60, WM, 11-81.84.323
MOSHER, Irvin, 20-60, WM, 11-81.84.324
PROBASCO, Alex., 20-60, WM, 11-81.84.325
YOUNG, Benj. E., 60+, WM, 11-81.84.326
BROWN, Thomas, 20-60, OM, 11-81.84.327
FRITTS, Jacob, 20-60, WM, 11-81.84.328
MANNING, L. D., 20-60, WM, 11-81.84.329
HULSIZER, M. H., 20-60, WM, 11-82.85.330
HULSIZER, Emma A., 20-60, WF, 12-82.85.331
HULSIZER, Beaula V., 5-20, WF, 12-82.85.332
HULSIZER, Bessie, 5-20, WF, 12-82.85.333
HULSIZER, Bertha, 5-20, WF, 12-82.85.334
HULSIZER, Wm. T., 0-5, WM, 12-82.85.335
WAGNER, G. W., 20-60, WM, 12-83.86.336
WAGNER, Carrie B., 20-60, WF, 12-83.86.337
WALDRON, Ann, 20-60, WF, 12-84.87.338
WALDRON, Senna, 5-20, WF, 12-84.87.339
DOUTS, John, 20-60, WM, 12-84.87340
GULICK, Jas. C., 20-60, WM, 12-85.88.341
GULICK, Amanda, 20-60, WF, 12-85.88.342
GULICK, Alma E., 20-60, WF, 12-85.88.343
GULICK, Theo. L., 20-60, WM, 12-85.88.344
GULICK, Corinne, 5-20, WF, 12-85.88.345
LOWE, Jane M., 60+, WF, 12-85.88.346
GULICK, Wm., 60+, WM, 12-86.89.347
GULICK, Emma, 20-60, WF, 12-86.89.348
GULICK, Aller, 20-60, WM, 12-86.89.349
KLINE, Francis A., 20-60, WF, 12-87.90350
KLINE, James R., 20-60, WM, 12-87.90.351
DUNHAM, Sallie, 20-60, WF, 12-87.90.352
PARRY, E. V., 20-60, WM, 12-88.91.353
PARRY, Emily, 20-60, WF, 12-88.91.354
ESTY, Frank, 20-60, WM, 12-88.91.355
ESTY, Selinda, 20-60, WF, 12-88.91.356
ESTY, Roy, 5-20, WM, 12-88.91.357
ESTY, Ruth P., 5-20, WF, 12-88.91.358
BURKE, Catharine, 20-60, WF, 12-88.91.359
RODENBAUGH, Edward, 20-60, WM, 12-88.91.360
BERGNER, John C., 60+, GM, 13-89.92.361
BERGNER, Edward J., 20-60, WM, 13-89.92.362
JOHNSON, Mary, 60+, WF, 13-90.93.363
CASH, Hannah, 20-60, WF, 13-91.94.364
JOHNSON, Taylor, 20-60, WM, 13-92.95.365
LEIGH, Geo. H., 20-60, WM, 13-93.96.366
LEIGH, Cornelia, 20-60, WF, 13-93.96.367
ABLE, Emily, 20-60, WF, 13-93.96.368
APGAR, Manchis H., 20-60, WM, 13-94.97.369
APGAR, Emma, 20-60, WF, 13-94.97.370
APGAR, Grover C., 5-20, WM, 13-94.97.371
MANNING, Aaron D., 60+, WM, 13-95.98.372
MANNING, Sarah E., 20-60, WF, 13-95.98.373
SUTPHIN, Annie, 20-60, WF, 13-95.98.374
POOL, Carrie, 20-60, WF, 13-95.98.375
CROTSLEY, David, 20-60, WM, 13-96.99.376
CROTSLEY, Mary E., 20-60, WF, 13-96.99.377
CROTSLEY, Annie S., 20-60, WF, 13-96.99.378
CROTSLEY, Emma S., 20-60, WF, 13-96.99.379
CROTSLEY, Lydia, 20-60, WF, 13-96.99.380
CROTSLEY, John G., 5-20, WM, 13-96.99.381
BERRY, Joseph, 60+, WM, 13-97.100.382
BERRY, Emily, 60+, WF, 13-97.100.383
HANNESS, Mary, 60+, WF, 13-97.100.384
RUNYAN, Erastus, 60+, WM, 13-98.101.385
RUNYAN, Mary, 20-60, WF, 13-98.101.386
SNYDER, Bessie, 5-20, WF, 13-98.101.387
TEATS, Jesse, 60+, WM, 13-99.102.388
TEATS, Lizzie, 60+, WF, 13-99.102.389
TEATS, Lizzie, 5-20, WF, 13-99.102.390
TEATS, Carrie, 20-60, WF, 14-99.102.391
TEATS, Harry, 20-60, WM, 14-99.102.392
TEATS, Mabel, 5-20, WF, 14-99.102.393
TEATS, Ada, 20-60, WF, 14-99.102.394
CAREY, John, 20-60, WM, 14-99.103.395
CAREY, Maggie, 20-60, WF, 14-99.103.396
CAREY, Barbra, 5-20, WF, 14-99.103.397
CAREY, Harry, 0-5, WM, 14-99.103.398
CAREY, Cortland, 0-5, WM, 14-99.103.399
CAREY, William, 20-60, WM, 14-100.104.400
CAREY, Cora, 20-60, WF, 14-100.104.401
CAREY, Lester, 0-5, WM, 14-100.104.402
MANNING, Edna, 5-20, WF, 14-100.104.403
TEATS, William, 20-60, WM, 14-101.105.404
TEATS, Jennie, 20-60, WF, 14-101.105.405
TEATS, Jessie, 5-20, WF, 14-101.105.406
TEATS, Clifford L., 0-5, WM, 14-101.105.407
CLOSSON, Frank, 20-60, WM, 14-102.106.408
CLOSSON, Edna, 20-60, WF, 14-102.106.409
CLOSSON, John W., 0-5, WM, 14-102.106.410
SEALS, Elmer E., 20-60, WM, 14-102.107.411
SEALS, Iantha, 20-60, WF, 14-102.107.412
SEALS, Ella, 5-20, WF, 14-102.107.413
SEALS, Daisey, 0-5, WF, 14-102.107.414
APGAR, Frederick, 60+, WM, 14-103.108.415
APGAR, Euphemia, 60+, WF, 14-103.108.416
WILSON, Ann, 60+, WF, 14-104.109.417
APGAR, Ella, 20-60, WF, 14-104.109.418
APGAR, Annie, 5-20, WF, 14-104.109.419
APGAR, Edward, 5-20, WM, 14-104.109.420
MANNING, Aaron C., 20-60, WM, 15-105.110.421
MANNING, Catharine, 20-60, WF, 15-105.110.422
SMITH, Benj. C., 60+, WM, 15-106.111.423
SMITH, Amy, 60+, WF, 15-106.111.424
CASE, Peter, 20-60, WM, 15-107.112.425
CASE, Catharine, 20-60, WF, 15-107.112.426
CASE, Annie, 5-20, WF, 15-107.112.427
MADISON, Sarah, 60+, WF, 15-108.113.428
MADISON, Annie, 20-60, WF, 15-108.113.429
FRITTS, Ellen, 60+, WF, 15-109.114.430
SHAFFER, Amelia A., 20-60, WF, 15-110.115.431
ANDERSON, Lizzie W., 20-60, WF, 15-110.115.432

HUNTERDON CO. NJ 1895 STATE CENSUS
Clinton Borough

NEIGH, Joseph, 20-60, WM, 15-111.116.433
NEIGH, Eva, 20-60, WF, 15-111.116.434
NEIGH, Earl, 0-5, WM, 15-111.116.435
QUICK, Simeon, 20-60, CM, 15-112.116.436
QUICK, Amy, 20-60, CF, 15-112.116.437
TENYKE, Richard, 20-60, CM, 15-112.116.438
TENYKE, Mary E., 20-60, CF, 15-112.116.439
TENYKE, Alin, 5-20, CM, 15-112.116.440
TENYKE, Delena, 5-20, CF, 15-112.116.441
TENYKE, Wilbur, 5-20, CM, 15-112.116.442
SWEAZEY, Jacob, 60+, WM, 15-113.117.443
SWEAZEY, Eliza, 20-60, WF, 15-113.117.444
RHEA, Maggie, 20-60, CF, 15-114.118.445
RHEA, Abram, 5-20, CM, 15-114.118.446
RHEA, James, 5-20, CM, 15-114.118.447
RHEA, Kate, 5-20, CF, 15-114.118.448
RHEA, Robert, 5-20, CM, 15-114.118.449
RHEA, Clarance, 5-20, CM, 15-114.118.450
RHEA, Edgar, 5-20, CM, 16-114.118.451
RHEA, Lelia, 5-20, CF, 16-114.118.452
BROWN, Betty, 60+, CF, 16-115.119.453
BROWN, Carrie, 20-60, CF, 16-115.119.454
QUACCO, Wilson, 20-60, CF, 16-115.119.455
HOFFMAN, Wesley, 20-60, CM, 16-116.120.456
HOFFMAN, Lizzie, 20-60, CF, 16-116.120.457
HOFFMAN, Alex, 5-20, CM, 16-116.120.458
HOFFMAN, Walter, 5-20, CM, 16-116.120.459
HOFFMAN, Bertha, 5-20, CF, 16-116.120.460
HOFFMAN, Frank, 0-5, CM, 16-116.120.461
MADISON, Lizzie, 20-60, WF, 16-117.121.462
MADISON, Miller C., 5-20, WM, 16-117.121.463
MADISON, Clyde W., 5-20, WM, 16-117.121.464
ROWLAND, John H. C., 20-60, WM, 16-117.121.465
ROWLAND, Josephine, 20-60, WF, 16-117.121.466
MANNING, Samuel, 20-60, WM, 16-118.122.467
MANNING, Matilda, 20-60, WF, 16-118.122.468
MANNING, George, 20-60, WM, 16-118.122.469
MANNING, John, 20-60, WM, 16-118.122.470
SLADDEN, Charles, 20-60, WM, 16-119.123.471
SLADDEN, Vera, 20-60, WF, 16-119.123.472
SLADDEN, Harry, 20-60, WM, 16-119.123.473
SMITH, Wm. R., 60+, WM, 16-119.123.474
SMITH, Delilah, 60+, WF, 16-119.123.475
MARTIN, Johannah, 20-60, IF, 16-120.124.476
MARTIN, Emmit, 5-20, WM, 16-120.124.477
MARTIN, Maggie, 5-20, WF, 16-120.124.478
MARTIN, Agnes, 5-20, WF, 16-120.124.479
MARTIN, Mame, 0-5, WF, 16-120.124.480
MULLIGAN, Rose, 60+, IF, 17-121.125.481
MULLIGAN, John, 20-60, WM, 17-121.125.482
MULLIGAN, Patrick, 20-60, WM, 17-121.125.483
MULLIGAN, William, 20-60, WM, 17-121.125.484
MULLIGAN, Thomas, 20-60, WM, 17-121.125.485
MULLIGAN, Emma, 20-60, WF, 17-121.125.486
MULLIGAN, Nellie, 20-60, WF, 17-121.125.487
COX, Jane, 20-60, WF, 17-122.126.488
COX, Carrie, 20-60, WF, 17-122.126.489
COX, Urma, 0-5, WF, 17-122.126.490
COX, Oliver, 0-5, WM, 17-122.126.491
GOOLEY, Michael, 60+, IM, 17-123.127.492
GOOLEY, Mary, 60+, IF, 17-123.127.493
GOOLEY, Rose, 20-60, WF, 17-123.127.494
GOOLEY, Tressa, 20-60, WF, 17-123.127.495
BOSENBURY, John, 60+, WM, 17-124.128.496
BOSENBURY, Mary, 20-60, WF, 17-124.128.497
WIGGANS, William, 20-60, WM, 17-125.129.498
WIGGINS, Mary, 20-60, WF, 17-125.129.499
WIGGINS, John, 5-20, WM, 17-125.129.500
CREVELING, Isaac, 20-60, WM, 17-126.130.501
CREVELING, Eliza, 20-60, WF, 17-126.130.502
CREVELING, Margarite, 5-20, WF, 17-126.130.503
PRICE, John, 20-60, OM, 17-127.131.504
PRICE, Sarah, 60+, WF, 17-127.131.505
PRICE, Laura, 20-60, WF, 17-127.131.506
PRICE, Theo., 0-5, WM, 17-127.131.507
CROTSLEY, Rufus, 0-5, WM, 17-127.131.508
PRICE, Charles, 0-5, WM, 17-127.131.509
BELLIS, Leonard B., 20-60, WM, 17-128.132.510
BELLIS, Ella A., 20-60, WF, 18-128.132.511
BELLIS, John Y., 20-60, WM, 18-128.132.512
BELLIS, J. Anna, 5-20, WF, 18-128.132.513
PROBASCO, Mary, 60+, IF, 18-129.133.514
SEALS, George, 20-60, WM, 18-129.133.515
SEALS, Clara, 20-60, WF, 18-129.133.516
SEALS, Florence, 5-20, WF, 18-129.133.517
SEALS, Edward, 5-20, WM, 18-129.133.518
SEALS, Edith, 5-20, WF, 18-129.133.519
SEALS, Austin, 5-20, WM, 18-129.133.520
SEALS, Gussie, 5-20, WF, 18-129.133.521
SEALS, Hazel, 0-5, WF, 18-129.133.522
McCAIN, William, 20-60, WM, 18-130.134.523
McCAIN, Lizzie J., 20-60, WF, 18-130.134.524
McCAIN, Julia B., 5-20, WF, 18-130.134.525
McCAIN, Willie H., 5-20, WM, 18-130.134.526
THIRKELL, Robert, 20-60, WM, 18-131.135.527
HALL, Jacob, 20-60, WM, 18-132.136.528
HALL, Cora A., 20-60, WF, 18-132.136.529
HALL, Charles C., 5-20, WM, 18-132.136.530
HALL, William H., 20-60, WM, 18-133.137.531
HALL, Bertha, 20-60, WF, 18-133.137.532
HALL, Harlie S., 0-5, WM, 18-133.137.533
APGAR, H. S., 20-60, WM, 18-133.138.534
APGAR, N. L., 20-60, WF, 18-133.138.535
REED, John T., 20-60, WM, 18-134.139.536
REED, Terressa, 20-60, WF, 18-134.139.537
REED, William, 0-5, WM, 18-134.139.538
REED, Elsie, 0-5, WF, 18-134.139.539
CORSON, John, 60+, WM, 18-135.140.540
CORSON, Mary H., 60+, WF, 19-135.140.541
CORSON, Annie, 20-60, WF, 19-135.140.542

HUNTERDON CO. NJ 1895 STATE CENSUS
Clinton Borough

CORSON, George, 20-60, WM, 19-135.140.543
CORSON, Harry, 20-60, WM, 19-135.140.544
ANGLE, Sarah K., 20-60, WF, 19-136.141.545
ANGLE, Harry, 20-60, WM, 19-136.141.546
BLACK, W. S., 20-60, WM, 19-136.142.547
BLACK, Hannah, 20-60, WF, 19-136.142.548
HARTRUM, Annie, 20-60, WF, 19-136.142.549
SMITH, M. K., 20-60, WM, 19-137.143.550
SMITH, Annie, 20-60, WF, 19-137.143.551
SMITH, Jerald, 0-5, WM, 19-137.143.552
LUNGER, John, 20-60, WM, 19-138.144.553
LUNGER, Jennie, 20-60, WF, 19-138.144.554
LUNGER, Emma, 5-20, WF, 19-138.144.555
JOHNSON, Mary, 20-60, CF, 19-138.144.556
MOKE, Ed. C., 20-60, WM, 19-139.145.557
MOKE, Mame, 20-60, WF, 19-139.145.558
GULICK, David M., 20-60, WM, 19-140.146.559
GULICK, Mary C., 20-60, WF, 19-140.146.560
GULICK, Raymond, 5-20, WM, 19-140.146.561
GULICK, Philip, 60+, WM, 19-141.147.562
GULICK, Mary Y., 20-60, WF, 19-141.147.563
GULICK, Charles L., 5-20, WM, 19-141.147.564
KLINE, Henry M., 20-60, WM, 19-141.148.565
KLINE, Sarah E., 20-60, WF, 19-141.148.566
DUNHAM, Gertrude C., 5-20, WF, 19-141.148.567
VOORHEES, Nathan W., 60+, WM, 19-141.149.568
VOORHEES, Naomi, 60+, WF, 19-141.149.569
VOORHEES, Mary T., 20-60, WF, 19-141.149.570
VOORHEES, Elizabeth K., 20-60, WF, 20-141.149.571
GARRABRANT, Richard, 20-60, WM, 20-142.150.572
GARRABRANT, Jennie D., 20-60, WF, 20-142.150.573
GARRABRANT, Edeth C., 5-20, WF, 20-142.150.574
GARRABRANT, Arthur, 5-20, WM, 20-142.150.575
SHARP, Mary E., 20-60, WF, 20-143.151.576
SHARP, Lydia M., 20-60, WF, 20-143.151.577
SHARP, Firman G., 5-20, WM, 20-143.151.578
LUNGER, Samuel G., 20-60, WM, 20-144.152.579
LUNGER, Margarite, 20-60, WF, 20-144.152.580
LUNGER, Minnie, 20-60, WF, 20-144.152.581
LUNGER, Nellie, 20-60, WF, 20-144.152.582
LUNGER, John, 20-60, WM, 20-144.152.583
LUNGER, Carroll, 5-20, WM, 20-144.152.584
LUNGER, Robert, 0-5, WM, 20-144.152.585
SHIVE, William, 20-60, WM, 20-144.152.586
SHIVE, Abel P., 20-60, WM, 20-145.153.587
SHIVE, Harriet, 20-60, WF, 20-145.153.588
SHIVE, J. Stover, 5-20, WM, 20-145.153.589
MULLIGAN, Michael C., 20-60, IM, 20-146.154.590
MULLIGAN, Mary C., 20-60, IF, 20-146.154.591
MULLIGAN, Mary, 20-60, WF, 20-146.154.592
MULLIGAN, James, 5-20, WM, 20-146.154.593
MULLIGAN, Bernard, 5-20, WM, 20-146.154.594
MULLIGAN, Michael, 5-20, WM, 20-146.154.595
MULLIGAN, Maggie, 5-20, WF, 20-146.154.596
MULLIGAN, Kate, 5-20, WF, 20-146.154.597
MULLIGAN, Lilly, 5-20, WF, 20-146.154.598
MULLIGAN, Hellen, 0-5, WF, 20-146.154.599
MULLIGAN, Patrick, 60+, IM, 20-146.154.600
GOLSWATER, Mary, 20-60, IF, 21-145.155.601
OWENS, Thomas, 20-60, IM, 21-145.155.602
CRATER, Morris D., 20-60, WM, 21-146.156.603
CRATER, Louisa, 20-60, WF, 21-146.156.604
CRATER, Warren, 20-60, WM, 21-146.156.605
CRATER, Bessie H., 5-20, WF, 21-146.156.606
STRYKER, Elizabeth, 60+, WF, 21-147.157.607
CARPENTER, John, 20-60, WM, 21-148.158.608
CARPENTER, Sarah D., 20-60, WF, 21-148.158.609
CARPENTER, Julia W., 20-60, WF, 21-148.158.610
CARPENTER, John S., 20-60, WM, 21-148.158.611
CARPENTER, Amelia L., 5-20, WF, 21-148.158.612
YAWGER, William H., 20-60, WM, 21-149.159.613
YAWGER, Margaret, 20-60, WF, 21-149.159.614
YAWGER, Catharine, 20-60, WF, 21-149.159.615
YAWGER, Ida, 20-60, WF, 21-149.159.616
ROWLAND, Samuel J., 20-60, WM, 21-150.160.617
ROWLAND, Sarah B., 20-60, WF, 21-150.160.618
ROWLAND, Nina, 5-20, WF, 21-150.160.619
ROWLAND, Reginald, 0-5, WM, 21-150.160.620
SAMMONS, Emma, 20-60, CF, 21-150.160.621
CASE, Lewis C., 20-60, WM, 21-151.161.622
CASE, Mary, 20-60, WF, 21-151.161.623
CASE, Louis, 0-5, WM, 21-151.161.624
SHARP, George W., 20-60, WM, 21-152.162.625
SHARP, Sarah, 20-60, WF, 21-152.162.626
SHARP, Lambert K., 20-60, WM, 21-152.162.627
SHARP, Hattie, 5-20, WF, 21-152.162.628
SHARP, Bessie, 5-20, WF, 21-152.162.629
SHARP, William, 5-20, WM, 21-152.162.630
REEVES, John C., 60+, WM, 22-153.163.631
REEVES, William A., 20-60, WM, 22-153.163.632
REEVES, Claudia, 20-60, WF, 22-153.163.633
REEVES, Austin H., 5-20, WM, 22-153.163.634
REEVES, Mable, 0-5, WF, 22-153.163.635
CROTSLEY, Andrew, 20-60, WM, 22-154.164.636
CROTSLEY, Sarah E., 20-60, WF, 22-154.164.637
KIMBALL, William H., 20-60, WM, 22-155.165.638
KIMBALL, Ella M., 20-60, WF, 22-155.165.639
KIMBALL, Alice H., 5-20, WF, 22-155.165.640
KIMBALL, William H., 5-20, WM, 22-155.165.641
KIMBALL, Fred. S., 0-5, WM, 22-155.165.642
KIMBALL, Ellen H., 5-20, WF, 22-155.165.643
KIMBALL, Ella, 0-5, WF, 22-155.165.644
KIMBALL, Austin S., 0-5, WM, 22-155.165.645
KIMBALL, Jacob, 20-60, WM, 22-155.165.646
LANCE, Theo. Y., 20-60, WM, 22-156.166.647
LANCE, Mary L., 20-60, WF, 22-156.166.648
LANCE, Walter B., 0-5, WM, 22-156.166.649
BRYAN, Edward, 20-60, WM, 22-157.167.650
BRYAN, Mary C., 20-60, WF, 22-157.167.651
BRYAN, Annie, 20-60, WF, 22-157.167.652

HUNTERDON CO. NJ 1895 STATE CENSUS
Clinton Borough

BRYAN, Edgar, 20-60, WM, 22-157.167.653
BRYAN, Walter, 5-20, WM, 22-157.167.654
MELICK, Peter W., 20-60, WM, 22-157.167.655
MELICK, Lizzie, 20-60, WF, 22-157.167.656
OPDYKE, G. L., 20-60, WM, 22-157.167.657
APGAR, William A., 20-60, WM, 22-158.168.658
APGAR, Catharine, 20-60, WF, 22-158.168.659
APGAR, Letta, 20-60, WF, 22-158.168.660
APGAR, Florence, 20-60, WF, 23-158.168.661
APGAR, Sallie, 5-20, WF, 23-158.168.662
WOODRUFF, Ruth, 60+, WF, 23-158.168.663
BOSS, Elizabeth, 60+, WF, 23-159.169.664
HOFFMAN, Aaron B., 60+, WM, 23-160.170.665
HOFFMAN, Elizabeth, 60+, WF, 23-160.170.666
EMERY, Joseph B., 20-60, WM, 23-161.171.667
EMERY, Elizabeth, 20-60, WF, 23-161.171.668
EMERY, Wm. G., 20-60, WM, 23-161.171.669
EMERY, Charles A., 20-60, WM, 23-161.171.670
MADISON, George, 20-60, WM, 23-162.172.671
MADISON, Sarah, 20-60, WF, 23-162.172.672
MADISON, Louie, 20-60, WF, 23-162.172.673
MADISON, Ora, 20-60, WF, 23-162.172.674
MADISON, Ada, 5-20, WF, 23-162.172.675
GULICK, Ellen, 20-60, WF, 23-162.173.676
GULICK, Mary, 20-60, WF, 23-162.173.677
GULICK, John, 20-60, WM, 23-162.173.678
DUSENBURY, Lydia S., 60+, WF, 23-163.174.679
EMERY, Margaret, 60+, WF, 23-163.174.680
FAZAKERLY, Richard, 20-60, OM, 23-164.175.681
FAZAKERLY, Theresa, 20-60, OF, 23-164.175.682
FAZAKERLY, Nelly, 20-60, OF, 23-164.175.683
FAZAKERLY, Henry J., 5-20, WM, 23-164.175.684
DUCKWORTH, Robert S., 20-60, WM, 23-165.176.685
DUCKWORTH, Mansfield G., 20-60, WM, 23-165.176.686
DUCKWORTH, Roxana, 20-60, WF, 23-165.176.687
DUCKWORTH, Laura, 5-20, WF, 23-165.176.688
DUCKWORTH, Leroy, 5-20, WM, 23-165.176.689
VAN SYCKEL, S., 60+, WM, 23-166.177.690
VAN SYCKEL, Mary E., 60+, WF, 24-166.177.691
VAN SYCKEL, Lamar, 20-60, WM, 24-166.177.692
VAN SYCKEL, William, 20-60, WM, 24-166.177.693
HARPER, J. C., 5-20, WF, 24-166.177.694
HARPER, Adalade, 20-60, WF, 24-166.177.695
QUACCO, Wilson, 20-60, CM, 24-166.177.696
TRIMMER, Mary, 20-60, WF, 24-167.178.697
HAWK, Silas, 60+, WM, 24-168.179.698
HAWK, John, 20-60, WM, 24-168.179.699
BELLEFIELD, Leah, 20-60, WF, 24-168.179.700
SMITH, Robert, 20-60, WM, 24-168.179.701
BUNN, Theo. A., 20-60, WM, 24-169.180.702
BUNN, Sarah E., 20-60, WF, 24-169.180.703
KINGSLEY, Emily L., 20-60, WF, 24-170.181.704
BEEMAN, Matilda, 20-60, WF, 24-170.181.705
JOHNSTON, Mary, 20-60, WF, 24-170.181.706
BEEMAN, Frank, 20-60, WM, 24-170.181.707
BARRASS, Edward, 60+, WM, 24-171.182.708
BARRASS, Mary A., 60+, WF, 24-171.182.709
BARRASS, Harry, 20-60, WM, 24-171.182.710
BARRASS, Blanch, 5-20, WF, 24-171.182.711
BARRASS, Julia, 5-20, WF, 24-171.182.712
WHITE, Ransom, 20-60, WM, 24-172.183.713
WHITE, Matilda, 20-60, WF, 24-172.183.714
WHITE, Maud S., 5-20, WF, 24-172.183.715
TIGER, Jacob, 20-60, WM, 24-173.184.716
TIGER, Aramanda, 20-60, WF, 24-173.184.717
DALRYMPLE, Innis, 20-60, WM, 24-173.184.718
TIGER, Sada E., 5-20, WF, 24-173.184.719
TIGER, Besse E., 5-20, WF, 24-173.184.720
GARRISON, J. W., 20-60, WM, 25-173.185.721
GARRISON, Annie, 20-60, WF, 25-173.185.722
JEFFERIES, Chas., 20-60, WM, 25-173.185.723
MARSHALL, John, 60+, WM, 25-173.185.724
SMITH, Stewart, 20-60, WM, 25-173.185.725
BOWLBY, Chas. W., 20-60, WM, 25-173.186.726
BOWLBY, Lydia H., 20-60, WF, 25-173.186.727
BOWLBY, Clara L., 5-20, WF, 25-173.186.728
BOWLBY, Lulu M., 5-20, WF, 25-173.186.729
BOWLBY, Edgar L., 0-5, WM, 25-173.186.730
BOWLBY, Mary, 0-5, WF, 25-173.186.731
BOWLBY, Hazel, 0-5, WF, 25-173.186.732
BOWLBY, William, 20-60, WM, 25-173.186.733
STOCKTON, Holt, 20-60, WM, 25-174.187.734
STOCKTON, Kate, 20-60, WF, 25-174.187.735
STOCKTON, Louisa, 0-5, WF, 25-174.187.736
GANO, Frank, 20-60, WM, 25-175.188.737
GANO, Mary, 20-60, WF, 25-175.188.738
GANO, Arthur, 0-5, WM, 25-175.188.739
GANO, Frank, 0-5, WM, 25-175.188.740
DALRYMPLE, S., 20-60, WM, 25-176.189.741
DALRYMPLE, Mary S., 20-60, WF, 25-176.189.742
DALRYMPLE, John C., 5-20, WM, 25-176.189.743
DALRYMPLE, Lydia, 5-20, WF, 25-176.189.744
YOUNG, J. C., 20-60, WM, 25-177.190.745
YOUNG, Emma, 20-60, WF, 25-177.190.746
YOUNG, Bessie, 5-20, WF, 25-177.190.747
RECKLEY, Charles, 20-60, WM, 25-178.191.748
RECKLEY, Ellen, 20-60, WF, 25-178.191.749
BULMER, Howard, 20-60, WM, 25-179.192.750
BULMER, Emma, 20-60, WF, 26-179.192.751
BULMER, Harry, 5-20, WM, 26-179.192.752
BULMER, Willie, 5-20, WM, 26-179.192.753
BULMER, Sadie, 0-5, WF, 26-179.192.754
BULMER, Valine, 0-5, WF, 26-179.192.755
BULMER, Clarance, 0-5, WM, 26-179.192.756
BULMER, Peter R., 60+, WM, 26-179.192.757
HACK, Louisa, 20-60, WF, 26-180.193.758
HACK, Libbie, 20-60, WF, 26-180.193.759
HACK, Chas., 20-60, WM, 26-180.193.760
CRAMER, Elizabeth, 60+, WF, 26-180.193.761

HUNTERDON CO. NJ 1895 STATE CENSUS
Clinton Borough

CRAMER, Fred, 5-20, WM, 26-180.193.762
MANNING, Emanuel, 20-60, WM, 26-180.194.763
MANNING, Phoebe, 20-60, WF, 26-180.194.764
MANNING, Ella, 20-60, WF, 26-180.194.765
DUNHAM, Willie, 5-20, WM, 26-180.194.766
WAMBOLD, T. D., 60+, WM, 26-181.195.767
WAMBOLD, Edgar, 5-20, WM, 26-181.195.768
APGAR, John A., 60+, WM, 26-182.196.769
APGAR, Mary C., 20-60, WF, 26-182.196.770
TODD, Carrie, 20-60, WF, 26-182.196.771
CONNETT, Sallie, 20-60, WF, 26-183.197.772
MANNING, James, 60+, WM, 26-183.197.773
DOUBT, Lillie, 5-20, WF, 26-183.197.774
RUTAN, E. P., 20-60, WM, 26-183.197.775
RUTAN, Ada J., 20-60, WF, 26-183.197.776
RUTAN, Charles, 0-5, WM, 26-183.197.777
RUTAN, Arla, 0-5, WF, 26-183.197.778
MIERS, Jacob F., 20-60, WM, 26-184.198.779
MIERS, Martha, 20-60, WF, 26-184.198.780
MIERS, Daniel, 5-20, WM, 27-184.198.781
BIRD, Joseph B., 20-60, WM, 27-185.199.782
BIRD, Georgeanna, 20-60, WF, 27-185.199.783
BIRD, James, 20-60, WM, 27-185.199.784
BIRD, Walter, 20-60, WM, 27-185.199.785
TRIMMER, Francis, 20-60, WF, 27-185.199.786
SWICK, Nellie, 5-20, WF, 27-185.199.787
HANN, Ida, 5-20, WF, 27-185.199.788
EICK, William, 60+, WM, 27-186.200.789
EICK, Rebecca, 20-60, WF, 27-186.200.790
FOX, Daniel, 20-60, WM, 27-187.201.791
FOX, Ellie M., 20-60, WF, 27-187.201.792
FOX, Sarah, 60+, WF, 27-187.201.793
FOX, Mary, 5-20, WF, 27-187.201.794
FOX, Bertha, 5-20, WF, 27-187.201.795
FOX, Sarah, 5-20, WF, 27-187.201.796
FOX, Elizabeth, 5-20, WF, 27-187.201.797
FOX, Rutsen C., 5-20, WM, 27-187.201.798
FOX, Cyrus R., 0-5, WM, 27-187.201.799
SNYDER, Dewitt, 20-60, WM, 27-187.201.800
LEATHERMAN, A. S., 20-60, WM, 27-188.202.801
LEATHERMAN, Ella, 20-60, WF, 27-188.202.802
LEATHERMAN, Maud, 5-20, WF, 27-188.202.803
FRACE, J. M., 20-60, WM, 27-189.203.804
FRACE, Mary J., 20-60, WF, 27-189.203.805
FRACE, May, 5-20, WF, 27-189.203.806
FREY, E. J., 20-60, WM, 27-189.204.807
FREY, Louisa, 20-60, WF, 27-189.204.808
REEVES, E. A., 60+, WF, 27-190.205.809
BONNELL, Chas., 20-60, WM, 27-190.205.810
BONNELL, Mary, 20-60, WF, 28-190.205.811
BONNELL, Romayne, 0-5, WM, 28-190.205.812
MASAULEY, George, 20-60, WM, 28-190.206.813
MASAULEY, Nina, 20-60, WF, 28-190.206.814
MASAULEY, Ella, 5-20, WF, 28-190.206.815
RITTENHOUSE, Oscar, 20-60, WM, 28-191.207.816
RITTENHOUSE, Lizzie, 20-60, WF, 28-191.207.817
RITTENHOUSE, William O., 0-5, WM, 28-191.207.818
EBERLY, Minnie, 5-20, WF, 28-191.207.819
SMITH, A. Lincoln, 20-60, WM, 28-192.208.820
SMITH, Lillian, 20-60, WF, 28-192.208.821
SMITH, Hellen B., 5-20, WF, 28-192.208.822
SMITH, Marjorie, 0-5, WF, 28-192.208.823
STOUT, A. W., 20-60, WM, 28-193.209.824
STOUT, Jennie, 20-60, WF, 28-193.209.825
PRALL, Annie, 20-60, WF, 28-193.209.826
HOFFMAN, Jerry K., 20-60, WM, 28-194.210.827
HOFFMAN, Margaret, 20-60, WF, 28-194.210.828
HOFFMAN, Bertha, 20-60, WF, 28-194.210.829
HOFFMAN, Raymond, 20-60, WM, 28-194.210.830
HOFFMAN, Carrie, 5-20, WF, 28-194.210.831
JONES, E. E., 20-60, WM, 28-195.211.832
JONES, Burton S., 20-60, WM, 28-195.211.833
JONES, Emma S., 20-60, WF, 28-195.211.834
KENNEDAY, Edna, 5-20, WF, 28-195.211.835
HILL, Fanny V., 60+, WF, 28-195.211.836
LEIGH, Bennet V., 20-60, WM, 28-196.212.837
LEIGH, Lizzie K., 20-60, WF, 28-196.212.838
LEIGH, Mary V., 5-20, WF, 28-196.212.839
LEIGH, B. V. Jr., 5-20, WM, 28-196.212.840
GEBHART, William C., 20-60, WM, 29-197.213.841
GEBHART, Evelina, 20-60, WF, 29-197.213.842
GEBHART, Elenor L., 5-20, WF, 29-197.213.843
GEBHART, Clara A., 5-20, WF, 29-197.213.844
GEBHART, Eve C., 0-5, WF, 29-197.213.845
GEBHART, William R., 0-5, WM, 29-197.213.846
BROWN, Carrie, 20-60, CF, 29-197.213.847
FOWLER, Theo. F., 20-60, WM, 29-198.214.848
FOWLER, Annie, 20-60, WF, 29-198.214.849
FOWLER, William G., 20-60, WM, 29-198.214.850
FOWLER, Jennie, 5-20, WF, 29-198.214.851
LEIGH, Bloomfield, 60+, WM, 29-199.215.852
LEIGH, Sarah, 60+, WF, 29-199.215.853
LEIGH, Samuel W., 20-60, WM, 29-199.215.854
LEIGH, Minnie, 20-60, WF, 29-199.215.855
LEIGH, Annie, 20-60, WF, 29-199.215.856
LEIGH, Ella, 20-60, WF, 29-199.215.857
LEIGH, Charles W., 20-60, WM, 29-200.216.858
LEIGH, Sarah V., 20-60, WF, 29-200.216.859
LEIGH, Mable B., 5-20, WF, 29-200.216.860
BAKER, William H., 20-60, WM, 29-201.217.861
BAKER, Grace E., 20-60, WF, 29-201.217.862
BAKER, Elsie, 5-20, WF, 29-201.217.863
KELLY, Allice, 5-20, WF, 29-201.217.864
LEIGH, Mary, 60+, WF, 29-202.218.865
LEIGH, Frank, 5-20, WM, 29-202.218.866
LEIGH, Robert, 5-20, WM, 29-202.218.867
LEIGH, Harry, 5-20, WM, 29-202.218.868
WARRINGTON, C. B., 60+, WM, 29-203.219.869
WARRINGTON, Amanda P., 60+, WF, 29-203.219.870
WARRINGTON, Mary A., 20-60, WF, 30-203.219.871

HUNTERDON CO. NJ 1895 STATE CENSUS
Clinton Borough

WARRINGTON, John, 20-60, WM, 30-203.219.872
SMITH, Catharine, 60+, WF, 30-204.220.873
SMITH, Jacob, 60+, WM, 30-204.220.874
SMITH, Samuel, 20-60, WM, 30-204.220.875
YARD, Stephen, 20-60, WM, 30-205.221.876
YARD, Rose, 20-60, WF, 30-205.221.877
HOWELL, B. D., 20-60, WM, 30-206.222.878
HOWELL, Carrie, 20-60, WF, 30-206.222.879
HOWELL, Harry, 5-20, WM, 30-206.222.880
HOWELL, Lester, 0-5, WM, 30-206.222.881
SCHOMP, John T. B., 20-60, WM, 30-207.223.882
SCHOMP, Lydia B., 20-60, WF, 30-207.223.883
SCHOMP, Ella T. E., 20-60, WF, 30-207.223.884
SCHOMP, Lillian M., 5-20, WF, 30-207.223.885
HOFFMAN, George W., 20-60, WM, 30-208.224.886
HOFFMAN, Annie S., 20-60, WF, 30-208.224.887
HOFFMAN, Eddie S., 5-20, WM, 30-208.224.888
HOFFMAN, Elias J., 0-5, WM, 30-208.224.889
HOFFMAN, Estina L., 0-5, WF, 30-208.224.890
McCLOUGHAN, Hannah, 20-60, WF, 30-209.225.891
McCLOUGHAN, George, 5-20, WM, 30-209.225.892
McCLOUGHAN, Lela, 5-20, WF, 30-209.225.893
McCLOUGHAN, Mary, 5-20, WF, 30-209.225.894
HOFFMAN, Augustus, 60+, CM, 30-210.226.895

HUNTERDON CO. NJ 1895 STATE CENSUS
Township of Delaware

TOWNSHIP OF DELAWARE
Hiram D. Hoppock, commissioner

FOWLER, Solomon, 60+, WM, 1-1.1.1
FOWLER, Catharine, 60+, WF, 1-1.1.2
BEARDER, Wm. R., 60+, WM, 1-2.2.3
BEARDER, Elizabeth, 20-60, WF, 1-2.2.4
BEARDER, Mary, 60+, WF, 1-2.2.5
BELLIS, Mary, 20-60, WF, 1-2.2.6
GROSE, Augustus, 60+, GM, 1-2.3.7
GROSE, Lizzie, 60+, GF, 1-2.3.8
GROSE, Augus, 5-20, WM, 1-2.3.9
CURTIS, Everitt, 20-60, WM, 1-2.3.10
HORNE, Theodore, 20-60, WM, 1-3.4.11
HORNE, Mary, 20-60, WF, 1-3.4.12
HORNE, Hattie, 20-60, WF, 1-3.4.13
HORNE, Herbert, 5-20, WM, 1-3.4.14
BODINE, Geo., 20-60, WM, 1-3.4.15
MYRES, Mary Jane, 60+, WF, 1-4.5.16
MYRES, Jno. E., 20-60, WM, 1-4.5.17
LAMB, Edward, 20-60, WM, 1-5.6.18
LAMB, Edith, 20-60, WF, 1-5.6.19
BOYLE, Mary, 60+, WF, 1-5.6.20
BARLOW, Asa R., 20-60, WM, 1-6.7.21
BARLOW, Margaret B., 20-60, WF, 1-6.7.22
BARLOW, Joseph, 20-60, WM, 1-6.7.23
BARLOW, Rebecca, 20-60, WF, 1-6.7.24
BARLOW, Asher H., 5-20, WM, 1-6.7.25
BARLOW, Prall D., 5-20, WM, 1-6.7.26
BARLOW, Wm., 60+, WM, 1-6.7.27
HAMPTON, Jno., 20-60, WM, 1-7.8.28
HAMPTON, Mary, 20-60, WF, 1-7.8.29
ELLICOTT, Geo., 20-60, WM, 1-8.9.30
ELLICOTT, Sarah M., 20-60, WF, 2-8.9.31
ELLICOTT, Rachel, 20-60, WF, 2-8.9.32
ELLICOTT, Bennie, 5-20, WM, 2-8.9.34
ARNWINE, Wm., 5-20, WM, 2-8.9.35
FIELDS, Smith, 60+, WM, 2-9.10.36
FIELDS, Wm. C., 20-60, WM, 2-9.10.37
FIELDS, Susan, 20-60, WF, 2-9.10.38
FIELDS, Samuel, 5-20, WM, 2-9.10.39
FIELDS, Samuel, 20-60, WM, 2-9.11.40
FIELDS, Rachel, 20-60, WF, 2-9.11.41
HASTIE, James L., 20-60, WM, 2-10.12.42
HASTIE, Mary E., 20-60, WF, 2-10.12.43
HASTIE, James L., 5-20, WM, 2-10.12.44
HOCKENBURY, Bate, 60+, WM, 2-11.13.45
HOCKENBURY, Rebecca, 60+, WF, 2-11.13.46
HOCKENBURY, Daisy, 5-20, WM, 2-11.13.47
GARY, Newton, 20-60, WM, 2-11.13.48
GODOWN, Jno., 20-60, WM, 2-12.14.49
GODOWN, Martha, 20-60, WF, 2-12.14.50
GODOWN, Geo., 5-20, WM, 2-12.14.51
RITTENHOUSE, Francis, 60+, WM, 2-13.15.52
RITTENHOUSE, Meranda, 60+, WF, 2-13.15.53
CHAMBERLIN, Frank, 20-60, WM, 2-13.15.54
HUGHES, Ruhama, 60+, WF, 2-14.16.55
HUGHES, Josaphene, 20-60, WF, 2-14.16.56
HUGHES, Lambert, 20-60, WM, 2-14.16.57
WOLVERTIN, Geo. V., 20-60, WM, 2-14.16.57
PYATT, King, 60+, WM, 2-15.17.58
HIRES, Ellen, 20-60, WF, 2-15.17.59
HIRES, Richard, 20-60, WM, 2-15.17.60
HIRES, Elizabeth, 5-20, WF, 3-15.17.61
LOVELAND, Chas. J., 20-60, WM, 3-16.18.62
LOVELAND, Elizabeth, 20-60, WF, 3-16.18.63
LOVELAND, Ida, 5-20, WF, 3-16.18.64
LOVELAND, Edna, 5-20, WF, 3-16.18.65
LOVELAND, Chas., 5-20, WM, 3-16.18.66
LOVELAND, Anthony, 0-5, WM, 3-16.18.67
LOVELAND, Ethel, 0-5, WF, 3-16.18.68
McDEDE, Cecelia, 60+, OF, 3-16.18.69
ROBBINS, Wm. B., 60+, WM, 3-17.19.70
ROBBINS, Mary C., 60+, WF, 3-17.19.71
ROBBINS, Ephraim, 20-60, WM, 3-18.20.72
RODDINS, Mary E., 20-60, WF, 3-18.20.73
ROBBINS, Blanch, 5-20, WF, 3-18.20.74
ROBBINS, Joseph, 60+, WM, 3-18.20.75
BURKETT, Margaret, 20-60, WF, 3-19.21.76
BURKETT, Jackson, 20-60, WM, 3-19.21.77
HOPPOCK, Henry W., 20-60, WM, 3-20.22.78
HOPPOCK, Cornelia, 20-60, WF, 3-20.22.79
HOPPOCK, Laura B., 5-20, WF, 3-20.22.80
JOHNSON, Geo. C., 20-60, WM, 3-21.23.81
JOHNSON, Julia, 20-60, WF, 3-21.23.82
JOHNSON, Howard, 20-60, WM, 3-21.23.83
JOHNSON, Annie M., 5-20, WF, 3-21.23.84
JOHNSON, Emma A., 5-20, WF, 3-21.23.85
JOHNSON, Carrie, 5-20, WF, 3-21.23.86
SNYDER, Andrew, 20-60, WM, 3-22.24.87
SNYDER, Mary, 20-60, WF, 3-22.24.88
SNYDER, Bessie, 5-20, WF, 3-22.24.89
SNYDER, Annie, 0-5, WF, 3-22.24.90
SNYDER, Grover, 0-5, WM, 4-22.24.91
ALLEGAR, Edward, 5-20, WF, 4-22.24.92
PHILKILL, Jno., 60+, WM, 4-23.25.93
PHILKILL, Eliza, 60+, WF, 4-23.25.94
PHILKILL, Mary Ann, 20-60, WF, 4-23.25.95
SNYDER, Samuel A., 20-60, WM, 4-24.26.96
SNYDER, Anna, 20-60, WF, 4-24.26.97
SNYDER, Elsie, 5-20, WF, 4-24.26.98
SNYDER, Oscar, 0-5, WM, 4-24.26.99
TAYLOR, Peter, 60+, WM, 4-25.27.100
TAYLOR, Isabel, 60+, WF, 4-25.27.101
TAYLOR, Paul, 5-20, WM, 4-25.27.102

HUNTERDON CO. NJ 1895 STATE CENSUS
Township of Delaware

KING, Britton, 20-60, WM, 4-26.28.103
KING, Martha A., 20-60, WF, 4-26.28.104
KING, Chas. W., 5-20, WM, 4-26.28.105
KING, Mary Edna, 5-20, WF, 4-26.28.106
KING, Maggie B., 0-5, WF, 4-26.28.107
KERR, Oscar, 20-60, WM, 4-27.29.108
KERR, Sallie, 20-60, WF, 4-27.29.109
KERR, Katie, 5-20, WF, 4-27.29.110
KERR, Eva, 5-20, WF, 4-27.29.111
MELICK, Hannah, 20-60, WF, 4-28.30.112
MELICK, Godfrey, 20-60, WM, 4-28.30.113
MELICK, Hattie, 5-20, WF, 4-28.30.114
BRYAN, Holcombe, 20-60, WM, 4-29.31.115
BRYAN, Mary, 20-60, WF, 4-30.32.116
BRYAN, Bertha, 5-20, WF, 4-30.32.117
BRYAN, Ella, 5-20, WF, 4-30.32.118
BRYAN, Chester, 5-20, WM, 4-30.32.119
BRYAN, Geo., 5-20, WM, 4-30.32.120
BRYAN, Samuel, 5-20, WM, 5-30.32.121
BRYAN, Justice, 0-5, WM, 5-30.32.122
SMITH, Deborah, 60+, WF, 5-30.32.123
SPERLING, Nelson, 20-60, WM, 5-31.33.124
SPERLING, Allice, 20-60, WF, 5-31.33.125
SPERLING, Lizzie, 0-5, WF, 5-31.33.126
SMITH, Geo., 20-60, WM, 5-31.33.127
CLINE, Miller, 20-60, WM, 5-32.34.128
CLINE, Samantha, 20-60, WF, 5-32.34.129
CLINE, Sylvester, 5-20, WM, 5-32.34.130
HULSIZER, Edward, 20-60, WM, 5-33.35.131
HULSIZER, Euphemia, 20-60, WF, 5-33.35.132
HULSIZER, Allice, 5-20, WF, 5-33.35.133
HULSIZER, Wm. D., 0-5, WM, 5-33.35.134
HULSIZER, Margaret, 60+, WF, 5-33.35.135
WALKER, Wm., 20-60, WM, 5-34.36.136
WALKER, Hannah, 20-60, WF, 5-34.36.137
WALKER, Theodore, 20-60, WM, 5-34.36.138
WALKER, Martha, 20-60, WF, 5-34.36.139
WALKER, Susan, 5-20, WF, 5-34.36.140
STULL, Levi, 60+, WM, 5-35.37.141
STULL, Katie, 5-20, WF, 5-35.37.142
STULL, Amos, 5-20, WM, 5-35.37.143
CLINE, Jno., 60+, WM, 5-35.38.144
CLINE, Elizabeth, 60+, WF, 5-35.38.145
SNYDER, Maxwell, 20-60, WM, 5-36.39.146
SNYDER, Ella, 20-60, WF, 5-36.39.147
SMITH, Mahlon, 20-60, WM, 5-37.40.148
SMITH, Bella, 20-60, WF, 5-37.40.149
SMITH, Wm. B., 0-5, WM, 5-37.40.150
DALRYMPLE, Lucinda, 60+, WF, 6-38.41.151
NAYLOR, Emeline, 20-60, WF, 6-38.41.152
CORSON, Mahlon, 20-60, WM, 6-38.41.153
WILLIAMSON, Matthias, 20-60, WM, 6-39.42.154
WILLIAMSON, Martha, 20-60, WF, 6-39.42.155
SMITH, Chas. C., 20-60, WM, 6-40.43.156
SMITH, Carrie, 20-60, WF, 6-40.43.157

SMITH, Robt. C., 5-20, WM, 6-40.43.158
SMITH, Wm. K., 5-20, WM, 6-40.43.159
SMITH, Raymond R., 0-5, WM, 6-40.43.160
KEOWN, Charlotte, 20-60, WF, 6-40.43.161
RISLER, Samuel, 20-60, WM, 6-41.44.162
RISLER, Mrs.Samuel, 20-60, WF, 6-41.44.163
RISLER, Wilmer, 5-20, WM, 6-41.44.164
RISLER, Jacob, 0-5, WM, 6-41.44.165
RISLER, Ethel, 0-5, WF, 6-41.44.166
RISLER, Cyrus, 60+, WM, 6-42.45.167
RISLER, Sarah, 60+, WF, 6-42.45.168
RISLER, Russie, 5-20, WM, 6-42.45.169
RISLER, James, 20-60, WM, 6-42.46.170
RISLER, Katie, 20-60, WF, 6-42.46.172
RISLER, Huldy H., 5-20, WF, 6-42.46.173
RISLER, Grover C., 5-20, WM, 6-42.46.174
ULMER, Lambert, 20-60, WM, 6-42.46.175
RISLER, Willis, 20-60, WM, 6-43.47.176
RISLER, Jennie, 20-60, WF, 6-43.47.177
RISLER, Wm. P., 5-20, WM, 6-43.47.178
RISLER, Frank H., 5-20, WM, 6-43.47.179
RISLER, Florence, 0-5, WF, 6-43.47.179
RISLER, Jno. T., 20-60, WM, 6-44.48.180
RISLER, Annie H., 20-60, WF, 7-44.48.181
RISLER, Isabel, 5-20, WF, 7-44.48.182
FRANCIS, Mrs. Sarah E., 20-60, WF, 7-44.48.183
FAUSS, Samuel, 60+, WM, 7-45.49.184
FAUSS, Jemimah, 20-60, WF, 7-45.49.185
FAUSS, Susan, 20-60, WF, 7-45.49.186
FAUSS, Hannah, 5-20, WF, 7-45.49.187
FAUSS, Ella, 5-20, WF, 7-45.49.188
FIELDS, Mahlon, 60+, WM, 7-46.50.189
FIELDS, Sarah, 60+, WF, 7-46.50.190
LARUE, Elmer, 5-20, WM, 7-46.50.191
SNYDER, Wm., 20-60, WM, 7-47.51.192
SNYDER, Ida, 5-20, WF, 7-47.51.193
SUTTON, Uriah, 20-60, WM, 7-48.52.194
SUTTON, Kate, 20-60, WF, 7-48.52.195
SUTTON, Annie, 20-60, WF, 7-48.52.196
SUTTON, Alice, 5-20, WF, 7-48.52.197
CARRELL, Samuel, 20-60, WM, 7-49.53.198
CARRELL, Mary Jane, 60+, WF, 7-49.53.199
REED, Walter L., 20-60, WM, 7-50.54.200
REED, Anna R., 20-60, WF, 7-50.54.201
REED, Jennie L., 5-20, WF, 7-50.54.202
REED, Birtrie D. L., 5-20, WF, 7-50.54.203
REED, Jewel S., 5-20, WF, 7-50.54.204
REED, Amos H., 5-20, WM, 7-50.54.205
REED, Bennie R., 5-20, WM, 7-50.54.206
REED, Alma E., 0-5, WF, 7-50.54.207
REED, Anson M., 0-5, WM, 7-50.54.208
LEATCH, Jane, 60+, WF, 7-50.54.209
CHAMBERLIN, Jno. M., 60+, WM, 7-51.55.210
CHAMBERLIN, Sarah E., 20-60, WF, 8-51.55.211
STRIMPLE, Deborah, 60+, WF, 8-51.55.212

HUNTERDON CO. NJ 1895 STATE CENSUS
Township of Delaware

HORNER, Hiram, 20-60, WM, 8-52.56.213
HORNER, Selena, 20-60, WF, 8-52.56.214
HORNER, Louie, 5-20, WF, 8-52.56.215
HORNER, Bennie, 5-20, WM, 8-52.56.216
HORNER, Sadie, 5-20, WF, 8-52.56.217
HORNER, Cora, 5-20, WF, 8-52.56.218
HORNER, Frank, 5-20, WM, 8-52.56.219
HORNER, Henry, 0-5, WM, 8-52.56.220
HORNER, Fenton, 0-5, WM, 8-52.56.221
CORSON, Lidia A., 20-60, WF, 8-53.57.222
CORSON, Lettie, 20-60, WF, 8-53.57.223
CORSON, Sarah, 60+, WF, 8-53.57.224
CORSON, John H., 20-60, WM, 8-53.58.225
CORSON, Lizzie, 20-60, WF, 8-53.58.226
GOODELL, DeValso, 20-60, WM, 8-54.59.227
GOODELL, Essie, 20-60, WF, 8-54.59.228
BODINE, David, 20-60, WM, 8-54.59.229
HALL, Rev. E. C., 20-60, WM, 8-55.60.230
HALL, Mrs. E. C., 20-60, WF, 8-55.60.231
HEATH, Edward M., 20-60, WM, 8-56.61.232
HEATH, Ann, 20-60, WF, 8-56.61.233
HEATH, Robt., 20-60, WM, 8-56.62.234
HEATH, Lizzie, 20-60, WF, 8-56.62.235
BODINE, Henry F., 20-60, WM, 8-57.63.236
BODINE, Mary D., 20-60, WF, 8-57.63.237
BODINE, Harry, 5-20, WM, 8-57.63.238
HORNE, Bennie, 5-20, WM, 8-57.63.239
ROCKAFELLOW, Wm. K., 20-60, WM, 8-58.64.240
ROCKAFELLOW, Mary E., 20-60, WF, 9-58.64.241
ROCKAFELLOW, David D., 5-20, WM, 9-58.64.242
ROCKAFELLOW, Ida M., 5-20, WF, 9-58.64.243
HOCKENBURY, Geo. W., 20-60, WM, 9-59.65.244
HOCKENBURY, Mary, 20-60, WF, 9-59.65.245
HOCKENBURY, Lavina, 5-20, WF, 9-59.65.246
BUCHANAN, Peter, 20-60, WM, 9-60.66.247
BUCHANAN, Angeline, 20-60, WF, 9-60.66.248
HEATH, Levi, 60+, WM, 9-61.67.249
WILLIAMSON, Frank P., 20-60, WM, 9-62.68.250
WILLIAMSON, Ida M., 20-60, WF, 9-62.68.251
WILLIAMSON, Mary, 0-5, WF, 9-62.68.252
WILLIAMSON, Grace, 0-5, WF, 9-62.68.253
BUCHANAN, Ross, 5-20, WM, 9-62.68.254
READING, Asher, 20-60, WM, 9-63.69.255
READING, Lucy, 20-60, WF, 9-63.69.256
QUIRK, Damey, 60+, WF, 9-63.69.257
EVERITT, Ely, 60+, WM, 9-64.70.258
EVERITT, Elizabeth, 60+, WF, 9-64.70.259
EVERITT, Wm. L., 20-60, WM, 9-64.70.260
FAUSS, Ransler H., 20-60, WM, 9-65.71.261
FAUSS, Sadie, 20-60, WF, 9-65.71.262
FAUSS, Gertrude, 5-20, WF, 9-65.71.263
SNYDER, J. Thompson, 20-60, WM, 9-66.72.264
SNYDER, Emma E., 20-60, WF, 9-66.72.265
SNYDER, Viola M., 5-20, WF, 9-66.72.266
SNYDER, Mattie E., 5-20, WF, 9-66.72.267
SNYDER, Laura, 5-20, WF, 9-66.72.268
SNYDER, Johnson, 5-20, WM, 9-66.72.269
SNYDER, Olive, 0-5, WF, 9-66.72.270
MOORE, Jos. G., 20-60, WM, 10-67.73.271
MOORE, Annie, 20-60, WF, 10-67.73.272
MOORE, Jennie, 5-20, WF, 10-67.73.273
GREEN, Eliza, 20-60, WF, 10-68.74.274
HIGGINS, Lewis, 20-60, WM, 10-69.75.275
HIGGINS, Annie, 20-60, WF, 10-69.75.276
HIGGINS, Floyd, 5-20, WM, 10-69.75.277
HIGGINS, Eddie, 5-20, WM, 10-69.75.278
HIGGINS, Mattie, 0-5, WF, 10-69.75.279
VENABLE, Frank W., 20-60, WM, 10-70.76.280
VENABLE, Sarah, 20-60, WF, 10-70.76.281
VENABLE, Lizzie, 5-20, WF, 10-70.76.282
VENABLE, Edward, 5-20, WM, 10-70.76.283
VENABLE, Charlotte, 5-20, WF, 10-70.76.284
VENABLE, Frank, 5-20, WM, 10-70.76.285
VENABLE, Annie, 0-5, WF, 10-70.76.286
VENABLE, Alice, 0-5, WF, 10-70.76.287
WILLIAMSON, Asher V., 20-60, WM, 10-71.77.288
WILLIAMSON, Jennie, 20-60, WF, 10-71.77.289
WILLIAMSON, Jacob H., 20-60, WM, 10-71.77.290
WILLIAMSON, Barton, 20-60, WM, 10-71.77.291
WILSON, Howard, 20-60, WM, 10-72.78.292
WILSON, Mrs. Howard, 20-60, WF, 10-72.78.293
SMITH, Jno. L., 20-60, WM, 10-72.79.294
SMITH, Elizabeth, 20-60, WF, 10-72.79.295
SMITH, Samuel B., 5-20, WM, 10-72.79.296
SMITH, Matilda, 5-20, WF, 10-72.79.297
SMITH, Freddie, 5-20, WM, 10-72.79.298
SMITH, Howard, 0-5, WM, 10-72.79.299
HOPPOCK, Hannah D., 0-5, WF, 10-73.80.300
HOPPOCK, Bella, 5-20, WF, 11-73.80.301
HOPPOCK, Wm. P., 20-60, WM, 11-73.81.302
HOPPOCK, Lizzie, 20-60, WF, 11-73.81.303
SERVIS, Elizabeth, 60+, WF, 11-74.82.304
SERVIS, Geo., 20-60, WM, 11-74.82.305
SNYDER, Bessie, 5-20, WF, 11-74.82.306
SHEPHERD, Nathaniel, 60+, WM, 11-74.83.307
SHEPHERD, Mary Ann, 60+, WF, 11-74.83.308
HUMMER, Jno., 20-60, WM, 11-75.84.309
HUMMER, Goretta, 20-60, WF, 11-75.84.310
HUMMER, Frank W., 0-5, WM, 11-75.84.311
HUMMER, Arthur D., 0-5, WM, 11-75.84.312
HUMMER, Esley, 0-5, WF, 11-75.84.313
WILLIAMSON, Israel P., 20-60, WM, 11-75.84.314
HULLEY, Thos., 20-60, WM, 11-76.85.314
HULLEY, Matilda, 20-60, WF, 11-76.85.315
HULLEY, Annie, 5-20, WF, 11-76.85.316
HULLEY, Hannah, 60+, OF, 11-76.85.317
BUCHANAN, Elizabeth, 20-60, WF, 11-77.86.318
VAN HORN, Lewis, 20-60, WM, 11-78.87.319
VAN HORN, Caroline, 20-60, WF, 11-78.87.320
VAN HORN, Ross, 20-60, WM, 11-78.87.321

HUNTERDON CO. NJ 1895 STATE CENSUS
Township of Delaware

CLOSSON, Gordon, 20-60, WM, 11-79.88.322
CLOSSON, Susan, 20-60, WF, 11-79.88.323
CLOSSON, Jennie B., 5-20, WF, 11-79.88.324
CLOSSON, Ida, 5-20, WF, 11-79.88.325
CLOSSON, Geo. G., 5-20, WM, 11-79.88.326
CLOSSON, Katie, 5-20, WF, 11-79.88.328
ABBOTT, Andrew W., 20-60, WM, 11-80.89.329
ABBOT[T], Lidia, 20-60, WF, 11-80.89.330
ABBOTT, Minnie, 5-20, WF, 12-80.89.331
ABBOTT, Edward, 5-20, WM, 12-80.89.332
CASE, Wm., 60+, WM, 12-81.90.333
CASE, Elmina, 60+, WF, 12-81.90.334
SYLVESTER, Annie, 20-60, WF, 12-81.90.335
MOORE, Cornelius, 20-60, WM, 12-82.91.336
MOORE, Lizzie, 20-60, WF, 12-82.91.337
MOORE, Milton, 5-20, WM, 12-82.91.338
MOORE, Edna, 5-20, WF, 12-82.91.339
MOORE, David, 20-60, WM, 12-83.92.340
MOORE, Permelia, 20-60, WF, 12-83.92.341
MOORE, Edward, 20-60, WM, 12-83.92.342
MOORE, Anna Bell, 5-20, WF, 12-83.92.343
MOORE, Kate, 5-20, WF, 12-83.92.344
MOORE, James, 5-20, WM, 12-83.92.345
MOORE, Elva, 5-20, WF, 12-83.92.346
HIGGINS, Geo. W., 20-60, WM, 12-84.93.347
HIGGINS, Caroline, 20-60, WF, 12-84.93.348
ORTH, Edward, 20-60, WM, 12-84.93.349
ALLEGAR, Martha, 60+, WF, 12-84.93.350
BUNN, John, Sr., 20-60, OM, 12-85.94.351
BUNN, Matilda, 20-60, OF, 12-85.94.352
BUNN, Maggie M., 5-20, WF, 12-85.94.353
BUNN, John, Jr., 5-20, WM, 12-85.94.354
MOORE, Chas. W., 20-60, WM, 12-86.95.355
MOORE, Mary Ann, 60+, WF, 12-86.95.356
HASSELL, Freddie, 5-20, WM, 12-86.95.357
HASSELL, Johiel, 60+, WM, 12-87.96.358
HASSELL, Annie, 20-60, WF, 12-87.96.359
HASSELL, Bessie, 5-20, WF, 12-87.96.360
HASSELL, Amos, 5-20, WM, 13-87.96.361
HOPPOCK, Lucy, 60+, WF, 13-88.97.362
FAUSS, Amy, 60+, WF, 13-88.97.363
WAGNER, Rachel, 60+, WF, 13-89.98.364
WAGNER, Sylvester, 20-60, WM, 13-89.98.365
MESSINGER, Nellie, 5-20, WF, 13-89.98.366
MORRIS, Gardner, 20-60, WM, 13-90.99.367
MORRIS, Annie, 20-60, WF, 13-90.99.368
GETHARD, Annie M., 5-20, WF, 13-90.99.369
MORRIS, Rebecca, 20-60, WF, 13-90.99.370
BEARDER, Andrew, 20-60, WM, 13-91.100.371
BEARDER, Mary, 20-60, WF, 13-91.100.372
VAN HORN, Horatio, 5-20, WM, 13-91.100.373
POULSON, Israel, 60+, WM, 13-92.101.374
POULSON, Harriet, 60+, WF, 13-92.101.375
GOODFELLOW, James, 20-60, WM, 13-93.102.376
GOODFELLOW, Mary Jane, 60+, WF, 13-93.102.377
CRUM, Jos., 20-60, WM, 13-94.103.378
CRUM, Grover C., 5-20, WM, 13-94.103.379
HOAGLAND, Jno., 20-60, WM, 13-95.104.380
HOAGLAND, Jennie, 20-60, WF, 13-95.104.381
HOAGLAND, Howard, 5-20, WM, 13-95.104.382
HOAGLAND, Emma M., 5-20, WF, 13-95.104.383
HOAGLAND, Carrie, 5-20, WF, 13-95.104.384
HOAGLAND, Russell, 0-5, WM, 13-95.104.385
HIGGINS, Alex. Jr., 20-60, WM, 13-96.105.386
HIGGINS, Charlotte, 20-60, WF, 13-96.105.387
HIGGINS, Edna, 0-5, WF, 13-96.105.388
HIGGINS, David, 0-5, WM, 13-96.105.389
SMITH, Fredrick, 20-60, GM, 13-96.105.390
WOODRUFF, Chas., 20-60, WM, 14-96.106.391
WOODRUFF, Maggie, 20-60, WF, 14-96.106.392
WOODRUFF, Alex., 5-20, WM, 14-96.106.393
HOCKENBURY, Chas., 20-60, WM, 14-97.107.394
HOCKENBURY, Elizabeth, 20-60, WF, 14-97.107.395
HOCKENBURY, Bertha, 0-5, WF, 14-97.107.396
SWARER, Samuel, 60+, WM, 14-98.108.397
SWARER, Mrs. Samuel, 60+, WF, 14-98.108.398
SWARER, Augustus, 20-60, WM, 14-98.108.399
SWARER, John, 20-60, WM, 14-98.108.400
HOLCOMBE, Hiram M., 20-60, WM, 14-99.109.401
HOLCOMBE, Kate, 20-60, WF, 14-99.109.402
HOLCOMBE, Ella, 5-20, WF, 14-99.109.403
HOLCOMBE, Geo. N., 60+, WM, 14-99.109.404
SYLVESTER, John G., 20-60, WM, 14-99.109.405
FINK, Henry K., 20-60, WM, 14-100.110.406
FINK, Mrs. Henry, 20-60, WF, 14-100.110.407
FINK, Ida, 0-5, WF, 14-100.110.408
COOK, Wm. D., 5-20, WM, 14-100.110.409
BURGESS, Geo., 60+, WM, 14-101.111.410
BURGESS, Rebecca, 60+, WF, 14-101.111.411
SHEPHERD, Wm., 60+, WM, 14-102.112.412
SHEPHERD, Elizabeth A., 60+, WF, 14-102.112.413
SHEPHERD, Mansfield, 20-60, WM, 14-102.112.414
DILTS, Martha, 60+, WF, 14-103.113.415
DILTS, Mattie, 20-60, WF, 14-103.113.416
CRUM, Isaac R., 20-60, WM, 14-104.114.417
CRUM, Maggie, 20-60, WF, 14-104114.418
CRUM, Ruth, 0-5, WF, 14-104.114.419
CRUM, Rhebe, 5-20, WF, 14-104.114.420
BUNN, Judiah, 5-20, WM, 15-104.114.421
CRUM, Geo. W., 20-60, WM, 15-104.114.422
CRUM, Henry, 60+, WM, 15-104.114.423
VAN DOREN, Henry, 60+, WM, 15-105.115.424
VAN DOREN, Sarah, 20-60, WF, 15-105.115.425
HOCKENBURY, Peter S., 20-60, WM, 15-106.116.426
HOCKENBURY, Matilda, 20-60, WF, 15-106.116.427
HOCKENBURY, Melvin, 5-20, WM, 15-106.116.428
HOCKENBURY, Chas., 5-20, WM, 15-106.116.429
HOCKENBURY, Nellie, 5-20, WF, 15-106.116.430
CURTIS, Howard, 5-20, WM, 15-106.116.431
LAMBERT, Wilford, 20-60, WM, 15-107.117.432

HUNTERDON CO. NJ 1895 STATE CENSUS
Township of Delaware

LAMBERT, Susan, 20-60, WF, 15-107.117.433
LAMBERT, Dora, 0-5, WF, 15-107.117.434
LAMBERT, Freddie, 0-5, WM, 15-107.117.435
HORNE, Edith, 5-20, WF, 15-107.117.436
GODOWN, Gideon, 20-60, WM, 15-107.117.437
EDMUNDS, Rhutson C., 20-60, WM, 15-108.118.438
EDMUNDS, Matilda, 20-60, WF, 15-108.118.439
EDMUNDS, Edna, 0-5, WF, 15-108.118.440
RODENBAUGH, Edward, 20-60, WM, 15-109.119.441
RODENBAUGH, Mary, 20-60, WF, 15-109.119.442
SERGEANT, Wm. T., 20-60, WM, 15-110.120.443
SERGEANT, Mary M., 20-60, WF, 15-110.120.444
SERGEANT, Jennie, 5-20, WF, 15-110.120.445
BROWN, Wm., 20-60, WM, 15-111.121.446
BROWN, Jennie E., 20-60, WF, 15-111.121.447
BROWN, Ida, 5-20, WF, 15-111.121.448
BROWN, Edward C., 5-20, WM, 15-111.121.449
FLAGG, Christina, 60+, WF, 15-111.121.450
ROMINE, Asa, 60+, WM, 16-112.122.451
ROMINE, Sarah, 60+, WF, 16-112.122.452
CRUM, Olive, 5-20, WM, 16-112.122.453
STULL, Addie, 5-20, WF, 16-112.122.454
LAKE, Isaac, 20-60, WM, 16-113.123.455
LAKE, Deborah, 20-60, WF, 16-113.123.456
LAKE, Alton, 20-60, WM, 16-113.123.457
LAKE, Lucinda, 20-60, WF, 16-113.123.458
SMITH, Jacob B., 60+, WM, 16-114.124.459
SMITH, Sarah E., 20-60, WF, 16-114.124.460
WEST, Wm., 20-60, WM, 16-114.124.461
SMITH, Amos, 20-60, WM, 16-114.125.462
SMITH, Mattie, 20-60, WM, 16-114.125.463
SMITH, Bessie, 0-5, WF, 16-114.125.464
SPURLING, David, 20-60, WM, 16-115.126.465
SPURLING, Mary, 20-60, WF, 16-115.126.466
SPURLING, Harvey, 5-20, WM, 16-115.126.467
SPURLING, Rettie, 5-20, WF, 16-115.126.468
SPURLING, Emma, 0-5, WF, 16-115.126.469
SPURLING, Russel, 0-5, WM, 16-115.126.470
FISHER, Jno. M., 20-60, WM, 16-116.127.471
FISHER, Emma, 20-60, WF, 16-116.127.472
SHERMAN, Susan, 60+, WF, 16-116.127.473
DALRYMPLE, Andrew, 20-60, WM, 16-117.128.474
DALRYMPLE, Mary E., 20-60, WF, 16-117.128.475
NAYLOR, Jos. G., 20-60, WM, 16-118.129.476
NAYLOR, Emeline, 20-60, WF, 16-118.129.477
CLINE, Jordan J., 20-60, WM, 16-119.130.478
CLINE, Amanda, 20-60, WF, 16-119.130.479
CLINE, Jennie, 5-20, WF, 16-119.130.480
SMITH, Isaac, 20-60, WM, 17-120.131.481
SMITH, Margaret, 20-60, WF, 17-120.131.482
SMITH, Amanda, 20-60, WF, 17-120.131.483
SMITH, Theodore, 20-60, WM, 17-120.131.484
SMITH, Jos. L., 5-20, WM, 17-120.131.485
SMITH, Isaac L., 5-20, WM, 17-120.131.486
SMITH, Leonard N., 5-20, WM, 17-120.131.487
HOPPOCK, Hiram D., 20-60, WM, 17-121.132.488
HOPPOCK, Lizzie, 20-60, WF, 17-121.132.489
HOPPOCK, Dora H., 0-5, WF, 17-121.132.490
HOPPOCK, Jno. D., 60+, WM, 17-121.132.491
HOPPOCK, Hannah M., 20-60, WF, 17-121.132.492
BODINE, Samuel, 60+, WM, 17-122.133.493
BODINE, Jane, 20-60, WF, 17-122.133.494
BODINE, Lizzie, 20-60, WF, 17-122.133.495
BODINE, Ampleus, 20-60, WM, 17-122.133.496
BODINE, Myrton, 20-60, WM, 17-122.133.497
SNYDER, Wm. H., 20-60, WM, 17-123.134.498
SNYDER, Mary M., 20-60, WF, 17-123.134.499
SNYDER, Margaret, 60+, WF, 17-123.134.500
PORT, Jno. W., 20-60, WM, 17-124.135.501
PORT, Clara B., 20-60, WF, 17-124.135.502
PORT, Robt., 5-20, WM, 17-124.135.503
PORT, Wm., 0-5, WM, 17-124.135.504
PORT, Catharine, 0-5, WF, 17-124.135.505
PORT, Mary, 20-60, WF, 17-124.135.506
BRYAN, Eddie, 5-20, WM, 17-124.135.507
WEBER, Henry A., 20-60, WM, 17-125.136.508
WEBER, Sallie M., 20-60, WF, 17-125.136.509
WEBER, Carrie, 5-20, WF, 17-125.136.510
TROUT, Jos. M., 20-60, WM, 18-125.136.511
ALWARD, Elisha, 60+, WM, 18-126.137.512
ALWARD, Phoebe, 20-60, WF, 18-126.137.513
KINNEY, Wm. H., 20-60, WM, 18-127.138.514
KINNEY, Mary, 20-60, WF, 18-127.138.515
COATES, Wm., 20-60, WM, 18-128.139.516
COATES, Delia, 20-60, WF, 18-128.139.517
COATES, Annie, 20-60, WF, 18-128.139.518
WOODRUFF, Wm., 20-60, WM, 18-129.140.519
WOODRUFF, Carrie, 20-60, WF, 18-129.140.520
WOODRUFF, Harry, 5-20, WM, 18-129.140.521
WOODRUFF, Francenia, 5-20, WF, 18-129.140.522
WOODRUFF, Edwin, 5-20, WM, 18-129.140.523
WOODRUFF, Julia C., 0-5, WF, 18-129.140.524
COATES, Lemuel, 20-60, WM, 18-130.141.525
COATES, Hariet R., 20-60, WF, 18-130.141.526
COATES, Edna, 5-20, WF, 18-130.141.527
COATES, Ethel B., 5-20, WF, 18-130.141.528
COATES, Wm., 0-5, WM, 18-130.141.529
FISHER, James E., 20-60, WM, 18-131.142.530
FISHER, Elizabeth, 20-60, WF, 18-131.142.531
FISHER, Minnie N., 5-20, WF, 18-131.142.532
FISHER, Alice S., 5-20, WF, 18-131.142.533
FISHER, Lina, 5-20, WF, 18-131.142.534
HAWK, Edward, 20-60, WM, 18-131.142.535
CANE, Mary, 60+, WF, 18-131.143.536
VAN HORN, Henry, 20-60, WM, 18-132.144.537
VAN HORN, Elizabeth, 20-60, WF, 18-132.144.538
VAN HORN, Laura, 5-20, WF, 18-132.144.539
JOHNSON, R. Green, 20-60, WM, 18-133.145.540
JOHNSON, Carrie, 20-60, WF, 19-133.145.541
JOHNSON, Chester W., 5-20, WM, 19-133.145.542

HUNTERDON CO. NJ 1895 STATE CENSUS
Township of Delaware

JOHNSON, Sarah S., 0-5, WF, 19-133.145.543
JOHNSON, Geo. S., 60+, WM, 19-133.145.544
JOHNSON, Elizabeth, 20-60, WF, 19-133.145.545
HOCKENBURY, Hiram, 20-60, WM, 19-133.145.546
HOFF, Sylvester, 20-60, WM, 19-134.146.547
HOFF, Mary, 20-60, WF, 19-134.146.548
HOFF, Lucy M., 5-20, WF, 19-134.146.549
HOFF, Luella, 5-20, WF, 19-134.146.550
HOFF, Andrew J., 0-5, WM, 19-134.146.551
HEWITT, Chas., 20-60, WM, 19-135.147.552
HEWITT, Sarah E., 20-60, WF, 19-135.147.553
HEWITT, Johathan, 5-20, WM, 19-135.147.554
HEWITT, Harvey, 5-20, WM, 19-135.147.555
HEWITT, Edna, 5-20, WF, 19-135.147.556
HEWITT, Amelia, 0-5, WF, 19-135.147.557
HAMPTON, Jno. T., 60+, WM, 19-136.148.558
HAMPTON, Lucy B., 60+, WF, 19-136.148.559
HEATH, Eva, 5-20, WF, 19-136.148.560
NIECE, Israel, 20-60, WM, 19-136.149.561
NIECE, Cora, 20-60, WF, 19-136.149.562
NIECE, Oscar, 5-20, WM, 19-136.149.563
DALRYMPLE, Johnson, 20-60, WM, 19-136.150.564
DALRYMPLE, Lulu, 20-60, WF, 19-136.150.565
BURKETT, Chas., 5-20, WM, 19-136.150.566
PUTCHER, Rhoda, 5-20, WF, 19-136.150.567
JOHNSON, Elizabeth, 20-60, WF, 19-137.151.568
JOHNSON, Laura, 20-60, WF, 19-137.151.569
RESLER, Geo., 20-60, WM, 19-137.151.570
JOHNSON, Harvey, 20-60, WM, 20-137.152.571
JOHNSON, Kate, 20-60, WF, 20-137.152.572
WILSON, Jno., 60+, WM, 20-138.153.573
WILSON, Drusilla, 60+, WF, 20-138.153.574
WILSON, Jos. D., 20-60, WM, 20-138.153.575
WILSON, Mary H., 20-60, WF, 20-138.153.575
READING, Ema L., 20-60, WF, 20-138.153.576
WILSON, Sallie, 20-60, WF, 20-138.153.577
READING, Frank, 5-20, WM, 20-138.153.578
SHEPHERD, Chas., 20-60, WM, 20-138.153.579
READING, Kensyl, 20-60, WM, 20-139.154.580
READING, Kate H., 20-60, WF, 20-139.154.581
READING, Mildred, 0-5, WF, 20-139.154.582
CRONCE, Asa, 60+, WM, 20-140.155.583
CRONCE, Larenie, 60+, WF, 20-140.155.584
HARTPENCE, Jno., 20-60, WM, 20-140.155.585
FITZHUGH, Henrietta, 20-60, WF, 20-140.155.586
JOHNSON, Hiram, 60+, WM, 20-141.156.587
JOHNSON, Rachel W., 60+, WF, 20-141.156.588
JOHNSON, Carrie R., 5-20, WF, 20-141.156.589
JOHNSON, Jerry, 20-60, WM, 20-142.157.590
JOHNSON, Maud, 20-60, WF, 20-142.157.591
JOHNSON, Lilian, 5-20, WF, 20-142.157.592
JOHNSON, France, 5-20, WF, 20-142.157.593
PRICE, Buriah, 60+, WM, 20-142.157.594
VANDERMARK, Abe, 20-60, WM, 20-143.158.595
VANDERMARK, Francis, 20-60, WF, 20-143.158.597
VANDERMARK, Susan, 5-20, WF, 20-143.158.598
VANDERMARK, Bulah, 5-20, WF, 20-143.158.599
VANDERMARK, Nellie, 0-5, WF, 20-143.158.600
VANDERMARK, Thomas, 20-60, WM, 21-143.158.601
VANDERMARK, Peter, 20-60, WM, 21-143.158.602
OTT, Herbert, 20-60, WM, 21-143.158.603
BILBY, Henry, 20-60, WM, 21-144.159.604
BILBY, Eliza, 20-60, WF, 21-144.159.605
FISHER, Geo. T., 20-60, WM, 21-145.160.606
FISHER, Addie, 20-60, WF, 21-145.160.607
FISHER, Walter, 5-20, WM, 21-145.160.608
FISHER, Raymond, 5-20, WM, 21-145.160.609
FISHER, Harvey, 0-5, WM, 21-145.160.610
FISHER, Robert, 0-5, WM, 21-145.160.611
HIGGINS, Leonard, 20-60, WM, 21-146.161.612
HIGGINS, Lizzie, 20-60, WF, 21-146.161.613
RAKE, Jno., 5-20, WM, 21-146.161.614
WILLIAMS, Lorenzo, 60+, CM, 21-147.162.615
WILLIAMS, Lidia, 60+, CF, 21-147.162.616
JOHNSON, Geo. H., 20-60, WM, 21-148.163.617
JOHNSON, Ada, 5-20, WF, 21-148.163.618
JOHNSON, Sarah, 60+, WF, 21-148.163.619
EVERITT, Chas. B., 60+, WM, 21-149.164.620
EVERITT, Martha J., 60+, WF, 21-149.164.621
EVERITT, Judson, 20-60, WM, 21-149.164.622
EVERITT, Ida J., 20-60, WF, 21-149.164.623
READING, Jos. C., 20-60, WM, 21-150.165.624
READING, Sarah E., 20-60, WF, 21-150.165.625
READING, Rity, 20-60, WF, 21-150.165.626
READING, Katie, 5-20, WF, 21-150.165.627
READING, Sybilla, 5-20, WF, 21-150.165.628
READING, Earl, 5-20, WM, 21-150.165.629
READING, Sadie, 0-5, WF, 21-150.165.630
SMITH, Herbert C., 20-60, WM, 22-150.165.631
BREWER, Wm. H., 20-60, WM, 22-151.166.632
BREWER, Nancy, 20-60, WF, 22-151.166.633
BREWER, Geo., 5-20, WM, 22-151.166.634
CRIPS, Wm., 20-60, WM, 22-152.167.635
CRIPS, Martha, 20-60, WF, 22-152.167.636
CRIPS, Wm., 5-20, WM, 22-152.167.637
CRIPS, Geo. B., 5-20, WM, 22-152.167.638
CRIPS, Chas. J., 0-5, WM, 22-152.167.639
PEGG, Matthias, 20-60, WM, 22-153.168.640
PEGG, Rebecca, 20-60, WF, 22-153.168.641
REA, Jennie, 20-60, WF, 22-153.168.642
PEGG, Reva, 0-5, WF, 22-153.168.643
REA, Elizabeth, 0-5, WF, 22-153.168.644
PEGG, John, 5-20, WM, 22-153.168.645
WARRICK, Judson, 20-60, WM, 22-154.169.646
WARRICK, Ida M., 20-60, WF, 22-154.169.647
HARTPENCE, Chas., 20-60, WM, 22-155.170.648
HARTPENCE, Phoebe, 20-60, WF, 22-155.170.649
ARNWINE, Geo. T., 20-60, WM, 22-156.171.650
ARNWINE, Sarah T., 20-60, WF, 22-156.171.651
ARNWINE, Florence, 5-20, WF, 22-156.171.652

HUNTERDON CO. NJ 1895 STATE CENSUS
Township of Delaware

THARP, Wm., 20-60, WM, 22-157.172.653
THARP, Matilda, 60+, WF, 22-157.172.654
BUCHANAN, John R., 20-60, WM, 22-158.173.655
BUCHANAN, Elizabeth, 20-60, WF, 22-158.173.656
BUCHANAN, Susan C., 5-20, WF, 22-158.173.657
BUCHANAN, Lizzie M., 5-20, WF, 22-158.173.658
BUCHANAN, John C., 5-20, WM, 22-158.173.659
BUCHANAN, Isaac C., 5-20, WM, 22-158.173.660
BUCHANAN, Howard S., 0-5, WM, 23-158.173.661
SUYDAM, Catharine, 20-60, WF, 23-159.174.662
SUYDAM, Cora, 5-20, WF, 23-159.174.663
SUYDAM, Olive, 0-5, WF, 23-159.174.664
HANN, Geo. R., 20-60, WM, 23-160.175.665
HANN, Ella M., 20-60, WF, 23-160.175.666
HANN, Lena M., 5-20, WF, 23-160.175.667
HANN, Myrtie A., 0-5, WF, 23-160.175.668
MERRILL, Wm. O., 20-60, WM, 23-161.176.669
MERRILL, Katie, 20-60, WF, 23-161.176.670
MERRILL, May, 5-20, WF, 23-161.176.671
MERRILL, Lewis, 5-20, WM, 23-161.176.672
PEABODIE, Sarah, 60+, WF, 23-161.176.673
STENNES, Samuel, 20-60, WM, 23-161.176.674
LAKE, Sylvester, 60+, WM, 23-162.177.675
LAKE, Elizabeth, 60+, WF, 23-162.177.676
MOUNT, Geo., 20-60, WM, 23-163.178.677
MOUNT, Mary N., 20-60, WF, 23 163.178.678
MOUNT, Ward A., 0-5, WM, 23-163.178.679
MOUNT, Marie, 0-5, WF, 23-163.178.680
MOUNT, Mary E., 60+, WF, 23-163.178.681
CROSON, Willard K., 20-60, WM, 23-164.179.682
CROSON, Sarah, 20-60, WF, 23-164.179.683
CROSON, Jennie, 5-20, WF, 23-164.179.684
CROSON, Bertha, 5-20, WF, 23-164.179.685
CROSON, Annie, 0-5, WF, 23-164.179.686
ENT, Chas., 20-60, WM, 23-164.180.687
ENT, Mary, 20-60, WF, 23-164.180.688
ENT, John, 5-20, WM, 23-164.180.689
ENT, Nellie, 5-20, WF, 23-164.180.690
GERMAN, Elizabeth, 60+, WF, 24-165.181.691
HIGGINS, Britton, 20-60, WM, 24-166.182.692
HIGGINS, Martha R., 20-60, WF, 24-166.182.693
HIGGINS, Luella R., 5-20, WF, 24-166.182.694
HIGGINS, Hannah E., 0-5, WF, 24-166.182.695
HIGGINS, Geo. H., 20-60, WM, 24-166.182.696
HOPE, Wm., 20-60, WM, 24-167.182.697
HOPE, Susan, 20-60, WF, 24-167.182.698
HOPE, Geo., 0-5, WM, 24-167.182.699
POULSON, Daniel, 20-60, WM, 24-168.183.700
POULSON, Lillie, 20-60, WF, 24-168.183.701
ROBINSON, Wm., 20-60, WM, 24-168.184.702
ROBINSON, Mary, 20-60, WF, 24-168.184.703
WILSON, Jacob K., 20-60, WM, 24-169.185.704
WILSON, Rose B., 20-60, WF, 24-169.185.705
WILSON, Wm., 20-60, WM, 24-169.185.706
KERR, Jno., 20-60, WM, 24-169.185.707
KERR, Amelia, 20-60, WF, 24-169.185.708
ENT, Gertie, 5-20, WF, 24-169.185.709
SERVIS, Joseph, 60+, WM, 24-170.186.710
GREEN, Jno. H., 60+, WM, 24-170.186.711
GREEN, Elizabeth, 60+, WF, 24-170.186.712
GREEN, Geo., 20-60, WM, 24-170.186.713
MEYERS, Willis, 20-60, WM, 24-170.187.714
MEYERS, Mary, 20-60, WF, 24-170.187.715
HOLSOPPLE, Frank F., 20-60, WM, 24-171.188.716
HOLSOPPLE, Grace, 20-60, WF, 24-171.188.717
HOLSOPPLE, Francis, 0-5, WF, 24-171.188.718
QUINTER, Fannie, 20-60, WF, 24-171.188.719
QUINTER, Mary, 20-60, WF, 24-171.188.720
CORNOG, Wm. E., 20-60, WM, 25-172.189.721
CORNOG, Elizabeth, 20-60, WF, 25-172.189.722
CORNOG, Jacob R., 5-20, WM, 25-172.189.723
CORNOG, Warren A., 5-20, WM, 25-172.189.724
CRUM, Mary H., 5-20, WF, 25-172.189.725
DOBBINS, Wm. L., 20-60, WM, 25-173.190.726
DOBBINS, Mary B., 20-60, WF, 25-173.190.727
MATTHEWS, Mills, 20-60, WM, 25-173.190.728
GETHARD, Robt., 20-60, WM, 25-173.190.729
LOUX, Mahlon, 20-60, WM, 25-174.191.730
LOUX, Kate, 20-60, WF, 25-174.191.731
LOUX, Mahlon Jr., 5-20, WM, 25-174.191.732
LOUX, John, 5-20, WM, 25-174.191.733
LOUX, Mabel, 5-20, WF, 25-174.191.734
LOUX, Mertie, 5-20, WF, 25-174.191.735
LOUX, May, 5-20, WF, 25-174.191.736
LOUX, Eddie, 0-5, WM, 25-174.191.737
JOHNSON, Wm., 20-60, WM, 25-175.192.738
JOHNSON, Emma, 20-60, WF, 25-175.192.739
JOHNSON, Ada, 5-20, WF, 25-175.192.740
JOHNSON, Chas., 5-20, WM, 25-175.192.741
WILLIAMSON, Asher B., 20-60, WM, 25-176.193.742
SUTTON, Theodore, 20-60, WM, 25-176.193.743
COBB, Adalade, 20-60, WF, 25-176.193.744
ANDERSON, Prudence, 60+, WF, 25-176.193.745
GREEN, Theodore, 20-60, WM, 25-177.194.746
GREEN, Jennie, 20-60, WF, 25-177.194.747
GREEN, Wm. L., 20-60, WM, 25-178.195.748
GREEN, Carrie W., 20-60, WF, 25-178.195.749
GREEN, Irena, 5-20, WF, 25-178.195.750
GREEN, Mabel E., 5-20, WF, 26-178.195.751
SHEPHERD, Israel P., 20-60, WM, 26-179.196.752
SHEPHERD, Arabella, 20-60, WF, 26-179.196.753
SHEPHERD, Jessie, 5-20, WF, 26-179.196.754
SHEPHERD, Olive H., 5-20, WF, 26-179.196.755
SHEPHERD, Mary S., 0-5, WF, 26-179.196.756
SHEPHERD, Merton L., 0-5, WM, 26-179.196.757
BESSON, Sophia, 60+, WF, 26-179.196.758
SHEPHERD, John F., 60+, WM, 26-180.197.759
SHEPHERD, Mary C., 60+, WF, 26-180.197.760
WYCOFF, Ann E., 60+, WF, 26-180.197.761
LARISON, Elwood, 20-60, WM, 26-181.198.762

HUNTERDON CO. NJ 1895 STATE CENSUS
Township of Delaware

LARISON, Martha, 20-60, WF, 26-181.198.763
LARISON, Adel, 5-20, WF, 26-181.198.764
LARISON, Luella, 0-5, WF, 26-181.198.765
FISHER, Geo. H., 20-60, WM, 26-182.199.766
FISHER, Martha V. M., 20-60, WF, 26-182.199.767
FISHER, Ella, 5-20, WF, 26-182.199.768
FISHER, David, 5-20, WM, 26-182.199.769
BREWER, Thomas W., 60+, WM, 26-183.200.770
BREWER, Caroline, 60+, WF, 26-183.200.771
WYATT, Thomas, 60+, WM, 26-184.201.772
WYATT, Sarah J., 20-60, WF, 26-184.201.773
SHEPHERD, Rebecca, 60+, WF, 26-184.202.774
SHEPHERD, Edward, 20-60, WM, 26-185.203.775
SHEPHERD, Emma W., 20-60, WF, 26-185.203.776
SHEPHERD, Geo. H., 5-20, WM, 26-185.203.777
SHEPHERD, Judson R., 5-20, WM, 26-185.203.778
GREEN, James, 20-60, WM, 26-186.204.779
GREEN, Salome, 20-60, WF, 26-186.204.780
GREEN, Mary H., 5-20, WF, 27-186.204.781
GREEN, Geo. C., 5-20, WM, 27-186.204.782
FISHER, Deborah, 60+, WF, 27-187.205.783
FISHER, Jennie, 20-60, WF, 27-187.205.784
FISHER, Cora, 5-20, WF, 27-187.205.785
FISHER, Minnie, 5-20, WF, 27-187.205.786
FISHER, Emma, 5-20, WF, 27-187.205.787
DILTS, William, 60+, WM, 27-188.206.788
DILTS, Elizabeth, 60+, WF, 27-188.206.789
CROCKER, Mary, 20-60, WF, 27-188.206.790
NAYLOR, Leonard, 20-60, WM, 27-188.206.791
SERVIS, Tunis, 20-60, WM, 27-189.207.792
SERVIS, Mary, 20-60, WF, 27-189.207.793
SERVIS, Amanda, 5-20, WF, 27-189.207.794
SERVIS, Ella, 5-20, WF, 27-189.207.795
SERVIS, John H., 20-60, WM, 27-189.207.796
PRIMMER, Joshua, 60+, WM, 27-190.208.797
PRIMMER, Mary, 60+, WF, 27-190.208.798
HOPPOCK, Jonathan M., 20-60, WM, 27-191.209.798
HOPPOCK, Lizzie, 20-60, WF, 27-191.209.799
HOPPOCK, Zada, 5-20, WF, 27-191.209.800
FISHER, Wm. J., 20-60, WM, 27-191.209.801
PHILLIPS, Adaline, 20-60, WF, 27-192.210.802
PHILLIPS, Edward, 20-60, WM, 27-192.210.803
PHILLIPS, Henry, 20-60, WM, 27-192.210.804
BOWNE, Jacob K., 20-60, WM, 27-192.211.805
BOWNE, Eliza W., 20-60, WF, 27-192.211.806
BOWNE, Rebecca P., 0-5, WF, 27-192.211.808
WILSON, Geo., 20-60, WM, 27-194.212.809
WILSON, Mary, 20-60, WF, 27-194.212.810
WILSON, Chas., 0-5, WM, 28-194.212.811
WILSON, Freddie, 5-20, WM, 28-194.212.812
CHRISTIANSON, Hans, 20-60, OM, 28-195.213.813
CHRISTIANSON, Mary, 20-60, OF, 28-195.213.814
VOGELSANG, Jno., 20-60, OM, 28-195.213.814
CHRISTIANSON, Chas., 5-20, WM, 28-195.213.815
BOND, David, 20-60, WM, 28-196.214.816
BOND, Martha, 20-60, WF, 28-196.214.817
BOND, Chas., 20-60, WM, 28-196.214.818
BOND, Annie, 5-20, WF, 28-196.214.819
BOND, Uree, 5-20, WF, 28-196.214.820
HARVEY, Wm., 20-60, WF, 28-196.214.821
FISHER, James W., 20-60, WM, 28-197.215.822
FISHER, Emma, 20-60, WF, 28-197.215.823
FISHER, Alvin, 5-20, WM, 28-197.215.824
FISHER, Bertie, 5-20, WF, 28-197.215.825
FISHER, Lizzie, 0-5, WF, 28-197.215.826
BATEMAN, Israel S., 20-60, WM, 28-198.216.827
BATEMAN, Lizzie, 20-60, WF, 28-198.216.828
BATEMAN, Amelia, 60+, WF, 28-198.216.829
BATEMAN, Mattie, 5-20, WF, 28-198.216.830
MURRAY, Wm. H., 5-20, WM, 28-198.216.831
LARUE, Daniel, 60+, WM, 28-199.217.832
LARUE, Margaret, 60+, WF, 28-199.217.833
LARUE, Minnie, 20-60, WF, 28-199.217.834
DALRYMPLE, Thos., 20-60, WM, 28-200.218.835
DALRYMPLE, Delilah, 60+, WF, 28-200.218.836
TROUT, Jno., 60+, WM, 28-201.219.838
TROUT, Mary, 60+, WF, 28-201.219.839
BESSON, Thos., 20-60, WM, 28-210.219.840
BESSON, Esther, 20-60, WF, 29-210.219.841
BESSON, Lulu, 5-20, WF, 29-210.219.842
CRONCE, Lewis, 20-60, WM, 29-211.220.843
CRONCE, Amand, 20-60, WF, 29-211.220.843
SHEPHERD, Emma, 20-60, WF, 29-211.220.844
MOORE, Oscar L., 5-20, WM, 29-211.220.845
EGE, Danl. B., 20-60, WM, 29-211.220.846
MOORE, Justice L., 20-60, WM, 29-203.221.847
MOORE, Margaret B., 20-60, WF, 29-203.221.849
MOORE, Wm. D., 5-20, WM, 29-203.221.850
MOORE, Jos. B., 5-20, WM, 29-203.221.851
ROUNSAVILLE, Harrison, 60+, WM, 29-204.222.852
CASE, Ella, 20-60, WF, 29-204.222.853
CASE, Blanch, 0-5, WF, 29-204.222.854
WOODRUFF, Wm. H., 5-20, GM, 29-204.222.855
DORKING, Frederick, 20-60, IM, 29-204.222.856
FAUSS, Saml., 20-60, WM, 29-205.223.857
FAUSS, Mary H., 20-60, WF, 29-205.223.858
SHEPHERD, Lizzie, 20-60, WF, 29-205.223.859
HOLCOMBE, Jacob S., 20-60, WM, 29-206.224.860
HOLCOMBE, Amanda, 20-60, WF, 29-206.224.861
HOLCOMBE, J. Stout, 0-5, WM, 29-206.224.862
HAGAMAN, Sandford D., 20-60, WM, 29-206.225.863
HAGAMAN, Carrie H., 20-60, WF, 29-206.225.864
HAGAMAN, Ada M., 5-20, WF, 29-206.225.865
HAGAMAN, Ella G., 5-20, WF, 29-206.225.866
STOUT, Zeph, 20-60, WM, 29-207.226.867
STOUT, Bella, 20-60, WF, 29-207.226.868
ABBOTT, Sarah, 60+, WF, 29-207.226.869
JENNERS, Geo, 20-60, WM, 29-207.226.870
JENNERS, Sopha, 20-60, WF, 30-207.226.871
PLUM, Jos., 20-60, WM, 30-208.227.872

HUNTERDON CO. NJ 1895 STATE CENSUS
Township of Delaware

PLUM, Martha P., 20-60, WF, 30-208.227.873
PLUM, Chas. H., 0-5, WM, 30-208.227.874
LEWIS, Wm., 20-60, WM, 30-209.228.875
LEWIS, Celestia, 20-60, WF, 30-209.228.876
LEWIS, Drucilla, 5-20, WF, 30-209.228.877
CRONCE, Wm., 5-20, WM, 30-209.228.878
LARUE, Mary B., 20-60, WF, 30-209.228.879
HOPE, Chas., 20-60, WM, 30-209.228.880
BELLIS, Geo. W., 20-60, WM, 30-210.229.881
BELLIS, Mary, 20-60, WF, 30-210.229.882
BELLIS, Rachel, 5-20, WF, 30-210.229.883
BELLIS, Orvill, 0-5, WM, 30-210.229.884
WOODRUFF, Jos., 60+, WM, 30-211.230.885
WOODRUFF, Adaline, 60+, WF, 30-211.230.886
WOODRUFF, John, 20-60, WM, 30-211.230.887
WOODRUFF, Alice, 20-60, WF, 30-211.230.888
KINNEY, Saml, 60+, WM, 30-211.230.889
CASE, Jno. W., 20-60, WM, 30-212.231.890
CASE, Eva, 20-60, WF, 30-212.231.891
WILLIAMSON, Chas., 20-60, WM, 30-213.232.892
WILLIAMSON, Ida, 20-60, WF, 30-213.232.893
WILLIAMSON, Anna M., 5-20, WF, 30-213.232.894
WILLIAMSON, Eva B., 0-5, [WF], 30-213.232.895
COOLEY, Mary, 60+, WF, 30-213.232.896
FAUSS, Orthniel, 20-60, WM, 30-214.233.897
FAUSS, Elizabeth, 20-60, WF, 30-214.233.898
FAUSS, Jno., 20-60, WM, 30-214.233.899
FAUSS, Rachell, 20-60, WF, 30-214.233.900
WILLIAMSON, Amy, 60+, WF, 31-215.234.901
SMITH, Jesse, 20-60, WM, 31-216.235.902
SMITH, Mary, 20-60, WF, 31-216.235.903
SMITH, Wm. C., 20-60, WM, 31-216.235.904
SMITH, Dory, 20-60, WM, 31-216.235.905
SMITH, Margaret, 5-20, WF, 31-216.235.906
SMITH, Ella, 20-60, WF, 31-216.235.907
DEAN, Horace, 20-60, WM, 31-217.236.908
DEAN, Lida, 20-60, WF, 31-217.236.909
DEAN, James, 5-20, WM, 31-217.236.910
DEAN, Carrie W., 5-20, WF, 31-217.236.911
DEAN, Gardiner, 5-20, WM, 31-217.236.912
DEAN, Hattie, 5-20, WF, 31-217.236.913
BIRD, Geo. W., 20-60, WM, 31-218.237.914
BIRD, Sarah J., 20-60, WF, 31-218.237.915
STHALER, Abilda, 5-20, WF, 31-218.237.916
WILLIAMSON, Richard, 20-60, WM, 31-219.238.917
WILLIAMSON, Prudence, 20-60, WF, 31-219.238.918
SINE, Peter, 20-60, WM, 31-219.238.919
SINE, Sarah A., 20-60, WF, 31-219.238.920
WILLIAMSON, Eva M., 5-20, WF, 31-219.238.921
STRIMPLE, Mahlon, 20-60, WM, 31-220.239.922
STRIMPLE, Lucinda, 20-60, WF, 31-220.239.923
HAMMER, Martha, 60+, WF, 31-220.239.924
KERR, Lewis D., 20-60, WM, 31-221.240.925
KERR, Henrietta, 20-60, WF, 31-221.240.926
KERR, Mattie W., 0-5, WF, 31-221.240.927
HARTPENCE, Robt., 60+, WM, 31-222.241.928
HARTPENCE, Elizabeth, 20-60, WF, 31-222.241.929
HARTPENCE, Robt., 5-20, WM, 31-222.241.930
HARTPENCE, Rachel, 20-60, WF, 32-222.241.931
BEST, Geo. N., 20-60, WM, 32-223.242.932
BEST, Hannah W., 20-60, WF, 32-223.242.933
BUCHANAN, Matthias, 20-60, WM, 32-224.243.934
BUCHANAN, Mary, 20-60, WF, 32-224.243.935
HEATH, Edith, 5-20, WF, 32-224.243.936
SWAZAY, Wm., 60+, WM, 32-224.243.937
BOWDEN, Richard, 20-60, WM, 32-225.244.938
BOWDEN, Hannah, 20-60, WF, 32-225.244.939
BOWDEN, Watson, 20-60, WM, 32-226.245.940
BOWDEN, Anna E., 20-60, WF, 32-226.245.941
BOWDEN, Arena, 5-20, WF, 32-226.245.942
BOWDEN, Anna, 5-20, WF, 32-226.245.943
BOWDEN, Margaret, 0-5, WF, 32-226.245.944
DEAN, Susan R., 20-60, WF, 32-227.246.945
DEAN, Chas. C., 20-60, WM, 32-227.246.946
DEAN, Lulu, 20-60, WF, 32-227.246.947
MARSHALL, Jno., 20-60, WM, 32-228.247.948
MARSHALL, Lizzie, 20-60, WF, 32-228.247.949
MARSHALL, Chas., 5-20, WM, 32-228.247.950
MARSHALL, Geo., 5-20, WM, 32-228.247.951
MARSHALL, Fannie, 60+, WF, 32-229.248.952
MARSHALL, Rhoda, 20-60, WF, 32-229.248.953
HELLIER, Edward, 60+, OM, 32-230.249.954
HELLIER, Catharine, 60+, WF, 32-230.249.955
HOPPOCK, Mary, 5-20, WF, 32-230.249.956
RYNEARSON, Garret, 20-60, WM, 32-231.250.957
RYNEARSON, Jennie, 20-60, WF, 32-231.250.958
RYNEARSON, Oliver S., 5-20, WM, 32-231.250.959
CASE, Frank, 5-20, WM, 32-231.250.960
HIGGINS, Mary, 20-60, WF, 33-231.250.961
PARKES, Horace, 20-60, WM, 33-232.251.962
PARKES, Marilla, 20-60, WF, 33-232.251.963
PARKES, Nedville, 5-20, WM, 33-232.251.964
PARKES, Florence, 0-5, WF, 33-232.251.965
HICE, Susan, 20-60, WF, 33-232.252.966
COLE, Michael, 20-60, WM, 33-233.253.967
COLE, Mary S., 20-60, WF, 33-233.253.968
COLE, Wm. H., 5-20, WM, 33-233.253.969
ABBOTT, Margaret, 20-60, WF, 33-233.253.970
GREEN, Jos., 60+, WM, 33-234.254.971
GREEN, Rachel, 60+, WF, 33-234.254.972
WILSON, James S., 20-60, WM, 33-235.255.973
WILSON, Elizabeth, 20-60, WF, 33-235.255.974
ELGARD, Mary E., 20-60, WF, 33-235.255.975
LEIGH, Geo., 20-60, WM, 33-235.255.976
CLINE, Wilson B., 60+, WM, 33-236.256.977
CLINE, Sallie, 20-60, WF, 33-236.256.978
GARMAN, Catharine, 60+, WF, 33-236.257.979
LARRISON, Jno. W., 20-60, WM, 33-237.258.980
LARISON, Lauwley?, 20-60, WF, 33-237.258.981
SKINNER, Smith, 20-60, WM, 33-238.259.982

HUNTERDON CO. NJ 1895 STATE CENSUS
Township of Delaware

SKINNER, Jennie, 20-60, WF, 33-238.259.983
CASE, Chas. B., 20-60, WM, 33-239.260.984
CASE, Sadie, 20-60, WF, 33-239.260.985
CASE, Wm. T., 5-20, WM, 33-239.260.986
CARRELL, Jno., 20-60, WM, 33-240.261.987
SHEPHERD, Wm., 60+, WM, 33-241.262.988
SHEPHERD, Sarah E., 60+, WF, 33-241.262.989
HEATH, Rutan, 20-60, WM, 33-242.263.990
HEATH, Sallie, 20-60, WF, 34-242.263.991
HEATH, Laura, 0-5, WF, 34.242.263.992
DILTS, Jno. C., 60+, WM, 34-243.264.993
DILTS, Hannah, 60+, WF, 34-243.264.994
DILTS, Annie, 20-60, WF, 34-243.264.995
CORNELL, Stephen G., 20-60, WM, 34-243.264.996
WHITLOCK, Frank, 20-60, WM, 34-244.265.997
WHITLOCK, Mary, 20-60, WF, 34-244.265.998
HOPE, Runyon, 20-60, WM, 34-245.266.999
HOPE, Katturah, 20-60, WF, 34-245.266.1000
HOPE, Bessie, 5-20, WF, 34-245.266.1001
HOPE. Lucretia, 5-20, WF, 34-245.266.1002
HOPE, Walter, 5-20, WM, 34-245.266.1003
HOUSLEY, Edward, 20-60, WM, 34-246.267.1004
HOUSLEY, Lida, 20-60, WF, 34-246.267.1005
HOUSLEY, Mary, 0-5, WF, 34-246.267.1006
STEVENS, Chas., 20-60, WM, 34-246.267.1007
STEVENS, Sallie, 20-60, WF, 34-246.267.1008
STEVENS, Wm., 5-20, WM, 34-246.267.1009
BONHAM, Everitt, 60+, WM, 34-247.268.1010
BARACROFT, Levera, 20-60, WF, 34-247.268.1011
SNYDER, Thos. B., 20-60, WM, 34-247.268.1012
SMITH, Clark, 20-60, WM, 34-248.269.1013
SMITH, Lavina, 20-60, WF, 34-248.269.1014
SMITH, Harry, 5-20, WM, 34-248.269.1015
SMITH, Minnie, 5-20, WF, 34-248.269.1016
SMITH, Arthur, 5-20, WM, 34-248.269.1017
SMITH, Lina, 5-20, WF, 34-248.269.1018
SMITH, Rena, 5-20, WF, 34-248.269.1019
SMITH, Bessie, 5-20, WF, 34-248.269.1020
BIRD, Sarah, 20-60, WF, 35-248.269.1021
BOGARDUS, Nehemiah, 20-60, WM, 35-249.270.1022
BOGARDUS, Mary C., 20-60, WF, 35-249.270.1023
PHILLIPS, Ramsey C., 20-60, WM, 35-250.271.1024
PHILLIPS, Sarah E., 20-60, WF, 35-250.271.1025
HARTPENCE, Samuel, 60+, WM, 35-251.272.1026
HARTPENCE, Rachel, 60+, WF, 35-251.272.1027
GREEN, Edith, 5-20, WF, 35-251.272.1028
GREEN, Chas. W., 20-60, WM, 35-252.273.1029
GREEN, Ida, 20-60, WF, 35-252.273.1030
GREEN, Bertha, 5-20, WF, 35-252.273.1031
HOFFMAN, Geo. W., 20-60, WM, 35-253.274.1032
HOFFMAN, Sarah J., 20-60, WF, 35-253.274.1033
HOFFMAN, Dora, 5-20, WF, 35-253.274.1034
HOFFMAN, Chas. C., 5-20, WM, 35-253.274.1035
HOFFMAN, Minnie M., 0-5, WF, 35-253.274.1036
HOFFMAN, John, 0-5, WM, 35-253.274.1037
RITTENHOUSE, Watson, 20-60, WM, 35-253.274.1038
WILSON, Wm. E., 20-60, WM, 35-254.275.1039
WILSON, Sadie R., 5-20, WF, 35-254.275.1040
WILSON, Raymond, 5-20, WM, 35-254.275.10341
READING, Hulda, 20-60, WF, 35-254.275.1042
DOW, Mosses, 60+, WM, 35-255.276.1043
DOW, Catharine E., 60+, WF, 35-255.276.1044
DOW, Allen H., 20-60, WM, 35-255.276.1045
DOW, Annie M., 5-20, WF, 35-255.276.1046
WARFORD, Rebecca, 60+, WF, 35-255.277.1047
DANLEY, Edward N., 20-60, WM, 35-256.278.1048
DANLEY, Lizzie, 20-60, WF, 35-256.278.1049
DANLEY, Geo. H., 5-20, WM, 35-256.278.1050
OPDYKE, Orvill, 20-60, WM, 36-256.278.1051
BURKETT, Jackson, 60+, WM, 36-257.279.1052
BURKETT, Eliza, 60+, WF, 36-257.279.1053
HOPPOCK, Geo., 60+, WM, 36-258.280.1054
HOPPOCK, Jane E., 60+, WF, 36-258.280.1055
HOPPOCK, Mary, 20-60, WF, 36-258.280.1056
MELICK, Jos., 20-60, WM, 36-259.281.1057
MELICK, Hannah E., 20-60, WF, 36-259.281.1058
MELICK, Elsie E., 60+, WF, 36-259.282.1059
MELICK, Edgar J., 20-60, WM, 36-259.283.1060
MELICK, Gertie, 20-60, WF, 36-259.283.1062
SERVIS, Nathaniel, 5-20, WM, 36-259.283.1063
GREEN, Jacob L., 60+, WM, 36-260.284.1064
GREEN, Elizabeth, 60+, WF, 36-260.284.1065
GREEN, Anna, 20-60, WF, 36-260.284.1066
GREEN, Rettie, 20-60, WF, 36-260.284.1067
GREEN, Fannie, 20-60, WF, 36-260.284.1068
GREEN, Lizzie, 20-60, WF, 36-260.284.1069
LAMBERT, Nelson, 20-60, WM, 36-261.285.1070
LAMBERT, Emma, 20-60, WF, 36-261.285.1071
LAMBERT, Elias, 60+, WM, 36-261.285.1072
SNYDER, Wilson H., 60+, WM, 36-262.286.1073
SNYDER, Mary S., 60+, WF, 36-262.286.1074
SNYDER, Lena, 5-20, WF, 36-262.286.1075
CARRELL, Jno. A., 60+, WM, 36-263.287.1076
CARRELL, Elizabeth, 20-60, WF, 36-263.287.1078
McDONALD, John, 20-60, OM, 36-263.287.1079
WILSON, Clinton B., 20-60, WM, 36-264.288.1078
WILSON, Elizabeth, 20-60, WF, 36-264.288.1079
WILSON, Amos, 5-20, WM, 36-264.288.1080
WILSON, Maggie, 5-20, WF, 37-264.288.1081
WILSON, May, 5-20, WF, 37.264.288.1082
BREWER, Jno. W., 20-60, WM, 37-265.289.1083
BREWER, Corinda A., 20-60, WF, 37-265.289.1084
HOFF, Malissa J., 5-20, WF, 37-265.289.1085
BREWER, Earl, 5-20, WM, 37-265.289.1086
FISHER, Wm. J., 20-60, WM, 37-266.290.1087
FISHER, Maggie, 20-60, WF, 37-266.290.1088
FISHER, Bessie, 5-20, WF, 37-266.290.1089
FISHER, Alice, 0-5, WF, 37-266.290.1090
BRADY, Calvin, 20-60, WM, 37-266.290.1091
BRADY, Howard, 5-20, WM, 37-266.290.1092

HUNTERDON CO. NJ 1895 STATE CENSUS
Township of Delaware

REEVES, Frederick, 60+, OM, 37-269.291.1092
REEVES, Martha, 60+, WF, 37-269.291.1093
ABBOTT, Jacob S., 20-60, WM, 37-270.292.1094
ABBOTT, Emma, 20-60, WF, 37-270.292.1095
ABBOTT, Freddie, 5-20, WM, 37-270.292.1096
ABBOTT, Edith, 5-20, WF, 37-270.292.1097
ABBOTT, Jacob S., 5-20, WM, 37-270.292.1098
RYNEARSON, Frederick, 20-60, WM, 37-271.293.1099
RYNEARSON, Emma, 20-60, WF, 37-271.293.1100
RYNEARSON, Clarence, 5-20, WM, 37-271.293.1101
RYNEARSON, Jno., 0-5, WM, 37-271.293.1102
LAKE, Jacob, 5-20, WM, 37-271.293.1103
HIGGINS, Wm., 60+, WM, 37-272.294.1104
HIGGINS, Margaret, 20-60, WF, 37-272.294.1105
HIGGINS, Phoebe, 20-60, WF, 37-272.294.1107
HIGGINS, Wm. C., 20-60, WM, 37-272.294.1108
HIGGINS, Martha R., 5-20, WF, 37-272.294.1109
HIGGINS, James G., 5-20, WM, 37-272.294.1110
HIGGINS, Mary F., 5-20, WF, 38-272.294.1111
FISHER, Jno., 60+, WM, 38-273.295.1112
FISHER, Martha H., 20-60, WF, 38-273.295.1113
FISHER, Katie L., 5-20, WF, 38-273.295.1114
MYERS, Ephraim, 20-60, WM, 38-274.296.1115
MYERS, Cornelia, 20-60, WF, 38-274.296.1116
MYERS, Chas., 5-20, WM, 38-274.296.1117
MYERS, Gertie, 5-20, WF, 38-274.296.1118
HIGGINS, David, 60+, WM, 38-274.296.1119
HOLCOMBE, C. Van Doren, 20-60, WM, 38-275.297.1120
HOLCOMBE, Kate A., 20-60, WF, 38-275.297.1121
HOLCOMBE, Wm. S., 20-60, WM, 38-275.297.1122
HOLCOMBE, Freddie R., 5-20, WM, 38-275.297.1123
HOLCOMBE, Clark B., 20-60, WM, 38-276.298.1124
HOLCOMBE, Lurilla B., 20-60, WF, 38-276.298.1125
HOLCOMBE, J. C., 0-5, WM, 38-276.298.1126
DALRYMPLE, Jno., 5-20, WM, 38-276.298.1127
HAINES, Jos., 60+, WM, 38-277.299.1128
HAINES, Mary, 60+, WF, 38-277.299.1129
HAINES, Isaac, 20-60, WM, 38-277.299.1130
HAINES, Lina, 20-60, WF, 38-277.299.1131
HAINES, Jos., 5-20, WM, 38-277.299.1132
SWAZAY, Jos., 20-60, WM, 38-278.300.1133
SWAZAY, Catharine, 20-60, WF, 38-278.300.1134
KITCHEN, Samuel, 20-60, WM, 38-279.301.1135
KITCHEN, Lizzie, 20-60, WF, 38-279.301.1135
KITCHEN, Alena, 5-20, WF, 38-279.301.1136
KITCHEN, Raymond, 5-20, WM, 38-279.301.1138
KITCHEN, Viola, 0-5, WF, 38-279.301.1139
CRUM, Richard, 5-20, WM, 38-279.301.1140
HIGGINS, Alex, 60+, WM, 39-280.302.1141
HIGGINS, Chris, 20-60, WF, 39-280.302.1142
HIGGINS, Mary S., 5-20, WF, 39-280.302.1143
HIGGINS, Jno., 5-20, WM, 39-280.302.1144
SHEPHERD, Geo., 20-60, WM, 39-280.302.1145
PHILLIPS, Jno., 20-60, WM, 39-281.303.1146
PHILLIPS, Emma, 20-60, WF, 39-281.303.1147
PHILLIPS, Eckel, 0-5, WM, 39-281.303.1148
CARRELL, David, 20-60, WM, 39-282.304.1149
CARRELL, Amelia, 20-60, WF, 39-282.304.1150
CARRELL, Mary B., 5-20, WF, 39-282.304.1151
CARRELL, Edith, 5-20, WF, 39-282.304.1152
CARRELL, Maud S., 5-20, WF, 39-282.304.1153
CARRELL, Florence, 5-20, WF, 39-282.304.1154
GORDON, Sylvanus, 20-60, WM, 39-283.305.1155
GORDON, Martha, 20-60, WF, 39-283.305.1156
GORDON, Amy, 0-5, WF, 39-283.305.1157
CARRELL, Jos., 20-60, WM, 39-284.306.1158
CARRELL, Mary E., 20-60, WF, 39-284.306.1159
REED, Jno. L., 20-60, WM, 39-285.307.1160
REED, Bulah, 20-60, WF, 39-285.307.1161
POULSON, Chas., 20-60, WM, 39-286.308.1162
POULSON, Laura, 20-60, WF, 39-286.308.1163
POULSON, Geo., 20-60, WM, 39-286.308.1164
POULSON, Lucy, 60+, WF, 39-286.308.1165
STENNER, David, 60+, WM, 39-287.309.1166
STENNER, Caroline, 60+, WF, 39-287.309.1167
STENNER, Jno. C., 20-60, WM, 39-287.309.1168
PARKES, Wm., 60+, WM, 39-288.310.1169
PARKES, Sarah, 60+, WF, 39-288.310.1170
LEIGH, Ulysis G., 20-60, WM, 40-288.310.1171
LEIGH, Mahala, 20-60, WF, 40-288.310.1172
WARMAN, Wm. P., 60+, WM, 40-289.311.1173
WARMAN, Catharine E., 60+, WF, 40-289.311.1174
WARMAN, Theo., 20-60, WM, 40-289.311.1175
BLEILER, Valentine, 20-60, GM, 40-289.311.1176
WORTMAN, Norman, 20-60, WM, 40-290.312.1176
WORTMAN, Sarah E., 20-60, WF, 40-290.312.1177
WORTMAN, Geo. H., 5-20, WM, 40-290.312.1178
WORTMAN, Jacob, 5-20, WM, 40-290.312.1179
BEARDER, Cyrenus, 60+, WM, 40-291.313.1180
BEARDER, Emily, 20-60, WF, 40-291.313.1181
BEARDER, Geo., 5-20, WM, 40-291.313.1182
BEARDER, Annie, 5-20, WF, 40-291.313.1183
VAN DOLAH, Cyrus, 20-60, WM, 40-292.314.1184
VAN DOLAH, Hannah, 20-60, WF, 40-292.314.1185
HOLCOMBE, Sarah E., 20-60, WF, 40-292.315.1186
QUICK, Ada, 20-60, WF, 40-292.315.1187
STOUT, Theo., 20-60, WM, 40-293.316.1188
STOUT, Isabella, 20-60, WF, 40-293.316.1189
STOUT, Elmer W., 5-20, WM, 40-293.316.1190
STOUT, Ervin, 5-20, WM, 40-293.316.1192
STOUT, Edith, 5-20, WF, 40-293.316.1193
STOUT, Laroy, 5-20, WM, 40-293.316.1194
WARMAN, Harry, 20-60, WM, 40-294.317.1195
WARMAN, Lucy, 20-60, WF, 40-294.317.1196
WARMAN, Floyd, 5-20, WM, 40-294.317.1197
WARMAN, Hattie, 5-20, WF, 40-294.317.1198
WARMAN, Edna, 0-5, WF, 40-294.317.1199
BREWER, Gideon, 60+, WM, 40-295.318.1200

HUNTERDON CO. NJ 1895 STATE CENSUS
Township of Delaware

BREWER, Hannah, 20-60, WF, 41-295.318.1201
BONHAM, Mary, 60+, WF, 41-295.318.1202
STEVENSON, Wm. R., 20-60, WM, 41-296.319.1203
STEVENSON, Annie, 20-60, WF, 41-296.319.1204
STEVENSON, Wilson, 5-20, WM, 41-296.319.1205
STEVENSON, Sadie, 5-20, WF, 41-296.319.1206
GODOWN, Jonathan J., 20-60, WM, 41-297.320.1207
GODOWN, Lillie M., 20-60, WF, 41-297.320.1208
GODOWN, Leon C., 0-5, WM, 41-297.320.1209
GODOWN, Ressel, 0-5, WM, 41-297.320.1210
TITUS, Chas., 20-60, WM, 41-298.321.1211
TITUS, Rebecca, 20-60, WF, 41-298.321.1212
TITUS, Geo., 5-20, WM, 41-298.321.1213
BARBER, Wm. H., 60+, WM, 41-299.322.1214
BARBER, Margaret, 60+, WF, 41-299.322.1215
BARBER, Jno. E., 20-60, WM, 41-299.322.1216
LARUE, Permelia, 5-20, WF, 41-299.322.1217
KUHL, Alford, 20-60, WM, 41-300.323.1218
KUHL, Bella, 20-60, WF, 41-300.323.1219
KUHL, Walter, 5-20, WM, 41-300.323.1220
KUHL, Geo., 5-20, WM, 41-300.323.1221
BARBER, Samuel C., 60+, WM, 41-300.323.1222
SCHENCK, Davis? V. L., 60+, WM, 41-301.324.1223
SCHENCK, Mary E., 60+, WF, 41-301.324.1224
SCHENCK, Eliza V., 20-60, WF, 41-301.324.1225
SCHENCK, Samuel C., 20-60, WM, 41-301.324.1226
TALBOT, Mary, 20-60, CF, 41-301.324.1227
HOPPOCK, Jonathan, 60+, WM, 41-302.325.1228
HOPPOCK, Matilda, 60+, WF, 41-302.325.1229
HOPPOCK, Jennie, 20-60, WF, 41-302.325.1230
REX, Ora, 5-20, CF, 42-302.325.1231
HOLMAN, Chas., 20-60, WM, 42-303.326.1232
HOLMAN, Jennie, 20-60, WF, 42-303.326.1233
HOLMAN, Ida, 5-20, WF, 42-303.326.1234
HOLMAN, Harry, 5-20, WM, 42-303.326.1235
HOLMAN, Annie, 0-5, WF, 42-303.326.1236
LAIR, Amy, 60+, WF, 42-304.327.1237
HUNT, Lizzie, 20-60, WF, 42-304.327.1238
SEALS, Peter, 20-60, WM, 42-304.328.1239
SEALS, Mary, 20-60, WF, 42-304.328.1240
BUCK, Peter, 20-60, WM, 42-304.328.1241
HOLCOMBE, Elisha, 60+, WM, 42-305.329.1242
HOLCOMBE, Hannah C., 60+, WF, 42-305.329.1243
DRAKE, Wm. O., 20-60, WM, 42-305.329.1244
DRAKE, Mary, 20-60, WF, 42-305.329.1245
DRAKE, Fannie, 0-5, WF, 42-305.329.1246
DRAKE, Grace, 0-5, WF, 42-305.329.1247
SMITH, Frank, 5-20, CF, 42-305.329.1248
CORNELIUS, Joel, 5-20, OM, 42-305.329.1249
CRONCE, John, 20-60, WM, 42-306.330.1250
CRONCE, Sallie, 20-60, WF, 42-306.330.1251
CRONCE, Harold, 0-5, WM, 42-306.330.1252
HOLCOMBE, Augustus S., 20-60, WM, 42-307.331.1253
HOLCOMBE, Minnie, 20-60, WF, 42-307.331.1254
HOLCOMBE, Arthur, 5-20, WM, 42-307.331.1255
HOLCOMBE, Claud R., 5-20, WM, 42-307.331.1256
HOLCOMBE, Becy L., 0-5, WF, 42-307.331.1257
SHANNON, Michael, 60+, IM, 42-308.332.1258
SHANNON, Mary, 20-60, WF, 42-308.332.1259
SHANNON, Margaret, 20-60, WF, 42-308.332.1260
MULROVAY, Thos., 60+, IM, 43-308.332.1261
DIVINEY, Miles, 20-60, IM, 43-309.333.1262
DIVINEY, Matilda, 20-60, IF, 43-309.333.1263
DIVINEY, Litetia, 5-20, WF, 43-309.333.1264
DIVINEY, Katie, 5-20, WF, 43-309.333.1265
DIVINEY, Emma, 5-20, WF, 43-309.333.1266
DIVINEY, Jos., 0-5, WM, 43-309.333.1267
KILEY, Patrick, 20-60, IM, 43-310.334.1268
KILEY, Ellen, 20-60, IF, 43-310.334.1269
KILEY, Michael, 20-60, WM, 43-310.334.1270
KILEY, Richard, 20-60, WM, 43-310.334.1271
KILEY, Edward, 5-20, WM, 43-310.334.1272
KILEY, Thos., 5-20, WM, 43-310.334.1273
KILEY, Jno., 5-20, WM, 43-310.334.1274
KILEY, Jos., 5-20, WM, 43-310.334.1275
WELSH, Richard, 5-20, WM, 43-310.334.1276
KILEY, Patrick, 5-20, WM, 43-310.334.1277
HOUSEL, Edward, 60+, WM, 43-311.335.1278
HOUSEL, Mary C., 60+, WF, 43-311.335.1279
LYNCH, Wm., 20-60, IM, 43-312.336.1280
LYNCH, Margaret, 20-60, IF, 43-312.336.1281
LYNCH, Richard, 5-20, IM, 43-312.336.1282
LYNCH, Bridget, 5-20, IF, 43-312.336.1283
LYNCH, Mary, 5-20, IF, 43-312.336.1284
LYNCH, Geo., 5-20, WM, 43-312.336.1285
LYNCH, Wm., 5-20, WM, 43-312.336.1286
LYNCH, Ellen, 5-20, WF, 43-312.336.1287
LYNCH, Jno., 5-20, WM, 43-312.336.1288
PIDCOCK, Peter S., 60+, WM, 43-313.337.1289
PIDCOCK, Catharine, 60+, WF, 43-313.337.1290
PIDCOCK, Augustus S., 20-60, WM, 44-313.338.1291
PIDCOCK, Mary R., 20-60, WF, 44-313.338.1292
PIDCOCK, Reba, 5-20, WF, 44-313.338.1293
PIDCOCK, Chas. A., 5-20, WM, 44-313.338.1294
PIDCOCK, Stella M., 5-20, WF, 44-313.338.1295
PIDCOCK, Nellie, 5-20, WF, 44-313.338.1296
PIDCOCK, Almeta, 0-5, WF, 44-313.338.1297
VANNOY, Jno. S., 60+, WM, 44-313.338.1298
MASON, Wesley, 20-60, CM, 44-313.338.1299
OPDYKE, Wm., 20-60, WM, 44-314.339.1300
OPDYKE, Clara, 20-60, WF, 44-314.339.1301
OPDYKE, Alma, 0-5, WF, 44-314.339.1302
OPDYKE, Grace, 0-5, WF, 44-314.339.1303
REIGLE, Harvey, 5-20, WM, 44-314.339.1304
SNYDER, Levi, 20-60, WM, 44-315.340.1305
SNYDER, H. Alma, 20-60, WF, 44-315.340.1306
SNYDER, Cora B., 20-60, WF, 44-315.340.1307
SNYDER, Ada, 20-60, WF, 44-315.340.1308
SNYDER, Jno. H., 20-60, WM, 44-315.340.1309
OBERG, Herman, 5-20, OM, 44-315.340.1310

HUNTERDON CO. NJ 1895 STATE CENSUS
Township of Delaware

WOLVERTIN, Chas., 20-60, WM, 44-316.341.1311
WOLVERTIN, Elizabeth, 20-60, WF, 44-316.341.1312
WOLVERTIN, Jos., 20-60, WM, 44-316.341.1313
WOLVERTIN, Elias, 5-20, WM, 44-316.341.1314
FELL, Mary S., 20-60, WF, 44-316.341.1315
FAUCET, Clive, 5-20, CM, 44-316.341.1316
WILLIAMSON, Jos., 20-60, WM, 44-317.342.1317
WILLIAMSON, Mrs. Jos., 20-60, WF, 44-317.342.1318
WILLIAMSON, Grover C., 5-20, WM, 44-317.342.1319
WILLIAMSON, Elias, 5-20, WM, 44-317.342.1320
WILLIAMSON, Hannah, 0-5, WF, 45-317.342.1321
EVERITT, Wm. H., 20-60, WM, 45-318.343.1322
EVERITT, Sarah G., 20-60, WF, 45-318.343.1323
SMITH, Arthur B., 5-20, WM, 45-318.343.1324
MANNESS, Sarah A., 60+, WF, 45-319.344.1325
MANNESS, Calvin, 20-60, WM, 45-319.344.1326
BRADY, Mary, 20-60, WF, 45-319.344.1327
PHILLIPS, Austin, 5-20, WM, 45-319.344.1328
JOHNSON, James W., 20-60, WM, 45-320.345.1329
JOHNSON, Mary A., 20-60, WF, 45-320.345.1330
JOHNSON, Geo. B., 5-20, WM, 45-320.345.1331
ROOKS, Elijah, 20-60, WM, 45-321.346.1332
ROOKS, Mary A., 20-60, WF, 45-321.346.1333
ROOKS, Eddie, 5-20, WM, 45-321.346.1334
ROOKS, Sarah, 60+, WF, 45-321.346.1335
ROOKS, Eugene, 20-60, WM, 45-322.347.1336
ROOKS, Sallie, 20-60, WF, 45-322.347.1337
HARTPENCE, Lucy R., 60+, WF, 45-323.348.1338
HARTPENCE, Elmer, 20-60, WM, 45-323.348.1339
HARTPENCE, Willis, 20-60, WM, 45-323.348.1340
SERVIS, Farley, 20-60, WM, 45-323.348.1341
HARTPENCE, Edith M., 5-20, WF, 45-323.348.1342
HARTPENCE, Howard, 5-20, WM, 45-323.348.1343
HARTPENCE, Isadora, 20-60, WF, 45-323.348.1344
TOMLINSON, Elisha P., 60+, WM, 45-324.349.1345
TOMLINSON, Della, 20-60, WF, 45-324.349.1346
EVERITT, Wm., 5-20, WM, 45-324.349.1347
WARNER, Herman, 20-60, WM, 45-324.350.1348
WARNER, Lizzie, 20-60, WF, 45-324.350.1349
WARNER, Leah, 0-5, WF, 45-324.350.1350
SHERMAN, Andrew, 60+, WM, 46-325.351.1351
SHERMAN, Mary A., 20-60, WF, 46-325.351.1352
SHERMAN, Allen T., 0-5, WM, 46-325.351.1353
SHERMAN, Stella, 0-5, WF, 46-325.351.1354
SHERMAN, Wallace, 0-5, WM, 46-325.351.1355
SHERMAN, Theo., 20-60, WM, 46-325.351.1356
JARDINE, Sarah, 60+, WF, 46-325.351.1356
JOHNSON, Wm. V., 20-60, WM, 46-326.352.1357
JOHNSON, Laura B., 20-60, WF, 46-326.352.1358
JOHNSON, Ande R., 5-20, WM, 46-326.352.1359
JOHNSON, Fred B., 0-5, WM, 46-326.352.1360
HANN, Harriet G., 20-60, WF, 46-327.353.1361
HANN, Lambert, 20-60, WM, 46-327.353.1362
HANN, Eliza, 60+, WF, 46-327.353.1363
CONNER, Nevius, 20-60, WM, 46-327.353.1364
BARACROFT, Sarah, 20-60, WF, 46-327.354.1365
BARACROFT, Stacy, 20-60, WM, 46-327.354.1366
CONNER, Elwood, 20-60, WM, 46-328.355.1367
CONNER, Sallie, 20-60, WF, 46-328.355.1368
CONNER, Harvey N., 0-5, WM, 46-328.355.1369
WILLIAMSON, Emily, 60+, WM, 46-328.355.1370
SHERMAN, I. Coyell, 60+, WM, 46-329.356.1372
SHERMAN, Sarah, 60+, WF, 46-329.356.1373
DILTS, Elizabeth, 60+, WF, 46-329.357.1374
CASE, Clarinda, 60+, WF, 46-330.358.1375
CULLENS, Theo., 20-60, WM, 46-331.359.1376
CULLENS, Mary A., 20-60, WF, 46-331.359.1377
CULLENS, Stacy B., 0-5, WM, 46-331.359.1378
CULLENS, Horace, 0-5, WM, 46-331.359.1379
CULLENS, Susan R., 20-60, WF, 46-331.359.1380
MOORE, Amos H, 20-60, WM, 47-332.360.1381
MOORE, Lillie, 20-60, WF, 47-332.360.1382
MOORE, Minnie, 0-5, WF, 47-332.360.1383
MOORE, Ethel, 0-5, WF, 47-332.360.1384
ROOKS, Andrew, 20-60, WM, 47-333.361.1385
ROOKS, Charity, 60+, WF, 47-333.361.1386
EVERITT, Wm., 60+, WM, 47-333.361.1387
HEATH, James, 20-60, WM, 47-334.362.1388
HEATH, Cornelia, 20-60, WF, 47-334.362.1389
HEATH, Walter, 5-20, WM, 47-334.362.1390
HEATH, May, 5-20, WF, 47-334.362.1391
HEATH, Clark, 5-20, WM, 47-334.362.1392
HAGER, Newberry, 20-60, WM, 47-335.363.1393
HAGER, Lizzie, 20-60, WF, 47-335.363.1394
HAGER, Laura C., 5-20, WF, 47-335.363.1395
HANN, Anderson, 20-60, WM, 47-336.364.1396
HANN, Emma, 20-60, WF, 47-336.364.1397
HANN, Elsie, 0-5, WF, 47-336.364.1398
HEATON, Jos. M., 20-60, WM, 47-337.365.1399
HEATON, Mary, 20-60, WF, 47-337.365.1400
HEATON, Harry, 20-60, WM, 47-337.365.1401
HEATON, Ella, 20-60, WF, 47-337.365.1402
READING, Larison, 20-60, WM, 47-338.366.1403
READING, Lorilla, 20-60, WF, 47-338.366.1404
GODOWN, Ettie, 5-20, WF, 47-338.366.1405
WHITE, Jos., 20-60, WM, 47-339.367.1406
WHITE, Halena, 20-60, WF, 47-339.367.1407
WHITE, Jos. Jr., 20-60, WM, 47-339.367.1408
WHITE, Walter, 20-60, WM, 47-339.367.1409
WHITE, Kate, 5-20, WF, 47-339.367.1410
WHITE, Hannah, 5-20, WF, 48-339.367.1411
WHITE, Wesley, 5-20, WM, 48-339.367.1412
GIBBS, Chas., 20-60, WM, 48-340.368.1413
GIBBS, Mary J., 20-60, WF, 48-340.368.1414
GIBBS, Jennie, 20-60, WF, 48-340.368.1415
GIBBS, Eva, 20-60, WF, 48-340.368.1416
GIBBS, Viola, 5-20, WF, 48-340.368.1417
WILSON, Samuel H., 20-60, WM, 48-341.369.1418
WILSON, Hannah, 20-60, WF, 48-341.369.1419
WILSON, Geo., 20-60, WM, 48-341.369.1420

HUNTERDON CO. NJ 1895 STATE CENSUS
Township of Delaware

WILSON, Hervey, 5-20, WM, 48-341.369.1421
WILSON, Wm. W., 20-60, WM, 48-341.369.1422
CLINE, Jennie, 5-20, WF, 48-341.369.1423
CARVER, Wm. S., 20-60, WM, 48-342.370.1424
CARVER, Laura B., 20-60, WF, 48-342.370.1425
CARVER, Preston E., 5-20, WM, 48-342.370.1426
CARVER, Ida J., 0-5, WF, 48-342.370.1427
CARVER, Lewis, 0-5, WM, 48-342.370.1428
DANIELS, Wm., 20-60, WM, 48-343.371.1429
HEWITT, Wm. S., 20-60, WM, 48-344.372.1430
HEWITT, Emma R., 20-60, WF, 48-344.372.1431
HEWITT, Minnie D., 5-20, WF, 48-344.372.1432
HEWITT, Laura J., 5-20, WF, 48-344.372.1433
HEWITT, Geo. B., 5-20, WM, 48-344.372.1434
BRAY, Jno., 20-60, WM, 48-345.373.1435
BRAY, Phobe, 20-60, WF, 48-345.373.1436
HANN, Albert, 20-60, WM, 48-346.374.1437
HANN, Emeline, 20-60, WF, 48-346.374.1438
HANN, Jennie W., 5-20, WF, 48-346.374.1439
HANN, Florence, 0-5, WF, 48-346.374.1440
HANN, Oscar, 5-20, WM, 49-346.374.1441
HANN, Newton, 5-20, WM, 49-346.374.1442
HEATH, Chas., 20-60, WM, 49-347.375.1443
HEATH, Catharine, 20-60, WF, 49-347.375.1444
HEATH, Geo. W., 20-60, WM, 49-347.375.1445
WILLIAMSON, Jos., 20-60, WM, 49-348.376.1446
WILLIAMSON, Mary A., 20-60, WF, 49-348.376.1447
WILLIAMSON, Jno. H., 20-60, WM, 49-348.376.1448
WILLIAMSON, Fred B., 5-20, WM, 49-348.376.1449
SANDFORD, Wm. W., 20-60, WM, 49-349.377.1450
SANDFORD, Lorilla, 20-60, WF, 49-349.377.1451
PHILLIPS, Mary A., 60+, WF, 49-349.377.1452
OPDYKE, Chas., 20-60, WM, 49-350.378.1453
OPDYKE, Cornelia, 20-60, WF, 49-350.378.1454
LARISON, Howard, 5-20, WM, 49-350.378.1455]
SNYDER, Samuel B., 60+, WM, 49-351.379.1456
SNYDER, Matilda, 60+, WF, 49-351.379.1457
KERR, Bart., 60+, WM, 49-352.380.1458
KERR, Ellen, 20-60, WF, 49-352.380.1459
KERR, Frank, 5-20, WM, 49-352.380.1460
KERR, Dora, 5-20, WF, 49-352.380.1461
SIBLEY, Charlotte, 60+, WF, 49-352.380.1462
KISE, Lester, 20-60, WM, 49-352.380.1463
DILTS, Geo., 20-60, WM, 49-353.381.1464
DILTS, Rebecca, 20-60, WF, 49-353.381.1465
DILTS, Ida M., 5-20, WF, 49-353.381.1466
DILTS, Eddie, 5-20, WM, 49-353.381.1467
DILTS, Wm. J., 5-20, WM, 49-353.381.1468
DILTS, Cora B., 0-5, WF, 49-353.381.1469
LARUE, Jno. D., 20-60, WM, 49-354.382.1470
LARUE, Ada, 20-60, WF, 50-354.382.1471
LARUE, Lester R., 5-20, WM, 50-354.382.1472
LARUE, Elsie W., 5-20, WF, 50-354.382.1473
LARUE, Hillda, 0-5, WF, 50-354.382.1474
ROBINSON, Thos., 60+, OM, 50-355.383.1475

ROBINSON, Margaret, 60+, OF, 50-355.383.1476
ROBINSON, Elizabeth, 20-60, WF, 50-355.383.1477
BRAY, Anderson, 60+, WM, 50-356.384.1478
BRAY, Amy, 20-60, WF, 50-356.384.1479
SNYDER, Ada, 5-20, WF, 50-356.384.1480
SNYDER, Maggie, 5-20, WF, 50-356.384.1481
ENT, Davis, 20-60, WM, 50-356.384.1482
SHERMAN, Chas., 20-60, WM, 50-357.385.1483
SHERMAN, Mrs. Chas., 20-60, WF, 50-357.385.1484
SHERMAN, Anna, 0-5, WF, 50-357.385.1485
SNYDER, Jno. C., 20-60, WM, 50-358.386.1486
SNYDER, Malinda, 20-60, WF, 50-358.386.1487
SNYDER, Annie L., 5-20, WF, 50-358.386.1488
SNYDER, Frank V., 5-20, WM, 50-358.386.1489
SNYDER, Ed, 20-60, WM, 50-358.386.1490
ENT, Sarah, 60+, WF, 50-358.387.1491
ENT, Jerusha, 20-60, WF, 50-358.387.1492
ENT, Ethel, 0-5, WF, 50-358.387.1493
SPERLING, Jno., 20-60, WM, 50-359.388.1494
SPERLING, Georganna, 20-60, WF, 50-359.388.1495
SPERLING, Annie E., 5-20, WF, 50-359.388.1496
SMITH, Henry R., 20-60, WM, 50-360.389.1497
SMITH, Mary, 20-60, WF, 50-360.389.1498
SMITH, Harry, 5-20, WM, 50-360.389.1499
SMITH, Bella, 5-20, WF, 50-360.389.1500
SMITH, Emma, 5-20, WF, 51-360.389.1501
SMITH, Bessie, 5-20, WF, 51-360.389.1502
SMITH, Ettie, 5-20, WF, 51-360.389.1503
SMITH, Earnest, 0-5, WM, 51-360.389.1504
READING, Jno. W., 60+, WM, 51-361.390.1505
READING, Lucinda, 60+, WF, 51-361.390.1506
FISHER, Sarah E., 20-60, WF, 51-361.390.1507
FISHER, Maud, 5-20, WF, 51-361.390.1508
WILLIAMSON, Lulu B., 5-20, WF, 51-361.390.1509
STROUSE, Wm., 20-60, WM, 51-362.391.1510
LEAR, Josephine, 20-60, WF, 51-362.391.1511
HAGGERTY, Wm. H., 20-60, WM, 51-363.392.1512
HAGGERTY, Phoebe, 20-60, WF, 51-363.392.1513
RITTENHOUSE, Judson, 20-60, WM, 51-364.393.1514
RITTENHOUSE, Martha D., 20-60, WF, 51-364.393.1515
RITTENHOUSE, Miriam, 5-20, WM, 51-364.393.1516
RITTENHOUSE, Grace E., 0-5, WF, 51-364.393.1517
RODENBAUGH, Bertha, 5-20, WF, 51-364.393.1518
FISHER, Frank, 20-60, WM, 51-365.394.1519
FISHER, Dell, 20-60, WF, 51-365.394.1520
BODINE, Jane H., 20-60, WF, 51-365.394.1521
BODINE, Hannah, 5-20, WF, 51-365.394.1522
REED, Walter, 5-20, WM, 51-365.394.1523
COX, James M., 20-60, WM, 51-366.395.1524
COX, Jennie, 20-60, WF, 51-366.395.1525
WILLIAMSON, Anna, 20-60, WF, 51-366.395.1526
SPURLING, Rob., 5-20, WM, 51-366.395.1527
RITTENHOUSE, Newton B., 20-60, WM, 51-367.396.1528
RITTENHOUSE, Eleanor, 20-60, WF, 51-367.396.1529
RITTENHOUSE, Wm. E., 5-20, WM, 51-367.396.1530

HUNTERDON CO. NJ 1895 STATE CENSUS
Township of Delaware

VANDERBELT, Lizzie, 20-60, WF, 52-367.396.1531
BOWNE, Jerry, 20-60, WM, 52-368.397.1532
BOWNE, Hattie P., 20-60, WF, 52-368.397.1533
BOWNE, Wilson, 5-20, WM, 52-368.397.1534
BOWNE, Margaret, 60+, WF, 52-368.397.1535
VAN DOLAH, Henry, 20-60, WM, 52-369.398.1536
VAN DOLAH, Rachel, 20-60, WF, 52-369.398.1537
RITTENHOUSE, Dillie, 20-60, WF, 52-369.398.1538
SLACK, Jerry, 20-60, WM, 52-370.399.1539
SLACK, Jennie, 20-60, WF, 52-370.399.1540
SLACK, Jos., 5-20, WM, 52-370.399.1541
POULSON, Jno. B., 20-60, WM, 52-371.400.1542
POULSON, Jennie, 20-60, WF, 52-371.400.1543
POULSON, Annie, 5-20, WF, 52-371.400.1544
POULSON, Blanch, 0-5 60+, WF, 52-371.400.1545
SHEPHERD, Thos. J., 60+, WM, 52-371.400.1546
SHEPHERD, Mary, 60+, WF, 52-371.400.1547
ROCKAFELLOW, Wesley, 20-60, WM, 52-372.401.1548
ROCKAFELLOW, Elizabeth, 20-60, WF, 52-372.401.1549
ROCKAFELLOW, Phillip, 20-60, WM, 52-372.401.1550
ROCKAFELLOW, Erastus, 5-20, WM, 52-372.401.1551
ROCKAFELLOW, Mary H., 60+, WF, 52-372.401.1552
BAUR, Michael, 60+, GM, 52-373.402.1553
BAUR, Scott, 20-60, OF, 52-373.402.1554
BAINBRIDGE, Wm., 5-20, WM, 52-373.402.1555
HOFFMAN, Edwin A., 20-60, WM, 52-374.403.1556
SWARER, Catharine, 20-60, WF, 52-374.403.1557
HUNT, Richard, 20-60, WM, 52-375.404.1558
HUNT, Amanda, 20-60, WF, 52-375.404.1559
SWARER, Jacob, 5-20, WM, 52-375.404.1560
PILGER, Peter, 60+, GM, 53-376.405.1561
PILGER, Emma, 60+, WF, 53-376.405.1562
SMITH, Sutphin, 20-60, WM, 53-377.406.1563
SMITH, Elizabeth, 20-60, WF, 53-377.406.1564
LAMBERT, Jno., 20-60, WM, 53-378.407.1565
LAMBERT, Mary L., 20-60, WF, 53-378.407.1566
LAMBERT, Annie, 20-60, WF, 53-378.407.1567
LAMBERT, J. Clifford, 20-60, WM, 53-379.408.1568
LAMBERT, Cora M., 20-60, WF, 53-379.408.1569
LAMBERT, Edna, 0-5, WF, 53-379.408.1570
LAMBERT, Louisa, 0-5, WF, 53-379.408.1571
LARISON, Augustus, 5-20, WM, 53-379.408.1572
COBBS, Lulu, 20-60, CF, 53-379.408.1573
HOLCOMBE, Wm. N., 20-60, WM, 53-380.409.1574
HOLCOMBE, Ida K., 20-60, WF, 53-380.409.1575
BISSEY, Reuben T., 20-60, WM, 53-381.410.1576
BISSEY, Harriet, 20-60, WF, 53-381.410.1577
BISSEY, Cyrus, 20-60, WM, 53-381.410.1578
BISSEY, Rachel, 5-20, WF, 53-381.410.1579
BISSEY, Mary, 5-20, WF, 53-381.410.1580
DILTS, James P., 60+, WM, 53-382.411.1581
DILTS, Letetia, 60+, WF, 53-382.411.1582
GORDON, Sarah, 20-60, WF, 53-382.411.1583
TROUT, Archibald, 20-60, WM, 53-383.412.1584
TROUT, Mary, 60+, WF, 53-383.412.1585
TROUT, Frank, 20-60, WM, 53-384.413.1586
TROUT, Minnie, 20-60, WF, 53-384.413.1587
TROUT, Roy, 0-5, WM, 53-384.413.1588
TROUT, Arthur, 0-5, WM, 53-384.413.1589
COBEL, Geo., 5-20, OM, 53-384.413.1590
DICKENS, Chas., 5-20, OM, 54-384.413.1591
POTTS, Geo., 60+, WM, 54-384.414.1592
POTTS, Thana, 20-60, WF, 54-384.414.1593
POTTS, Frank, 20-60, WM, 54-385.415.1594
STRYKER, Clara, 20-60, WF, 54-385.415.1595
TITUS, Geo. H., 5-20, WM, 54-385.415.1596
JOYCE, Hugh, 20-60, WM, 54-385.415.1597
WOLVERTIN, Mary, 20-60, WF, 54-385.415.1598
STRYKER, Elmer, 5-20, WM, 54-385.415.1599
LARISON, Jno. D., 20-60, WM, 54-386.416.1600
LARISON, Dillie, 20-60, WF, 54-386.416.1601
LARISON, Wm., 5-20, WM, 54-386.416.1602
LARISON, Annie, 5-20, WF, 54-386.416.1603
LARISON, Carmon, 5-20, WM, 54-386.416.1604
LARISON, Andrew, 20-60, WM, 54-386.416.1605
LARISON, Stella, 20-60, WF, 54-386.416.1606
MOORE, Geo., 20-60, WM, 54-387.417.1607
MOORE, Annie, 20-60, WF, 54-387.417.1608
MOORE, Lambert, 20-60, WM, 54-387.417.1609
MOORE, Phoebe, 60+, WF, 54-387.418.1610
HILL, Eleanor, 60+, WF, 54-387.418.1611
BOUGHNER, Wm., 20-60, WM, 54-388.419.1612
BOUGHNER, Fannie, 20-60, WF, 54-388.419.1613
BOUGHNER, Furman, 5-20, WM, 54-388.419.1614
BOUGHNER, Lizzie, 5-20, WF, 54-388.419.1615
GOODFELLOW, Frank, 20-60, WM, 54-388.419.1616
STOUT, Geo., 20-60, WM, 54-388.419.1617
MARTIN, Allis, 20-60, WM, 54-389.420.1618
MARTIN, Addie, 20-60, WF, 54-389.420.1619
SMITH, Chas., 20-60, WM, 54-390.421.1620
SMITH, Emeline, 20-60, WF, 55-390.421.1621
SMITH, Florence, 5-20, WF, 55-390.421.1622
SMITH, Victoria H., 5-20, WF, 55-390.421.1623
SMITH, Geo. R., 5-20, WM, 55-390.421.1624
SMITH, Jacob R., 5-20, WM, 55-390.421.1625
SMITH, Jesse W., 5-20, WM, 55-390.421.1626
HOLCOMBE, Ferdinand S., 60+, WM, 55-391.422.1627
HOLCOMBE, Julia, 60+, WF, 55-391.422.1628
HOLCOMBE, Cornelia, 20-60, WF, 55-391.422.1629
HOLCOMBE, Chester, 5-20, WM, 55-391.422.1630
BRADY, Emanuel, 20-60, WM, 55-391.422.1631
FISHER, James J., 60+, WM, 55-392.423.1632
FISHER, Frank H., 20-60, WM, 55-392.423.1633
FISHER, Sarah F., 20-60, WF, 55-392.423.1634
FISHER, Wm., 0-5, WM, 55-392.423.1635
FISHER, Bessie, 0-5, WF, 55-392.423.1636
FISHER, Jesse B., 20-60, WM, 55-392.423.1637
SNYDER, Elwood, 20-60, WM, 55-393.424.1638
SNYDER, Sarah, 20-60, WF, 55-393.424.1639
SNYDER, Clossie, 5-20, WF, 55-393.424.1640

HUNTERDON CO. NJ 1895 STATE CENSUS
Township of Delaware

SNYDER, Harvey, 0-5, WM, 55-393.424.1641
JOHNSON, Chas. S., 60+, WM, 55-394.425.1642
JOHNSON, Sarah, 20-60, WF, 55-394.425.1643
JOHNSON, Howard, 5-20, WM, 55-394.425.1644
JOHNSON, Ella, 5-20, WF, 55-394.425.1645
JOHNSON, Henry W., 20-60, WM, 55-395.426.1646
JOHNSON, Emma, 20-60, WF, 55-395.426.1647
JOHNSON, Wilson, 20-60, WM, 55-395.426.1648
JOHNSON, Wesley, 60+, WM, 55-395.427.1649
JOHNSON, Sarah J., 20-60, WF, 55-395.427.1650
WILSON, Alford, 20-60, WM, 56-396.428.1651
WILSON, Annie S., 20-60, WF, 56-396.428.1652
READING, Geo. H., 20-60, WM, 56-397.429.1653
READING, Mary E., 20-60, WF, 56-397.429.1654
READING, Thos. C., 5-20, WM, 56-397.429.1655
READING, Bessie M., 5-20, WF, 56-397.429.1656
READING, Herbert J., 5-20, WM, 56-397.429.1657
READING, Bart. S., 5-20, WM, 56-397.429.1658
READING, Hellen G., 0-5, WF, 56-397.429.1659
BLANEY, Geo., 20-60, WM, 56-397.429.1660
McALONE, Jno., 60+, WM, 56-398.430.1661
ARNWINE, Geo. W., 20-60, WM, 56.398.431.1662
ARNWINE, Susan, 20-60, WF, 56-398.431.1663
BRINK, Shired, 20-60, WM, 56-399.432.1664
BRINK, Jennie, 20-60, WF, 56-399.432.1665
BRINK, Florence, 5-20, WF, 56-399.432.1666
BRINK, Mary, 0-5, WF, 56-399.432.1667
RONEY, Owen, 20-60, IM, 56-399.432.1668
VAN CAMP, Theo., 20-60, WM, 56-400.433.1669
VAN CAMP, Jane, 20-60, WF, 56-400.433.1670
VAN CAMP, Nellie, 5-20, WF, 56-400.433.1671
VAN CAMP, Geo. C., 5-20, WM, 56-400.433.1672
VAN CAMP, Ressel P., 0-5, WM, 56-400.433.1673
READING, Rich'd B., 20-60, WM, 56-401.434.1674
READING, Sarah J., 20-60, WF, 56-401.434.1675
READING, Willard, 20-60, WM, 56-401.434.1676
READING, Rich'd B. Jr., 5-20, WM, 56-401.434.1677
READING, Bertha, 5-20, WF, 56-401.434.1678
SLACK, Lizzie, 20-60, WF, 56-401.434.1679
LEFFEVER, Jno., 20-60, WM, 56-402.435.1680
LEFFEVER, Charlotte, 20-60, WF, 57-402.435.1681
LEFFEVER, Geo., 20-60, WM, 57-403.436.1682
LEFFEVER, Lizzie, 20-60, WF, 57-403.436.1683
LEFFEVER, Albert, 5-20, WM, 57-403.436.1684
LEFFEVER, Susan, 5-20, WF, 57-403.436.1685
LEFFEVER, Wm. B., 20-60, WM, 57-403.436.1686
WYCOFF, Aaron, 20-60, WM, 57-404.437.1687
WYCOFF, Mary E., 20-60, WF, 57-404.437.1688
WYCOFF, Freddie, 20-60, WM, 57-404.437.1689
WEAVER, Ida, 5-20, WF, 57-404.437.1690
LEFFEVER, Sandford, 20-60, WM, 57-405.438.1691
LEFFEVER, Rachel A., 20-60, WF, 57-405.438.1692
LEFFEVER, Wm. W., 60+, WM, 57-405.438.1693
VAN HORN, Sarah J., 20-60, WM, 57-405.438.1694
VAN HORN, Ulysis G., 20-60, WM, 57-405.438.1695
VAN HORNE, Mabel A., 5-20, WF, 57-405.438.1696
VAN HORNE, Carrie, 5-20, WF, 57-405.438.1697
VAN HORNE, Sandford W., 0-5, WM, 57-405.438.1698
ALSHOUSE, Amanda, 5-20, WF, 57-405.438.1699
SUTTON, Geo. T., 20-60, WM, 57-406.439.1700
SUTTON, Harry, 5-20, WM, 57-406.439.1701
SUTTON, Freddie, 5-20, WM, 57-406.439.1702
SUTTON, Annie, 20-60, WF, 57-406.439.1703
HOFFMAN, Lemuel, 60+, WM, 57-407.440.1704
HOFFMAN, Ellen, 20-60, WF, 57-407.440.1705
HOFFMAN, Wm., 5-20, WM, 57-407.440.1706
HOFFMAN, Geo., 5-20, WM, 57-407.440.1707
COOK, Ettie, 5-20, WF, 57-407.440.1708
HOFFMAN, Jos. B., 20-60, WM, 57-408.441.1709
HOFFMAN, Florence, 20-60, WF, 57-408.441.1710
HOFFMAN, Roy, 0-5, WM, 58-408.441.1711
HOFFMAN, Elva, 0-5, WM, 58-408.441.1712
HOFFMAN, Clarence, 5-20, WM, 58-408.441.1713
BLACK, Zac, 20-60, WM, 58-408.441.1714
FLECK, Wm., 20-60, WM, 58-409.442.1715
FLECK, Amanda, 20-60, WF, 58-409.442.1716
FLECK, Mary, 5-20, WF, 58-409.442.1717
FLECK, Horace, 5-20, WM, 58-409.442.1718
FLECK, Eva, 5-20, WF, 58-409.442.1719
FLECK, Bertha, 0-5, WF, 58-409.442.1720
FLECK, Robt., 5-20, WM, 58-409.442.1721
McNEAL, Wm., 20-60, WM, 58-410.443.1722
McNEAL, Caroline, 20-60, WF, 58-410.443.1723
SLACK, Jno., 60+, WM, 58-410.443.1724
WEAVER, Wm. H., 20-60, WM, 58-411.444.1725
WEAVER, Julia, 20-60, WF, 58-411.444.1726
WEAVER, Florence, 0-5, WF, 58-411.444.1727
ROBINSON, Geo., 20-60, WM, 58-412.445.1728
ROBINSON, Mary, 20-60, WF, 58-412.445.1729
MORRIS, Court., 20-60, WM, 58-412.446.1730
MORRIS, Amanda, 20-60, WF, 58-412.446.1731
MORRIS, Otto, 5-20, WM, 58-412.446.1732
MORRIS, Emma, 5-20, WF, 58-412.446.1733
SERGEANT, Jno., 20-60, WM, 58-413.447.1733
SERGEANT, Sallie, 20-60, WF, 58-413.447.1734
SERGEANT, Geo., 5-20, WM, 58-413.447.1735
SERGEANT, Oscar, 5-20, WM, 58-413.447.1737
SERGEANT, Herbert, 5-20, WM, 58-413.447.1738
SERGEANT, Lizzie, 5-20, WF, 58-413.447.1739
SERGEANT, Bertha, 5-20, WF, 58-413.447.1740
SUYDAM, Mary, 60+, WF, 59-413.447.1741
ROACH, Jno. P., 20-60, WM, 59-414.448.1742
ROACH, Mary, 20-60, WF, 59-414.448.1743
COLLIGAN, Rose, 20-60, WF, 59-414.448.1744
McALONE, Thos., 60+, WM, 59-415.449.1745
McALONE, Rachel J., 20-60, WF, 59-415.449.1746
McALONE, W. Wallace, 20-60, WM, 59-415.449.1747
McALONE, Geo., 20-60, WM, 59-415.449.1748
McALONE, Minnie B., 20-60, WF, 59-415.449.1749
ROBINSON, Samuel, 20-60, WM, 59-416.450.1750

HUNTERDON CO. NJ 1895 STATE CENSUS
Township of Delaware

ROBINSON, Abigail, 20-60, WF, 59-416.450.1751
ROBINSON, Chas., 20-60, WM, 59-416.450.1752
ROBINSON, Franklin, 5-20, WM, 59-416.450.1753
GARDNER, Samuel, 20-60, WM, 59-416.450.1754
GARDNER, Mollie, 20-60, WF, 59-416.450.1755
READING, Augustus B., 60+, WM, 59-417.451.1756
READING, Lizzie, 60+, WF, 59-417.451.1757
BIRD, Andrew, 20-60, WM, 59-417.451.1758
TULLEY, Thos, 20-60, WM, 59-417.451.1759
WATT, James, 20-60, OM, 59-417.451.1760
JOHNSON, Clark B., 20-60, WM, 59-418.452.1761
JOHNSON, Sallie A., 20-60, WF, 59-418.452.1762
JOHNSON, Albert R., 5-20, WM, 59-418.452.1763
FUNK, Laura, 20-60, WF, 59-418.452.1764
READING, Anderson, 20-60, WM, 59-419.453.1765
READING, Jane E., 20-60, WF, 59-419.453.1766
READING, Wm. W., 20-60, WM, 59-419.453.1767
SILVERTHORN, Susan, 20-60, WF, 59-419.453.1768
SLACK, Burris, 60+, WM, 59-420.454.1769
SLACK, Mary, 60+, WF, 59-420.454.1770
HEATH, Chas., 60+, WM, 60-421.455.1771
JOHNSON, Gardner B., 60+, WM, 60-422.456.1772
JOHNSON, Permelia, 60+, WF, 60-422.456.1773
OBERG, Henry, 20-60, WM, 60-422.456.1774
OBERG, Steph, 5-20, WM, 60-422.456.1775
LORETTA, Nick, 20-60, OM, 60-423.457.1776
LORETTA, Julia, 20-60, OF, 60-423.457.1777
LORETTA, Mamie, 5-20, OF, 60-423.457.1778
LORETTA, Josie, 5-20, OF, 60-423.457.1779
LORETTA, Frank, 0-5, OM, 60-423.457.1780
COWELL, Frank, 20-60, OM, 60-423.458.1781
COWELL, Russie, 20-60, OM, 60-423.458.1782
COWELL, James, 5-20, OM, 60-423.458.1783
COWELL, Toney, 0-5, OM, 60-423.458.1784
COWELL, Joseph, 0-5, OM, 60-423.458.1785
COWELL, Treassie, 0-5, OF, 60-423.458.1786
LAFFROM, Wm., 20-60, OM, 60-424.459.1787
BROMIE, Nick, 20-60, OM, 60-424.459.1788
FAZIO, Nick, 20-60, OM, 60-424.459.1789
POWELL, Jno., 20-60, OM, 60-424.459.1790
DARANTO, James, 20-60, OM, 60-424.459.1791
DELANCO, Jos., 20-60, OM, 60-424.459.1792
POWELL, Nick, 20-60, OM, 60-424.459.1793
SHURLEY, Jos., 20-60, OM, 60-424.459.1794
FRANK, Jos., 20-60, OM, 60-424.459.1795
LANDROL, Dominick, 20-60, OM, 60-424.459.1796
COWDRICK, Augustus, 20-60, WM, 60-425.460.1797
COWDRICK, Mary, 20-60, WF, 60-425.460.1798
HULTZ, Edward, 20-60, WM, 60-425.460.1799
COWDRICK, Laura B., 5-20, WF, 60-425.460.1800
LARUE, Calvin, 60+, WM, 61-426.461.1801
LARUE, Ruth, 60+, WF, 61-426.461.1802
EVERITT, Wm. B., 20-60, WM, 61-427.462.1803
EVERITT, Luella, 20-60, WF, 61-427.462.1804
EVERITT, Jonathan N., 0-5, WM, 61-427.462.1805
WILSON, George P., 20-60, keeper of poor, WM, 61-428.463.1806
WILSON, Julia, 20-60, WF, 61-428.463.1807
HOLCOMBE, Elma, 20-60, WF, 61-428.463.1808
WILSON, Bertha, 20-60, WF, 61-428.463.1809
WILSON, Julia, 5-20, WF, 61-428.463.1810
BROWN, Richard, 5-20, CM, 61-428.463.1811
HATLEY, Kate, 60+, WF, 61-428.463.1812
BARRA, Biddy, 60+, IF, 61-428.463.1813
WHITE, Mary, 60+, OF, 61-428.463.1814
CAMMEL, Ellen, 60+, IF, 61-428.463.1815
GORMAN, Johanna, 60+, IF, 61-428.463.1816
CONNER, Patrick, 20-60, IM, 61-428.463.1817
ELGARD, John M., 20-60, WM, 61-429.464.1818
ELGARD, Catharine, 20-60, WF, 61-429.464.1819
ELGARD, Robert, 5-20, WM, 61-429.464.1820
ELGARD, Sadie, 5-20, WF, 61-429.464.1821
ELGARD, Flossie, 5-20, WF, 61-429.464.1822
GETHARD, George, 60+, WM, 61-429.464.1823
SUYDAM, Christopher, 20-60, WM, 61-430.465.1824
SUYDAM, Eva, 20-60, WF, 61-430.465.1825
SUYDAM, Edward, 0-5, WM, 61-430.465.1826
SUYDAM, Edith, 5-20, WF, 61-430.465.1827
WILSON, John M., 20-60, WM, 61-430.466.1828
WILSON, Emeline, 20-60, WF, 61-430.466.1829
WILSON, Etta S., 5-20, WF, 61-430.466.1830
WILSON, Mary H., 5-20, WF, 62-430.466.1831
HOLCOMBE, Jacob H., 20-60, WM, 62-431.467.1832
HOLCOMBE, Ada, 20-60, WF, 62-431.467.1833
SHEPHERD, Harry, 5-20, WM, 62-431.467.1834
RITTENHOUSE, Asa, 60+, WM, 62-431.468.1835
RITTENHOUSE, Louisa, 20-60, WF, 62-431.468.1836
BARBER, John V. C., 20-60, WM, 62-432.469.1837
BARBER, Emma A., 20-60, WF, 62-432.469.1838
BARBER, George H., 20-60, WM, 62-432.469.1839
BARBER, Cornelia, 20-60, WF, 62-432.469.1840
BARBER, Miranda, 20-60, WF, 62-432.469.1841
DICKINSON, Wesley, 20-60, CM, 62-432.469.1842
HOLCOMBE, David L., 20-60, WM, 62-433.470.1843
HOLCOMBE, Mary C., 20-60, WF, 62-433.470.1844
HOLCOMBE, Bennie A., 5-20, WM, 62-433.470.1845
COWDRIE, Zephaniah H., 20-60, WM, 62-433.470.1846
HOLCOMBE, Benjamin A., 60+, WM, 62-433.471.1847
HOLCOMBE, Lydia, 60+, WF, 62-433.471.1848
HOLCOMBE, Hervey, 20-60, WM, 62-433.471.1849
HOLCOMBE, Bertha, 5-20, WF, 62-433.471.1850
ROOKS, Franklin, 20-60, WM, 62-434.472.1851
ROOKS, Kate, 20-60, WF, 62-434.472.1852
ROOKS, John D., 20-60, WM, 62-434.472.1853
ROOKS, George L., 20-60, WM, 62-434.472.1854
ROOKS, Louis J., 5-20, WM, 62-434.472.1855
ROOKS, Charles S., 5-20, WM, 62-434.472.1856
ROOKS, Frank, 5-20, WM, 62-434.472.1857
RHINE, Christopher, 20-60, WM, 62-434.472.1858
RHINE, Mary, 20-60, WF, 62-434.472.1859

HUNTERDON CO. NJ 1895 STATE CENSUS
Township of Delaware

WILSON, Edward M., 20-60, WM, 62-435.473.1860
WILSON, Julia, 20-60, WF, 63-435.473.1861
WILSON, Cora, 5-20, WF, 63-435.473.1862
TODD, Jane E., 60+, WF, 63-435.474.1863
KERR, Abel, 20-60, WM, 63-436.475.1864
KERR, Mary E., 20-60, WF, 63-436.475.1865
KERR, Nora, 5-20, WF, 63-436.475.1866
KERR, Ada, 5-20, WF, 63-436.475.1867
KERR, Lena, 5-20, WF, 63-436.475.1868
KERR, Viola, 5-20, WF, 63-436.475.1869
KERR, Orville, 5-20, WM, 63-436.475.1870
KERR, Bertha, 0-5, WF, 63-436.475.1871
KERR, Bartolette, 0-5, WM, 63-436.475.1872
ABBOTT, West, 5-20, WM, 63-436.475.1873
RUPLE, Adam, 60+, GM, 63-437.476.1874
RUPLE, Mrs. Adam, 60+, GF, 63-437.476.1875
RUPLE, Jno, 20-60, WM, 63-438.477.1876
RUPLE, Sarah, 20-60, WF, 63-438.477.1877
RUPLE, Edith, 0-5, WF, 63-438.477.1878
RUPLE, Howard, 0-5, WM, 63-438.477.1879
RUPLE, Geo., 20-60, WM, 63-438.478.1880
RUPLE, Lulu, 20-60, WF, 63-438.478.1881
RUPLE, Bessie, 5-20, WF, 63-438.478.1882
HARTPENCE, Everitt?, 60+, WM, 63-439.479.1883
HARTPENCE, Grace, 60+, WF, 63-439.479.1884
BIRD, Britton? H., 20-60, WM, 63-440.480.1885
BIRD, Sallie, 20-60, WF, 63-440.480.1886
BIRD, Katie, 5-20, WF, 63-440.480.1887
BIRD, Lewis, 5-20, WM, 63-440.480.1888
BIRD, Alvah, 5-20, WM, 63-440.480.1889
BIRD, Catharine, 60+, WF, 63-440.480.1890
SUYDAM, S. Merrit, 20-60, WM, 64-441.481.1891
SUYDAM, Lulu, 20-60, WF, 64-441.481.1892
SUYDAM, Wallace, 5-20, WM, 64-441.481.1893
SUYDAM, Robson, 5-20, WM, 64-441.481.1894
ROBERSON, Jane, 60+, WF, 64-441.481.1895
CONOVER, Richard, 60+, WM, 64-442.482.1896
CONOVER, Caroline, 60+, WF, 64-442.482.1897
FISHER, Jno., 20-60, WM, 64-443.483.1898
FISHER, Annie, 20-60, WF, 64-443.483.1899
FISHER, Gardner, 5-20, WM, 64-443.483.1900
FISHER, Henry, 5-20, WM, 64-443.483.1901
FISHER, Hannah, 5-20, WF, 64-443.483.1902
HORNE, Jerry T., 60+, WM, 64-444.484.1903
HORNE, Ann, 20-60, WF, 64-444.484.1904
CURTIS, Ellen B., 20-60, WF, 64-444.484.1905
CURTIS, Jennie, 0-5, WF, 64-444.484.1906
LARKE, Dora, 20-60, WF, 64-444.484.1907
BUCHANAN, James P., 20-60, WM, 64-445.485.1908
BUCHANAN, Ann, 20-60, WF, 64-445.485.1909
HORNE, Nathaniel B., 60+, WM, 64-445.485.1910
BLOOM, Daniel, 60+, WM, 64-446.486.1911
BLOOM, Sallie A., 60+, WF, 64-446.486.1912
SMITH, Frank, 5-20, WM, 64-446.486.1913
WAGNER, Frank, 20-60, WM, 64-447.487.1914
WAGNER, Emma, 20-60, WF, 64-447.487.1915
WAGNER, Kate, 20-60, WF, 64-447.487.1916
WAGNER, Rhoda, 5-20, WF, 64-447.487.1917
HUNT, Jesse M., 20-60, WM, 64-448.488.1918
HUNT, Elizabeth, 20-60, WF, 64-448.488.1919
HUNT, Harry, 5-20, WM, 64-448.488.1920
HUNT, Sallie, 20-60, WF, 65-448.488.1921
HUNT, Emma, 0-5, WF, 65-448.488.1922
LAWSHE, Abe, 20-60, WM, 65-449.489.1923
LAWSHE, Sarah, 20-60, WF, 65-449.489.1924
LAWSHE, Fannie, 5-20, WF, 65-449.489.1925
LAWSHE, Olive, 0-5, WF, 65-449.489.1926
SHEPHERD, Chas. O., 20-60, WM, 65-450.490.1927
SHEPHERD, Rachel, 20-60, WF, 65-450.490.1928
SHEPHERD, Sarah, 5-20, WF, 65-450.490.1929
SHEPHERD, Ervin, 5-20, WM, 65-450.490.1930
SHEPHERD, Alfird, 0-5, WM, 65-450.490.1931
SHEPHERD, Calvin, 0-5, WM, 65-450.490.1932
JOHNSON, Holcombe W., 20-60, poor keeper, WM, 65-451.491.1933
JOHNSON, Susan C., 20-60, WF, 65-451.491.1934
JOHNSON, Frank, 5-20, WM, 65-451.491.1935
JOHNSON, Mary A., 5-20, WF, 65-451.491.1936
JOHNSON, Uriah P., 5-20, WM, 65-451.491.1937
CETHCART, Lizzie, 20-60, WF, 65-451.491.1938
CETHCART, Ella, 5-20, WF, 65-451.491.1939
CETHCART, Cora, 0-5, WF, 65-451.491.1940
WILEY, Maria, 60+, WF, 65-451.491.1941
WARFORD, Eliza, 60+, WF, 65-451.491.1942
LEDGER, Wm., 20-60, IM, 65-452.492.1943
LEDGER, Jane, 20-60, IF, 65-452.492.1944
LEDGER, Mary, 20-60, WF, 65-452.492.1945
LEDGER, Chas., 20-60, WM, 65-452.492.1946
LEDGER, Patrick, 20-60, WM, 65-452.492.1947
LEDGER, James, 5-20, WM, 65-452.492.1948
LEDGER, Frank, 5-20, WM, 65-452.492.1949
LEDGER, Sylvester, 5-20, WM, 65-452.492.1950
BOWNE, Bart. E., 20-60, WM, 66-452.492.1951
BOWNE, Rachel M., 20-60, WF, 66-452.492.1952
BOWNE, Jno. D., 5-20, WM, 66-452.492.1953
BODINE, Cornelius, 60+, WM, 66-453.493.1954
BODINE, Miriam, 60+, WF, 66-453.493.1955
BODINE, Samuel R., 20-60, WM, 66-454.494.1956
BODINE, Sarah L., 20-60, WF, 66-454.494.1957
BODINE, Lucy M., 5-20, WF, 66-454.494.1958
GARFIELD, James A., 5-20, CM, 66-454.494.1959
HOFF, Wm. A., 20-60, WM, 66-455.495.1960
HOFF, Mary A., 20-60, WF, 66-455.495.1961
HOFF, Harry F., 20-60, WM, 66-455.495.1962
HOFF, Annie, 20-60, WF, 66-455.495.1963
HOFF, Helen M., 5-20, WF, 66-455.495.1964
HOFF, Jacob J., 0-5, WM, 66-455.495.1965
MOORE, Jno., 60+, WM, 66-456.496.1965
MOORE, Louisa, 60+, WF, 66-456.496.1966
BUSH, Egbert T., 20-60, WM, 66-457.497.1967

HUNTERDON CO. NJ 1895 STATE CENSUS
Township of Delaware

BUSH, Sarah E., 20-60, WF, 66-457.497.1968
BUSH, Percy W., 20-60, WM, 66-457.497.1969
BUSH, Evelyn, 5-20, WF, 66-457.497.1970
HOFF, Judson B., 20-60, WM, 66-458.498.1971
HOFF, Mrs. Judson B., 20-60, WM, 66-458.498.1972
WILLSON, Samuel T., 20-60, WM, 66-458.499.1973
WILLSON, Victoria L., 20-60, WF, 66-458.499.1974
HOFF, Jonathan, 60+, WM, 66-459.500.1976
HOFF, Mary J., 20-60, WF, 66-459.500.1977
THAW, Edward, 20-60, WM, 66-460.501.1978
THAW, Kate, 20-60, WF, 66-460.501.1979
THAW, Roddy, 5-20, WM, 66-460.501.1980
PIERCE, Frank, 20-60, WM, 67-460.501.1981
BODINE, Wesley, 20-60, WM, 67-461.502.1982
BODINE, Mary, 60+, WF, 67-461.502.1983
BODINE, Jennie, 20-60, WF, 67-461.502.1984
BODINE, Russel, 0-5, WM, 67-461.502.1985
WILLIAMSON, Pierson A., 20-60, WM, 67-461.502.1986
BODINE, Chas. W., 20-60, WM, 67-462.503.1987
BODINE, Jennie M., 20-60, WF, 67-462.503.1988
BODINE, Bennie R., 5-20, WM, 67-462.503.1989
BODINE, Essie, 5-20, WF, 67-462.503.1990
PAXON, Lewis, 20-60, WM, 67-463.504.1991
PAXON, Susana, 20-60, WF, 67-463.504.1992
JOHNSON, Bennie R., 20-60, WM, 67-464.505.1993
JOHNSON, Elizabeth, 20-60, WF, 67-464.505.1994
JOHNSON, Robt., 0-5, WM, 67-464.505.1995
JOHNSON, Hannah, 0-5, WF, 67-464.505.1996
LARISON, Lucy, 20-60, WF, 67-465.506.1997
LARISON, Jennie, 20-60, WF, 67-465.506.1998
LARISON, Ellen, 20-60, WF, 67-465.506.1999
WARMAN, Lambert T., 60+, WM, 67-466.507.2000
WARMAN, Mary E., 20-60, WF, 67-466.507.2001
WARMAN, Annie S., 20-60, WF, 67-466.507.2002
WARMAN, Emma C., 20-60, WF, 67-466.507.2003
WARMAN, Wm. S., 20-60, WM, 67-466.507.2004
SURENE, Wm. M., 5-20, WM, 67-466.507.2005
WARMAN, Catharine, 60+, WF, 67-467.508.2006
WARMAN, Sybilla, 60+, WF, 67-467.508.2007
SULLIVAN, Michael, 20-60, OM, 67-468.509.2008
SULLIVAN, Mary, 20-60, OF, 67-468.509.2009
SULLIVAN, Peter, 5-20, WM, 67-468.509.2010
SULLIVAN, Jos., 20-60, OM, 68-468.509.2011
SULLIVAN, Nicklace, 0-5, WM, 68-468.509.2012
SULLIVAN, Michael, 0-5, WM, 68-468.509.2013
SULLIVAN, James, 0-5, WM, 68-468.509.2014
LEONARD, Frank, 20-60, OM, 68-468.510.2015
LEONARD, Betty, 20-60, OF, 68-468.510.2016
LEONARD, Peter, 5-20, OM, 68-468.510.2017
LEONARD, Tony, 0-5, WM, 68-468.510.2018
LEONARD, Mary, 0-5, WF, 68-468.510.2019
SALVATO, Michael, 20-60, OM, 68-469.511.2020
SALVATO, Rosy, 20-60, OF, 68-469.511.2021
SALVATO, Luvisa, 5-20, OF, 68-469.511.2022
SALVATO, Stella, 5-20, OF, 68-469.511.2023
SALVATO, Mary, 5-20, OF, 68-469.511.2024
SALVATO, Julia, 0-5, WF, 68-469.511.2025
SALVATO, Della, 0-5, WF, 68-469.511.2026
PALM, Frank, 20-60, OM, 68-469.512.2026
PALM, Rosy, 20-60, OF, 68-469.512.2027
PALM, Alexandr, 0-5, WM, 68-469.512.2028
PALM, Raphael, 0-5, WF, 68-469.512.2029
WALK, Tony, 20-60, OM, 68-470.513.2030
WALK, Mary, 20-60, OF, 68-470.513.2031
WALK, Rock, 20-60, OM, 68-470.513.2032
WALK, Domenick, 0-5, OM, 68-470.513.2033
WALK, Frank, 0-5, OM, 68-470.513.2034
NARDUCI, Jos., 20-60, OM, 68-471.514.2035
NARDUCI, Carrie, 20-60, OF, 68-471.514.2036
NARDUCI, John, 5-20, OM, 68-471.514.2038
NARDUCI, Eugene, 0-5, OM, 68-471.514.2039
NARDUCI, Vicki, 0-5, WM, 68-471.514.2040
SNORDIS, Jack, 20-60, OM, 69-472.515.2041
SNORDIS, Mary, 20-60, OF, 69-472.515.2042
STROLL, Peter, 20-60, OM, 69-472.516.2043
STROLL, Seresa, 20-60, OF, 69-472.516.2044
STROLL, Dony, 5-20, OM, 69-472.516.2045
LONG, Jos., 20-60, OM, 69-473.517.2046
LONG, Lenna, 20-60, OF, 69-473.517.2047
LONG, Frank, 5-20, WM, 69-473.517.2048
LONG, Josephine, 5-20, WF, 69-473.517.2049
LONG, Pasquy, 0-5, WF, 69-473.517.2050
LONG, Mary, 0-5, WF, 69-473.517.2051
LONG, Victor, 20-60, OM, 69-473.517.2052
ESPOSITO, Pasquy, 20-60, OM, 69-473.518.2053
ESPOSITO, Lucy, 20-60, OF, 69-473.518.2054
ESPOSITO, Onfrit, 5-20, OM, 69-473.518.2055
ESPOSITO, Feressa, 0-5, WF, 69-473.518.2056
BORELLA, Nicklace, 20-60, OM, 69-474.519.2057
BORELLA, Matilda, 20-60, OF, 69-474.519.2058
BORELLA, Jos., 60+, OM, 69-474.519.2059
BORELLA, Mary, 5-20, OF, 69-474.519.2060
BORELLA, Della, 0-5, WF, 69-474.519.2061
BORELLA, Josephine, 0-5, WF, 69-474.519.2062
PARENTS, Jos., 20-60, OM, 69-474.519.2063
PARENTS, Pasqe, 20-60, OF, 69-474.519.2064
CHIAVERIN, Frank, 20-60, OM, 69-474.520.2065
CHIAVERIN, Valdewarl, 20-60, OF, 69-474.520.2066
PARENTS, Tony, 20-60, OM, 69-474.520.2067
CAPPY, Frank, 20-60, OM, 69-475.521.2068
CAPPY, Carrie, 20-60, OF, 69-475.521.2069
CAPPY, Arky, 5-20, OM, 69-475.521.2070
CAPPY, Josephine, 0-5, WF, 70-475.521.2071
CAPPY, Domenick, 0-5, WM, 70-475.521.2072
NARDUCI, Jos., 20-60, OM, 70-476.522.2073
NARDUCI, Mary, 20-60, OF, 70-476.522.2074
NARDUCI, Tony, 0-5, WM, 70-476.522.2075
NARDUCI, Caren, 0-5, WF, 70-476.522.2076
HENRY, James, 20-60, OM, 70-477.523.2077
HENRY, Mary, 20-60, OF, 70-477.523.2078

HUNTERDON CO. NJ 1895 STATE CENSUS
Township of Delaware

HENRY, Gatos, 5-20, OM, 70-477.523.2079
HENRY, Samuel, 0-5, WM, 70-477.523.2080
HENRY, Carrie, 0-5, WF, 70-477.523.2081
WALK, James, 20-60, OM, 70-477.523.2082
WELCH, Tony, 20-60, OM, 70-477.524.2083
WELCH, Katie, 20-60, OF, 70-477.524.2084
WELCH, Jos., 5-20, OM, 70-477.524.2085
WELCH, Saml., 0-5, WM, 70-477.524.2086
WELCH, Michael, 0-5, WM, 70-477.524.2087
WELCH, Jos., 60+, OM, 70-477.524.2088
WELCH, Hannah, 60+, OF, 70-477.524.2089
YANNARELLI, Nicklace, 20-60, OM, 70-477.524.2090
YANNARELLI, Lucy, 20-60, OF, 70-477.524.2091
NICKLACE, Gates, 20-60, OM, 70-478.524.2092
NICKLACE, Stephen, 5-20, OM, 70-478.524.2093
WILLIAMS, Domenick, 20-60, OM, 70-478.525.2094
WILLIAMS, Concetta, 20-60, OF, 70-478.525.2095
WILLIAMS, Annie, 0-5, WF, 70-478.525.2096
WILLIAMS, Angelo, 0-5, WM, 70-478.525.2097
PANDE, Michael, 20-60, OM, 70-479.526.2098
PANDE, Jane, 20-60, OF, 70-479.526.2099
PANDE, Mary, 5-20, OF, 70-479.526.2100
PANDE, Frank, 5-20, OM, 71-479.526.2101
PANDE, Sely, 5-20, OF, 71-479.526.2102
PANDE, Polly, 0-5, OF, 71-479.526.2103
PANDE, Joseph, 0-5, OM, 71-479.526.2104
GAUD, Dory, 0-5, WM, 71-479.526.2105
GAUD, Tony, 20-60, OM, 71-480.527.2106
GAUD, Felly, 20-60, OF, 71-480.527.2107
GAUD, Tony, 0-5, OM, 71-480.527.2108
CORCOL, Michael, 20-60, OM, 71-480.528.2109
CORCOL, Mary, 20-60, OF, 71-480.528.2110
CORCOL, Salvator, 0-5, OM, 71-480.528.2111
SALVIE, Servis, 20-60, OM, 71-481.529.2112
SALVIE, Mary, 20-60, OF, 71-481.529.2113
SALVIE, Lena, 0-5, WF, 71-481.529.2114
SALVIE, Francis, 5-20, OF, 71-481.529.2115
SALVIE, Sandy, 5-20, OM, 71-481.529.2116
SALVIE, Thomas, 0-5, WM, 71-481.529.2117
SALVIE, Savie, 5-20, OM, 71-481.529.2118
SALVIE, Carm, 5-20, OM, 71-481.529.2119
ROSS, Joe, 20-60, OM, 71-481.530.2120
ROSS, Josephine, 20-60, OF, 71-481.530.2121
ROSS, Leon, 5-20, OM, 71-481.530.2122
ROSS, Nancy, 5-20, OF, 71-481.530.2123
ROSS, Jos., 0-5, WM, 71-481.530.2124
MANCINE, Dony, 20-60, OM, 71-482.531.2125
MANCINE, Phillip, 20-60, OM, 71-482.531.2126
MANCINE, Lewis, 20-60, OM, 71-482.531.2127
ROSS, Nat, 20-60, OM, 71-482.531.2128
LORET, Leonard, 20-60, OM, 71-482.531.2129
YANERELLI, Lewis, 20-60, OM, 71-483.532.2130
YANERELLI, Mary, 20-60, OM, 72-483.532.2131
FERRARI, Andrea, 20-60, OM, 72-484.533.2132
FERRARI, Rena, 20-60, OF, 72-484.533.2133
FERRARI, Ferdinand, 5-20, OM, 72-484.533.2134
FERRARI, Raphael, 5-20, OM, 72-484.533.2135
FERRARI, Mary, 5-20, OF, 72-484.533.2136
FERRARI, Levy, 5-20, OM, 72-484.533.2137
FERRARI, Annie, 0-5, OF, 72-484.533.2138
FLUNNEL, Frank, 20-60, OM, 72-485.534.2139
FLUNNEL, Mary, 20-60, OF, 72-485.534.2140
FLUNNEL, Michael, 20-60, OM, 72-485.534.2141
HOCKENBURY, Jno. S., 60+, WM, 72-486.535.2142
HOCKENBURY, Sarah, 60+, WF, 72-486.535.2143
HOCKENBURY, Jno. H., 20-60, WM, 72-486.535.2144
HOCKENBURY, Laura, 20-60, WF, 72-486.535.2145
SUTTON, Dory, 20-60, WM, 72-486.535.2146
STRIMPLE, Calvin G., 60+, WM, 72-487.536.2147
STRIMPLE, Sarah, 60+, WF, 72-487.536.2148
STRIMPLE, Chris., 20-60, WM, 72-487.537.2149
STRIMPLE, Annie, 20-60, WF, 72-487.537.2150
STRIMPLE, Lillian M., 0-5, WF, 72-487.537.2151
COLEMAN, Lena, 5-20, WF, 72-487.537.2152
EVERITT, Thos., 60+, WM, 72-488.538.2153
EVERITT, Ezekiel, 60+, WM, 72-488.538.2154
PARENT, Mary A., 20-60, WF, 72-488.538.2155
PARENT, Lizzie, 20-60, WF, 72-488.538.2156
LAWSHE, Ira, 5-20, WM, 72-488.538.2157
HOLCOMBE, Reading, 60+, WM, 72-488.538.2158
HOLCOMBE, Eliza, 60+, WF, 72-488.538.2159
MOORE, Chas., 20-60, WM, 72-488.539.2160
MOORE, Rebecca, 20-60, WF, 73-488.539.2161
MOORE, Geo., 0-5, WM, 73.488.539.2162
HORNER, Saml., 20-60, WM, 73-489.540.2163
HORNER, Martha, 20-60, WF, 73-489.540.2164
HORNER, Geo. B., 20-60, WM, 73-489.540.2165
HORNER, Wm., 5-20, WM, 73-489.540.2166
SMITH, Wm., 60+, WM, 73-490.541.2167
PARENT, Jos., 20-60, WM, 73-491.542.2168
PARENT, Ella, 20-60, WF, 73-491.542.2169
PARENT, Florence, 0-5, WF, 73-491.542.2170
READING, Geo., 60+, WM, 73-491.543.2171
READING, Elizabeth, 60+, WF, 73-491.543.2172
CULLENS, Henry P., 60+, WM, 73-492.544.2173
CULLENS, Sallie E., 20-60, WF, 73-492.544.2174
JOHNSON, Albert R., 60+, WM, 73-493.545.2175
HUNT, Eden, 20-60, WM, 73-493.545.2176
HUNT, Sallie, 20-60, WF, 73-493.545.2177
HUNT, Margaret, 0-5, WF, 73-493.545.2178
HOLCOMBE, Lillie, 20-60, WF, 73-493.545.2179
SWALLOW, Wilson, 20-60, WM, 73-494.546.2180
SWALLOW, Rebecca E., 20-60, WF, 73-494.546.2181
SWALLOW, Jno.W., 0-5, WM, 73-494.546.2182
PHILLIPS, Wm., 20-60, WM, 73-495.547.2183
PHILLIPS, Mary B., 20-60, WF, 73-495.547.2184
PHILLIPS, Austin, 5-20, WM, 73-495.547.2185
PHILLIPS, Victoria, 5-20, WF, 73-495.547.2186
PHILLIPS, Freddie, 5-20, WM, 73-495.547.2187
PHILLIPS, Anna B., 0-5, WF, 73-495.547.2188

HUNTERDON CO. NJ 1895 STATE CENSUS
Township of Delaware

GORDON, James P., 20-60, WM, 73-496.548.2189
GORDON, Martha, 20-60, WF, 73-496.548.2190
GORDON, Laura M., 5-20, WF, 74-496.548.2191
GORDON, Elsie W., 0-5, WF, 74-496.548.2192
WILSON, Francis M., 20-60, WM, 74-497.549.2193
WILSON, Minnie H., 20-60, WF, 74-497.549.2194
WILSON, Richard H., 60+, WM, 74-497.550.2195
WILSON, Jane, 60+, WF, 74-497.550.2196
WILSON, Matilda I., 20-60, WF, 74-497.550.2197
WILSON, Earl, 5-20, WM, 74-497.550.2198
JOHNSON, Chas., 20-60, WM, 74-498.551.2199
JOHNSON, Hannah E., 20-60, WF, 74-498.551.2200
JOHNSON, Minnie, 5-20, WF, 74-498.551.2201
HUNT, Jos., 60+, WM, 74-499.552.2202
HUNT, Harriet, 60+, WF, 74-499.552.2203
HUNT, Mary V., 5-20, WF, 74-499.552.2204
PHILLIPS, Mary, 60+, WF, 74-500.553.2205
EVERITT, Geo. A., 20-60, WM, 74-501.554.2206
EVERITT, Adella, 20-60, WF, 74-501.554.2207
EVERITT, Annie A., 5-20, WF, 74-501.554.2208
EVERITT, Henry, 60+, WM, 74-502.555.2209
EVERITT, Jane, 20-60, WF, 74-502.555.2210
EVERITT, Theo., 20-60, WM, 74-502.555.2211
EVERITT, Saml., 20-60, WM, 74-502.555.2212
SCHEITARLY, Jno., 20-60, WM, 74-503.556.2213
SCHEITARLY, Jennie, 20-60, WF, 74-503.556.2214
SCHEITARLY, Lavina, 5-20, WF, 74-503.556.2215
JOHNSON, Willard, 20-60, WM, 74-504.557.2216
JOHNSON, Kate, 20-60, WF, 74-504.557.2217
JOHNSON, Henry, 0-5, WF, 74-504.557.2218
SHAW, Lizzie, 20-60, WF, 74-504.557.2219
REED, Wm., 20-60, WM, 74-505.558.2220
REED, Elizabeth, 20-60, WF, 75-505.558.2221
REED, Edna, 0-5, WF, 75-505.558.2222
REED, Howard, 0-5, WM, 75-505.558.2223
REED, Sarah, 60+, WF, 75-505.558.2224
COWDERICK, Jonathan, 60+, WM, 75-505.558.2225
COWDERICK, Alford, 60+, WM, 75-505.558.2226
MOONAN, Jno., 20-60, WM, 75-506.559.2227
MOONAN, Kate, 20-60, WF, 75-506.559.2228
DILTS, Herbert, 20-60, WM, 75-507.560.2229
DILTS, Lizzie, 20-60, WF, 75-507.560.2230
DILTS, Iona, 0-5, WF, 75-507.560.2231
DILTS, Alma, 0-5, WF, 75-507.560.2232
WOLVERTON, Asher, 60+, WM, 75-508.561.2233
WOLVERTON, Ann, 60+, WF, 75-508.561.2234
MASON, Emma, 20-60, WF, 75-508.561.2235
MASON, Raymond, 5-20, WM, 75-508.561.2236
READING, Horace M., 20-60, WM, 75-509.562.2237
READING, Rhoda, 20-60, WF, 75-509.562.2238
READING, Arthur, 5-20, WM, 75-509.562.2239
READING, Raymond A., 5-20, WM, 75-509.562.2240
READING, Ada M., 5-20, WF, 75-509.562.2241
READING, Eliza C., 60+, WF, 75-509.562.2242
MOORE, Theo., 20-60, WM, 75-510.563.2243
MOORE, Maggie, 20-60, WF, 75-510.563.2244
MOORE, Grace, 0-5, WF, 75-510.563.2245
WOOD, Cornelia, 20-60, WF, 75-511.564.2246
WOOD, Emma, 20-60, WF, 75-511.564.2247
FISHER, Hiram, 20-60, WM, 75-512.565.2248
FISHER, Emma, 20-60, WF, 75-512.565.2249
FISHER, Russel, 0-5, WM, 75-512.565.2250
SHERMAN, Stacy, 20-60, WM, 76-513.566.2251
SHERMAN, Bertha, 5-20, WF, 76-513.566.2252
HEWITT, Minnie, 5-20, WF, 76-513.566.2253
SHERMAN, Jackson, 20-60, WM, 76-513.567.2254
SHERMAN, Mary, 20-60, WF, 76-513.567.2255
SHERMAN, Walter, 5-20, WM, 76-513.567.2256
DILTS, Jonathan M., 60+, WM, 76-514.568.2257
DILTS, Elizabeth, 60+, WF, 76-514.568.2258
DILTS, Willis, 20-60, WM, 76-514.568.2259
DILTS, Elvia, 20-60, WF, 76-514.568.2260
DILTS, Leroy, 5-20, WM, 76-514.568.2261
DILTS, Spencer L., 20-60, WM, 76-515.569.2262
DILTS, Jane, 20-60, WF, 76-515.569.2263
DILTS, Edith, 5-20, WF, 76-515.569.2264
HUNT, James H., 20-60, WM, 76-516.570.2265
HUNT, Mary, 20-60, IF, 76-516.570.2266
HUNT, Thos., 20-60, WM, 76-516.570.2267
HUNT, Mary, 20-60, WF, 76-516.570.2268
HUNT, Lizzie, 5-20, WF, 76-516.570.2269
HUNT, Jennie, 5-20, WF, 76-516.570.2270
DUIGNAR, Hugh, 20-60, IM, 76-517.571.2271
DUIGNAR, Kate, 20-60, WF, 76-517.571.2272
DUIGNAR, Annie, 5-20, WF, 76-517.571.2273
DUIGNAR, Mary, 5-20, WF, 76-517.571.2274
DUIGNAR, Ella, 5-20, WF, 76-517.571.2275
DUIGNAR, Hugh, 5-20, WM, 76-517.571.2276
DUIGNAR, Tressa, 0-5, WF, 76-517.571.2277
WALROUTH, Harry, 20-60, WM, 76-518.572.2278
WALROUTH, Julia, 20-60, WF, 76-518.572.2279
WALROUTH, Wm., 5-20, WM, 76-518.572.2280
WALROUTH, Julia, 20-60, WF, 77-518.572.2281
WALROUTH, Carrie, 5-20, WF, 77-518.572.2282
HOCKENBURY, Asa, 60+, WM, 77-519.573.2283
HOCKENBURY, Hester A., 20-60, WF, 77-519.573.2284
SLATER, Thos., 20-60, WM, 77-519.573.2285
HOCKENBURY, Mary, 20-60, WF, 77-519.573.2286
McCARTY, Florence, 20-60, WM, 77-519.574.2287
McCARTY, Annie, 20-60, WF, 77-519.574.2288
McCARTY, Owen, 5-20, WM, 77-519.574.2289
McCARTY, Jno., 5-20, WM, 77-519.574.2290
McCARTY, Florence, 5-20, WM, 77-519.574.2291
McCARTY, Wm., 0-5, WM, 77-519.574.2292
McCARTY, Stephen, 0-5, WM, 77-519.574.2293
LYNCH, Bridget, 5-20, WF, 77-519.574.2294
SILLERY, James, 20-60, WM, 77-520.575.2295
SILLERY, Lizzie, 20-60, WF, 77-520.575.2296
SILLERY, James, 5-20, WM, 77-520.575.2297
SILLERY, Augustus, 5-20, WM, 77-520.575.2298

HUNTERDON CO. NJ 1895 STATE CENSUS
Township of Delaware

SILLERY, Norah, 5-20, WF, 77-520.575.2299
SILLERY, Mary, 0-5, WF, 77-520.575.2300
DIAMOND, Samuel, 60+, OM, 77-521.576.2301
DIAMOND, Lettice, 60+, OF, 77-521.576.2302
DIAMOND, Samuel, 20-60, OM, 77-521.576.2303
DIAMOND, Thos., 20-60, WM, 77-521.576.2304
DIAMOND, Emma, 20-60, OF, 77-521.576.2305
DIAMOND, Mary, 20-60, WF, 77-521.576.2306
DIAMOND, Wm., 5-20, WM, 77-521.576.2307
DIAMOND, Victoria, 5-20, WF, 77-521.576.2309
APGAR, Freddie, 5-20, WM, 77-521.576.2309
COTTRAL, Smith C., 20-60, WM, 77-522.577.2310
COTTRAL, Fannie, 20-60, WF, 78-522.577.2311
BODINE, Daniel S., 20-60, WM, 78-523.578.2312
BODINE, Charlotte, 20-60, WF, 78-523.578.2313
BODINE, Oletta S., 20-60, WF, 78-523.578.2314
HUNT, Clark T., 20-60, WM, 78-524.579.2315
HUNT, Lorina, 20-60, WF, 78-524.579.2316
HUNT, Jno. F., 20-60, WM, 78-524.579.2317
HUNT, Raymond, 5-20, WM, 78-524.579.2318
MAYO, Wm., 5-20, CM, 78-524.579.2319
LEDGER, Wm., 20-60, WM, 78-525.580.2320
LEDGER, Mary, 20-60, WF, 78-525.580.2321
LEDGER, Eddie, 5-20, WM, 78-525.580.2322
LEDGER, Florence, 5-20, WM, 78-525.580.2323
LEDGER, Jennie, 0-5, WF, 78-525.580.2324
LEDGER, Maggie, 0-5, WF, 78-525.580.2325
SHERWOOD, Jno. F., 20-60, WM, 78-526.581.2326
SHERWOOD, Emma J., 20-60, WF, 78-526.581.2327
SHERWOOD, Edith, 5-20, WF, 78-526.581.2328
SHERWOOD, Luella, 5-20, WF, 78-526.581.2329
SHERWOOD, Edward, 5-20, WM, 78-526.581.2330
NAYLOR, Elizabeth, 60+, WF, 78-526.581.2331
VAN CLEVE, Saml., 20-60, WM, 78-527.582.2332
VAN CLEVE, Dora, 20-60, WF, 78-527.582.2333
FRETZ, Jno. H., 20-60, WM, 78-528.583.2334
FRETZ, Mary C., 20-60, WF, 78-528.583.2335
FRETZ, Raymond M., 5-20, WM, 78-528.583.2336
FRETZ, Minnie J., 0-5, WF, 78-528.583.2337
VAN DYKE, James, 20-60, WM, 78-529.584.2338
VAN DYKE, Annie G., 20-60, WF, 78-529.584.2339
VAN DYKE, Helena, 20-60, WF, 78-529.584.2340
VAN DYKE, Edward, 5-20, WM, 79-529.584.2341
VAN DYKE, Bennie, 5-20, WM, 79-529.584.2342
VAN DYKE, Earnest, 5-20, WM, 79-529.584.2343
STOCKTON, Jno., 60+, WM, 79-530.585.2344
STOCKTON, Elizabeth, 60+, WF, 79-530.585.2345
STOCKTON, Annie, 20-60, WF, 79-530.585.2346
LEDGER, Jno., 20-60, WM, 79-531.586.2347
LEDGER, Margaret, 20-60, WF, 79-531.586.2348
LEDGER, Wm., 5-20, WM, 79-531.586.2349
LEDGER, Mary, 0-5, WF, 79-531.586.2350
LEDGER, Jno., 0-5, WM, 79-531.586.2351
LYNCH, Mary, 5-20, WF, 79-531.586.2351
MOORE, James, 20-60, WM, 79-532.587.2352
MOORE, Catharine, 20-60, WF, 79-532.587.2353
MOORE, Wm. S., 20-60, WM, 79-532.587.2354
GRAHAM, Jno., 20-60, IM, 79-532.588.2355
GRAHAM, Margaret, 20-60, IF, 79-532.588.2356
GRAHAM, Wm., 20-60, WM, 79-532.588.2357
GRAHAM, Jno., 20-60, WM, 79-532.588.2358
RICHARDSON, Silas, 20-60, CM, 79-533.589.2359
RICHARDSON, Mary, 20-60, CF, 79-533.589.2360
RICHARDSON, Grant, 5-20, CM, 79-533.589.2361
RICHARDSON, Ophelia, 5-20, CF, 79-533.589.2362
RICHARDSON, Laura, 5-20, CF, 79-533.589.2363
MAYO, Jno., 20-60, CM, 79-533.590.2364
MAYO, Juda, 20-60, CF, 79-533.590.2366
MAYO, Chas., 5-20, CM, 79-533.590.2367
MAYO, Lizzie, 5-20, CF, 79-533.590.2368
MAYO, James, 5-20, CM, 79-533.590.2369
MAYO, Lelia, 5-20, CF, 79-533.590.2370
MAYO, Robert, 0-5, CM, 80-533.590.2371
MAYO, Bella, 0-5, CF, 80-533.590.2372
KELLY, Jno., 20-60, WM, 80-534.591.2373
KELLEY, Norah, 20-60, WF, 80-534.591.2374
BRINK, Wm., 60+, WM, 80-535.592.2375
BRINK, Margaret, 20-60, WF, 80-535.592.2376
BRINK, Linda, 20-60, WF, 80-535.592.2377
BRINK, Frank, 5-20, WM, 80-535.592.2378
DURLING, Calvin, 20-60, WM, 80-536.593.2379
DURLING, Annie, 20-60, WF, 80-536.593.2380
DURLING, Calvin J., 5-20, WM, 80-536.593.2381
DURLING, Lilian, 5-20, WF, 80-536.593.2382
DURLING, Minnie, 0-5, WF, 80-536.593.2383
DURLING, Esther, 0-5, WF, 80-536.593.2384
PHILLIPS, Andrew J., 60+, WM, 80-537.593.2385
PHILLIPS, Amy, 60+, WF, 80-537.593.2386
HORNE, Wm., 20-60, WM, 80-538.594.2387
HORNE, Lucy C., 20-60, WF, 80-538.594.2388
HORNE, Velma, 5-20, WF, 80-538.594.2389
HORNE, Jno., 5-20, WM, 80-538.594.2390
HORNE, Walter, 5-20, WM, 80-538.594.2391
HORNE, Herbert, 0-5, WM, 80-538.594.2392
HORNE, Rachel, 0-5, WF, 80-538.594.2393
DILTS, Mosses R., 60+, WM, 80-538.594.2394
ROBERSON, Elmer, 20-60, WM, 80-539.595.2395
ROBERSON, Cora, 20-60, WF, 80-539.595.2396
ROBERSON, Edith, 5-20, WF, 80-539.595.2397
ROBERSON, Geo., 0-5, WM, 80-539.595.2398
MASON, Wm. P., 20-60, WM, 80-540.596.2399
MASON, Cora, 20-60, WF, 80-540.596.2400
MASON, Nellie, 5-20, WF, 81-540.596.2401
MASON, Carrie, 0-5, WF, 81-540.596.2402
MASON, Geo. W., 60+, WM, 81-540.596.2403
LAWSHE, David, 20-60, WM, 81-541.597.2404
LAWSHE, Sarah E., 20-60, WF, 81-541.597.2405
LAWSHE, Mary B., 5-20, WF, 81-541.597.2406
SHEPHERD, Peter A., 20-60, WM, 81-542.598.2407
SHEPHERD, Larine, 20-60, WF, 81-542.598.2408

HUNTERDON CO. NJ 1895 STATE CENSUS
Township of Delaware

ALLEN, Lizzie, 5-20, WF, 81-542.598.2409
SERVIS, Elizabeth, 60+, WF, 81-542.598.2410
JOHNSON, Catharine, 60+, WF, 81-543.599.2411
MOORE, Gideon, 20-60, WM, 81-543.599.2412
RITTENHOUSE, James J., 20-60, WM, 81-544.600.2413
RITTENHOUSE, Lillie U., 20-60, WF, 81-544.600.2414
COMPTON, Jno. F., 20-60, WM, 81-545.601.2415
COMPTON, Sarah C., 20-60, WF, 81-545.601.2416
COMPTON, Bertha, 0-5, WF, 81-545.601.2417
STRYKER, Edwin, 5-20, WM, 81-545.601.2418
SMITH, Benjamin C., 20-60, WM, 81-546.602.2419
SMITH, Harriet, 20-60, WF, 81-546.602.2420
SMITH, Laura, 20-60, WF, 81-546.602.2421
SMITH, Bertha, 0-5, WF, 81-546.602.2422
DITIMAR, Clinton, 5-20, WM, 81-546.602.2423
SMITH, Danl, 60+, WM, 81-546.602.2424
LARISON, David W., 20-60, WM, 81-547.603.2425
LARISON, Sarah, 20-60, WF, 81-547.603.2426
LARISON, Howard, 5-20, WM, 81-547.603.2427
LARISON, Mary, 60+, WF, 81-547.603.2428
BRADY, Geo. W., 20-60, WM, 81-548.604.2429
BRADY, Anna, 20-60, WF, 81-548.604.2430
BRADY, Violetta, 5-20, WF, 82-548.604.2431
BRADY, Stella, 5-20, WF, 82-548.604.2432
BRADY, Ada, 5-20, WF, 82-548.604.2433
BRADY, Edwin S., 0-5, WM, 82-548.604.2434
HOAGLAND, Howard, 20-60, WM, 82-549.605.2435
HOAGLAND, Ca[t]harine, 20-60, WF, 82-549.605.2436
HOAGLAND, Harry, 20-60, WM, 82-549.606.2437
HOAGLAND, Marinda, 20-60, WF, 82-549.606.2438
HOAGLAND, Edna, 0-5, WF, 82-549.606.2439
HOAGLAND, Paul, 0-5, WM, 82-549.606.2440
STILWELL, Anna, 5-20, WF, 82-549.606.2441
SINGLETON, Wm., 20-60, WM, 82-549.606.2442
SMITH, Jacob, 5-20, WM, 82-549.606.2443
NEWTON, Maggie, 20-60, CF, 82-549.606.2444
HOLCOMBE, Thos., 60+, WM, 82-550.607.2445
HOLCOMBE, Eliza, 60+, WF, 82-550.607.2446
RUNKLE, Rufus, 60+, WM, 82-550.607.2447
RUNKLE, Wesley, 20-60, WM, 82-550.607.2448
HOLCOMBE, Jno. R., 20-60, WM, 82-550.608.2449
HOLCOMBE, Sallie, 20-60, WF, 82-550.608.2450
HOLCOMBE, Eva, 5-20, WF, 82-550.608.2451
HOLCOMBE, James C., 5-20, WM, 82-550.608.2452
HOLCOMBE, Mary L., 0-5, WF, 82-550.608.2453
HOLCOMBE, Geo., 0-5, WM, 82-550.608.2454
HOLCOMBE, Addison, 0-5, WM, 82-550.608.2455
SAVANDA, Lewis, 5-20, WM, 82-550.608.2456
HOLCOMBE, Jno. I., 20-60, WM, 82-551.609.2457
HOLCOMBE, Martha, 20-60, WF, 82-551.609.2458
HOLCOMBE, Stella, 5-20, WF, 82-551.609.2459
HOLCOMBE, Helen, 5-20, WF, 82-551.609.2460
HOLCOMBE, Alice, 5-20, WF, 83-551.609.2461
SNYDER, Pierson, 20-60, WM, 83-551.609.2462
DAWSON, Katie, 20-60, CF, 83-551.609.2463
HAGAMAN, J. Monroe, 20-60, WM, 83-552.610.2464
HAGAMAN, Lucinda, 20-60, WF, 83-552.610.2465
FISHER, James I., 20-60, WM, 83-553.611.2466
FISHER, Kate, 20-60, WF, 83-553.611.2467
FISHER, Harvey, 20-60, WM, 83-553.611.2468
FISHER, Walter, 20-60, WM, 83-553.611.2469
FISHER, Gertie, 20-60, WF, 83-553.611.2470
FISHER, Ida M., 5-20, WF, 83-553.611.2471
FISHER, Irene, 5-20, WF, 83-553.611.2472
SKILLMAN, Sarah, 60+, WF, 83-553.611.2473
FISHER, Maria, 60+, WF, 83-553.611.2474
ABBOTT, Jos., 20-60, WM, 83-554.612.2475
ABBOTT, Anna, 20-60, WF, 83-554.612.2476
ABBOTT, Chas., 5-20, WM, 83-554.612.2477
ABBOTT, Warren, 5-20, WM, 83-554.612.2478
BLACKWELL, Chas. B., 20-60, WM, 83-555.613.2479
BLACKWELL, Sallie M., 20-60, WF, 83-555.613.2480
BLACKWELL, Martha, 5-20, WF, 83-555.613.2481
BLACKWELL, Alice M., 5-20, WF, 83-555.613.2482
BLACKWELL, Grace H., 5-20, WF, 83-555.613.2483
BLACKWELL, Augustus E., 0-5, WM, 83-555.613.2484
FISHER, Wm. H., 20-60, CM, 83-555.613.2485
FAUCET, Harry, 5-20, WM, 83-555.613.2486
BALKY, Hattie, 5-20, GF, 83-555.613.2487
FISHER, Theo., 20-60, WM, 83-556.614.2488
FISHER, Ann, 60+, WF, 83-556.614.2489
FISHER, Ed., 20-60, WM, 83-556.614.2490
FISHER, Anna B., 20-60, WF, 84-556.614.2491
FISHER, Ada, 5-20, WF, 84-556.614.2492
FISHER, Bessie, 5-20, WF, 84-556.614.2493
TYSON, Geo. W., 20-60, WM, 84-556.615.2494
TYSON, Bertha, 20-60, WF, 84-556.615.2495
SHEATS, Jno. R., 20-60, WM, 84-557.616.2496
SHEATS, Ida M., 20-60, WF, 84-557.616.2497
SHEATS, Minnie C., 5-20, WF, 84-557.616.2498
SHEATS, Cora M., 5-20, WF, 84-557.616.2499
SHEATS, Hattie E., 5-20, WF, 84-557.616.2500
SHEATS, Earl, 0-5, WM, 84-557.616.2501
LAIR, Sylvester, 20-60, WM, 84-557.617.2502
LAIR, Jos., 20-60, WM, 84-557.617.2503
LAIR, Mary A., 60+, WF, 84-557.617.2504
SCADDEN, Oscar, 20-60, WM, 84-557.617.2505
SCADDEN, Elizabeth, 20-60, WF, 84-557.617.2506
LAIR, Jno., 20-60, WM, 84-557.617.2507
BROWNE, Wm. J., 20-60, WM, 84-558.618.2508
BROWN, Fannie J., 20-60, WF, 84-558.618.2509
BROWNE, Alice M., 5-20, WF, 84-558.618.2510
BROWN, Harry H., 5-20, WM, 84-558.618.2511
GRAY, Wm., 20-60, CM, 84-558.618.2512
STRYKER, May, 20-60, WF, 84-558.618.2513
STEWART, Robert, 60+, WM, 84-559.619.2514
STEWART, Lydia, 60+, WF, 84-559.619.2515
STEWART, Chas. H., 5-20, WM, 84-559.619.2516
STEWART, Addie S., 20-60, WF, 84-559.619.2517
ROWLAND, Henry, 60+, WM, 84-560.620.2518

HUNTERDON CO. NJ 1895 STATE CENSUS
Township of Delaware

ROWLAND, Mrs. Henry, 20-60, WF, 84-560.620.2519
FISHER, Jos., 20-60, WM, 84-560.621.2520
FISHER, Susan H., 20-60, WF, 85-560.621.2521
FISHER, Mary H., 5-20, WF, 85-560.621.2522
FISHER, Farley, 0-5, WM, 85-560.621.2523
FISHER, Laura B., 0-5, WF, 85-560.621.2524
HUBER, Jno., 20-60, GM, 85-561.622.2525
HUBER, Margaret, 20-60, WF, 85-561.622.2526
HUBER, Chas., 5-20, WM, 85-561.622.2527
HUBER, Mary, 5-20, WF, 85-561.622.2528
HUBER, Minnie M., 0-5, WF, 85-561.622.2529
HUBER, Freddie, 0-5, WM, 85-561.622.2530
HUBER, Margaret, 0-5, WF, 85-561.622.2531
CASE, Oliver, 60+, WM, 85-561.622.2532
RUNKLE, Jno. Y., 60+, WM, 85-562.623.2533
RUNKLE, Catharine, 60+, WF, 85-562.623.2534
RUNKLE, Lizzie, 20-60, WF, 85-562.623.2535
MILLS, Bennie, 5-20, CM, 85-562.623.2536
HARTPENCE, Wm., 20-60, WM, 85-563.624.2537
HARTPENCE, Hannah, 20-60, WF, 85-563.624.2538
HARTPENCE, Ulysis G., 20-60, WM, 85-563.625.2539
HARTPENCE, Tillie M., 20-60, WF, 85-563.625.2540
HARTPENCE, Orvill, 5-20, WM, 85-563.625.2541
SUTPHIN, Jos. V. D., 60+, WM, 85-563.625.2542
PEGG, Jesse, 20-60, WM, 85-564.626.2543
PEGG, Emma, 20-60, WF, 85-564.626.2544
PEGG, Wm., 5-20, WM, 85-564.626.2545
BOWNE, Harvey G., 20-60, WM, 85-565.627.2546
BOWNE, Susana R., 20-60, WF, 85-565.627.2547
BOWNE, Lillie M., 5-20, WF, 85-565.627.2548
BOWNE, Katie, 5-20, WF, 85-565.627.2549
BOWNE, Ed. S., 0-5, WM, 85-565.627.2550
BOWNE, Emanuel K., 60+, WM, 86-565.627.2551
HAGAMAN, Jos., 60+, WM, 86-566.628.2552
HAGAMAN, Martha A., 60+, WF, 86-566.628.2553
ERICKSON, Sarah, 5-20, WF, 86-566.628.2554
LAWSHE, Samuel B., 20-60, WM, 86-567.629.2555
LAWSHE, Sallie, 20-60, WF, 86-567.629.2556
LAWSHE, Clara B., 5-20, WF, 86-567.629.2557
LAWSHE, Lillie, 0-5, WF, 86-567.629.2558
FISHER, Danl., 20-60, WM, 86-568.630.2559
FISHER, Annie, 20-60, WF, 86-568.630.2560
FISHER, Elmira, 5-20, WF, 86-568.630.2561
FISHER, Samuel, 5-20, WM, 86-568.630.2562
FISHER, Robt., 0-5, WM, 86-568.630.2563
HOLCOMBE, Elijah, 60+, WM, 86-569.631.2564
HOLCOMBE, Mary E., 20-60, WF, 86-569.631.2565
HOLCOMBE, Mary H., 20-60, WF, 86-569.631.2566
RUNKLE, Mary H., 0-5, WF, 86-569.631.2567
HELLIER, Wm. H., 20-60, WM, 86-569.632.2568
HELLIER, Cornelia A., 20-60, WF, 86-569.632.2569
HOUSEL, Chas., 5-20, WM, 86-569.632.2570
McHENRY, Holcombe, 20-60, WM, 86-570.633.2571
McHENRY, Elizabeth, 20-60, WF, 86-570.633.2572
CASE, Jos. D., 20-60, WM, 86-571.634.2573
CASE, Lucretia, 20-60, WF, 86-571.634.2574
CASE, Wilson, 20-60, WM, 86-571.634.2575
HUNT, Pembrook L., 20-60, WM, 86-572.635.2576
HUNT, Rachel J., 20-60, WF, 86-572.635.2577
HUNT, Herbert S., 5-20, WM, 86-572.635.2578
WILT, Jno. R., 20-60, WM, 86-573.636.2579
WILT, Mary, 20-60, WF, 86-573.636.2580
WILT, David, 5-20, WM, 87-573.636.2581
ROMINE, R. Holcombe, 20-60, WM, 87-574.637.2582
ROMINE, Jane, 20-60, WF, 87-574.637.2583
ROMINE, Wesley H., 5-20, WM, 87-574.637.2584
ROMINE, Horace R., 5-20, WM, 87-574.637.2585
LARUE, Jno. C., 20-60, WM, 87-575.638.2586
LARUE, Lizzie, 20-60, WF, 87-575.638.2587
GREEN, Wm., 20-60, WM, 87-575.638.2588
KERR, Andrew, 20-60, WM, 87-575.638.2589
STOUT, Sophia, 5-20, WF, 87-575.638.2590
DILTS, Jno. W., 20-60, WM, 87-576.639.2591
DILTS, Iona, 20-60, WF, 87-576.639.2592
DILTS, Fred, 5-20, WM, 87-576.639.2593
DILTS, Ada M., 5-20, WF, 87-576.639.2594
DILTS, Lester, 5-20, WM, 87-576.639.2595
PRICE, James, 20-60, WM, 87-577.640.2596
PRICE, Isabella, 20-60, WF, 87-577.640.2597
PRICE, Cornelius, 0-5, WM, 87-577.640.2598
PRICE, Ethel, 5-20, WF, 87-577.640.2599
PRICE, Russel, 0-5, WM, 87-577.640.2600
MENAUGH, Wm., 20-60, WM, 87-578.641.2601
MENAUGH, Susan, 20-60, WF, 87-578.641.2602
MENAUGH, Mary, 60+, WF, 87-578.641.2603
NIECE, Hiram, 60+, WM, 87-578.642.2604
NIECE, Jane, 60+, WF, 87-578.642.2605
NIECE, Edwin, 20-60, WM, 87-578.642.2606
NIECE, Jennet, 20-60, WF, 87-578.642.2607
NIECE, Wilber, 20-60, WM, 87-579.643.2608
NIECE, Ella, 20-60, WF, 87-579.643.2609
NIECE, Enoch, 20-60, WM, 87-580.644.2610
CARKHUFF, Minnie, 20-60, WF, 88-580.644.2611
CARKHUFF, Henry, 5-20, WM, 88-580.644.2612
CARKHUFF, Hannah, 5-20, WF, 88-580.644.2613
REDHEAD, Fred, 20-60, OM, 88-581.645.2614
REDHEAD, Elizabeth, 20-60, OF, 88-581.645.2615
REDHEAD, Alford, 0-5, WM, 88-581.645.2616
REDHEAD, Wm., 0-5, WM, 88-581.645.2617
HUTCHESON, Albert E., 20-60, WM, 88-581.645.2618
HUNT, Edward I., 20-60, WM, 88-582.646.2619
HUNT, Mary, 20-60, WF, 88-582.646.2620
DEMPSEY, Jerry, 20-60, WM, 88-583.647.2621
DEMPSEY, Malinda, 20-60, WF, 88-583.647.2622
DEMPSEY, Rosina, 0-5, WF, 88-583.647.2623
EVERITT, Lizzie, 20-60, WF, 88-583.648.2624
EVERITT, Rachel, 60+, WF, 88-583.648.2625
HO[U]SEL, Wm., 20-60, WM, 88-584.649.2626
HOUSEL, Laura, 20-60, WF, 88-584.649.2627
HO[U]SEL, Frank, 5-20, WM, 88-584.649.2628

HUNTERDON CO. NJ 1895 STATE CENSUS
Township of Delaware

HOUSEL, Sadie, 0-5, WF, 88-584.649.2629
HOUSEL, Lewis, 0-5, WM, 88-584.649.2630
HUBER, Jno. F., 20-60, GM, 88-585.650.2631
HUBER, Laura, 20-60, WF, 88-585.650.2632
HUBER, Oscar, 0-5, WM, 88-585.650.2633
HUBER, Freddie, 0-5, WM, 88-585.650.2634
BOOK, Jno. H., 20-60, GM, 88-586.651.2635
BOOK, Mary, 20-60, GF, 88-586.651.2636
EVERITT, Jos., 60+, WM, 88-587.652.2637
EVERITT, Catharine, 20-60, WF, 88-587.652.2638
PARENT, Chas. E., 20-60, WM, 88-588.653.2639
PARENT, Eva L., 20-60, WF, 88-588.653.2640
PARENT, Iva L., 0-5, WF, 89-588.653.2641
LINCOLN, Geo., 20-60, OM, 89-589.654.2642
LINCOLN, Lizzie, 20-60, WF, 89-589.654.2643
LINCOLN, Geo., 0-5, WM, 89-589.654.2644
LINCOLN, Mary, 0-5, WF, 89-589.654.2645
LINCOLN, Annie, 0-5, WF, 89-589.654.2646
LINCOLN, Jno., 0-5, WM, 89-589.654.2647
LINCOLN, Jos., 20-60, OM, 89-589.654.2648
SPURLING, Daniel, 20-60, WM, 89-590.655.2649
SPURLING, Sallie, 20-60, WF, 89-590.655.2650
HARTPENCE, Lambert, 20-60, WM, 89-591.656.2651
HARTPENCE, Amy, 20-60, WF, 89-591.656.2652
HARTPENCE, Jno. W., 20-60, WM, 89-591.656.2653
HARTPENCE, Edward, 5-20, WM, 89-591.656.2654
HARTPENCE, Olie, 5-20, WF, 89-591.656.2655
DEAN, Wm. P. C., 20-60, WM, 89-591.657.2656
DEAN, Alice, 20-60, WF, 89-591.657.2657
DEAN, Russel, 0-5, WM, 89-591.657.2658
DILTS, Reading, 20-60, WM, 89-592.658.2659
DILTS, Caroline, 20-60, WF, 89-592.658.2660
WILSON, Carrie D., 20-60, WF, 89-592.658.2661
RUNKLE, Henrietta, 60+, WF, 89-592.659.2662
QUIN, Jonathan, 60+, WM, 89-593.660.2663
QUIN, Rebecca, 60+, WF, 89-593.660.2664
QUIN, Josephine, 20-60, WF, 89-593.660.2665
SNYDER, Henry, 60+, WM, 89-594.661.2666
SNYDER, Geo., 20-60, WM, 89-594.661.2667
WHITE, Jno. W., 60+, WM, 89-594.661.2668
WHITE, Mrs. Jno., 60+, WF, 89-594.661.2669
WHITE, Danl., 20-60, WM, 89-594.661.2670
WILSON, Cornelius, 20-60, WM, 90-595.662.2671
WILSON, Amelia, 20-60, WF, 90-595.662.2672
WILSON, Theo., 20-60, WM, 90-595.662.2673
WILSON, Jno. S., 20-60, WM, 90-595.662.2674
WILSON, Andrew D., 20-60, WM, 90-595.662.2675
McDONALD, Patrick, 20-60, WM, 90-596.663.2676
McDONALD, Maggie, 20-60, WF, 90-596.663.2677
McDONALD, Ella, 5-20, WF, 90-596.663.2678
McDONALD, James, 5-20, WM, 90-596.663.2679
LAIRD, David, 20-60, OM, 90-596.663.2680
HUNT, Jno., 20-60, WM, 90-597.664.2681
HUNT, Alice, 20-60, WF, 90-597.664.2682
HUNT, Jno., 0-5, WM, 90-597.664.2683
HUNT, Florence, 0-5, WF, 90-597.664.2684
LARISON, Geo., 20-60, WM, 90-598.665.2685
LARISON, Henrietta, 20-60, WF, 90-598.665.2686
HOFFMAN, James W., 20-60, WM, 90-599.666.2687
HOFFMAN, Malinda, 20-60, WF, 90-599.666.2688
WISER, Catharine, 5-20, WF, 90-599.666.2689
SHEPHERD, Hiram, 20-60, WM, 90-600.667.2690
SHEPHERD, Dellilah, 20-60, WF, 90-600.667.2691
BUTTERFOSS, Hester A., 60+, WF, 90-600.668.2692
HUNT, Amy, 60+, WF, 90-600.668.2693
FARLEY, Sandford, 20-60, CM, 90-601.669.2693
FARLEY, Phobe, 20-60, CF, 90-601.669.2694
FARLEY, Geo., 20-60, CM, 90-601.669.2695
FARLEY, Rem., 20-60, CM, 90-601.669.2696
FARLEY, Wm., 5-20, CM, 90-601.669.2698
FARLEY, Jno., 5-20, CM, 90-601.669.2699
MARSHALL, Geo., 20-60, WM, 90-602.670.2700
MARSHALL, Elizabeth, 20-60, WF, 91-602.670.2701
FAUSS, Emma, 20-60, WF, 91-602.670.2702
WILLIAMSON, Asher M., 20-60, WM, 91-603.671.2703
WILLIAMSON, Anna, 20-60, WF, 91-603.671.2704
SNYDER, Johnson, 20-60, WM, 91-603.671.2705
SNYDER, Chas., 20-60, WM, 91-603.671.2706
FAUSS, Edward, 20-60, WM, 91-603.671.2707
DEAN, James B., 20-60, WM, 91-603.672.2708
DEAN, Mary E., 20-60, WF, 91-603.672.2709
KEARNS, Peter, 20-60, WM, 91-604.673.2710
KEARNS, Kate, 20-60, IF, 91-604.673.2711
KEARNS, Eugene, 5-20, WM, 91-604.673.2712
ONEIL, Peter, 20-60, WM, 91-604.674.2713
ONEIL, Mary, 20-60, WF, 91-604.674.2714
ONEIL, Peter, 5-20, WM, 91-604.674.2715
ONEIL, Jno. R., 0-5, WM, 91-604.674.2716
WILSON, Lewis C., 20-60, WM, 91-605.675.2717
WILSON, Lizzie J., 20-60, WF, 91-605.675.2718
JOHNSON, Thos. C., 20-60, WM, 91-605.676.2719
JOHNSON, Mary C., 20-60, WF, 91-605.676.2720
EDWARDS, Edward, 20-60, OM, 91-606.677.2721
EDWARDS, Mary, 20-60, OF, 91-606.677.2722
EDWARDS, Geo., 5-20, WM, 91-606.677.2723
EDWARDS, Arthur, 5-20, WM, 91-606.677.2724
EDWARDS, Jane, 0-5, WF, 91-606.677.2725
MOODY, Wm. W., 20-60, OM, 91-607.678.2726
MOODY, Mary J., 20-60, WF, 91-607.678.2727
MOODY, Anna, 20-60, WF, 91-607.678.2728
MOODY, Wm., 5-20, WM, 91-607.678.2729
PIDCOCK, Ann, 60+, IF, 91-607.678.2730
DURNS, Andrew, 20-60, OM, 92-607.678.2731
HALTON, Wm., 20-60, OM, 92-607.678.2732
HAMSHOCK, H., 20-60, CM, 92-608.679.2733
INGGRAM, Norman, 20-60, CM, 92-608.679.2734
BROWN, Harris, 20-60, CM, 92-608.679.2735
TEMPLE, J. T., 20-60, CM, 92-608.679.2736
LENGTH, Robt., 20-60, CM, 92-608.679.2737
SWALLOW, Wm., 60+, WM, 92-609.670.2738

HUNTERDON CO. NJ 1895 STATE CENSUS
Township of Delaware

SWALLOW, Amy, 20-60, WF, 92-609.670.2739
DOYLE, James, 20-60, IM, 92-609.671.2740
DOYLE, Ann, 20-60, IF, 92-609.671.2741
LYNCH, Wm., 60+, IM, 92-609.671.2742
DOYLE, James, 5-20, WM, 92-609.671.2743
DOYLE, Freddie, 5-20, WM, 92-609.671.2745
DOYLE, Wm., 0-5, WM, 92-609.671.2746
DOYLE, Harry, 0-5, WM, 92-609.671.2747
BRINK, Saml., 60+, WM, 92-609.671.2748
BRINK, Lucinda, 60+, WF, 92-610.672.2749
PITTENGER, Wm., 20-60, WM, 92-610.672.2750
PITTENGER, Sarah, 20-60, WF, 92-611.672.2751
PITTENGER, Edith, 5-20, WF, 92-611.672.2752
PITTENGER, Harry, 5-20, WM, 92-611.672.2753
SMITH, Jno. W., 20-60, WM, 92-612.673.2754
SMITH, Eva C., 20-60, WF, 92-612.673.2755
SMITH, Chas. A., 20-60, WM, 92-612.673.2756
SMITH, Jos., 5-20, WM, 92-612.673.2757
SMITH, Stanly, 5-20, WM, 92-612.673.2757
SMITH, Ann E., 60+, WF, 92-612.673.2758
COLTRAIN, Betty, 20-60, WF, 92-612.673.2759
SMITH, Catharine, 20-60, IF, 92-613.674.2760
SMITH, Thos., 20-60, WM, 93-613.674.2761
SMITH, Phillip, 5-20, WM, 93-613.674.2762
SMITH, Annie, 5-20, WF, 93-613.674.2763
SMITH, Francis, 5-20, WF, 93-613.674.2764
SMITH, Agnes, 5-20, WF, 93-613.674.2765
WILSON, David, 20-60, WM, 93-613.674.2766
WOLVERTON, Maurice, 60+, WM, 93-614.675.2767
WOLVERTON, Caroline, 60+, WF, 93-614.675.2768
STOUT, Mary, 20-60, WF, 93-614.675.2769
ALPAUGH, Jared, 20-60, WM, 93-615.676.2770
ALPAUGH, Emma, 20-60, WF, 93-615.676.2771
ALPAUGH, Wilmer, 5-20, WM, 93-615.676.2772
ALPAUGH, Maurice, 0-5, WM, 93-615.676.2773
MISSON, Sarah, 60+, WF, 93-615.676.2774
LEWIS, Jno., 5-20, WM, 93-615.676.2775
SHARP, Wm., 20-60, WM, 93-615.677.2776
MOORE, Mary, 60+, WF, 93-615.677.2777
SUREN, Wm., 20-60, OM, 93-616.678.2778
SUREN, Ann, 20-60, OF, 93-616.678.2779
SUREN, Martin, 5-20, WM, 93-616.678.2780
SUREN, Minnie, 5-20, WF, 93-616.678.2781
SUREN, Andrew, 5-20, WM, 93-616.678.2782
SUREN, Francis, 0-5, WF, 93-616.678.2783
SMITH, Green, 20-60, WM, 93-617.679.2784
SMITH, Mary J., 20-60, WF, 93-617.679.2785
SMITH, Mary D., 5-20, WF, 93-617.679.2786
SMITH, Edith, 5-20, WF, 93-617.679.2787
BAILEY, W., 60+, WM, 93-618.680.2788
BAILEY, Josephine, 60+, WF, 93-618.680.2789
BODINE, Clara W., 60+, WF, 93-618.680.2790
SMITH, Geo. W., 20-60, WM, 94-619.681.2791
SMITH, Anna, 20-60, WF, 94-619.681.2792
SMITH, Ethel, 0-5, WF, 94-619.681.2793
DEMASS, Wm., 20-60, WM, 94-620.682.2794
DEMASS, Catharine, 20-60, WF, 94-620.682.2795
DEMASS, Albert, 20-60, WM, 94-620.682.2796
DEMASS, Chas. W., 20-60, WM, 94-620.682.2797
DEMASS, Mary E., 5-20, WF, 94-620.682.2798
DEMASS, Walter H., 5-20, WM, 94-620.682.2799
GUITHER, Geo., 60+, OM, 94-621.683.2800
GUITHER, Annie, 20-60, WF, 94-621.683.2801
GUITHER, Lloyd, 20-60, WM, 94-621.683.2802
GUITHER, Hannah, 20-60, WF, 94-621.683.2803
GUITHER, Esther, 5-20, WF, 94-621.683.2804
GUITHER, Viola, 5-20, WF, 94-621.683.2805
HELLIER, Hannah, 60+, WF, 94-622.684.2806
LAIR, Sarah, 60+, WF, 94-622.684.2807
ROBERTS, Jane, 20-60, WF, 94-623.685.2808
ABBOTT, Rob. L., 20-60, WM, 94-623.685.2809
CORCORAN, Thos., 20-60, IM, 94-623.685.2810
FRETZ, Horace, 20-60, WM, 94-623.685.2811
STEWART, Wm., 20-60, IM, 94-623.685.2812
McGUCKEN, James, 20-60, OM, 94-623.685.2812
PRIEST, Sophia, 20-60, WF, 94-623.685.2813
PEGG, Wm., 20-60, WM, 94-624.686.2814
PEGG, Mrs. Wm., 20-60, WF, 94-624.686.2816
PEGG, William, 5-20, WM, 94-624.686.2817
PEGG, Matthias, 5-20, WM, 94-624.686.2818
PEGG, Jennie, 0-5, WF, 94-624.686.2819

HUNTERDON CO. NJ 1895 STATE CENSUS
Township of East Amwell

TOWNSHIP OF EAST AMWELL
Levi Holcombe, commissioner

HOLCOMBE, Levi, 20-60, WM, 1-1.1.1
HOLCOMBE, Mary M., 20-60, WF, 1-1.1.2
HOLCOMBE, Calvin C., 20-60, WM, 1-1.1.3
HOLCOMBE, Julia, 5-20, WF, 1-1.1.4
SUTPHIN, William, 60+, WM, 1-2.2.5
SUTPHIN, Catharine V. N., 20-60, WF, 1.2.2.6
SUTPHIN, Milton R., 5-20, WM, 1-2.2.7
PEGG, Jacob V. M., 20-60, WM, 1-3.3.8
PEGG, Susan B., 20-60, WF, 1-3.3.9
PEGG, Charles H., 5-20, WM, 1-3.3.10
PEGG, Robert C., 0-5, WM, 1-3.3.11
MUNSON, Ira, 20-60, WM, 1-4.4.12
MUNSON, Sarah C., 20-60, WF, 1-4.4.13
MUNSON, Lenora, 5-20, WF, 1-4.4.14
MUNSON, Ida, 5-20, WF, 1-4.4.15
CHERRY, George W. Jr., 20-60, WM, 1-5.5.16
CHERRY, Rebecca A., 20-60, WF, 1-5.5.17
CHERRY, Isaac, 5-20, WM, 1-5.5.18
CHERRY, Cora H., 0-5, WF, 1-5.5.19
GENNET, John A., 20-60, WM, 1-5.6.20
GENNET, Annie S., 20-60, WF, 1-5.6.21
WILSON, Kate Irene C., 5-20, WF, 1-5.6.22
HUFFMAN, Barton, 20-60, WM, 1-6.7.23
HUFFMAN, Sarah B., 20-60, WF, 1-6.7.24
STAHLE, Herman, 20-60, OM, 1-7.8.25
STAHLE, Sarah M., 5-20, WF, 1-7.8.26
STAHLE, Ethel May, 0-5, WF, 1-7.8.27
CLEMENCE, William V., 20-60, WM, 1-8.9.28
CLEMENCE, Mattie M., 20-60, WF, 1-8.9.29
CLEMENCE, Eveardus, 0-5, WM, 1-8.9.30
CLEMENCE, Minnie B., 0-5, WF, 2-8.9.31
DALLEY, Richard S., 20-60, WM, 2-9.10.32
DALLEY, Ellenor M., 20-60, WF, 2-9.10.33
DALLEY, Edna R., 5-20, WF, 2-9.10.34
WILLIAMSON, John C., 20-60, WM, 2-9.10.35
WILLIAMSON, Richard, 20-60, WM, 2-10.11.36
WILLIAMSON, Mary E., 20-60, WF, 2-10.11.37
WILLIAMSON, Elizabeth A., 5-20, WF, 2-10.11.38
HORTMAN, Randall P., 20-60, WM, 2-11.12.39
HORTMAN, Annie, 20-60, WF, 2-11.12.40
BLACKWELL, Andrew Sr., 60+, WM, 2-12.13.41
DILTS, George L., 60+, WM, 2-13.14.42
DILTS, Martha E., 20-60, WF, 2-13.14.43
DILTS, Rachel A., 60+, WF, 2-13.14.44
HIGGINS, Theodore Y., 20-60, WM, 2-13.14.45
HIGGINS, Victora, 20-60, WF, 2-13.14.46
HIGGINS, Nathaniel H., 5-20, WM, 2-13.14.47
MUNSON, John W., 20-60, WM, 2-14.15.48
MUNSON, Jennie, 20-60, WF, 2-14.15.49
STRIMPLE, George S., 20-60, WM, 2-15.16.50
STRIMPLE, Emma L., 20-60, WF, 2-15.16.51
STRIMPLE, Gertie R., 5-20, WF, 2-15.16.52
STRIMPLE, George E., 0-5, WM, 2-15.16.53
STRIMPLE, Jesiah D., 0-5, WM, 2-15.16.54
BLACKWELL, Matilda A., 60+, WF, 2-16.17.55
BLACKWELL, Harry S., 20-60, WM, 2-16.17.56
FRANCIS, Nancy, 20-60, CF, 2-16.17.57
HOLCOMBE, Charles, 20-60, WM, 2-17.18.58
HOLCOMBE, Ida J., 20-60, WF, 2-17.18.59
HOLCOMBE, Ada B., 0-5, WF, 2-17.18.60
YOUNG, Peter C., 20-60, WM, 3-18.19.61
YOUNG, Anna C., 20-60, WF, 3-18.19.62
SUTPHIN, Sadie, 20-60, CF, 3-18.19.63
BURROUGHS, Mary F., 60+, WF, 3-19.20.64
WARRICK, Lemuel, 20-60, WM, 3-19.21.65
WARRICK, Mary H., 20-60, WF, 3-19.21.66
WARRICK, Elma H., 5-20, WF, 3-19.21.67
PITTENGER, Alfrid S., 20-60, WM, 3-20.22.68
PITTENGER, Addie, 20-60, WF, 3-20.22.69
DALRYMPLE, Joseph M., 60+, WM, 3-21.23.70
DALRYMPLE, Sarah, 60+, WF, 3-21.23.71
PRALL, Abraham W., 20-60, WM, 3-22.24.72
PRALL, Mary E., 20-60, WF, 3-22.24.73
PRALL, Andrew H., 5-20, WM, 3-22.24.74
PRALL, Edieth, 5-20, WF, 3-22.24.75
PRALL, Elizebeth, 5-20, WF, 3-22.24.76
PRALL, Clawrence A., 0-5, WM, 3-22.24.77
SKILLMAN, Thomas, 60+, WM, 3-23.25.78
SKILLMAN, Catharine, 60+, WF, 3-23.25.79
SKILLMAN, John P., 20-60, WM, 3-23.25.80
SKILLMAN, Adaline C., 20-60, WF, 3-23.25.81
SKILLMAN, William, 20-60, WM, 3-23.25.82
SKILLMAN, Sarah A., 20-60, WF, 3-23.25.83
SILVARA, Joseph W., 20-60, WM, 3-24.26.84
SILVARA, Cora H., 20-60, WF, 3-24.26.85
HARNER, Sarah A., 5-20, WF, 3-24.26.86
BURNS, John, 20-60, IM, 3-25.27.87
BURNS, Mary A., 20-60, WF, 3-25.27.88
BURNS, Sarah E., 20-60, WF, 3-25.27.89
BURNS, Jennie W., 5-20, WF, 3-25.27.90
BURNS, John B., 5-20, WM, 4-25.27.91
BURNS, Cora S., 0-5, WF, 4-25.27.92
CRAFT, Lucy, 20-60, CF, 4-25.27.93
AGIN, James, 60+, WM,
AGIN, Emaline, 20-60, WF, 4-26.28.95
PITTENGER, Jonas R., 20-60, WM, 4-27.29.96
PITTENGER, Mary E., 20-60, WF, 4-27.29.97
PITTENGER, Harriet C., 0-5, WF, 4-27.29.98
DANBERRY, Samuel C., 20-60, WM, 4-28.30.99
DANBERRY, Annie H., 20-60, WF, 4-28.30.100
DANBERRY, Ramond C., 5-20, WM, 4-28.30.101
CASE, Levi H., 20-60, WM, 4-29.31.102
CASE, Mary A., 20-60, WF, 4-29.31.103
CASE, Amy L., 20-60, WF, 4-29.31.104

HUNTERDON CO. NJ 1895 STATE CENSUS
Township of East Amwell

NAFF, Jesse C., 5-20, WM, 4-29.31.105
NAFF, Ida T., 5-20, WF, 4-29.31.106
FISHER, Jacob J., 60+, WM, 4-30.32.107
FISHER, Louisa, 20-60, WF, 4-30.32.108
FISHER, Flora H., 20-60, WF, 4-30.32.109
CHERRY, George W. Sr., 60+, WM, 4-31.33.110
CHERRY, Harriet, 60+, WF, 4-31.33.111
CHERRY, John, 20-60, WM, 4-31.33.112
FISHER, Thomas S., 20-60, WM, 4-32.34.113
FISHER, Hattie L., 20-60, WF, 4-32.34.114
FISHER, M. Ramond, 5-20, WM, 4-32.34.115
GARY, Samuel, 60+, WM, 4-33.35.116
GARY, Nancy, 60+, WM, 4-33.35.117
WILSON, Austen S., 20-60, WM, 4-34.36.118
WILSON, Cinthia, 20-60, WF, 4-34.36.119
WILSON, Della, 20-60, WF, 4-34.36.120
WILSON, Cora, 20-60, WF, 4-34.36.121
WILSON, Alfred, 5-20, WM, 4-34.36.122
WILSON, Ada M., 5-20, WF, 4-34.36.123
WILSON, Enock L., 5-20, WM, 4-34.36.124
WILSON, Howard, 5-20, WM, 4-34.36.125
WILLIAMSON, David, 60+, WM, 4-35.37.126
WILLIAMSON, Mary L., 20-60, WF, 4-35.37.127
WILLIAMSON, E. Stanton, 20-60, WM, 4-35.37.128
WILLIAMSON, Catharine, 20-60, WF, 4-35.37.129
BLACKWELL, David W., 5-20, WM, 4-35.37.130
WILSON, Edward H., 20-60, WM, 4-36.38.131
WILSON, Laura B., 20-60, WF, 4-36.38.132
WILSON, Earnest F., 5-20, WM, 4-36.38.133
WILSON, Wallice E., 0-5, WM, 4-36.38.134
DITMORE, Elmina, 5-20, WF, 4-36.38.135
HARTPENCE, George B., 20-60, WM, 4-37.39.136
HARTPENCE, Lela, 20-60, WF, 4-37.39.137
HOLCOMBE, Martha, 60+, WF, 4-38.40.138
HOLCOMBE, Kate, 20-60, WF, 4-38.40.139
BURNS, William, 20-60, WM, 4-39.41.140
BURNS, Emma A., 20-60, WF, 4-39.41.141
BURNS, Samuel A., 20-60, WM, 4-39.41.142
GROVE, Artie A., 5-20, WM, 4-39.41.143
HARTPENCE, Mahala, 60+, WF, 4-40.42.144
HARTPENCE, Mattie E., 20-60, WF, 4-40.42.145
BLACKWELL, Oliver T., 20-60, WM, 4-40.43.146
BLACKWELL, Maggie W., 20-60, WF, 4-40.43.147
BLACKWELL, Ella Y., 0-5, WF, 4-40.43.148
BLACKWELL, Mary H., 0-5, WF, 4-40.43.149
BIRD, Ada, 20-60, WF, 4-40.43.150
CASE, Luticia A., 60+, WF, 6-41.44.151
CASE, Mary E., 20-60, WF, 6-41.44.152
CASE, William R., 20-60, WM, 6-41.44.153
CASE, E. Luella, 20-60, WF, 6-41.44.154
CASE, Charles W., 0-5, WM, 6-41.44.155
CASE, Carrie, 0-5, WF, 6-41.44.156
SOLOMON, Nathan, 60+, WM, 6-42.45.157
HUNT, Henry V. D., 60+, WM, 6-43.46.158
HUNT, Sarah A., 60+, WF, 6-43.46.159
HUNT, Henry R., 20-60, WM, 6-43.46.160
HUNT, Mamie H., 20-60, WF, 6-43.46.161
CLOSSON, Asa B., 20-60, WM, 6-44.47.162
CLOSSON, Hannah, 20-60, WF, 6-44.47.163
CLOSSON, Jennie M., 5-20, WF, 6-44.47.164
HARVEY, William C., 20-60, CM, 6-45.48.165
HARVEY, Eliza J., 20-60, CF, 6-45.48.166
HARVEY, Archie, 5-20, CM, 6-45.48.167
HARVEY, Mary J., 5-20, CF, 6-45.48.168
HARVEY, John T., 5-20, CM, 6-45.48.169
HARVEY, Susanna, 5-20, CF, 6-45.48.170
HARVEY, Nat Boston, 5-20, CM, 6-45.48.171
HARVEY, James L., 5-20, CM, 6-45.48.172
HARVEY, Eliza B., 0-5, CF, 6-45.48.173
HART, Amos M., 60+, WM, 6-46.49.174
HART, Elizabeth T., 20-60, WF, 6-46.49.175
HART, Mary Ann, 60+, WF, 6-46.49.176
TROUT, Jennie, 20-60, WF, 6-46.49.177
PEGG, John, 20-60, WM, 6-47.50.178
PEGG, Matilda, 20-60, WF, 6-47.50.179
PEGG, Susan, 5-20, WF, 6-47.50.180
PEGG, John Jr., 5-20, WM, 7-47.50.181
GRAY, Mary C., 60+, WF, 7-47.51.182
DILTS, Jacob, V. S., 60+, WM, 7-48.52.183
DILTS, Mary F., 20-60, WF, 7-48.52.184
DILTS, J. Howard, 5-20, WM, 7-48.52.185
DILTS, Hannah, 60+, WF, 7-48.52.186
DILTS, John R., 60+, WM, 7-48.52.187
WILSON, Lida S., 20-60, WF, 7-48.52.188
WILSON, Leonard, 20-60, WM, 7-48.52.189
WENRICK, Rev. George W. S., 20-60, WM, 7-49.53.190
WENRICK, Jennie E., 20-60, WF, 7-49.53.191
HIGGINS, Francis M. L., 20-60, WM, 7-50.54.192
HIGGINS, Ella M., 20-60, WF, 7-50.54.193
HIGGINS, Ida, 5-20, WF, 7-50.54.194
BELLIS, John W., 20-60, WM, 7-51.55.195
DALRYMPLE, Ann, 60+, WF, 7-51.55.196
SERVIS, John F., 60+, WM, 7-51.56.197
SERVIS, Catharine, 60+, WF, 7-51.56.198
SERVIS, Abraham Q., 20-60, WM, 7-51.56.199
HOUSEL, William E., 20-60, WM, 7-52.57.200
HOUSEL, Sadie W., 20-60, WF, 7-52.57.201
HOUSEL, Grace H., 5-20, WF, 7-52.57.202
HOUSEL, Bessie, 5-20, WF, 7-52.57.203
HOUSEL, Emma S., 5-20, WF, 7-52.57.204
ROBBINS, Hannah W., 20-60, WF, 7-53.58.205
ROBBINS, John V. H., 5-20, WM, 7-53.58.206
ROBBINS, Virgie A., 5-20, WF, 7-53.58.207
ROBBINS, Edwin S. W., 5-20, WM, 7-53.58.208
ROBBINS, Linley C., 5-20, WM, 7-53.58.209
ROBBINS, Hellen, 0-5, WF, 7-53.58.210
SUMMERS, Samuel W., 20-60, WM, 8-54.59.211
SUMMERS, Louisa E., 20-60, WF, 8-54.59.212
HOUT, Charles, 20-60, WM, 8-55.60.213
HOUT, Eliza A., 20-60, WF, 8-55.60.214

HUNTERDON CO. NJ 1895 STATE CENSUS
Township of East Amwell

BREWER, Elisha W., 20-60, WM, 8-56.61.215
BREWER, Henrietta V., 20-60, WF, 8-56.61.216
BREWER, Gertrude, 5-20, WF, 8-56.61.217
YOUNG, Mary, 60+, WF, 8-57.62.218
HUGHES, Hattie E., 5-20, WF, 8-57.62.219
HUNT, Jonathan A., 60+, WM, 8-58.63.220
HUNT, Annie L., 20-60, WF, 8-58.63.221
HUNT, John E., 20-60, WM, 8-58.63.222
HUNT, Ella C., 5-20, WF, 8-58.63.223
HUNT, Marrin, 0-5, WF, 8-58.63.224
CONNARD, Julia, 20-60, IF, 8-58.63.225
BREWER, William H., 20-60, WM, 8-59.64.226
BREWER, Adda M., 20-60, WF, 8-59.64.227
BREWER, Julia, 0-5, WF, 8-59.64.228
BREWER, Mary E., 0-5, WF, 8-59.64.229
BREWER, Gertrude V., 20-60, WF, 8-59.64.230
YOUNG, Susanna, 60+, WF, 8-59.64.231
BLACKWELL, Andrew J., 20-60, WM, 8-60.65.232
BLACKWELL, Mary Ann, 20-60, WF, 8-60.65.233
BLACKWELL, Bertie S., 5-20, WF, 8-60.65.234
LARISON, Cornelius W., 20-60, WM, 8-61.66.235
LARISON, Mary J., 60+, WF, 8-61.66.236
LARISON, Mary, 20-60, WF, 8-61.66.237
LARISON, Benjamin, 5-20, WM, 8-61.66.238
HOAGLAND, Daniel H., 20-60, WM, 8-62.67.239
HOAGLAND, Mary Ann, 20-60, WF, 8-62.67.240
HOAGLAND, Nancy, 20-60, WM, 9-62.67.241
HOAGLAND, Grover C., 5-20, WM, 9-62.67.242
NONAMAKER, Silas, 60+, WM, 9-63.68.243
NONAMAKER, Mary Ann, 60+, WF, 9-63.68.244
SCHENCK, Liscomb T., 20-60, WM, 9-64.69.245
SCHENCK, Virginia, 20-60, WF, 9-64.69.246
STAMETS, Cora, 20-60, WF, 9-64.69.247
STAMETS, Olive, 5-20, WF, 9-64.69.248
BLACKWELL, Richard, 5-20, WM, 9-64.69.249
MATHEWS, Vincent R., 60+, WM, 9-65.70.250
MATHEWS, Mary E., 20-60, WF, 9-65.70.251
MATHEWS, Ida T., 20-60, WF, 9-65.70.252
MATHEWS, Mary, 20-60, WF, 9-65.70.253
GIMSON, Edwin M. S., 20-60, WM, 9-66.71.254
GIMSON, Ellen, 20-60, WF, 9-66.71.255
EMERY, Alonzo V., 20-60, WM, 9-67.72.256
EMERY, Sarah H., 20-60, WF, 9-67.72.257
EMERY, Nathaniel, 5-20, WM, 9-67.72.258
EMERY, Bitie, 5-20, WF, 9-67.72.259
EMERY, Nellie, 5-20, WF, 9-67.72.260
SNOOK, J. Monroe, 20-60, WM, 9-68.73.261
SNOOK, Sarah E., 20-60, WF, 9-68.73.262
SNOOK, Alvah C., 5-20, WM, 9-68.73.263
SNOOK, Homer, 5-20, WM, 9-68.73.264
SNOOK, Kate R., 0-5, WF, 9-68.73.265
GODDARD, William, 60+, WM, 9-69.74.266
GODDARD, Margaret S., 60+, WF, 9-69.74.267
DILTS, William F., 20-60, WM, 9-70.75.268
DILTS, Emma S., 20-60, WF, 9-70.75.269
DILTS, Ada, 0-5, WF, 9-70.75.270
FIELDS, Lillie, 20-60, WF, 10-70.75.271
REA, Augustus, 20-60, WM, 10-71.76.272
REA, Ann K., 20-60, WF, 10-71.76.273
REA, George A., 5-20, WM, 10-71.76.274
HUNT, Amos, 60+, WM, 10-71.76.275
WILSON, John H., 20-60, WM, 10-72.77.276
WILSON, Carrie H., 20-60, WF, 10-72.77.277
WILSON, Iseral, 20-60, WM, 10-72.78.278
WILSON, Lizzie E., 20-60, WF, 10-72.78.279
WILSON, Harry L., 0-5, WM, 10-72.78.280
HART, Nathan C., 20-60, WM, 10-73.79.281
HART, Annie S., 20-60, WF, 10-73.79.282
HART, Nelson E., 20-60, WM, 10-73.79.283
HART, Bessie M., 20-60, WF, 10-73.79.284
PHILLIPS, John H., 20-60, WM, 10-74.79.285
PHILLIPS, Carrie E., 20-60, WF, 10-74.79.286
CLOSSON, Stillford, 20-60, WM, 10-75.80.287
CLOSSON, Ella, 20-60, WF, 10-75.80.288
CLOSSON, Ramond S., 5-20, WM, 10-75.80.289
CLOSSON, Erle D., 0-5, WM, 10-75.80.290
SMITH, John C., 5-20, WM, 10-75.80.291
ABBOTT, Alice Ann, 60+, WF, 10-75.80.292
SMITH, Charles W., 20-60, WM, 10-75.80.293
SKED, Richard, 20-60, WM, 10-76.81.294
SKED, Bessie D., 20-60, WF, 10-76.81.295
STEWART, Beatrice, 5-20, WF, 10-76.81.296
MARTENDALE, Alfred, 60+, WM, 10-77.82.297
MARTENDALE, Wellington, 20-60, WM, 10-77.82.298
MARTENDALE, Susie M., 20-60, WF, 10-77.82.299
APGAR, Henry A., 20-60, WM, 10-77.82.300
APGAR, Kate, 20-60, WF, 11-77.82.301
APGAR, Oliver, 5-20, WM, 11-77.82.302
DALRYMPLE, Judson, 60+, WM, 11-79.84.303
DALRYMPLE, Sarah M., 20-60, WF, 11-79.84.304
DALRYMPLE, Samuel S., 20-60, WM, 11-79.84.305
DALRYMPLE, Clara, 20-60, WF, 11-79.84.306
HIGGINS, David, 20-60, WM, 11-80.85.307
HIGGINS, Susan B., 20-60, WF, 11-80.85.308
HIGGINS, Florence L., 20-60, WF, 11-80.85.309
FISHER, Frederick, 5-20, WM, 11-80.85.310
KENNEDY, George W., 20-60, WM, 11-81.86.311
KENNEDY, Lillie E., 20-60, WF, 11-81.86.312
KENNEDY, Charlton W., 5-20, WM, 11-81.86.313
KENNEDY, George C., 0-5, WM, 11-81.86.314
KENNEDY, Eva A., 0-5, WF, 11-81.86.315
ENT, Jonathan, 20-60, WM, 11-82.87.316
ENT, Mary J., 20-60, WF, 11-82.87.317
ENT, Joseph H., 5-20, WM, 11-82.87.318
ENT, George H., 5-20, WM, 11-82.87.319
ENT, Lizzie F., 5-20, WF, 11-82.87.320
ENT, Nellie W., 5-20, WF, 11-82.87.321
ENT, Annie, 0-5, WF, 11-82.87.322
ENT, Charles, 0-5, WM, 11-82.87.323
DILTS, Samuel W., 20-60, WM, 11-83.88.324

HUNTERDON CO. NJ 1895 STATE CENSUS
Township of East Amwell

DILTS, Emma, 20-60, WF, 11-83.88.325
DILTS, S. Wilson, 20-60, WM, 11-83.88.326
WHITENACK, Susannah, 60+, WF, 11-84.89.327
WHITENACK, Susie, 20-60, WF, 11-84.89.328
WHITENACK, Lizzie, 20-60, WF, 11-84.89.329
HOAGLAND, Howard, 5-20, WM, 11-84.89.330
PULLEN, Emaline, 20-60, WF, 12-85.90.331
PULLEN, John H., 20-60, WM, 12-85.90.332
PULLEN, Jonathan, 20-60, WM, 12-85.90.333
COOK, Samuel, 60+, WM, 12-86.91.334
COOK, George, 20-60, WM, 12-86.91.335
COOK, Hannah, 20-60, WF, 12-86.91.336
BRADY, Lewis, 20-60, WM, 12-86.91.337
DANBERRY, Peter H., 20-60, WM, 12-87.92.338
DANBERRY, Jane A., 20-60, WF, 12-87.92.339
DANBERRY, Adam H., 5-20, WM, 12-87.92.340
DANBERRY, Joseph, 5-20, WM, 12-87.92.341
DANBERRY, Claurence, 0-5, WM, 12-87.92.342
DANBERRY, Cleveland, 0-5, WM, 12-87.92.343
EWEING, John Q. A., 60+, WM, 12-88.93.344
EWEING, Sarah A., 60+, WF, 12-88.93.345
STILLWELL, Jonathan H., 20-60, WM, 12-89.94.346
STILLWELL, Margaret A., 20-60, WF, 12-89.94.347
STILLWELL, Madora, 20-60, WF, 12-89.94.348
STILLWELL, Viola, 20-60, WF, 12-89.94.349
STILLWELL, Sarah E., 20-60, WF, 12-89.94.350
BENJAMIN, Frank, 20-60, WM, 12-90.95.351
BENJAMIN, Rachel, 20-60, WF, 12-90.95.352
BENJAMIN, Mary S., 5-20, WF, 12-90.95.353
BENJAMIN, Bertha, 5-20, WF, 12-90.95.354
BENJAMIN, John, 5-20, WM, 12-90.95.355
BENJAMIN, George, 5-20, WM, 12-90.95.356
BENJAMIN, Auther, 5-20, WM, 12-90.95.357
BENJAMIN, Ranseller, 5-20, WM, 12-90.95.358
BENJAMIN, Raleigh, 0-5, WM, 12-90.95.359
HORN, Rachel A., 60+, WF, 12-91.96.360
RILEY, Sarah A., 60+, WF, 13-91.96.361
SNOOK, Joseph A., 20-60, WM, 13-92.97.362
SNOOK, Sarah E., 20-60, WF, 13-92.97.363
SNOOK, Cora M., 5-20, WF, 13-92.97.364
TITUS, Sarah P., 60+, WF, 13-92.97.365
RUNYON, Lemuel, 60+, WM, 13-93.98.366
RUNYON, Jacob, 20-60, WM, 13-93.98.367
RUNYON, Sarah E., 20-60, WF, 13-93.98.368
RUNYON, Adela, 5-20, WF, 13-93.98.369
RUNYON, Ada, 0-5, WF, 13-93.98.370
STILLWELL, John, 20-60, WM, 13-94.99.371
STILLWELL, Caroline, 20-60, WF, 13-94.99.372
BRADY, Leonard, 60+, WM, 13-95.100.373
BRADY, Larehaine, 20-60, WF, 13-95.100.374
BRADY, Simpson A., 20-60, WM, 13-95.100.375
BRADY, William F., 5-20, WM, 13-95.100.376
BRADY, Levi S., 5-20, WM, 13-95.100.377
BRADY, George H., 5-20, WM, 13-95.100.378
BRADY, Frederick, 5-20, WM, 13-95.100.379
GREEN, Abraham, 20-60, WM, 13-96.101.380
GREEN, Mary L., 20-60, WF, 13-96.101.381
GREEN, Annie, 5-20, WF, 13-96.101.382
GREEN, William, 5-20, WM, 13-96.101.383
GREEN, Fannie, 5-20, WF, 13-96.101.384
GREEN, Abraham Jr., 0-5, WM, 13-96.101.385
GREEN, Voorhees, 60+, WM, 13-96.101.386
LAKE, Frank, 20-60, WM, 13-97.102.387
LAKE, Martha, 20-60, WF, 13-97.102.388
LAKE, Jacob, 5-20, WM, 13-97.102.389
LAKE, Hannah M., 5-20, WF, 13-97.102.390
LAKE, William, 5-20, WM, 14-97.102.391
LAKE, Edgar, 5-20, WM, 14-97.102.392
LAKE, Rebecca A., 0-5, WF, 14-97.102.393
LAKE, Sarah, 60+, WF, 14-97.102.394
SEALS, Pheobe, 60+, WF, 14-97.102.395
HOLEMAN, Samuel E., 20-60, WM, 14-98.103.396
HOLEMAN, Lizzie D., 20-60, WF, 14-98.103.397
HOLEMAN, Sadie May, 5-20, WF, 14-98.103.398
HOLEMAN, Reuben A., 5-20, WM, 14-98.103.399
SHIFFERMILLER, Henry, 20-60, WM, 14-98.103.400
STOUT, William, 20-60, WM, 14-99.104.401
STOUT, Lucinda, 60+, WF, 14-99.104.402
EGE, Charles W., 20-60, WM, 14-99.104.403
EGE, Sarah L., 20-60, WF, 14-99.104.404
EGE, Nellie C., 0-5, WF, 14-99.104.405
STOUT, Daniel, 60+, WM, 14-100.105.406
STOUT, Martha, 60+, WF, 14-100.105.407
STOUT, Homer, 5-20, WM, 14-100.105.408
STOUT, Alvan C., 5-20, WM, 14-100.105.409
STOUT, Mary H., 5-20, WF, 14-100.105.410
VANKIRK, George W., 20-60, WM, 14-101.106.411
VANKIRK, Anna M., 20-60, WF, 14-101.106.412
KISE, Alfred, 5-20, WM, 14-101.106.413
MATHEWS, William, 20-60, WM, 14-102.107.414
MATHEWS, Ellen, 60+, WF, 14-102.107.415
LAKE, Hannah, 20-60, WF, 14-102.107.416
EVERINGHAM, Joseph, 60+, WM, 14-103.108.417
EVERINGHAM, Wilford, 20-60, WM, 14-103.108.418
EVERINGHAM, Jane E., 60+, WF, 14-103.108.419
BLACKWELL, Wellingford P., 20-60, WM, 14-104.109.420
BLACKWELL, Louie A., 20-60, WM, 15-104.109.421
BLACKWELL, Ella H., 5-20, WF, 15-104.109.422
BLACKWELL, Cora May, 0-5, WF, 15-104.109.423
BLACKWELL, Clifford E., 0-5, WM, 15-104.109.424
STILLWELL, Josephine, 60+, WF, 15-104.109.425
SNOOK, Amos, 5-20, WM, 15-104.109.426
QUICK, Levi H., 20-60, WM, 15-105.110.427
QUICK, Anna C., 20-60, WF, 15-105.110.428
QUICK, Hattie E., 0-5, WF, 15-105.110.429
RUNYON, Margaret, 60+, WF, 15-105.110.430
HUNT, Sylvanus L., 20-60, WM, 15-106.111.431
HUNT, Ella A., 20-60, WF, 15-106.111.432
YOUNG, William S., 60+, WM, 15-107.112.433

HUNTERDON CO. NJ 1895 STATE CENSUS
Township of East Amwell

SNOOK, Stephen, 20-60, WM, 15-108.113.434
SNOOK, Sarah E., 20-60, WF, 15-108.113.435
SNOOK, Amos, 5-20, WM, 15-108.113.436
SNOOK, Ida May, 5-20, WF, 15-108.113.437
SNOOK, Augustus, 5-20, WM, 15-108.113.438
BURD, Reuben A., 20-60, WM, 15-109.114.439
BURD, Maria L., 20-60, WF, 15-109.114.440
BURD, Luella S., 5-20, WF, 15-109.114.441
BURD, John W., 5-20, WM, 15-109.114.442
FISHER, Clifford, 5-20, WM, 15-109.114.443
SCHENCK, Horatio H., 20-60, WM, 15-110.115.444
SCHENCK, Louisa, 20-60, WF, 15-110.115.445
CLARK, William H., 20-60, WM, 15-111.116.446
CLARK, Harriet E., 20-60, WF, 15-111.116.447
CLARK, William E., 5-20, WM, 15-111.116.448
CLARK, John A., 5-20, WM, 15-111.116.449
CLARK, Mary E., 0-5, WF, 15-111.116.450
CLARK, Clifford C., 0-5, WM, 16-111.116.451
DRAKE, Elisha H., 20-60, WM, 16-112.117.452
DRAKE, E. Lizzie, 20-60, WF, 16-112.117.453
DRAKE, Margaret E., 20-60, WF, 16-112.117.454
DRAKE, Joseph G., 5-20, WM, 16-112.117.455
DRAKE, Mary L., 5-20, WF, 16-112.117.456
HORTMAN, John, 20-60, WM, 16-113.118.457
PHILLIPS, Richard H., 20-60, WM, 16-114.119.458
PHILLIPS, Mary, 20-60, WF, 16-114.119.459
PHILLIPS, Susie, 20-60, WF, 16-114.119.460
PHILLIPS, Alva W., 5-20, WF, 16-114.119.461
PHILLIPS, Lida P., 5-20, WF, 16-114.119.462
PHILLIPS, Grace A., 0-5, WF, 16-114.119.463
VANMARTER, Jacob S., 60+, WM, 16-115.120.464
VANMARTER, Mary C., 60+, WF, 16-115.120.465
VANMARTER, David S., 20-60, WM, 16-115.120.466
HILL, David V. D., 20-60, WM, 16-116.121.467
HILL, Anna M., 20-60, WF, 16-116.121.468
HILL, Rynear H., 20-60, WM, 16-116.121.469
HILL, Sadie L., 5-20, WF, 16-116.121.470
HILL, David S., 5-20, WM, 16-116.121.471
HILL, Etta V., 5-20, WF, 16-116.121.472
DILTS, Orville H., 20-60, WM, 16-117.122.473
DILTS, Fannie, 20-60, WF, 16-117.122.474
DILTS, Ogden H., 0-5, WM, 16-117.122.475
DITNORE, Elvina, 5-20, WF, 16-117.122.476
GULICK, Cornelius E., 60+, WM, 16-118.123.477
GULICK, William B., 20-60, WM, 16-118.123.478
GULICK, Mary E., 20-60, WF, 16-118.123.479
GULICK, Frederick A., 5-20, WM, 16-118.123.480
GULICK, Mary E., 0-5, WF, 17-118.123.481
GULICK, Ramond C., 0-5, WM, 17-118.123.482
HORN, John J., 20-60, WM, 17-119.124.483
HORN, Catharine, 20-60, WF, 17-119.124.484
HORN, Frederick, 5-20, WM, 17-119.124.485
HUNT, Hannah M., 20-60, WF, 17-120.125.486
LARUE, Howard M., 20-60, WM, 17-120.126.487
LARUE, Mary E., 20-60, WF, 17-120.126.488
LARUE, Charles B., 20-60, WM, 17-120.126.489
LARUE, Walter, 5-20, WM, 17-120.126.490
LARUE, Lambert, 5-20, WM, 17-120.126.491
LARUE, Susan, 5-20, WF, 17-120.126.492
HUNT, Emery A., 20-60, WM, 17-121.127.493
HUNT, Emma A., 20-60, WF, 17-121.127.494
HUNT, Charles E., 5-20, WM, 17-121.127.495
HUNT, Samuel, 5-20, WM, 17-121.127.496
DRAKE, Anna E., 20-60, WF, 17-121.127.497
SNOOK, Peter J., 60+, WM, 17-122.128.498
SNOOK, Mary A., 20-60, WF, 17-122.128.499
SNOOK, Eden L., 5-20, WM, 17-122.128.500
SNOOK, Florence G., 5-20, WF, 17-122.128.501
SNOOK, David B., 5-20, WM, 17-122.128.502
SNOOK, John V., 5-20, WM, 17-122.128.503
SNOOK, Howard S., 5-20, WM, 17-122.128.504
SNOOK, Tillie A., 5-20, WF, 17-122.128.505
SNOOK, Richard W., 60+, WM, 17-123.129.506
SNOOK, Mary E., 20-60, WF, 17-123.129.507
SNOOK, Peter G., 20-60, WM, 17-123.129.508
SNOOK, Ira M., 20-60, WM, 17-123.129.509
SNOOK, Lillie, 20-60, WF, 17-123.129.510
SNOOK, Harry, 20-60, WM, 18-123.129.511
SNOOK, Eve, 0-5, WF, 18-123.129.512
MATHEWS, Andrew, 20-60, WM, 18-123.129.513
MATHEWS, Edward H., 20-60, WM, 18-123.129.514
DANBERRY, John W., 20-60, WM, 18-124.130.515
DANBERRY, Hannah, 20-60, WF, 18-124.130.516
DANBERRY, Walter, 5-20, WM, 18-124.130.517
DANBERRY, Augustus, 5-20, WM, 18-124.130.518
DANBERRY, Stella, 0-5, WF, 18-124.130.519
SEALS, Samuel, 20-60, WM, 18-125.131.520
SEALS, Sarah F., 20-60, WF, 18-125.131.521
SEALS, Cora M., 5-20, WF, 18-125.131.522
SEALS, Carrie E., 5-20, WF, 18-125.131.523
SEALS, Edith L., 5-20, WF, 18-125.131.524
DANBERRY, John S., 60+, WM, 18-126.132.525
DANBERRY, Mary, 60+, WF, 18-126.132.526
DANBERRY, Frank, 5-20, WM, 18-126.132.527
WILSON, William H., 20-60, WM, 18-127.133.528
WILSON, Ruthanna, 20-60, WF, 18-127.133.529
WILSON, Thomas E., 5-20, WM, 18-127.133.530
WILSON, Sarah J., 5-20, WF, 18-127.133.531
MITCHNER, Thomas, 60+, WM, 18-127.133.532
CHAMBERLIN, Abraham V., 60+, WM, 18-128.134.533
CHAMBERLIN, Mary A., 20-60, WF, 18-128.134.534
CHAMBERLIN, Forris K., 5-20, WM, 18-128.134.535
MOORE, Henry S., 60+, WM, 18-128.134.536
JACKSON, Elizabeth, 5-20, CF, 18-128.134.537
STANLEY, Rebecca, 60+, WF, 18-128.134.538
HAGAMAN, Sarah, 60+, CF, 18-128.134.539
CROSDALE, Robert R., 60+, WM, 18-129.135.540
CROSDALE, Phebe H., 60+, WF, 19-129.135.541
CHAMBERLIN, Anna F., 60+, WF, 19-130.136.542
LAROWE, David O., 60+, WM, 19-131.137.543

HUNTERDON CO. NJ 1895 STATE CENSUS
Township of East Amwell

LAROWE, Edward M., 20-60, WM, 19-131.137.544
LAROWE, Mary C., 20-60, WF, 19-131.137.545
LAROWE, Willford, 20-60, WM, 19-131.137.546
LAROWE, Mary B., 20-60, WF, 19-131.137.547
LAROWE, Cora M., 20-60, WF, 19-131.137.548
LAROWE, Abba, 20-60, WF, 19-131.137.549
WILSON, Lemuel, 20-60, WM, 19-132.138.550
WILSON, Sarah E., 20-60, WF, 19-132.138.551
DILTS, Jacob Jr., 20-60, WM, 19-132.139.552
DILTS, Martha A., 20-60, WF, 19-132.139.553
DILTS, Lewis C., 20-60, WM, 19-132.139.554
DILTS, Freddie A., 5-20, WM, 19-132.139.555
WYCKOFF, Permelia, 60+, WF, 19-133.140.556
WYCKOFF, Nelson, 20-60, WM, 19-133.140.557
WYCKOFF, Sietta, 20-60, WF, 19-133.140.558
WYCKOFF, Elmer, 5-20, WM, 19-133.140.559
ASHTON, Elijah R., 60+, WM, 19-134.141.560
ASHTON, Hannah M., 60+, WF, 19-134.141.561
ASHTON, Andrew H., 20-60, WM, 19-134.141.562
LUX, John, 20-60, OM, 19-135.142.563
LUX, Antonia, 20-60, OF, 19-135.142.564
LUX, Jannie, 5-20, WF, 19-135.142.565
LUX, Louis, 5-20, WM, 19-135.142.566
LUX, Otta, 5-20, WM, 19-135.142.567
LUX, Lillie, 0-5, WF, 19-135.142.568
LUX, Anna, 60+, OF, 19-135.142.569
CRAFT, Theodore Y., 60+, WM, 19-136.143.570
CRAFT, Phebe A., 60+, WF, 20-136.143.571
CRAFT, David W., 20-60, WM, 20-136.143.572
CRAFT, Jennie E., 5-20, WF, 20-136.143.573
WYCKOFF, Benjamin T., 20-60, WM, 20-136.143.574
BRUSE, Joseph, 20-60, WM, 20-137.144.575
BRUSE, Lizzie, 20-60, WF, 20-137.144.576
VANDIEW, Harry, 60+, CM, 20-138.145.577
CONOVER, Rachel, 60+, CF, 20-138.145.578
TRUEHART, Isaac, 20-60, CM, 20-139.146.579
TRUEHART, Catherine A., 20-60, CF, 20-139.146.580
TRUEHART, Martha V., 5-20, CF, 20-139.146.581
TRUEHART, William G., 5-20, CM, 20-139.146.582
TRUEHART, Amanda L., 0-5, CF, 20-139.146.583
MORRIS, William J., 20-60, CM, 20-140.147.584
MORRIS, Sarah E., 20-60, CF, 20-140.147.585
GROVER, Benjamin, 20-60, CM, 20-141.148.586
GROVER, Margaret, 20-60, CF, 20-141.148.587
GROVER, John H., 20-60, CM, 20-141.148.588
GROVER, Emma, 5-20, CF, 20-141.148.589
GROVER, Ellwood, 5-20, CM, 20-141.148.590
GROVER, Bertha, 5-20, CF, 20-141.148.591
GROVER, Jacob, 5-20, CM, 20-141.148.592
GROVER, Wilmer, 5-20, CM, 20-141.148.593
GROVER, Sarah E., 0-5, CF, 20-141.148.594
TRUEHART, William H., 20-60, CM, 20-141.148.595
SPAIN, Francis, 20-60, CM, 20-141.149.596
SPAIN, Mary L., 20-60, CF, 20-141.149.597
RILEY, John R., 20-60, WM, 20-142.149.598
RILEY, Lizzie, 20-60, WF, 20-142.149.599
RILEY, George, 20-60, WM, 20-142.149.600
RILEY, Rosa, 5-20, WF, 21-142.149.601
RILEY, David, 5-20, WM, 21-142.149.602
RILEY, Howard, 5-20, WM, 21-142.149.603
WYCKOFF, Matilda, 60+, WM, 21-143.150.604
ALEXANDER, Elizabeth, 60+, CF, 21-144.151.605
SNOOK, Charles, 60+, WM, 21-145.152.606
SNOOK, Sarah, 60+, WF, 21-145.152.607
DOCKERTY, William D., 20-60, WM, 21-146.153.608
DOCKERTY, Rebecca A., 20-60, WF, 21-146.153.609
DOCKERTY, Bertha M., 20-60, WM, 21-146.153.610
DATON, Jesse P., 20-60, WM, 21-147.154.611
DATON, Jennie, 20-60, WF, 21-147.154.612
DATON, Jesse Jr., 5-20, WM, 21-147.154.613
DATON, Clara, 5-20, WF, 21-147.154.614
DATON, Abraham, 5-20, WM, 21-147.154.615
DATON, Martha, 5-20, WF, 21-147.154.616
DATON, Beatrice, 0-5, WF, 21-147.154.617
DATON, Josie, 0-5, WF, 21-147.154.618
DRAKE, Smith W., 20-60, WM, 21-148.155.619
DRAKE, Ann, 20-60, IF, 21-148.155.620
WYCKOFF, Lewis, 60+, WM, 21-149.156.621
WYCKOFF, Sarah A., 60+, WF, 21-149.156.622
WYCKOFF, Charles P., 20-60, WM, 21-149.156.623
WYCKOFF, Laura, 20-60, WF, 21-149.156.624
WARRICK, John Sr., 60+, WM, 21-150.157.625
WARRICK, Lemuel, 20-60, WM, 21-150.157.626
MATHEWS, John W., 5-20, WM, 21-150.157.627
QUICK, Johnson J., 20-60, WM, 21-151.158.628
QUICK, Hannah, 20-60, WF, 21-151.158.629
QUICK, Jacob H., 20-60, WM, 21-151.158.630
QUICK, Mamie B., 5-20, WF, 22-151.158.631
QUICK, George P., 5-20, WM, 22-151.158.632
KELLEY, Asher, 60+, WM, 22-152.159.633
KELLEY, Jane, 60+, WF, 22-152.159.634
KELLEY, Adalaid, 20-60, WF, 22-152.159.635
BLACKWELL, L. Schenck, 60+, WM, 22-153.160.636
BLACKWELL, Sarah K., 60+, WF, 22-153.160.637
GRIGGS, Lillie H., 5-20, WF, 22-153.160.638
MANNERS, Elizabeth V., 60+, WF, 22-153.160.639
WINDLAND, Charles H., 20-60, WM, 22-154.161.640
WINDLAND, Lizzie, 20-60, WF, 22-154.161.641
REED, Levi, 60+, WM, 22-155.162.642
REED, William N., 20-60, WM, 22-155.162.643
REED, Fannie, 20-60, WF, 22-155.162.644
REED, Bertha, 5-20, WF, 22-155.162.645
FAIRCHILDS, Rosa, 5-20, WF, 22-155.162.646
WINDLAND, William E., 20-60, WM, 22-156.163.647
WINDLAND, Sarah E., 20-60, WF, 22-156.163.648
WINDLAND, Nellie, 5-20, WF, 22-156.163.649
WINDLAND, Walter, 0-5, WM, 22-156.163.650
WYCKOFF, Richard J., 20-60, WM, 22-157.164.651
HOLCOMBE, Mary Ann, 60+, WF, 22-157.164.652
HOLCOMBE, Elias, 20-60, WM, 22-157.164.653

HUNTERDON CO. NJ 1895 STATE CENSUS
Township of East Amwell

WHITEHEAD, Emely, 5-20, WF, 22-157.164.654
WINDLAND, Augustus, 20-60, WM, 22-158.165.655
WINDLAND, Carrie, 20-60, WF, 22-158.165.656
WINDLAND, John Jr., 5-20, WM, 22-158.165.657
WINDLAND, Isaac, 5-20, WM, 22-158.165.658
WINDLAND, John Sr., 60+, WM, 22-158.165.659
HOSMON, Lizzie, 20-60, WF, 22-158.165.660
STOUT, Lewis D., 20-60, WM, 23-159.166.661
STOUT, Sarah E., 20-60, WF, 23-159.166.662
STOUT, Mary C., 20-60, WF, 23-159.166.663
STOUT, Howard C., 20-60, WM, 23-159.166.664
HIGGINS, Ira, 20-60, WM, 23-160.167.665
HIGGINS, Carrie V., 20-60, WF, 23-160.167.666
HIGGINS, Howard K., 5-20, WM, 23-160.167.667
HIGGINS, Joseph V. M., 5-20, WM, 23-160.167.668
HIGGINS, Ira C., 5-20, WM, 23-160.167.669
HIGGINS, Sarah V. M., 5-20, WF, 23-160.167.670
AKERS, George, 20-60, WM, 23-161.168.671
AKERS, Julia, 20-60, WF, 23-161.168.672
QUICK, Rachel A., 60+, WF, 23-162.169.673
QUICK, Ezekial C., 20-60, WM, 23-162.170.674
QUICK, Anna C., 20-60, WF, 23-162.170.675
QUICK, Howard S., 5-20, WM, 23-162.170.676
LARU?, George, 5-20, WM, 23-162.170.677
HERDER, Horace P., 20-60, WM, 23-163.171.678
HERDER, Mary E., 20-60, WF, 23-163.171.679
HERDER, David R., 5-20, WM, 23-163.171.680
HERDER, John H., 5-20, WM, 23-163.171.681
HERDER, Elizabeth, 0-5, WF, 23-163.171.682
WILLIAMS, Charles, 20-60, WM, 23-163.171.683
SAUMS, William S., 20-60, WM, 23-164.172.684
SAUMS, Sarah L., 20-60, WF, 23-164.172.685
SAUMS, Lizzie, 5-20, WF, 23-164.172.686
SAUMS, Lewis, 5-20, WM, 23-164.172.687
SAUMS, Anna M., 5-20, WF, 23-164.172.688
HOUSEL, Sarah J., 60+, WF, 23-165.173.689
HOUSEL, William, 20-60, WM, 23-165.173.690
HOUSEL, Walter, 20-60, WM, 24-165.173.691
SCHENCK, William D., 20-60, WM, 24-166.174.692
SCHENCK, Mary C., 20-60, WF, 24-166.174.693
SCHENCK, Cornie M., 5-20, WF, 24-166.174.694
SCHENCK, Mabell L., 5-20, WF, 24-166.174.695
MIFFLIN, William, 5-20, WM, 24-166.174.696
YOUNG, John W., 20-60, WM, 24-167.175.697
YOUNG, Maria L., 20-60, WF, 24-167.175.698
YOUNG, Sadie A., 5-20, WF, 24-167.175.699
YOUNG, Jacob C., 20-60, WM, 24-167.175.700
STRYKER, John R., 20-60, WM, 24-168.176.701
STRYKER, Hannah, 20-60, WF, 24-168.176.702
STRYKER, Jacob Q., 5-20, WM, 24-168.176.703
HOUSEL, Lizzie, 5-20, WF, 24-168.176.704
KITCHEN, Ross, 20-60, WM, 24-168.176.705
VAN DORN, Abraham, 20-60, WM, 24-169.177.706
VAN DORN, Sarah, 60+, WF, 24-169.177.707
VAN DORN, Annie, 20-60, WF, 24-169.177.708
VAN DORN, Jacob, 20-60, WM, 24-169.177.709
VAN DORN, Edgar, 20-60, WM, 24-169.177.710
QUICK, John V., 60+, WM, 24-170.178.711
QUICK, Matilda, 20-60, WF, 24-170.178.712
QUICK, Laurence D., 20-60, WM, 24-170.178.713
SCHAPPLER, Henry, 20-60, WM, 24-171.179.714
SCHAPPLER, Mamie, 20-60, WF, 24-171.179.715
CHAMBERLIN, Lewis Sr., 60+, WM, 24-172.180.716
CHAMBERLIN, Sarah, 60+, WF, 24-172.180.717
CHAMBERLIN, James S., 20-60, WM, 24-172.180.718
CHAMBERLIN, Lewis A., 20-60, WM, 24-172.180.719
HUFFMAN, Martin, 60+, WM, 24-173.181.720
HUFFMAN, Rebecca, 20-60, WF, 25-173.181.721
REED, Robert C., 20-60, WM, 25-174.182.722
REED, Margaret, 20-60, WF, 25-174.182.723
REED, Jason, 0-5, WM, 25-174.182.724
GREEN, Morris, 60+, IM, 25-175.183.725
GREEN, Mary, 60+, IF, 25-175.183.726
BUCK, James H., 20-60, WM, 25-176.184.727
BUCK, Victoria, 20-60, WF, 25-176.184.728
BUCK, Mary M., 0-5, WF, 25-176.184.729
BUCK, Fritz, 20-60, GM, 25-177.185.730
BUCK, Rebecca A., 20-60, WF, 25-177.185.731
BUCK, David W., 20-60, WM, 25-177.185.732
BUCK, Frederick, 20-60, WM, 25-177.185.733
BUCK, Anna, 5-20, WM, 25-177.185.734
BUCK, Lewis, 5-20, WM, 25-177.185.735
BUCK, Emaline, 5-20, WF, 25-177.185.736
BUCK, George W., 5-20, WM, 25-177.185.737
BUCK, John, 5-20, WM, 25-177.185.738
BUCK, Sofiere, 0-5, WF, 25-177.185.739
CRONCE, Joseph C., 20-60, WM, 25-178.186.740
CRONCE, Mary, 20-60, WF, 25-178.186.741
CRONCE, Frederick, 5-20, WM, 25-178.186.742
CRONCE, Hellen, 5-20, WF, 25-178.186.743
CRONCE, Maggie B., 0-5, WF, 25-178.186.744
CRONCE, Paul Q., 0-5, WM, 25-178.186.745
HUFF, Wesley, 60+, WM, 25-178.186.746
HIGGINS, Henry C., 20-60, WM, 25-179.187.747
HIGGINS, Sarah A., 20-60, WF, 25-179.187.748
HIGGINS, Ella, 20-60, WF, 25-179.187.749
HIGGINS, Cornelius, 5-20, WM, 25-179.187.750
HIGGINS, Fannie M., 5-20, WF, 26-179.187.751
HIGGINS, Sadie, 5-20, WF, 26-179.187.752
HIGGINS, Mary, 5-20, WF, 26-179.187.753
HIGGINS, Florence, 5-20, WF, 26-179.187.754
HIGGINS, Frederick, 0-5, WM, 26-179.187.755
REED, John Sr., 60+, WM, 26-180.188.756
REED, Mary C., 60+, WF, 26-180.188.757
REED, Hattie, 5-20, WF, 26-180.188.758
WYCKOFF, Andrew, 20-60, WM, 26-181.189.759
WYCKOFF, Carrie E., 20-60, WF, 26-181.189.760
WYCKOFF, Orville A., 0-5, WM, 26-181.189.761
WYCKOFF, Jacob V., 20-60, WM, 26-182.190.762
WYCKOFF, Amanda, 20-60, WF, 26-182.190.763

HUNTERDON CO. NJ 1895 STATE CENSUS
Township of East Amwell

WYCKOFF, Charles H., 20-60, WM, 26-182.190.764
WYCKOFF, Mary E., 5-20, WF, 26-182.190.765
WYCKOFF, George L., 5-20, WM, 26-182.190.766
RILEY, Isaac, 20-60, WM, 26-183.191.767
RILEY, Jennie M., 20-60, WF, 26-183.191.768
RILEY, James R., 5-20, WF, 26-183.191.769
RILEY, John S., 0-5, WM, 26-183.191.770
RILEY, Henry E., 0-5, WM, 26-183.191.771
STILLWELL, Simpson D., 20-60, WM, 26-184.192.772
STILLWELL, Charity A., 20-60, WF, 26-184.192.773
STILLWELL, Essay, 5-20, WF, 26-184.192.774
HIXSON, William C., 20-60, WM, 26-185.193.775
HIXSON, Caroline, 20-60, WF, 26-185.193.776
HIXSON, Zephaniah M., 20-60, WM, 26-185.193.777
HIXSON, Julia, 20-60, WF, 26-185.193.778
HIXSON, Charles C., 0-5, WM, 26-185.193.779
HIXSON, John W., 20-60, WM, 26-186.194.780
HIXSON, Eliza, 20-60, WF, 27-186.194.781
HIXSON, Walter A., 5-20, WM, 27-186.194.782
HIXSON, Nelson D., 5-20, WM, 27-186.194.783
HIXSON, Noah S., 5-20, WM, 27-186.194.784
HIXSON, Clawrence, 0-5, WM, 27-186.194.785
HIXSON, Mary, 0-5, WF, 27-186.194.786
WILSON, Jacob C., 20-60, WM, 27-187.195.787
WILSON, Delia, 20-60, WF, 27-187.195.788
WILSON, Sarah J., 0-5, WF, 27-187.195.789
EWEING, David Y., 20-60, WM, 27-188.196.790
EWEING, Sarah, 20-60, WF, 27-188.196.791
EWEING, Zallah, 5-20, WF, 27-188.196.792
VAN HOUTEN, David E., 20-60, WM, 27-189.197.793
VAN HOUTEN, Sarah F., 20-60, WF, 27-189.197.794
VAN HOUTEN, John H., 5-20, WM, 27-189.197.795
VAN HOUTEN, Annie L., 5-20, WF, 27-189.197.796
VAN HOUTEN, Carrietta, 0-5, WF, 27-189.197.797
SERVIS, John M., 60+, WM, 27-190.198.798
SERVIS, Elizebeth, 60+, WF, 27-190.198.799
LOWE, Dana, 20-60, WM, 27-191.199.800
LOWE, Lizzie, 20-60, WF, 27-191.199.801
LOWE, Bessie, 5-20, WF, 27-191.199.802
LOWE, Emma, 5-20, WF, 27-191.199.803
LOWE, William, 5-20, WF, 27-191.199.804
KAFRITZ, Phillip, 20-60, GM, 27-191.199.805
HIXSON, William T., 60+, WM, 27-192.200.806
HIXSON, Jane E., 60+, WF, 27-192.200.807
HIXSON, Noah R., 20-60, WM, 27-192.200.808
HIXSON, Kate H., 20-60, WF, 27-192.200.809
FURGUSON, Stacy, 5-20, CM, 27-192.200.810
BELLIS, Andrew C., 20-60, WM, 28-193.201.811
BELLIS, Alice V., 20-60, WF, 28-193.201.812
BELLIS, Sarah E., 5-20, WF, 28-193.201.813
BELLIS, John W., 0-5, WM, 28-193.201.814
GRIGGS, Lizzie, 5-20, WF, 28-193.201.815
DIER, Frederick, 5-20, WM, 28-193.201.816
SUTPHIN, Jacob S., 20-60, WM, 28-194.202.817
SUTPHIN, Alida, 20-60, WF, 28-194.202.818
SUTPHIN, Ramond, 0-5, WM, 28-194.202.819
SUTPHIN, Rachel A., 60+, WF, 28-194.202.820
JOHNSON, Bergan, 20-60, WM, 28-194.202.821
RUNYON, Samuel, 20-60, WM, 28-195.203.822
RUNYON, Mary Q., 20-60, WF, 28-195.203.823
HIGGINS, Asher, 60+, WM, 28-196.204.824
HIGGINS, Jane, 60+, WF, 28-196.204.825
HIGGINS, John W., 20-60, WM, 28-196.204.826
WILLIAMS, Jennie, 20-60, CF, 28-196.204.827
HIGGINS, David V., 20-60, WM, 28-196.205.828
HIGGINS, Ella, 20-60, WF, 28-196.205.829
HIGGINS, Mabell, 5-20, WF, 28-196.205.830
HIGGINS, Carrie, 5-20, WF, 28-196.205.831
DURHAM, Edwin H., 20-60, wM, 28-197.206.832
DURHAM, Elizabeth, 20-60, WF, 28-197.206.833
DURHAM, Granville E., 5-20, WM, 28-197.206.834
FRASER, Ella, 20-60, WF, 28-197.206.835
FRASER, Edwin, 5-20, WM, 28-197.206.836
FRASER, Ella, 0-5, WF, 28-197.206.837
BRIER, Edward, 20-60, WM, 28-197.206.838
VAN SINDERLEN, John H., 20-60, WM, 28-198.207.839
VAN SINDERLEN, Linder A., 20-60, WF, 28-198.207.840
VAN SINDERLEN, Lucella, 0-5, WF, 29-198.207.841
VAN SINDERLEN, Mabell C., 0-5, WF, 29-198.207.842
VAN SINDERLEN, Garetta G., 0-5, WF, 29-198.207.843
WYCKOFF, Ellen, 20-60, OF, 29-198.207.844
SMITH, Isaac, 60+, WM, 29-198.207.845
CLARK, Peter, 60+, WM, 29-199.208.846
CLARK, Phillip, 20-60, WM, 29-199.208.847
CLARK, Hannah, 5-20, WF, 29-199.208.848
KIMBLE, Elvina, 20-60, WF, 29-199.208.849
STRYKER, Frederick, 20-60, WM, 29-200.209.850
STRYKER, Jane Ann, 20-60, WF, 29-200.209.851
STRYKER, Howard, 20-60, WM, 29-200.209.852
STRYKER, Carrie H., 5-20, WF, 29-200.209.853
STRYKER, David, 20-60, WM, 29-200.209.854
SMITH, Andrew, 20-60, WM, 29-201.210.855
SMITH, Arletta G., 20-60, WF, 29-201.210.856
SMITH, George W. C., 20-60, WM, 29-201.210.857
SMITH, Lewis W., 5-20, WM, 29-201.210.858
SMITH, Paul T., 5-20, WM, 29-201.210.859
SMITH, Sarah E. W., 0-5, WF, 29-201.210.860
SMITH, Etta B. R., 0-5, WF, 29-201.210.861
CONNER, Eli M., 20-60, WM, 29-202.211.862
CONNER, Emma R., 20-60, WF, 29-202.211.863
CONNER, Jessie R., 5-20, WF, 29-202.211.864
DANBERRY, Stephen, 20-60, WM, 29-203.212.865
DANBERRY, Sarah, 20-60, WF, 29-203.212.866
CLAYHAUNER, William M., 20-60, WM, 29-203.213.867
CLAYHAUNER, Lizzie, 20-60, WF, 29-203.213.868
COOK, Nathaniel H., 20-60, WM, 29-204.214.869
COOK, Mary A., 20-60, WF, 29-204.214.870
HERDER, Jacob S., 60+, WM, 30-205.215.871
HERDER, Sarah E., 20-60, WF, 30-205.215.872
HERDER, Howell H., 20-60, WM, 30-205.216.873

HUNTERDON CO. NJ 1895 STATE CENSUS
Township of East Amwell

HERDER, Arretta, 20-60, WF, 30-205.216.874
HERDER, Viola, 0-5, WF, 30-205.216.875
HAINES, John, 20-60, WM, 30-205.216.876
SALTER, Samuel, 5-20, WM, 30-205.216.877
PRALL, John, 60+, WM, 30-206.217.878
PRALL, Catharine, 20-60, WF, 30-206.217.879
MANNERS, William H., 20-60, WM, 30-207.218.880
MANNERS, Cornelia T., 20-60, WF, 30-207.218.881
MANNERS, Frederick S., 5-20, WM, 30-207.218.882
MANNERS, Jennie D., 0-5, WF, 30-207.218.883
TUNSTELL, Benjamin, 20-60, CM, 30-207.218.884
SNOOK, Lucinda, 20-60, WF, 30-207.218.885
SUTPHIN, Ralph D., 20-60, WM, 30-208.219.886
SUTPHIN, Catharine, 20-60, WF, 30-208.219.887
WERT, David S., 60+, WM, 30-209.220.888
WERT, Jacob H., 20-60, WM, 30-209.220.889
WERT, Annie J., 20-60, WF, 30-209.220.890
WERT, Mamie J., 5-20, WF, 30-209.220.891
WERT, Jessie C., 5-20, WF, 30-209.220.892
WERT, Albert M., 5-20, WM, 30-209.220.893
WERT, Deliah C., 5-20, WF, 30-209.220.894
STOUT, William E., 20-60, WM, 30-210.221.895
STOUT, Ida, 20-60, WF, 30-210.221.896
STOUT, Cornie R., 5-20, WF, 30-210.221.897
STOUT, Charles E., 5-20, WM, 30-210.221.898
STOUT, Emely B., 5-20, WF, 30-210.221.899
STOUT, John H., 0-5, WM, 30-210.221.900
STRYKER, Joseph S., 20-60, WM, 31-211.222.901
STRYKER, Mary V., 20-60, WF, 31-211.222.902
MANNERS, M. Kate, 20-60, WF, 31-212.223.903
MANNERS, Emma S., 5-20, WF, 31-212.223.904
MANNERS, Jessie B., 5-20, WF, 31-212.223.905
MANNERS, Hellen O., 5-20, WF, 31-212.223.906
MANNERS, Jacob S., 5-20, WM, 31-212.223.907
BLACKWELL, Jeramiah V. D., 60+, WM, 31-212.223.908
VANDIEW, Abraham Q., 60+, WM, 31-213.224.909
VANDIEW, Catharine, 20-60, WF, 31-213.224.910
VANDIEW, Francis R., 20-60, WM, 31-213.224.911
VANDIEW, Etta, 20-60, WF, 31-213.224.912
VOORHEES, Luther C., 20-60, WM, 31-214.225.913
VOORHEES, Jennie D., 20-60, WF, 31-214.225.914
VOORHEES, Bessie H., 5-20, WF, 31-214.225.915
VOORHEES, Jaques W., 5-20, WM, 31-214.225.916
VOORHEES, Jonathan H., 5-20, WM, 31-214.225.917
VOORHEES, Sadie V. D., 0-5, WF, 31-214.225.918
HAINES, Samuel, 60+, WM, 31-215.226.919
HAINES, Sarah M., 20-60, WF, 31-215.226.920
HAINES, Edwin S., 5-20, WM, 31-215.226.921
LIBBLER, John, 20-60, GM, 31-216.227.922
LIBBLER, Augustas F., 20-60, GF, 31-216.227.923
LIBBLER, Augusta, 5-20, WF, 31-216.227.924
DURHAM, Catharine, 60+, WF, 31-217.228.925
DURHAM, Mattie, 20-60, WF, 31-217.228.926
REED, John, 20-60, WM, 31-217.228.927
EDWARDS, James, 20-60, CM, 31-218.229.928
EDWARDS, Nellie, 5-20, CF, 31-218.229.929
EDWARDS, Sarah, 0-5, CF, 31-218.229.930
EDWARDS, Lavina, 0-5, CF, 32-218.229.931
BOYD, Robert, 20-60, OM, 32-219.230.932
BOYD, Elizabeth P., 20-60, OF, 32-219.230.933
BOYD, Florence A., 20-60, OF, 32-219.230.934
BOYD, William M., 5-20, WM, 32-219.230.935
SILVERS, Edward H., 20-60, WM, 32-220.231.936
SILVERS, Carrie, 20-60, WF, 32-220.231.937
SILVERS, Emma, 5-20, WF, 32-220.231.938
KANE, Martha, 60+, WF, 32-220.231.939
DALRYMPLE, John B., 60+, WM, 32-221.232.940
DALRYMPLE, Ann, 20-60, WF, 32-221.232.941
CURTIS, Snyder, 20-60, WM, 32-222.233.942
CURTIS, Evaline E., 20-60, WF, 32-222.233.943
CURTIS, John B., 5-20, WM, 32-222.233.944
CURTIS, Victoria E., 5-20, WF, 32-222.233.945
CURTIS, Edith B., 5-20, WF, 32-222.233.946
CURTIS, Bertha M., 5-20, WF, 32-222.233.947
CURTIS, Morris R., 5-20, WM, 32-222.233.948
CURTIS, Claurence N., 5-20, WM, 32-222.233.949
CURTIS, Mary S., 5-20, WF, 32-222.233.950
CURTIS, Eva S., 5-20, WF, 32-222.233.951
CURTIS, Albanus E., 0-5, WM, 32-222.233.952
CURTIS, Rebecca D., 0-5, WF, 32-222.233.953
ALLEN, Abraham, 20-60, WM, 32-223.234.954
ALLEN, Sarah E., 20-60, WF, 32-223.234.955
ALLEN, Nathan, 5-20, WM, 32-223.234.956
THATCHER, Catharine K., 20-60, WF, 32-224.235.957
WILSON, John H., 60+, WM, 32-225.236.958
WILSON, Catharine A., 60+, WF, 32-225.236.959
CASE, Henry V. D., 20-60, WM, 32-226.237.960
CASE, Matilda R., 20-60, WF, 33-226.237.961
CASE, Mary M., 5-20, WF, 33-226.237.962
CASE, Jesse, 5-20, WM, 33-226.237.963
SUTPHIN, Auther, 20-60, WM, 33-227.238.964
SUTPHIN, Mary J., 20-60, WF, 33-227.238.965
SUTPHIN, Lewis C., 0-5, WM, 33-227.238.966
SUTPHIN, Mathew M. N. O., 0-5, WM, 33-227.238.967
SCHENCK, Catharine M., 60+, WF, 33-227.238.968
WILLIAMSON, Peter, 20-60, WM, 33-228.239.969
WILLIAMSON, Bertha, 20-60, WF, 33-228.239.970
WILLIAMSON, Chester, 5-20, WM, 33-228.239.971
WILLIAMSON, William, 0-5, WM, 33-228.239.972
WILLIAMSON, Ezabell, 0-5, WF, 33-228.239.973
SCUDDER, James T., 20-60, WM, 33-229.240.974
SCUDDER, Mary E., 20-60, WF, 33-229.240.975
SCUDDER, Harry L., 20-60, WM, 33-229.240.976
SCUDDER, Josha H., 20-60, WF, 33-229.240.977
SCUDDER, Lillie, 5-20, WF, 33-229.240.978
SCUDDER, Eugine, 5-20, WM, 33-229.240.979
POLHEMUS, Kate, 20-60, WM, 33-230.241.980
POLHEMUS, Cornelius K., 5-20, WM, 33-230.241.981
POLHEMUS, Zenis L. N., 5-20, WM, 33-230.241.982
POLHEMUS, Hellen N., 5-20, WF, 33-230.241.983

HUNTERDON CO. NJ 1895 STATE CENSUS
Township of East Amwell

POLHEMUS, Jacob N., 5-20, WM, 33-230.241.984
POLHEMUS, John C., 0-5, WM, 33-230.241.985
POLHEMUS, Ramond, 0-5, WM, 33-230.241.986
FURGUSON, Catharine, 5-20, WF, 33-230.241.987
DOCKERTY, John, 20-60, WM, 33-230.241.988
WALKER, William, 20-60, WM, 33-230.241.989
VAN FLEET, John J., 20-60, WM, 33-231.242.990
VAN FLEET, Melvina, 20-60, WF, 34-231.242.991
VAN FLEET, Anna, 5-20, WF, 34-231.242.992
VAN FLEET, Lillie, 5-20, WF, 34-231.242.993
VAN FLEET, John, 5-20, WM, 34-231.242.994
YOUNG, Ralph, 20-60, WM, 34-232.243.995
YOUNG, Mattie, 20-60, WF, 34-232.243.996
YOUNG, Lizzie, 0-5, WF, 34-232.243.997
YOUNG, Jacob F., 20-60, WM, 34-232.243.998
YOUNG, Annie May, 5-20, WF, 34-232.243.999
BRUCE, Harry, 5-20, WM, 34-232.243.1000
GRAY, Charles, 20-60, WM, 34-233.244.1001
GRAY, Julia, 20-60, WF, 34-233.244.1002
GRAY, Lillia M., 5-20, WF, 34-233.244.1003
GRAY, Jacob E., 5-20, WM, 34-233.244.1004
GRAY, Floid A., 5-20, WM, 34-233.244.1005
GRAY, Mildred, 0-5, WF, 34-233.244.1006
GRAY, John, 0-5, WM, 34-233.244.1007
SUTPHIN, Lewis, 60+, WM, 34-233.244.1008
SUTPHIN, Anna, 20-60, WF, 34-233.244.1009
SUTPHIN, Lewis Jr., 20-60, WM, 34-233.244.1010
SUTPHIN, Howard, 5-20, WF, 34-233.244.1011
SUTPHIN, Anna, 5-20, WF, 34-233.244.1012
ENT, John, 60+, WM, 34-234.245.1013
ENT, Mary Etta, 20-60, WF, 34-234.245.1014
ENT, Laura M., 5-20, WF, 34-234.245.1015
SIPLER, Charles M., 20-60, WM, 34-234.245.1016
REED, John J., 20-60, WM, 34-235.246.1017
REED, Sarah C., 20-60, WF, 34-235.246.1018
REED, Emma J., 5-20, WF, 34-235.246.1019
REED, Anna F., 5-20, WF, 34-235.246.1020
REED, Lewis C., 5-20, WM, 35-235.246.1021
REED, Mary E., 5-20, WF, 35-235.246.1022
REED, Sadie M., 5-20, WF, 35-235.246.1023
REED, Carrie C., 0-5, WF, 35-235.246.1024
REED, Walter D., 0-5, WM, 35-235.246.1025
MATHEWS, Charles H., 20-60, WM, 35-235.246.1026
HORTMAN, Howard E., 20-60, WM, 35-236.247.1027
HORTMAN, Annie M., 20-60, WF, 35-236.247.1028
JOHNSON, Hart, 60+, WM, 35-237.248.1029
JOHNSON, Annie K., 20-60, WF, 35-237.248.1030
QUICK, William B., 60+, WM, 35-238.249.1031
QUICK, Jane Ann, 20-60, WF, 35-238.249.1032
QUICK, Martha V., 20-60, WF, 35-238.249.1033
QUICK, Elliott P., 20-60, WM, 35-238.249.1034
QUICK, Geogea, 20-60, WF, 35-238.249.1035
QUICK, Harry M., 5-20, WM, 35-238.249.1036
JOHNSON, Theodore, 20-60, WM, 35-239.250.1037
JOHNSON, Susan B., 20-60, WF, 35-239.250.1038
JOHNSON, Joseph O., 5-20, WM, 35-239.250.1039
JOHNSON, Clara W., 5-20, WF, 35-239.250.1040
JOHNSON, Maud, 5-20, WF, 35-239.250.1041
JOHNSON, Elizabeth B., 5-20, WF, 35-239.250.1042
GODOWN, Harry, 20-60, WM, 35-239.250.1043
STOUT, Simpson S., 20-60, WM, 35-240.251.1044
STOUT, Julia H., 20-60, WF, 35-240.251.1045
RUNYON, Lizzie, 20-60, WF, 35-240.251.1046
BELLIS, David, 20-60, WM, 35-241.252.1047
BELLIS, Anna M., 20-60, WF, 35-241.252.1048
BELLIS, Lizzie, 20-60, WF, 35-241.252.1048
BELLIS, Jacob, 20-60, WM, 35-241.252.1050
BELLIS, Sarah C., 5-20, WF, 36-241.252.1051
BELLIS, Glen H., 5-20, WM, 36-241.252.1052
BELLIS, Hiram D., 5-20, WM, 36-241.252.1053
BELLIS, Annie H., 5-20, WF, 36-241.252.1054
BELLIS, Henry S., 5-20, WM, 36-241.252.1055
SHEPHERD, Alvaretta, 20-60, WF, 36-242.253.1056
SHEPHERD, Charles B., 5-20, WM, 36-242.253.1057
PRALL, Sarah A., 20-60, WF, 36-242.253.1058
PRALL, Mary W., 20-60, WF, 36-242.253.1059
KING, Andrew, 20-60, WM, 36-242.253.1060
DALRYMPLE, George T., 20-60, WM, 36-243.254.1061
DALRYMPLE, Emma B., 20-60, WF, 36-243.254.1062
MARTIN, Hester E., 60+, WF, 36-243.254.1063
LOSEY, Isaac V. D., 20-60, WM, 36-244.255.1064
LOSEY, Lavina, 20-60, WF, 36-244.255.1065
LOSEY, Edward S., 5-20, WM, 36-244.255.1066
SKED, Hannah, 60+, WF, 36-244.255.1067
HENRY, Andrew F., 20-60, WM, 36-245.256.1068
HENRY, Mary M., 20-60, WF, 36-245.256.1069
HENRY, George R., 5-20, WM, 36-245.256.1070
DURHAM, John C., 60+, WM, 36-246.257.1071
DURHAM, Rebecca H., 20-60, WF, 36-246.257.1072
DURHAM, Edwin C., 5-20, WM, 36-246.257.1073
ROWE, Asher, 20-60, WM, 36-246.257.1074
WYCKOFF, Lena, 5-20, WF, 36-246.257.1075
WERT, Margaret, 60+, WF, 36-247.258.1076
WERT, Lela May, 20-60, WF, 36-247.258.1077
STOUT, John, 20-60, WM, 36-248.259.1078
STOUT, Louisa B., 20-60, WF, 36-248.259.1079
STOUT, Mary H., 5-20, WF, 36-248.259.1080
STOUT, Howard, 20-60, WM, 37-248.259.1081
SNYDER, Peter, 60+, WM, 37-249.260.1082
SNYDER, Emaline, 20-60, WF, 37-249.260.1083
SNYDER, Britton, 20-60, WM, 37-249.260.1084
SNYDER, Ella, 5-20, WF, 37-249.260.1085
SNYDER, Peter W., 5-20, WM, 37-249.260.1086
SNYDER, Ludlow, 5-20, WM, 37-249.260.1087
SNYDER, Cleveland, 5-20, WM, 37-249.260.1088
SNYDER, Stella, 5-20, WF, 37-249.260.1089
WILLIAMSON, John S., 20-60, WM, 37-250.261.1090
WILLIAMSON, Abra'm. T., 5-20, WM, 37-250.261.1091
WILLIAMSON, Margaret R., 5-20, WF, 37-250.261.1092
WILLIAMSON, Mary M., 5-20, WF, 37-250.261.1093

HUNTERDON CO. NJ 1895 STATE CENSUS
Township of East Amwell

WILLIAMSON, Mary, 60+, WF, 37-250.261.1094
HERDER, Allice, 20-60, WF, 37-250.261.1095
HERDER, Howard, 5-20, WM, 37-250.261.1096
CLARKSON, Richard, 5-20, WM, 37-250.261.1097
HOLCOMBE, Henry P., 60+, WM, 37-251.262.1098
HOLCOMBE, Mary C., 20-60, WF, 37-251.262.1099
HUFF, Elizabeth, 60+, WF, 37-251.262.1100
BIRD, Charles C., 5-20, WM, 37-251.262.1101
STAATS, Peter S., 20-60, WM, 37-252.263.1102
STAATS, Maria, 20-60, WF, 37-252.263.1103
STAATS, Lillie F., 5-20, WF, 37-252.263.1104
STAATS, John B., 5-20, WM, 37-252.263.1105
JOHNSON, John A., 20-60, WM, 37-252.263.1106
POLHEMUS, Annie, 20-60, WF, 37-253.264.1107
POLHEMUS, Corinda E., 20-60, WF, 37-253.264.1108
POLHEMUS, Kate, 20-60, WF, 37-253.264.1109
POLHEMUS, Jacob W., 20-60, WM, 37-254.265.1110
POLHEMUS, Lida, 20-60, WF, 38-254.265.1111
POLHEMUS, Nellie D., 0-5, WF, 38-254.265.1112
POLHEMUS, Abraham A., 20-60, WM, 38-254.265.1113
POLHEMUS, Lizzie C., 20-60, WF, 38-254.265.1114
POLHEMUS, Alberta, 0-5, WF, 38-254.265.1115
BOLTON, John, 5-20, WM, 38-254.265.1116
BUEL, Joseph, 20-60, CM, 38-254.265.1117
POLHEMUS, Abra'm. V., 20-60, WM, 38-254.265.1118
HOUSEL, Levi P., 20-60, WM, 38-255.266.1119
HOUSEL, Elizebeth, 20-60, WF, 38-255.266.1120
HOUSEL, William F., 5-20, WM, 38-255.266.1121
HOUSEL, Charles, 5-20, WM, 38-255.266.1122
LYNN, Jane, 20-60, WF, 38-256.267.1123
MARTER, Emson, 20-60, WM, 38-256.267.1124
MARTER, Edith M., 20-60, WF, 38-256.267.1125
MAYFIELD, Annie, 20-60, WF, 38-256.267.1126
LATOURETTE, Daniel, 20-60, WM, 38-257.268.1127
LATOURETTE, Julia E., 20-60, WF, 38-257.268.1128
LATOURETTE, Mary E., 5-20, WF, 38-257.268.1129
LATOURETTE, Rosa E., 5-20, WF, 38-257.268.1130
LATOURETTE, Edith, 5-20, WF, 38-257.268.1131
FISHER, William W., 60+, WM, 38-258.269.1132
VAN MARTER, Joseph, 20-60, WM, 38-258.269.1133
VAN MARTER, Mary, 20-60, WF, 38-258.269.1134
VAN MARTER, Sadie, 5-20, WF, 38-258.269.1135
VAN MARTER, William J., 5-20, WM, 38-258.269.1136
VAN MARTER, Alice, 5-20, WF, 38-258.269.1137
ELBERTSON, Lucretia, 60+, WF, 38-258.269.1138
PITTMAN, Rosa, 20-60, WF, 38-258.269.1139
WARRICK, John Jr., 20-60, WM, 38-258.269.1140
CRONCE, William, 20-60, WM, 39-259.270.1141
CRONCE, Nancy, 20-60, WF, 39-259.270.1142
CRONCE, Cline, 5-20, WM, 39-259.270.1143
CRONCE, Eddie, 5-20, WM, 39-259.270.1144
CRONCE, Walter, 5-20, WM, 39-259.270.1145
HOAGLAND, Jacob, 60+, WM, 39-260.271.1146
HOAGLAND, Hannah M., 20-60, WF, 39-260.271.1147
HILL, David C., 20-60, WM, 39-261.272.1148
HILL, Hannah, 20-60, WF, 39-261.272.1149
HILL, Cornie A., 5-20, WF, 39-261.272.1150
STRYKER, Richard, 20-60, WM, 39-261.272.1151
WYCKOFF, J. Newton, 20-60, WM, 39-261.272.1152
WYCKOFF, Sarah, 20-60, WF, 39-262.273.1153
HOLT, William Y., 20-60, WM, 39-263.274.1154
HOLT, Mary E., 20-60, WF, 39-263.274.1155
HOLT, Mary J., 5-20, WF, 39-263.274.1156
HOLT, Martha R., 0-5, WF, 39-263.274.1157
WHITEHEAD, Samuel, 5-20, WM, 39-263.274.1158
BUTLER, Adolph, 20-60, GM, 39-264.275.1159
BUTLER, Mary E., 20-60, WF, 39-264.275.1160
PRALL, William B., 20-60, WM, 39-265.276.1161
PRALL, Elizabeth B., 20-60, WF, 39-265.276.1162
PRALL, William B. Jr., 20-60, WM, 39-265.276.1163
PRALL, Abraham J., 20-60, WM, 39-266.277.1164
PRALL, Mary, 20-60, WF, 39-266.277.1165
PRALL, J. Schofield, 20-60, WM, 39-266.277.1166
PRALL, Horace G., 5-20, WM, 39-266.277.1167
RICHARDS, Harriet, 20-60, CF, 39-266.277.1168
VANDIEW, John H., 20-60, WM, 39-267.278.1169
VANDIEW, Mary H., 20-60, WF, 39-267.278.1170
VANDIEW, Alice, 0-5, WF, 40-267.278.1171
STRONG, Narcissa, 20-60, WF, 40-268.279.1172
STRONG, Edwin J., 20-60, WM, 40-268.279.1173
STRONG, Laura E., 20-60, WF, 40-268.279.1174
STRONG, Sarah L., 0-5, WF, 40-268.279.1175
STRONG, Hester J., 20-60, WF, 40-268.279.1176
STRONG, John J., 20-60, WM, 40-268.279.1177
STRONG, James E., 20-60, WM, 40-268.279.1178
STRONG, Julia M., 5-20, WF, 40-268.279.1179
STRONG, Elizabeth, 5-20, WF, 40-268.279.1180
STRONG, Joseph, 5-20, WM, 40-268.279.1181
KLINE, Henry B., 20-60, WM, 40-269.280.1182
KLINE, Jennie C., 20-60, WF, 40-269.280.1183
ALMOND, Frank, 5-20, WM, 40-269.280.1184
WILSON, Nathaniel G., 20-60, WM, 40-270.281.1185
CHAMBERLIN, Catharine, 60+, WF, 40-270.281.1186
SHEPHERD, James W., 20-60, WM, 40-271.282.1187
SHEPHERD, Ellen A., 20-60, WF, 40-271.282.1188
SHEPHERD, Howard, 5-20, WM, 40-271.282.1189
SHEPHERD, Mahlon, 5-20, WM, 40-271.282.1190
SHEPHERD, Jennie, 5-20, WF, 40-271.282.1191
SHEPHERD, Ramond, 0-5, WM, 40-271.282.1192
CASE, Martin V., 60+, WM, 40-272.283.1193
CASE, Sarah, 60+, WF, 40-272.283.1194
CASE, Martin Jr., 20-60, WM, 40-272.283.1195
CASE, Cornelia, 20-60, WF, 40-272.283.1196
CASE, Charles C., 20-60, WM, 40-273.284.1197
CASE, Ella C., 20-60, WF, 40-273.284.1198
CASE, Cornelia A., 0-5, WF, 40-273.284.1199
CASE, Elmer, 0-5, WM, 40-273.284.1200
COLE, Cora, 20-60, WF, 41-273.284.1201
SERVIS, Geogeanna, 20-60, WF, 41-274.285.1202
SERVIS, William M., 20-60, WM, 41-274.285.1203

HUNTERDON CO. NJ 1895 STATE CENSUS
Township of East Amwell

SERVIS, Mary E., 20-60, WF, 41-274.285.1204
YOUNG, Henry N., 20-60, WM, 41-274.285.1205
HANDCOCK, Abner, 20-60, CM, 41-274.285.1206
HANDCOCK, Rhoda, 20-60, CF, 41-274.285.1207
JONES, Wade, 20-60, CM, 41-274.285.1208
BLACKWELL, Clinton B., 20-60, WM, 41-275.286.1209
BLACKWELL, Arria H., 20-60, WF, 41-275.286.1210
LOWE, Rachel A., 60+, WF, 41-276.287.1211
SIPLER, John H., 20-60, WM, 41-277.288.1212
SIPLER, Annie C., 20-60, WF, 41-277.288.1213
SIPLER, Andrew, 5-20, WM, 41-277.288.1214
SIPLER, Cora, 5-20, WF, 41-277.288.1215
SIPLER, George, 5-20, WM, 41-277.288.1216
SIPLER, Jennie, 5-20, WF, 41-277.288.1217
SIPLER, John, 5-20, WM, 41-277.288.1218
SIPLER, Spence, 5-20, WM, 41-277.288.1219
SIPLER, Rebecca, 0-5, WF, 41-277.288.1220
ROUNSAVILLE, James C., 20-60, WM, 41-278.289.1221
ROUNSAVILLE, Wilmania, 20-60, WF, 41-278.289.1222
ROUNSAVILLE, Cora S., 5-20, WF, 41-278.289.1223
DUNGAN, William B., 20-60, WM, 41-279.290.1224
DUNGAN, Phoebe, 20-60, WF, 41-279.290.1225
DUNGAN, Elizabeth C., 60+, WF, 41-279.290.1226
BOSENBURY, Harrison R., 20-60, WM, 41-280.291.1227
BOSENBURY, Lydia, 20-60, WF, 41-280.291.1228
BOSENBURY, Charles R., 5-20, WF, 41-280.291.1229
EDMONDS, Lorenzo D., 60+, WM, 41-281.292.1230
EDMONDS, Mary, 20-60, WF, 42-281.292.1231
CREVELING, Charles F., 20-60, WM, 42-282.293.1232
CREVELING, Julia E., 20-60, WF, 42-282.293.1233
WALKER, Lizzie, 5-20, WF, 42-282.293.1234
ZEBRISKEY, Lewis, 20-60, WM, 42-282.293.1235
CARKHUFF, Jacob Q., 20-60, WM, 42-283.294.1236
CARKHUFF, Mary L., 20-60, WF, 42-283.294.1237
CARKHUFF, Annie E., 5-20, WF, 42-283.294.1238
CARKHUFF, Leonard W., 5-20, WM, 42-283.294.1239
HUFFMAN, William E. J., 60+, WM, 42-284.295.1240
HUFFMAN, Catharine A., 60+, WF, 42-284.295.1241
HUFFMAN, David, 20-60, WM, 42-284.295.1242
HOAGLAND, Lemuel, 20-60, WM, 42-285.296.1243
HOAGLAND, Mary, 20-60, WF, 42-285.296.1244
HOAGLAND, John D., 5-20, WM, 42-285.296.1245
CRONCE, Charles H., 20-60, WM, 42-286.297.1246
CRONCE, Luella T., 20-60, WF, 42-286.297.1247
MOORE, Robert H., 5-20, WM, 42-286.297.1248
SEBRING, Thomas D., 20-60, WM, 42-287.298.1249
SEBRING, Annie J., 20-60, WF, 42-287.298.1250
SEBRING, Edith M., 5-20, WF, 42-287.298.1251
ROWE, John, 20-60, WM, 42-287.298.1252
HUFF, Elmer, 20-60, WM, 42-287.298.1253
CASE, Howard B., 20-60, WM, 42-288.299.1254
CASE, Ella B., 20-60, WF, 42-288.299.1255
CASE, Henry V.D. Jr., 0-5, WM, 42-288.299.1256
WALDRON, David, 20-60, WM, 42-288.299.1257
CASE, Charles W., 20-60, WM, 42-289.300.1258
CASE, Mary B., 20-60, WF, 42-289.300.1259
CASE, Anthoy L., 0-5, WM, 42-289.300.1260
HOAGLAND, Frederick, 20-60, WM, 43-289.300.1261
LINK, Albert, 5-20, WM, 43-289.300.1262
KANE, Robert, 20-60, IM, 43-290.301.1263
KANE, Jane, 20-60, WF, 43-290.301.1264
KANE, George, 20-60, WM, 43-290.301.1265
KANE, Sadie, 20-60, WF, 43-290.301.1266
KANE, Hellen, 0-5, WF, 43-290.301.1267
ANDERSON, Theodore, 20-60, WM, 43-291.302.1268
ANDERSON, Lucella, 20-60, WF, 43-291.302.1269
ANDERSON, Annie, 5-20, WF, 43-291.302.1270
ANDERSON, Harriet, 5-20, WF, 43-291.302.1271
LOW, John B., 20-60, WM, 43-292.303.1272
LOW, Martha, 20-60, WF, 43-292.303.1273

HUNTERDON CO. NJ 1895 STATE CENSUS
Township of Franklin

TOWNSHIP OF FRANKLIN
George W. Snyder, commissioner

RAULSTON, Edward, 60+, OM, 1-1.1.1
CRONCE, Edward, 20-60, WM, 1-1.1.2
WEAN, Gersham, 20-60, WM, 1-2.2.3
WEAN, Anna, 20-60, WF, 1-2.2.4
WEAN, George, 5-20, WM, 1-2.2.5
WEAN, David, 5-20, WM, 1-2.2.6
WEAN, Ella, 5-20, WF, 1-2.2.7
WEAN, Frank, 5-20, WM, 1-2.2.8
WEAN, Fred, 0-5, WM, 1-2.2.9
WEAN, Morris, 0-5, WM, 1-2.2.10
STRYKER, Larrison, 60+, WM, 1-2.3.11
SMITH, Henry, 20-60, WM, 1-3.4.12
SMITH, Kate K., 20-60, WF, 1-3.4.13
JONE, John R., 20-60, WM, 1-4.5.14
JONES, Mary T., 20-60, WF, 1-4.5.15
DALRYMPLE, Elmer E., 20-60, WM, 1-4.6.16
DALRYMPLE, Mattie A., 20-60, WF, 1-4.6.17
DALRYMPLE, Fred P., 5-20, WM, 1-4.6.18
PITTENGER, John M., 20-60, WM, 1-4.6.19
PROBASCO, Sylvester, 60+, WM, 1-5.7.20
PROBASCO, William, 20-60, WM, 1-5.7.21
PROBASCO, John, 20-60, WM, 1-5.7.22
McILROY, Joseph, 20-60, WM, 1-6.8.23
McILROY, Adeline, 20-60, WF, 1-6.8.24
McILROY, Nicholas, 20-60, WM, 1-6.8.25
McILROY, Olive, 5-20, WF, 1-6.8.26
McILROY, John S., 0-5, WM, 1-6.8.27
BEST, Abram L., 20-60, WM, 1-7.9.28
BEST, Lizzie, 20-60, WF, 1-7.9.29
BEST, Julia E., 5-20, WF, 1-7.9.30
TOMER, John B., 60+, WM, 2-8.10.31
TOMER, Elizebath, 60+, WF, 2-8.10.32
TOMER, Mary Ann, 60+, WF, 2-8.10.33
TOMER, William, 20-60, WM, 2-8.10.34
SINE, Rachal J., 20-60, WF, 2-8.10.35
OPDYKE, Joseph, 20-60, WM, 2-9.11.36
OPDYKE, Hannah, 20-60, WF, 2-9.11.37
OPDYKE, Lenora, 5-20, WF, 2-9.11.38
OPDYKE, Daisy M., 5-20, WF, 2-9.11.39
HILDERBRANT, Miller, 20-60, WM, 2-9.12.40
HILDERBRANT, Lucinda, 20-60, WF, 2-9.12.41
HILDERBRANT, Howard, 5-20, WM, 2-9.12.42
HILDERBRANT, Ella G., 0-5, WM, 2-9.12.43
GARY, Mary E., 20-60, WF, 2-10.13.44
GARY, Emma E., 20-60, WF, 2-10.13.45
GARY, Clara L., 5-20, WF, 2-10.13.46
GARY, Edward E., 5-20, WM, 2-10.13.47
WILLEY, Earle, 20-60, WM, 2-10.13.48
DALRYMPLE, Benja, 20-60, WM, 2-11.14.49
DALRYMPLE, Emma, 20-60, WF, 2-11.14.50
WELLES, Charles, 5-20, WM, 2-11.14.51

RACE, Henry, M. D., 60+, WM, 2-12.15.52
RACE, Ada L., 60+, WF, 2-12.15.53
RACE, Henryetta E., 20-60, WF, 2-12.15.54
PROBASCO, John, 60+, WM, 2-13.16.55
PROBASCO, Carrie, 60+, WF, 2-13.16.56
DALRYMPLE, Henryetta, 60+, WF, 2-14.17.57
DALRYMPLE, George E., 5-20, WM, 2-14.17.58
STRYKER, Elizebath, 60+, WF, 2-15.18.59
STRYKER, Mattie, 20-60, WF, 2-15.18.60
ROBERSON, Augustus E., 20-60, WM, 3-16.19.61
ROBERSON, Emma, 20-60, WF, 3-16.19.62
ROBERSON, Melvin, 20-60, WM, 3-16.19.63
ROBERSON, Annie M., 5-20, WF, 3-16.19.64
ROBERSON, Edna S., 5-20, WF, 3-16.19.65
ROBERSON, Bessie, 5-20, WF, 3-16.19.66
ROBERSON, Nettie, 0-5, WF, 3-16.19.67
DUBON, William, 20-60, GM, 3-17.20.68
DUBON, Esther, 20-60, WF, 3-17.20.69
DUBON, Walter J., 5-20, WM, 3-17.20.70
HAVER, Grant, 20-60, WM, 3-17.20.71
HAVER, Ida, 20-60, WF, 3-17.20.72
BLOOM, Lewis, 20-60, WM, 3-18.21.73
BLOOM, Laura, 20-60, WF, 3-18.21.74
BLOOM, Alma, 5-20, WF, 3-18.21.75
BLOOM, Grace M., 0-5, WF, 3-18.21.76
ALVATOR, George, 20-60, WM, 3-19.22.77
ALVATOR, Elizebath, 20-60, WF, 3-19.22.78
ROUETTE, William H., Sr., 20-60, OM, 3-19.23.79
ROUETTE, Susan, 20-60, WF, 3-19.23.80
ROUETTE, William H., Jr., 5-20, WM, 3-19.23.81
ROUETTE, Elizebath, 5-20, WF, 3-19.23.82
DEATS, Hiram, 20-60, WM, 3-20.24.83
DEATS, Mellissa, 20-60, WF, 3-20.24.84
DEATS, Gilbert, 5-20, WM, 3-20.24.85
DEATS, Walter, 5-20, WM, 3-20.24.86
COYLE, John, 20-60, WM, 3-21.25.87
COYLE, Edeith, 20-60, WF, 3-21.25.88
COYLE, Ella, 0-5, WF, 3-21.25.89
WEAN, George W., 20-60, WM, 3-22.26.90
YOUNG, John W., 20-60, WM, 4-23.27.91
YOUNG, Caroline, 20-60, WF, 4-23.27.92
LITTLE, Porter C., 20-60, WM, 4-24.28.93
LITTLE, Sarah E., 20-60, WF, 4-24.28.94
LITTLE, Danial F., 0-5, WM, 4-24.28.95
LITTLE, Julia M., 5-20, WF, 4-24.28.96
BARRACK, Charles B., 20-60, WM, 4-24.28.97
DILLTS, Luella, 20-60, WF, 4-24.28.98
HOFF, Mary Ann, 60+, WF, 4-24.28.99
WEAN, William, 20-60, WM, 4-25.29.100
WEAN, Jennie, 20-60, WF, 4-25.29.101
WEAN, Clayton, 5-20, WM, 4-25.29.102

HUNTERDON CO. NJ 1895 STATE CENSUS
Township of Franklin

WEAN, Mathies, 5-20, WM, 4-25.29.103
WEAN, Lem, 0-5, WF, 4-25.29.104
READING, Anderson B., 20-60, WM, 4-26.30.105
READING, Annie E., 20-60, WF, 4-26.30.106
READING, Roy C., 0-5, WM, 4-26.30.107
AGANS, Jacob L., 20-60, WM, 4-27.31.108
AGANS, Mary E., 20-60, WF, 4-27.31.109
AGANS, Walter B., 5-20, WM, 4-27.31.110
BEARDER, Annie M., 60+, WF, 4-27.31.111
MATHIS, Isaiah, 20-60, WM, 4-28.32.112
MATHIS, Mary M., 20-60, WF, 4-28.32.113
MATHIS, Saml. B., 20-60, WM, 4-28.32.114
MATHIS, Harry, 20-60, WM, 4-28.32.115
MATHIS, Charles, 5-20, WM, 4-28.32.116
MATHIS, Earnest, 5-20, WM, 4-28.32.117
MATHIS, Willie D., 5-20, WM, 4-28.32.118
MATHIS, Elnora, 5-20, WF, 4-28.32.119
MATHIS, Blanche, 0-5, WF, 4-28.32.120
MATHIS, Alice, 0-5, WF, 5-28.32.121
MATHIS, Joseph, 0-5, WM, 5-28.32.122
YOUNG, William, 60+, WM, 5-29.33.123
YOUNG, Mary A., 60+, WF, 5-29.33.124
OPDYKE, Hiram, 20-60, WM, 5-30.34.125
OPDYKE, Hannah, 20-60, WF, 5-30.34.126
OPDYKE, Chas. B., 5-20, WM, 5-30.34.127
BUCANNON, John, 60+, WM, 5-30.34.128
EDMONDS, Morris, 20-60, WM, 5-30.35.129
EDMONDS, Annie, 20-60, WF, 5-30.35.130
EDMONDS, Howard, 5-20, WM, 5-30.35.131
SHEPPORD, Abram C., 20-60, WM, 5-30.36.132
SHEPPORD, Elizebath, 20-60, WF, 5-30.36.133
SHEPPORD, Mary, 20-60, WF, 5-30.36.134
SHEPPORD, Annie, 5-20, WF, 5-30.36.135
SHEPPORD, Sarah, 5-20, WF, 5-30.36.136
SHEPPORD, Theodor, 5-20, WM, 5-30.36.137
SHEPPORD, Olive, 5-20, WF, 5-30.36.138
SHEPPORD, Willie, 5-20, WM, 5-30.36.139
DEATS, Ernley, 20-60, WM, 5-31.37.140
DEATS, Lizzie, 20-60, WF, 5-31.37.141
DEATS, Leland F., 0-5, WM, 5-31.37.142
SHEPPORD, Epharam, 20-60, WM, 5-32.38.143
SHEPPORD, Roxanna, 20-60, WF, 5-32.38.144
HOFFMAN, Isaac, 20-60, WM, 5-33.39.145
HOFFMAN, Kate, 20-60, WF, 5-33.39.146
HOFFMAN, Artemus, 5-20, WM, 5-33.39.147
HOFFMAN, Annie, 5-20, WF, 5-33.39.148
HOFFMAN, Fred B., 5-20, WM, 5-33.39.149
HOFFMAN, Beulah, 0-5, WM, 5-33.39.150
EGGERT, Harry F., 20-60, WM, 6-34.40.151
EGGERT, Alice M., 20-60, WF, 6-34.40.152
DOEERTY, Martha, 60+, WF, 6-35.41.153
McCLOUGHAN, Frank, 20-60, WM, 6-36.42.154
McCLOUGHAN, Annie, 20-60, WF, 6-36.42.155
McCLOUGHAN, John W., 5-20, WM, 6-36.42.156
McCLOUGHAN, Mary E., 5-20, WF, 6-36.42.157
McCLOUGHAN, Catherine, 60+, WF, 6-36.42.158
LITTLE, George C., 20-60, WM, 6-37.43.159
LITTLE, Mary J., 20-60, WF, 6-37.43.160
LITTLE, Howard, 5-20, WM, 6-37.43.161
LITTLE, Sedwick, 5-20, WM, 6-37.43.162
COMPTON, Lambert, 20-60, WM, 6-38.44.163
COMPTON, Lizzie, 20-60, WF, 6-38.44.164
COMPTON, Sadie, 5-20, WF, 6-38.44.165
COMPTON, Willson M., 0-5, WM, 6-38.44.166
COMPTON, Ellis W., 5-20, WM, 6-38.44.167
DALRYMPLE, Thomas I., 20-60, WM, 6-39.45.168
DALRYMPLE, Annie E., 20-60, WF, 6-39.45.169
DALRYMPLE, Hazel, 5-20, WF, 6-39.45.170
DALRYMPLE, Bertha, 5-20, WF, 6-39.45.171
DALRYMPLE, Clifford, 0-5, WM, 6-39.45.172
FLEMING, Jonas, 20-60, WM, 6-40.46.173
FLEMING, Sarah, 20-60, WF, 6-40.46.174
FLEMING, Annie J., 20-60, WF, 6-40.46.175
FLEMING, Danial F., 5-20, WM, 6-40.46.176
FLEMING, Fred, 0-5, WM, 6-40.46.177
FLEMING, Lem B., 0-5, WF, 6-40.46.178
FLEMING, Mary E., 0-5, WF, 6-40.46.179
FLEMING, Valiere, 0-5, WF, 6-40.46.180
BAYLOR, Martha, 60+, WF, 7-41.47.181
BURD, David M., 20-60, WM, 7-42.48.182
BURD, Kate C., 20-60, WF, 7-42.48.183
BURD, Clara L., 5-20, WF, 7-42.48.184
BURD, Ida M., 5-20, WF, 7-42.48.185
BURD, Charlie E., 5-20, WM, 7-42.48.186
BURD, Sarah, 60+, WF, 7-42.48.187
ROBERSON, Justine, 20-60, WM, 7-43.49.188
ROBERSON, Ida, 20-60, WF, 7-43.49.189
RACE, Austin, 20-60, WM, 7-44.50.190
RACE, Elma, 20-60, WF, 7-44.50.191
RACE, William R., 5-20, WM, 7-44.50.192
RACE, Ruben R., 0-5, WM, 7-44.50.193
CORNINGS, George, 20-60, WM, 7-44.50.194
CORNINGS, Jane, 20-60, WF, 7-44.50.195
CORNINGS, Lizzie, 5-20, WF, 7-44.50.196
CORNINGS, Keziah, 0-5, CF, 7-44.50.197
CONOVER, Peter H., 20-60, WM, 7-45.51.198
CONOVER, Lizzie, 20-60, WF, 7-45.51.199
CONOVER, David H., 5-20, WM, 7-45.51.200
COMPTON, Kaziah, 20-60, WF, 7-46.52.201
COMPTON, Theodor, 20-60, WM, 7-46.52.202
COMPTON, Jeremiah, 20-60, WM, 7-46.52.203
COMPTON, Mellie, 5-20, WF, 7-46.52.204
LAING, John A., 60+, WM, 7-47.53.205
POTTS, Forman H., 20-60, WM, 7-48.54.206
POTTS, I. Belle, 20-60, WF, 7-48.54.207
MATHEWS, Wm. R., 60+, WM, 7-49.55.208
MATHEWS, Rebeca, 60+, WF, 7-49.55.209
POTTS, Joseph O., 20-60, WM, 7-49.56.210
POTTS, Annie, 20-60, WF, 8-49.56.211
POTTS, Sadie B., 0-5, WF, 8-49.56.212

HUNTERDON CO. NJ 1895 STATE CENSUS
Township of Franklin

OPDYKE, John H. B., 20-60, WM, 8-50.57.213
OPDYKE, Annie, 20-60, WF, 8-50.57.214
OPDYKE, Lillie G., 5-20, WF, 8-50.57.215
BROWN, John H., 20-60, WM, 8-51.57.216
BROWN, Josephine, 20-60, WF, 8-51.57.217
BROWN, Melvia D., 5-20, WF, 8-51.57.218
BROWN, Edna, 0-5, WF, 8-51.57.219
BROWN, Florance, 0-5, WF, 8-51.57.220
BROWN, Emley, 60+, WF, 8-51.57.221
HENDERSHOT, Henry W., 20-60, WM, 8-52.58.222
HENDERSHOT, Annie, 20-60, WF, 8-52.58.223
DALRYMPLE, John V., 20-60, WM, 8-52.58.224
DALRYMPLE, Ella, 20-60, WF, 8-52.58.225
EVERITT, Joseph P., 60+, WM, 8-53.59.226
EVERITT, Grace M., 60+, WF, 8-53.59.227
HANN, Lambert Sr., 20-60, WM, 8-54.60.228
HANN, Ida, 20-60, WF, 8-54.60.229
HANN, Lambert G. Jr., 5-20, WM, 8-54.60.230
HANN, Mellissa, 5-20, WF, 8-54.60.231
HANN, Julia, 5-20, WF, 8-54.60.232
HANN, Edeith, 5-20, WF, 8-54.60.233
TOMLINSON, Frank J., 20-60, WM, 8-55.61.234
TOMLINSON, I. Belle, 20-60, WF, 8-55.61.235
TOMLINSON, John W., 20-60, WM, 8-55.61.236
WILLSON, Amy, 60+, WF, 8-55.61.237
BROWN, Edward, 20-60, WM, 8-56.62.238
BROWN, Ada M., 20-60, WF, 8-56.62.239
BROWN, Hareld E., 0-5, WM, 8-56.62.240
HINER, Lewis R., 20-60, WM, 9-57.63.241
HINER, Ella, 20-60, WF, 9-57.63.242
HOFF, Jacob H., 20-60, WM, 9-58.64.243
HOFF, Susan C., 20-60, WF, 9-58.64.244
HOFF, Mary E., 20-60, WF, 9-58.64.245
HOFF, Ada B., 20-60, WF, 9-58.64.246
WRIGHT, Harman, 20-60, WM, 9-59.65.247
WRIGHT, Annie L., 20-60, WF, 9-59.65.248
WRIGHT, Charles C., 0-5, WM, 9-59.65.249
THARP, Charles, 5-20, WM, 9-59.65.250
EGERTER, George, 20-60, WM, 9-60.66.251
EGERTER, Tillie, 20-60, WF, 9-60.66.252
EGERTER, Kate, 5-20, WF, 9-60.66.253
EGERTER, Roy, 0-5, WM, 9-60.66.254
PRALL, John K., 60+, WM, 9-61.67.255
PRALL, Jane, 60+, WF, 9-61.67.256
PRALL, Lucian V., 20-60, WM, 9-61.67.257
PRALL, Annie K., 20-60, WF, 9-61.67.258
PAINTER, Wm. B., 20-60, WM, 9-62.68.259
PAINTER, Mary C., 20-60, WF, 9-62.68.260
PAINTER, Cora B., 5-20, WF, 9-62.68.261
PAINTER, Arthur E., 5-20, WM, 9-62.68.262
BUCANNON, John H., 60+, WM, 9-63.69.263
BUCANNON, Edeith, 60+, WF, 9-63.69.264
DILLTS, Albert M., 5-20, WM, 9-63.69.265
NIXON, John F., 60+, WM, 9-64.70.266
NIXON, Mary, 60+, WF, 9-64.70.267
WALDRON, Magdalene, 60+, WF, 9-64.70.268
SNYDER, Charles, 5-20, WM, 9-64.70.269
SMITH, Elizebath, 60+, WF, 9-65.71.270
TROUT, Jeremiah H., 20-60, WM, 10-66.72.271
TROUT, Sarah E., 20-60, WF, 10-66.72.272
TROUT, Maggie T., 20-60, WF, 10-66.72.273
TROUT, Jere T., 5-20, WM, 10-66.72.274
TROUT, Theodor H., 5-20, WM, 10-66.72.275
TROUT, Saml. T., 5-20, WM, 10-66.72.276
RACE, Geo. W., 20-60, WM, 10-67.73.277
RACE, Susan, 20-60, WF, 10-67.73.278
RACE, Jacob S., 20-60, WM, 10-67.73.279
RACE, William, 20-60, WM, 10-67.73.280
SCOTT, George W., 60+, WM, 10-68.74.281
SCOTT, Mary, 20-60, WF, 10-68.74.282
SCOTT, John W., 20-60, WM, 10-68.74.283
ANDERSON, Lydie, 20-60, WF, 10-68.74.284
MATHIS, George S., 20-60, WM, 10-68.74.285
BURD, Leonord G., 20-60, WM, 10-69.75.286
BURD, Mary A., 20-60, WF, 10-69.75.287
BURD, Frank E., 0-5, WM, 10-69.75.288
COATS, Thomas, 20-60, WM, 10-70.76.289
COATS, Sarah E., 20-60, WF, 10-70.76.290
COATS, Elmer, 20-60, WM, 10-70.76.291
MARTENIS, Saml., 20-60, WM, 10-70.76.292
MARTENIS, Lizzie, 20-60, WF, 10-70.76.293
TRIMMER, Martha S., 60+, WF, 10-71.77.294
TRIMMER, Walter G., 20-60, WM, 10-71.77.295
LONG, James D., 20-60, WM, 10-71.77.296
ROBERSON, Wallis I., 20-60, WM, 10-71.78.297
ROBERSON, Hattie, 20-60, WF, 10-71.78.298
ROBERSON, Edeith, 0-5, WF, 10-71.78.299
POTTS, Quinn, 20-60, WM, 10-72.79.300
MATHES, Joseph R., 20-60, WM, 11-73.80.301
MATHES, Lizzie, 20-60, WF, 11-73.80.302
MATHES, Fred, 20-60, WM, 11-73.80.303
MATHES, Frank, 5-20, WM, 11-73.80.304
MATHES, Bessie, 5-20, WF, 11-73.80.305
READING, John M., 20-60, WM, 11-74.81.306
READING, Lettie, 20-60, WF, 11-74.81.307
READING, Lester, 5-20, WM, 11-74.81.308
READING, Morris, 0-5, WM, 11-74.81.309
SCOTT, William L., 20-60, WM, 11-75.82.310
SCOTT, Hannah, 20-60, WF, 11-75.82.311
SCOTT, Charles B., 20-60, WM, 11-75.82.312
WILLSON, Mary A., 60+, WF, 11-75.82.313
HARER, William E., 60+, WM, 11-76.83.314
HARER, Amy E., 20-60, WF, 11-76.83.315
HARER, Julia S., 20-60, WF, 11-76.83.316
HARER, John B., 20-60, WM, 11-76.83.317
HARER, Almeda, 5-20, WF, 11-76.83.318
HARER, Harry W., 5-20, WM, 11-76.83.319
HARER, Clarance D., 5-20, WF, 11-76.83.320
HARER, Morris S., 5-20, WM, 11-76.83.321
HARER, W. Edger, 5-20, WM, 11-76.83.322

HUNTERDON CO. NJ 1895 STATE CENSUS
Township of Franklin

HARER, Jacob E., 60+, WM, 11-76.83.323
SUYDAM, Taylor, 20-60, WM, 11-77.84.324
SUYDAM, Rose, 20-60, WF, 11-77.84.325
SUYDAM, May B., 0-5, WF, 11-77.84.326
CASE, William J., 60+, WM, 11-77.84.327
SCHYLER, Annie, 5-20, WF, 11-77.84.328
VANDOREN, Sarah, 60+, WF, 11-77.85.329
TRIMMER, Edward C., 20-60, WM, 11-77.85.330
SNYDER, Rhoda, 60+, WF, 12-78.85.331
NIXON, Lambert, 20-60, WM, 12-78.86.332
NIXON, Ella, 20-60, WF, 12-78.86.333
NIXON, Harry, 5-20, WM, 12-78.86.334
RODENBAUGH, John, 20-60, WM, 12-79.87.335
RODENBAUGH, Mary, 20-60, WF, 12-79.87.336
RODENBAUGH, Laura, 5-20, WF, 12-79.87.337
RODENBAUGH, Lizzie C., 5-20, WF, 12-79.87.338
RODENBAUGH, Beulah, 0-5, WF, 12-79.87.339
CATHCART, George, 20-60, WM, 12-79.87.340
LEAVER, George D., 60+, WM, 12-80.88.341
LEAVER, M. Lizzie, 20-60, WF, 12-80.88.342
LEAVER, William C., 5-20, WM, 12-80.88.343
LEAVER, Albert A., 5-20, WM, 12-80.88.344
LEAVER, Amy E., 5-20, WF, 12-80.88.345
LEAVER, Lucy M., 0-5, WF, 12-80.88.346
HAMPTON, Morris, 60+, WM, 12-80.88.347
BODINE, John M., 20-60, WM, 12-81.89.348
BODINE, Sarah C., 20-60, WF, 12-81.89.349
BODINE, Olive, 5-20, WF, 12-81.89.350
BODINE, John R., 5-20, WM, 12-81.89.351
BODINE, Pauline, 5-20, WF, 12-81.89.352
LEAVER, Morris H., 20-60, WM, 12-81.90.353
LEAVER, Cora A., 20-60, WF, 12-81.90.354
JOHNSON, John, 60+, WM, 12-82.91.355
JOHNSON, Margarette, 60+, WF, 12-82.91.356
JOHNSON, William E., 20-60, WM, 12-82.91.357
JOHNSON, Charles, 20-60, WM, 12-82.91.358
DAVENPORT, Abram, 60+, WM, 12-83.92.359
RITTENHOUSE, Hodoram, 20-60, WM, 12-83.92.360
DAVENPORT, Samuel S., 60+, WM, 13-84.93.361
DAVENPORT, Lucinda, 60+, WF, 13-84.93.362
DAVENPORT, Laffaette, 20-60, WM, 13-84.93.363
GARY, Elias, 60+, WM, 13-84.93.364
SNYDER, David W., 60+, WM, 13-85.94.365
SNYDER, Ruth, 60+, WF, 13-85.94.366
SNYDER, Whitfield H., 20-60, WM, 13-85.94.367
RITTENHOUSE, Sarah, 60+, WF, 13-85.94.368
SANDERS, Ada M., 5-20, WF, 13-85.94.369
SNYDER, George W., 20-60, WM, 13-86.95.370
SNYDER, Ella N., 20-60, WF, 13-86.95.371
SNYDER, Ethel L., 0-5, WF, 13-86.95.372
SUYDAM, Enoch B., 20-60, WM, 13-87.96.373
SUYDAM, Alice, 20-60, WF, 13-87.96.374
SUYDAM, Viola A., 5-20, WF, 13-87.96.375
SUYDAM, Lelia C., 5-20, WF, 13-87.96.376
MATHEWS, Mary A., 60+, WF, 13-88.97.377
MATHEWS, William H., 20-60, WM, 13-88.97.378
AGANS, Matilda C., 60+, WF, 13-88.98.379
LOW, Elizebath, 60+, WF, 13-88.98.380
POTTS, Elijah, 60+, WM, 13-89.99.381
POTTS, Margarette, 60+, WF, 13-89.99.382
POTTS, Bertie May, 5-20, WF, 13-89.99.383
FLEMING, David B., 60+, WM, 13-90.100.384
FLEMING, Kate, 20-60, WF, 13-90.100.385
FLEMING, Carrie, 5-20, WF, 13-90.100.386
FLEMING, Della, 5-20, WF, 13-90.100.387
RODENBAUGH, Ann, 60+, WF, 13-90.100.388
MARTIN, Edward A., 20-60, WM, 13-91.101.389
MARTIN, Mary, 20-60, WF, 13-91.101.400
MARTIN, Sarah A., 60+, WF, 14-92.102.391
POTTS, Godfrey H., 20-60, WM, 14-92.103.392
POTTS, Mary, 20-60, WF, 14-92.103.393
POTTS, Hareld, 5-20, WM, 14-92.103.394
PROBASCO, Theodor, 60+, WM, 14-93.104.395
PROBASCO, Elizebath, 60+, WF, 14-93.104.396
WATTERHOUSE, Ben, 60+, CM, 14-93.104.397
BROUER, Ida, 5-20, WF, 14-93.104.398
CRONCE, William, 60+, WM, 14-94.105.399
CRONCE, Mary A., 60+, WF, 14-94.105.400
CRONCE, George W., 20-60, WM, 14-94.105.401
ALLEN, Pheba A., 60+, WF, 14-94.106.402
TRIMMER, Belle, 60+, WF, 14-95.107.403
TRIMMER, Lizzie, 20-60, WF, 14-95.107.404
TRIMMER, Thatcher T., 60+, WM, 14-96.108.405
TRIMMER, Susan, 60+, WF, 14-96.108.406
LITTLE, Abram S., 20-60, WM, 14-96.109.407
LITTLE, Kate, 20-60, WF, 14-96.109.408
LITTLE, Dayton, 5-20, WM, 14-96.109.409
DALRYMPLE, Elias L., 20-60, WM, 14-97.110.410
DALRYMPLE, Jane, 20-60, WF, 14-97.110.411
SUYDAM, Isaac, 20-60, WM, 14-98.111.412
SUYDAM, Ella A., 20-60, WF, 14-98.111.413
SUYDAM, Florance, 5-20, WF, 14-98.111.414
SUYDAM, Mamie F., 5-20, WF, 14-98.111.415
SUYDAM, Roy, 5-20, WM, 14-98.111.416
SUYDAM, Rose, 0-5, WF, 14-98.111.417
PRALL, Horras G., 20-60, WM, 14-98.112.418
PRALL, Lizzie, 20-60, WF, 14-98.112.419
PRALL, Frank Louds, 0-5, WM, 14-98.112.420
DALRYMPLE, Hiram W., 20-60, WM, 15-99.113.421
DALRYMPLE, Jane, 20-60, WF, 15-99.113.422
DALRYMPLE, Clarkson, 5-20, WM, 15-99.113.423
DALRYMPLE, Ella, 5-20, WF, 15-99.113.424
OAKS, William P., 20-60, WM, 15-100.114.425
OAKS, Mary, 20-60, WF, 15-100.114.426
OAKS, Earnest, 5-20, WM, 15-100.114.427
OAKS, Willie O., 0-5, WM, 15-100.114.428
LYKES, Mary A., 60+, WF, 15-101.115.429
LYKES, Allie, 20-60, WF, 15-101.115.430
WYKER?, Abram B., 60+, WM, 15-101.115.431
ROCKAFELLOW, Eliza, 60+, WF, 15-101.115.432

HUNTERDON CO. NJ 1895 STATE CENSUS
Township of Franklin

STIRES, Joseph G., 20-60, WM, 15-102.116.433
STIRES, E. Fanny, 20-60, WF, 15-102.116.434
STIRES, Frank H., 5-20, WM, 15-102.116.435
RACE, George E., 20-60, WM, 15-103.116.436
RACE, Nancy J., 20-60, WF, 15-103.116.437
RACE, Lela M., 0-5, WF, 15-103.116.438
BOWMAN, Asa A., 20-60, WM, 15-104.117.439
BOWMAN, Adeline, 20-60, WF, 15-104.117.440
OPDYKE, George B., 20-60, WM, 15-104.118.441
OPDYKE, Emma, 20-60, WF, 15-104.118.442
OPDYKE, Hareld, 0-5, WM, 15-104.118.443
TROUT, John D., 20-60, WM, 15-105.119.444
TROUT, Laura D., 20-60, WF, 15-105.119.445
VAIL, John H., 20-60, WM, 15-106.120.446
VAIL, Mary C., 20-60, WF, 15-106.120.447
VAIL, Willis W., 20-60, WM, 15-106.120.448
VAIL, Evangeline, 20-60, WF, 15-106.120.449
VAIL, James L., 20-60, WM, 15-106.120.450
SUYDAM, John M., 20-60, WM, 16-107.121.451
SUYDAM, Jennie, 20-60, WF, 16-107.121.452
KEIFRITS, John, 20-60, GM, 16-107.121.453
FINE, Ida, 20-60, WF, 16-107.121.454
BOWNE, William B., 20-60, WM, 16-108.122.455
BOWNE, Belle M., 20-60, WF, 16-108.122.456
BOWNE, Edeith M., 5-20, WF, 16-108.122.457
READING, John Y., 20-60, WM, 16-108.122.458
POTTS, Amanda, 20-60, WF, 16-108.122.459
SNYDER, Quintus E., M.D., 20-60, WM, 16-109.123.460
SNYDER, I. Belle, 20-60, WF, 16-109.123.461
SNYDER, Ella, 20-60, WF, 16-109.123.462
SNYDER, Annie C., 20-60, WF, 16-109.123.463
SNYDER, Valeria J., 5-20, WF, 16-109.123.464
SNYDER, Minnie B., 5-20, WF, 16-109.123.465
LARGE, William, 60+, WM, 16-110.124.466
LARGE, Sarah, 60+, WF, 16-110.124.467
ALLEGAR, Lemuel J., 20-60, WM, 16-110.125.468
ALLEGAR, Lizzie, 20-60, WF, 16-110.125.469
CURTIS, Morris, 60+, WM, 16-111.126.470
CURTIS, Mary A., 20-60, WF, 16-111.126.471
OAKS, Harry P., 5-20, WM, 16-111.126.472
RITTENHOUSE, Martha J., 60+, WF, 16-112.127.473
HOFF, Martha E., 20-60, WF, 16-112.127.474
HOFF, John M., 20-60, WM, 16-112.127.475
CULVER, Morris B., 20-60, WM, 16-113.128.476
CULVER, Maria W., 20-60, WF, 16-113.128.477
CULVER, Percy D., 5-20, WM, 16-113.128.478
CULVER, Venia H., 5-20, WF, 16-113.128.479
POTTS, Lewis R., 20-60, WM, 16-114.129.480
POTTS, Louis S., 20-60, WF, 17-114.129.481
POTTS, Clarance, 0-5, WF, 17-114.129.482
GARRISON, William H., 20-60, WM, 17-115.130.483
GARRISON, Lizzie, 20-60, WF, 17-115.130.484
GARRISON, Ida May, 0-5, WF, 17-115.130.485
EMERY, William G., 20-60, WM, 17-115.130.486
VAIL, Abram R., 60+, WM, 17-116.131.487
VAIL, Jane D., 60+, WF, 17-116.131.488
VAIL, Howard E., 20-60, WM, 17-116.131.489
VAIL, Jennie, 20-60, WF, 17-116.131.490
LOANBEER, Samuel, 5-20, WM, 17-116.131.491
SHEETS, Mary E., 20-60, WF, 17-117.132.492
SHEETS, Ella, 20-60, WF, 17-117.132.493
EGBERT, Martha, 60+, WF, 17-118.134.494
SUYDAM, Elijah H., 20-60, WM, 17-119.135.495
SUYDAM, Ella, 20-60, WF, 17-119.135.496
SUYDAM, Taylor E., 0-5, WM, 17-119.135.497
HOFF, James, 20-60, WM, 17-120.136.498
HOFF, Elizebath, 60+, WF, 17-121.137.499
FLEMING, Jennie, 20-60, WF, 17-121.137.500
TRIMMER, Newton K., 20-60, WM, 17-122.138.501
TRIMMER, Aletta, 20-60, WF, 17-122.138.502
TRIMMER, Grace K., 0-5, WF, 17-122.138.503
TRIMMER, Preston A., 0-5, WM, 17-122.138.504
TRIMMER, Charlotte, 60+, WF, 17-122.138.505
HARTPENCE, John, 20-60, WM, 17-123.139.506
HARTPENCE, Margarette, 20-60, WF, 17-123.139.507
HARTPENCE, Harry, 5-20, WM, 17-123.139.508
HARTPENCE, Annie, 5-20, WF, 17-123.139.509
HARTPENCE, Ewing, 5-20, WM, 17-123.139.510
HARTPENCE, Andy B., 5-20, WM, 18-123.139.511
HARTPENCE, Nellie, 0-5, WF, 18-123.139.512
CASE, John R., 20-60, WM, 18-124.140.513
CASE, Maria L., 20-60, WF, 18-124.140.514
CASE, Howord, 20-60, WM, 18-124.140.515
CASE, Charles Y., 20-60, WM, 18-124.140.516
CASE, L. Maria, 5-20, WF, 18-124.140.517
POTTS, William B., 20-60, WM, 18-125.141.518
POTTS, Sarah, 20-60, WF, 18-125.141.519
POTTS, George, 5-20, WM, 18-125.141.520
POTTS, Lizzie, 5-20, WF, 18-125.141.521
POTTS, Jane, 5-20, WF, 18-125.141.522
STENABAUGH, Saml., 60+, WM, 18-126.142.523
STENABAUGH, Charles, 20-60, WM, 18-126.142.524
STENABAUGH, Martha A., 60+, WF, 18-126.142.525
STENABAUGH, Sarah J., 20-60, WF, 18-126.142.526
STENABAUGH, Elizebath, 60+, WF, 18-126.142.527
LARUE, Uriah, 60+, WM, 18-127.143.528
LARUE, Amy C., 60+, WF, 18-127.143.529
FINK, George, 20-60, WM, 18-128.144.530
FINK, Hettia, 20-60, WF, 18-128.144.531
FINK, Walter, 5-20, WM, 18-128.144.532
CRONCE, Alvia B., 20-60, WM, 18-129.145.533
CRONCE, Mary E., 20-60, WF, 18-129.145.534
CRONCE, Clarance E., 5-20, WM, 18-129.145.535
CRONCE, Leon A., 5-20, WM, 18-129.145.536
CRONCE, Anna J., 5-20, WF, 18-129.145.537
CRONCE, Kale, 20-60, WM, 18-129.145.538
BIDWELL, Edward, 60+, WM, 18-130.146.539
BIDWELL, Verena D., 60+, WF, 18-130.146.540
BIDWELL, Fredrick, 20-60, WM, 19-130.147.541
BIDWELL, Nancy, 20-60, WF, 19-130.147.542

HUNTERDON CO. NJ 1895 STATE CENSUS
Township of Franklin

BIDWELL, Floyd, 5-20, WM, 19-130.147.543
BIDWELL, Bessie H., 5-20, WF, 19-130.147.544
BIDWELL, Annie S., 5-20, WF, 19-130.147.545
PIEL, John, 60+, GM, 19-131.148.546
PIEL, Mary, 60+, WF, 19-131.148.547
BAKER, Josiah W., 20-60, WM, 19-131.149.548
BAKER, Louiza, 20-60, WF, 19-131.149.549
BAKER, William, 5-20, WM, 19-131.149.550
BAKER, Rettie, 5-20, WF, 19-131.149.551
BAKER, John, 5-20, WM, 19-131.149.552
BAKER, Fanny, 0-5, WF, 19-131.149.553
BAKER, Isaiah, 60+, WM, 19-132.150.554
BAKER, Amy F., 20-60, WF, 19-132.150.555
BAKER, Joseph, 20-60, WM, 19-132.150.556
SNYDER, William, Jr., 60+, WM, 19-133.151.557
SNYDER, William, Sr., 20-60, WM, 19-133.151.558
WARD, A. D., 60+, WM, 19-134.152.559
WARD, Lydia, 60+, WF, 19-134.152.560
WARD, Albert C., 20-60, WM, 19-134.153.561
WARD, Lottie, 20-60, WF, 19-134.153.562
WARD, Ida, 5-20, WF, 19-134.153.563
WARD, Laura M., 5-20, WF, 19-134.153.564
WARD, John C., 5-20, WM, 19-134.153.565
WARD, Frank E., 5-20, WM, 19-134.153.566
PUTSEHER, Henry, 20-60, GM, 19-135.154.567
PUTSEHER, Mory E., 20-60, WF, 19-135.154.568
PUTSEHER, Mamie, 5-20, WF, 19-135.154.569
PUTSEHER, Lizzie, 5-20, WF, 19-135.154.570
PUTSEHER, Harry, 0-5, WM, 20-135.154.571
LIPPS, Adalade, 60+, WF, 20-135.154.572
ROBBINS, Joseph, 20-60, WM, 20-136.155.573
ROBBINS, Sarah, 20-60, WF, 20-136.155.574
GERMAN, William, 5-20, WM, 20-136.155.575
CLAUSON, John H., 20-60, WM, 20-137.156.576
CLAUSON, Elina, 20-60, WF, 20-137.156.577
CLAUSON, Annie, 5-20, WF, 20-137.156.578
CLAUSON, Jennie, 5-20, WF, 20-137.156.579
CLAUSON, Sophia, 0-5, WF, 20-137.156.580
WILLSON, John G., 20-60, WM, 20-138.157.581
WILLSON, Caroline, 20-60, WF, 20-138.157.582
WILLSON, Charles, 20-60, WM, 20-138.157.583
WILLSON, Flora, 5-20, WF, 20-138.157.584
WILLSON, Annie, 5-20, WF, 20-138.157.585
WILLSON, Ella, 5-20, WF, 20-138.157.586
WILLSON, Irene, 5-20, WF, 20-138.157.587
WILLSON, Stella, 5-20, WF, 20-138.157.588
WILLSON, George, 5-20, WM, 20-138.157.589
WILLSON, Bessey, 0-5, WF, 20-138.157.590
LUDE, John, 60+, GM, 20-139.158.591
LUDE, George, 20-60, WM, 20-139.158.592
CASSADY, Carrie, 20-60, WF, 20-139.158.593
FRITZ, Fred, 20-60, GM, 20-140.159.594
FRITZ, Mory, 20-60, GF, 20-140.159.595
FRITZ, Infant, 0-5, WF, 20-140.159.596
SNYDER, Jeremiah, 60+, WM, 20-141.160.597
SNYDER, Catharine, 60+, WF, 20-141.160.598
SNYDER, Burris, 20-60, WM, 20-141.161.599
SNYDER, Annie J., 20-60, WF, 20-141.161.600
SNYDER, Clifford Eorl, 5-20, WM, 21-141.161.601
SNYDER, Eleanor, 5-20, WF, 21-141.161.602
SNYDER, J. W., 5-20, WM, 21-141.161.603
BRENER, Annie, 20-60, WF, 21-141.161.604
McCLOUGHAN, Jacob, 20-60, WM, 21-142.161.605
McCLOUGHAN, Amy, 20-60, WF, 21-142.161.606
McCLOUGHAN, Malinda, 20-60, WF, 21-142.161.607
McCLOUGHAN, Hattie, 5-20, WF, 21-142.161.608
McCLOUGHAN, Henry, 5-20, WM, 21-142.161.609
MARSHALL, Ruben, 20-60, WM, 21-143.162.610
MARSHALL, Jane, 20-60, WF, 21-143.162.611
MARSHALL, Steword, 20-60, WM, 21-143.162.612
MARSHALL, Harry, 5-20, WM, 21-143.162.613
MARSHALL, Harvey, 5-20, WM, 21-143.162.614
SHEETS, James, 60+, WM, 21-144.163.615
SHEETS, George L., 20-60, WM, 21-145.164.616
SHEETS, Emma, 20-60, WF, 21-145.164.617
SHEETS, Walter, 5-20, WM, 21-145.164.618
SHEETS, Howard, 0-5, WM, 21-145.164.619
GARY, Enoch, 20-60, WM, 21-146.165.620
GARY, Lizzie, 20-60, WF, 21-146.165.621
GARY, Martha, 5-20, WF, 21-146.165.622
GARY, George, 5-20, WM, 21-146.165.623
GARY, Ada, 5-20, WF, 21-146.165.624
GARY, Harvey, 0-5, WM, 21-146.165.625
KERR, Hugh, 20-60, WM, 21-146.166.626
KERR, Ella, 20-60, WF, 21-146.166.627
TRIMMER, John, 60+, WM, 21-147.167.628
TRIMMER, Emaline, 20-60, WF, 21-147.167.629
TRIMMER, Sedwick, 20-60, WM, 21-147.167.630
TRIMMER, Albert, 5-20, WM, 22-147.167.631
VAN DOREN, David P., 20-60, WM, 22-148.168.632
VAN DOREN, Mory T., 20-60, WF, 22-148.168.633
VAN DOREN, Lewis H., 5-20, WM, 22-148.168.634
VAN DOREN, Lucy A., 5-20, WF, 22-148.168.635
VAN DOREN, Stella, 0-5, WF, 22-148.168.636
VAN DOREN, Clara J., 0-5, WF, 22-148.168.637
EMONS, John, 20-60, WM, 22-149.169.638
EMONS, Edna, 20-60, WF, 22-149.169.639
EMONS, Harry, 5-20, WM, 22-149.169.640
EMONS, Alfred, 5-20, WM, 22-149.169.641
CARKUFF, Peter J., 20-60, WM, 22-150.170.642
CARKUFF, Mattie E., 20-60, WF, 22-150.170.643
GARY, Christopher C., 20-60, WM, 22-150.170.644
RUPELL, Saml, 60+, WM, 22-151.171.645
RUPELL, Sarah, 60+, WF, 22-151.171.646
RUPELL, Andrew, 20-60, WM, 22-151.171.647
DILLTS, Abram, 60+, WM, 22-152.172.648
DILLTS, Albert C., 20-60, WM, 22-152.172.649
BUSH, Sidney M., 20-60, WM, 22-153.173.650
BUSH, Emma, 20-60, WF, 22-153.173.651
BUSH, Florance M., 5-20, WF, 22-153.173.652

HUNTERDON CO. NJ 1895 STATE CENSUS
Township of Franklin

BUSH, Blanche, 5-20, WF, 22-153.173.653
RISENER, Josephine, 5-20, WF, 22-153.173.654
RISENER, Georganna, 5-20, WF, 22-153.173.655
HORTMAN, Aaron, 60+, WM, 22-153.173.656
MERRELL, Orvil, 20-60, WM, 22-154.174.657
MERRELL, Emma, 20-60, WF, 22-154.174.658
MERRELL, Edna, 5-20, WF, 22-154.174.659
MERRELL, Ramond, 0-5, WM, 22-154.174.660
CRONCE, William, 20-60, WM, 23-154.174.661
CLARK, George, 20-60, WM, 23-155.175.662
CLARK, Jane, 20-60, WF, 23-155.175.663
CLARK, Theodor, 5-20, WM, 23-155.175.664
CLARK, George, 5-20, WM, 23-155.175.665
CLARK, Annie, 5-20, WF, 23-155.175.666
CLARK, Etna, 0-5, WF, 23-155.175.667
BOUERS, Joseph, 20-60, WM, 23-155.175.668
MILLER, George, 20-60, WM, 23-156.176.669
MILLER, Alberta, 20-60, WF, 23-156.176.670
MILLER, Clark, 0-5, WM, 23-156.176.671
MILLER, John, 5-20, WM, 23-156.176.672
SCHOMP, George M., Sr., 60+, WM, 23-157.177.673
SCHOMP, Mahalah, 60+, WF, 23-157.177.674
SCHOMP, George M., Jr., 20-60, WM, 23-157.177.675
SCHOMP, Charity, 20-60, WF, 23-157.177.676
SCHOMP, Anna Jane, 5-20, WF, 23-157.177.677
BONHAM, Moses, 60+, WM, 23-158.178.678
BONHAM, Saml. C., 5-20, WF, 23-158.178.679
ROCKAFELLOW, William J., 20-60, WM, 23-159.179.680
ROCKAFELLOW, Annie M., 20-60, WF, 23-159.179.681
ROCKAFELLOW, Carrie, 5-20, WF, 23-159.179.682
VANDEMARK, Jacob, 60+, WM, 23-160.180.683
VANDEMARK, Mary C., 20-60, WF, 23-160.180.684
VANDEMARK, Gilbert, 20-60, WM, 23-160.180.685
VANDEMARK, Cathorine, 5-20, WF, 23-160.180.686
VANDEMARK, Job, 20-60, WM, 23-161.181.687
VANDEMARK, Margarette, 20-60, WF, 23-161.181.688
VANDEMARK, James A., 0-5, WM, 23-161.181.689
MYERES, George, 20-60, WF, 23-161.181.690
LOVEING, John, 20-60, WM, 24-161.181.691
SNYDER, Warford L., 20-60, WM, 24-162.182.692
SNYDER, Cora S., 20-60, WF, 24-162.182.693
SNYDER, Clarance, 0-5, WM, 24-162.182.694
WEST, Lemuel R., 20-60, WM, 24-163.183.695
WEST, Anna Jane, 20-60, WF, 24-163.183.696
HARTPENCE, Hiram B., 20-60, WM, 24-163.183.697
HARTPENCE, Walter K., 5-20, WM, 24-163.183.698
ROBERSON, Jeremiah K., 20-60, WM, 24-164.184.699
ROBERSON, Amy, 20-60, WF, 24-164.184.700
SNELL, Laura, 5-20, WF, 24-164.184.701
TINSMAN, Recfred, 20-60, WM, 24-164.184.702
NIXON, Justus L., 60+, WM, 24-165.185.703
NIXON, Ernley E., 20-60, WM, 24-165.185.704
NIXON, Annie, 20-60, WF, 24-165.185.705
NIXON, Ella, 20-60, WF, 24-165.185.706
NIXON, Warford L., M. D., 20-60, WM, 24-165.185.707
NIXON, Amelia, 20-60, WF, 24-165.185.708
NIXON, Elwood, 20-60, WM, 24-165.185.709
NIXON, Lillie M., 5-20, WF, 24-165.185.710
LARGE, Ebonezer, 60+, WM, 24-165.185.711
ROBINSON, William A. C., 20-60, WM, 24-166.186.712
ROBINSON, Susan, 20-60, WF, 24-166.186.713
ROBINSON, Jennie, 5-20, WF, 24-166.186.714
ROBINSON, Elmer, 5-20, WM, 24-166.186.715
ROBINSON, Howard, 5-20, WM, 24-166.186.716
ROBINSON, Frank, 0-5, WM, 24-166.186.717
ROBINSON, Olive, 0-5, WF, 24-166.186.718
ROBINSON, Johns S., 20-60, WM, 24-167.187.719
ROBINSON, Hannah M., 20-60, WF, 24-167.187.720
ROBINSON, Leon E., 5-20, WM, 25-167.187.721
BURRESS, Annie, 20-60, WF, 25-167.187.722
BURRESS, Rusell, 0-5, WM, 25-167.187.723
SNYDER, Willson, 20-60, WM, 25-167.188.724
SNYDER, Jane M., 20-60, WF, 25-167.188.725
SNYDER, William H., 5-20, WM, 25-167.188.726
SNYDER, May P., 5-20, WF, 25-167.188.727
SNYDER, Tillie C., 0-5, WF, 25-167.188.728
BOWMAN, Louie F., 20-60, WM, 25-168.189.729
BOWMAN, Mary C., 20-60, WF, 25-168.189.730
BOWMAN, Willie G., 5-20, WM, 25-168.189.731
ALGARD, Charles, 20-60, WM, 25-169.190.732
ALGARD, Margarette, 20-60, WF, 25-169.190.733
ALGARD, John, 5-20, WM, 25-169.190.734
ALGARD, James, 5-20, WM, 25-169.190.735
CASE, John D., 20-60, WM, 25-170.191.736
CASE, Annie M., 20-60, WF, 25-170.191.737
CASE, Jacob W., 0-5, WM, 25-170.191.738
JOHNSON, George E., 20-60, WM, 25-170.192.739
JOHNSON, Annie, 20-60, WF, 25-170.192.740
CASE, William C., 20-60, WM, 25-171.192.741
CASE, Lizzie, 20-60, WF, 25-171.192.742
RISLER, Hannah, 20-60, WF, 25-171.192.743
LEACOCK, William J., 20-60, IM, 25-171.192.744
CASE, James W., 60+, WM, 25-172.193.745
CASE, Hannah, 20-60, WF, 25-172.193.746
ALLEN, Andrew, 20-60, WM, 25-172.193.747
DILENGER, Mary, 5-20, WF, 25-172.193.748
HANNA, Robbert, 20-60, IM, 25-173.194.749
HANNA, Mary, 20-60, WF, 25-173.194.750
HANNA, Ida M., 5-20, WF, 26-173.194.751
HANNA, Willie, 5-20, WM, 26-173.194.752
HANNA, Fanny, 5-20, WF, 26-173.194.753
HANNA, Nora E., 5-20, WF, 26-173.194.754
HANNA, Lizzie, 5-20, WF, 26-173.194.755
HANNA, George, 5-20, WM, 26-173.194.756
HANNA, Bertha, 0-5, WF, 26-173.194.757
WIGMAN, George, 5-20, WM, 26-173.194.758
DALRYMPLE, Search, 20-60, WM, 26-174.195.759
DALRYMPLE, Sarah E., 20-60, WF, 26-174.195.760
DALRYMPLE, Bessie, 5-20, WF, 26-174.195.761

HUNTERDON CO. NJ 1895 STATE CENSUS
Township of Franklin

HOFFMAN, William K., 20-60, WM, 26-175.196.762
HOFFMAN, Pheoba, 20-60, WF, 26-175.196.763
COOK, George, 20-60, WM, 26-175.197.764
COOK, Laura, 20-60, WF, 26-175.197.765
PUTCHE, Kate, 5-20, WF, 26-175.197.766
PHILHOUER, Conrad, 60+, WM, 26-176.198.767
PHILHOUER, Ruth, 60+, WF, 26-176.198.768
PHILHOUER, Mahlon G., 20-60, WM, 26-176.198.769
KING, Ruth, 5-20, WF, 26-176.198.770
McPHERSON, Theodor, 20-60, WM, 26-177.199.771
McPHERSON, Annie, 20-60, WF, 26-177.199.772
HILL, Annie, 5-20, WF, 26-177.199.773
McPHERSON, Asa, 20-60, WM, 26-177.200.774
McPHERSON, Lizzie, 20-60, WF, 26-177.200.775
McPHERSON, Jennie, 0-5, WF, 26-177.200.776
FISHER, Lemuel, 5-20, WM, 26-177.200.777
HENDERSHOT, William H., 20-60, WM, 26-178.201.778
HENDERSHOT, Margarette, 20-60, WF, 26-178.201.779
HENDERSHOT, Mary, 60+, WF, 26-178.201.780
HENDERSHOT, Jacob, 5-20, WM, 27-178.201.781
HENDERSHOT, Charles E., 5-20, WM, 27-178.201.782
HENDERSHOT, Mary M., 5-20, WF, 27-178.201.783
HENDERSHOT, Willard L., 20-60, WM, 27-179.202.784
HENDERSHOT, Mary, 20-60, WF, 27-179.202.785
RUNKEL, Elisha C., 20-60, WM, 27-180.203.786
GARY, Hattie E., 20-60, WF, 27-180.203.787
GARY, Claude E., 5-20, WM, 27-180.203.788
RUNKEL, Sidney M., 60+, WM, 27-181.204.789
SHEETS, Jacob S., 20-60, WM, 27-181.204.790
SHEETS, Mary, 60+, WF, 27-181.204.791
GERMAN, James, 20-60, WM, 27-182.205.792
GERMAN, Martha V., 20-60, WF, 27-182.205.793
GERMAN, Lillie M., 5-20, WF, 27-182.205.794
GERMAN, B. Franklin, 5-20, WM, 27-182.205.795
GERMAN, Claude E., 0-5, WM, 27-182.205.796
GERMAN, Johnson, 0-5, WM, 27-182.205.797
WEST, Jacob C., 20-60, WM, 27-183.206.798
WEST, Frances A., 20-60, WF, 27-183.206.799
WEST, Howard H., 5-20, WF, 27-183.206.800
WEST, Lynden T., 5-20, WM, 27-183.206.801
WEST, Ethel M., 5-20, WF, 27-183.206.802
WEST, Jennie H., 0-5, WF, 27-183.206.803
TIGER, Nancy, 60+, WF, 27-183.206.804
RITTENHOUSE, Ida, 20-60, WF, 27-183.206.805
HARTPENCE, William, 20-60, WM, 27-183.206.806
STEVENSON, Henry C., 60+, WM, 27-184.207.807
STEVENSON, Susan J., 60+, WF, 27-184.207.808
McCONELL, Charles, 20-60, WM, 27-184.208.809
McCONELL, Emma J., 20-60, WF, 27-184.208.810
McCONELL, Lizzie M., 5-20, WF, 28-184.208.811
McCONELL, Stella, 5-20, WF, 28-184.208.812
HARSELL, Christopher, 60+, WM, 28-184.208.813
ALLEN, Charles, 20-60, WM, 28-185.209.814
ALLEN, Mary B., 20-60, WF, 28-185.209.815
ALLEN, Walter A., 0-5, WM, 28-185.209.816
STEVENSON, Caroline, 20-60, WF, 28-185.209.817
McPHERSON, George, 20-60, WM, 28-186.210.818
McPHERSON, Katie, 5-20, WF, 28-186.210.819
McPHERSON, John, 0-5, WM, 28-186.210.820
MYERS, Israel, 20-60, WM, 28-187.211.821
MYERS, Eliza, 20-60, WF, 28-187.211.822
MYERS, Winfield S., 20-60, WM, 28-187.211.823
MYERS, Voorhess, 5-20, WM, 28-187.211.824
MYERS, Julia, 5-20, WF, 28-187.211.825
PIERSON, Ruben, 60+, WM, 28-188.212.826
PIERSON, Mary, 60+, WF, 28-188.212.827
PIERSON, Andrew J., 20-60, WM, 28-188.213.828
PIERSON, Jane, 20-60, WF, 28-188.213.829
PIERSON, Mary, 5-20, WF, 28-188.213.830
KING, Hannah, 20-60, WF, 28-189.214.831
KING, Eva J., 5-20, WF, 28-189.214.832
CASE, William K., 20-60, WM, 28-190.215.833
CASE, Mary E., 20-60, WF, 28-190.215.834
CASE, Jonathan, 5-20, WM, 28-190.215.835
ALPAUGH, Furman H., 20-60, WM, 28-191.216.836
ALPAUGH, Mary J., 20-60, WF, 28-191.216.837
SWARER, John A., 20-60, WM, 28-192.217.838
SWARER, Annie E., 20-60, WF, 28-192.217.839
McPHERSON, Saml C., 60+, WM, 28-193.218.840
McPHERSON, Mary N., 60+, WF, 29-193.218.841
McPHERSON, Jermiah, 20-60, WM, 29-193.218.842
McPHERSON, Louie, 20-60, WF, 29-193.218.843
McPHERSON, Bergen, 20-60, WM, 29-193.218.844
McPHERSON, Arthur, 5-20, WM, 29-194.219.845
CASE, John Q., 60+, WM, 29-195.220.846
CASE, Sarah E., 60+, WF, 29-195.220.847
CASE, Mary, 20-60, WF, 29-195.220.848
KING, Joseph, 60+, WM, 29-196.221.849
KING, Elimira, 20-60, WF, 29-196.221.850
KING, Luther H., 20-60, WM, 29-196.222.851
KING, Bertha G., 20-60, WF, 29-196.222.852
KING, Peorl E., 5-20, WM, 29-196.222.853
KING, William J., 0-5, WM, 29-196.222.854
HARSELL, Alfred, 20-60, WM, 29-197.223.855
HARSELL, Lizzie, 20-60, WF, 29-197.223.856
HARSELL, Bessie, 5-20, WF, 29-197.223.857
HARSELL, Rutson, 5-20, WM, 29-197.223.858
HARSELL, Willcott, 0-5, WM, 29-197.223.859
FULPER, James, 20-60, WM, 29-198.224.860
FULPER, Sarah, 20-60, WF, 29-198.224.861
FULPER, Gertrude, 20-60, WF, 29-198.224.862
FULPER, Lizzie, 5-20, WF, 29-198.224.863
CASE, Asa, 60+, WM, 29-199.225.864
CASE, Elizebath A., 60+, WF, 29-199.225.865
CASE, Rachall A., 20-60, WFR, 29-199.225.866
MALLERY, Ira D., 20-60, WM, 29-200.226.867
MALLERY, Annie E., 20-60, WF, 29-200.226.868
MALLERY, Claria G., 5-20, WF, 29-200.226.869
MALLERY, Mildred, 5-20, WF, 29-200.226.870
MALLERY, Eugenia, 0-5, WF, 30-200.226.871

HUNTERDON CO. NJ 1895 STATE CENSUS
Township of Franklin

MALLERY, Helen S., 5-20, WF, 30-200.226.872
MALLERY, Cora B., 5-20, WF, 30-200.226.873
SUYDAM, Walter, 20-60, WM, 30-201.227.874
SUYDAM, Lizzie, 20-60, WF, 30-201.227.875
SUYDAM, Ethel B., 0-5, WF, 30-201.227.876
EVERITT, Samuel K., 60+, WM, 30-202.228.877
EVERITT, Sarah C., 20-60, WF, 30-202.228.878
EVERITT, Susan, 20-60, WF, 30-202.228.879
EVERITT, Asa, 20-60, WM, 30-202.228.880
EVERITT, John K., 20-60, WM, 30-202.228.881
GENTHER, John G., 60+, GM, 30-203.229.882
GENTHER, Sarah, 60+, GF, 30-203.229.883
GENTHER, Annie M., 20-60, WF, 30-203.229.884
ROBERSON, Jonathan, 60+, WM, 30-204.230.885
ROBERSON, Edna, 20-60, WF, 30-204.230.886
VOLK, William J., 20-60, WM, 30-205.231.887
VOLK, Lucy, 20-60, WF, 30-205.231.888
VOLK, Mary E., 5-20, WF, 30-205.231.889
VOLK, George E., 5-20, WM, 30-205.231.890
ROWE, Sarah J., 20-60, WF, 30-205.231.891
SINE, Joseph L., 20-60, WM, 30-205.231.892
VOLK, William B., 60+, WM, 30-206.232.893
VOLK, Elizebath, 60+, WF, 30-206.232.894
VOLK, John J., 20-60, WM, 30-206.233.895
VOLK, Francis, 20-60, WF, 30-206.233.896
VOLK, Foster M., 5-20, WM, 30-206.233.897
VOLK, No name infant, 0-5, WM, 30-206.233.898
YOUNG, Hiram D., 20-60, WM, 30-207.234.899
YOUNG, Annie, 20-60, WF, 30-207.234.900
YOUNG, Lillie, 20-60, WF, 31-207.234.901
HOPPOCK, John W., 20-60, WM, 31-208.235.902
HOPPOCK, Elizebath, 20-60, WF, 31-208.235.903
THARP, William L., 20-60, WM, 31-209.236.904
THARP, Mary A., 20-60, WF, 31-209.236.905
THARP, Joseph, 60+, WM, 31-209.236.906
THARP, Grace J., 0-5, WF, 31-209.236.907
STIRES, J. Taylor, 60+, WM, 31-210.237.908
RITTENHOUSE, Amy, 20-60, WF, 31-210.237.909
OAKS, Eli, 20-60, WM, 31-211.238.910
OAKS, Ida R., 20-60, WF, 31-211.238.911
OAKS, Dorathe R., 0-5, WF, 31-211.238.912
OAKS, Ruth, 0-5, WF, 31-211.238.913
JOHNSON, Samuel, 20-60, WM, 31-212.239.914
JOHNSON, Mamie, 20-60, WF, 31-212.239.915
JOHNSON, Elias L., 0-5, WM, 31-212.239.916
JOHNSON, Ellen, 20-60, WF, 31-212.239.917
KING, Mettler, 20-60, WM, 31-213.240.918
BROWN, Henry S., 20-60, WM, 31-214.241.919
BROWN, Mary E., 20-60, WF, 31-214.241.920
BROWN, Lizzie C., 0-5, WF, 31-214.241.921
BOWMAN, Wesley, 20-60, WM, 31-215.242.922
BOWMAN, Ada, 20-60, WF, 31-215.242.923
BOWMAN, Annie, 0-5, WF, 31-215.242.924
HOCKEBURY, John, 60+, WM, 31-216.243.925
CHANDLER, Edward, 60+, WM, 31-217.244.926
CHANDLER, Rachall, 60+, WF, 31-217.244.927
BOWLSBY, Mary, 20-60, WF, 31-217.244.928
McPHERSON, Harry, 20-60, WM, 31-218.245.929
McPHERSON, Ange, 20-60, WF, 31-218.245.930
McPHERSON, Fred W., 5-20, WM, 32-218.245.931
McPHERSON, George G., 5-20, WM, 32-218.245.932
McPHERSON, Ada N., 5-20, WF, 32-218.245.933
McPHERSON, Henry E., 5-20, WM, 32-218.245.934
SWEAZY, Levi, 20-60, WM, 32-219.246.935
SWEAZY, Rebeca, 20-60, WF, 32-219.246.936
HIBLER, Peter W., 20-60, WM, 32-220.247.937
HIBLER, Mary E., 20-60, WF, 32-220.247.938
LEONORD, George, 5-20, WM, 32-220.247.939
BRYANT, John, 20-60, OM, 32-221.248.940
BRYANT, Elma, 20-60, WF, 32-221.248.941
BRYANT, Howord, 5-20, WM, 32-221.248.942
BRYANT, Lizzie, 5-20, WF, 32-221.248.943
BRYANT, Mattie, 5-20, WF, 32-221.248.944
ANDERSON, Elizebath, 60+, WF, 32-221.249.945
HULSIZER, Peter, 60+, WM, 32-222.250.946
HULSIZER, Sarah R., 20-60, WF, 32-222.250.947
HULSIZER, Rachal W., 5-20, WF, 32-222.250.948
HULSIZER, John C., 20-60, WM, 32-222.250.949
HULSIZER, Jacob, 5-20, WM, 32-222.250.950
TRIMMER, William C., 20-60, WM, 32-223.251.951
YOUNG, Elicott, 20-60, WM, 32-223.251.952
YOUNG, Mary A., 20-60, WF, 32-223.251.953
OAKS, Hiram, 20-60, WM, 32-224.252.954
OAKS, Martha, 20-60, WF, 32-224.252.955
OAKS, Lewis, 5-20, WM, 32-224.252.956
OAKS, Edward P., 0-5, WM, 32-224.252.957
OAKS, Harry S., 0-5, WM, 32-224.252.958
FARLEY, Isaac, 60+, WM, 32-225.253.959
FARLEY, Catherine, 20-60, WF, 32-225.253.960
FARLEY, Harry, 20-60, WM, 33-225.253.961
FARLEY, George, 5-20, WM, 33-225.253.962
FLEMING, George, Sr., 20-60, WM, 33-226.254.963
FLEMING, Martha, 20-60, WF, 33-226.254.964
FLEMING, George W., 5-20, WM, 33-226.254.965
FLEMING, Florance, 5-20, WF, 33-226.254.966
FLEMING, Dorsilla, 5-20, WF, 33-226.254.967
FLEMING, Bertha, 0-5, WF, 33-226.254.968
FLEMING, Howard, 0-5, WM, 33-226.254.969
OPDYKE, James, 20-60, WM, 33-227.255.970
OPDYKE, Elizebath, 20-60, WF, 33-227.255.971
OPDYKE, Clarance, 5-20, WF, 33-227.255.972
OPDYKE, Lester, 0-5, WM, 33-227.255.973
VAN CAMP, Larrison, 20-60, WM, 33-228.256.974
VAN CAMP, Mary, 20-60, WF, 33-228.256.975
VAN CAMP, Charles, 0-5, WM, 33-228.256.976
SMITH, Morris S., Sr., 20-60, WM, 33-229.257.977
SMITH, Martha, 20-60, WF, 33-229.257.978
SMITH, Benj., 5-20, WM, 33-229.257.979
SMITH, Cortland, 5-20, WM, 33-229.257.980
SMITH, Venie, 0-5, WF, 33-229.257.981

HUNTERDON CO. NJ 1895 STATE CENSUS
Township of Franklin

SMITH, Morris S., Jr., 0-5, WM, 33-229.257.982
ALPAUGH, Benja, 5-20, WM, 33-229.257.983
BELLIS, David, 20-60, WM, 33-230.258.984
BELLIS, Otellia, 20-60, WF, 33-230.258.985
BELLIS, Elmer, 5-20, WM, 33-230.258.986
BELLIS, Clara, 5-20, WF, 33-230.258.987
BELLIS, Harry, 0-5, WM, 33-230.258.988
HYLER, Martha, 20-60, WF, 33-230.259.989
HYLER, Stella, 5-20, WF, 33-230.259.990
CREAMER, Walter, 20-60, WM, 34-231.260.991
CREAMER, Annie D., 20-60, WF, 34-231.260.992
CREAMER, Elsey, 0-5, WM, 34-231.260.993
POTTS, Edward, 20-60, WM, 34-232.261.994
POTTS, Marry, 20-60, WF, 34-232.261.995
POTTS, Wellington, 5-20, WM, 34-232.261.996
POTTS, Mahlon K., 5-20, WM, 34-232.261.997
POTTS, Edmond, 5-20, WM, 34-232.261.998
POTTS, Sadie, 5-20, WF, 34-232.261.999
POTTS, Lydie, 5-20, WF, 34-232.261.1000
POTTS, Hazel, 0-5, WF, 34-232.261.1001
GANO, Saml, 20-60, WM, 34-233.262.1002
GANO, Elizebath, 20-60, WF, 34-233.262.1003
BEST, Cornelous, 60+, WM, 34-234.263.1004
BEST, Eliza, 60+, WF, 34-234.263.1005
ANDERSON, John, 20-60, WM, 34-235.264.1006
ANDERSON, Mary E., 20-60, WF, 34-235.264.1007
EVERLY, Phillip, 20-60, WM, 34-236.265.1008
EVERLY, Gertrude, 20-60, WF, 34-236.265.1009
EVERLY, Forest, 5-20, WM, 34-236.265.1010
EVERLY, May, 5-20, WF, 34-236.265.1011
READING, Gideon, 60+, WM, 34-237.266.1012
READING, Frances, 20-60, WF, 34-237.266.1013
READING, Annie, 5-20, WF, 34-237.266.1014
READING, Frances L., 5-20, WF, 34-237.266.1015
READING, Hannah, 5-20, WF, 34-237.266.1016
READING, Mabell, 5-20, WF, 34-237.266.1017
READING, Maude, 5-20, WF, 34-237.266.1019
READING, Ethel, 5-20, WF, 34-237.266.1019
BUTTLER, Ann, 60+, WF, 34-238.267.1020
REA, Joseph S., 20-60, WM, 35-239.268.1021
REA, Adelade, 20-60, WF, 35-239.268.1022
REA, Elma, 20-60, WF, 35-239.268.1023
HOFF, Ann, 60+, WF, 35-239.268.1024
CAVILLIER, John S., Sr., 60+, WM, 35-240.269.1025
CAVILLIER, Kate C., 60+, WF, 35-240.269.1026
CAVILLIER, John, 20-60, WM, 35-240.269.1027
CAVILLIER, Edeth, 20-60, WF, 35-240.269.1028
CAVILLIER, Edgor, 5-20, WM, 35-240.269.1029
CAVILLIER, George, 0-5, WM, 35-240.269.1030
WEST, Jacob, Sr., 60+, WM, 35-241.270.1031
WEST, Jennie, 20-60, WF, 35-241.270.1032
LITTLE, Charles T., 20-60, WM, 35-241.270.1033
WEST, Joseph, 20-60, WM, 35-242.271.1034
WEST, Lizzie, 20-60, WF, 35-242.271.1035
WEST, Stella, 5-20, WF, 35-242.271.1036
TUNISON, John, 5-20, WM, 35-243.272.1037
TUNISON, Rebeca, 20-60, WF, 35-243.272.1038
TUNISON, Alberta, 5-20, WF, 35-243.272.1039
TUNISON, Bergan, 5-20, WM, 35-243.272.1040
KROUT, John, 20-60, WM, 35-244.273.1041
KROUT, Berni, 20-60, WF, 35-244.273.1042
HOFFMAN, Jacob, 20-60, WM, 35-244.273.1043
BRITTON, Ephrahan, 60+, WM, 35-244.273.1044
LARUE, John, 20-60, WM, 35-245.274.1045
LARUE, Ida M., 20-60, WF, 35-245.274.1046
LARUE, Loyde C., 0-5, WM, 35-245.274.1047
LARUE, William, 60+, WM, 35-246.2751048
LARUE, Sarah, 60+, WF, 35-246.2751049
LARUE, George, 20-60, WM, 35-246.2751050
CASE, Ann, 20-60, WF, 36-247.276.1051
CASE, Lillie, 5-20, WF, 36-247.276.1052
MALLERY, Rachall, 60+, WF, 36-248.277.1053
MALLERY, Rose, 20-60, WF, 36-248.277.1054
MALLERY, Lizzie, 20-60, WF, 36-248.277.1055
MALLERY, Frank, 5-20, WM, 36-248.277.1056
MALLERY, Arthur, 5-20, WM, 36-248.277.1057
MALLERY, Carrie, 5-20, WF, 36-248.277.1058
MASTS, John, 20-60, WM, 36-249.278.1059
MASTS, Elmina, 20-60, GF, 36-249.278.1060
MASTS, Howord, 5-20, WM, 36-249.278.1061
MASTS, William, 5-20, WM, 36-249.278.1062
HANN, Charles, Sr., 20-60, WM, 36-250.279.1063
HANN, Irene, 20-60, WF, 36-250.279.1064
HANN, Ethel, 5-20, WF, 36-250.279.1065
HANN, Clarance, 5-20, WF, 36-250.279.1066
HANN, John, 5-20, WM, 36-250.279.1067
HANN, Charles, Jr., 5-20, WM, 36-250.279.1068
HANN, Lizzie, 0-5, WF, 36-250.279.1069
WALTERS, Mary A., 60+, WF, 36-250.279.1070
WALTERS, Saml. K., 20-60, WM, 36-250.279.1071
JONES, John S., 20-60, WM, 36-251.280.1072
JONES, Priscilla L., 20-60, WF, 36-251.280.1073
JONES, Willard L., 5-20, WM, 36-251.280.1074
JONES, Mella A., 5-20, WF, 36-251.280.1075
STEVENSON, Laura, 5-20, WF, 36-251.280.1076
HOFFMAN, George, 20-60, WM, 36-252.281.1077
HOFFMAN, Hariette, 20-60, WF, 36-252.281.1078
HOFFMAN, Charles V., 5-20, WM, 36-252.281.1079
GREGORY, Grace, 5-20, WF, 36-252.281.1080
McCLARY, Joseph, 20-60, WM, 37-253.282.1081
McCLARY, Tillie, 20-60, WF, 37-253.282.1082
McCLARY, Inece, 5-20, WF, 37-253.282.1083
McCLARY, Elnor, 60+, WF, 37-253.282.1084
MITCHEL, Albert, 20-60, WM, 37-254.283.1085
MITCHEL, Ella, 20-60, WF, 37-254.283.1086
MITCHEL, Edward J., 5-20, WM, 37-254.283.1087
MITCHEL, Curtis L., 5-20, WM, 37-254.283.1088
MITCHEL, Oliver F., 0-5, WM, 37-254.283.1089
MITCHEL, Mary C., 0-5, WF, 37-254.283.1090
PROST, John, 20-60, WM, 37-255.284.1091

HUNTERDON CO. NJ 1895 STATE CENSUS
Township of Franklin

PROST, Mariah, 20-60, WF, 37-255.284.1092
PROST, Jennie, 5-20, WF, 37-255.284.1093
PROST, Annie, 5-20, WF, 37-255.284.1094
HARTPENCE, Saml, 20-60, WM, 37-256.285.1095
HARTPENCE, Lizzie, 20-60, WF, 37-256.285.1096
HARTPENCE, Harry K., 0-5, WM, 37-256.285.1097
ALLER, Cornelious G., 60+, WM, 37-256.285.1098
ALLER, Hannah A., 60+, WF, 37-256.285.1099
ALLER, Jacob, 20-60, WM, 37-256.285.1100
KRYMER, Oliver, 20-60, WM, 37-257.286.1101
KRYMER, Mary E., 20-60, WF, 37-257.286.1102
SMITH, Howord M., 20-60, WM, 37-258.287.1103
SMITH, Julia, 20-60, WF, 37-258.287.1104
GARDINER, Sarah K., 60+, WF, 37-259.288.1105
WILLIAMSON, Joseph G., 60+, WM, 37-259.288.1106
WILLIAMSON, Emelia, 60+, WF, 37-259.288.1107
BALDWIN, John M., 60+, WM, 37-260.289.1108
BALDWIN, Sarah D., 60+, WF, 37-260.289.1109
HOFFMAN, Lyman D., 20-60, WM, 38-261.290.1110
HOFFMAN, Rufus, 20-60, WM, 38-262.291.1111
HOFFMAN, Ella E., 20-60, WF, 38-262.291.1112
HUFFMAN, Nettie B., 20-60, WF, 38-262.291.1113
HOFFMAN, Rachall C., 5-20, WF, 38-262.291.1114
HOFFMAN, Clara B., 5-20, WF, 38-262.291.1115
HUFFMAN, Austin S., 5-20, WM, 38-262.291.1116
STEVENSON, Lewis, 20-60, WM, 38-263.292.1117
STEVENSON, Laura, 20-60, WF, 38-263.292.1118
STEVENSON, Harry D., 5-20, WM, 38-263.292.1119
STEVENSON, MaBelle, 5-20, WF, 38-263.292.1120
STEVENSON, Eva, 5-20, WF, 38-263.292.1121
STEVENSON, Hellen, 0-5, WF, 38-263.292.1122
HOFFMAN, Hiram, 20-60, WM, 38-264.293.1123
HOFFMAN, Abey, 20-60, WF, 38-264.293.1124
HOFFMAN, James, 5-20, WM, 38-264.293.1125
MILLER, John, 20-60, WM, 38-265.294.1126
MILLER, Mary C., 20-60, WF, 38-265.294.1127
SIPLEY, Henry B., 60+, WM, 38-266.295.1128
SIPLEY, Catherine, 60+, WF, 38-266.295.1129
SIPLEY, Mary, 20-60, WF, 38-266.295.1130
SIPLEY, Annie, 20-60, WF, 38-266.295.1131
POTTS, Joseph P., 20-60, WM, 38-267.296.1132
POTTS, Laura, 5-20, WF, 38-267.296.1133
POTTS, Lester, 0-5, WM, 38-267.296.1134
STEVENSON, John, Sr., 20-60, WM, 38-268.297.1135
STEVENSON, Tillie, 20-60, WF, 38-268.297.1136
STEVENSON, John, Jr., 5-20, WM, 38-268.297.1137
STEVENSON, Willie, 0-5, WM, 38-268.297.1138
HENN, William, 20-60, WM, 38-269.298.1139
HENN, Kate, 20-60, WF, 38-269.298.1140
SMITH, Sidney M., 20-60, WM, 39-270.299.1141
SMITH, Roxanna, 20-60, WF, 39-270.299.1142
SMITH, Charles, 5-20, WM, 39-270.299.1143
SMITH, Edward, 5-20, WM, 39-270.299.1144
SMITH, Harry, 5-20, WM, 39-270.299.1145
SMITH, Mary M., 5-20, WF, 39-270.299.1146
SMITH, Frank, 5-20, WM, 39-270.299.1147
SMITH, Albanes, 0-5, WM, 39-270.299.1148
SMITH, Rusell, 0-5, WM, 39-270.299.1149
WILLIAMS, Cornelius, 20-60, WM, 39-270.299.1150
WILLIAMS, Jennie, 20-60, WF, 39-271.300.1151
WILLIAMS, Howord, 5-20, WM, 39-271.300.1152
WILLIAMS, John, 0-5, WM, 39-271.300.1153
LEIGH, Joseph, 60+, WM, 39-272.301.1154
LEIGH, Mary E., 60+, WF, 39-272.301.1155
LEIGH, Lizzie, 20-60, WF, 39-272.301.1156
VAN CAMP, William, 5-20, WM, 39-272.301.1157
HARA, Laura, 5-20, WF, 39-273.302.1158
DALRYMPLE, Joseph, 20-60, WM, 39-273.302.1159
DALRYMPLE, Mary, 20-60, WF, 39-273.302.1160
DALRYMPLE, Amy M., 5-20, WF, 39-273.302.1161
DALRYMPLE, Erwin, 5-20, WM, 39-273.302.1162
DEMOTT, Albert J., 20-60, WM, 39-274.303.1163
DEMOTT, Ella J., 20-60, WF, 39-274.303.1164
DEMOTT, Willis, 20-60, WM, 39-274.303.1165
DEMOTT, Isaac, 60+, WM, 39-274.303.1166
CLAUSON, Charles, 5-20, WM, 39-274.303.1167
STIRES, Joseph O., 20-60, WM, 39-275.304.1168
STIRES, Annie H., 20-60, WF, 39-275.304.1169
STIRES, David, 5-20, WM, 39-275.304.1170
STIRES, William J., 5-20, WM, 40-275.304.1171
HULSIZER, Mahlon, 60+, WM, 40-276.305.1172
HULSIZER, Mary A., 60+, WF, 40-276.305.1173
HULSIZER, David, 20-60, WM, 40-276.305.1174
WILLSON, William, 60+, WM, 40-277.306.1175
WILLSON, Mary, 60+, WF, 40-277.306.1176
SMITH, Amy, 60+, WF, 40-277.306.1177
BURD, Catherine, 20-60, WF, 40-277.306.1178
DAVENPORT, William, 20-60, WM, 40-277.306.1179
BALDWIN, Judson, 20-60, WM, 40-278.307.1180
BALDWIN, Mary, 20-60, WF, 40-278.307.1181
BALDWIN, Nettie, 20-60, WF, 40-278.307.1182
BALDWIN, Morris, 5-20, WM, 40-278.307.1183
VAN KINEY, John, 60+, WM, 40-279.308.1184
VAN KINEY, Sarah A., 20-60, WF, 40-279.308.1185
VAN KINEY, Frank, 20-60, WM, 40-279.308.1186
HULSIZER, Fanny, 60+, WF, 40-279.308.1187
HULSIZER, John B., 20-60, WM, 40-279.309.1188
HULSIZER, Mary, 20-60, WF, 40-279.309.1189
HULSIZER, Sarah, 5-20, WF, 40-279.309.1190
HULSIZER, Frank, 5-20, WM, 40-279.309.1191
HULSIZER, Norwood, 0-5, WM, 40-279.309.1192
ALPAUGH, Charles, 20-60, WM, 40-280.310.1193
ALPAUGH, Lulu, 20-60, WF, 40-280.310.1194
ALPAUGH, Alice, 0-5, WF, 40-280.310.1195
MELLIGAN, Andrew B., 20-60, WM, 40-281.311.1196
MELLIGAN, Minnie, 20-60, WF, 40-281.311.1197
HOUSELL, Benjamin, 5-20, WM, 40-281.311.1198
EMERY, Andrew W., 20-60, WM, 40-282.312.1199
EMERY, Mary E., 20-60, WF, 40-282.312.1200
EMERY, Milton, 20-60, WM, 41-282.312.1201

HUNTERDON CO. NJ 1895 STATE CENSUS
Township of Franklin

JOHNSON, Charles, 20-60, WM, 41-282.312.1202
JOHNSON, Mary, 20-60, WF, 41-282.312.1203
EMERY, Howord, 5-20, WM, 41-282.312.1204
HENRY, Walter, 20-60, WM, 41-283.313.1205
HENRY, Ida, 20-60, WF, 41-283.313.1206
HENRY, Lillie, 5-20, WF, 41-283.313.1207
HARTPENCE, John, 20-60, WM, 41-284.314.1208
HARTPENCE, Francis, 20-60, WF, 41-284.314.1209
HARTPENCE, Mary, 5-20, WF, 41-284.314.1210
JONES, Frank, 60+, WM, 41-285.315.1211
STEMMETS, James, 20-60, WM, 41-285.315.1212
STEMMETS, Sarah, 20-60, WF, 41-285.315.1213
STEMMETS, John, 5-20, WM, 41-285.315.1214
STEMMETS, Emma, 0-5, WF, 41-285.315.1215
FRITTS, Stires, 20-60, WM, 41-286.316.1216
FRITTS, Maggie, 20-60, WF, 41-286.316.1217
FRITTS, Elmer R., 5-20, WM, 41-286.316.1218
MASSE, Annie, 5-20, WF, 41-286.316.1219
STEVENSON, George, 20-60, WM, 41-287.317.1220
STEVENSON, Ross, 20-60, WM, 41-287.317.1221
STEVENSON, Lewis, 20-60, WM, 41-287.317.1222
STEVENSON, Ellen, 20-60, WF, 41-287.317.1223
HOYTE, Charles, 20-60, WM, 41-288.318.1224
HOYTE, Mary A., 20-60, WF, 41-288.318.1225
HOYTE, Fred, 20-60, WM, 41-288.318.1226
HOYTE, Florance, 5-20, WF, 41-288.318.1227
EMERY, Elmer, 20-60, WM, 41-289.319.1228
EMERY, Mary, 20-60, WF, 41-289.319.1229
EMERY, Nattie, 0-5, WF, 41-289.319.1230
ALPAUGH, William, 20-60, WM, 42-290.320.1231
ALPAUGH, Lydia, 20-60, WF, 42-290.320.1232
ALPAUGH, Mathias, 5-20, WM, 42-290.320.1233
McCREA, Lizzie, 5-20, WF, 42-290.320.1234
KEEPHORT, Hezikiah, 60+, WM, 42-291.321.1235
KEEPHORT, Rachall, 60+, WF, 42-291.321.1236
KEEPHORT, Fred, 20-60, WM, 42-291.321.1237
HOPPOCK, Albert, 20-60, WM, 42-291.321.1238
HAVER, John W., 20-60, WM, 42-292.322.1239
HAVER, Lillie, 20-60, WF, 42-292.322.1240
HAVER, Samuel, 5-20, WM, 42-292.322.1241
HAVER, Jennie, 5-20, WF, 42-292.322.1242
HAVER, Helen, 0-5, WF, 42-292.322.1243
EICK, Wesley, 5-20, WM, 42-292.322.1244
CASE, Charlotte, 20-60, WF, 42-293.323.1245
HOFFMAN, William H., 5-20, WM, 42-293.323.1246
LAUSHE, Joseph W., 20-60, WM, 42-294.324.1247
LAUSHE, Martha, 20-60, WF, 42-294.324.1248
LAUSHE, John G., 5-20, WM, 42-294.324.1249
LAUSHE, Bertha, 5-20, WF, 42-294.324.1250
MYRES, Mary A., 60+, WF, 42-294.325.1251
ROWLAND, Jane, 60+, WF, 42-294.325.1252
BLOOM, Edward, 20-60, WM, 42-295.326.1253
BLOOM, Abgail, 20-60, WF, 42-295.326.1254
DAVISON, John, Sr., 20-60, WM, 42-296.327.1255
DAVISON, Jennie, 20-60, WF, 42-296.327.1256
DAVISON, Magraette, 0-5, WF, 42-296.327.1257
DAVISON, John, Jr., 0-5, WM, 42-296.327.1258
STENNER, Henry, 20-60, WM, 42-297.328.1259
HUMMER, William, 20-60, WM, 42-298.329.1260
HUMMER, Annie, 20-60, WF, 43-298.329.1261
HUMMER, Florance, 5-20, WF, 43-298.329.1262
McPHERSON, Gershum, 60+, WM, 43-299.330.1263
McPHERSON, Margarette, 20-60, WF, 43-299.330.1264
McPHERSON, John B., 20-60, WM, 43-299.330.1265
McPHERSON, Sherdon L., 5-20, WM, 43-299.330.1266
CARR, Ella, 5-20, WF, 43-299.330.1267
TRIMMER, Lizzie, 20-60, WF, 43-300.331.1268
SNYDER, Christopher, 60+, WM, 43-301.332.1269
SNYDER, Mary Ann, 60+, WF, 43-301.332.1270
HENDERSHOT, Annie, 5-20, WF, 43-301.332.1271
BUCK, Charles, 60+, GM, 43-302.333.1272
BUCK, Marry, 20-60, GF, 43-302.333.1273
BUCK, Christopher, 5-20, WM, 43-302.333.1274
BUCK, John, 5-20, WM, 43-302.333.1275
BUCK, Emma, 5-20, WF, 43-302.333.1276
BUCK, Annie, 5-20, WF, 43-302.333.1277
BUCK, Fred, 5-20, WM, 43-302.333.1278

BOROUGH OF FRENCHTOWN
Wiliam L. Schaible, commissioner

ENGLE, Herbert, 60+, WM, 1-1.1.1
SCHAIBLE, William L., 20-60, WM, 1-1.1.2
SCHAIBLE, Ida May, 20-60, WF, 1-1.1.3
SCHAIBLE, Lizzie May, 5-20, WF, 1-1.1.4
SCHAIBLE, Freddie H., 5-20, WM, 1-1.1.5
HUMMER, Robert, 20-60, WM, 1-2.2.6
HUMMER, Emma, 20-60, WF, 1-2.2.7
HUMMER, Margaret, 5-20, WF, 1-2.2.8
EVERITT, Charles R., 20-60, WM, 1-3.3.9
EVERITT, Emeline, 20-60, WF, 1-3.3.10
EVERITT, Anna May, 5-20, WF, 1-3.3.11
EVERITT, Roscoe, 5-20, WM, 1-3.3.12
EVERITT, Lena, 0-5, WF, 1-3.3.13
EVERITT, Bertha, 0-5, twin, WF, 1-3.3.14
EVERITT, Bessie, 0-5, twin, WF, 1-3.3.15
SNYDER, Ella, 20-60, WF, 1-4.4.16
SNYDER, Sadie, 5-20, WF, 1-4.4.17
SNYDER, Lizzie, 5-20, WF, 1-4.4.18
SNYDER, Helen, 5-20, WF, 1-4.4.19
SNYDER, Georgie, 5-20, WF, 1-4.4.20
SNYDER, John R., 0-5, WM, 1-4.4.21
BLOOM, Frederick, 20-60, WM, 1-5.5.22
BLOOM, Mary, 20-60, WF, 1-5.5.23
BLOOM, William, 5-20, WM, 1-5.5.24
BLOOM, Frederick, Jr., 0-5, WM, 1-5.5.25
HINKLE, Hiram, 20-60, WM, 1-6.6.26
HINKLE, Albert, 20-60, WM, 1-6.6.27
HINKLE, Joseph, 20-60, WM, 1-6.6.28
BUNN, Jacob, 20-60, WM, 1-6.6.29
BUNN, Julia, 5-20, WF, 1-6.6.30
MYERS, Deemy, 20-60, WM, 2-7.7.31
MYERS, Lulu, 20-60, WF, 2-7.7.32
MYERS, Freddie, 5-20, WM, 2-7.7.33
MYERS, Maud, 0-5, WF, 2-7.7.34
MYERS, Samuel, 0-5, WM, 2-7.7.35
MYERS, Josie, 0-5, WF, 2-7.7.36
MYERS, Samuel, 60+, WM, 2-7.8.37
MYERS, Eliza, 20-60, WF, 2-7.8.38
BUSELMEYERS, Frank, 60+, GM, 2-8.9.39
LAUDENSTINE, Maggie, 20-60, GF, 2-8.9.40
LAUDENSTINE, Mary, 0-5, bastard twin, WF, 2-8.9.41
LAUDENSTINE, Elwood, 0-5, bastard twin, WM, 2-8.9.42
HARTPENCE, Peter, 20-60, WM, 2-8.10.43
HARTPENCE, Minnie, 20-60, WF, 2-8.10.44
LANNING, Richard, 20-60, WM, 2-9.11.45
LANNING, Etta, 20-60, WF, 2-9.11.46
LANNING, Albert E., Jr., 5-20, WM, 2-9.11.47
LANNING, Euguene, 5-20, WM, 2-9.11.48
BOSENBURY, Cornelius, 60+, WM, 2-9.12.49
BOSENBURY, Hetta, 60+, WF, 2-9.12.50
BECKMAN, Mary, 5-20, WF, 2-9.12.51
LANCASTER, John, 20-60, WM, 2-10.13.52
[LANCASTER], Keturah, 20-60, WF, 2-10.13.53
LANCASTER, Henry C., 5-20, WM, 2-10.13.54
LANCASTER, Charles E., 5-20, WM, 2-10.13.55
BUCK, Jacob, 60+, WM, 2-11.14.56
BUCK, Margaret, 60+, WF, 2-11.14.57
CASE, Sarah, 20-60, WF, 2-12.15.58
CASE, Emma, 20-60, WF, 2-12.15.59
CASE, Jennie, 5-20, WF, 2-12.15.60
CONNER, William, 60+, WM, 3-13.16.61
CONNER, Martha L., 60+, WF, 3-13.16.62
HILL, William, 5-20, WM, 3-13.16.63
DALRYMPLE, Jacob B., 60+, WM, 3-14.18.64
DALRYMPLE, Mary B., 20-60, WF, 3-14.18.65
BUTTERFOOS, Andrew, 20-60, WM, 3-15.19.66
BUTTERFOOS, Clarinda, 20-60, WF, 3-15.19.67
WARFORD, Catharine, 60+, WF, 3-16.20.68
WARFORD, Amos, 20-60, WM, 3-16.20.69
WARFORD, Rebecca, 20-60, WF, 3-16.20.70
SIGAFOOS, Charles, 20-60, WM, 3-16.20.71
GUINNER, George, 20-60, WM, 3-16.20.72
WARFORD, Lizzie, 5-20, WF, 3-16.20.73
BURGSTRESSER, Joseph, 60+, WM, 3-17.21.74
BURGSTRESSER, Fayette, 20-60, WF, 3-17.21.75
BURGSTRESSER, Ida A., 20-60, WF, 3-17.21.76
COLE, Orville, 20-60, WM, 3-17.21.77
COLE, Vinnie, 5-20, WF, 3-17.21.78
WATSON, Charles, 20-60, WM, 3-18.22.79
WATSON, Mrs. J. C., 20-60, WF, 3-18.22.80
WATSON, Foster, 5-20, WM, 3-18.22.81
OPDYKE, George, 20-60, WM, 3-19.23.82
OPDYKE, Mary, 20-60, WF, 3-19.23.83
OPDYKE, Henry, 20-60, WM, 3-19.23.84
OPDYKE, Samuel, 5-20, WM, 3-19.23.85
McCLAIN, Jordan, 20-60, WM, 3-20.24.86
McCLAIN, Delia, 20-60, WF, 3-20.24.87
McCLAIN, Walter, 0-5, WM, 3-20.24.88
CULVER, William, 20-60, WM, 4-21.25.89
CULVER, Sallie, 20-60, WF, 4-21.25.90
CULVER, Samuel, 5-20, WM, 4-21.25.91
CULVER, Matilda, 5-20, WF, 4-21.25.92
CULVER, Grover C., 5-20, WM, 4-21.25.93
CULVER, Nellie, 5-20, WF, 4-21.25.94
CULVER, Anna May, 0-5, WF, 4-21.25.95
CULVER, Eliza, 0-5, WF, 4-21.25.96
LANNING, Daniel, 60+, WM, 4-22.26.97
LANNING, Ellen, 60+, WF, 4-22.26.98
LANNING, Ellen, 0-5, WF, 4-22.26.99
FARGO, Frank, 60+, WM, 4-23.27.100
FARGO, Anna, 20-60, WF, 4-23.27.101
FARGO, Clarance, 5-20, WM, 4-23.27.102
FARGO, Frank, 5-20, WM, 4-23.27.103
FARGO, Enna, 5-20, WF, 4-23.27.104

HUNTERDON CO. NJ 1895 STATE CENSUS
Borough of Frenchtown

FARGO, Wilbur, 5-20, WM, 4-23.27.105
FARGO, Leslie, 5-20, WM, 4-23.27.106
FARGO, Raymond, 0-5, WM, 4-23.27.107
FARGO, Bella, 20-60, WF, 4-23.27.108
TAYLOR, Edward, 20-60, WM, 4-24.28.109
TAYLOR, Bertha, 20-60, WF, 4-24.28.110
TAYLOR, Myrtle, 0-5, WF, 4-24.28.111
NIXON, Charles, 20-60, WM, 4-25.29.112
NIXON, Maria, 20-60, WF, 4-25.29.113
NIXON, Oliver, 20-60, WM, 4-25.29.114
NIXON, Charles, 5-20, WM, 4-25.29.115
NIXON, Freddie, 5-20, WM, 4-25.29.116
NIXON, Earl, 5-20, WM, 4-25.29.117
ROCKAFELLOW, Samuel, 60+, WM, 5-26.30.118
ROCKAFELLOW, Amelia, 20-60, WF, 5-26.30.119
HARTPENCE, George A., 20-60, WM, 5-27.31.120
HARTPENCE, Susie, 20-60, WF, 5-27.31.121
HARTPENCE, Harry, 0-5, WM, 5-27.31.122
SNYDER, Samuel, 20-60, WM, 5-27.32.123
SNYDER, Dianna, 20-60, WF, 5-27.32.124
SNYDER, Harry, 20-60, WM, 5-27.32.125
BRITTON, D. D., 20-60, WM, 5-28.33.126
BRITTON, Laura Bell, 20-60, WF, 5-28.33.127
BRITTON, Maud S., 5-20, WF, 5-28.33.128
BRITTON, Opal M., 5-20, WF, 5-28.33.129
HOFF, Judson, 20-60, WM, 5-29.34.130
HOFF, Isabella, 20-60, WF, 5-29.34.131
HOFF, Cora, 5-20, WF, 5-29.34.132
HOFF, Lydia, 5-20, WF, 5-29.34.133
HOFF, Lewis, 5-20, WM, 5-29.34.134
HOFF, Snyder, 5-20, WM, 5-29.34.135
HOFF, Mable, 5-20, WF, 5-29.34.136
HOFF, Nellie, 0-5, WF, 5-29.34.137
HOFF, Ida May, 0-5, WF, 5-29.34.138
STOVER, Mary C., 20-60, WF, 5-30.35.139
STOVER, Walter, 20-60, WM, 5-30.35.140
STOVER, Mary, 20-60, WF, 5-30.35.141
LEWIS, Sarah, 60+, WF, 5-30.35.142
TAYLOR, Sarah, 20-60, WF, 5-31.36.143
TAYLOR, Kate, 20-60, WF, 5-31.36.144
TAYLOR, Chester, 20-60, WM, 5-31.36.145
HARTPENCE, Elijah R., 20-60, WM, 5-32.37.146
HARTPENCE, Emeline, 20-60, WF, 5-32.37.147
ROBERSON, Henry C., 20-60, WM, 6-33.38.148
ROBERSON, Crishie, 20-60, WF, 6-33.38.149
ROBERSON, Carrie, 5-20, WF, 6-33.38.150
ROBERSON, Frank, 5-20, WM, 6-33.38.151
HOFF, Hezekiah, 60+, WM, 6-33.39.152
HOFF, Cornelia J., 60+, WF, 6-33.39.153
HOFF, Emma C., 20-60, WF, 6-33.39.154
HOFF, Ella J., 20-60, WF, 6-33.39.155
HOFF, Estella, 20-60, WF, 6-33.39.156
LARUE, John, 20-60, WM, 6-34.40.157
LARUE, Julia, 20-60, WF, 6-34.40.158
CORYELL, Francis, 20-60, WF, 6-34.40.159
LARUE, Harry, 0-5, WM, 6-34.40.160
CARROLL, Francis, 60+, WF, 6-34.40.161
STRYKER, Ernest, 20-60, WM, 6-35.41.162
STRYKER, Lizzie, 20-60, WF, 6-35.41.163
JOHNSON, John, 20-60, WM, 6-36.42.164
JOHNSON, Mary, 20-60, WF, 6-36.42.165
JOHNSON, Dola, 20-60, WF, 6-36.42.166
JOHNSON, Charles, 5-20, WM, 6-36.42.167
JOHNSON, Stover, 5-20, WM, 6-36.42.168
JOHNSON, Freddie, 5-20, WM, 6-36.42.169
LITTLE, Wilson, 60+, WM, 6-37.43.170
LITTLE, Ella, 20-60, WF, 6-37.43.171
STOVER, Henry, 60+, WM, 6-38.44.172
STOVER, Isabella, 20-60, WF, 6-38.44.173
STOUT, Mary E., 20-60, WF, 6-39.45.174
STOUT, Charles, 20-60, WM, 6-39.45.175
STOUT, Austin, 20-60, WM, 6-39.45.176
STOUT, Janeway, 20-60, WM, 6-39.45.177
BRINK, Lizzie, 20-60, WF, 7-39.46.178
LANDON, Mary D., 20-60, WF, 7-40.47.179
LANDON, Edward, 20-60, WM, 7-40.47.180
CHAMBERLIN, John, 20-60, WM, 7-41.48.181
CHAMBERLIN, Ada, 20-60, WF, 7-41.48.182
CHAMBERLIN, Dora, 5-20, WF, 7-41.48.183
CHAMBERLIN, William, 5-20, WM, 7-41.48.184
CHAMBERLIN, Bertha, 0-5, WF, 7-41.48.185
LONG, Henry F., 20-60, WM, 7-42.49.186
LONG, Laura H., 20-60, WF, 7-42.49.187
LONG, Anna K., 5-20, WF, 7-42.49.188
LONG, Henry F., Jr., 5-20, WM, 7-42.49.189
LONG, Grace L., 5-20, WF, 7-42.49.190
MOORE, Daniel F., 60+, WM, 7-43.50.191
MOORE, Phoebe, 20-60, WF, 7-43.50.192
MOORE, Anna, 20-60, WF, 7-43.50.193
MOORE, Edward, 20-60, WM, 7-43.50.194
DALRYMPLE, Edward, 5-20, WM, 7-43.50.195
SWAN, Mary C., 60+, WF, 7-44.51.196
LYONS, Geo. W., 20-60, WM, 7-44.52.197
LYONS, Ada, 20-60, WF, 7-44.52.198
LYONS, Frank, 5-20, WM, 7-44.52.198
LYONS, Harry, 5-20, WM, 7-44.52.200
LYONS, Letha, 5-20, WF, 7-44.52.201
LYONS, Wilbur, 0-5, WM, 7-44.52.202
LITTLE, Daniel, 60+, WM, 7-45.53.203
SHOUPE, Emma, 20-60, WF, 7-45.53.204
SHOUPE, Madge, 5-20, WF, 7-45.53.205
SHOUPE, Grace, 5-20, WF, 7-45.53.206
HENARIE, Mary Ann, 60+, WF, 8-46.54.207
HENARIE, Kate F., 20-60, WF, 8-46.54.208
MISSON, Annie, 5-20, WF, 8-46.54.209
BARCROFT, Harriet, 20-60, WF, 8-47.55.210
SLACK, Wilbur, 20-60, WM, 8-47.55.211
SLACK, Wilda, 20-60, WF, 8-47.55.212
SLACK, Bertha, 5-20, WF, 8-47.55.213
WARFORD, Thomas, 20-60, WM, 8-47.55.214

HUNTERDON CO. NJ 1895 STATE CENSUS
Borough of Frenchtown

WARFORD, Francis, 20-60, WF, 8-47.55.215
WARFORD, Nellie, 5-20, WF, 8-47.55.216
BURKETT, Nancy, 60+, WF, 8-48.56.217
DRAKE, Sallie, 60+, WF, 8-48.57.218
ULMER, Jacob, 20-60, WM, 8-49.58.219
ULMER, Elnira, 20-60, WF, 8-49.58.220
ULMER, Carrie, 5-20, WF, 8-50.59.221
BONHAM, Lafayette, 60+, WM, 8-50.59.222
BONHAM, Barbara, 20-60, WF, 8-50.59.223
BONHAM, Laura, 20-60, WF, 8-50.59.224
BONHAM, Jennie, 20-60, WF, 8-50.59.225
LAIR, Peter W., 60+, WM, 8-51.60.226
LAIR, Margaret, 60+, WF, 8-51.60.227
OSMUN, James, 60+, WM, 8-52.61.228
OSMUN, Josephine, 20-60, WF, 8-52.61.229
GREY, David, 20-60, WM, 8-53.62.230
SWICK, Isaac, 20-60, WM, 8-53.62.231
SWICK, Laura, 20-60, WF, 8-53.62.232
GREY, Dora, 5-20, WM, 8-53.62.233
HAGER, Nora, 5-20, WF, 8-53.62.234
PEER, Garret L., 20-60, WM, 8-54.63.235
PEER, Mrs. G. L., 20-60, WF, 8-54.63.236
KERR, L. S. D., 20-60, WM, 9-55.64.237
KERR, Martha J., 20-60, WF, 9-55.64.238
KERR, Richard, 5-20, WM, 9-55.64.239
APGAR, Embley, 5-20, WM, 9-55.64.240
WYKER, Wm., 20-60, WM, 9-56.65.241
WYKER, Lizzie, 20-60, WF, 9-56.65.242
RITTENHOUSE, Al, 20-60, WM, 9-56.65.243
RITTENHOUSE, Lillie, 20-60, WF, 9-56.65.244
RITTENHOUSE, Hazel, 0-5, WF, 9-56.65.245
BRITTON, Geo. M., 20-60, WM, 9-57.66.246
BRITTON, Emly, 20-60, WF, 9-57.66.247
BRITTON, Wm., 5-20, WM, 9-57.66.248
BRITTON, Geo. D., 0-5, WM, 9-57.66.249
SCHEETZ, Emma, 5-20, WF, 9-57.66.250
NIECE, J. L., 20-60, WM, 9-58.67.251
NIECE, Mrs. J. L., 20-60, WF, 9-58.67.252
NIECE, Anna Bell, 5-20, WF, 9-58.67.253
NIECE, Orville, 5-20, WM, 9-58.67.254
NIECE, Chester, 5-20, WM, 9-58.67.255
FISHER, Nelson, 60+, WM, 9-58.67.256
TAYLOR, Hugh, 20-60, WM, 9-58.67.257
TAYLOR, Anna, 20-60, WF, 9-59.68.258
TAYLOR, Alfred, 60+, WM, 9-60.69.259
TAYLOR, Angeline, 20-60, WF, 9-60.69.260
TAYLOR, Harvey, 5-20, WM, 9-60.69.261
PLUM, Mary C., 20-60, WF, 9-61.70.262
PLUM, Josie, 5-20, WF, 9-61.70.263
JOHNSON, Hannah, 20-60, WF, 9-62.71.264
JOHNSON, Nancy, 20-60, WF, 9-62.71.265
JOHNSON, Lizzie, 20-60, WF, 9-62.71.266
WRIGHT, Reuben R., 60+, WM, 10-63.72.267
WRIGHT, Charity, 20-60, WF, 10-63.72.268
KUGLER, Harriett, 60+, WF, 10-64.73.269
GILBERT, Joseph, 20-60, WM, 10-65.74.270
GILBERT, Clara, 20-60, WF, 10-65.74.271
GILBERT, Elwood, 5-20, WM, 10-65.74.272
GILBERT, Lillian, 0-5, WF, 10-65.74.273
GILBERT, Maria, 60+, WF, 10-65.74.274
CRONCE, Isaac, 20-60, WM, 10-65.74.275
TROUT, Jeremiah, 60+, WM, 10-66.75.276
TROUT, Mary Ann, 60+, WF, 10-66.75.277
TROUT, Margaret, 20-60, WF, 10-66.75.278
WOOLVERTON, V. R., 60+, WM, 10-67.76.279
WOOLVERTON, Elmira, 20-60, WF, 10-67.76.280
WOOLVERTON, Laura, 20-60, WF, 10-67.76.281
MATHEWS, Daniel M., 20-60, WM, 10-67.76.282
HANEY, Hugh, 20-60, WM, 10-68.77.283
HANEY, Orlean, 5-20, WF, 10-68.77.284
HANEY, Jonas, 5-20, WM, 10-68.77.285
HANEY, Ethel, 5-20, WF, 10-68.77.286
HANEY, Bella, 5-20, WF, 10-68.77.287
BELLIS, Alice, 20-60, WF, 10-68.77.288
ALPAUGH, Huldah, 20-60, WF, 10-69.78.289
ALPAUGH, Chester, 5-20, WM, 10-69.78.290
ALPAUGH, Hattie, 0-5, WF, 10-69.78.291
WRIGHT, Emeline, 60+, WF, 10-70.79.292
WRIGHT, David, 20-60, WM, 10-70.79.293
BLOOM, Isabella, 20-60, WF, 10-70.80.294
BLOOM, William, 20-60, WM, 10-70.80.295
BLOOM, Willis, 5-20, WM, 10-70.80.296
BLOOM, Bertha, 5-20, WF, 11-70.80.297
BLOOM, Orville, 0-5, WM, 11-70.80.298
MECHLING, Peter C., 60+, WM, 11-71.81.299
MECHLING, Mary Jane, 60+, WF, 11-71.81.300
KLINE, John, 20-60, WM, 11-71.82.301
KLINE, Lizzie, 20-60, WF, 11-71.82.302
FOX, John W., 60+, WM, 11-72.83.303
HINER, Emeline, 20-60, WF, 11-72.83.304
WILSON, Gilbert, 60+, WM, 11-73.84.305
WILSON, Emma, 20-60, WF, 11-73.84.306
KUGLER, Addie, 20-60, WF, 11-73.85.307
CURTIS, Alfred, 20-60, WM, 11-73.85.308
CURTIS, Selena, 20-60, WF, 11-73.85.309
CURTIS, Bertha, 5-20, WF, 11-73.85.310
HART, Susan L., 60+, WF, 11-74.86.311
HART, Mary, 20-60, WF, 11-74.86.312
APGAR, Amy, 60+, WF, 11-75.87.313
EVERITT, Benjamin, 60+, WM, 11-76.88.314
EVERITT, Lambert, 20-60, WM, 11-76.88.315
PITTENGER, Levina, 60+, WF, 11-76.89.316
CASE, Eli, 20-60, WM, 11-77.90.317
CASE, Mary, 20-60, WF, 11-77.90.318
CASE, Laura, 5-20, WF, 11-77.90.319
PITTENGER, Mary, 60+, WF, 11-78.91.320
MAXWELL, Sarah, 20-60, WF, 11-79.92.321
MAXWELL, Frank, 20-60, WM, 11-79.92.322
MAXWELL, Lizzie, 20-60, WF, 11-79.93.323
BUTTERFOOS, Charles, 20-60, WM, 11-80.94.324

HUNTERDON CO. NJ 1895 STATE CENSUS
Borough of Frenchtown

BUTTERFOOS, Lizzie, 20-60, WF, 11-80.94.325
BUTTERFOOS, Floyd, 0-5, WM, 11-80.94.326
LYONS, Simpson B., 20-60, WM, 12-81.94.327
LYONS, Kate H., 20-60, WF, 12-81.94.328
LYONS, Bertan, 5-20, WM, 12-81.94.329
LYONS, Charles M., 0-5, WM, 12-81.94.330
CALVIN, Sarah, 60+, WF, 12-81.94.331
HOPPOCK, John, 60+, WM, 12-82.95.332
HOPPOCK, Mrs. John, 60+, WF, 12-82.95.333
CHAMBERLIN, Isaac, 20-60, WM, 12-83.96.334
CHAMBERLIN, Susan, 20-60, WF, 12-83.96.335
CHAMBERLIN, Walter, 5-20, WM, 12-83.96.336
SINCLAIR, Albert, 20-60, WM, 12-84.97.337
SINCLAIR, Lizzie, 20-60, WF, 12-84.97.338
SINCLAIR, Lotta, 5-20, WF, 12-84.97.339
JOHNSON, Susan, 60+, WF, 12-84.98.340
JOHNSON, Mary, 20-60, WF, 12-84.98.341
JOHNSON, Emma, 20-60, WF, 12-84.98.342
SINCLAIR, Theodore, 60+, WM, 12-85.99.343
SINCLAIR, Sarah A., 60+, WF, 12-85.99.344
SINCLAIR, Jane, 20-60, WF, 12-85.99.345
ECKEL, Susan E., 60+, WF, 12-86.100.346
RICE, Lydia, 20-60, WF, 12-86.100.347
HOFF, Mrs. John D., 60+, WF, 12-87.101.348
SLATER, Emma Jane, 20-60, WF, 12-87.101.349
ULMER, Edwin, 20-60, WM, 12-88.102.350
ULMER, Sadie, 20-60, WF, 12-88.102.351
ULMER, Russell, 5-20, WM, 12-88.102.352
ULMER, Elsie, 0-5, WF, 12-88.102.353
ULMER, Alma, 0-5, WF, 12-88.102.354
DALRYMPLE, William, 20-60, WM, 12-89.103.355
DALRYMPLE, Kate, 20-60, WF, 12-89.103.356
NIECE, William, 20-60, WM, 13-90.104.357
NIECE, Catharine, 20-60, WF, 13-90.104.358
MISSON, May, 5-20, WF, 13-90.104.359
CURTIS, Isariel, 60+, WM, 13-91.105.360
CURTIS, Mary, 20-60, WF, 13-91.105.361
CURTIS, K. W., 5-20, WF, 13-91.105.362
McINTYRE, Walter, 20-60, WM, 13-92.106.363
McINTYRE, Sarah, 20-60, WF, 13-92.106.364
McINTYRE, Lillie, 0-5, WF, 13-92.106.365
McINTYRE, Howard, 0-5, WM, 13-92.106.366
FILSON, Wm. H., 60+, WM, 13-93.107.367
FILSON, Mary Z., 20-60, WF, 13-93.107.368
FILSON, D. E., 20-60, WM, 13-93.107.369
FILSON, M. A., 20-60, WM, 13-93.107.370
FILSON, Sarah, 60+, WF, 13-93.107.371
GORDON, William, 60+, WM, 13-94.108.372
GORDON, Henrietta, 60+, WF, 13-94.108.373
GORDON, Lewis, 20-60, WM, 13-95.109.374
GORDON, Cornelia, 20-60, WF, 13-95.109.375
GORDON, Freddie, 20-60, WM, 13-95.109.376
GORDON, Edith, 20-60, WF, 13-95.109.377
PINKERTON, Amasa B., 20-60, WM, 13-96.110.378
PINKERTON, Rebecca, 20-60, WF, 13-96.110.379
PINKERTON, Thomas, 20-60, WM, 13-96.110.380
PINKERTON, William, 20-60, WM, 13-96.110.381
McINTYRE, Lucinda, 20-60, WF, 13-97.111.382
McINTYRE, Annie, 5-20, WF, 13-97.111.383
McINTYRE, L. Loyd, 5-20, WM, 13-97.111.384
HARDON, Henry, 20-60, WM, 13-98.112.385
HARDON, Ephenia, 20-60, WF, 13-98.112.386
SHURTZ, Nathan, 60+, WM, 14-99.113.387
SHURTZ, Martha, 20-60, WF, 14-99.113.388
HOLCOMB, Theodore, 20-60, WM, 14-100.114.389
HOLCOMB, Mary A., 20-60, WF, 14-100.114.390
HOLCOMB, William, 5-20, WM, 14-100.114.391
SLACK, Cyrennus, 60+, WM, 14-100.114.392
BRINK, Aaron, 20-60, WM, 14-101.115.393
BRINK, Mary A., 20-60, WF, 14-101.115.394
BRINK, H. Ward, 20-60, WM, 14-101.115.395
BRINK, Charles, 5-20, WM, 14-101.115.396
CORSON, John, 20-60, WM, 14-101.115.397
CORSON, Lizzie, 20-60, WF, 14-101.115.398
McINTYRE, Robert, 60+, WM, 14-102.116.399
McINTYRE, Mrs. Robert, 20-60, WF, 14-102.116.400
McINTYRE, Oscar, 20-60, WM, 14-102.116.401
THATCHER, Elizabeth, 60+, WF, 14-103.117.402
THATCHER, Whitfield, 20-60, WM, 14-103.117.403
THATCHER, Amy C., 20-60, WF, 14-103.117.404
MOSIER, William, 20-60, WM, 14-104.118.405
MOSIER, Mrs. William, 20-60, WF, 14-104.118.406
ROCKAFELLOW, Charles, 20-60, WM, 14-104.118.407
LARUE, Thomas, 20-60, WM, 14-105.119.408
LARUE, Sarah, 20-60, WF, 14-105.119.409
LARUE, Frank, 5-20, WM, 14-105.119.410
SALTER, Joel, 60+, WM, 14-106.120.411
SALTER, Sarah A., 60+, WF, 14-106.120.412
SALTER, Ellen, 20-60, WF, 14-106.120.413
DILTS, James, 60+, WM, 14-107.121.414
DILTS, Mary, 60+, WF, 14-107.121.415
WANAMAKER, Catharine, 60+, WF, 14-108.122.416
LYONS, Jonas B., 20-60, WM, 15-109.123.417
LYONS, Gussie, 20-60, WF, 15-109.123.418
ALLER, Joseph, 60+, WM, 15-110.124.419
ALLER, John, 5-20, WM, 15-110.124.420
STOUT, Mary Ann, 60+, WF, 15-111.125.421
CONCKLIN, E. H., 20-60, WM, 15-111.125.422
CONCKLIN, Emma, 20-60, WF, 15-111.125.423
CONCKLIN, Ida May, 20-60, WF, 15-111.125.424
CONCKLIN, William I., 5-20, WM, 15-111.125.425
WILLIAMS, Edward G., 20-60, WM, 15-112.126.426
WILLIAMS, C. V., 20-60, WF, 15-112.126.427
WILLIAMS, Jenet B., 20-60, WF, 15-112.126.428
WILLIAMS, Clarance V., 20-60, WM, 15-112.126.429
WILLIAMS, A. P., Jr., 5-20, WM, 15-112.126.430
WILLIAMS, Mary E., 5-20, WF, 15-112.126.431
BLOOM, R. R., 60+, WM, 15-113.127.432
BLOOM, Sophia D., 60+, WF, 15-113.127.433
BLOOM, Edward, 20-60, WM, 15-113.128.434

HUNTERDON CO. NJ 1895 STATE CENSUS
Borough of Frenchtown

BLOOM, Ollie, 20-60, WF, 15-113.128.435
BLOOM, Russell, 5-20, WM, 15-113.128.436
BLOOM, Rymond, 0-5, WM, 15-113.128.437
ROBINSON, Alfred, 20-60, WM, 15-114.129.438
ROBINSON, Margaret, 20-60, WF, 15-114.129.439
ROBINSON, Geo. L., 20-60, WM, 15-114.129.440
ROBINSON, Demerest, 20-60, WM, 15-114.129.441
ROBINSON, Frank, 20-60, WM, 15-114.129.442
ROBINSON, Charles, 20-60, WM, 15-114.129.443
ROBINSON, Freddie, 5-20, WM, 15-114.129.444
WALBERT, D. S., 60+, WF, 15-115.130.445
WALBERT, Sarah, 20-60, WF, 15-115.130.446
CRONCE, Henry C., 60+, WM, 16-116.131.447
CRONCE, Reba, 60+, WF, 16-116.131.448
VORHEESE, Augustus, 20-60, WM, 16-116.131.449
FINNEY, Wm. F., 20-60, WM, 16-117.132.450
FINNEY, Francis, 20-60, WF, 16-117.132.451
FINNEY, William, 5-20, WM, 16-117.132.452
REILY, Jane B., 60+, WF, 16-118.133.453
YOUNGKEN, Eliza B., 60+, WF, 16-118.133.454
SMITH, Lucinda, 60+, WF, 16-119.134.455
QUIRK, William, 20-60, WM, 16-119.134.456
QUIRK, Ella, 20-60, WF, 16-119.134.457
HEWITT, Holdren, 20-60, WM, 16-120.135.458
HEWITT, Catharine, 20-60, WF, 16-120.135.459
HEWITT, Elroy, 5-20, WM, 16-120.135.460
HOFFMAN, William, 20-60, WM, 16-121.136.461
HOFFMAN, Amelia, 20-60, WF, 16-121.136.462
HOFFMAN, Annie, 20-60, WF, 16-121.136.463
HOFFMAN, Francis, 5-20, WF, 16-121.136.464
KINKLE, Edward, 60+, WM, 16-122.137.465
HOUSELL, Fannie, 20-60, WF, 16-122.137.466
HIGGINS, Charles B., 20-60, WM, 16-123.138.467
HIGGINS, Mary H., 20-60, WF, 16-123.138.468
HIGGINS, Elizabeth, 60+, WF, 16-123.138.469
HIGGINS, Frederick, 20-60, WM, 16-123.138.470
BENNER, Hattie E., 20-60, WF, 16-123.138.471
SLACK, John L., 60+, WM, 16-124.139.472
SLACK, Matilda, 20-60, WF, 16-124.139.473
HARDON, John R., 60+, WM, 16-125.140.474
HARDON, Anna C., 60+, WF, 16-125.140.475
HERSTINE, Ella, 20-60, WF, 16-125.140.476
SALTER, Charles B., 20-60, WM, 17-126.141.477
SALTER, Emma W., 20-60, WF, 17-126.141.478
SALTER, Ida May, 5-20, WF, 17-126.141.479
STOUT, Obadiah, 60+, WM, 17-127.142.480
STOUT, Any, 60+, WF, 17-127.142.481
STOUT, Lizzie, 20-60, WF, 17-127.142.482
STOUT, Emma, 20-60, WF, 17-127.142.483
WRIGHT, Silas S., 20-60, WM, 17-128.143.484
WRIGHT, Maggie, 20-60, WF, 17-128.143.485
WRIGHT, Annie, 20-60, WF, 17-128.143.486
DALRYMPLE, Samuel, 20-60, WM, 17-129.144.487
DALRYMPLE, Harriet, 20-60, WF, 17-129.144.488
RANDALL, Joseph, 20-60, WM, 17-130.145.489
RANDALL, Emma, 20-60, WF, 17-130.145.490
RANDALL, Florence, 0-5, WF, 17-130.145.491
TRAUMBAUR, Anna M., 60+, WF, 17-130.145.492
WHITE, Charles, 20-60, WM, 17-130.146.493
WHITE, Lizzie, 20-60, WF, 17-130.146.494
WHITE, Edwin C., 5-20, twin, WM, 17-130.146.495
WHITE, Ethel N., 5-20, twin, WF, 17-130.146.496
WHITE, Lillie M., 5-20, WF, 17-130.146.497
SLACK, Harry, 20-60, WM, 17-131.147.498
SLACK, Minnie, 20-60, WF, 17-131.147.499
SLACK, Lela, 0-5, WF, 17-131.147.500
ROBINSON, Hugh, 20-60, WM, 17-132.148.501
ROBINSON, Rella, 20-60, WF, 17-132.148.502
ROBINSON, Irving, 20-60, WM, 17-132.148.503
NIECE, Stacy B., 20-60, WM, 17-133.149.504
NIECE, Martha, 20-60, WF, 17-133.149.505
NIECE, Ella, 5-20, WF, 17-133.149.506
PALMER, Thomas, 20-60, WM, 18-134.150.507
PALMER, Mary, 20-60, WF, 18-134.150.508
PALMER, Horace, 20-60, WM, 18-134.150.509
PALMER, E. K., 20-60, WF, 18-134.150.510
PALMER, Frederick, 20-60, WM, 18-134.150.511
STRYKER, David, 20-60, WM, 18-134.150.512
OTT, Oliver T., 20-60, WM, 18-135.151.513
OTT, Elenora, 20-60, WF, 18-135.151.514
OTT, Clarance P., 0-5, WM, 18-135.151.515
OTT, Claude W., 0-5, WM, 18-135.151.516
SLACK, Abraham, 60+, WM, 18-136.152.517
OPDYKE, Mary E., 20-60, WF, 18-136.152.518
SLACK, John W., 20-60, WM, 18-137.153.519
SLACK, Eva, 20-60, WF, 18-137.153.520
SLACK, Annie, 20-60, WF, 18-137.153.521
SLACK, Edward, 5-20, WM, 18-137.153.522
SLACK, Raymond, 5-20, WM, 18-137.153.523
SLACK, Harmon, 0-5, WM, 18-137.153.524
KACHLINE, Aaron P., 20-60, WM, 18-138.154.525
KACHLINE, Lina, 20-60, WF, 18-138.154.526
KACHLINE, M. D., 20-60, WF, 18-138.154.527
KACHLINE, Emma, 20-60, WF, 18-138.154.528
KACHLINE, Wm., 20-60, WM, 18-138.154.529
KACHLINE, Charles, 5-20, WM, 18-138.154.530
KACHLINE, Edward, 20-60, WM, 18-139.155.531
KACHLINE, William O., 20-60, WM, 18-139.155.532
KACHLINE, Lizzie, 5-20, WF, 18-139.155.533
BLOOM, George F., 20-60, WM, 18-140.156.534
BLOOM, Anna F., 20-60, WF, 18-140.156.535
BLOOM, Preston, 5-20, WM, 18-140.156.536
WILLIAMS, Albert P., 20-60, WM, 19-141.157.537
WILLIAMS, Mary, 20-60, WF, 19-141.157.538
BELLIS, Charles, 20-60, WM, 19-142.158.539
BELLIS, Anna K., 20-60, WF, 19-142.158.540
KUGLER, John, 5-20, WM, 19-142.158.541
KUGLER, Oliver R., 20-60, WM, 19-143.159.542
KUGLER, Carrie, 20-60, WF, 19-143.159.543
KUGLER, Marion, 5-20, WF, 19-143.159.544

HUNTERDON CO. NJ 1895 STATE CENSUS
Borough of Frenchtown

KUGLER, Hellen, 0-5, WF, 19-143.159.545
KUGLER, Susan, 20-60, WF, 19-143.159.546
LAIR, Thomas J., 20-60, WM, 19-144.160.547
LAIR, Maggie, 20-60, WF, 19-144.160.548
LAIR, Marion, 0-5, WM, 19-144.160.549
FULMER, C. H., 20-60, WM, 19-144.160.550
FULMER, Catharine, 20-60, WF, 19-144.160.551
FULMER, Bessie, 5-20, twin, WF, 19-144.160.552
FULMER, Susie, 5-20, twin, WF, 19-144.160.553
FULMER, Leroy, 5-20, WM, 19-144.160.554
RISSLER, Mrs. M., 20-60, WF, 19-144.160.555
SILVERTHORN, Wm., 20-60, WM, 19-145.161.556
SILVERTHORN, Mary E., 20-60, WF, 19-145.161.557
SILVERTHORN, Reuben, 20-60, WM, 19-145.161.558
SILVERTHORN, Minnie, 20-60, WF, 19-145.161.559
ROBERSON, Joseph, 20-60, WM, 19-146.162.560
ROBERSON, Jane, 20-60, WF, 19-146.162.561
ROBERSON, Wilson, 60+, WM, 19-146.162.562
RITTENHOUSE, Nellie, 5-20, WF, 19-146.162.563
HUMMER, Andrew, 20-60, WM, 19-147.163.564
HUMMER, Maria, 20-60, WF, 19-147.163.565
HUMMER, Embley, 5-20, WM, 19-147.163.566
HOUGH, Joseph C., 20-60, WM, 20-148.164.567
HOUGH, Anna M., 20-60, WF, 20-148.164.568
HOUGH, Mary Jane, 20-60, WF, 20-149.165.569
HOUGH, Mary, 20-60, WF, 20-149.165.570
HOUGH, Hannah, 20-60, WF, 20-149.165.571
WARFORD, Johnson, 20-60, WM, 20-150.166.572
WARFORD, Annie, 20-60, WF, 20-150.166.573
WARFORD, Orville, 0-5, WM, 20-150.166.574
MARR, Jennie, 20-60, WF, 20-150.166.575
HUMMER, George, 20-60, WM, 20-151.167.576
HUMMER, Lizzie, 20-60, WF, 20-151.167.577
HUMMER, Charles, 5-20, WM, 20-151.167.578
HUMMER, Jessie, 5-20, WF, 20-151.167.579
KLINE, Wm., 20-60, WM, 20-151.167.580
HUMMER, Gertrude, 60+, WF, 20-152.168.581
HUMMER, Mary, 20-60, WF, 20-152.168.582
HUMMER, Lizzie, 20-60, WF, 20-152.168.583
HAGAMAN, Lorenzo D., 20-60, WM, 20-153.169.584
HAGAMAN, Carrie, 20-60, WF, 20-153.169.585
ABLE, Jane, 20-60, WF, 20-154.170.586
ABLE, Harry, 20-60, WM, 20-154.170.587
ABLE, Carrie, 20-60, WF, 20-154.170.588
ABLE, Artie, 5-20, WM, 20-154.170.589
SROPE, Wm. T., 60+, WM, 20-155.171.590
SROPE, Armandah, 60+, WF, 20-155.171.591
SROPE, Martin E., 20-60, WM, 20-155.171.592
SROPE, Isaac, 20-60, WM, 20-155.171.593
HOUGH, D. C., 20-60, WM, 20-156.172.594
HOUGH, Sophia, 20-60, WF, 20-156.172.595
RHODES, Gertrude, 5-20, CF, 20-156.172.596
SHIELDS, Charles M., 20-60, WM, 21-156.172.597
SHIELDS, Carrie, 20-60, WF, 21-156.172.598
SHIELDS, E. Shirley, 5-20, WF, 21-156.172.599
SHIELDS, A. Hazel, 0-5, WF, 21-156.172.600
SHIELDS, Harrison H., 0-5, WM, 21-156.172.601
POORE, Elias L., 20-60, WM, 21-157.173.602
POORE, Dora, 20-60, WF, 21-157.173.603
CAMPBELL, William, 20-60, WM, 21-158.174.604
CAMPBELL, Amanda, 20-60, WF, 21-158.174.605
EILENBURG, Howard, 20-60, WM, 21-159.175.606
EILENBURG, Martha, 20-60, hotel, WF, 21-159.175.607
EILENBURG, Florence, 0-5, hotel, WF, 21-159.175.608
BARREN, Emma, 5-20, hotel, WF, 21-159.175.609
PURSELL, Sidney, 5-20, hotel, WF, 21-159.175.610
HARMON, Harry M., 20-60, WM, 21-160.176.611
HARMON, Mammie, 20-60, WF, 21-160.176.612
HARMON, Byrum, 0-5, WM, 21-160.176.613
STAHLER, William, 20-60, WM, 21-161.177.614
STAHLER, Hannah, 20-60, WF, 21-161.177.615
STAHLER, W. Russell, 0-5, WM, 21-161.177.616
BRITTON, Wm. H., 20-60, WM, 21-162.178.617
BRITTON, Minda, 20-60, WF, 21-162.178.618
MANNERS, Jacob, 20-60, WM, 21-163.179.619
MANNERS, Myra R., 20-60, WF, 21-163.179.620
EVERITT, Daniel, 20-60, WM, 21-164.180.621
EVERITT, Lillie M., 20-60, WF, 21-164.180.622
EVERITT, Horace, 5-20, WM, 21-164.180.623
EVERITT, Frank, 5-20, WM, 21-164.180.624
BRINK, Ishmail, 60+, WM, 21-165.181.625
BRINK, Ellen, 20-60, WF, 21-165.181.626
MARTIN, Wm. H., 20-60, WM, 22-166.182.627
MARTIN, Lizzie, 20-60, WF, 22-166.182.628
MARTIN, Ella, 20-60, WF, 22-166.182.629
HAGAR, Lizzie, 20-60, WF, 22-166.182.630
HILLPOT, Reuben, 20-60, WM, 22-167.183.631
HILLPOT, Mary, 20-60, WF, 22-167.183.632
HILLPOT, Virgie, 20-60, WF, 22-167.183.633
HILLPOT, William, 5-20, WM, 22-167.183.634
HILLPOT, Reuben, 5-20, WM, 22-167.183.635
HILLPOT, Ella, 5-20, WF, 22-167.183.636
HARING, Abel B., 20-60, WM, 22-168.184.637
HARING, Johanna, 20-60, WF, 22-168.184.638
HARING, Beulah, 5-20, WF, 22-168.184.639
LUNDY, Arthur W., 60+, WM, 22-169.185.640
LUNDY, T. S., 60+, WF, 22-169.185.641
LUNDY, Willis, 20-60, WM, 22-169.185.642
REIGLE, Sylvester, 20-60, WM, 22-170.186.643
REIGLE, Sarah C., 20-60, WF, 22-170.186.644
WORMAN, Catharine, 20-60, WF, 22-171.187.645
WYKER, Florence, 5-20, WF, 22-171.187.646
CAPE, George, 20-60, IM, 22-171.187.647
SWICK, Charles H., 20-60, WM, 22-172.188.648
SWICK, Bella, 20-60, WF, 22-172.188.649
BARCROFT, Bartie, 5-20, WM, 22-172.188.650
KIMBLE, Rebecca, 60+, WF, 22-172.188.651
EICHLIN, Ruth, 20-60, WF, 22-173.189.652
EICHLIN, Hannah, 20-60, WF, 22-173.189.653
McCLAIN, Irving, 20-60, WM, 22-174.190.654

HUNTERDON CO. NJ 1895 STATE CENSUS
Borough of Frenchtown

McCLAIN, Bella, 20-60, WF, 22-174.190.655
McCLAIN, Alethea, 0-5, WF, 22-174.190.656
HAWK, G. F., 20-60, WM, 23-174.191.657
HAWK, Sarah, 20-60, WF, 23-174.191.658
HAWK, Della, 5-20, WF, 23-174.191.659
HAWK, Chester, 5-20, WM, 23-174.191.660
HAWK, Maggie, 5-20, WF, 23-174.191.661
HAWK, Jacob C., 60+, WM, 23-175.192.662
HAWK, Caroline, 20-60, WF, 23-175.192.663
HAWK, Mamie, 5-20, WF, 23-175.192.664
COOK, Ella, 5-20, WF, 23-175.192.665
LANTZ, John J., 20-60, WM, 23-176.193.666
LANTZ, Lillie, 20-60, WF, 23-176.193.667
LANTZ, Nellie, 5-20, WF, 23-176.193.668
LANTZ, Russell, 5-20, WM, 23-176.193.669
LANTZ, Eddie, 0-5, WM, 23-176.193.670
LANTZ, Jacob, 0-5, WM, 23-176.193.671
WORMAN, John, 60+, WM, 23-177.194.672
WORMAN, Sarah, 20-60, WF, 23-177.194.673
SLACK, Aaron, 60+, WM, 23-178.195.674
SLACK, Mary Ann, 20-60, WF, 23-178.195.675
KEELER, Laura, 20-60, WF, 23-178.195.676
RICHARDS, Wm., 20-60, WM, 23-179.196.677
RICHARDS, Sallie, 20-60, WF, 23-179.196.678
RICHARDS, William, 5-20, WM, 23-179.196.679
RICHARDS, Elsie, 20-60, WF, 23-179.196.680
RICHARDS, Warren, 0-5, WM, 23-179.196.681
RICHARDS, Ella, 0-5, WF, 23-179.196.682
RICHARDS, Geo., 0-5, WM, 23-179.196.683
ROBINSON, Lewis C., 20-60, WM, 23-180.197.684
ROBINSON, Annie, 20-60, WF, 23-180.197.685
ROBINSON, Harry, 20-60, WM, 23-180.197.686
McCLAIN, William, 20-60, WM, 24-181.198.687
McCLAIN, Mary, 20-60, WF, 24-181.198.688
McCLAIN, Harry, 20-60, WM, 24-181.198.689
McCLAIN, Florence, 5-20, WF, 24-181.198.690
McCLAIN, Wilda, 5-20, WF, 24-181.198.691
LEEDS, Isaac, 20-60, WM, 24-181.198.692
HYDE, Wilson, 20-60, WM, 24-182.199.693
HYDE, Mary, 20-60, WF, 24-182.199.694
HYDE, Cora, 5-20, WF, 24-182.199.695
HYDE, Ella, 5-20, WF, 24-182.199.696
HYDE, Freddie, 0-5, WM, 24-182.199.697
EMORY, Martha R., 60+, WF, 24-183.200.698
EMORY, Allen E., 20-60, WM, 24-183.200.699
EMORY, William, 20-60, WM, 24-183.200.700
EMORY, Clara B., 20-60, WF, 24-183.200.701
HOFFMAN, Joseph C., 20-60, WM, 24-184.201.702
HOFFMAN, Minnie, 20-60, WF, 24-184.201.703
HOFFMAN, Alma, 0-5, WF, 24-184.201.704
HOFFMAN, John, 0-5, WM, 24-184.201.705
PINKERTON, John W., 20-60, WM, 24-185.202.706
PINKERTON, Lavinda, 20-60, WF, 24-185.202.707
PINKERTON, William, 5-20, WM, 24-185.202.708
PINKERTON, Clinton, 5-20, WM, 24-185.202.709
PINKERTON, Dora, 5-20, WM, 24-185.202.710
PINKERTON, Frank, 5-20, WM, 24-185.202.711
PINKERTON, John, 0-5, WM, 24-185.202.712
SNYDER, Jennie, 20-60, WF, 24-186.203.713
SNYDER, Francelia, 5-20, WF, 24-186.203.714
NIXON, Matilda, 20-60, WF, 24-187.204.715
NIXON, Lila, 20-60, WF, 24-187.204.716
VANSYCKLE, James, 20-60, WM, 25-188.205.717
VANSYCKLE, Mrs. J., 20-60, WF, 25-188.205.718
MISSON, Mary, 5-20, WF, 25-188.205.719
SMITH, G. L., 60+, WM, 25-189.206.720
SMITH, Mary, 20-60, WF, 25-189.206.721
SMITH, G. L., Jr., 20-60, WM, 25-189.206.722
BUTLER, Josiah, 20-60, WM, 25-190.207.723
BUTLER, Alida, 20-60, WF, 25-190.207.724
PINKERTON, Mary, 60+, WF, 25-190.207.725
SMITH, Nathan, 20-60, WM, 25-191.208.726
SMITH, Rette, 20-60, GF, 25-191.208.727
SMITH, Irving, 5-20, WM, 25-191.208.728
SIPES, William, 20-60, WM, 25-192.209.729
SIPES, Mina, 20-60, WF, 25-192.209.730
SIPES, Freddie, 5-20, WM, 25-192.209.731
SIPES, Ethel, 0-5, WF, 25-192.209.732
SIPES, Oliver, 0-5, WM, 25-192.209.733
SIPES, Jason, 0-5, WM, 25-192.209.734
ABERLE, John, 20-60, GM, 25-193.210.735
ABERLE, Minnie, 20-60, GF, 25-193.210.736
ABERLE, Catharine, 5-20, WF, 25-193.210.737
ABERLE, Minnie, 5-20, WF, 25-193.210.738
ABERLE, Lydia, 5-20, WF, 25-193.210.739
ABERLE, Carrie, 5-20, WF, 25-193.210.740
ABERLE, Charlie, 5-20, WM, 25-193.210.741
ABERLE, Mary, 0-5, WF, 25-193.210.742
BEACK, Jacob, 60+, GM, 25-193.210.743
BACHMAN, Charles, 20-60, WM, 25-194.211.744
BACHMAN, Leonora, 20-60, WF, 25-194.211.745
BACHMAN, Dora F., 0-5, WF, 25-194.211.746
TOMER, N. J., 20-60, WM, 26-195.212.747
TOMER, Josephine E., 20-60, WF, 26-195.212.748
TOMER, Charles, 5-20, WM, 26-195.212.749
TOMER, Annie, 5-20, WF, 26-195.212.750
APGAR, Wm. C., 20-60, WM, 26-196.213.751
APGAR, Elizabeth, 20-60, hotel, WF, 26-196.213.752
APGAR, Daisy, 5-20, hotel, WF, 26-196.213.753
APGAR, Lillie, 5-20, hotel, WF, 26-196.213.754
APGAR, Ruth, 0-5, hotel, WF, 26-196.213.755
APGAR, Lizzie, 0-5 hotel, WF, 26-196.213.756
HAGGARTY, Jennie, 20-60, hotel, WF, 26-196.213.757
ROBERSON, Jennie, 5-20, hotel, CF, 26-196.213.758
HALL, Edward, 20-60, hotel, WM, 26-196.213.759
JOHNSON, Aaron, 20-60, WM, 26-197.214.760
JOHNSON, William, 60+, WM, 26-198.215.761
JOHNSON, Margaret, 20-60, WF, 26-198.215.762
JOHNSON, Edward C., 20-60, WM, 26-198.215.763
BISSY, Charles, 20-60, WM, 26-199.216.764

HUNTERDON CO. NJ 1895 STATE CENSUS
Borough of Frenchtown

BISSY, Mary, 20-60, WF, 26-199.216.765
STAHLER, Samuel, 20-60, WM, 26-199.217.767
STAHLER, Rhoda, 20-60, WF, 26-199.217.768
STAHLER, Walter, 20-60, WM, 26-199.217.769
STAHLER, Rhoda Bell, 5-20, WF, 26-199.217.770
EICHLIN, Hugh, 60+, WM, 26-200.218.771
EICHLIN, Sarah Jane, 20-60, WF, 26-200.218.772
HELLER, Samuel, 20-60, WM, 26-201.219.773
HELLER, Augusta, 20-60, WF, 26-201.219.774
READING, James N., 20-60, WM, 26-202.220.775
READING, Lillie M., 20-60, WF, 26-202.220.776
READING, Charles, 5-20, WM, 26-202.220.777
BRITTON, Emma, 20-60, WF, 27-202.220.778
MORRIS, L. W., 60+, WM, 27-203.221.779
MORRIS, Emeline, 20-60, WF, 27-203.221.780
MORRIS, Minnie, 20-60, WF, 27-203.221.781
MORRIS, William L., 20-60, WM, 27-203.221.782
MORRIS, Catharine B., 60+, WF, 27-203.221.783
BELLIS, Holloway, 60+, WM, 27-204.222.784
BELLIS, Clarasa J., 20-60, WF, 27-204.222.785
BELLIS, Munson, 20-60, WM, 27-204.222.786
BELLIS, Annie, 20-60, WF, 27-204.222.787
BELLIS, Stella, 0-5, WF, 27-204.222.788
REIGLE, Lorenzo, 20-60, WM, 27-205.223.789
REIGLE, Emma, 20-60, WF, 27-205.223.790
REIGLE, Estella, 0-5, WF, 27-205.223.791
HOUSELL, Elizabeth, 60+, WF, 27-205.223.792
HURLEY, Ella, 20-60, WF, 27-206.224.793
HURLEY, Irving, 5-20, WM, 27-206.224.794
HURLEY, Ada, 0-5, WF, 27-206.224.795
HURLEY, Raymond, 0-5, WM, 27-206.224.796
DEITZ, Charles M., 60+, WM, 27-207.225.797
DEITZ, Elizabeth, 20-60, WF, 27-207.225.798
DEITZ, Carrie R., 20-60, WF, 27-207.225.799
READING, Charles N., 20-60, WM, 27-208.226.800
READING, Mrs. Charles, 20-60, WF, 27-208.226.801
READING, Eveline, 60+, WF, 27-208.226.802
WEST, Mrs. John R., 20-60, WF, 27-208.226.803
SHERMAN, James, 20-60, WM, 27-209.227.804
SHERMAN, Emma, 20-60, WF, 27-209.227.805
TETTEMER, Harry, 20-60, WM, 27-210.228.806
TETTEMER, Elsie I., 20-60, WF, 27-210.228.807
TETTEMER, Hellen, 0-5, WF, 28-210.228.808
BUDD, Rheese, 20-60, WM, 28-211.229.809
BUDD, Anna, 20-60, WF, 28-211.229.810
BUDD, Stella, 20-60, WF, 28-211.229.811
BUDD, Hannah, 20-60, WF, 28-211.229.812
GASKILL, Martha, 60+, WF, 28-211.229.813
HOFFMAN, Levi, 20-60, WM, 28-212.230.814
HOFFMAN, Mary A., 20-60, WF, 28-212.230.815
HOFFMAN, John, 20-60, WM, 28-212.230.816
HOFFMAN, Stella, 5-20, WF, 28-212.230.817
CULVER, Elmer, 20-60, WM, 28-213.231.818
CULVER, Ella, 20-60, WF, 28-213.231.819
BEERS, Jonathan, 60+, WM, 28-214.232.820
BEERS, Elizabeth, 20-60, WF, 28-214.232.821
BEERS, Rebecca, 60+, WF, 28-214.232.822
ULMER, Isariel, 60+, WM, 28-215.233.823
ULMER, Elizabeth, 20-60, WF, 28-215.233.824
ULMER, Edward, 5-20, WM, 28-215.233.825
ULMER, Ella, 5-20, WF, 28-215.233.826
ULMER, Lizzie, 5-20, WF, 28-215.233.827
ULMER, Minnie, 5-20, WF, 28-215.233.828
HARTPENCE, Geo. W., 20-60, WM, 28-216.234.829
HARTPENCE, Pracilla, 20-60, WF, 28-216.234.830
McALISTER, Selina, 20-60, WF, 28-216.234.831
McALISTER, Minnie, 0-5, WF, 28-216.234.832
STRYKER, Geo. R., 20-60, WM, 28-216.235.833
STRYKER, Bell A., 20-60, WF, 28-216.235.834
STRYKER, William, 5-20, WM, 28-216.235.835
STRYKER, Dora, 5-20, WF, 28-216.235.836
STRYKER, Carrie, 5-20, WF, 28-216.235.837
STRYKER, Raymond, 5-20, WM, 29-216.235.838
STRYKER, John, 0-5, WM, 29-216.235.839
LANNING, Albert, 20-60, WM, 29-217.236.840
LANNING, Mary H., 20-60, WF, 29-217.236.841
LANNING, Daniel B., 5-20, WM, 29-217.236.842
WILSON, Lucy, 60+, WF, 29-217.236.843
BRITTON, John, 20-60, WM, 29-218.237.844
BRITTON, Mary C., 20-60, WF, 29-218.237.845
BRITTON, Charles, 20-60, WM, 29-218.237.846
BRITTON, Clara, 20-60, WF, 29-218.237.847
BRITTON, Wm., 20-60, WM, 29-218.237.848
BRITTON, Cintha, 5-20, WF, 29-218.237.849
BRITTON, Bell, 5-20, WF, 29-218.237.850
BRITTON, George, 5-20, WM, 29-218.237.851
CASE, Pearl, 0-5, WF, 29-218.237.852
BRINK, Daisy B., 0-5, WF, 29-218.237.853
STAHLER, Daniel, 60+, WM, 29-219.238.854
STAHLER, Mary A., 60+, WF, 29-219.238.855
NASH, A. B., 20-60, WM, 29-220.239.856
NASH, Eliza, 20-60, WF, 29-220.239.857
NASH, Roscoe, 0-5, WM, 29-220.239.858
BRINK, Alfred, 20-60, WM, 29-221.240.859
BRINK, Kate, 20-60, WF, 29-221.240.860
BRINK, Laura, 20-60, WF, 29-221.240.861
BRINK, Harvey, 20-60, WM, 29-221.240.862
EDDY, Geo. W., 60+, WM, 29-222.241.863
EDDY, Rachel I., 60+, WF, 29-222.241.864
ROBERSON, Deliah, 20-60, WF, 29-222.241.865
BRITTON, William, 60+, WM, 29-223.242.866
BRITTON, Selinda, 20-60, WF, 29-223.242.867
EDDY, Sam. O., 20-60, WM, 30-224.243.868
EDDY, Eva, 20-60, WF, 30-224.243.869
EDDY, Geo., 5-20, WM, 30-224.243.870
EDDY, Bertha R., 0-5, WF, 30-224.243.871
EDDY, Hellen R., 0-5, WF, 30-224.243.872
SROPE, Henry I., 20-60, WM, 30-225.244.873
SROPE, Mary J., 20-60, WF, 30-225.244.874
SROPE, Lena, 20-60, WF, 30-225.244.875

HUNTERDON CO. NJ 1895 STATE CENSUS
Borough of Frenchtown

SROPE, Florence, 5-20, WF, 30-225.244.876
ROBERSON, William, 20-60, WM, 30-225.244.877
LOPER, William P., 20-60, WM, 30-226.245.878
LOPER, Cora, 20-60, WF, 30-226.245.879
LOPER, Raymond, 5-20, WM, 30-226.245.880
LOPER, Elsie, 0-5, WF, 30-226.245.881
HUFF, Mary Ann, 60+, WF, 30-227.246.882
ABBOTT, I. B., 20-60, WM, 30-227.246.883
ABBOTT, Ella, 20-60, WF, 30-227.246.884
ABBOTT, Lena M., 0-5, WF, 30-227.246.885
ABBOTT, Edith D., 0-5, WF, 30-227.246.886
STINTSMAN, George, 20-60, WM, 30-228.247.887
STINTSMAN, C. B., 20-60, WF, 30-228.247.888
STINTSMAN, Wm., 20-60, WM, 30-228.247.889
STINTSMAN, Joseph, 5-20, WM, 30-228.247.890
OPDYKE, E. W., 20-60, WM, 30-229.248.891
OPDYKE, Emly, 5-20, WF, 30-229.248.892
OPDYKE, E. Dale, 5-20, WM, 30-229.248.893
DALRYMPLE, Phoebe, 60+, WF, 30-229.248.894
WILLIAMS, Clarisy, 60+, WF, 30-230.249.895
SWAYZE, Ruella, 20-60, WF, 30-230.249.896
LAIR, Edward, 20-60, WM, 31-231.250.897
LAIR, Mary, 20-60, WF, 31-231.250.898
LAIR, Cora, 20-60, WF, 31-231.250.899
LUKENS, Charles, 5-20, WM, 31-231.250.900
FISHER, Peter, 20-60, WM, 31-232.251.901
FISHER, Kate, 20-60, WF, 31-232.251.902
SLACK, Andrew, 60+, WM, 31-233.252.903
SLACK, Levina, 60+, WF, 31-233.252.904
SLACK, Wm. S., 20-60, WM, 31-233.252.905
ROBERSON, John, 60+, WM, 31-234.253.906
ROBERSON, Mary, 60+, WF, 31-234.253.907
VOORHIS, Theadotia, 60+, WF, 31-235.254.908
VOORHIS, Rachel, 60+, WF, 31-235.254.909
VOORHIS, Maggie, 20-60, WF, 31-235.254.910
CRONCE, Augustus, 60+, WM, 31-236.255.911
HUMMER, Maria, 60+, WF, 31-237.256.912
HUMMER, William, 60+, WM, 31-238.257.913
HUMMER, Margaret, 60+, WF, 31-238.257.914
McCREA, Andrew J., 60+, WM, 31-239.258.915
McCREA, Francis, 60+, WF, 31-239.258.916
DALRYMPLE, Joseph, 60+, WM, 31-240.259.917
DALRYMPLE, Margaret, 60+, WF, 31-240.259.918
HUNT, Bell, 5-20, WF, 31-240.259.919
ANDERSON, John B., 60+, WF, 31-241.260.920
PINKERTON, Jennie, 20-60, WF, 31-241.260.921
ANDERSON, Sallie, 20-60, WF, 31-241.260.922
ANDERSON, Emma, 20-60, WF, 31-241.260.923
JOHNSON, Charles B., 60+, WM, 31-242.261.924
JOHNSON, Elveria, 60+, WF, 31-242.261.925
MYERS, Piatty, 20-60, WF, 31-242.261.926
FRITTS, Theodore, 20-60, WM, 32-243.262.927
FRITTS, Eliza, 20-60, WF, 32-243.262.928
FRITTS, Annie L., 5-20, WF, 32-243.262.929
ROBERSON, David, 60+, WM, 32-244.263.930
ROBERSON, Emma, 20-60, WF, 32-244.263.931
HOAGLAND, Elmer, 20-60, WM, 32-245.264.932
HOAGLAND, Lillie, 20-60, WF, 32-245.264.933
SLACK, Melvin, 5-20, WM, 32-245.264.934
HOAGLAND, Annie, 0-5, WF, 32-245.264.935
HOAGLAND, Harry, 0-5, WM, 32-245.264.936
ATKINSON, Sarah, 20-60, WF, 32-245.265.937
MYERS, Henry, 60+, WM, 32-246.266.938
MYERS, Adeline, 60+, WF, 32-246.266.939
MYERS, John, 20-60, WM, 32-246.266.940
FULMER, Henry, 60+, WM, 32-247.267.941
FULMER, Sallie, 60+, WF, 32-247.267.942
FULMER, Nettie, 20-60, WF, 32-247.267.943
HOAGLAND, Joes, 20-60, WM, 32-248.268.944
HOAGLAND, Adeline, 20-60, WF, 32-248.268.945
HOAGLAND, Ella, 5-20, WF, 32-248.268.946
HAWK, Edgar J., 20-60, WM, 32-249.269.947
HAWK, Gussie, 20-60, WF, 32-249.269.948
HAWK, Clifford, 5-20, WM, 32-249.269.949
HAWK, Lulu, 0-5, WF, 32-249.269.950
TRIMMER, Ann, 60+, WF, 32-249.270.951
BLOOM, David, 60+, WM, 32-250.271.952
BLOOM, Lizzie, 60+, WF, 32-250.271.953
HOFF, William, 20-60, WM, 32-251.272.954
HOFF, Annie, 20-60, WF, 32-251.272.955
HOFF, Harry, 5-20, WM, 32-251.272.956
CASE, Jacob, 60+, WM, 33-252.273.957
CASE, Martha, 20-60, WF, 33-252.273.958
CASE, Edward, 20-60, WM, 33-252.273.959
CASE, Lavina, 20-60, WF, 33-252.273.960
CASE, Mary, 60+, WF, 33-252.273.961
HOAGANANT, Mary, 60+, WF, 33-253.274.962
VANDERBILT, John, 20-60, WM, 33-253.274.963
STRYKER, Phoebe, 60+, WF, 33-254.275.964
WRIGHT, Mrs., 60+, WF, 33-254.275.965
SINCLAIR, Peter, 60+, WM, 33-255.276.966
SINCLAIR, Maggie, 20-60, WF, 33-255.276.967
SINCLAIR, Peter, 5-20, WM, 33-255.276.968
STRYKER, Peter, 20-60, WM, 33-255.276.969
RITTENHOUSE, Catharine, 60+, WF, 33-256.277.970
RITTENHOUSE, Thomas, 5-20, WM, 33-256.277.971
RITTENHOUSE, Stella, 5-20, WF, 33-256.277.972
RITTENHOUSE, Arthur, 5-20, WM, 33-256.277.973
RITTENHOUSE, Leon A., 5-20, WM, 33-256.277.974
RITTENHOUSE, Ellis H., 5-20, WM, 33-256.277.975
RITTENHOUSE, Bessie, 0-5, WF, 33-256.277.976
METTER, Wm., 60+, WM, 33-257.278.977
METTER, Eliza, 60+, WF, 33-257.278.978
METTER, Horace, 20-60, WM, 33-257.278.979
METTER, Wm. O., 20-60, WM, 33-257.278.980
METTER, Lewis, 20-60, WM, 33-257.278.981
METTER, Lydia, 5-20, WF, 33-257.278.982
METTER, Ida M., 5-20, WF, 33-257.278.983
METTER, Bertha, 5-20, WF, 33-257.278.984
LAMPEN, John, 60+, WM, 33-258.279.985

HUNTERDON CO. NJ 1895 STATE CENSUS
Borough of Frenchtown

LAMPEN, Elizabeth, 20-60, WF, 33-258.279.986
KUGLER, Judson, 20-60, WM, 34-259.280.987
KUGLER, Francis, 20-60, WF, 34-259.280.988
KUGLER, Cora, 5-20, WF, 34-259.280.989
ROBERSON, David O., 60+, WM, 34-260.281.990
ROBERSON, William O., 20-60, WM, 34-260.281.991
ROBERSON, Harriet, 20-60, WF, 34-260.281.992
ROBERSON, Walter, 5-20, WM, 34-260.281.993
PFEIL, Simeon, 60+, GM, 34-261.282.994
PFEIL, Elizabeth, 20-60, GF, 34-261.282.995
PFEIL, John, 5-20, GM, 34-261.282.996
HAGAMAN, Lewis, 60+, WM, 34-262.283.997
HAGAMAN, Bell, 20-60, WF, 34-262.283.998
PRISTER, Fortuna, 60+, WF, 34-262.283.999
VREELAND, Lena, 20-60, WF, 34-262.283.1000
LANCE, John, 20-60, WM, 34-263.284.1001
LANCE, Jenetta J., 20-60, WF, 34-263.284.1002
LANCE, Fanny M., 5-20, WF, 34-263.284.1003
HINKLE, Lewis, 20-60, WM, 34-264.285.1004
HINKLE, Elizabeth, 60+, WF, 34-264.285.1005
CASE, Stella M., 5-20, WF, 34-264.285.1006
RITTENHOUSE, William, 60+, WM, 34-265.286.1007
RITTENHOUSE, Elizabeth, 20-60, WF, 34-265.286.1008
SHURTZ, Wm. R., 20-60, WM, 34-266.287.1009
SHURTZ, Ella, 20-60, WF, 34-266.287.1010
SHURTZ, Florence, 5-20, WF, 34-266.287.1011
SHURTZ, Nathan L., 5-20, WM, 34-266.287.1012
DEENY, E.K., 60+, WM, 34-267.288.1013
DEENY, Josephine, 20-60, WF, 34-267.288.1014
DEENY, C. Carroll, 20-60, WM, 34-267.288.1015
SCHEETZ, Mary Jane, 20-60, WF, 34-267.288.1015
QUIRK, Amy, 60+, WF, 35-268.289.1016
READING, Susan, 20-60, WF, 35-268.289.1017
BUCKLEY, William, 20-60, WM, 35-268.289.1018
BUCKLEY, Mrs. Wm., 20-60, WF, 35-268.289.1019
BUCKLEY, Nellie, 5-20, WF, 35-268.289.1020
ROBERSON, Lewis D., 20-60, WM, 35-269.290.1021
ROBERSON, Catharine, 20-60, WF, 35-269.290.1022
WHITE, Jacob, 60+, WM, 35-270.291.1023
WHITE, Mary Ann, 60+, WF, 35-270.291.1024
BURNS, Florence, 20-60, WF, 35-270.291.1025
FORMAN, Mary V., 60+, WF, 35-271.292.1026
WARFORD, Sidney T., 20-60, WM, 35-271.292.1027
WARFORD, Mary, 20-60, WF, 35-271.292.1028
WARFORD, Ella, 20-60, WF, 35-271.292.1029
PITTENGER, Henry, 20-60, WM, 35-272.293.1030
PITTENGER, Kate, 20-60, WF, 35-272.293.1031
HOFF, Cornelius, 60+, WM, 35-273.294.1032
HOFF, Sarah J., 20-60, WF, 35-273.294.1033
HOFF, Cornelius, 5-20, WM, 35-273.294.1034
BURKETT, Wm., 20-60, WM, 35-274.295.1035
BURKETT, Martha, 20-60, WF, 35-274.295.1036
BURKETT, Adeline, 5-20, WF, 35-274.295.1037
BURKETT, Bertha, 5-20, WF, 35-274.295.1038
BURKETT, Oscar, 5-20, WM, 35-274.295.1039
BURKETT, Lizzie, 5-20, WF, 35-274.295.1040
BURKETT, Charles, 0-5, WM, 35-274.295.1041
OSMUN, John C., 20-60, WM, 35-275.296.1042
OSMUN, Bell, 20-60, WF, 35-275.296.1043
FISHER, Maud, 5-20, WF, 35-275.296.1044
OPDYKE, Wm., 60+, WM, 36-276.297.1045
OPDYKE, Laura, 20-60, WF, 36-276.297.1046
OPDYKE, Wm., Jr., 5-20, WM, 36-276.297.1047
OPDYKE, Bessie, 5-20, WF, 36-276.297.1048
PHILKILL, Benjamin, 20-60, WM, 36-277.298.1049
PHILKILL, Lizzie, 20-60, WF, 36-277.298.1050
PHILKILL, Charles, 20-60, WM, 36-277.298.1051
TROUTS, Carrie, 5-20, WF, 36-277.298.1052

HUNTERDON CO. NJ 1895 STATE CENSUS
Township of High Bridge

TOWNSHIP OF HIGH BRIDGE
Isaac H. Hummer, commissioner

HUMMER, Isaac H., 20-60, WM, 1-1.1.1
HUMMER, Isabella J., 20-60, WF, 1-1.1.2
HUMMER, Laura E., 5-20, WF, 1-1.1.3
HUMMER, Raymond S., 5-20, WM, 1-1.1.4
HUMMER, Mary C., 5-20, WF, 1-1.1.5
HUMMER, Elmer F., 5-20, WM, 1-1.1.5
HUMMER, Jennie B., 5-20, WF, 1-1.1.7
HELLER, Charles, 20-60, WM, 1-2.2.8
HELLER, Caroline, 20-60, WF, 1-2.2.9
FRITTS, Elizabeth, 60+, WF, 1-2.2.10
HUNT, George N., 20-60, WM, 1-3.3.11
HUNT, Sarah E., 20-60, WF, 1-3.3.12
HUNT, Mary J., 5-20, WF, 1-3.3.13
HUNT, William N., 5-20, WM, 1-3.3.14
HUNT, Minnie A., 5-20, WF, 1-3.3.15
APGAR, David L., 20-60, WM, 1-4.4.16
APGAR, Sarah E., 20-60, WF, 1-4.4.17
APGAR, Elizabeth, 5-20, WF, 1-4.4.18
APGAR, Hervy W., 5-20, AM, 1-4.4.19
SEAL, William, 60+, WM, 1-4.4.20
HILDABRANT, Sylvester V., 20-60, WM, 1-5.5.21
HILDABRANT, Mary E., 20-60, WF, 1-5.5.22
HILDABRANT, William W., 5-20, WM, 1-5.5.23
HILDABRANT, Ada M., 5-20, WF, 1-5.5.24
HILDABRANT, Emily T., 60+, WF, 1-5.5.25
POWERS, James, 20-60, WM, 1-6.6.26
POWERS, Johanna, 20-60, WF, 1-6.6.27
POWERS, Bridget, 60+, IF, 1-6.6.28
CONOVER, Nathan A., 20-60, WM, 1-6.6.29
CONOVER, Sarah J., 5-20, WF, 1-6.6.30
CONOVER, Harley, 5-20, WM, 2-7.7.31
MEANEY, Patrick H., 20-60, IM, 2-8.8.32
MEANEY, Kate, 20-60, IF, 2-8.8.33
MEANEY, Annie, 20-60, WM, 2-8.8.34
MEANEY, Margaret, 5-20, WF, 2-8.8.35
MEANEY, Julia, 5-20, WF, 2-8.8.36
MEANEY, Timothy T., 5-20, WM, 2-8.8.37
APGAR, Bloomfield, 20-60, WM, 2-9.9.38
APGAR, Jennie B., 20-60, WF, 2-9.9.39
APGAR, Hazel, 0-5, WF, 2-9.9.40
APGAR, Delilah, 20-60, WF, 2-9.9.41
APGAR, Charles, 20-60, WM, 2-10.10.42
APGAR, Laura, 20-60, WF, 2-10.10.43
APGAR, Irvin E., 0-5, WM, 2-10.10.44
CREGAR, Edgar I., 20-60, WM, 2-11.11.45
CREGAR, Margaret, 20-60, WF, 2-11.11.46
CREGAR, Raymond D., 20-60, WM, 2-11.11.47
CREGAR, Harriet, 20-60, WF, 2-11.11.48
CREGAR, Sara, 5-20, WF, 2-11.11.49
ADRIANCE, Albert, 20-60, WM, 2-11.11.50
JOHNSTON, Andrew, 20-60, Johnstone family, WM, 2-11.11.51
JOHNSTON, Minnie, 20-60, permanent boarder, WF, 2-11.11.52
JOHNSTON, Henry W., 0-5, WM, 2-11.11.53
JOHNSTON, Alace, 0-5, WF, 2-11.11.54
KICE, Emma, 5-20, WF, 2-11.11.55
VANSICKLE, John S., 20-60, WM, 2-12.12.56
VANSICKLE, Annie, 20-60, WF, 2-12.12.57
VANSICKLE, Irene C., 20-60, WF, 2-12.12.58
HOPE, Henry H., 20-60, WM, 2-13.13.59
HOPE, James W., 20-60, WM, 2-13.13.60
HOPE, Alace M., 5-20, WF, 3-13.13.61
HENDERSON, Ella, 20-60, WF, 3-13.13.62
JOHNSTON, Lewis C., 20-60, WM, 3-14.14.63
JOHNSTON, Nancy, 20-60, WF, 3-14.14.64
ADRIANCE, Sarah C., 5-20, WF, 3-14.14.65
JOHNSTON, Leroy, 5-20, WM, 3-14.14.66
CREELY, George, 5-20, WM, 3-14.14.67
SEDGEMAN, Thomas, 20-60, WM, 3-14.14.68
WOOD, Mary J., 20-60, WF, 3-15.15.69
WOOD, Horace, 20-60, WM, 3-15.15.70
CORZATT, Margaret, 60+, WF, 3-15.16.71
DAILEY, Mary, 20-60, IF, 3-16.17.72
ALPAUGH, William C., 20-60, WM, 3-17.18.73
ALPAUGH, Susan C., 20-60, WF, 3-17.18.74
ALPAUGH, Mame, 20-60, WF, 3-17.18.75
SOLLIDAY, Elizabeth, 20-60, WF, 3-17.18.76
EDMONDS, William, 60+, WM, 3-17.18.77
HANLEY, Michael, 20-60, IM, 3-18.19.78
COUGHLAN, Michael J., 20-60, IM, 3-18.19.79
COLE, Isabella, 20-60, IF, 3-18.19.80
LATIMER, Harry, 20-60, WM, 3-19.20.81
LATIMER, Adalaide, 20-60, WF, 3-19.20.82
LATIMER, William, 5-20, WM, 3-19.20.83
LATIMER, Walter R., 5-20, WM, 3-19.20.84
LATIMER, Blanche, 5-20, WF, 3-19.20.85
LATIMER, Frank I., 5-20, WM, 3-19.20.86
RODENBAUGH, Jacob, 20-60, WM, 3-19.21.87
RODENBAUGH, Mary, 20-60, WF, 3-19.21.88
APGAR, Benjamin F., 20-60, WM, 3-20.22.89
APGAR, Mary E., 20-60, WF, 3-20.22.90
APGAR, Roscoe, 5-20, WM, 4-20.22.91
CORSON, Lizzie, 20-60, WF, 4-20.22.92
ADRIANCE, Orville, 20-60, WM, 4-20.22.93
APGAR, Sigmond, 20-60, WM, 4-20.22.94
PENTZ, John F., 20-60, WM, 4-20.23.95
PENTZ, Ola, 20-60, WF, 4-20.23.96
BROWN, Samuel R., 20-60, WM, 4-21.24.97
BROWN, Mary A., 20-60, WF, 4-21.24.98
HOFFMAN, Noah, 60+, WM, 4-22.25.99
HOFFMAN, Eliza A., 20-60, WF, 4-22.25.100
STIRES, Daniel, 60+, WM, 4-23.26.101
STIRES, Elizabeth, 20-60, WF, 4-23.26.102

HUNTERDON CO. NJ 1895 STATE CENSUS
Township of High Bridge

MONN, Nicholas, 20-60, WM, 4-24.27.103
MONN, Lena, 20-60, WF, 4-24.27.104
MONN, Truman, 5-20, WM, 4-24.27.105
SEAL, John Q., 60+, WM, 4-25.28.106
SEAL, Annie L., 60+, WF, 4-25.28.107
DEVLIN, James, 20-60, IM, 4-26.29.108
DEVLIN, Elizabeth, 20-60, IF, 4-26.29.109
DEVLIN, Michael, 5-20, WM, 4-26.29.110
DEVLIN, John, 5-20, WM, 4-26.29.111
DEVLIN, Mary A., 5-20, WF, 4-26.29.112
DEVLIN, James, Jr., 5-20, WM, 4-26.29.113
DEVLIN, Joseph, 5-20, WM, 4-26.29.114
DEVLIN, Hugh, 5-20, WM, 4-26.29.115
DEVLIN, Augustine, 0-5, WM, 4-26.29.116
APGAR, James M., 20-60, WM, 4-27.30.117
APGAR, Anna F., 20-60, WF, 4-27.30.118
APGAR, Grover C., 5-20, WM, 4-27.30.119
APGAR, Frederick A., 60+, WM, 4-28.31.120
APGAR, Elizabeth B., 60+, WF, 5-28.31.121
APGAR, Julia A., 20-60, WF, 5-28.31.122
PERRY, Lewis S., 20-60, WM, 5-29.32.123
PERRY, Addie A., 20-60, WF, 5-29.32.124
PERRY, Lelah R., 0-5, WF, 5-29.32.125
PERRY, Augustus, 20-60, WM, 5-29.32.126
PERRY, Addie S., 20-60, WF, 5-29.32.127
PERRY, Clarence, 5-20, WM, 5-29.32.128
PERRY, Amanda, 60+, WF, 5-29.32.129
LEIDISCH, William, 20-60, Wm, 5-30.34.130
LEIDISCH, Mary, 20-60, WF, 5-30.34.131
VANZANDT, Henry, 60+, WM, 5-30.34.132
CARLING, John, 20-60, WM, 5-30.34.133
CHAMBERLAIN, Joseph, 20-60, WM, 5-31.35.134
CHAMBERLAIN, Amey, 20-60, WF, 5-31.35.135
CHAMBERLAIN, William, 20-60, WM, 5-31.35.136
CHAMBERLAIN, John, 5-20, WM, 5-31.35.137
McGINLEY, James, Jr., 20-60, WM, 5-32.36.138
McGINLEY, Kate, 20-60, WF, 5-32.36.139
REORDAN, Robert, 20-60, WM, 5-33.37.140
REORDAN, Annie, 20-60, WF, 5-33.37.141
REORDAN, Margaret, 0-5, WF, 5-33.37.142
REORDAN, Thomas, 0-5, WM, 5-33.37.143
McGRAND, Ella, 20-60, WM, 5-33.37.144
HEFFERMAN, John, 20-60, IM, 5-34.38.145
HEFFERMAN, Rose, 20-60, IF, 5-34.38.146
HEFFERMAN, William J., 5-20, WM, 5-34.38.147
HEFFERMAN, Nellie, 5-20, WF, 5-34.38.148
HEFFERMAN, Mark, 5-20, WM, 5-34.38.149
SCHULLEY, Mary, 5-20, WF, 5-34.38.150
HILL, Thomas, 20-60, WM, 6-35.39.151
HILL, Mary, 20-60, WF, 6-35.39.152
HILL, Frank, 5-20, WM, 6-35.39.153
HILL, Michael, 0-5, WM, 6-35.39.154
HILL, Ann, 0-5, WF, 6-35.39.155
HILL, Lewis, 0-5, WM, 6-35.39.156
BRINTON, Walton, 20-60, WM, 6-36.40.157
BRINTON, Elizabeth, 20-60, WF, 6-36.40.158
BRINTON, Rilla, 0-5, WF, 6-36.40.159
BRINTON, Agnes, 0-5, WF, 6-36.40.160
KILEY, Alace, 20-60, WF, 6-36.40.161
NEIGHBOR, David, 60+, WM, 6-36.41.162
NEIGHBOR, Ann, 20-60, WF, 6-36.41.163
NEIGHBOR, William H., 20-60, WM, 6-36.42.164
NEIGHBOR, Mary E., 20-60, WF, 6-36.42.165
NEIGHBOR, Emma, 5-20, WF, 6-36.42.166
NEIGHBOR, John D., 5-20, WM, 6-36.42.167
NEIGHBOR, Annie J., 0-5, WF, 6-36.42.168
PEVEE, Malinda, 60+, WF, 6-37.43.169
LEVY, Soloman, 20-60, OM, 6-38.44.170
LEVY, Ada, 20-60, OF, 6-38.44.171
LEVY, Flossie, 0-5, WF, 6-38.44.172
LEVY, Victor, 0-5, WM, 6-38.44.173
BELL, Daniel, 20-60, WM, 6-38.45.174
BELL, Margaret, 20-60, WF, 6-38.45.175
BELL, George, 0-5, WM, 6-38.45.176
LEIDICK, Herbert, 20-60, WM, 6-39.46.177
LEIDICK, Josephine, 20-60, WF, 6-39.46.178
LEIDICK, Raymond, 5-20, WM, 6-39.46.179
BARLEMAN, Frank, 20-60, GM, 6-39.46.180
PRASTER, John M., 60+, WM, 7-40.47.181
PRASTER, Delbert, 5-20, WM, 7-40.47.182
CAPEFOOT, Barbara, 60+, WF, 7-41.48.183
CRAMER, Mary, 20-60, WF, 7-42.49.184
CRAMER, Frank, 5-20, WM, 7-42.49.185
HALSTED, Charles F., 20-60, WM, 7-42.49.186
PRASTER, Thomas, 20-60, WM, 7-43.50.187
BARRON, Jacob, 20-60, OM, 7-44.51.188
BARRON, Sarah, 20-60, OF, 7-44.51.189
BARRON, Eva, 0-5, WF, 7-44.51.190
BARRON, Jacob L., 0-5, WM, 7-44.51.191
BURRELL, George, 20-60, WM, 7-45.52.192
BURRELL, George Anna, 20-60, WF, 7-45.52.193
BURRELL, Jennie, 5-20, WF, 7-45.52.194
BURRELL, Margaret, 5-20, WF, 7-45.52.195
TUCKER, Isreal S., 20-60, WM, 7-46.53.196
TUCKER, Mary, 20-60, WF, 7-46.53.197
TUCKER, Jennie, 20-60, WF, 7-46.53.198
APGAR, Martin W., 20-60, WM, 7-47.54.199
APGAR, Chloe, 20-60, WF, 7-47.54.200
TAYLOR, George W., 20-60, WM, 7-47.54.201
CROWLEY, Elizabeth, 60+, IF, 7-47.55.202
CROWLEY, Thomas, 20-60, WM, 7-47.55.203
APGAR, George H., 20-60, WM, 7-48.56.204
APGAR, Girtrude, 20-60, WF, 7-48.56.205
APGAR, Walter, 0-5, WM, 7-48.56.206
APGAR, Radie, 0-5, WF, 7-48.56.207
MILLER, Edward, 20-60, WM, 7-48.57.208
MILLER, Clara, 20-60, WF, 7-48.57.209
MILLER, Ruth, 0-5, WF, 7-48.57.210
SMITH, James B., 20-60, WM, 8-49.58.211
SMITH, Lucinda, 20-60, WF, 8-49.58.212

HUNTERDON CO. NJ 1895 STATE CENSUS
Township of High Bridge

BEAVERS, Peter A., 20-60, WM, 8-50.59.213
BEAVERS, Harriet, 20-60, WF, 8-50.59.214
BEAVERS, Wava, 0-5, WF, 8-50.59.215
TIGER, David, 20-60, WM, 8-50.59.216
TIGER, Julia, 20-60, WF, 8-50.59.217
BRYANT, George L., 20-60, WM, 8-51.60.218
BRYANT, Jennie, 20-60, WF, 8-51.60.219
BRYANT, Blanch, 20-60, WM, 8-51.60.220
BRYANT, Robert, 5-20, WM, 8-51.60.221
LADLIE, William J., 20-60, IM, 8-52.61.222
LADLIE, Susan S., 20-60, WF, 8-52.61.223
LADLIE, Nellie, 5-20, WF, 8-52.61.224
LADLIE, Ada, 5-20, WF, 8-52.61.225
LADLIE, Irene, 0-5, WF, 8-52.61.226
FLATT, Susan, 60+, WF, 8-53.62.227
STONE, Joseph, 20-60, WM, 8-53.63.228
STONE, Fannie, 20-60, WF, 8-53.63.229
STONE, Edith, 0-5, WF, 8-53.63.230
HUMMEL, Steward, 60+, WM, 8-54.64.231
HUMMEL, Harriet, 20-60, WF, 8-54.64.232
HUMMEL, Archibald, 5-20, WM, 8-54.64.233
RIEGLE, Frederick, 20-60, WM, 8-54.65.234
RIEGLE, Emily, 20-60, WF, 8-54.65.235
EMERY, Edwin, 20-60, WM, 8-55.66.236
EMERY, Lydia, 20-60, WF, 8-55.66.237
EMERY, Charles, 20-60, WM, 8-55.66.238
BRUNER, Mary, 60+, WF, 8-55.66.239
YOUNG, William, 20-60, OM, 8-56.67.240
YOUNG, Mary, 60+, WF, 9-56.67.241
WILLIAMS, James, 20-60, OM, 9-57.68.242
WILLIAMS, Rachel, 20-60, OF, 9-57.68.243
ALLER, Conrad, 20-60, WM, 9-57.69.244
ALLER, Hannah M., 20-60, WF, 9-57.69.245
ALLER, Charles E., 5-20, WM, 9-57.69.246
ALLER, Joseph, 5-20, WM, 9-57.69.247
ALLER, Nellie, 5-20, WF, 9-57.69.248
LATIMER, Frank, 20-60, WM, 9-58.70.249
LATIMER, Annie, 20-60, WF, 9-58.70.250
LATIMER, Margarette, 0-5, WF, 9-58.70.251
SCHUYLER, Amos, 20-60, WM, 9-59.71.252
SCHUYLER, Jamimah, 20-60, WF, 9-59.71.253
SCHUYLER, Lizzie, 20-60, WF, 9-59.71.254
SCHUYLER, Elmer, 5-20, WM, 9-59.71.255
SCHUYLER, Jennie, 5-20, WF, 9-59.71.256
SCHUYLER, Howard, 0-5, WM, 9-59.71.257
SEAL, John S., 20-60, WM, 9-60.72.258
SEAL, Rachel R., 20-60, WF, 9-60.72.259
HENDERSON, William, 20-60, WM, 9-61.73.260
HENDERSON, Lydia A., 20-60, WF, 9-61.73.261
TREAT, Isiah G., 60+, WM, 9-61.74.262
TREAT, Elizabeth, 60+, WF, 9-61.74.263
HUMMER, John W., 60+, WM, 9-62.75.264
HUMMER, Mary A., 60+, WF, 9-62.75.265
CORSON, Elizabeth, 20-60, WF, 9-62.75.266
BRAGG, John, 20-60, WM, 9-62.76.267
BRAGG, Mary C., 20-60, WF, 9-62.76.268
BRAGG, Lewis, 5-20, WM, 9-62.76.269
HARR, Christian, 60+, GM, 9-63.77.270
HARR, Annie, 60+, GF, 10-63.77.271
HARR, Ella, 5-20, WF, 10-63.77.272
HARR, Nevius, 5-20, WM, 10-63.77.273
APGAR, Wilmer H., 20-60, WM, 10-64.78.274
APGAR, Sarah, 20-60, WF, 10-64.78.275
APGAR, Vera, 0-5, WF, 10-64.78.276
APGAR, Mable, 0-5, WF, 10-64.78.277
PACE, William, 20-60, WM, 10-64.79.278
PACE, Emma A., 20-60, WF, 10-64.79.279
McLAIN, Dewitt, 20-60, WM, 10-64.79.280
KELLEY, James, 20-60, IM, 10-65.80.281
KELLEY, Margaret, 20-60, IF, 10-65.80.282
KELLEY, John, 20-60, WM, 10-65.80.283
KELLEY, James, Jr., 20-60, WM, 10-65.80.284
KELLEY, Margaret, 5-20, WF, 10-65.80.285
KELLEY, Peter, 5-20, WM, 10-65.80.286
SCHULLEY, John, 60+, IM, 10-66.81.287
SCHULLEY, Bridget, 20-60, IF, 10-66.81.288
SCHULLEY, Paterick, 5-20, WM, 10-66.81.289
SCHULLEY, John, Jr., 5-20, WM, 10-66.81.290
SCHULLEY, Delia, 5-20, WF, 10-66.81.291
CONOVER, David E., 20-60, WM, 10-67.82.292
CONOVER, Jane H., 20-60, WF, 10-67.82.293
CONOVER, Horace Wood, 5-20, WM, 10-67.82.294
REORDAN, John, 20-60, IM, 10-68.83.295
REORDAN, Margaret, 20-60, WF, 10-68.83.296
REORDAN, William, 5-20, WM, 10-68.83.297
REORDAN, Timothy, 5-20, WM, 10-68.83.298
[REORDAN], Francis, 5-20, WF, 10-68.83.299
WYER, Catherine, 60+, IF, 10-69.84.300
WYER, Joseph, 20-60, WM, 11-69.84.301
MORGAN, Peter D., 60+, WM, 11-70.85.302
MORGAN, Mary A., 20-60, WF, 11-70.85.303
MORGAN, Elias E., 20-60, WM, 11-70.85.304
MORGAN, Walter S., 20-60, WM, 11-70.85.305
MORGAN, Lewis P., 5-20, WM, 11-70.85.306
MURRAY, A. Frank, 20-60, WM, 11-71.86.307
MURRAY, Mary, 20-60, WF, 11-71.86.308
MURRAY, Charles H., 5-20, WM, 11-71.86.309
MURRAY, Bessie, 0-5, WF, 11-71.86.310
ALPAUGH, David A., 60+, WM, 11-72.87.311
ALPAUGH, Mariah, 20-60, WF, 11-72.87.312
CRAMER, Charles W., 20-60, WM, 11-72.87.313
CRAMER, Mary C., 20-60, WF, 11-72.87.314
PHILLIPS, John, 20-60, WM, 11-73.88.315
PHILLIPS, Emma, 20-60, WF, 11-73.88.316
PHILLIPS, Lenella, 5-20, WF, 11-73.88.317
PHILLIPS, Ada, 5-20, WF, 11-73.88.318
MYERS, Howard S., 20-60, WM, 11-74.89.319
MYERS, Charlotte, 20-60, WF, 11-74.89.320
MYERS, Lillie B., 20-60, WF, 11-74.89.321
MYERS, Royal H., 5-20, WM, 11-74.89.322

HUNTERDON CO. NJ 1895 STATE CENSUS
Township of High Bridge

MYERS, Ollie, 5-20, WM, 11-74.89.323
SEAL, Jesse, 20-60, WM, 11-75.90.324
SEAL, Martha, 20-60, WF, 11-75.90.325
SEAL, Annie L., 20-60, WF, 11-75.90.326
SEAL, William C., 5-20, WM, 11-75.90.327
COLE, Sarah, 60+, WF, 11-75.90.328
DORLAND, William W., 20-60, WM, 11-76.91.329
DORLAND, Arabelle, 20-60, WF, 11-76.91.330
NEIGHBOR, Annie, 20-60, WF, 12-76.91.331
HUMMER, George F., 20-60, WM, 12-77.92.332
HUMMER, Martha, 20-60, WF, 12-77.92.333
HUMMER, Anna, 20-60, WF, 12-77.92.334
STROUBLE, Jacob, 20-60, WM, 12-78.93.335
STROUBLE, Sarah A., 20-60, WF, 12-78.93.336
STROUBLE, Amanda F., 5-20, WF, 12-78.93.337
STROUBLE, Willard D., 5-20, WM, 12-78.93.338
STROUBLE, Louisa May, 5-20, WF, 12-78.93.339
DORLAND, Elizabeth, 20-60, WF, 12-79.94.340
DORLAND, William, Jr., 20-60, WM, 12-79.95.341
DORLAND, Jennie, 20-60, WF, 12-79.95.342
DORLAND, Leonard W., 20-60, WM, 12-79.96.343
DORLAND, Laura, 20-60, WF, 12-79.96.344
DORLAND, Grace, 5-20, WF, 12-79.96.345
HART, George B., 20-60, WM, 12-80.97.346
HART, Susan, 20-60, WF, 12-80.97.347
HART, Alace, 5-20, WF, 12-80.97.348
HART, Anna, 0-5, WF, 12-80.97.349
BROWN, Sadie, 5-20, WF, 12-80.97.350
PARKS, Joseph P., 20-60, WM, 12-81.98.351
PARKS, Melvin P., 20-60, WM, 12-81.98.352
PARKS, Walter W., 5-20, WM, 12-81.98.353
PARKS, Joseph, Jr., 5-20, WM, 12-81.98.354
PARKS, William, 5-20, WM, 12-81.98.355
PARKS, Arthur, 0-5, WM, 12-81.98.356
SKILLMAN, Annie, 20-60, WF, 12-81.98.357
SKILLMAN, Lewis, 5-20, WM, 12-81.98.358
APGAR, Ellis, 20-60, WM, 12-82.99.359
APGAR, Jane, 20-60, WF, 12-82.99.360
APGAR, Sadie, 5-20, WF, 13-82.99.361
POOLE, David C., 60+, WM, 13-83.100.362
POOLE, Sarah A., 20-60, WF, 13-83.100.363
CRATER, Melanchthon, 20-60, WM, 13-84.101.364
CRATER, Sarah E., 20-60, WF, 13-84.101.365
CRATER, Walter, 5-20, WM, 13-84.101.366
CRATER, Jennie B., 0-5, WF, 13-84.101.367
DEGNAN, Jane, 20-60, WF, 13-85.102.368
DEGNAN, William F., 5-20, WM, 13-85.102.369
DEGNAN, Michael P., 5-20, WM, 13-85.102.370
DEGNAN, Thomas H., 5-20, WM, 13-85.102.371
DEGNAN, James, 5-20, WM, 13-85.102.372
ONEILL, Margaret, 60+, IF, 13-85.102.373
ALLEN, Arthur, 20-60, hotel, OM, 13-86.103.374
ALLEN, Rose, 20-60, IF, 13-86.103.375
ALLEN, Ethel Elizabeth, 0-5, WF, 13-86.103.376
DAWE, Joseph, 20-60, regular boarder, OM, 13-86.103.377
BROWN, Thomas, 20-60, regular boarder, WM, 13-86.103.378
KELLEY, Paterick, 20-60, regular boarder, WM, 13-86.103.379
STEVANS, Chester, 20-60, regular boarder, WM, 13-86.103.380
DAVIS, Walter, 20-60, regular boarder, WM, 13-86.103.381
McKENZIE, David, 20-60, regular boarder, WM, 13-86.103.382
MULLEN, Peter, 20-60, regular boarder, OM, 13-86.103.383
KANE, William, 20-60, regular boarder, OM, 13-86.103.384
SIMPSON, David, 20-60, regular boarder, OM, 13-86.103.385
LEONARD, William, 20-60, regular boarder, OM, 13-86.103.386
MAITLAND, John, 20-60, regular boarder, OM, 13-86.103.387
ALLEN, Mariah, 20-60, regular boarder, OF, 13-86.103.388
PENDER, Kathaline, 5-20, regular board, WF, 13-86.103.389
DONAHOE, Mary, 20-60, regular boarder, IF, 13-86.103.390
NEAL, Emma Louisa, 20-60, WF, 14-86.103.391
ALPAUGH, Jacob N., 20-60, WM, 14-87.104.392
ALPAUGH, Elizabeth C., 20-60, WF, 14-87.104.393
ALPAUGH, Una, 20-60, WM, 14-87.104.394
ALPAUGH, Hettie, 5-20, WF, 14-87.104.395
ALPAUGH, Ada, 5-20, WF, 14-87.104.396
ALPAUGH, George, 5-20, WM, 14-87.104.397
ALPAUGH, Radie, 5-20, WF, 14-87.104.398
ALPAUGH, Sumner, 5-20, WM, 14-87.104.399
ALPAUGH, Bula, 0-5, WF, 14-87.104.400
ALPAUGH, James N., 0-5, WM, 14-87.104.401
POOLE, Jacob E., 20-60, WM, 14-88.105.402
POOLE, Anna E., 20-60, WF, 14-88.105.403
POOLE, Leona N., 5-20, WF, 14-88.105.404
POOLE, David C., 5-20, WM, 14-88.105.405
POOLE, Walter, 5-20, WM, 14-88.105.406
DEGNAN, John, 20-60, WM, 14-89.106.407
DEGNAN, Minnie, 5-20, WF, 14-89.106.408
DEGNAN, Mary J., 0-5, WF, 14-89.106.409
FLYNN, Kate, 5-20, WF, 14-89.106.410
MURRAY, Margarette, 60+, IF, 14-90.107.411
MURRAY, Paterick H., 20-60, WM, 14-90.107.412
MURRAY, James L., 20-60, WM, 14-90.107.413
MURRAY, Annie S., 20-60, WF, 14-90.107.414
WALSH, David, 20-60, IM, 14-90.107.415
ANDERSON, John, 20-60, IM, 14-90.107.416
HOPPAUGH, Conrad, 20-60, WM, 14-91.108.417
HOPPAUGH, Eliza A., 20-60, WF, 14-91.108.418

HUNTERDON CO. NJ 1895 STATE CENSUS
Township of High Bridge

BIRD, Cyrus W., 20-60, WM, 14-92.109.419
BIRD, Susan E., 20-60, WF, 14-92.109.420
BIRD, Harry W., 5-20, WM, 15-92.109.421
BIRD, Lewis H., 5-20, WM, 15-92.109.422
BIRD, George C., 5-20, WM, 15-92.109.423
BIRD, Jacob C., 5-20, WM, 15-92.109.424
BIRD, John K., 0-5, WM, 15-92.109.425
BIRD, Willard J., 0-5, WM, 15-92.109.426
HILKERMAN, August, 60+, GM, 15-93.110.427
APGAR, Zenis, 20-60, WM, 15-93.110.428
APGAR, Elizabeth, 20-60, WF, 15-93.110.429
BEAVERS, George F., 20-60, WM, 15-94.111.430
BEAVERS, Eliza, 20-60, WF, 15-94.111.431
BEAVERS, Rada, 20-60, WF, 15-94.111.432
BEAVERS, Rachel, 60+, WF, 15-94.111.433
RODENBAUGH, John M., 60+, WM, 15-95.112.434
RODENBAUGH, Mary E., 60+, WF, 15-95.112.435
APGAR, Elias C., 20-60, WM, 15-95.113.436
APGAR, Emma, 20-60, WF, 15-95.113.437
APGAR, Harvey, 0-5, WM, 15-95.113.438
ALPAUGH, Elmira, 20-60, WF, 15-95.113.439
APGAR, Peter A., 20-60, WM, 15-96.114.440
APGAR, Lenora M., 20-60, WF, 15-96.114.441
APGAR, John C. A., 5-20, WM, 15-96.114.442
APGAR, David C., 0-5, WM, 15-96.114.443
CORSON, Lewis E., 20-60, WM, 15-97.115.444
CORSON, Lizzie B., 20-60, WF, 15-97.115.445
CORSON, Susan J., 5-20, WF, 15-97.115.446
CORSON, Lulu J., 5-20, WF, 15-97.115.447
GALLAWAY, Edwin H., 20-60, WM, 15-97.116.448
GALLAWAY, Sarah J., 20-60, WF, 15-97.116.449
GALLAWAY, Lizzie, 20-60, WF, 15-97.116.450
APGAR, John R., 20-60, WM, 16-98.117.451
APGAR, Mary A., 20-60, WF, 16-98.117.452
APGAR, Hellen T., 20-60, WF, 16-98.117.453
MOORE, John S., 20-60, WM, 16-99.118.454
MOORE, Adaline, 20-60, WF, 16-99.118.455
MOORE, Percy, 5-20, WM, 16-99.118.456
MOORE, Harry W., 0-5, WM, 16-99.118.457
SIMPSON, William G., 20-60, WM, 16-100.119.458
SIMPSON, Welthie P., 20-60, WF, 16-100.119.459
SIMPSON, Oscar C., 5-20, WM, 16-100.119.460
SIMPSON, Minnie G., 5-20, WF, 16-100.119.461
SIMPSON, James R., 5-20, WM, 16-100.119.462
McLAIN, Henry K., 60+, WM, 16-100.119.463
KIPP, Isaac L., 60+, WM, 16-101.120.464
KIPP, Mary B., 20-60, WF, 16-101.120.465
KIPP, Cornelia N., 5-20, WF, 16-101.120.466
KIPP, Mary B., 5-20, WF, 16-101.120.467
ROBERSON, George, 20-60, WM, 16-102.121.468
ROBERSON, Sarah A., 20-60, WF, 16-102.121.469
ROBERSON, Cora, 20-60, WF, 16-102.121.470
SEAL, Aamos, 20-60, WM, 16-103.122.471
SEAL, Sarah, 20-60, WF, 16-103.122.472
APGAR, Marshal F., 20-60, WM, 16-104.123.473
APGAR, Kate, 20-60, WF, 16-104.123.474
APGAR, Stanley, 5-20, WM, 16-104.123.475
APGAR, Harold, 0-5, WM, 16-104.123.476
APGAR, Benjamin A., 0-5, WM, 16-104.123.477
APGAR, Frederick A., 0-5, WM, 16-104.123.478
ALLEN, Harry, 20-60, OM, 16-105.124.479
ALLEN, Kate, 20-60, WF, 16-105.124.480
ALLEN, William, 5-20, WM, 17-105.124.481
STEVENS, Susan A., 60+, WF, 17-105.124.482
VAN NEST, James, 20-60, WM, 17-106.125.483
VAN NEST, Mary, 20-60, WF, 17-106.125.484
VAN NEST, Rezo, 20-60, WM, 17-106.125.485
VAN NEST, Jennie, 5-20, WF, 17-106.125.486
VAN NEST, Eva, 5-20, WF, 17-106.125.487
VAN NEST, Albert, 5-20, WM, 17-106.125.488
WINANS, Gilbert H., 60+, WM, 17-107.126.489
WINANS, Ella, 5-20, WF, 17-107.126.490
WINANS, Joseph C., 5-20, WM, 17-107.126.491
KAISER, John H., 20-60, GM, 17-108.127.492
KAISER, Jane, 20-60, WF, 17-108.127.493
KAISER, Joseph A., 5-20, WM, 17-108.127.494
KAISER, Jennie, 5-20, WF, 17-108.127.495
KAISER, Aloysius, 5-20, WM, 17-108.127.496
KAISER, John, 5-20, WM, 17-108.127.497
KAISER, Mamie, 0-5, WF, 17-108.127.498
KEMPSEY, Paterick, 20-60, WM, 17-108.127.499
VALLEY, Lewis, 20-60, WM, 17-108.127.500
BRAGG, Albert R., 20-60, WM, 17-109.128.501
BRAGG, Grace M., 20-60, WF, 17-109.128.502
BRAGG, Floyd F., 0-5, WM, 17-109.128.503
BRAGG, Frank H., 0-5, WM, 17-109.128.504
APGAR, Frederick H., 60+, WM, 17-109.128.505
APGAR, Nathan, 60+, WM, 17-109.129.506
APGAR, Catherine E., 60+, WF, 17-109.129.507
MILLER, John T., 20-60, WM, 17-110.130.508
MILLER, Lydia C., 20-60, WF, 17-110.130.509
MILLER, Zeddie May, 5-20, WF, 17-110.130.510
MITCHELL, James T., 20-60, WM, 18-111.131.511
MITCHELL, Mary E., 20-60, WF, 18-111.131.512
HARDY, William B., 20-60, WM, 18-112.132.513
HARDY, Francis E., 20-60, WF, 18-112.132.514
HARDY, Frank N., 20-60, WM, 18-112.132.515
HARDY, Nellie, 5-20, WF, 18-112.132.516
HARDY, William J., 5-20, WM, 18-112.132.517
HARDY, Susan, 5-20, WF, 18-112.132.518
TROXLE, Amandus, 60+, WM, 18-112.132.519
NAUGHRIGHT, Jacob K., 20-60, WM, 18-113.133.520
NAUGHRIGHT, Adaline, 20-60, WF, 18-113.133.521
NAUGHRIGHT, Augusta, 5-20, WF, 18-113.133.522
NAUGHRIGHT, Sadie, 5-20, WF, 18-113.133.523
NAUGHRIGHT, William S., 5-20, WM, 18-113.133.524
NAUGHRIGHT, Andrew W., 5-20, WM, 18-113.133.525
NAUGHRIGHT, Charles A., 5-20, WM, 18-113.133.526
APGAR, Nathan H., 20-60, WM, 18-114.134.527
APGAR, Sarah L., 20-60, WF, 18-114.134.528

HUNTERDON CO. NJ 1895 STATE CENSUS
Township of High Bridge

APGAR, Walter, 20-60, WM, 18-114.134.529
APGAR, Julia M., 5-20, WF, 18-114.134.530
CRAMPTON, George, 20-60, WM, 18-114.135.531
CRAMPTON, Julia A., 20-60, WF, 18-114.135.532
CRAMPTON, Lawrence, 0-5, WM, 18-114.135.533
COMERFORD, Perie, 60+, IM, 18-115.136.534
COMERFORD, Hanora, 60+, IF, 18-115.136.535
MONTANYA, Jeremiah, 60+, WM, 18-116.137.536
MONTANYA, Harriet, 20-60, WF, 18-116.137.537
MONTANYA, Eliza, 5-20, WF, 18-116.137.538
KALBERGE, Augustus, 20-60, OM, 18-116.137.539
GALLIGER, Barney, 20-60, OM, 18-116.137.540
DOBSON, Harry, 20-60, IM, 19-116.137.541
COMERFORD, James, 20-60, WM, 19-116.138.542
COMERFORD, Margaret, 20-60, WF, 19-116.138.543
COMERFORD, James, Jr., 0-5, WM, 19-116.138.544
MEADE, Garrot, Sr., 20-60, WM, 19-117.139.545
MEADE, Mary, 20-60, WF, 19-117.139.546
MEADE, Ellen T., 0-5, WF, 19-117.139.547
MAHANY, Bridget, 60+, IF, 19-117.140.548
MAHANY, John, 20-60, WM, 19-117.140.549
MAHANY, Frank, 20-60, WM, 19-117.140.550
MAHANY, Dennis, 20-60, WM, 19-117.140.551
MAHANY, William, 5-20, WM, 19-117.140.552
CONNELLY, James, 20-60, WM, 19-118.141.553
CONNELLY, Mary, 20-60, WF, 19-118.141.554
CONNELLY, Nora, 0-5, WF, 19-118.141.555
VOLENTINE, Abraham, 20-60, WM, 19-119.142.556
VOLENTINE, Frank C., 20-60, WF, 19-119.142.557
VOLENTINE, Maud, 5-20, WF, 19-119.142.558
VOLENTINE, Thomas, 5-20, WM, 19-119.142.559
VOLENTINE, Harry, 0-5, WM, 19-119.142.560
FLATT, Arthur, 20-60, WM, 19-119.142.561
FLATT, Fannie, 20-60, WF, 19-119.142.562
McLAIN, Hannah E., 20-60, WF, 19-119.143.563
McLAIN, Frederick R., 20-60, WM, 19-119.143.564
McLAIN, Frank H., 20-60, WM, 19-119.143.565
McDONALD, John, 20-60, WM, 19-120.144.566
McDONALD, Ellen, 20-60, WF, 19-120.144.567
McDONALD, William, 5-20, WM, 19-120.144.568
McDONALD, John, Jr., 5-20, WM, 19-120.144.569
McDONALD, Annie, 5-20, WF, 19-120.144.570
McDONALD, Nellie, 5-20, WF, 20-120.144.571
McDONALD, Mary, 0-5, WF, 20-120.144.572
McDONALD, Paterick, 60+, IM, 20-120.144.573
McDONALD, Ann, 60+, IF, 20-121.145.574
CLARK, Smith, 20-60, WM, 20-122.146.575
CLARK, Sarah C., 20-60, WF, 20-122.146.576
CLARK, Charles S., 5-20, WM, 20-122.146.577
CLARK, Grace L., 5-20, WF, 20-122.146.578
CLARK, Archibald L., 5-20, WM, 20-122.146.579
TILHOWER, Elizabeth, 60+, WF, 20-123.147.580
TERRIBERRY, Elias, 20-60, WM, 20-124.148.581
TERRIBERRY, Mary C., 20-60, WF, 20-124.148.582
TERRIBERRY, Mattie, 5-20, WF, 20-124.148.583

SCHULLEY, Peter, 20-60, IM, 20-125.149.584
SCHULLEY, Kate, 20-60, IF, 20-125.149.585
SCHULLEY, Ella, 20-60, WF, 20-125.149.586
SCHULLEY, Peter, Jr., 5-20, WM, 20-125.149.587
SCHULLEY, Margaret, 0-5, WF, 20-125.149.588
KINNEY, Michael, 20-60, IM, 20-125.150.589
KINNEY, John, 20-60, WM, 20-125.150.590
KINNEY, Mary, 5-20, WF, 20-125.150.591
KINNEY, Martin, 5-20, WM, 20-125.150.592
STONE, Charles, 60+, OM, 20-126.151.593
STONE, Mary C., 20-60, WF, 20-126.151.594
STONE, Edward, 20-60, WM, 20-126.151.595
STONE, Caroline, 5-20, WF, 20-126.151.596
STONE, Mary C., 5-20, WF, 20-126.151.597
McGINLEY, James, 20-60, IM, 20-127.152.598
McGINLEY, Mary, 20-60, IF, 20-127.152.599
McGINLEY, Francis, 5-20, WM, 20-127.152.600
McGINLEY, Joseph, 5-20, WM, 21-127.152.601
ALPAUGH, Amos, 60+, WM, 21-128.153.602
ALPAUGH, Caroline M., 60+, WF, 21-128.153.603
HOFFMAN, Isaac N., 20-60, WM, 21-129.154.604
HOFFMAN, Ann, 20-60, WF, 21-129.154.605
HOFFMAN, Harry W., 20-60, WM, 21-129.154.606
HOFFMAN, Estella, 5-20, WF, 21-129.154.607
SCHUYLER, Samuel, 60+, WM, 21-130.155.608
SCHUYLER, Elizabeth, 20-60, WF, 21-130.155.609
ROCKAFELLOW, Henry, 60+, WM, 21-131.156.610
ROCKAFELLOW, Ann, 60+, WF, 21-131.156.611
LINDABERRY, Martha, 20-60, WF, 21-131.157.612
LINDABERRY, George P., 20-60, WM, 21-131.157.613
LINDABERRY, Harley, 5-20, WM, 21-131.157.614
EVERETT, David L., 60+, WM, 21-132.158.615
EVERETT, Rebecca, 60+, WF, 21-132.158.616
LINDSLEY, Foster H., 20-60, WM, 21-133.159.617
LINDSLEY, Annie E., 20-60, WF, 21-133.159.618
LINDSLEY, Charley, 5-20, WM, 21-133.159.619
GIBSON, Sarah, 60+, WF, 21-133.159.620
HOFFMAN, George W., 20-60, WM, 21-134.160.621
HOFFMAN, Matilda, 20-60, WF, 21-134.160.622
HOFFMAN, Rutherford, 5-20, WM, 21-134.160.623
HOFFMAN, Bertha, 5-20, WF, 21-134.160.624
LEBOUTILIER, Clement, 20-60, WM, 21-135.161.625
LEBOUTILIER, Cora, 20-60, WF, 21-135.161.626
LEBOUTILIER, Austin, 0-5, WM, 21-135.161.627
McCUEAN, Etta, 20-60, WF, 21-135.161.628
LANCE, Samuel S., 20-60, boarding house, WM, 21-136.162.629
LANCE, Ester, 20-60, WF, 21-136.162.630
LANCE, Lillie, 20-60, WF, 22-136.162.631
LANCE, George B. C., 5-20, WM, 22-136.162.632
LANCE, Aaron E., 5-20, WM, 22-136.162.633
LANCE, Percy, 5-20, WM, 22-136.162.634
PACKER, James N., 20-60, WM, 22-136.162.635
BEAVERS, Edward, 20-60, WM, 22-136.162.636
MACINTOSH, David, 20-60, OM, 22-136.162.637

HUNTERDON CO. NJ 1895 STATE CENSUS
Township of High Bridge

BACHUS, John, 20-60, OM, 22-136.162.638
BARR, James, 20-60, OM, 22-136.163.639
BARR, Marion, 20-60, OF, 22-136.163.640
BARR, William, 0-5, OM, 22-136.163.641
BARR, Isabella, 0-5, WF, 22-136.163.642
KARNES, Asa, 20-60, WM, 22-137.164.643
KARNES, Jennie, 20-60, WF, 22-137.164.644
WYCHOFF, Benjamin S., 60+, WM, 22-138.165.645
WYCHOFF, Mary A., 60+, WF, 22-138.165.646
WYCHOFF, Annie, 20-60, WF, 22-138.165.647
WYCHOFF, Carrie, 20-60, WF, 22-138.165.648
STURGEON, Alexandria, 20-60, IM, 22-139.166.649
STURGEON, Mary J., 20-60, IF, 22-139.166.650
STURGEON, Fannie, 20-60, WF, 22-139.166.651
ALPAUGH, Levy, 20-60, WM, 22-140.167.652
ALPAUGH, Alace, 20-60, WF, 22-140.167.653
ALPAUGH, Grace, 5-20, WF, 22-140.167.654
ALPAUGH, Mable, 5-20, WF, 22-140.167.655
HOFFMAN, Marcus, 20-60, WM, 22-140.168.656
HOFFMAN, Bertha, 20-60, WF, 22-140.168.657
ESTES, Asyntha, 20-60, WF, 22-141.169.658
ESTES, Cornelia, 20-60, WF, 22-141.169.659
ESTES, Clarence, 20-60, WM, 22-141.169.660
ESTES, Olive, 5-20, WF, 23-141.169.661
WILLIAMS, George, 20-60, WM, 23-141.169.662
TATE, Samuel, 20-60, WM, 23-142.170.663
TATE, Lizzie B., 20-60, WF, 23-142.170.664
TATE, John, 20-60, WM, 23-142.170.665
APGAR, Benjamin, 60+, WM, 23-143.171.666
APGAR, Emma, 60+, WF, 23-143.171.667
LATIMER, George, 20-60, WM, 23-143.172.668
LATIMER, Minerva, 20-60, WF, 23-143.172.669
FRITTS, William, 20-60, WM, 23-144.173.670
FRITTS, Jennie, 20-60, WF, 23-144.173.671
GANOE, William W., 20-60, WM, 23-144.174.672
GANOE, Bertha, 20-60, WF, 23-144.174.673
CARLISLE, Robert, 20-60, WM, 23-145.175.674
CARLISLE, Elizabeth, 20-60, WF, 23-145.175.675
CARLISLE, Della M., 5-20, WF, 23-145.175.676
CARLISLE, John P., 5-20, WM, 23-145.175.677
CARLISLE, William K., 5-20, WM, 23-145.175.678
FENTON, Robert, 20-60, OM, 23-145.175.679
STROUBLE, George W., 20-60, WM, 23-146.176.680
STROUBLE, Catherine E., 20-60, WF, 23-146.176.681
STROUBLE, Joseph C., 20-60, WM, 23-146.176.682
BROWER, Lewis W., 20-60, boarder, WM, 23-146.176.683
ROON, Frank, 20-60, boarder, WM, 23-146.176.684
LEWIS, Emeline, 20-60, boarder, WF, 23-146.176.685
OSMUN, Holloway, 20-60, WM, 23-147.177.686
OSMUN, Margaret, 20-60, WF, 23-147.177.687
OSMUN, Clarence, 5-20, WM, 23-147.177.688
OSMUN, Holloway B., 5-20, WM, 23-147.177.689
OSMUN, Viola, 5-20, WF, 23-147.177.690
OSMUN, Frederick, 5-20, WM, 24-147.177.691
OSMUN, Edward, 0-5, WM, 24-147.177.692
OSMUN, Myrtle, 0-5, WF, 24-147.177.693
CHESTNUT, George, 5-20, WM, 24-147.177.694
MERRILL, David B., 20-60, WM, 24-148.178.695
MERRILL, Annie B., 20-60, WF, 24-148.178.696
MERRILL, Bertha S., 5-20, WF, 24-148.178.697
ALPAUGH, John D., 20-60, WM, 24-149.179.698
ALPAUGH, Sarah C., 20-60, WF, 24-149.179.699
ALPAUGH, Carrie M., 20-60, WF, 24-149.179.700
ALPAUGH, Hellen M., 5-20, WF, 24-149.179.701
ALPAUGH, Minerva B., 5-20, WF, 24-149.179.702
ALPAUGH, Alice L., 5-20, WF, 24-149.179.703
ALPAUGH, Margaret T., 5-20, WF, 24-149.179.704
BAILEY, Isaac P., 20-60, WM, 24-150.180.705
BAILEY, Hannah C., 20-60, WF, 24-150.180.706
BAILEY, Elizabeth, 20-60, WF, 24-150.180.707
BAILEY, Ethel L., 5-20, WF, 24-150.180.708
MALLABANCE, Willim, 20-60, OM, 24-150.180.709
THOMPSON, Charles, 20-60, OM, 24-151.181.710
THOMPSON, Mary J., 20-60, WF, 24-151.181.711
THOMPSON, Mary E., 20-60, WF, 24-151.181.712
THOMPSON, John, 5-20, WM, 24-151.181.713
THOMPSON, David L., 5-20, WM, 24-151.181.714
THOMPSON, Rosalee, 5-20, WF, 24-151.181.715
THOMPSON, Susan, 5-20, WF, 24-151.181.716
BOOFMAN, John, 20-60, WM, 24-151.181.717
APGAR, George A., 20-60, WM, 24-152.182.718
APGAR, Malicia, 20-60, WF, 24-152.182.719
APGAR, Carrie, 5-20, WF, 24-152.182.720
APGAR, Lenora, 5-20, WF, 25-152.182.721
APGAR, Bertha May, 0-5, WF, 25-152.182.722
APGAR, Mamie, 0-5, WF, 25-152.182.723
DONOVAN, Michael, 20-60, WM, 25-153.183.724
DONOVAN, Catherine, 60+, IF, 25-153.183.725
SEAL, Lemuel, 20-60, WM, 25-154.184.726
SEAL, Sarah B., 20-60, WF, 25-154.184.727
SEAL, Harry, 20-60, WM, 25-154.184.728
SEAL, Rutherford, 5-20, WM, 25-154.184.729
SEAL, John S., 5-20, WM, 25-154.184.730
SEAL, Theodore, 5-20, WM, 25-154.184.731
SEAL, Harley, 5-20, WM, 25-154.184.732
SEAL, Voorhees, 0-5, WM, 25-154.184.733
APGAR, Hezekiah, 20-60, WM, 25-155.185.734
APGAR, Lydia, 20-60, WF, 25-155.185.735
APGAR, Harvey, 20-60, WM, 25-155.185.736
KICE, John L., 20-60, WM, 25-156.186.737
KICE, Amanda, 20-60, WF, 25-156.186.738
KICE, George, 20-60, WM, 25-156.186.739
KICE, William, 20-60, WM, 25-156.186.740
KICE, Peter, 5-20, WM, 25-156.186.741
KICE, Dasey, 5-20, WF, 25-156.186.742
FOWLER, Joseph H., 60+, WM, 25-157.187.743
FOWLER, Mary A., 60+, WF, 25-157.187.744
NAUGHRIGHT, Bertha, 20-60, WF, 25-157.187.745
JOLIN, Bartlett, 20-60, WM, 25-157.188.746

HUNTERDON CO. NJ 1895 STATE CENSUS
Township of High Bridge

JOLIN, Mary, 20-60, WF, 25-157.188.747
BENNETT, Johnson H., 20-60, WM, 25-158.189.748
BENNETT, Hannah, 20-60, WF, 25-158.189.749
BENNETT, John Y., 20-60, WM, 25-158.189.750
DAVIS, David, 60+, OM, 26-158.189.751
CLAWSON, Herbert, 5-20, WM, 26-158.189.752
DAILEY, Edward, 20-60, IM, 26-159.190.753
DAILEY, Bridget, 20-60, IF, 26-159.190.754
DAILEY, Michael, Jr., 20-60, WM, 26-159.190.755
DAILEY, Timothy, 20-60, WM, 26-159.190.756
DAILEY, Mary, 20-60, WF, 26-159.190.757
DAILEY, John, 5-20, WM, 26-159.190.758
DAILEY, Annie, 5-20, WF, 26-159.190.759
DAILEY, Edward, Jr., 5-20, WM, 26-159.190.760
GULICK, Charles, 60+, WM, 26-160.191.761
SUTTON, Edna, 5-20, WF, 26-160.191.762
NAGLE, James, 60+, IM, 26-161.192.763
NAGLE, Joseph, 20-60, WM, 26-161.192.764
NAGLE, Ella, 20-60, WF, 26-161.192.765
NAGLE, Robert, 20-60, WM, 26-161.192.766
TIGHE, Lawrence, 20-60, IM, 26-162.193.767
TIGHE, Catherine, 20-60, IF, 26-162.193.768
TIGHE, Michael, 20-60, WM, 26-162.193.769
TIGHE, John L., 5-20, WM, 26-162.193.770
TIGHE, Margaret, 5-20, WF, 26-162.193.771
TIGHE, Francis, 5-20, WF, 26-162.193.772
TIGHE, Celia, 5-20, WF, 26-162.193.773
MEADE, John, Jr., 20-60, WM, 26-163.194.774
MEADE, Mary, 20-60, WF, 26-163.194.775
MEADE, Mary, 5-20, WF, 26-163.194.776
MEADE, Ellen, 5-20, WF, 26-163.194.777
MEADE, William, 5-20, WM, 26-163.194.778
MEADE, Agnes, 0-5, WF, 26-163.194.779
MEADE, Thomas, 0-5, WM, 26-163.194.780
MEADE, John, Sr., 60+, IM, 27-164.195.781
MEADE, Ellen, 60+, IF, 27-164.195.782
MEADE, James, Jr., 20-60, WM, 27-164.195.783
MEADE, Mark, 5-20, WM, 27-164.195.784
OCONNOR, Timothy, 60+, IM, 27-165.196.785
OCONNOR, Ellen, 5-20, WF, 27-165.196.786
OCONNOR, Jennie, 5-20, WF, 27-165.196.787
NAGLE, John, 20-60, WM, 27-165.197.788
NAGLE, Mary, 20-60, WF, 27-165.197.789
NAGLE, Annie, 0-5, WF, 27-165.197.790
NAGLE, Joseph, 0-5, WM, 27-165.197.791
MEADE, Garret, Sr., 20-60, WM, 27-166.198.792
MEADE, William, 20-60, WM, 27-166.198.793
BURKE, Ellen, 20-60, IF, 27-167.199.794
BURKE, Thomas, 20-60, WM, 27-167.199.795
BURKE, William, 5-20, WM, 27-167.199.796
BURKE, James, 5-20, WM, 27-167.199.797
WHALAND, Richard, Sr., 20-60, IM, 27-168.200.798
WHALAND, Eliza, 20-60, WF, 27-168.200.799
WHALAND, Richard, Jr., 5-20, WM, 27-168.200.800
WHALAND, Ellen, 5-20, WF, 27-168.200.801
WHALAND, Kate, 5-20, WF, 27-168.200.802
WHALAND, Thomas, 5-20, WM, 27-168.200.803
WHALAND, Maggie, 5-20, WF, 27-168.200.804
CONNELLY, Nora, 60+, IF, 27-169.201.805
CONNELLY, William, 20-60, WM, 27-169.201.806
CONNELLY, Mary, 5-20, WF, 27-169.201.807
CULLEN, Jeremiah, 20-60, IM, 27-170.202.808
CULLEN, Bridget, 20-60, IF, 27-170.202.809
CULLEN, John, 20-60, WM, 27-170.202.810
CULLEN, Elizabeth, 5-20, WF, 28-170.202.811
CULLEN, Patrick, 5-20, WM, 28-170.202.812
CULLEN, Jeremiah, Jr., 5-20, WM, 28-170.202.813
DAILEY, Michael, 20-60, IM, 28-171.203.814
DAILEY, Ellen, 60+, IF, 28-171.203.815
DAILEY, Morris, 20-60, WM, 28-171.203.816
BROWN, Ross J., 20-60, WM, 28-172.204.817
BROWN, Lucy C., 20-60, WF, 28-172.204.818
BROWN, Estella, 0-5, WF, 28-172.204.819
BOWLBY, John, 5-20, WM, 28-172.204.820
VANNATTA, John, 20-60, WM, 28-173.205.821
VANNATTA, Emma, 20-60, WF, 28-173.205.822
VANNATTA, Anna, 5-20, WF, 28-173.205.823
VANNATTA, James, 5-20, WM, 28-173.205.824
VANNATTA, Elizabeth, 5-20, WF, 28-173.205.825
BANGHART, Zachariah T., 20-60, WM, 28-174.206.826
BANGHART, Sarah A., 20-60, WF, 28-174.206.827
BANGHART, Charles E., 5-20, WM, 28-174.206.828
McLAIN, Henry, Jr., 20-60, WM, 28-175.207.829
McLAIN, Harriet L., 20-60, WF, 28-175.207.830
McLAIN, Jennie, 5-20, WF, 28-175.207.831
McLAIN, Marzilla, 5-20, WF, 28-175.207.832
McLAIN, Purcivol, 5-20, WM, 28-175.207.833
McLAIN, Girtrude, 0-5, WF, 28-175.207.834
McLAIN, Elmer, 20-60, WM, 28-175.207.835
CORSON, Aaron R., 20-60, WM, 28-176.208.836
CORSON, Mary J., 20-60, WF, 28-176.208.837
CORSON, William H., Jr., 20-60, WM, 28-176.208.838
CORSON, Annie M., 5-20, WF, 28-176.208.839
CORSON, Frederick B., 5-20, WM, 28-176.208.840
CORSON, Purcival, 5-20, WM, 29-176.208.841
CORSON, Ruben, 5-20, WM, 29-176.208.842
ELSTON, James, 60+, WM, 29-177.209.843
ELSTON, Lydia A., 20-60, WF, 29-177.209.844
ELSTON, Joseph, 60+, WM, 29-177.209.845
BERRY, Florence, 20-60, WF, 29-177.209.846
STIRES, William, 60+, WM, 29-178.210.847
STIRES, Sarah A., 20-60, WF, 29-178.210.848
APGAR, Anan T., 20-60, WM, 29-179.211.849
APGAR, Minnie, 20-60, WF, 29-179.211.850
APGAR, Lewis W., 5-20, WM, 29-179.211.851
APGAR, Ada A., 5-20, WF, 29-179.211.852
APGAR, Viola D., 0-5, WF, 29-179.211.853
STROUBLE, Elias, 20-60, WM, 29-180.212.854
STROUBLE, Jennie, 20-60, WF, 29-180.212.855
WALKER, Samuel, 20-60, WM, 29-180.212.856

HUNTERDON CO. NJ 1895 STATE CENSUS
Township of High Bridge

HIBBARD, Henry D., 20-60, WM, 29-181.213.857
HIBBARD, Ruby S., 20-60, WF, 29-181.213.858
HIBBARD, Lyman C., 0-5, WM, 29-181.213.859
WYCKERSHOIN, Lillie, 20-60, WF, 29-181.213.860
WYCKERSHOIN, Francis, 20-60, WF, 29-181.213.861
HUMMER, Ina A., 5-20, WF, 29-181.213.862
McCORD, Emily, 20-60, WF, 29-181.213.863
WILSON, Leonard D., 20-60, WM, 29-182.214.864
WILSON, Sarah E., 20-60, WF, 29-182.214.865
WILSON, Henry, 5-20, WM, 29-182.214.866
WILSON, William S., 5-20, WM, 29-182.214.867
WILSON, Mable, 5-20, WF, 29-182.214.868
WILSON, Charles, 0-5, WM, 29-182.214.869
PRETTY, Ella A., 20-60, WF, 29-183.215.870
PRETTY, Joseph, 5-20, WM, 30-183.215.871
PRETTY, Mary, 5-20, WF, 30-183.215.872
PRETTY, Caroline, 5-20, WF, 30-183.215.873
PRETTY, Arline, 5-20, WF, 30-183.215.874
PRETTY, Sarah, 0-5, WF, 30-183.215.875
SHURTS, Lyman L., 20-60, WM, 30-184.216.876
SHURTS, Sarah J., 20-60, WF, 30-184.216.877
SHURTS, Charles R., 0-5, WM, 30-184.216.878
MARTIN, John, 20-60, IM, 30-184.217.879
MARTIN, Ellen, 20-60, IF, 30-184.217.880
MARTIN, William T., 5-20, WM, 30-184.217.881
MARTIN, John, Jr., 5-20, WM, 30-184.217.882
MARTIN, Johanna M., 0-5, WF, 30-184.217.883
DORAN, Owen, 60+, IM, 30-185.218.884
DORAN, Sarah, 20-60, OF, 30-185.218.885
HENDERSON, Benjamin, 20-60, WM, 30-185.219.886
HENDERSON, Andrew, 5-20, WM, 30-185.219.887
FARLEY, Henrietta, 5-20, WF, 30-185.219.888
MOELLER, Frederick, 20-60, WM, 30-186.220.889
MOELLER, Marilda, 20-60, WF, 30-186.220.890
MOELLER, Agusta, 5-20, WF, 30-186.220.891
MOELLER, August, 5-20, WM, 30-186.220.892
MOELLER, Clara, 5-20, WF, 30-186.220.893
MOELLER, George, 0-5, WM, 30-186.220.894
MOELLER, Conrad, 60+, GM, 30-186.220.895
McLAIN, Benjamin S., 20-60, WM, 30-187.221.896
McLAIN, Nora B., 20-60, WF, 30-187.221.897
McLAIN, Ethel E., 0-5, WF, 30-187.221.898
DEYOUNG, Henry, 20-60, OM, 30-187.222.899
DEYOUNG, Jennie, 20-60, OF, 30-187.222.900
DEYOUNG, Frank, 5-20, WM, 31-187.222.901
DEYOUNG, Henrietta, 0-5, WF, 31-187.222.902
DEYOUNG, Henry, Jr., 0-5, WM, 31-187.222.903
SMITH, John, 20-60, WM, 31-188.223.904
SMITH, Sarah A., 20-60, WF, 31-188.223.905
SMITH, Isabella, 20-60, WF, 31-188.223.906
SMITH, William, 5-20, WM, 31-188.223.907
SMITH, Mary E., 0-5, WF, 31-188.223.908
SMITH, Dennis, 0-5, WM, 31-188.223.909
BOTTOMLEY, William, 20-60, OM, 31-188.224.910
BOTTOMLEY, Angeline, 20-60, OF, 31-188.224.911

HOWAY, Ollive, 0-5, WF, 31-188.224.912
SHERRERD, John, 20-60, WM, 31-189.225.913
SHERRERD, Carrie, 20-60, WF, 31-189.225.914
SHERRERD, Hawley, 5-20, WM, 31-189.225.915
SHERRERD, Francis, 5-20, WF, 31-189.225.916
SHERRERD, John M., 0-5, WM, 31-189.225.917
SHERRERD, Morris, 0-5, WM, 31-189.225.918
SHERRERD, Frances, 60+, WF, 31-189.225.919
VALLEY, Cormine, 20-60, WM, 31-189.225.920
KENNEDY, Annie, 20-60, WF, 31-189.225.921
MACINTOSH, Alexandria, 20-60, OM, 31-190.226.922
MACINTOSH, Madge, 20-60, OF, 31-190.226.923
MACINTOSH, Margaret, 0-5, WF, 31-190.226.924
MACINTOSH, Alexandria, Jr., 0-5, WM, 31-190.226.925
WHISTON, James, 20-60, OM, 31-191.227.926
WHISTON, Jennie, 20-60, OF, 31-191.227.927
WHISTON, James, Jr., 5-20, WM, 31-191.227.928
WHISTON, August, 0-5, WM, 31-191.227.929
WHISTON, William, 0-5, WM, 31-191.227.930
WHISTON, Annie, 5-20, OF, 32-191.227.931
SILLERS, Jennetta, 20-60, OF, 32-191.227.932
WYCKOFF, George, 20-60, WM, 32-192.228.933
WYCKOFF, Hester A., 20-60, WF, 32-192.228.934
WYCKOFF, Lewis G., 5-20, WM, 32-192.228.935
EMERY, Harold L., 0-5, WM, 32-192.228.936
HOFFMAN, Jacob, 20-60, WM, 32-193.229.937
HOFFMAN, Jane, 20-60, WF, 32-193.229.938
STRUBLE, Jacob, 20-60, WM, 32-194.230.939
STRUBLE, Charlotte A., 20-60, WF, 32-194.230.940
STRUBLE, Margarette O., 20-60, WF, 32-194.230.941
STRUBLE, Annie C., 20-60, WF, 32-194.230.942
STRUBLE, Horatio G., 5-20, WM, 32-194.230.943
STRUBLE, Emily B., 5-20, WF, 32-194.230.944
CREGAR, Isaac L., 20-60, WM, 32-195.231.945
CREGAR, Susan, 20-60, WF, 32-195.231.946
CREGAR, Katie, 5-20, WF, 32-195.231.947
CREGAR, Elizabeth S., 0-5, WF, 32-195.231.948
BUNN, Joseph, 5-20, WM, 32-195.231.949
ALPAUGH, Willard, 20-60, WM, 32-196.232.950
ALPAUGH, Emma, 20-60, WF, 32-196.232.951
RASE, John H., 20-60, WM, 32-197.233.952
RASE, Mary, 20-60, WF, 32-197.233.953
TONER, Peter, 20-60, WM, 32-197.233.954
TONER, Josephine, 5-20, WF, 32-197.233.955
COLLENS, Mary, 20-60, WF, 32-197.233.956
KANE, Sarah, 60+, WF, 32-197.233.957
TERRIBERRY, Nathan S., 20-60, WM, 32-198.234.958
TERRIBERRY, Annie E., 20-60, WF, 32-198.234.959
TERRIBERRY, Emily C., 20-60, WF, 32-198.234.960
TERRIBERRY, Josephine M., 5-20, WF, 33-198.234.961
CAMPBELL, Abraham, 20-60, CM, 33-198.234.962
QUEARRY, Frank, 20-60, WM, 33-199.235.963
QUEARRY, Lillie, 20-60, WF, 33-199.235.964
QUEARRY, John N., 0-5, WM, 33-199.235.965
QUEARRY, Emma A., 0-5, WF, 33-199.235.966

HUNTERDON CO. NJ 1895 STATE CENSUS
Township of High Bridge

QUEARRY, Ellis, 20-60, WM, 33-199.235.967
QUEARRY, Alice, 20-60, WF, 33-199.235.968
TAYLOR, Lewis H., 60+, WM, 33-200.236.969
CHRYSTIE, Emily T., 20-60, WF, 33-200.236.970
CHRYSTIE, Purcivol, 20-60, WM, 33-200.236.971
NEILSON, William G., 20-60, WM, 33-200.236.972
CULLEN, Mary A., 20-60, WF, 33-200.236.973
MEADE, Margaret, 5-20, WF, 33-200.236.974
HAWKENS, John S., 20-60, WM, 33-201.237.975
HAWKENS, Lillie, 20-60, WF, 33-201.237.976
HOFFMAN, Garrot C., 20-60, WM, 33-202.238.977
HOFFMAN, Sarah, 20-60, WF, 33-202.238.978
HOFFMAN, Bessie, 5-20, WF, 33-202.238.979
HOFFMAN, Minnie, 5-20, WF, 33-202.238.980
LANCE, William, 60+, WM, 33-203.239.981
LANCE, Sarah, 60+, WF, 33-203.239.982
LANCE, Mary J., 20-60, WF, 33-203.239.983
LANCE, Sarah A., 5-20, WF, 33-203.239.984
HARTRUM, Lewis, 20-60, WM, 33-204.240.985
HARTRUM, Mary A., 20-60, WF, 33-204.240.986
HARTRUM, Eliza B., 5-20, WF, 33-204.240.987
HARTRUM, Jennie I., 5-20, WF, 33-204.240.988
HOFFMAN, Chattles A., 20-60, WM, 33-205.241.989
HOFFMAN, Carrie, 20-60, WF, 33-205.241.990
HOFFMAN, Harmon H., 60+, WM, 34-206.242.991
HOFFMAN, Margaret, 20-60, WF, 34-206.242.992
HOFFMAN, Jacob K., 20-60, WM, 34-206.242.993
HOFFMAN, Ivin, 5-20, WM, 34-206.242.994
WELSH, Lizzie May, 5-20, WF, 34-207.243.995
HOFFMAN, Charles A., 20-60, WM, 34-207.243.996
HOFFMAN, Annie J., 20-60, WF, 34-207.243.997
HOFFMAN, Russell I., 0-5, WM, 34-207.243.998
TRANTER, Benjamin, 20-60, OM, 34-208.244.999
TRANTER, Sarah, 20-60, OF, 34-208.244.1000
TRANTER, Ada C., 5-20, OF, 34-208.244.1001
CHERRY, James, 20-60, OM, 34-209.245.1002
CHERRY, Elizabeth, 20-60, OF, 34-209.245.1003
CHERRY, John, 5-20, WM, 34-209.245.1004
CHERRY, Margaret, 5-20, WF, 34-209.245.1005
CHERRY, Mary, 0-5, WF, 34-209.245.1006
RICE, Charles, 20-60, WM, 34-210.246.1007
RICE, Carrie, 20-60, WF, 34-210.246.1008
RICE, Royal, 5-20, WM, 34-210.246.1009
RICE, Noah, 5-20, WM, 34-210.246.1010
RICE, Kate, 0-5, WM, 34-210.246.1011
HENRY, David, 20-60, WM, 34-211.247.1012
HENRY, Jane, 20-60, WF, 34-211.247.1013
TIGER, Peter J., 20-60, WM, 34-212.248.1014
TIGER, Anna, 20-60, WF, 34-212.248.1015
TIGER, Carrie, 20-60, WF, 34-212.248.1016
TIGER, Sadia, 5-20, WF, 34-212.248.1017
TIGER, Maggie, 5-20, WF, 34-212.248.1018
TIGER, Emma, 5-20, WF, 34-212.248.1019
MANNING, Samuel, 20-60, WM, 34-212.248.1020
EMERY, Austin F., 20-60, WM, 35-213.249.1021
EMERY, Mary, 20-60, WF, 35-213.249.1022
EMERY, George L., 20-60, WM, 35-214.250.1023
EMERY, Ann, 20-60, WF, 35-214.250.1024
EMERY, Harry, 20-60, WM, 35-214.250.1025
BOGARDUS, Addie, 20-60, WF, 35-214.250.1026
SHARP, Jacob F., 20-60, WM, 35-215.251.1027
SHARP, Sarah L., 20-60, WF, 35-215.251.1028
SHARP, John W., 20-60, WM, 35-215.251.1029
SHARP, Girtrude K., 5-20, WF, 35-215.251.1030
CONNELLEY, Kate, 20-60, WF, 35-215.251.1031
STOUT, Theodore, 20-60, WM, 35-216.252.1032
STOUT, Delia, 20-60, WF, 35-216.252.1033
STOUT, Doratha M., 5-20, WF, 35-216.252.1034
STOUT, Morris P., 5-20, WM, 35-216.252.1035
STOUT, Effie C., 0-5, WF, 35-216.252.1036
SHARP, Frank G., 20-60, WM, 35-217.253.1037
SHARP, Laura, 20-60, WF, 35-217.253.1038
SHARP, Bertha L., 0-5, WF, 35-217.253.1039
FRITTS, Daniel, 20-60, WM, 35-217.253.1040
BOWLBY, Annie, 5-20, WF, 35-217.253.1041
PROOL, Henry, 20-60, WM, 35-218.254.1042
PROOL, Sarah, 20-60, WF, 35-218.254.1043
PROOL, Jacob, 5-20, WM, 35-218.254.1044
FLEMMING, Mary S., 20-60, WF, 35-218.254.1045
SEAL, William E., 20-60, WM, 35-219.255.1046
SEAL, Neoma, 20-60, WF, 35-219.255.1047
SEAL, Thomas B., 20-60, WM, 35-219.255.1048
SEAL, Harrison B., 5-20, WM, 35-219.255.1049
SEAL, William E., Jr., 5-20, WM, 35-219.255.1050
SEAL, Jacob M., 5-20, WM, 36-219.255.1051
SEAL, Margaret B., 5-20, WF, 36-219.255.1052
SEAL, Angie R., 0-5, WF, 36-219.255.1053
HACKETT, William Y., 20-60, WM, 36-220.256.1054
HACKETT, Jennie B., 20-60, WF, 36-220.256.1055
HACKETT, Frank N., 5-20, WM, 36-220.256.1056
DEXTER, Elizabeth, 20-60, WF, 36-220.256.1057
HENRY, John H., 20-60, WM, 36-221.257.1058
HENRY, Mary C., 20-60, WF, 36-221.257.1059
GANOE, Lemuel L., 0-5, WM, 36-221.257.1060
OSHEA, Paterick, 20-60, IM, 36-222.258.1061
OSHEA, Ellen, 20-60, IF, 36-222.258.1062
OSHEA, John, 5-20, WM, 36-222.258.1063
OSHEA, Mary, 5-20, WF, 36-222.258.1064
OSHEA, Paterick, 5-20, WM, 36-222.258.1065
OSHEA, Annie, 5-20, WF, 36-222.258.1066
OSHEA, Bernard, 0-5, WM, 36-222.258.1067
BURKE, William, 20-60, IM, 36-223.259.1068
BURKE, Ellen, 20-60, WF, 36-223.259.1069
BURKE, William J., 20-60, WM, 36-223.259.1070
BURKE, John, 5-20, WM, 36-223.259.1071
BURKE, Edward, 5-20, WM, 36-223.259.1072
REYNOLD, Paterick, 20-60, IM, 36-224.260.1073
REYNOLD, Mary, 20-60, WF, 36-224.260.1074
REYNOLD, Margaret, 0-5, WF, 36-224.260.1075
KELLEY, John, 20-60, IM, 36-224.260.1076

HUNTERDON CO. NJ 1895 STATE CENSUS
Township of High Bridge

SHEAHAN, Mary, 20-60, IF, 36-225.261.1077
SHEAHAN, John J., 20-60, WM, 36-225.261.1078
SHEAHAN, Michael, 20-60, WM, 36-225.261.1079
SHEAHAN, Paterick, 5-20, WM, 36-225.261.1080
SHEAHAN, Edward, 5-20, WM, 37-225.261.1081
SHEAHAN, Margaret, 5-20, WF, 37-225.261.1082
SHEAHAN, Annie, 5-20, WF, 37-225.261.1083
ALPAUGH, William L., 20-60, WM, 37-226.262.1084
ALPAUGH, Jane H., 60+, WF, 37-226.262.1085
ALPAUGH, Jennie, 20-60, WF, 37-226.262.1086
ALPAUGH, Kate L., 20-60, WF, 37-226.262.1087
LEE, Euphemia, 60+, WF, 37-226.262.1088
APGAR, Irving, 5-20, WM, 37-226.262.1089
ALLER, Thomas Owen, 20-60, WM, 37-227.263.1090
ALLER, Lydia, 20-60, WF, 37-227.263.1091
ALLER, Lewellen N., 5-20, WM, 37-227.263.1092
JAMES, Margarett, 20-60, WF, 37-227.263.1093
CONOVER, Charles, 60+, WM, 37-228.264.1094
FARLEY, Margaret, 20-60, WF, 37-228.264.1095
SHEPHERD, James T., 60+, WM, 37-229.265.1096
SHEPHERD, Clarenda, 20-60, WF, 37-229.265.1097
SHEPHERD, Hiram H., 20-60, WM, 37-229.265.1098
SHEPHERD, Britton H., 20-60, WM, 37-229.265.1099
SHEPHERD, Margaret M., 5-20, WF, 37-229.265.1100
YAWGER, Sarah A., 60+, WF, 37-230.266.1101
YAWGER, Mary A., 20-60, WF, 37-230.266.1102
YAWGER, Syntha H., 20-60, WF, 37-230.266.1103
DAVIS, George, 20-60, CM, 37-230.266.1104
BIBBANS, Edgar R., 20-60, WM, 37-230.267.1105
RIBBANS, Minnie, 20-60, WF, 37-230.267.1106
JONES, Eliza A., 20-60, WF, 37-230.267.1107
CORZATT, Lawrence, 20-60, WM, 37-231.268.1108
CORZATT, Fannie B., 20-60, WF, 37-231.268.1109
CORZATT, Lewis, 20-60, WM, 37-231.268.1110
CORZATT, Archibald, 20-60, WM, 38-231.268.1111
CORZATT, Hollaway, 20-60, WM, 38-231.268.1112
CORZATT, Elnora, 5-20, WF, 38-231.268.1113
YARD, William C., 60+, WM, 38-232.269.1114
YARD, Sarah T., 60+, WF, 38-232.269.1115
YARD, John, 20-60, WM, 38-232.269.1116
TREAT, Asa, 20-60, WM, 38-232.270.1117
TREAT, Emma L., 20-60, WF, 38-232.270.1118
TREAT, Willard H., 5-20, WM, 38-232.270.1119
DUNHAM, David, 20-60, WM, 38-233.271.1120
DUNHAM, Harry, 5-20, WM, 38-233.271.1121
CALLAHAN, Elizabeth, 20-60, WF, 38-233.271.1122
GEE, Champion, 20-60, CM, 38-233.271.1123
FIELD, Lewis, 5-20, CM, 38-233.271.1124
DILTS, John F., 20-60, WM, 38-234.272.1125
DILTS, Hannah, 20-60, WF, 38-234.272.1126
DILTS, Sarah, 5-20, WF, 38-234.272.1127
CONOVER, Theodore Y., 60+, WM, 38-235.273.1128
CONOVER, Sarah A., 20-60, WF, 38-235.273.1129
CONOVER, John G., 20-60, WM, 38-235.273.1130
CONOVER, Elizabeth, 20-60, WF, 38-235.273.1131
CONOVER, Mary, 20-60, WF, 38-235.273.1132
CONYER, Jocob, 20-60, WM, 38-235.273.1133
EXTON, Lewis A., 20-60, WM, 38-236.274.1134
EXTON, Mary, 20-60, WF, 38-236.274.1135
EXTON, Daisy, 20-60, WF, 38-236.274.1136
JACKSON, John, 20-60, CM, 38-236.274.1137
MILLER, Thomas, 60+, WM, 38-237.275.1138
MILLER, Frank, 20-60, WM, 38-237.275.1139
MILLER, Thomas, Jr., 5-20, WM, 38-237.275.1140
DILTS, Henry, 5-20, WM, 39-237.275.1141
EXTON, Christianna, 20-60, WF, 39-237.275.1142
MACKEY, John, 20-60, WM, 39-237.275.1143
FLYNN, Thomas, 20-60, WM, 39-237.275.1144
HACKETT, John C., 20-60, CM, 39-238.276.1145
HACKETT, Mary, 20-60, CF, 39-238.276.1146
VANSICKLE, John H., 20-60, WM, 39-239.277.1147
VANSICKLE, David, 60+, WM, 39-239.277.1148
VANSICKLE, Catherine, 60+, WF, 39-239.277.1149
VANSICKLE, Sarah F., 20-60, WF, 39-239.277.1150
VANSICKLE, Lucy A., 20-60, WF, 39-239.277.1151
LARUE, Elonzo, 20-60, WM, 39-239.277.1152
JOLIN, Alfred P., 20-60, WM, 39-240.278.1153
JOLIN, Hannah, 20-60, WF, 39-240.278.1154
JOLIN, Samuel J., 20-60, WM, 39-240.278.1155
JOLIN, Annie, 5-20, WF, 39-240.278.1156
CREGAR, Peter, 60+, WM, 39-241.279.1157
CREGAR, Eva, 60+, WF, 39-241.279.1158
CREGAR, Elias, 20-60, WM, 39-241.279.1159
CREGAR, Harriet, 20-60, WF, 39-241.279.1160
MARTENIS, Annie Belle, 5-20, WF, 39-241.279.1161
HEIGHT, Frederick, 20-60, WM, 39-242.280.1162
HEIGHT, Sarah, 20-60, WF, 39-242.280.1163
HEIGHT, Edward, 5-20, WM, 39-242.280.1164
HEIGHT, Alfred, 5-20, WM, 39-242.280.1165
HEIGHT, Cleveland, 5-20, WM, 39-242.280.1166
HEIGHT, Clarence, 5-20, WM, 39-242.280.1167
PLUM, Charles, 20-60, WM, 39-243.281.1168
PLUM, Mary L., 20-60, WF, 39-243.281.1169
PLUM, Frank, 5-20, WM, 39-243.281.1170
PLUM, Daisy, 5-20, WF, 40-243.281.1171
PLUM, Lizzie, 5-20, WF, 40-243.281.1172
PLUM, Mary, 0-5, WF, 40-243.281.1173
PLUM, Eva, 0-5, WF, 40-243.281.1174
CRAMER, Harmon H., 60+, WM, 40-244.282.1175
FRANKS, Luther, 20-60, WM, 40-244.282.1176
FRANKS, Julia, 20-60, WF, 40-244.282.1177
CRAMER, Charles, 20-60, WM, 40-244.282.1178
AGANS, Dunham, 20-60, WM, 40-245.283.1179
AGANS, Mary, 20-60, WF, 40-245.283.1180
AGANS, Leuella, 5-20, WF, 40-245.283.1181
AGANS, Rada, 5-20, WF, 40-245.283.1182
CREGAR, George N., 20-60, WM, 40-246.284.1183
CREGAR, Abraham J., 20-60, WM, 40-246.284.1184
CREGAR, Lizzie F., 0-5, WF, 40-246.284.1185
CONOVER, Ambrase F., 20-60, WM, 40-246.285.1186

HUNTERDON CO. NJ 1895 STATE CENSUS
Township of High Bridge

CONOVER, Laura A., 20-60, WF, 40-246.285.1187
CONOVER, George C., 0-5, WM, 40-246.285.1188
CONOVER, Roscoe, 0-5, WM, 40-246.285.1189
CREGAR, Catherine, 60+, WF, 40-246.286.1190
HARTRUM, Christopher C., 20-60, WM, 40-247.287.1191
HARTRUM, Rachel, 20-60, WF, 40-247.287.1192
HARTRUM, William, 5-20, WM, 40-247.287.1193
HARTRUM, Grace, 5-20, WF, 40-247.287.1194
HARTRUM, Orvill, 5-20, WM, 40-247.287.1195
HARTRUM, Edgar, 5-20, WM, 40-247.287.1196
HARTRUM, Jacob, 20-60, WM, 40-247.287.1197
WINGER, Alfred, 20-60, WM, 40-248.288.1198
WINGER, Sarah, 20-60, WF, 40-248.288.1199
WINGER, Mary C., 5-20, WF, 40-248.288.1200
WINGER, Edgar H., 5-20, WM, 41-248.288.1201
WINGER, Roy H., 5-20, WM, 41-248.288.1202
WINGER, Romain, 5-20, WM, 41-248.288.1203
WINGER, John B., 0-5, WM, 41-248.288.1204
WINGER, Harry M., 0-5, WM, 41-248.288.1205
CHAMBERLAIN, Malon, 20-60, WM, 41-249.289.1206
CHAMBERLAIN, Emma J., 60+, WF, 41-249.289.1207
OBRIAN, Catherine, 20-60, IF, 41-249.290.1208
OBRIAN, Paterick, 20-60, WM, 41-249.290.1209
MACARTHY, Johanna, 20-60, IF, 41-250.291.1210
MACARTHY, Thomas, 20-60, WM, 41-250.291.1211
MACARTHY, Michael, 20-60, WM, 41-250.291.1212
MACARTHY, Ella, 5-20, WF, 41-250.291.1213
MACARTHY, Dennis, 5-20, WM, 41-250.291.1214
KARR, John, 20-60, WM, 41-251.292.1215
KARR, Mary J., 20-60, WF, 41-251.292.1216
FULPER, Annie M., 5-20, WF, 41-251.292.1217
FULPER, Edgar H., 0-5, WM, 41-251.292.1218
JACKSON, Charlotte, 20-60, CF, 41-252.293.1219
TENEYCK, Jacob, 20-60, CM, 41-252.293.1220
RAY, John, 20-60, CM, 41-252.293.1221
WARRINGTON, John, 20-60, WM, 41-253.294.1222
WARRINGTON, Louisa, 20-60, WF, 41-253.294.1223
WARRINGTON, Amanda, 0-5, WF, 41-253.294.1224
CRAMER, Isaac, 5-20, WM, 41-253.294.1225
CONNELLY, Thomas, 60+, IM, 41-254.295.1226
CONNELLY, Mary, 20-60, IF, 41-254.295.1227
CONNELLY, Mary, 20-60, WF, 41-254.295.1228
CONNELLY, John, 20-60, WM, 41-254.295.1229
CONNELLY, Kate, 20-60, WF, 41-254.295.1230
DAILEY, Bridget, 60+, IF, 42-255.296.1231
DAILEY, Martin, 20-60, WM, 42-255.296.1232
DAILEY, John, 20-60, WM, 42-255.296.1233
OBRIAN, Mary, 5-20, WF, 42-255.296.1234
DUCKWORTH, Christopher, 60+, WM, 42-256.297.1235
EDMONDS, Mary A., 20-60, WF, 42-257.298.1236
EDMONDS, Annie, 5-20, WF, 42-257.298.1237
HOUSEL, Watson, 0-5, WM, 42-257.298.1238
CONNELLY, Thomas, 60+, IM, 42-258.299.1239
CONNELLY, Alice, 60+, IF, 42-258.299.1240
BROOKS, George W., 20-60, WM, 42-259.300.1241
BROOKS, Lydia, 20-60, WF, 42-259.300.1242
BROOKS, Lulu, 5-20, WF, 42-259.300.1243
DRAKE, John, 20-60, WM, 42-260.301.1244
DRAKE, Mary, 20-60, WF, 42-260.301.1245
DRAKE, Lillie, 0-5, WF, 42-260.301.1246
MILLER, Charles W., 20-60, WM, 42-261.302.1247
MILLER, Laura, 20-60, WF, 42-261.302.1248
MARTENIS, Jacob C., 20-60, WM, 42-262.303.1249
MARTENIS, Sarah, 20-60, WF, 42-262.303.1250
MARTENIS, Leonard C., 5-20, WM, 42-262.303.1251
MARTENIS, Fannie E., 5-20, WF, 42-262.303.1252
MARTENIS, Essie E., 5-20, WF, 42-262.303.1253
MARTENIS, Hellen, 0-5, WF, 42-262.303.1254
CRUM, Christianna, 60+, WF, 42-263.304.1255
CRUM, Belle, 20-60, WF, 42-263.304.1256
BLAZIER, George A., 20-60, WM, 42-264.305.1257
BLAZIER, Sarah J., 20-60, WF, 42-264.305.1258
BLAZIER, George F., 5-20, WM, 42-264.305.1259
BLAZIER, Jeremiah E., 5-20, WM, 42-264.305.1260
KILEY, Margaret, 20-60, IF, 43-265.306.1261
KILEY, Kate, 20-60, WF, 43-265.306.1262
KILEY, Thomas, 5-20, WM, 43-265.306.1263
KILEY, Edward, 5-20, WM, 43-265.306.1264
KILEY, William, 5-20, WM, 43-265.306.1265
KILEY, James, 5-20, WM, 43-265.306.1266
KILEY, Francis, 5-20, WM, 43-265.306.1267
GROVENDYKE, Rachel C., 60+, WF, 43-266.307.1268
GROVENDYKE, Annie B., 20-60, WF, 43-266.307.1269
GROVENDYKE, Franklin B. C., 5-20, WM, 43-266.307.1270
CLINE, William C., 5-20, WM, 43-266.307.1271
FLYNN, Alexandria, 20-60, IM, 43-267.308.1272
FLYNN, Mary, 20-60, IF, 43-267.308.1273
FLYNN, William, 20-60, WM, 43-267.308.1274
FLYNN, John, 5-20, WM, 43-267.308.1275
FLYNN, Alexander, Jr., 5-20, WM, 43-267.308.1276
FLYNN, Patrick, 5-20, WM, 43-267.308.1277
FLYNN, Kate, 5-20, WF, 43-267.308.1278
FLYNN, Ann, 5-20, WF, 43-267.308.1279
SMITH, John N., 60+, WM, 43-268.309.1280
SMITH, Catherine, 60+, WF, 43-268.309.1281
SMITH, Annie, 20-60, WF, 43-268.309.1282
OAKS, Edward, 5-20, WM, 43-268.309.1283
ALPAUGH, Peter, 20-60, WM, 43-269.310.1284
ALPAUGH, Mary A., 20-60, WF, 43-269.310.1285
EYCK, Philip, 60+, WM, 43-269.311.1286
EYCK, Euphemia, 20-60, WF, 43-269.311.1287
SKINNER, Abraham, 20-60, WM, 43-270.312.1288
SKINNER, Mary A., 20-60, WF, 43-270.312.1289
SKINNER, Belle, 5-20, WF, 43-270.312.1290
SKINNER, Abraham, Jr., 5-20, WM, 44-270.312.1291
SKINNER, Henry, 5-20, WM, 44-270.312.1292
SKINNER, Sarah, 5-20, WF, 44-270.312.1293
SKINNER, William, 5-20, WM, 44-270.312.1294
DAVIS, Philip, 20-60, WM, 44-271.313.1295

HUNTERDON CO. NJ 1895 STATE CENSUS
Township of High Bridge

DAVIS, Mary, 20-60, WF, 44-271.313.1296
BANGHART, William, 5-20, WM, 44-271.313.1297
LANCE, Edgar, 60+, WM, 44-272.314.1298
LANCE, Caroline, 20-60, WF, 44-272.314.1299
LANCE, John E., 20-60, WM, 44-272.314.1300
LANCE, Lizzie J., 20-60, WF, 44-272.314.1301
LANCE, Edgar, Jr., 5-20, WM, 44-272.314.1302
VANDERVERE, Harry, 5-20, WM, 44-272.314.1303
EHLE, Philip, 20-60, WM, 44-273.315.1304
EHLE, Luella, 20-60, WF, 44-273.315.1305
EHLE, Frank, 5-20, WM, 44-273.315.1306
EHLE, Lizzie, 0-5, WF, 44-273.315.1307
EHLE, Peter, 0-5, WM, 44-273.315.1308
EHLE, Rachel, 0-5, WF, 44-273.315.1309
FRITTS, Henry, 60+, WM, 44-274.316.1310
FRITTS, Susan, 60+, WF, 44-274.316.1311
WALTERS, George, 60+, WM, 44-275.317.1312
WALTERS, Jane, 60+, WF, 44-275.317.1313
WARMAN, Mottie, 0-5, WF, 44-275.317.1314
LANCE, John T., 20-60, WM, 44-276.318.1315
LANCE, Mary, 20-60, WF, 44-276.318.1316
LANCE, Addie, 20-60, WF, 44-276.318.1317
LANCE, Hattie, 20-60, WF, 44-276.318.1318
LANCE, Nancy, 20-60, WF, 44-276.318.1319
LANCE, Arthur, 20-60, WM, 44-276.318.1320
LANCE, Lewis, 20-60, WM, 45-276.318.1321
FINE, John S., 60+, WM, 45-277.319.1322
FINE, Martha, 20-60, WF, 45-277.319.1323
FINE, Julia, 20-60, WF, 45-277.319.1324
FINE, Kesiah, 20-60, WF, 45-277.319.1325
FINE, Sarah, 20-60, WF, 45-277.319.1326
APGAR, George K., 20-60, WM, 45-278.320.1327
APGAR, Emma E., 20-60, WF, 45-278.320.1328
APGAR, Sarah E., 5-20, WF, 45-278.320.1329
CREGAR, Mary, 60+, WF, 45-278.320.1330
APGAR, Philip, 20-60, WM, 45-279.321.1331
APGAR, Euretta, 20-60, WF, 45-279.321.1332
ALPAUGH, William A., 20-60, WM, 45-280.322.1333
ALPAUGH, Sarah A., 20-60, WF, 45-280.322.1334
ALPAUGH, Lizzie E., 5-20, WF, 45-280.322.1335
ALPAUGH, Jennie M., 5-20, WF, 45-280.322.1336
ALPAUGH, George W., 5-20, WM, 45-280.322.1337
ALPAUGH, Lena L., 0-5, WF, 45-280.322.1338
CRAMER, John, 20-60, WM, 45-280.322.1339
REPER, John H., 20-60, GM, 45-281.323.1340
REPER, Mary E., 20-60, WF, 45-281.323.1341
REPER, Mary, 5-20, WF, 45-281.323.1342
REPER, Annie, 5-20, WF, 45-281.323.1343
REPER, Albert, 5-20, WM, 45-281.323.1344
REPER, Clara, 5-20, WF, 45-281.323.1345
REPER, Belle, 5-20, WF, 45-281.323.1346
CONOVER, John, 20-60, WM, 45-281.323.1347
PHILHOWER, Peter B., 20-60, WM, 45-282.324.1348
PHILHOWER, Adaline, 20-60, WF, 45-282.324.1349
PYLES, John, 20-60, WM, 45-283.325.1350
PYLES, Ellen, 20-60, WF, 46-283.325.1351
PYLES, Sumner D., 20-60, WM, 46-283.325.1352
HOFFMAN, George F., 20-60, WM, 46-284.326.1353
HOFFMAN, Edna, 5-20, WF, 46-284.326.1354
LINDABERRY, Elizabeth, 20-60, WF, 46-284.326.1355
BUNN, Peter A., 20-60, WM, 46-285.327.1356
BUNN, Mary J., 20-60, WF, 46-285.327.1357
BUNN, Mary L., 20-60, WF, 46-285.327.1358
HUMMER, Isaac J., 20-60, WM, 46-285.327.1359
FRITTS, Morris, 20-60, WM, 46-286.328.1360
FRITTS, Maryette, 20-60, WF, 46-286.328.1361
FRITTS, Eliza, 5-20, WF, 46-286.328.1362
FARLEY, George A., 20-60, WM, 46-287.329.1363
FARLEY, Minnie, 20-60, WF, 46-287.329.1364
FARLEY, Ula, 5-20, WF, 46-287.329.1365
FARLEY, Preston, 0-5, WM, 46-287.329.1366
TERRIBERRY, Philip, 60+, WM, 46-288.330.1367
TERRIBERRY, Sarah, 60+, WF, 46-288.330.1368
ANDERSON, Bertha, 5-20, WF, 46-288.330.1369
NEIGHBOR, Miller, 20-60, WM, 46-288.331.1370
NEIGHBOR, Lucy, 20-60, WF, 46-288.331.1371
NEIGHBOR, Harley, 5-20, WM, 46-288.331.1372
HOPPAUGH, Peter, 60+, WM, 46-289.332.1373
HOPPAUGH, Elsie E., 20-60, WF, 46-289.332.1374
HOPPAUGH, Daniel, 20-60, WM, 46-289.332.1375
COX, George E., 20-60, WM, 46-290.333.1376
COX, Permelia, 20-60, WF, 46-290.333.1377
COX, Susan, 5-20, WF, 46-290.333.1378
COX, John, 5-20, WM, 46-290.333.1379
COX, William, 5-20, WM, 46-290.333.1380
COX, Harry, 5-20, WM, 47-290.333.1381
HAGERTY, Ellis, 20-60, WM, 47-291.334.1382
HAGERTY, Elizabeth, 20-60, WF, 47-291.334.1383
HAGERTY, Mary C., 0-5, WF, 47-291.334.1384
BIRD, David M., 60+, WM, 47-292.335.1385
BIRD, Elizabeth A., 20-60, WF, 47-292.335.1386
BIRD, Rebecca A., 20-60, WF, 47-292.335.1387
HENDERSHOT, Sarah A., 20-60, WF, 47-292.335.1388
HENDERSHOT, Nellie May, 5-20, WF, 47-292.335.1389
BIRD, Orvil, 0-5, WM, 47-292.335.1390
BIRD, Russel, 0-5, WM, 47-292.335.1391
COX, Conrad, 20-60, WM, 47-293.336.1392
ANDERSON, Lawrence, 20-60, WM, 47-294.337.1393
ANDERSON, Serenia, 20-60, WF, 47-294.337.1394
ANDERSON, Ellis, 5-20, WM, 47-294.337.1395
PHILHOWER, Simon, 20-60, WM, 47-295.338.1396
PHILHOWER, Bula A., 20-60, WF, 47-295.338.1397
ANDERSON, Edward, 20-60, WM, 47-296.339.1398
ANDERSON, Annie E., 20-60, WF, 47-296.339.1399
APGAR, Isiah, 20-60, WM, 47-297.340.1400
APGAR, Julia, 20-60, WF, 47-297.340.1401
APGAR, Annie, 0-5, WF, 47-297.340.1402
APGAR, Lillie, 0-5, WF, 47-297.340.1403
PLUM, James, 20-60, WM, 47-298.341.1404
PLUM, Mahala, 20-60, WF, 47-298.341.1405

Township of High Bridge

PLUM, Jennie C., 5-20, WF, 47-298.341.1406
AGENS, Mathias, 60+, WM, 47-299.342.1407
AGENS, Rachel, 20-60, WF, 47-299.342.1408
GULICK, Charles S., 20-60, WM, 47-299.343.1409
GULICK, Lizzie, 20-60, WF, 47-299.343.1410
GULICK, Bessie, 0-5, WF, 48-299.343.1411
GULICK, Howard, 0-5, WM, 48-299.343.1412
CONOVER, Nicholas, 20-60, WM, 48-300.344.1413
CONOVER, Margaret C., 20-60, WF, 48-300.344.1414
CONOVER, George H., 5-20, WM, 48-300.344.1415
CONOVER, Jacob H., 5-20, WM, 48-300.344.1416
CONOVER, Caroline F., 5-20, WF, 48-300.344.1417
CONOVER, Frank C., 5-20, WM, 48-300.344.1418
CONOVER, Zilpha M., 5-20, WF, 48-300.344.1419
CONOVER, Stanley, 5-20, WM, 48-300.344.1420
CONOVER, Jennie A., 0-5, WF, 48-300.344.1421
CONOVER, Cornelia, 0-5, WF, 48-300.344.1422
McCATHARN, John N., 20-60, WM, 48-301.345.1423
McCATHARN, Lida, 20-60, WF, 48-301.345.1424
McCATHARN, Joseph, 5-20, WM, 48-301.345.1425
McCATHARN, Bessie, 5-20, WF, 48-301.345.1426
McCATHARN, Sarah, 0-5, WF, 48-301.345.1427
SEAL, Benjamin, 5-20, WM, 48-301.345.1428
APGAR, Jason, 20-60, WM, 48-302.346.1429
APGAR, Mary, 20-60, WF, 48-302.346.1430
APGAR, Jennetta, 20-60, WF, 48-302.346.1431
APGAR, William J., 5-20, WM, 48-302.346.1432
APGAR, Theodore, 20-60, WM, 48-303.347.1433
APGAR, Mary E., 20-60, WF, 48-303.347.1434
APGAR, Robert, 5-20, WM, 48-303.347.1435
APGAR, Susan, 5-20, WF, 48-303.347.1436
APGAR, Ella E., 5-20, WF, 48-303.347.1437
SEAL, Isaac A., 20-60, WM, 48-304.348.1438
SEAL, Ellen, 20-60, WF, 48-304.348.1439
SEAL, Annie, 5-20, WF, 48-304.348.1440
SEAL, Ann, 60+, WF, 49-305.349.1441
SEAL, Conrad H., 20-60, WM, 49-306.350.1442
SEAL, Sarah, 20-60, WF, 49-306.350.1443
SEAL, Austin, 5-20, WM, 49-306.350.1444
SEAL, Grace, 5-20, WF, 49-306.350.1445
SEAL, Daniel, 5-20, WM, 49-306.350.1446
CREGAR, Thomas B., 20-60, WM, 49-307.351.1447
CREGAR, Catherine A., 20-60, WF, 49-307.351.1448
CREGAR, Edgar, 20-60, WM, 49-307.351.1449
CREGAR, Carrie C., 20-60, WF, 49-307.351.1450
CREGAR, William, 60+, WM, 49-308.352.1451
CREGAR, Lydia C., 20-60, WF, 49-308.352.1452
CREGAR, Winfred, 20-60, WM, 49-308.352.1453
CREGAR, Sarah E., 5-20, WF, 49-308.352.1454
CREGAR, Matilda, 5-20, WF, 49-308.352.1455
SEAL, George A., 20-60, WM, 49-309.353.1456
SEAL, Mary J., 20-60, WF, 49-309.353.1457
SEAL, Nellie, 5-20, WF, 49-309.353.1458
HEISEY, Jennie, 5-20, WM, 49-309.353.1459
HOFFMAN, William H., 20-60, WM, 49-310.354.1460
HOFFMAN, Minnie M., 20-60, WF, 49-310.354.1461
HOFFMAN, Margaret, 5-20, WF, 49-310.354.1462
HOFFMAN, Eglantine, 0-5, WF, 49-310.354.1463
HOFFMAN, Clarence, 0-5, WM, 49-310.354.1464
HOFFMAN, Chattles R., 0-5, WM, 49-310.354.1465
HOCKENBERRY, Isaac A., 20-60, WM, 49-311.355.1466
HOCKENBERRY, Edson J., 5-20, WM, 49-311.355.1467
BUSH, Martha, 5-20, WF, 49-311.355.1468
REAPE, Lydia V., 5-20, WF, 49-311.355.1469
HACKET, William H., 20-60, WM, 49-312.356.1470
HACKETT, Cora E., 20-60, WF, 50-312.356.1471
MAXWELL, Charles, 5-20, WM, 50-312.356.1472
APGAR, Allen C., 60+, WM, 50-313.357.1473
TIGER, Cathirine, 20-60, WF, 50-313.357.1474
TRIMMER, Lewis D., 20-60, WM, 50-314.358.1475
TRIMMER, Samantha J., 20-60, WF, 50-314.358.1476
TRIMMER, Fecil, 0-5, WF, 50-314.358.1477
APGAR, Nathan T., 20-60, WM, 50-315.359.1478
APGAR, Annie, 20-60, WF, 50-315.359.1479
GILLEN, Ransom G., 20-60, WM, 50-316.360.1480
GILLEN, Sarah A., 60+, WF, 50-316.360.1481
GILLEN, Nellie, 5-20, WF, 50-316.360.1482
GOULD, Edwin, 20-60, WM, 50-317.361.1483
GOULD, Sarah, 20-60, WF, 50-317.361.1484
GOULD, Malinda, 5-20, WF, 50-317.361.1485
GOULD, Annie E., 5-20, WF, 50-317.361.1486
HOFFMAN, Isaac H., 20-60, WM, 50-318.362.1487
HOFFMAN, Emma F., 20-60, WF, 50-318.362.1488
HOFFMAN, Amzie F., 5-20, WM, 50-318.362.1489
HOFFMAN, Carrie M., 0-5, WF, 50-318.362.1490
HOFFMAN, William A., 20-60, WM, 50-318.362.1491
BUNN, Oliver, 60+, WM, 50-319.363.1492
HENDERSHOT, Adam, 60+, WM, 50-319.363.1493
PHILHOWER, Ralph H., 20-60, WM, 50-320.364.1494
PHILHOWER, Margaret A., 20-60, WF, 50-320.364.1495
PHILHOWER, Irvin M., 5-20, WM, 50-320.364.1496
PHILHOWER, Carrie, 5-20, WF, 50-320.364.1497
BEAM, John H., 20-60, WM, 50-321.365.1498
BEAM, Mary C., 20-60, WF, 50-321.365.1499
BEAM, Jennie, 0-5, WF, 50-321.365.1500
BEAM, John W., 0-5, WM, 51-321.365.1501
BEAM, Myrtle, 0-5, WF, 51-321.365.1502
FLOMERFELT, David G., 20-60, WM, 51-322.366.1503
FLOMERFELT, Catherine, 60+, WF, 51-322.366.1504
NEIGHBOR, Leonard D., 60+, WM, 51-323.367.1505
NEIGHBOR, Elizabeth, 20-60, WF, 51-323.367.1506
NEIGHBOR, Grace, 5-20, WF, 51-323.367.1507
COLE, Benjamin, 60+, WM, 51-324.368.1508
COLE, Sophia, 60+, WF, 51-324.368.1509
COLE, George N., 20-60, WM, 51-324.369.1510
COLE, Lou, 20-60, WF, 51-324.369.1511
COLE, Charles B., 5-20, WM, 51-324.369.1512
LANNING, Steward, 20-60, WM, 51-325.370.1513
LANNING, Emma, 20-60, WF, 51-325.370.1514
LANNING, Myrtle, 5-20, WF, 51-325.370.1515

HUNTERDON CO. NJ 1895 STATE CENSUS
Township of High Bridge

LANNING, Eva, 5-20, WF, 51-325.370.1516
LANNING, Lavina, 0-5, WF, 51-325.370.1517
LANNING, Judson, 0-5, WM, 51-325.370.1518
ALPAUGH, Luther, 20-60, WM, 51-326.371.1519
ALPAUGH, Laura M., 20-60, WF, 51-326.371.1520
ALPAUGH, Frank M., 5-20, WM, 51-326.371.1521
ALPAUGH, Leona, 0-5, WF, 51-326.371.1522
ALPAUGH, Bessie L., 0-5, WF, 51-326.371.1523
ALPAUGH, Elizabeth, 60+, WF, 51-326.371.1524
WALTON, Charles E., 20-60, WM, 51-327.372.1525
WALTON, Sarah C., 20-60, WF, 51-327.372.1526
WALTON, Annie T., 20-60, WF, 51-327.372.1527
WALTON, Charles E. A., 5-20, WM, 51-327.372.1528
WALTON, Grace, 5-20, WF, 51-327.372.1529
TRIMMER, James T., 20-60, WM, 51-328.373.1530
TRIMMER, Sarah, 20-60, WF, 52-328.373.1531
TRIMMER, Ella, 5-20, WF, 52-328.373.1532
TRIMMER, Louisa, 5-20, WF, 52-328.373.1533
TRIMMER, Lizzie, 5-20, WF, 52-328.373.1534
TRIMMER, Celia, 5-20, WF, 52-328.373.1535
TRIMMER, Leland, 5-20, WM, 52-328.373.1536
TRIMMER, Susan L., 60+, WF, 52-329.374.1537
TRIMMER, Minnie, 5-20, WF, 52-329.374.1538
BLANE, Lydia, 60+, WF, 52-329.374.1539
SWACKHAMMER, Jobial, 20-60, WM, 52-329.374.1540
MILLER, Charles, 20-60, WM, 52-330.375.1541
MILLER, Mary, 20-60, WF, 52-330.375.1542
MILLER, Louanna, 5-20, WF, 52-330.375.1543
HOFFMAN, Rachel, 60+, WF, 52-330.375.1544
THORP, Orie M., 20-60, WM, 52-331.376.1545
THORP, Ella A., 20-60, WF, 52-331.376.1546
THORP, Lewis I., 5-20, WM, 52-331.376.1547
THORP, Mary L., 5-20, WF, 52-331.376.1548
THORP, Myrtle, 5-20, WF, 52-331.376.1549
THORP, Hazel, 0-5, WF, 52-331.376.1550
THORP, Lina, 0-5, WF, 52-331.376.1551
THORP, Infant, 0-5, WF, 52-331.376.1552
PHILHOWER, Abraham, 20-60, WM, 52-332.377.1553
PHILHOWER, Mary J., 20-60, WF, 52-332.377.1554
VOORHEES, Francis M., 20-60, WF, 52-332.377.1555
VOORHEES, Floyd E., 0-5, WM, 52-332.377.1556
SHEPHERD, Hatwell, 20-60, WM, 52-332.378.1557
SHEPHERD, Julia, 20-60, WF, 52-332.378.1558
SHEPHERD, Lelah, 5-20, WF, 52-332.378.1559
SHEPHERD, Harold, 0-5, WM, 52-332.378.1560
APGAR, William E., 20-60, WM, 53-333.379.1561
APGAR, Cora V., 20-60, WF, 53-333.379.1562
APGAR, Ina A., 5-20, WF, 53-333.379.1563
LATOURETTE, George, 20-60, WM, 53-334.380.1564
LATOURETTE, Kate E., 20-60, WF, 53-334.380.1565
NEIGHBOR, Leonard G., 60+, WM, 53-334.381.1566
NEIGHBOR, Adaline, 20-60, WF, 53-334.381.1567
ALPAUGH, Lambert K., 20-60, WM, 53-335.382.1568
ALPAUGH, Mary E., 20-60, WF, 53-335.382.1569
ALPAUGH, Laura, 5-20, WF, 53-335.382.1570
ALPAUGH, Harvey D., 5-20, WM, 53-335.382.1571
ALPAUGH, Iva D., 5-20, WF, 53-335.382.1572
HOFFMAN, Jerry, 20-60, WM, 53-336.383.1573
HOFFMAN, Hannah M., 20-60, WF, 53-336.383.1574
HOFFMAN, Essie, 5-20, WF, 53-336.383.1575
HOFFMAN, Agusta, 5-20, WF, 53-336.383.1576
HOFFMAN, Floyd, 0-5, WM, 53-336.383.1577
BIRD, Mary I., 20-60, WF, 53-336.383.1578
JOHNSON, Lewis, 20-60, WM, 53-336.383.1579
APGAR, William W., 20-60, WM, 53-337.384.1580
APGAR, Clara, 20-60, WF, 53-337.384.1581
APGAR, William L., 0-5, WM, 53-337.384.1582
FREMBUS, Frank, 20-60, WM, 53-337.384.1583
NEIGHBOUR, Conrad, 60+, WM, 53-338.385.1584
NEIGHBOUR, Mary, 60+, WF, 53-338.385.1585
WILLIAMSON, John, 20-60, WM, 53-339.386.1586
WILLIAMSON, Margaret A., 20-60, WF, 53-339.386.1587
WILLIAMSON, Ethel, 5-20, WF, 53-339.386.1588
WILLIAMSON, Ira, 5-20, WM, 53-339.386.1589
WILLIAMSON, Roy, 5-20, WM, 53-339.386.1590
TRIMMER, Philip S., 20-60, WM, 54-340.387.1591
TRIMMER, Sarah, 20-60, WF, 54-340.387.1592
TRIMMER, John H., 20-60, WM, 54-340.387.1593
TRIMMER, Bertha E., 5-20, WF, 54-340.387.1594
REED, Kesiah, 60+, WF, 54-341.388.1595
REED, Emma, 20-60, WF, 54-341.388.1596
WAER, Eva, 20-60, WF, 54-342.389.1597
WAER, Steward, 5-20, WM, 54-342.389.1598
FARLEY, Margaret, 60+, WF, 54-343.390.1599
FARLEY, Richard C., 20-60, WM, 54-343.390.1600
BONASH, William F., 20-60, WM, 54-344.391.1601
BONASH, Mary E., 20-60, WF, 54-344.391.1602
BONASH, Elmer H., 5-20, WM, 54-344.391.1603
BONASH, Annie M., 5-20, WF, 54-344.391.1604
BONASH, Grace M., 5-20, WF, 54-344.391.1605
BONASH, Edward M., 5-20, WM, 54-344.391.1606
BONASH, Rasmus R., 5-20, WM, 54-344.391.1607
BONASH, Carrie A., 0-5, WF, 54-344.391.1608
ROLPH, John U., 20-60, WM, 54-345.392.1609
ROLPH, Emma L., 20-60, WF, 54-345.392.1610
ROLPH, Maggie M., 0-5, WF, 54-345.392.1611
BOSS, Aaron, 20-60, WM, 54-346.393.1612
BOSS, Mary A., 20-60, WF, 54-346.393.1613
PHILHOWER, Mary E., 60+, WF, 54-346.394.1614
HOFFMAN, Charles, 20-60, WM, 54-347.395.1615
HOFFMAN, Fannie, 20-60, WF, 54-347.395.1616
HOFFMAN, Henry, 5-20, WM, 54-347.395.1617
HOFFMAN, Alice, 5-20, WF, 54-347.395.1618
HOFFMAN, Eliphalet, 5-20, WM, 54-347.395.1619
FLOMERFELT, William R., 20-60, WM, 54-348.396.1620
FLOMERFELT, Sarah, 20-60, WF, 55-348.396.1621
FLOMERFELT, George, 5-20, WM, 55-348.396.1622
FLOMERFELT, Ella, 5-20, WF, 55-348.396.1623
BEAM, Enos, 5-20, WM, 55-348.396.1624
FRITTS, Frederick, Sr., 60+, WM, 55-349.397.1625

HUNTERDON CO. NJ 1895 STATE CENSUS
Township of High Bridge

FRITTS, Juda, 60+, WF, 55-349.397.1626
FRITTS, Ellen, 20-60, WF, 55-349.397.1627
FRITTS, Emma, 5-20, WF, 55-349.397.1628
SUTTON, Wesley, 20-60, WM, 55-350.398.1629
SUTTON, Lydia, 20-60, WF, 55-350.398.1630
SUTTON, Etta, 20-60, WF, 55-350.398.1631
SUTTON, Annie, 5-20, WF, 55-350.398.1632
SUTTON, Grace, 5-20, WF, 55-350.398.1633
SUTTON, Emma, 5-20, WF, 55-350.398.1634
SUTTON, Martin, 5-20, WM, 55-350.398.1635
SUTTON, Roy, 0-5, WM, 55-350.398.1636
CLARKE, John B. R., 20-60, WM, 55-351.399.1637
CLARKE, Mary L., 20-60, WF, 55-351.399.1638
CLARKE, Nannie M., 20-60, WF, 55-351.399.1639
CLARKE, Florence, 5-20, WF, 55-351.399.1640
AMERMAN, Alvah, 20-60, WM, 55-352.400.1641
AMERMAN, Susan, 20-60, WF, 55-352.400.1642
AMERMAN, Ezra, 5-20, WM, 55-352.400.1643
AMERMAN, Elias, 20-60, WM, 55-352.400.1644
CREVELING, Frank H., 20-60, WM, 55-352.401.1645
CREVELING, Cora, 20-60, WF, 55-352.401.1646
YOUNG, William A., 20-60, WM, 55-353.402.1647
YOUNG, Mary A., 20-60, WF, 55-353.402.1648
YOUNG, Leonard D., 20-60, WM, 55-353.402.1649
YOUNG, Samuel, 20-60, WM, 55-353.402.1650
YOUNG, Arthur, 5-20, WM, 56-353.402.1651
YOUNG, Annie, 5-20, WF, 56-353.402.1652
TEATS, Asa, 20-60, WM, 56-354.403.1653
TEATS, Margaret, 20-60, WF, 56-354.403.1654
TEATS, Charles, 5-20, WM, 56-354.403.1655
TEATS, Ellen, 5-20, WF, 56-354.403.1656
TEATS, Frank, 5-20, WM, 56-354.403.1657
TEATS, Watson, 0-5, WM, 56-354.403.1658
TEATS, Carrie, 0-5, WF, 56-354.403.1659
KEARNS, Alexandria, 20-60, WM, 56-355.404.1660
KEARNS, Margaret, 20-60, WF, 56-355.404.1661
KEARNS, Walter, 5-20, WM, 56-355.404.1662
KEARNS, Jennie, 5-20, WF, 56-355.404.1663
KEARNS, Luthur, 5-20, WM, 56-355.404.1664
KEARNS, Annie, 5-20, WF, 56-355.404.1665
KEARNS, Emma, 5-20, WF, 56-355.404.1666
KEARNS, Charles, 0-5, WM, 56-355.404.1667
SEAL, Amos H., 20-60, WM, 56-355.405.1668
SEAL, Emma, 20-60, WF, 56-355.405.1669
SEAL, Nellie, 5-20, WM, 56-355.405.1670
SEAL, Lillie, 5-20, WF, 56-355.405.1671
HOFFMAN, Abraham, 60+, WM, 56-356.406.1672
WILLIAMSON, Iola, 20-60, WF, 56-356.406.1673
BORROUGHS, Arletta, 60+, WF, 56-356.407.1674
APGAR, Andrew J., 20-60, WM, 56-357.408.1675
APGAR, Hannah, 20-60, WF, 56-357.408.1676
APGAR, Lizzie M., 5-20, WF, 56-357.408.1677
APGAR, Ethel, 5-20, WF, 56-357.408.1678
APGAR, Oliver, 20-60, WM, 56-358.409.1679
APGAR, Eliza, 20-60, WF, 56-358.409.1680
APGAR, Lester, 5-20, WM, 57-358.409.1681
GROFF, Peter H., 20-60, WM, 57-359.410.1682
GROFF, Amanda, 20-60, WF, 57-359.410.1683
GROFF, Ella, 20-60, WF, 57-359.410.1684
GROFF, May, 5-20, WF, 57-359.410.1685
APGAR, William S., 20-60, WM, 57-360.411.1686
APGAR, Kate, 20-60, WF, 57-360.411.1687
APGAR, Mary, 0-5, WF, 57-360.411.1688
APGAR, Bertha, 0-5, WF, 57-360.411.1689
APGAR, John W., 20-60, WM, 57-361.412.1690
APGAR, Mary, 20-60, WF, 57-361.412.1691
APGAR, George H., 5-20, WM, 57-361.412.1692
APGAR, William E., 5-20, WM, 57-361.412.1693
APGAR, Elmer A., 5-20, WM, 57-361.412.1694
APGAR, Jacob W., 20-60, WM, 57-361.413.1695
APGAR, Catherine E., 5-20, WF, 57-361.413.1696
SUTTON, Henry, 20-60, WM, 57-362.414.1697
SUTTON, Lizzie, 20-60, WF, 57-362.414.1698
SUTTON, Mary E., 5-20, WF, 57-362.414.1699
SUTTON, Charles, 5-20, WM, 57-362.414.1700
SUTTON, Mahlon, 5-20, WM, 57-362.414.1701
SUTTON, Philip, 5-20, WM, 57-362.414.1702
SUTTON, Marshall, 0-5, WM, 57-362.414.1703
SUTTON, Essie, 0-5, WF, 57-362.414.1704
SUTTON, Jennie, 5-20, WF, 57-362.414.1705
SUTTON, Clara, 0-5, WF, 57-362.414.1706
ROBINSON, Peter S., 20-60, WM, 57-363.415.1707
ROBINSON, Rachel A., 20-60, WF, 57-363.415.1708
ROBINSON, Allie L., 20-60, WM, 57-363.415.1709
ROBINSON, Dory M., 5-20, WM, 57-363.415.1710
ROBINSON, Annie M., 20-60, WF, 58-363.415.1711
ROBINSON, Edson C., 5-20, WM, 58-363.415.1712
MILLER, Jacob N., 20-60, WM, 58-364.416.1713
MILLER, Sarah E., 20-60, WF, 58-364.416.1714
MILLER, Radie, 5-20, WF, 58-364.416.1715
MILLER, Ira, 5-20, WM, 58-364.416.1716
STEVENSON, William, 60+, WM, 58-365.417.1717
STEVENSON, Hannah M., 60+, WF, 58-365.417.1718
STEVENSON, Thomas, 20-60, WM, 58-365.417.1719
ORTS, Joseph, 20-60, WM, 58-366.418.1720
ORTS, Phebe, 20-60, WF, 58-366.418.1721
ORTS, Lucy, 20-60, WF, 58-366.418.1722
ORTS, William, 20-60, WM, 58-366.418.1723
ORTS, John, 5-20, WM, 58-366.418.1724
APGAR, George, 20-60, WM, 58-367.419.1725
APGAR, Mariah, 20-60, WF, 58-367.419.1726
APGAR, Frank, 0-5, WM, 58-367.419.1727
APGAR, Anna M., 5-20, WF, 58-367.419.1728
ROBINSON, Isaac S., 20-60, WM, 58-368.420.1729
ROBINSON, Sophia D., 20-60, WF, 58-368.420.1730
ROBINSON, Halsey M., 20-60, WM, 58-368.420.1731
ROBINSON, Kelley C., 5-20, WM, 58-368.420.1732
ROBINSON, Kinzie E., 5-20, WM, 58-368.420.1733
BUSH, Maria, 5-20, WF, 58-368.420.1734
ANDERSON, Florence W., 0-5, WF, 58-368.420.1735

HUNTERDON CO. NJ 1895 STATE CENSUS
Township of High Bridge

CASTINO, Kate, 20-60, WF, 58-369.421.1736
APGAR, Maria, 60+, WF, 58-369.421.1737
HOCKENBERRY, John W., 20-60, WM, 58-369.422.1738
HOCKENBERRY, Ida, 20-60, WF, 58-369.422.1739
HOCKENBERRY, William L., 0-5, WM, 58-369.422.1740
HOCKENBERRY, Silas, 20-60, WM, 59-370.423.1741
HOCKENBERRY, Harriet, 20-60, WF, 59-370.423.1742
HOCKENBERRY, William, 20-60, WM, 59-370.423.1743
HOCKENBERRY, Christopher, 20-60, WM, 59-370.423.1744
HOCKENBERRY, Elizabeth, 20-60, WF, 59-370.423.1745
HOCKENBERRY, Alvah, 5-20, WM, 59-370.423.1746
HOCKENBERRY, Wilson, 5-20, WM, 59-370.423.1747
HOCKENBERRY, Emma, 5-20, WF, 59-370.423.1748
ANDERSON, James, 20-60, WM, 59-371.424.1749
ANDERSON, Lucretia, 20-60, WF, 59-371.424.1750
ANDERSON, Willard, 5-20, WM, 59-371.424.1751
ANDERSON, Raymond, 5-20, WM, 59-371.424.1752
ANDERSON, Sigmond, 5-20, WM, 59-371.424.1753
PHILHOWER, Richard J., 20-60, WM, 59-372.425.1754
PHILHOWER, Catherine C., 20-60, WF, 59-372.425.1755
PHILHOWER, Grace, 5-20, WF, 59-372.425.1756
CONNOR, Debora, 60+, WF, 59-372.425.1757
APGAR, Samuel G., 20-60, WM, 59-373.426.1758
APGAR, Sarah, 20-60, WF, 59-373.426.1759
APGAR, Hazel, 0-5, WF, 59-373.426.1760
DELLICKER, William, 20-60, WM, 59-374.427.1761
DELLICKER, Melvina, 20-60, WF, 59-374.427.1762
DELLICKER, B[e]rtha, 20-60, WF, 59-374.427.1763
DELLICKER, Lewis, 20-60, WM, 59-374.427.1764
APGAR, Conrad C., 60+, WM, 59-375.428.1765
APGAR, Julia A., 60+, WF, 59-375.428.1766
APGAR, Jane E., 20-60, WF, 59-375.428.1767
BULMER, John W., 20-60, WM, 59-376.429.1768
BULMER, Laura, 20-60, WF, 59-376.429.1769
BULMER, Annie, 5-20, WF, 59-376.429.1770
HOCKENBERRY, John H., 20-60, WM, 60-377.430.1771
HOCKENBERRY, Louisa, 20-60, WF, 60-377.430.1772
HOCKENBERRY, Eva, 20-60, WF, 60-377.430.1773
HOCKENBERRY, Elizabeth, 20-60, WF, 60-377.430.1774
HOCKENBERRY, Jacob, 5-20, WM, 60-377.430.1775
APGAR, Allen, 20-60, WM, 60-378.431.1776
APGAR, Eva, 20-60, WF, 60-378.431.1777
APGAR, May, 5-20, WF, 60-378.431.1778
APGAR, Jacob, 5-20, WM, 60-378.431.1779
APGAR, Charlotte, 5-20, WF, 60-378.431.1780
APGAR, Jennie, 5-20, WF, 60-378.431.1781
APGAR, Minerva, 5-20, WF, 60-378.431.1782
APGAR, Cashus M., 20-60, WM, 60-379.432.1783
APGAR, Henrietta, 20-60, WF, 60-379.432.1784
APGAR, Minnie A., 5-20, WF, 60-379.432.1785
APGAR, Andrew A., 5-20, WM, 60-379.432.1786
SUTTON, Emanuel, 20-60, WM, 60-380.433.1787
SUTTON, Mary J., 20-60, WF, 60-380.433.1788
SUTTON, John A., 20-60, WM, 60-380.433.1789
SUTTON, Archibold, 5-20, WM, 60-380.433.1790
SUTTON, Theodore, 5-20, WM, 60-380.433.1791
SUTTON, Leon, 5-20, WM, 60-380.433.1792
APGAR, Andrew, 60+, WM, 60-381.434.1793
APGAR, Eliza, 60+, WF, 60-381.434.1794
APGAR, Frank, 20-60, WM, 60-381.434.1795
HARTRUM, Daniel, 5-20, WM, 60-381.434.1796
CREGAR, Luella, 5-20, WF, 60-381.434.1797
APGAR, John R., 60+, WM, 60-382.435.1798
APGAR, Susan, 60+, WF, 60-382.435.1799
APGAR, Kesiah J., 20-60, WF, 60-382.435.1800
APGAR, Peter N., 60+, WM, 61-383.436.1801
APGAR, Isabella, 60+, AF, 61-383.436.1802
APGAR, John H., 20-60, WM, 61-383.436.1803
HOFFMAN, Jeremiah, 20-60, WM, 61-384.437.1804
HOFFMAN, Rachel, 20-60, WF, 61-384.437.1805
HOFFMAN, Lizzie, 5-20, WF, 61-384.437.1806
HOFFMAN, Howard, 5-20, WM, 61-384.437.1807
HOFFMAN, Robert, 5-20, WM, 61-384.437.1808
HOFFMAN, Leroy, 0-5, WM, 61-384.437.1809
APGAR, Simon, 60+, WM, 61-385.438.1810
APGAR, Mary, 60+, WF, 61-385.438.1811
APGAR, Sherwood, 5-20, WM, 61-385.438.1812
APGAR, Mathias S., 20-60, WM, 61-385.439.1813
APGAR, Lizzie, 20-60, WF, 61-385.439.1814
APGAR, Meda, 5-20, WF, 61-385.439.1815
APGAR, Harry, 5-20, WM, 61-385.439.1816
APGAR, Theodore F., 5-20, WM, 61-385.439.1817
APGAR, Otis, 0-5, WM, 61-385.439.1818
FARLEY, Huldy, 20-60, WF, 61-386.440.1819
FARLEY, Elsie, 20-60, WF, 61-386.440.1820
FARLEY, Socratus G., 20-60, WM, 61-386.440.1821
FARLEY, Joseph W., 20-60, WM, 61-386.440.1822
JOHNSON, John M., 20-60, WM, 61-387.441.1823
JOHNSON, Lydia E., 20-60, WF, 61-387.441.1824
JOHNSON, Jennie, 5-20, WF, 61-387.441.1825
JOHNSON, Margaret, 5-20, WF, 61-387.441.1826
JOHNSON, Mable, 5-20, WF, 61-387.441.1827
HOPE, Mary, 60+, WF, 61-387.441.1828
JONES, Lydia, 5-20, WF, 61-387.441.1829
McCREA, William, 60+, WM, 61-388.442.1830
McCREA, Catherine N., 60+, WF, 62-388.442.1831
HOFFMAN, Ellen, 5-20, WF, 62-388.442.1832
ALPAUGH, William L., 20-60, WM, 62-388.443.1833
ALPAUGH, Louisa, 20-60, WF, 62-388.443.1834
RINEHART, George M., 20-60, WM, 62-389.444.1835
RINEHART, Hannah, 20-60, WF, 62-389.444.1836
RINEHART, Mary J., 5-20, WF, 62-389.444.1837
RINEHART, Charles, 20-60, WM, 62-389.445.1838
RINEHART, Jennie, 20-60, WF, 62-389.445.1839
RINEHART, Cora, 0-5, WF, 62-389.445.1840
HOFFMAN, Thomas A., 20-60, WM, 62-390.446.1841
HOFFMAN, Sarah M., 20-60, WF, 62-390.446.1842
HOFFMAN, Albert, 20-60, WM, 62-390.446.1843
HOFFMAN, John C., 20-60, WM, 62-391.447.1844

HUNTERDON CO. NJ 1895 STATE CENSUS
Township of High Bridge

HOFFMAN, Lizzie, 20-60, WF, 62-391.447.1845
HOFFMAN, Sadie, 0-5, WF, 62-391.447.1846
HOFFMAN, Lida, 0-5, WF, 62-391.447.1847
APGAR, Isiah, 60+, WM, 62-392.448.1848
APGAR, Lydia E., 60+, WF, 62-392.448.1849
CRAMER, Harley L., 0-5, WM, 62-392.448.1850
HOFFMAN, Peter, 5-20, WM, 62-392.448.1851
APGAR, William C. A., 20-60, WM, 62-392.449.1852
APGAR, Eva D., 20-60, WF, 62-392.449.1853
APGAR, Isaac O., 60+, WM, 62-393.450.1854
APGAR, Hannah M., 60+, WF, 62-393.450.1855
APGAR, Naham, 20-60, WM, 62-394.451.1856
APGAR, William, 5-20, WM, 62-394.451.1857
APGAR, Leslie, 5-20, WM, 62-394.451.1858
APGAR, Catherine A., 60+, WF, 62-394.451.1859
SUTTON, Frank P., 20-60, WM, 62-395.452.1860
SUTTON, Emily M., 20-60, WF, 63-395.452.1861
SUTTON, John, 20-60, WM, 63-395.452.1862
LONGCORE, Mary E., 20-60, WF, 63-396.453.1863
LONGCORE, Lois, 5-20, WF, 63-396.453.1864
HINER, Oliver, 20-60, WM, 63-396.453.1865
SHARP, Henry H., 20-60, WM, 63-397.454.1866
SHARP, Chrissie, 20-60, WF, 63-397.454.1867
SHARP, Irene, 5-20, WF, 63-397.454.1868
SHARP, Katuria, 5-20, WF, 63-397.454.1869
SHARP, Florence, 0-5, WF, 63-397.454.1870
CRAMER, Rose, 5-20, WF, 63-397.454.1871
SHARP, David M., 20-60, WM, 63-398.455.1872
SHARP, Catherine M., 20-60, WF, 63-398.455.1873
APGAR, Mary E., 20-60, WF, 63-398.455.1874
GRESVER?, Jacob, 20-60, GM, 63-398.455.1875
CREGAR, John D., 20-60, WM, 63-399.456.1876
CREGAR, Mary E., 20-60, WF, 63-399.456.1877
CREGAR, Peter B., 20-60, WM, 63-399.456.1878
TURNER, Elizabeth, 20-60, WF, 63-400.457.1879
TURNER, Laura, 5-20, WF, 63-400.457.1880
TURNER, Elwood, 20-60, WM, 63-400.457.1881
TURNER, Girtrude, 20-60, WF, 63-400.457.1882
TURNER, Annie, 0-5, WF, 63-400.457.1883
CRAMER, Jacob F., 20-60, WM, 63-401.458.1884
CRAMER, Susan A., 20-60, WF, 63-401.458.1885
CRAMER, Austin, 20-60, WM, 63-401.458.1886
ROWLAND, John C., 60+, WM, 63-401.458.1887
STIGERS, Nathan, 60+, WM, 63-402.459.1888
STIGERS, Emily, 20-60, WF, 63-402.459.1889
VANNATTA, Walter, 20-60, WM, 63-402.459.1890
SUTTON, Lambert, 20-60, WM, 64-403.460.1891
SUTTON, Elsie, 20-60, WF, 64-403.460.1892
SUTTON, Louisa, 5-20, WF, 64-403.460.1893
SUTTON, John C., 5-20, WM, 64-403.460.1894
SUTTON, Minnie, 5-20, WF, 64-403.460.1895
HOFFMAN, Theodore, 20-60, WM, 64-403.460.1896
BROWN, Lizzie, 20-60, WF, 64-404.461.1897
APGAR, Isiah L., 20-60, WM, 64-404.461.1898
APGAR, Ida, 20-60, WF, 64-404.461.1899
APGAR, Luther, 5-20, WM, 64-404.461.1900
ALPAUGH, Sylvester, 60+, WM, 64-404.462.1901
ALPAUGH, Abby, 20-60, WF, 64-404.462.1902
ALPAUGH, Emma J., 20-60, WF, 64-404.462.1903
ALPAUGH, Minnie, 5-20, WF, 64-404.462.1904
ALPAUGH, Bertha, 5-20, WF, 64-404.462.1905
ALPAUGH, George N., 60+, WM, 64-405.463.1906
ALPAUGH, Susan, 60+, WF, 64-405.463.1907
ALPAUGH, William, 20-60, WM, 64-405.463.1908
ALPAUGH, Walter, 5-20, WM, 64-405.463.1909
KRYMER, Catherine, 60+, WF, 64-405.463.1910
LINDABERRY, Lydia, 20-60, WF, 64-405.463.1911
LANCE, William W., 20-60, WM, 64-406.464.1912
LANCE, Elizabeth, 20-60, WF, 64-406.464.1913
LANCE, Leonard A., 20-60, WM, 64-406.464.1914
LANCE, Hugh K., 20-60, WM, 64-406.464.1915
LANCE, Howard P., 5-20, WM, 64-406.464.1916
LANCE, Blanch R., 5-20, WF, 64-406.464.1917
LANCE, Alvah A., 5-20, WM, 64-406.464.1918
LANCE, Minnie E., 5-20, WF, 64-406.464.1919
LANCE, William C., 5-20, WM, 64-406.464.1920
LANCE, Walter W., 5-20, WM, 65-406.464.1921
BUNN, Henry, 60+, WM, 65-407.465.1922
BUNN, Alvah, 20-60, WM, 65-407.465.1923
BUNN, Mary, 20-60, WF, 65-407.465.1924
APGAR, Conrad J., 60+, WM, 65-408.466.1925
APGAR, Mary, 60+, WF, 65-408.466.1926
APGAR, Nancy, 60+, WF, 65-408.466.1927
APGAR, Lewis J., 20-60, WM, 65-408.467.1928
APGAR, Florence N., 5-20, WF, 65-408.467.1929
APGAR, Mame, 20-60, WF, 65-408.467.1930
APGAR, Frank N., 5-20, WM, 65-408.467.1931
ALPAUGH, John, 20-60, WM, 65-409.468.1932
ALPAUGH, Mary C., 20-60, WF, 65-409.468.1933
ALPAUGH, Carrie, 5-20, WF, 65-409.468.1934
SMITH, Lydia, 5-20, WF, 65-409.468.1935
McCATHARN, Sarah, 60+, WF, 65-409.469.1936
McCATHARN, David F., 20-60, WM, 65-410.470.1937
McCATHARN, Ellen E., 20-60, WF, 65-410.470.1938
McCATHARN, Rella, 5-20, WF, 65-410.470.1939
McCATHARN, Peter K., 20-60, WM, 65-411.471.1940
McCATHARN, Charlotte, 20-60, WF, 65-411.471.1941
McCATHARN, Rhoda, 5-20, WF, 65-411.471.1942
McCATHARN, Nathan, 5-20, WM, 65-411.471.1943
McCATHARN, Mame, 5-20, WF, 65-411.471.1944
McCATHARN, David, 0-5, WM, 65-411.471.1945
McCATHARN, Irene, 0-5, WF, 65-411.471.1946
FLEMMINGS, Frank, 5-20, WM, 65-411.471.1947
BUNN, Luther, 20-60, WM, 65-412.472.1948
BUNN, Rhoda C., 20-60, WF, 65-412.472.1949
BUNN, Grace, 5-20, WF, 65-412.472.1950
BUNN, Daisey, 0-5, WF, 66-412.472.1951
HENDERSHOT, Peter A., 60+, WM, 66-413.473.1952
HENDERSHOT, Ann, 60+, WF, 66-413.473.1953
HENDERSHOT, Lewis, 5-20, WM, 66-413.473.1954

HUNTERDON CO. NJ 1895 STATE CENSUS
Township of High Bridge

APGAR, Peter K., 60+, WM, 66-414.474.1955
APGAR, Margaret, 60+, WF, 66-414.474.1956
CONNELLY, Hannah, 20-60, WF, 66-414.474.1957
HENDERSHOT, William B., 20-60, WM, 66-415.475.1958
HENDERSHOT, Georgeanna, 20-60, WF, 66-415.475.1959
HENDERSHOT, Bessie, 5-20, WF, 66-415.475.1960
HENDERSHOT, Elsie, 5-20, WF, 66-415.475.1961
HENDERSHOT, Bertie, 0-5, WF, 66-415.475.1962
HENDERSHOT, Jennie, 0-5, WF, 66-415.475.1963
HENDERSHOT, Cora, 0-5, WF, 66-415.475.1964
STIRES, Aaron, 20-60, WM, 66-416.476.1965
STIRES, Sarah, 20-60, WF, 66-416.476.1966
STIRES, Peter B., 20-60, WM, 66-416.476.1967
STIRES, John, 5-20, WM, 66-416.476.1968
STIRES, Susan, 5-20, WF, 66-416.476.1969
STIRES, Jacob, 20-60, WM, 66-416.476.1970
ALPAUGH, Peter, 20-60, WM, 66-417.477.1971
ALPAUGH, Elnor, 20-60, WF, 66-417.477.1972
ALPAUGH, Eva, 5-20, WF, 66-417.477.1973
ALPAUGH, Cole, 5-20, WM, 66-417.477.1974
ALPAUGH, Mary, 0-5, WF, 66-417.477.1975
APGAR, Peter, 20-60, WM, 66-417.477.1976
APGAR, Aaron A., 20-60, WM, 66-418.478.1977
APGAR, Ellen, 20-60, WF, 66-418.478.1978
APGAR, Annie M., 20-60, WF, 66-418.478.1979
APGAR, Elijah, 20-60, WM, 66-418.478.1980
APGAR, Nellie, 5-20, WF, 67-418.478.1981
APGAR, Nora, 5-20, WF, 67-418.478.1982
APGAR, Lizzie, 5-20, WF, 67-418.478.1983
APGAR, Grover G., 0-5, WM, 67-418.478.1984
APGAR, Harbet, 20-60, WM, 67-418.478.1985
LINDABERRY, Aaron, 20-60, WM, 67-419.479.1986
LINDABERRY, Annie, 20-60, WF, 67-419.479.1987
ROBINSON, Joel, 60+, WM, 67-420.480.1988
ROBINSON, Pauline M., 20-60, WF, 67-420.480.1989
APGAR, Manchus B., 20-60, WM, 67-421.481.1990
APGAR, Annie C., 20-60, WF, 67-421.481.1991
LAMBERTS, Edna, 0-5, WF, 67-421.481.1992
APGAR, George F., 60+, WM, 67-422.482.1993
APGAR, Mary, 60+, WF, 67-422.482.1994
APGAR, Caroline, 20-60, WF, 67-423.483.1995
HOFFMAN, Thomas M., 20-60, WM, 67-424.484.1996
HOFFMAN, Ethel L., 20-60, WF, 67-424.484.1997
HOFFMAN, Charles W., Jr., 5-20, WM, 67-424.484.1998
HOFFMAN, Pardon C., 0-5, WM, 67-424.484.1999
HOFFMAN, George F., 0-5, WM, 67-424.484.2000
APGAR, Stephen, 20-60, WM, 67-425.485.2001
APGAR, Mame, 20-60, WF, 67-425.485.2002
LAMBERT, Harriet, 5-20, WF, 67-425.485.2003
WOLVERTON, Elizabeth, 60+, WF, 67-425.485.2004
ALPAUGH, Stephen R. H., 60+, WM, 67-426.486.2005
ALPAUGH, Catherine A., 20-60, WF, 67-426.486.2006
SMITH, Amzi L., 20-60, WM, 67-427.487.2007
SMITH, Mary J., 20-60, WF, 67-427.487.2008
SMITH, Belle, 20-60, WF, 67-427.487.2009
SMITH, Lina, 5-20, WF, 67-427.487.2010
WOLVERTON, Benjamin S., 60+, WM, 68-428.488.2011
WOLVERTON, Anna, 60+, WF, 68-428.488.2012
WOLVERTON, Richard T., 20-60, WM, 68-429.489.2013
WOLVERTON, Margaret, 20-60, WF, 68-429.489.2014
WOLVERTON, Benjamin, 5-20, WM, 68-429.489.2015
WOLVERTON, Annie M., 5-20, WF, 68-429.489.2016
WOLVERTON, Mary E., 5-20, WF, 68-429.489.2017
WOLVERTON, Frank, 5-20, WM, 68-429.489.2018
WOLVERTON, Jolin, 0-5, WM, 68-429.489.2019
ROBERSON, Fannie, 60+, WF, 67-430.490.2020
JOHNSON, Eva E., 20-60, WF, 67-431.491.2021
JOHNSON, Isiah, 20-60, WM, 67-431.491.2022
JOHNSON, Alice E., 5-20, WF, 67-431.491.2023
SERGEANT, David, 20-60, WM, 67-431.491.2024
HOFFMAN, Robert, 5-20, WM, 67-431.491.2025
APGAR, Harison, 60+, WM, 67-432.492.2026
APGAR, Emily A., 60+, WF, 67-432.492.2027
WOODRUFF, William, 5-20, WM, 67-432.492.2028
HALL, Ella, 20-60, WF, 67-432.492.2029
HALL, Percy, 5-20, WM, 67-432.492.2030
HALL, Bessie, 5-20, WF, 67-432.492.2031
HALL, Millie, 5-20, WF, 67-432.492.2032

HUNTERDON CO. NJ 1895 STATE CENSUS
Township of Holland

TOWNSHIP OF HOLLAND
H. M. Craighead, commissioner

CRAIGHEAD, Horace M., 20-60, WM, 1-1.1.1
CRAIGHEAD, Mary E., 20-60, WF, 1-1.1.2
CRAIGHEAD, Wm. S., 20-60, WM, 1-1.1.3
CRAIGHEAD, Howard M., 5-20, WM, 1-1.1.4
CRAIGHEAD, Tom S., 5-20, WM, 1-1.1.5
CRAIGHEAD, Bertha M., 5-20, WF, 1-1.1.6
HAMMELL, Lottie, 5-20, WF, 1-1.1.7
NESTLEY, John, 20-60, WM, 1-2.2.8
NESTLEY, Ellen, 20-60, WF, 1-2.2.9
SCOTT, Amanda, 60+, WF, 1-2.2.10
NESTLEY, Peter, 5-20, WM, 1-2.2.11
NESTLEY, Maggie, 5-20, WF, 1-2.2.12
NESTLEY, Annie, 5-20, WF, 1-2.2.13
NESTLEY, Lottie, 0-5, WF, 1-2.2.14
NESTLEY, Elsie, 0-5, WF, 1-2.2.15
McPEEK, William, 20-60, WM, 1-3.3.16
McPEEK, Maggie, 5-20, WF, 1-3.3.17
McPEEK, Mary, 5-20, WF, 1-3.3.18
McPEEK, Fred, 5-20, WM, 1-3.3.19
MOORE, Newberry, 20-60, WM, 1-4.4.20
MOORE, Mary A., 20-60, WF, 1-4.4.21
MOORE, Wm. S., 5-20, WM, 1-4.4.22
MOORE, Stewart W., 5-20, WM, 1-4.4.23
MOORE, Clarence, 5-20, WM, 1-4.4.24
THOMAS, Eliza, 20-60, WF, 1-4.4.25
THOMAS, Annie, 20-60, WF, 1-4.4.26
EDINGER, Jack, Jr., 20-60, WM, 1-5.5.27
EDINGER, Annie N., 20-60, WF, 1-5.5.28
EDINGER, Mary, 5-20, WF, 1-5.5.29
EDINGER, John, Sr., 20-60, WM, 1-6.6.30
EDINGER, Martha, 20-60, WF, 2-6.6.31
EDINGER, Cora B., 5-20, WF, 2-6.6.32
EDINGER, Wm., 20-60, WM, 2-6.6.33
BUCK, John, 20-60, WM, 2-7.7.34
BUCK, Belle, 20-60, WF, 2-7.7.35
BUCK, Minnie, 20-60, WF, 2-7.7.36
BUCK, Walter, 5-20, WM, 2-7.7.37
STROUSE, Charley, 20-60, WM, 2-8.8.38
STROUSE, Ella, 20-60, WF, 2-8.8.39
STROUSE, Harry, 5-20, WM, 2-8.8.40
STROUSE, Silas, 5-20, WM, 2-8.8.41
STROUSE, Willie, 0-5, WM, 2-8.8.42
STROUSE, Annie, 0-5, WF, 2-8.8.43
STROUSE, Silas, Sr., 20-60, WM, 2-9.9.44
STROUSE, Mammie, 20-60, WF, 2-9.9.45
STROUSE, Lizzie, 0-5, WF, 2-9.9.46
SMITH, Mahlon, 20-60, WM, 2-9.10.47
SMITH, Lizzie, 20-60, WF, 2-9.10.48
NICE, Aaron, 20-60, WM, 2-10.11.49
NICE, Nancy, 20-60, WF, 2-10.11.50
NICE, Minnie, 20-60, WF, 2-10.11.51
NICE, Addie, 20-60, WF, 2-10.11.52
MILLER, Wm., 20-60, WM, 2-11.12.53
MILLER, Martha, 20-60, WF, 2-11.12.54
HAWK, Emeline, 20-60, WF, 2-11.12.55
KUTNER, Grace, 5-20, WF, 2-11.12.56
SMITH, Roscow, 5-20, WM, 2-11.12.57
SHRINER, Titus, 20-60, WM, 2-12.13.58
SHRINER, Caroline, 20-60, WF, 2-12.13.59
SHRINER, Clara, 5-20, WF, 2-12.13.60
SHRINER, Susan, 20-60, WF, 3-12.13.61
SHRINER, Titus, Jr., 20-60, WM, 3-12.13.62
SHRINER, Mable, 20-60, WF, 3-12.13.63
BARRON, Tilman A., 20-60, WM, 3-13.14.64
BARRON, Letitia, 20-60, IF, 3-13.14.65
BARRON, Frank D., 5-20, WM, 3-13.14.66
BARRON, George W., 5-20, WM, 3-13.14.67
BARRON, Mable A., 5-20, WF, 3-13.14.68
LIPPENCOTT, James, 20-60, WM, 3-14.15.69
LIPPENCOTT, Leah, 20-60, WF, 3-14.15.70
LIPPENCOTT, Frank, 5-20, WM, 3-14.15.71
LIPPENCOTT, Charley, 5-20, WM, 3-14.15.72
LIPPENCOTT, Fred, 5-20, WM, 3-14.15.73
LIPPENCOTT, Piercen, 0-5, WM, 3-14.15.74
LIPPENCOTT, John, 20-60, WM, 3-15.16.75
LIPPENCOTT, Frania, 20-60, WF, 3-15.16.76
LIPPENCOTT, Tom, 5-20, WM, 3-15.16.77
LIPPENCOTT, Ida, 5-20, WF, 3-15.16.78
LIPPENCOTT, Bennie, 5-20, WM, 3-15.16.79
LIPPENCOTT, Willie, 5-20, WM, 3-15.16.80
LIPPENCOTT, Jessie, 5-20, WM, 3-15.16.81
LIPPENCOTT, Mary, 0-5, WF, 3-15.16.82
LIPPENCOTT, Sadie, 0-5, WF, 3-15.16.83
LIPPENCOTT, Samuel, 0-5, WM, 3-15.16.84
SHAFFER, Samuel, 20-60, WM, 3-16.17.85
SHAFFER, Elisabeth, 20-60, WF, 3-16.17.86
SHAFFER, Samuel, Jr., 5-20, WM, 3-16.17.87
SHAFFER, Canelias, 5-20, WM, 3-16.17.88
SHAFFER, Henry, 5-20, WM, 3-16.17.89
SHAFFER, Frank, 5-20, WM, 3-16.17.90
SHAFFER, Jonas, 5-20, WM, 4-16.17.91
SHAFFER, Howard, 0-5, WM, 4-16.17.92
SHAFFER, Charles, 0-5, WM, 4-16.17.93
SINCLAIR, Mary, 60+, WF, 4-17.18.94
SINCLAIR, Solomon, 20-60, WM, 4-17.18.95
MILLER, Carrie, 20-60, WF, 4-17.18.96
SINCLAIR, Simian, 20-60, WM, 4-18.19.97
SINCLAIR, Elisabeth, 20-60, WF, 4-18.19.98
SINCLAIR, Peter, 20-60, WM, 4-18.19.99
SINCLAIR, Mary, 5-20, WF, 4-18.19.100
SINCLAIR, Jesse, 5-20, WM, 4-18.19.101
WEIDER, Jonas R., 60+, WM, 4-18.19.102
THATCHER, Thomas, 20-60, WM, 4-19.20.103
THATCHER, Mary, 20-60, WF, 4-19.20.104

HUNTERDON CO. NJ 1895 STATE CENSUS
Township of Holland

THATCHER, Clara, 20-60, WF, 4-19.20.105
THATCHER, Nellie, 5-20, WF, 4-19.20.106
THATCHER, Howard, 5-20, WM, 4-19.20.107
THATCHER, Bessie, 5-20, WF, 4-19.20.108
THATCHER, Annie, 5-20, WF, 4-19.20.109
THATCHER, Rolan, 5-20, WM, 4-19.20.110
THATCHER, Eddie, 5-20, WM, 4-19.20.111
THATCHER, Emma, 0-5, WF, 4-19.20.112
THATCHER, Mary, 60+, WF, 4-19.20.113
SINCLAIR, Ofenile, 20-60, WM, 4-20.21.114
SINCLAIR, Mary, 20-60, WF, 4-20.21.115
SINCLAIR, Cora, 5-20, WF, 4-20.21.116
SINCLAIR, Nora, 5-20, WF, 4-20.21.117
SINCLAIR, Ella, 5-20, WF, 4-20.21.118
SINCLAIR, Russell, 0-5, WM, 4-20.21.119
RAPP, Nellie, 20-60, WF, 4-20.21.120
SIGAFOSS, Henry, 20-60, WM, 5-21.22.121
SIGAFOSS, Lilian, 20-60, WF, 5-21.22.122
SIGAFOSS, Laura, 5-20, WF, 5-21.22.123
SIGAFOSS, Rebecca, 20-60, WF, 5-21.22.124
VRUMINE, Augustus, 20-60, GM, 5-21.22.125
RAPP, Fred, 20-60, WM, 5-22.23.126
RAPP, Lizzie, 20-60, WF, 5-22.23.127
RAPP, Maria, 5-20, WF, 5-22.23.128
RAPP, Mary, 0-5, WF, 5-22.23.129
MAJOR, Samuel, 20-60, WM, 5-23.24.130
MAJOR, Katie, 20-60, WF, 5-23.24.131
MAJOR, Clara, 5-20, WF, 5-23.24.132
SOUDERS, George, 20-60, WM, 5-24.25.133
SOUDERS, Maria, 20-60, WF, 5-24.25.134
SOUDERS, George, 5-20, WM, 5-24.25.135
LANBACH, Walter, 5-20, WM, 5-24.25.136
CYPHERS, Andrew, 60+, WM, 5-25.26.137
CYPHERS, Mary, 20-60, WF, 5-25.26.138
HAYCOCK, Madison, 60+, WM, 5-26.27.139
HAYCOCK, Sahra, 60+, WF, 5-26.27.140
HAYCOCK, Frank, 20-60, WM, 5-26.27.141
HAYCOCK, Belle, 20-60, WF, 5-26.27.142
HAYCOCK, Ardel, 0-5, WM, 5-26.27.143
SIGAFOSS, Samuel, 20-60, WM, 5-27.28.144
SIGAFOSS, Rosy, 20-60, WF, 5-27.28.145
BELLIS, Sallie, 5-20, WF, 5-27.28.146
SIGAFOSS, Irena, 0-5, WF, 5-27.28.147
SIGAFOSS, John, 0-5, WM, 5-27.28.148
TINSMAN, Mary J., 20-60, WF, 5-28.29.149
MANNING, George, 60+, WM, 5-29.30.150
MANNING, Julia, 60+, WF, 6-29.30.151
MANNING, Annie, 20-60, WF, 6-29.30.152
McPEEK, John, 20-60, WM, 6-30.31.153
McPEEK, Emma, 20-60, WF, 6-30.31.154
McPEEK, Jessie, 5-20, WF, 6-30.31.155
McPEEK, Leo, 5-20, WM, 6-30.31.156
McPEEK, Warren, 5-20, WM, 6-30.31.157
McPEEK, Roy, 0-5, WM, 6-30.31.158
McPEEK, Owen, 0-5, WM, 6-30.31.159
McPEEK, Tinsman, 20-60, WM, 6-31.32.160
McPEEK, Sallie, 20-60, WF, 6-31.32.161
McPEEK, James, 20-60, WM, 6-31.32.162
McPEEK, Annie, 5-20, WF, 6-31.32.163
McPEEK, Minnie, 5-20, WF, 6-31.32.164
McPEEK, Isiac, 5-20, WM, 6-31.32.165
McPEEK, Blanche, 5-20, WF, 6-31.32.166
McPEEK, Emma, 0-5, WF, 6-31.32.167
McPEEK, Esther, 0-5, WF, 6-31.32.168
TINSMAN, Sherid, 20-60, WM, 6-32.33.169
TINSMAN, Maggie, 20-60, WF, 6-32.33.170
TINSMAN, Mary, 20-60, WF, 6-32.33.171
TINSMAN, Howard, 5-20, WM, 6-32.33.172
TINSMAN, Howard, 5-20, WM, 6-32.33.173
CYPHERS, Peter, 20-60, WM, 6-33.34.174
CYPHERS, Maggie, 20-60, WF, 6-33.34.175
CYPHERS, Hartzell, 20-60, WM, 6-33.35.176
CYPHERS, Salome, 20-60, WF, 6-33.35.177
CYPHERS, Peter, 5-20, WM, 6-33.35.178
CYPHERS, Maggie, 0-5, WF, 6-33.35.179
CYPHERS, Jacob, 0-5, WM, 6-33.35.180
HULL, Edward S., 20-60, WM, 7-34.36.181
HULL, Ida, 20-60, WF, 7-34.36.182
HULL, Maria, 60+, WF, 7-34.36.183
ANDERS, John, 20-60, WM, 7-34.37.184
ANDERS, Annie E., 20-60, WF, 7-34.37.185
ANDERS, Dentis, 5-20, WM, 7-34.37.186
ANDERS, Mary, 5-20, WF, 7-34.37.187
ANDERS, George, 5-20, WM, 7-34.37.188
ANDERS, Earl, 5-20, WM, 7-34.37.189
ANDERS, Katie, 5-20, WF, 7-34.37.190
ANDERS, Clifford, 5-20, WM, 7-34.37.191
ANDERS, Eva, 0-5, WF, 7-34.37.192
ANDERS, Edmunt, 0-5, WM, 7-34.37.193
STONEBACK, James O., 20-60, WM, 7-35.38.194
STONEBACK, Ida E., 20-60, WF, 7-35.38.195
STONEBACK, Ema S., 0-5, WF, 7-35.38.196
STONEBACK, Chester, 0-5, WM, 7-35.38.197
STONEBACK, Floyd, 0-5, WM, 7-35.38.198
STONEBACK, Henry S., 20-60, WM, 7-36.39.199
STONEBACK, Rosette, 20-60, WF, 7-36.39.200
MITCHNER, Wm., 20-60, WM, 7-37.40.201
MITCHNER, Katie, 20-60, WF, 7-37.40.202
MITCHNER, Stewart, 5-20, WM, 7-37.40.203
MITCHNER, Charley, 5-20, WM, 7-37.40.204
MITCHNER, Roy, 5-20, WM, 7-37.40.205
MITCHNER, Raymond, 0-5, WM, 7-37.40.206
MITCHNER, Albert, 0-5, WM, 7-37.40.207
SIGAFOSS, Alice, 20-60, WF, 7-37.40.208
LORE, George, 20-60, WM, 7-38.41.209
SEARFOSS, Wm., 20-60, WM, 7-39.42.210
SEARFOSS, Helena, 20-60, WF, 8-39.42.211
BURGESS, Wm., 5-20, WM, 8-39.42.212
STERN, Sallie A., 20-60, WF, 8-40.43.213
STERN, Wm., 20-60, WM, 8-40.43.214

HUNTERDON CO. NJ 1895 STATE CENSUS
Township of Holland

STERN, Frank, 20-60, WM, 8-40.43.215
STERN, Jacob, 5-20, WM, 8-40.43.216
STERN, Laura, 5-20, WF, 8-40.43.217
BELLIS, John, 20-60, WM, 8-41.44.218
BELLIS, Emma J., 20-60, WF, 8-41.44.219
BELLIS, Tommie, 5-20, WM, 8-41.44.220
BELLIS, Mary, 5-20, WF, 8-41.44.221
BELLIS, Lizzie, 5-20, WF, 8-41.44.222
LIPPENCOTT, Sallie, 20-60, WF, 8-41.44.223
BLOOM, Lewis, 20-60, WM, 8-42.45.224
BLOOM, Emily, 5-20, WF, 8-42.45.225
BLOOM, Mary, 20-60, WF, 8-42.45.226
FRALEY, Oscar, 20-60, WM, 8-43.46.227
FRALEY, Sahra, 20-60, WF, 8-43.46.228
FRALEY, Lovella, 5-20, WF, 8-43.46.229
FRALEY, Letilda, 5-20, WF, 8-43.46.230
FRALEY, Mary, 5-20, WF, 8-43.46.231
HOGERBOUT, Peter S., 20-60, WM, 8-43.47.232
HOGERBOUT, Emma J., 20-60, WF, 8-43.47.233
SNYDER, Mary J., 60+, WF, 8-43.47.234
LIPPENCOTT, Samuel, 20-60, WM, 8-44.48.235
LIPPENCOTT, Mary, 20-60, WF, 8-44.48.236
LIPPENCOTT, Charles, 5-20, WM, 8-44.48.237
LIPPENCOTT, Willie, 0-5, WM, 8-44.48.238
LIPPENCOTT, Florence, 0-5, WF, 8-44.48.239
EASTERLY, William, 20-60, WM, 8-45.49.240
EASTERLY, Amelia, 20-60, WF, 9-45.49.241
ARTHUR, Alice, 20-60, WF, 9-45.49.242
ARTHUR, Edward, 20-60, WM, 9-45.49.243
ARTHUR, Ethel, 0-5, WF, 9-45.49.244
ARTHUR, Florence, 0-5, WF, 9-45.49.245
ARTHUR, Beattress, 0-5, WF, 9-45.49.246
RAPP, Mary, 20-60, WF, 9-46.50.247
HAGER, William, 20-60, WM, 9-46.50.248
HAGER, Fannie, 20-60, WF, 9-46.50.249
HAGER, Hiram E., 0-5, WM, 9-46.50.250
MOORE, Jacob, 20-60, WM, 9-47.51.251
MOORE, Edith, 20-60, WF, 9-47.51.252
MOORE, Carl, 0-5, WM, 9-47.51.253
MOORE, Frank, 0-5, WM, 9-47.51.254
WHITE, Henry, 20-60, WM, 9-48.52.255
WHITE, Elisabeth, 20-60, WF, 9-48.52.256
WHITE, Annie M., 20-60, WF, 9-48.52.257
SOUDERS, John, 20-60, WM, 9-49.53.258
SOUDERS, Elisabeth, 20-60, WF, 9-49.53.259
SOUDERS, John, 5-20, WM, 9-49.53.260
VANDERBILT, Spencer, 20-60, WM, 9-49.53.261
SINCLAIR, Jessie, 60+, WM, 9-50.54.262
SINCLAIR, Amy, 60+, WF, 9-50.54.263
SINCLAIR, Emma, 20-60, WF, 9-50.54.264
SNYDER, Jessie, 20-60, WM, 9-50.54.265
HART, Peter, 60+, WM, 9-51.55.266
SINCLAIR, Eliza, 60+, WF, 9-51.55.267
HART, Samuel, 20-60, WM, 9-51.55.268
PHILIPS, William, 20-60, WM, 9-52.56.269
PHILIPS, Annie E., 20-60, WF, 9-52.56.270
PHILIPS, Jennie, 20-60, WF, 10-52.56.271
ULMER, Emma J., 5-20, WF, 10-52.56.272
HAINEY, Lewis, 5-20, WM, 10-52.56.273
BURGSTRESSER, Eli, 20-60, WM, 10-53.57.274
BURGSTRESSER, Katie, 20-60, WF, 10-53.57.275
BURGSTRESSER, Annie, 20-60, WF, 10-53.57.276
BURGSTRESSER, Levinna, 0-5, WF, 10-53.57.277
VANDERBILT, John, 20-60, WM, 10-53.57.278
BURGSTRESSER, Denica, 20-60, WF, 10-54.58.279
BURGSTRESSER, Walter, 20-60, WM, 10-54.58.280
BURGSTRESSER, Carrie, 5-20, WF, 10-54.58.281
FOUST, Levi, 20-60, WM, 10-55.59.282
FAUST, Ratchel, 20-60, WF, 10-55.59.283
FAUST, William, 5-20, WM, 10-55.59.284
BROADHEAD, Edward, 20-60, WM, 10-56.60.285
BROADHEAD, Ida, 20-60, WF, 10-56.60.286
BROADHEAD, Harry, 0-5, WM, 10-56.60.287
OAKS, Theodore, 20-60, WM, 10-57.61.288
OAKS, Amy, 20-60, WF, 10-57.61.289
OAKS, Leon, 0-5, WM, 10-57.61.290
OAKS, Russell, 0-5, WM, 10-57.61.291
VANDERBILT, Cathern, 60+, WF, 10-57.61.292
EICHLIN, James, 20-60, WM, 10-58.62.293
EICHLIN, Loranno, 20-60, WF, 10-58.62.294
EICHLIN, Ledia, 5-20, WF, 10-58.62.295
EICHLIN, Cora, 5-20, WF, 10-58.62.296
EICHLIN, Roy, 5-20, WM, 10-58.62.297
EICHLIN, Charley, 5-20, WM, 10-58.62.298
RAPP, Jonas, 60+, WM, 10-59.63.299
RAPP, Sahra, 60+, WF, 10-59.63.300
ULMER, John, 20-60, WM, 11-60.64.301
ULMER, Annie, 20-60, WF, 11-60.64.302
ULMER, Nettie, 5-20, WF, 11-60.64.303
ULMER, Charley, 5-20, WM, 11-60.64.304
ULMER, Lizzie, 0-5, WF, 11-60.64.305
EDINGER, Jennie, 20-60, WF, 11-60.64.306
SINCLAIR, Wm., 20-60, WM, 11-60.64.307
EICHLIN, Amanda, 60+, WF, 11-61.65.308
KOOPER, John, 60+, WM, 11-62.66.309
PHILIPS, Wm. E., 20-60, WM, 11-63.67.310
PHILIPS, Nellie, 20-60, WF, 11-63.67.311
PHILIPS, Mahlon H., 0-5, WM, 11-63.67.312
RAPP, Alton C., 20-60, WM, 11-64.68.313
RAPP, Annie, 20-60, WF, 11-64.68.314
MESSER, David, 20-60, WM, 11-64.68.315
RAPP, Eliza, 60+, WF, 11-65.69.316
SINCLAIR, Milton, 20-60, WM, 11-65.70.317
SINCLAIR, Mary, 20-60, WF, 11-65.70.318
RAPP, Cathern, 60+, WF, 11-66.71.319
HUNT, Samuel, 20-60, WM, 11-67.72.320
HUNT, Rebecca, 20-60, WF, 11-67.72.321
HUNT, John, 0-5, WM, 11-67.72.322
ULMER, Fred, 20-60, WM, 11-68.73.323
ULMER, Jennie, 20-60, WF, 11-68.73.324

HUNTERDON CO. NJ 1895 STATE CENSUS
Township of Holland

ULMER, Floyd, 5-20, WM, 11-68.73.325
ULMER, Charley, 0-5, WM, 11-68.73.326
ULMER, Earl, 0-5, WM, 11-68.73.327
HAGER, Peter, 20-60, WM, 11-69.74.328
HAGER, Cathern, 20-60, WF, 11-69.74.329
COLE, A. J., 60+, WM, 11-70.75.330
COLE, Sallie, 60+, WF, 12-70.75.331
ULMER, Eliza, 20-60, WF, 12-71.76.332
ULMER, Maggie, 5-20, WF, 12-71.76.333
MELCHOR, John, 20-60, WM, 12-71.77.334
MELCHOR, Ida, 20-60, WF, 12-71.77.335
MELCHOR, Bella M., 0-5, WF, 12-71.77.336
MELCHOR, Ratchel, 0-5, WF, 12-71.77.337
HAGER, David O., 20-60, WM, 12-72.78.338
HAGER, Annie L., 20-60, WF, 12-72.78.339
HAGER, Harry, 20-60, WM, 12-72.78.340
VANDERBILT, Develias, 60+, WM, 12-73.79.341
VANDERBILT, Ledia A., 60+, WF, 12-73.79.342
VANDERBILT, Sallie M., 20-60, WF, 12-73.79.343
VANDERBILT, Mary, 20-60, WF, 12-73.79.344
VANDERBILT, Stacy, 20-60, WM, 12-73.79.345
MOORE, John, 20-60, WM, 12-74.80.346
MOORE, Elisabeth, 20-60, WF, 12-74.80.347
MOORE, Laura, 20-60, WF, 12-74.80.348
MOORE, William, 5-20, WM, 12-74.80.349
MOORE, Jennie, 5-20, WF, 12-74.80.350
ELDRIDGE, John W., 60+, OM, 12-75.81.351
ELDRIDGE, Ratchel N., 60+, WF, 12-75.81.352
OHARA, Joseph O., 5-20, WM, 12-75.81.353
CATES, Wm., 20-60, WM, 12-76.82.354
MOORE, Mary E., 20-60, WF, 12-76.82.355
LIPPENCOTT, Andrew, 60+, WM, 12-77.83.356
LIPPENCOTT, Fredericka, 60+, WF, 12-77.83.357
LIPPENCOTT, Alice, 5-20, WF, 12-77.83.358
LIPPENCOTT, Ella, 20-60, WF, 12-77.83.359
VANZELAS, Samuel, 20-60, WM, 12-78.84.360
VANZELAS, Mary E., 20-60, WF, 13-78.84.361
NOLF, Edward, 60+, WM, 13-79.85.362
NOLF, Reginna, 60+, WF, 13-79.85.363
NOLF, Cathern, 20-60, WF, 13-79.85.364
WILSON, Wm. H., 20-60, WM, 13-80.86.365
WILSON, Mary, 20-60, WF, 13-80.86.366
WILSON, George, 5-20, WM, 13-80.86.367
CLARK, Jacob, 20-60, WM, 13-81.87.368
CLARK, Emma J., 20-60, WF, 13-81.87.369
ROBBINS, Edward, 20-60, WM, 13-82.88.370
ROBBINS, Mary, 20-60, WF, 13-82.88.371
ROBBINS, Annie, 5-20, WF, 13-82.88.372
ROBBINS, Charley, 5-20, WM, 13-82.88.373
CLARK, Jermiah, 60+, WM, 13-82.88.374
CLARK, Hannah, 60+, WF, 13-82.88.375
LIPPENCOTT, Wm., 60+, WM, 13-83.89.376
LIPPENCOTT, Jane, 60+, WF, 13-83.89.377
BARRON, Herbert, 5-20, WM, 13-83.89.378
LIPPENCOTT, John, 20-60, WM, 13-84.90.379
LIPPENCOTT, Annie, 20-60, WF, 13-84.90.380
LIPPENCOTT, Frank, 5-20, WM, 13-84.90.381
LIPPENCOTT, Jennie, 5-20, WF, 13-84.90.382
LIPPENCOTT, Mary, 0-5, WF, 13-84.90.383
LIPPENCOTT, Walter, 0-5, WM, 13-84.90.384
SINCLAIR, Hart, 20-60, WM, 13-85.91.385
SINCLAIR, Ledia O., 20-60, WF, 13-85.91.386
SINCLAIR, Archie M., 20-60, WM, 13-85.91.387
FINE, Thompson, 20-60, WM, 13-86.92.388
FINE, Sahra, 20-60, WF, 13-86.92.389
FINE, Jacob, 20-60, WM, 13-86.92.390
FINE, Minnie E., 20-60, WF, 14-86.92.391
FINE, Annie, 0-5, WF, 14-86.92.392
FINE, Maria, 60+, WF, 14-86.92.393
HAGER, George W., 60+, WM, 14-87.93.394
HAGER, Annie B., 60+, WF, 14-87.93.395
LIPPENCOTT, Ida, 5-20, WF, 14-87.93.396
HAGER, Mahlon, 60+, WM, 14-88.94.397
HAGER, Elisabeth, 20-60, WF, 14-88.94.398
SINCLAIR, Lizzie B., 0-5, WF, 14-88.94.399
RAPP, Wm., 60+, WM, 14-89.95.400
RAPP, Mary L., 20-60, WF, 14-89.95.401
RAPP, Walter, 5-20, WM, 14-89.95.402
FRALEY, Wm., 60+, WM, 14-90.96.403
FRALEY, Cathern, 60+, WF, 14-90.96.404
BURK, B. F., 20-60, WM, 14-91.97.405
BURK, Wm. H., 20-60, WM, 14-91.97.406
MILLER, Wm. H., 20-60, WM, 14-92.98.407
MILLER, Nellie, 20-60, WF, 14-92.98.408
MILLER, Arthur, 5-20, WM, 14-92.98.409
RAPP, Peter, 20-60, WM, 14-93.99.410
RAPP, Sahra, 20-60, WF, 14-93.99.411
RACE, Harvey E., 20-60, WM, 14-94.100.412
RACE, Tinney, 20-60, WF, 14-94.100.413
RACE, May, 0-5, WF, 14-94.100.414
RACE, Fannie, 0-5, WF, 14-94.100.415
RACE, Lloyd, 0-5, WM, 14-94.100.416
FINE, Howell, 5-20, WM, 14-94.100.417
BROWN, Joseph, 5-20, WM, 14-94.100.418
ANGEL, Wilson, 60+, WM, 14-95.101.419
ANGEL, Ettie, 60+, WF, 14-95.101.420
ANGEL, John W., 20-60, WM, 15-95.101.421
ANGEL, Ellis K., 20-60, WF, 15-95.101.422
ANGEL, Eseter?, 5-20, WF, 15-95.101.423
KITCHEN, W. J., 20-60, WM, 15-96.102.424
KITCHEN, Annie S., 20-60, WF, 15-96.102.425
KITCHEN, Maggie H., 5-20, WF, 15-96.102.426
KITCHEN, Annie S., 5-20, WF, 15-96.102.427
KITCHEN, Roy, 5-20, WM, 15-96.102.428
KITCHEN, Laura, 5-20, WF, 15-96.102.429
ANGEL, Mahlon, 20-60, WM, 15-97.103.430
ANGEL, Emma J., 20-60, WF, 15-97.103.431
ULMER, France, 20-60, WM, 15-97.103.432
PHILIPS, Fred, 20-60, WM, 15-98.104.433
PHILIPS, Minnie, 20-60, WF, 15-98.104.434

HUNTERDON CO. NJ 1895 STATE CENSUS
Township of Holland

FRANKLIN, Katie, 5-20, WF, 15-98.104.435
SHEETS, Erven, 5-20, WM, 15-98.104.436
MOORE, Warren, 20-60, WM, 15-99.105.437
MOORE, Sahra, 20-60, WF, 15-99.105.438
MOORE, Katie B., 5-20, WF, 15-99.105.439
HELLER, Eli, 20-60, WM, 15-100.106.440
HELLER, Susan M., 20-60, WF, 15-100.106.441
HELLER, Annie N., 5-20, WF, 15-100.106.442
HAGER, Margeret, 60+, WF, 15-100.106.443
HAGER, Elias, 20-60, WM, 15-100.106.444
PIAT, William, 60+, WM, 15-101.107.445
SIGAFOSS, Mary, 20-60, WF, 15-101.107.446
SIGAFOSS, Annie, 5-20, WF, 15-101.107.447
SINCLAIR, John V., 60+, WM, 15-102.108.448
SINCLAIR, Sahra, 60+, WF, 15-102.108.449
SINCLAIR, Ella, 20-60, WF, 15-102.108.450
KULP, Enos, 60+, WM, 16-103.109.451
KULP, Cathern, 60+, WF, 16-103.109.452
KULP, Tillie, 5-20, WF, 16-103.109.453
HAGER, Edward, 20-60, WM, 16-104.110.454
HAGER, Annie, 20-60, WF, 16-104.110.455
HAGER, Bessie, 5-20, WF, 16-104.110.456
HAGER, Peter, 0-5, WM, 16-104.110.457
STROUSE, William, 5-20, WM, 16-104.110.458
BARTHOLOMEL, W. F., 20-60, WM, 16-105.111.459
BARTHOLOMEL, Sallie, 20-60, WF, 16-105.111.460
BARTHOLOMEL, Ida, 5-20, WF, 16-105.111.461
BARTHOLOMEL, Mable, 5-20, WF, 16-105.111.462
BARTHOLOMEL, Carrie, 0-5, WF, 16-105.111.463
RUSH, Henry D., 60+, WM, 16-106.112.464
RUSH, Harriet, 20-60, WF, 16-106.112.465
DALRYUMPLE, George D., 20-60, WM, 16-107.113.466
DALRYUMPLE, Sahra E., 20-60, WF, 16-107.113.467
DALRYUMPLE, Florence, 5-20, WF, 16-107.113.468
DALRYUMPLE, Willie, 5-20, WM, 16-107.113.469
DALRYUMPLE, Charley, 0-5, WM, 16-107.113.470
HAGERMAN, John, 60+, WM, 16-108.114.471
HAGERMAN, Susan, 60+, WF, 16-108.114.472
HAGERMAN, Lambert C., 20-60, WM, 16-108.115.473
HAGERMAN, Amanda, 20-60, WF, 16-108.115.474
HAGERMAN, Edna, 5-20, WF, 16-108.115.475
SWINK, Ledia, 5-20, WF, 16-108.115.476
PFEIFFER, Charles, 20-60, WM, 16-109.116.477
PFEIFFER, Cathern, 20-60, WF, 16-109.116.478
PFEIFFER, Frank, 5-20, WM, 16-109.116.479
PFEIFFER, Thomas, 5-20, WM, 16-109.116.480
PFEIFFER, Eddie, 5-20, WM, 17-109.116.481
PFEIFFER, Charley, 5-20, WM, 17-109.116.482
PFEIFFER, Annie, 5-20, WF, 17-109.116.483
PFEIFFER, Katie, 0-5, WF, 17-109.116.484
BROTZMAN, George, 20-60, WM, 17-110.117.485
BROTZMAN, Florence, 20-60, WF, 17-110.117.486
BROTZMAN, Susie, 0-5, WF, 17-110.117.487
WYANT, Robert, 20-60, WM, 17-111.118.488
WINTERS, Theodore, 20-60, WM, 17-112.119.489
WINTERS, Nettie, 20-60, WF, 17-112.119.490
WINTERS, Robert, 5-20, WM, 17-112.119.491
WINTERS, Florence, 5-20, WF, 17-112.119.492
WINTERS, Harry D., 0-5, WM, 17-112.119.493
WINTERS, Laura, 0-5, WF, 17-112.119.494
LOWE, Dean, 20-60, WM, 17-113.120.495
LOWE, Emma, 20-60, WF, 17-113.120.496
LOWE, Frank, 5-20, WM, 17-113.120.497
LOWE, Charles, 5-20, WM, 17-113.120.498
HOFFMAN, Isiah, 20-60, WM, 17-113.120.499
KITCHEN, Edward, 20-60, WM, 17-113.121.500
KITCHEN, Amelia, 20-60, WF, 17-113.121.501
KITCHEN, Raymond, 0-5, WM, 17-113.121.502
WINTERS, Robert, 20-60, WM, 17-114.122.503
WINTERS, Louisa, 20-60, WF, 17-114.122.504
WINTERS, Lizzie, 5-20, WF, 17-114.122.505
CROUSE, Laura, 20-60, WF, 17-114.122.506
CROUSE, William, 20-60, WM, 17-114.122.507
ROSEBERRY, Tom, 20-60, WM, 17-114.122.508
WEIDER, Reese, 5-20, WM, 17-114.122.509
BELLIS, Tirman H., 20-60, WM, 17-115.123.510
BELLIS, Sahra E., 20-60, WF, 18-115.123.511
BELLIS, John E., 5-20, WM, 18-115.123.512
WEIDER, Susan, 20-60, WF, 18-115.123.513
SEIGEL, Juhad, 20-60, WM, 18-115.123.514
HART, David, 20-60, WM, 18-116.124.515
HART, Clara, 20-60, WF, 18-116.124.516
HART, George, 5-20, WM, 18-116.124.517
HART, Eddie, 5-20, WF, 18-116.124.518
HART, May, 5-20, WF, 18-116.124.519
HART, Clara, 5-20, WF, 18-116.124.520
HART, Charley, 0-5, WM, 18-116.124.521
SPITZER, Fred, 20-60, GM, 18-117.125.522
SPITZER, Emma, 20-60, WF, 18-117.125.523
STEMMETS, Harry T., 20-60, WM, 18-118.126.524
STEMMETS, Elisabeth, 20-60, WF, 18-118.126.525
STEMMETS, George, 5-20, WM, 18-118.126.526
EICHLIN, Clarence, 5-20, WM, 18-119.127.527
EICHLIN, Lucinda, 20-60, WF, 18-119.127.528
TRANSUNE, Anthony, 20-60, WM, 18-120.128.529
TRANSUNE, Cornelia, 20-60, WF, 18-120.128.530
TRANSUNE, Benjainen, 20-60, WM, 18-120.128.531
STIRES, Whitfield, 20-60, WM, 18-121.129.532
STIRES, Cathern, 20-60, WF, 18-121.129.533
STIRES, Charles, 5-20, WM, 18-121.129.534
STIRES, Russell, 5-20, WM, 18-121.129.535
STIRES, Frank, 5-20, WM, 18-121.129.536
STIRES, Howard, 5-20, WM, 18-121.129.537
STIRES, Elisabeth, 5-20, WF, 18-121.129.538
STIRES, Minnie, 0-5, WF, 18-121.129.539
STIRES, Lowe, 0-5, WM, 18-121.129.540
STIRES, Thomas, 0-5, WM, 19-121.129.541
BURGSDRESSER, Samuel, 60+, WM, 19-122.130.542
BURGSDRESSER, Ratchel J., 60+, WF, 19-122.130.543
BURGSDRESSER, Stewart, 20-60, WM, 19-122.130.544

HUNTERDON CO. NJ 1895 STATE CENSUS
Township of Holland

BURGSDRESSER, Mary E., 20-60, WF, 19-122.130.545
BURGSDRESSER, Jennie, 5-20, WF, 19-122.130.546
BURGSDRESSER, John A., 0-5, WM, 19-122.130.547
EICHLIN, Samuel, 20-60, WM, 19-123.131.548
EICHLIN, Mary J., 20-60, WF, 19-123.131.549
EICHLIN, William P., 20-60, WM, 19-123.131.550
EICHLIN, Margeret, 20-60, WF, 19-123.131.551
EICHLIN, Luelia, 5-20, WF, 19-123.131.552
WALTERS, Joseph, 5-20, WM, 19-123.131.553
WILLIAMS, Jabez, 20-60, WM, 19-124.132.554
WILLIAMS, Mary, 20-60, WF, 19-124.132.555
WILLIAMS, Lizzie, 0-5, WF, 19-124.132.556
WILLIAMS, Clarence, 0-5, WM, 19-124.132.557
QUICK, Herbert, 20-60, WM, 19-125.133.558
HAGERMAN, Bertha, 20-60, WF, 19-125.133.559
SOUDERS, Sylvannes, 20-60, WM, 19-126.134.560
SOUDERS, Kitty, 20-60, WF, 19-126.134.561
SOUDERS, Annie M., 0-5, WF, 19-126.134.562
BELLIS, John C., 60+, WM, 19-127.135.563
BELLIS, Godfred, 20-60, WM, 19-127.135.564
BELLIS, Susan, 20-60, WF, 19-127.135.565
BELLIS, Carrie, 5-20, WF, 19-127.135.566
BELLIS, Bertha, 5-20, WF, 19-127.135.567
WEIDER, Frank P., 20-60, WM, 19-128.136.568
WEIDER, Hannah, 20-60, WF, 19-128.136.569
WEIDER, Raymond, 0-5, WM, 19-128.136.570
SHIVELY, John P., 60+, WM, 20-129.137.571
SHIVELY, Sarah, 20-60, WF, 20-129.137.572
SHIVELY, Mary E., 20-60, WF, 20-129.137.573
SHIVELY, Edgar, 5-20, WM, 20-129.137.574
BAKER, George, 20-60, WM, 20-130.138.575
BAKER, Theresa, 20-60, WF, 20-130.138.576
BAKER, Jenette G., 0-5, WF, 20-130.138.577
BAKER, Paul, 0-5, WM, 20-130.138.578
DILLS, Charley, 5-20, WM, 20-130.138.579
STANGLE, Ubert, 20-60, WM, 20-131.139.580
STANGLE, Elizabeth, 20-60, WF, 20-131.139.581
STANGLE, Harry, 5-20, WM, 20-131.139.582
STANGLE, Ubert, Jr., 5-20, WM, 20-131.139.583
STANGLE, Louis, 5-20, WM, 20-131.139.584
STANGLE, Mattie, 0-5, WF, 20-131.139.585
STANGLE, Willie, 0-5, WM, 20-131.139.586
WOOLF, Allen, 20-60, WM, 20-132.140.587
WOOLF, Bessie, 20-60, WF, 20-132.140.588
WOOLF, Helen, 0-5, WF, 20-132.140.589
CONOVER, A. Lambert, 20-60, WM, 20-132.141.590
CONOVER, Bessie, 20-60, WF, 20-132.141.591
RILEY, John O., 20-60, WM, 20-133.142.592
RILEY, Mary B., 20-60, WF, 20-133.142.593
RILEY, Austin N., 5-20, WM, 20-133.142.594
RILEY, Paul, 5-20, WM, 20-133.142.595
RILEY, Leah, 60+, WF, 20-134.143.596
RILEY, Warren, 20-60, WM, 20-134.143.597
FOOSE, W. L., 20-60, WM, 20-135.144.598
FOOSE, Ida, 20-60, WF, 20-135.144.599
FOOSE, Nellie M., 5-20, WF, 20-135.144.600
FOOSE, Maud, 0-5, WF, 21-135.144.601
FOOSE, Willie, 0-5, WM, 21-135.144.602
HARRISON, John E., 60+, WM, 21-135.144.603
DENTIS, Jermiah, 20-60, WM, 21-136.145.604
DENTIS, Margeret, 20-60, WF, 21-136.145.605
DENTIS, Robert, 5-20, WM, 21-136.145.606
DENTIS, Maggie, 5-20, WF, 21-136.145.607
FOOSE, John, 20-60, WM, 21-137.146.608
FOOSE, Euphemia, 20-60, WF, 21-137.146.609
KITCHEN, Robert, 60+, WM, 21-138.147.610
KITCHEN, Mary, 60+, WF, 21-138.147.611
CROUSE, Cathern, 20-60, WF, 21-139.148.612
CROUSE, Wm., 20-60, WM, 21-139.148.613
HARRISON, Martin D., 20-60, WM, 21-140.149.614
HARRISON, Eliza A., 20-60, WF, 21-140.149.615
HARRISON, Harry L., 5-20, WM, 21-140.149.616
KITCHEN, Philip A., 20-60, WM, 21-141.150.617
KITCHEN, Mary C., 20-60, WF, 21-141.150.618
KITCHEN, Lessie J., 5-20, WF, 21-141.150.619
WEIDER, John, 60+, GM, 21-141.150.620
WEIDER, Josephine, 20-60, GF, 21-141.150.621
SCHWENDENER, Mathias, 20-60, OM, 21-142.151.622
SCHWENDENER, Mary F., 20-60, WF, 21-142.151.623
SCHWENDENER, Mosy D., 5-20, WM, 21-142.151.624
SCHWENDENER, John J., 0-5, WM, 21-142.151.625
ROBBINS, Frank, 20-60, WM, 21-143.152.626
ROBBINS, Mary, 20-60, WF, 21-143.152.627
ROBBINS, Etta, 0-5, WF, 21-143.152.628
ROBBINS, Charley, 5-20, WM, 21-143.152.629
HOLGAND, Mary, 20-60, WF, 21-143.152.630
HOCKENBERRY, Whitfield, 20-60, WM, 22-144.153.631
HOCKENBERRY, Amanda, 20-60, WF, 22-144.153.632
HOCKENBERRY, Mary D., 5-20, WF, 22-144.153.633
KINNEY, Henry S., 60+, WM, 22-145.154.634
KINNEY, Emily, 20-60, WF, 22-145.154.635
KINNEY, Elmer, 5-20, WM, 22-145.154.636
KINNEY, Howard, 5-20, WM, 22-145.154.637
KINNEY, Frank, 5-20, WM, 22-145.154.638
KINNEY, Laura, 20-60, WF, 22-145.154.639
KINNEY, Clara, 20-60, WF, 22-145.154.640
ECKEL, Samuel V., 60+, WM, 22-146.155.641
ECKEL, Caroline F., 60+, WF, 22-146.155.642
ECKEL, George S., 20-60, WM, 22-146.155.643
ECKEL, Mary B., 20-60, WF, 22-146.155.644
BIRD, Elijiah N., 20-60, WM, 22-147.156.645
BIRD, Ratchel, 20-60, WF, 22-147.156.646
BIRD, Julia, 5-20, WF, 22-147.156.647
BIRD, Mary E., 5-20, WF, 22-147.156.648
BIRD, Milliard C., 5-20, WM, 22-147.156.649
BIRD, Lois, 5-20, WF, 22-147.156.650
BURGE, David, 20-60, WM, 22-147.156.651
BROWN, Nelson, 20-60, WM, 22-148.157.652
BROWN, Elizabeth, 20-60, WF, 22-148.157.653
BROWN, Stacy, 5-20, WM, 22-148.157.654

HUNTERDON CO. NJ 1895 STATE CENSUS
Township of Holland

BROWN, Earnst, 5-20, WM, 22-148.157.655
BROWN, Mary E., 5-20, WF, 22-148.157.656
HARRISON, Charles, 60+, WM, 22-148.158.657
HARRISON, Mary, 60+, WF, 22-148.158.658
PHILIPS, H. L., 20-60, WM, 22-149.159.659
PHILIPS, Emma, 20-60, WF, 22-149.159.660
PHILIPS, Nellie, 5-20, WF, 23-149.159.661
PHILIPS, Harry, 5-20, WM, 23-149.159.662
EICHLIN, Benjamen, 20-60, WM, 23-149.160.663
EICHLIN, Minnie, 20-60, WF, 23-149.160.664
PHILIPS, John R., 20-60, WM, 23-150.161.665
PHILIPS, Mary S., 20-60, WF, 23-150.161.666
PHILIPS, Annie M., 5-20, WF, 23-150.161.667
PHILIPS, John D., 5-20, WM, 23-150.161.668
PHILIPS, Lizzie M., 5-20, WF, 23-150.161.669
JUPIR, Reuben, 20-60, WM, 23-150.161.670
FREEMAN, William, 20-60, CM, 23-151.162.671
FREEMAN, Delia, 20-60, CF, 23-151.162.672
HUFF, Jacob C., 20-60, WM, 23-152.163.673
HUFF, Annie, 20-60, WF, 23-152.163.674
HUFF, Charley, 5-20, WM, 23-152.163.675
TRANSUNE, Charley, 5-20, WM, 23-152.163.676
TRANSUNE, Mary, 60+, WF, 23-152.163.677
HUFF, Daisy, 20-60, WF, 23-152.163.678
CROUSE, Walter, 5-20, WM, 23-153.164.679
CROUSE, Ida, 5-20, WF, 23-153.164.680
CROUSE, Forest, 0-5, WM, 23-153.164.681
BENNET, Isiac, 20-60, WM, 23-153.164.682
STEVERS, Lucinda, 60+, WF, 23-154.165.683
SINCLAIR, Harry, 20-60, WM, 23-155.166.684
SINCLAIR, Mabelle, 5-20, WF, 23-155.166.685
SINCLAIR, Raymond, 0-5, WM, 23-155.166.686
LENEARD, George, 5-20, WM, 23-155.166.687
FITZER, Lizzie, 5-20, WF, 23-155.166.688
SINCLAIR, Robert K., 20-60, WM, 23-155.167.689
SINCLAIR, Caroline, 20-60, WF, 23-155.167.690
BELLIS, Martin C., 20-60, WM, 24-156.168.691
BELLIS, Jennie, 20-60, WF, 24-156.168.692
SOUDERS, Rebecca, 60+, WF, 24-156.168.693
SHIVELY, Wilson, 5-20, WM, 24-156.168.694
BELLIS, Herbert S., 5-20, WM, 24-156.168.695
BELLIS, Mary E., 5-20, WF, 24-156.168.696
BAKER, Margeret A., 20-60, WF, 24-157.169.697
BAKER, Euphemia, 60+, WF, 24-157.169.698
BAKER, Harry, 20-60, WM, 24-157.169.699
BAKER, Addie, 5-20, WF, 24-157.169.700
BAKER, Lizzie C., 5-20, WF, 24-157.169.701
HOPPOCK, Charley, 20-60, WM, 24-158.170.702
HOPPOCK, Emma L., 20-60, WF, 24-158.170.703
HOPPOCK, Alton H., 5-20, WM, 24-158.170.704
HOPPOCK, Jennie, 5-20, WF, 24-158.170.705
HOPPOCK, Radie, 0-5, WF, 24-158.170.706
HOPPOCK, Floyd, 0-5, WM, 24-158.170.707
HUFF, Augustus, 20-60, WM, 24-159.171.708
HUFF, Ratie, 20-60, WF, 24-159.171.709
HUFF, Lessely, 0-5, WF, 24-159.171.710
HUFF, Mable, 0-5, WF, 24-159.171.711
HUFF, Solomon, 20-60, WM, 24-160.172.712
HUFF, Lizzie, 20-60, WF, 24-160.172.713
DIETZ, Luther, 20-60, WM, 24-160.172.714
HUFF, Erven D., 20-60, WM, 24-161.173.715
HUFF, Martha, 20-60, WF, 24-161.173.716
HUFF, Maggie, 5-20, WF, 24-161.173.717
HUFF, Frank, 5-20, WM, 24-161.173.718
HUFF, Jennie, 0-5, WF, 24-161.173.719
BUTLER, Margeret, 20-60, WF, 24-161.173.720
HAWK, Daniel S., 60+, WM, 25-162.174.721
HAWK, Sahra, 60+, WF, 25-162.174.722
HAWK, Godfred, 20-60, WM, 25-162.174.723
HAWK, Elizabeth, 20-60, WF, 25-162.174.724
HAWK, Sahra M., 5-20, WF, 25-162.174.725
PHILIPS, H. O., 20-60, WM, 25-163.175.726
PHILIPS, Jennie, 20-60, WF, 25-163.175.727
PHILIPS, George, 0-5, WM, 25-163.175.728
SNYDER, Mary, 5-20, WF, 25-163.175.729
FITZER, Charley, 5-20, WM, 25-163.175.730
HARRISON, Charles W., 20-60, WM, 25-164.176.731
HARRISON, Mary, 20-60, WF, 25-164.176.732
HARRISON, Carry, 5-20, WF, 25-164.176.733
HARRISON, Elida, 5-20, WF, 25-164.176.734
HARRISON, Annie, 5-20, WF, 25-164.176.735
FARLEY, Harry, 20-60, WM, 25-164.176.736
DUCKWORTH, John W., 20-60, WM, 25-165.177.737
DUCKWORTH, Mary, 20-60, WF, 25-165.177.738
DUCKWORTH, Charles, 5-20, WM, 25-165.177.739
DUCKWORTH, Chester A., 5-20, WM, 25-165.177.740
REED, Peter, 20-60, WM, 25-165.177.741
LENEARD, John, 20-60, WM, 25-166.178.742
LENEARD, Jennie, 20-60, WF, 25-166.178.743
LENEARD, Laura, 20-60, WF, 25-166.178.744
HEIST, Roy, 5-20, WM, 25-166.178.745
COLLINS, Tom, 5-20, WM, 25-166.178.746
McCOLLOUGH, Lawerence, 20-60, summer residence, WM, 25-166.178.747
McCOLLOUGH, Bathilda, 20-60, summer residence, WF, 25-166.178.748
McCOLLOUGH, Frank, 20-60, summer residence, WM, 25-166.178.749
McCOLLOUGH, William, 5-20, summer residence, WM, 25-166.178.750
ALPAUGH, Barrat, 20-60, WM, 26-167.179.751
ALPAUGH, Isabelle, 20-60, WF, 26-167.179.752
ALPAUGH, Charles, 20-60, WM, 26-167.179.753
ALPAUGH, Robert, 5-20, WM, 26-167.179.754
ALPAUGH, Spencer, 5-20, WM, 26-167.179.755
ALPAUGH, Wm. B., 5-20, WM, 26-167.179.756
ALPAUGH, Austin, 5-20, WM, 26-167.179.757
ALPAUGH, Barrat L., 0-5, WM, 26-167.179.758
ALPAUGH, Freddie, 0-5, WM, 26-167.179.759
FLEMMING, Katie, 20-60, WF, 26-167.179.760

HUNTERDON CO. NJ 1895 STATE CENSUS
Township of Holland

COLE, Thomas, 20-60, WM, 26-168.180.761
COLE, Elinora, 20-60, WF, 26-168.180.762
COLE, Henry, 5-20, WM, 26-168.180.763
BAKER, George, 20-60, WM, 26-168.180.764
WOOLF, Wm., 20-60, WM, 26-169.181.765
WOOLF, Mary, 20-60, WF, 26-169.181.766
WOOLF, Alice, 5-20, WF, 26-169.181.767
HUMMER, George, 20-60, WM, 26-169.181.768
HUMMER, Ledia, 5-20, WF, 26-169.181.769
COLE, Wm. H., 20-60, WM, 26-170.182.770
COLE, Elizabeth, 20-60, WF, 26-170.182.771
COLE, George E., 5-20, WM, 26-170.182.772
COLE, Helen M., 0-5, WF, 26-170.182.773
BUNN, Harry, 5-20, WM, 26-170.182.774
ANDERSON, Edgar, 20-60, WM, 26-171.183.775
ANDERSON, Ellen, 20-60, WF, 26-171.183.776
ANDERSON, Howard, 5-20, WM, 26-171.183.777
ANDERSON, Jacob, 0-5, WM, 26-171.183.778
ANDERSON, George, 0-5, WM, 26-171.183.779
ANDERSON, Jacob R., 60+, WM, 26-172.184.780
ANDERSON, Jane, 20-60, WF, 27-172.184.781
EICHLIN, Archie, 20-60, WM, 27-173.185.782
EICHLIN, Martha, 20-60, WF, 27-173.185.783
EICHLIN, Samuel, 20-60, WM, 27-173.185.784
DeHART, Harry, 5-20, WM, 27-173.185.785
PORTER, Rebecca, 20-60, WF, 27-173.185.786
ROBBINS, Clayton, 20-60, WM, 27-174.186.787
ROBBINS, Sallie, 20-60, WF, 27-174.186.788
HUNT, Philip, 5-20, WM, 27-174.186.789
VANDERBILT, Wm. M., 20-60, WM, 27-175.187.790
VANDERBILT, Georganna, 20-60, WF, 27-175.187.791
VANDERBILT, Nellie, 5-20, WF, 27-175.187.792
WEIDER, Belle, 20-60, WF, 27-176.188.793
WEIDER, Lizzie, 5-20, WF, 27-176.188.794
WEIDER, Roy, 5-20, WM, 27-176.188.795
WEIDER, Jennie, 5-20, WF, 27-176.188.796
WEIDER, Howard, 5-20, WM, 27-176.188.797
HOTHOUSE, Joseph, 20-60, WM, 27-176.188.798
PURSELL, Mrs. Jane, 60+, WF, 27-176.189.799
CARNEL, Allen, 60+, WM, 27-177.190.800
CARNEL, Elizabeth, 20-60, WF, 27-177.190.801
HAGER, Francis M., 60+, WM, 27-178.191.802
HAGER, Cathern, 20-60, WF, 27-178.191.803
HAGER, Cornelias, 60+, WM, 27-178.191.804
HAGER, Christopher, 5-20, WM, 27-178.191.805
HAGER, Emma, 5-20, WF, 27-178.191.806
HAGER, Hannah, 5-20, WF, 27-178.191.807
ILIOFF, James, 60+, WM, 27-179.192.808
ILIOFF, Rebecca, 60+, WF, 27-179.192.809
SHAFFER, Emma, 5-20, WF, 27-179.192.810
ANDERSON, James I., 20-60, WM, 28-179.192.811
VANDERBILT, Wm. D., 60+, WM, 28-180.193.812
VANDERBILT, Elizabeth, 60+, WF, 28-180.193.813
SPITZER, Fred, 20-60, WM, 28-181.194.814
SPITZER, Emma, 20-60, WF, 28-181.194.815
SWOPE, Wm. E., 20-60, WM, 28-182.195.816
SWOPE, Elinora, 20-60, WF, 28-182.195.817
SWOPE, Charley, 5-20, WM, 28-182.195.818
SWOPE, Ava, 5-20, WF, 28-182.195.819
SWOPE, Roy R., 5-20, WM, 28-182.195.820
SWOPE, Wm. E., Jr., 5-20, WM, 28-182.195.821
SWOPE, Ora M., 0-5, WF, 28-182.195.822
CLARK, Susan M., 60+, WF, 28-182.195.823
KINNEY, George, 20-60, WM, 28-183.196.824
KINNEY, Katie, 20-60, WF, 28-183.196.825
KINNEY, Edna, 5-20, WF, 28-183.196.826
WOLF, David, 20-60, WM, 28-184.197.827
WOLF, Motline, 20-60, WF, 28-184.197.828
HARRIS, Frank, 5-20, WM, 28-184.197.829
TREGGER, Wm., 20-60, WM, 28-184.197.830
WOLF, Bennie, 20-60, WM, 28-185.198.831
WOLF, Bertha, 20-60, WF, 28-185.198.832
WOLF, Motline, 5-20, WF, 28-185.198.833
WOLF, Mary, 0-5, WF, 28-185.198.834
WOLF, David, 0-5, WM, 28-185.198.835
WOLF, Jennie, 0-5, WF, 28-185.198.836
SMITH, Geo. R., 20-60, WM, 28-186.199.837
SMITH, Eva, 20-60, WF, 28-186.199.838
SMITH, Bessie, 5-20, WF, 28-186.199.839
SMITH, Roy, 5-20, WM, 28-186.199.840
SMITH, Madaline, 5-20, WF, 29-186.199.841
SMITH, Thomas R., 5-20, WM, 29-186.199.842
ROUNSAVILLE, D., 20-60, WM, 29-187.200.843
ROUNSAVILLE, Annie, 20-60, WF, 29-187.200.844
ROUNSAVILLE, Lessely, 5-20, WF, 29-187.200.845
ROUNSAVILLE, Stella, 5-20, WF, 29-187.200.846
ROUNSAVILLE, Lemnan, 0-5, WM, 29-187.200.847
ROUNSAVILLE, Grace, 0-5, WF, 29-187.200.848
ROUNSAVILLE, Peter, 5-20, WM, 29-187.200.849
AGER, Elizabeth, 60+, WF, 29-187.200.850
MANNING, Aaron, 20-60, WM, 29-188.201.851
MANNING, Cornelia, 20-60, WF, 29-188.201.852
MANNING, Isiac B., 60+, WM, 29-188.201.853
MANNING, Mary E., 5-20, WF, 29-188.201.854
THOMPSON, Wm. C., 20-60, WM, 29-188.201.855
HAWK, Solomon, 20-60, WM, 29-189.202.856
HAWK, Susan, 20-60, WF, 29-189.202.857
HAWK, Ida, 5-20, WF, 29-189.202.858
HAWK, Willis D., 5-20, WM, 29-189.202.859
HINER, Philip, 5-20, WM, 29-189.202.860
HORNER, Westley, 20-60, WM, 29-189.203.861
HORNER, Ida, 20-60, WF, 29-189.203.862
SHERMAN, William, 20-60, WM, 29-190.204.863
SHERMAN, Emma, 20-60, WF, 29-190.204.864
SHERMAN, Lizzie, 5-20, WF, 29-190.204.865
SHERMAN, Nora, 5-20, WF, 29-190.204.866
SHERMAN, Harry, 5-20, WM, 29-190.204.867
SHERMAN, Benton, 5-20, WM, 29-190.204.868
SHERMAN, Stewart, 5-20, WM, 29-190.204.869
SHERMAN, Ella, 0-5, WF, 29-190.204.870

HUNTERDON CO. NJ 1895 STATE CENSUS
Township of Holland

SINCLAIR, Austin, 20-60, WM, 30-190.204.871
SINCLAIR, Daniel H., 20-60, WM, 30-191.205.872
SINCLAIR, Mary, 20-60, WF, 30-191.205.873
SINCLAIR, Maud, 5-20, WF, 30-191.205.874
SINCLAIR, Herbert, 20-60, WM, 30-191.205.875
ANDERSON, Charles C., 20-60, WM, 30-192.206.876
ANDERSON, Cathern, 20-60, WF, 30-192.206.877
ANDERSON, Mary, 20-60, WF, 30-192.206.878
MACENTAL, Emma, 5-20, WF, 30-192.206.879
MACENTAL, Helen, 0-5, WF, 30-192.206.880
ANDERSON, Bessie, 5-20, WF, 30-192.206.881
BUNN, Wilson, 20-60, WM, 30-192.206.882
LAIR, Dilts, 20-60, WM, 30-193.207.883
LAIR, Hannah, 20-60, WF, 30-193.207.884
LAIR, Joseph, 20-60, WM, 30-193.207.885
LAIR, George, 20-60, WM, 30-193.207.886
WISMER, John J., 20-60, WM, 30-194.208.887
WISMER, Amelia, 20-60, WF, 30-194.208.888
WISMER, John E., 5-20, WM, 30-194.208.889
WISMER, Harry, 0-5, WM, 30-194.208.890
ROBBINS, Jonas, 20-60, WM, 30-195.209.891
ROBBINS, David, 60+, WM, 30-195.209.892
ROBBINS, Louisa, 60+, WF, 30-195.209.893
ROBBINS, Isiac, 60+, WM, 30-196.210.894
ROBBINS, Hannah, 60+, WF, 30-196.210.895
VANSYCKLE, Harry, 20-60, WM, 30-196.210.896
YOUNG, Letilda, 60+, WF, 30-196.210.897
RIDER, Edward, 20-60, Wm, 30-197.211.898
RIDER, Lizzie, 20-60, WF, 30-197.211.899
RIDER, George, 0-5, WM, 30-197.211.900
ALPAUGH, W. C., 20-60, WM, 31-198.212.901
ALPAUGH, Caroline, 20-60, WF, 31-198.212.902
ALPAUGH, Mary, 20-60, WF, 31-198.212.903
MACANTEA, Earl, 20-60, WM, 31-198.212.904
STOUT, Roy, 5-20, WM, 31-198.212.905
VANSYCKLE, Peter, 20-60, WM, 31-199.213.906
VANSYCKLE, Sahra, 20-60, WF, 31-199.213.907
VANSYCKLE, Charley, 20-60, WM, 31-199.213.908
MARTENIS, Ralph A., 20-60, WM, 31-200.214.909
MARTENIS, Mary S., 20-60, WF, 31-200.214.910
MARTENIS, Emma, 5-20, WF, 31-200.214.911
MARTENIS, Willie, 5-20, WM, 31-200.214.912
MARTENIS, Annie B., 5-20, WF, 31-200.214.913
MARTENIS, Carl, 0-5, WM, 31-200.214.914
VANDERBILT, George, 60+, WM, 31-201.215.915
VANDERBILT, Margaret, 60+, WF, 31-201.215.916
VANDERBILT, Calvin, 20-60, WM, 31-201.215.917
VANDERBILT, Mary E., 20-60, WF, 31-201.215.918
VANDERBILT, Namia J., 20-60, WF, 31-201.215.919
VANDERBILT, Annie, 20-60, WF, 31-201.215.920
VANDERBILT, Earl, 20-60, WM, 31-201.215.921
DUCKWORTH, James, 60+, WM, 31-202.216.922
DUCKWORTH, Mary E., 20-60, WF, 31-202.216.923
DUCKWORTH, Elwood, 20-60, WM, 31-202.216.924
APTGAR, Jennie C., 20-60, WF, 31-202.216.925
APTGAR, James, 20-60, WM, 31-203.217.926
APTGAR, Adelia, 20-60, WF, 31-203.217.927
APTGAR, Katie, 5-20, WF, 31-203.217.928
HOLSISER, Laura, 5-20, WF, 31-203.217.929
HOLSISER, Joseph, 20-60, WM, 31-203.217.930
ECKEL, Geo. W., 60+, WM, 32-204.218.931
ECKEL, Williard S., 20-60, WM, 32-204.218.932
DUCKWORTH, Edward, 20-60, WM, 32-204.218.933
DUCKWORTH, Eva, 20-60, WF, 32-204.218.934
HARRISON, Thomas, 20-60, WM, 32-205.219.935
HARRISON, Jane, 20-60, WF, 32-205.219.936
HARRISON, Harry, 5-20, WM, 32-205.219.937
HOCKENBERRY, David, 20-60, WM, 32-205.219.938
HAGARMAN, Joseph, 20-60, WM, 32-206.220.939
HAGARMAN, Margeret A., 20-60, WF, 32-206.220.940
PITTITENGER, Sylvester, 20-60, WM, 32-207.221.941
PITTITENGER, Elizabeth, 20-60, WF, 32-207.221.942
POTTS, Sarah, 60+, WF, 32-207.221.943
PITTITENGER, Emma L., 20-60, WF, 32-207.221.944
PITTITENGER, Lizzie, 20-60, WF, 32-207.221.945
PITTITENGER, Elinora, 5-20, WF, 32-207.221.946
SMITH, John R., 20-60, WM, 32-208.222.947
SMITH, Mary E., 20-60, WF, 32-208.222.948
SMITH, Stewart V., 5-20, WM, 32-208.222.949
SMITH, Mary, 5-20, WF, 32-208.222.950
SMITH, Ida, 60+, WF, 32-208.222.951
SMITH, Harry D., 5-20, WM, 32-208.222.952
SMITH, Wm. M., 5-20, WM, 32-208.222.953
SMITH, Paul, 5-20, WM, 32-208.222.954
SMITH, Agnas, 0-5, WF, 32-208.222.955
DAVIS, Wilson, 20-60, WM, 32-209.223.956
DAVIS, Daniel, 60+, WM, 32-209.223.957
DAVIS, Sallie, 60+, WF, 32-209.223.958
DAVIS, Ella S., 20-60, WF, 32-209.223.959
DAVIS, Robert W., 0-5, WM, 32-209.223.960
DEREMER, Wm., 20-60, WM, 33-210.224.961
DEREMER, Emma, 20-60, WF, 33-210.224.962
HARLEY, Samuel, 5-20, WM, 33-210.224.963
SNYDER, Chas. O., 20-60, WM, 33-211.225.964
SNYDER, Ella, 20-60, WF, 33-211.225.965
SNYDER, Daniel R., 5-20, WM, 33-211.225.966
SNYDER, Ira P., 5-20, WF, 33-211.225.967
SNYDER, Sanford, 0-5, WM, 33-211.225.968
SNYDER, Addie, 0-5, WF, 33-211.225.969
BECHT, Mrs. Alice, 20-60, WF, 33-211.225.970
BECHT, Margaret, 0-5, WF, 33-211.225.971
RYAN, Daniel E., Jr., 5-20, WM, 33-211.225.972
PURSELL, Wilson, 20-60, WM, 33-212.226.973
PURSELL, Ella, 20-60, WF, 33-212.226.974
PURSELL, Mary, 5-20, WF, 33-212.226.975
PURSELL, Levitt, 5-20, WM, 33-212.226.976
PURSELL, Maggie, 0-5, WF, 33-212.226.977
PURSELL, Robert, 0-5, WM, 33-212.226.978
PURSELL, Annie, 0-5, WF, 33-212.226.979
DURMAN, Thomas, 60+, WM, 33-213.227.980

HUNTERDON CO. NJ 1895 STATE CENSUS
Township of Holland

DURMAN, Cathern, 20-60, WF, 33-213.227.981
DURMAN, Charles, 20-60, WM, 33-213.227.982
DURMAN, Cathern K., 5-20, WF, 33-213.227.983
SMITH, Joseph M., 20-60, WM, 33-214.228.984
SMITH, Abbie, 20-60, WF, 33-214.228.985
SMITH, Ellen A., 5-20, WF, 33-214.228.986
WILLIAMS, Benjamen, 60+, WM, 33-215.229.987
WILLIAMS, Mary, 60+, WF, 33-215.229.988
CROUSE, Jacob, 60+, WM, 33-216.230.989
CROUSE, Sarah E., 60+, WF, 33-216.230.990
SHERRER, Sarah E., 60+, WF, 34-216.230.991
KEMERY, Henry B., 20-60, WM, 34-217.231.992
KEMERY, Annie, 20-60, WF, 34-217.231.993
KEMERY, Earl, 5-20, WM, 34-217.231.994
KEMERY, Charles, 5-20, WM, 34-217.231.995
KEMERY, Watson, 0-5, WM, 34-217.231.996
HINKLE, John B., 60+, WM, 34-218.232.997
HINKLE, Mary E., 20-60, WF, 34-218.232.998
STOVER, Jacob L., 20-60, WM, 34-219.233.999
STOVER, Margaret, 20-60, WF, 34-219.233.1000
STOVER, Jacob M., 5-20, WM, 34-219.233.1001
STOVER, Alva, 5-20, WF, 34-219.233.1002
STOVER, Wm. H., 5-20, WM, 34-219.233.1003
STOVER, Isiac H., 20-60, WM, 34-219.233.1004
BURROUGS, Clarence, 20-60, WM, 34-220.234.1005
BURROUGS, Lizzie, 20-60, WF, 34-220.234.1006
BURROUGS, Helen, 0-5, WF, 34-220.234.1007
BURROUGS, Clara, 0-5, WF, 34-220.234.1008
SAILOR, William R., 20-60, WM, 34-221.235.1009
SAILOR, Sallie, 20-60, WF, 34-221.235.1010
FARRAND, Mrs. S. C., 60+, WF, 34-221.235.1011
KENNEDY, Clara, 20-60, WF, 34-221.235.1012
MAPLE, Rev. James, 60+, WM, 34-222.236.1013
MAPLE, Kate, 20-60, WF, 34-222.236.1014
SASSAMAN, Horace F., 20-60, WM, 34-223.237.1015
SASSAMAN, Mamie, 20-60, WF, 34-223.237.1016
SASSAMAN, Alice, 5-20, WF, 34-223.237.1017
STONE, Abbie, 5-20, WF, 34-223.237.1018
PRESTON, Roxanna, 20-60, WF, 34-223.237.1019
KUGLAR, Joseph, 60+, WM, 34-224.238.1020
KUGLAR, Annie T., 60+, WF, 35-224.238.1021
KUGLAR, Edgar H., 20-60, WM, 35-224.238.1022
VANCLEVE, H. M., 20-60, WM, 35-225.239.1023
VANCLEVE, Emma E., 20-60, WF, 35-225.239.1024
FORMAN, Caroline, 60+, WF, 35-226.240.1025
GODLEY, Emma, 20-60, WF, 35-226.240.1026
GODLEY, Elimira, 20-60, WF, 35-226.240.1027
CHANNEL, Mary, 5-20, WF, 35-226.240.1028
COOLEY, Sarah, 60+, WF, 35-227.241.1029
HAGER, Adam, 60+, WM, 35-227.241.1030
SINCLAIR, Samuel, 20-60, WM, 35-228.242.1031
SINCLAIR, Luia, 20-60, WF, 35-228.242.1032
SINCLAIR, Lester, 0-5, WM, 35-228.242.1033
STERN, David, 20-60, WM, 35-229.243.1034
STERN, Nettie, 20-60, WF, 35-229.243.1035
STROUSE, Reeden, 20-60, WM, 35-230.244.1036
STROUSE, Annie, 20-60, WF, 35-230.244.1037
STROUSE, Florence, 0-5, WF, 35-230.244.1038
BOILEAU, John K. B., 60+, WM, 35-231.245.1039
BOILEAU, Emmelire, 60+, WF, 35-231.245.1040
MILLER, Luther, 20-60, WM, 35-232.246.1041
MILLER, Elizabeth, 20-60, WF, 35-232.246.1042
MILLER, Nellie, 20-60, WF, 35-232.246.1043
MILLER, Carrie, 5-20, WF, 35-232.246.1044
MILLER, Stella, 5-20, WF, 35-232.246.1045
MILLER, Arthur, 5-20, WM, 35-232.246.1046
COUGHLIN, David E., 20-60, WM, 35-233.247.1047
COUGHLIN, Margeret, 20-60, WF, 35-233.247.1048
COUGHLIN, Sophia, 20-60, WF, 35-233.247.1049
YOUNG, Jacob, 60+, WM, 35-234.248.1050
YOUNG, Martha, 60+, WF, 36-234.248.1051
HAYES, David L., 20-60, WM, 36-235.249.1052
HAYES, Susan E., 20-60, WF, 36-235.249.1053
STOVER, Elisabeth, 60+, WF, 36-236.250.1054
STOVER, John W., 20-60, WM, 36-236.250.1055
LOWE, John N., 60+, WM, 36-237.251.1056
LOWE, Jane T. E., 60+, WF, 36-237.251.1057
LOWE, Judgton, 20-60, WM, 36-237.251.1058
COLE, Milton, 20-60, WM, 36-238.252.1059
COLE, Mary A., 20-60, WF, 36-238.252.1060
COLE, Harry, 5-20, WM, 36-238.252.1061
JOHNSTON, Mary, 20-60, WF, 36-238.252.1062
THOMAS, Wilson, 60+, WM, 36-239.253.1063
THOMAS, Lizzie S., 20-60, WF, 36-239.253.1064
KEMERY, Kate, 20-60, WF, 36-239.253.1065
McKANE, Jane, 20-60, WF, 36-239.253.1066
THOMAS, W. E., 20-60, WM, 36-239.253.1067
STRYKER, David, 60+, WM, 36-240.254.1068
STRYKER, Margaret, 20-60, WF, 36-240.254.1069
LEHR, Carrie, 0-5, WF, 36-240.254.1070
HOUSELL, Annie, 60+, WF, 36-240.255.1071
THOMAS, Edward, 60+, WM, 36-241.256.1072
THOMAS, Jennie, 60+, WF, 36-241.256.1073
RUDDOCK, Mary, 20-60, IF, 36-241.256.1074
CROFFORD, Mary, 20-60, OF, 36-241.256.1075
THOMAS, Susan, 20-60, WF, 36-241.256.1076
CARRINE, Wm., 60+, WM, 36-242.257.1077
CARRINE, Cathern, 60+, WF, 36-242.257.1078
WRIGHT, Amanda, 60+, WF, 36-242.257.1079
RAUB, Samuel, 20-60, WM, 36-243.258.1080
RAUB, Anna A., 20-60, WF, 37-243.258.1081
RAUB, Lizzie, 5-20, WF, 37-243.258.1082
TREELAND, Geo. W., 20-60, WM, 37-244.259.1083
RENOLDS, Martha, 60+, WF, 37-244.259.1084
LUGLOW, Adelia, 60+, WF, 37-244.259.1085
FORMAN, Margeret C., 60+, WF, 37-245.260.1086
FORMAN, Wm., 20-60, WM, 37-245.260.1087
FORMAN, Mary E., 20-60, WF, 37-245.260.1088
RANDALLS, Jennie, 20-60, WF, 37-245.260.1089
FORMAN, Mable, 5-20, WF, 37-245.260.1090

HUNTERDON CO. NJ 1895 STATE CENSUS
Township of Holland

ECKEL, Albert S., 20-60, WM, 37-246.261.1091
ECKEL, Mary C., 20-60, WF, 37-246.261.1092
LERCH, Annie L., 5-20, WF, 37-246.261.1093
HANSE, Geo. W., 20-60, WM, 37-247.262.1094
HANSE, Harry, 20-60, WM, 37-247.262.1095
COLE, Henry C., 60+, WM, 37-247.262.1096
COLE, Mary A., 20-60, WF, 37-247.262.1097
VANCAMP, Williard, 20-60, WM, 37-247.262.1098
SOUDERS, Ida, 5-20, WF, 37-247.262.1099
SOUDERS, Annie, 5-20, WF, 37-247.262.1100
HANCE, Mary C., 20-60, WF, 37-247.262.1101
BARTELET, Ann M., 60+, WF, 37-248.263.1102
BARTELET, Peter C., 20-60, WF, 37-248.263.1103
BARTELET, Ella, 20-60, WF, 37-248.263.1104
BARTELET, Annie M., 5-20, WF, 37-248.263.1105
ROBBINS, Jacob, 60+, WM, 37-249.264.1106
COLE, George, 20-60, WM, 37-249.264.1107
COLE, Jennie, 20-60, WF, 37-249.264.1108
COLE, Maggie, 20-60, WF, 37-249.264.1109
ERWIN, Margeret, 60+, WF, 37-250.265.1110
FARRAND, Harry, 20-60, WM, 38-251.266.1111
FARRAND, Margeret C., 20-60, WF, 38-251.266.1112
RANDSALLS, Mary, 5-20, WF, 38-251.266.1113
FAHR, John W., 20-60, WM, 38-252.267.1114
FAHR, Cora, 20-60, WF, 38-252.267.1115
STONE, Katie, 5-20, WF, 38-252.267.1116
COOLEY, Paul, 60+, WM, 38-253.268.1117
COOLEY, Jane G., 20-60, WF, 38-253.268.1118
PURSELL, Mamie, 5-20, WF, 38-253.268.1119
BOSS, H. C., 20-60, WM, 38-254.269.1120
BOSS, Ratchel, 20-60, WF, 38-254.269.1121
BOSS, Elsie, 0-5, WF, 38-254.269.1122
VANDERBILT, Katie, 5-20, WF, 38-254.269.1123
CARPENTER, Wm. H., 20-60, WM, 38-254.270.1124
CARPENTER, Flora, 20-60, WF, 38-254.270.1125
CARPENTER, Bertha M., 0-5, WF, 38-254.270.1126
DARMON, Charles H., 20-60, WM, 38-255.271.1127
DARMON, Marette, 20-60, WF, 38-255.271.1128
STARES?, Mary, 60+, WF, 38-255.271.1129
SMITH, Gerald W., 5-20, WM, 38-255.271.1130
HEATER, Bessie, 5-20, WF, 38-255.271.1131
SMITH, Wm. L., 60+, WM, 38-255.271.1132
LEHR, Wm. D., 20-60, WM, 38-256.272.1133
LEHR, Carrie, 20-60, WF, 38-256.272.1134
VANDERBILT, Jacob, 20-60, WM, 38-257.273.1135
VANDERBILT, Elisabeth, 20-60, WF, 38-257.273.1136
VANDERBILT, Samuel, 5-20, WM, 38-257.273.1137
VANDERBILT, Sallie, 5-20, WF, 38-257.273.1138
VANDERBILT, Ada, 5-20, WF, 38-257.273.1139
CARPENTER, Flori I., 20-60, WF, 38-257.273.1140
VANDERBILT, Harry, 5-20, WM, 39-257.273.1141
VANDERBILT, Floyd, 5-20, WM, 39-257.273.1142
VANDERBILT, Mertile, 0-5, WF, 39-257.273.1143
TROXELL, Edward, 20-60, WM, 39-258.274.1144
TROXELL, Ida, 20-60, WF, 39-258.274.1145
TROXELL, Edith, 5-20, WF, 39-258.274.1146
TROXELL, Thomas, 0-5, WM, 39-258.274.1147
TROXELL, Clarence, 0-5, WM, 39-258.274.1148
LEHR, Moses W., 20-60, WM, 39-259.275.1149
LEHR, Cathern, 20-60, WF, 39-259.275.1150
BASS, Walter, 5-20, WM, 39-259.275.1151
LIPPENCOTT, Frank, 20-60, WM, 39-260.276.1152
LIPPENCOTT, Harriet, 20-60, WF, 39-260.276.1153
RITTENHOUSE, Saddie, 5-20, WF, 39-260.276.1154
BLACK, Willliam H., 20-60, WM, 39-261.277.1155
BLACK, Esther, 20-60, WF, 39-261.277.1156
SHAFFER, Wm. S., 20-60, WM, 39-262.278.1157
SMITH, Ledia B., 20-60, WF, 39-262.278.1158
SMITH, Clifford A., 5-20, WM, 39-262.278.1159
DARNELL, C. R., 20-60, WM, 39-263.279.1160
DARLESS, Annie S., 20-60, WF, 39-263.279.1161
DARNELL, Joseph R., 0-5, WM, 39-263.279.1162
MAJOR, Ledia, 20-60, WF, 39-263.279.1163
MAJOR, Elisabeth, 20-60, WF, 39-263.279.1164
WEAVER, Asher, 20-60, WM, 39-264.280.1165
WEAVER, Amanda, 20-60, WF, 39-264.280.1166
HICE, May, 5-20, WF, 39-264.280.1167
WEAVER, Irena, 5-20, WF, 39-264.280.1168
SHAFFER, Jordon, 20-60, WM, 39-265.281.1169
SHAFFER, Amanda, 20-60, WF, 39-265.281.1170
SHAFFER, Annie M., 20-60, WF, 40-265.281.1171
SHAFFER, Frank, 20-60, WM, 40-265.281.1172
SHAFFER, Louis, 5-20, WM, 40-265.281.1173
HAGER, Mary, 60+, WF, 40-266.282.1174
HAGER, Susanna, 60+, WF, 40-266.282.1175
HAGER, Margeret, 60+, WF, 40-266.282.1176
HAGER, John, Sr., 60+, WM, 40-266.282.1177
HAGER, Wm., Sr., 60+, WM, 40-266.282.1178
ROBINSON, John W., 20-60, WM, 40-267.283.1179
ROBINSON, Esther A., 20-60, WF, 40-267.283.1180
ROBINSON, Lulia A., 20-60, WF, 40-267.283.1181
CROUSE, Ethel, 5-20, WF, 40-267.283.1182
WILSON, Amy, 60+, WF, 40-268.284.1183
WILSON, Annie E., 20-60, WF, 40-268.284.1184
RUCH, Charles M., 20-60, WM, 40-269.285.1185
RUCH, Cora S., 20-60, WF, 40-269.285.1186
RUCH, Hattie, 0-5, WF, 40-269.285.1187
RUCH, Bessie M., 0-5, WF, 40-269.285.1188
RUCH, Lloyd, 0-5, WM, 40-269.285.1189
TEETEMER, Mary A., 20-60, WF, 40-269.285.1190
WISMER, Frank, 20-60, WF, 40-269.285.1191
STULL, Hugh, 20-60, WM, 40-269.286.1192
STULL, Helen, 20-60, WF, 40-269.286.1193
GAUNT, Charles, 20-60, WM, 40-270.286.1194
GAUNT, Lizzie, 20-60, WF, 40-270.286.1195
GAUNT, Ella B., 5-20, WF, 40-270.286.1196
GAUNT, Mable, 0-5, WF, 40-270.286.1197
GAUNT, Ethel, 0-5, WF, 40-270.286.1198
MELLICK, Charles, 20-60, WM, 40-271.287.1199
MELLICK, Isabella, 20-60, WF, 40-271.287.1200

HUNTERDON CO. NJ 1895 STATE CENSUS
Township of Holland

MELLICK, Luella, 20-60, WF, 41-271.287.1201
MELLICK, Paul, 5-20, WM, 41-271.287.1202
MELLICK, Chester A., 0-5, WM, 41-271.287.1203
RAWLINGS, Annie B., 60+, WF, 41-271.287.1204
RAWLINGS, Sarah, 20-60, WF, 41-271.287.1205
ULMER, Wm., 20-60, WM, 41-272.288.1206
ULMER, Mary, 60+, WF, 41-272.288.1207
PURSELL, Ratchel, 60+, WF, 41-272.289.1208
STONE, Wm., 20-60, WM, 41-272.290.1209
STONE, Ira, 20-60, WF, 41-272.290.1210
KEMERY, Lona, 5-20, WF, 41-272.290.1211
STONE, Margeret, 0-5, WF, 41-272.290.1212
HOLDEN, Annie, 60+, WF, 41-272.290.1213
BURGSTRESSER, John, 60+, WM, 41-273.291.1214
BURGSTRESSER, Hannah, 60+, WF, 41-273.291.1215
WEAVER, Amy, 60+, WF, 41-274.292.1216
WEAVER, Bella, 20-60, WF, 41-274.292.1217
MACANTAL, Martha, 20-60, WF, 41-274.292.1218
VANDERBILT, Westley, 60+, WM, 41-274.293.1219
VANDERBILT, Elizabeth, 60+, WF, 41-274.293.1220
VANDERBILT, Florence, 20-60, WF, 41-274.293.1221
SAFFER, John A., 20-60, WM, 41-275.294.1222
SHAFFER, Carrie, 20-60, WF, 41-275.294.1223
SHAFFER, Walter, 5-20, WM, 41-275.294.1224
VANDERBILT, Levi, 60+, WM, 41-276.295.1225
VANDERBILT, Mary, 60+, WF, 41-276.295.1226
DUFFY, N. E., 20-60, WM, 41-277.296.1227
DUFFY, Margeret, 20-60, WF, 41-277.296.1228
DUFFY, Edith, 5-20, WF, 41-277.296.1229
DUFFY, Cora, 5-20, WF, 41-277.296.1230
DUFFY, Edward, 5-20, WM, 42-277.296.1231
DUFFY, Alice, 5-20, WF, 42-277.296.1232
RUFE, Ella N., 20-60, WF, 42-277.296.1233
SHAFFER, David, 60+, WM, 42-278.297.1234
SHAFFER, Emeline, 60+, WF, 42-278.297.1235
BROADHEAD, John, 60+, WM, 42-279.298.1236
BROADHEAD, Sallie, 20-60, WF, 42-279.298.1237
SHAFFER, John, 60+, WM, 42-280.299.1238
SHAFFER, Margeret, 20-60, WF, 42-280.299.1239
SHAFFER, Amy, 20-60, WF, 42-281.300.1240
SHAFFER, Saddie, 20-60, WF, 42-281.300.1241
SHAFFER, Geo. R., 20-60, WM, 42-282.301.1242
SHAFFER, Lizzie, 20-60, WF, 42-282.301.1243
LEANEARD, Samuel, 20-60, WM, 42-282.302.1244
LEANEARD, Mary, 20-60, WF, 42-282.302.1245
LEANEARD, Howard, 20-60, WM, 42-282.302.1246
LEANEARD, George, 5-20, WM, 42-282.302.1247
ROGEN, Thomas, 60+, IM, 42-283.303.1248
ROGEN, Mary A., 20-60, WF, 42-283.303.1249
ROGEN, Josephine, 20-60, WF, 42-283.303.1250
HAGER, Jonas, 20-60, WM, 42-284.304.1251
HAGER, Lona, 20-60, WF, 42-284.304.1252
HAGER, Jennie, 20-60, WF, 42-284.304.1253
KOHL, Charles, 0-5, WM, 42-284.304.1254
CREVELING, Salenda, 60+, WF, 42-284.304.1255
ENSELY, Edith, 5-20, WF, 42-285.305.1256
BECKMAN, Henry, 60+, WM, 42-286.306.1257
BECKMAN, Ellen, 60+, WF, 42-286.306.1258
BECKMAN, Henry P., 20-60, WM, 42-286.306.1259
BECKMAN, Mary E., 20-60, WF, 42-286.306.1260
HARTZELL, Peter, 20-60, WM, 43-287.307.1261
HARTZELL, Annie, 20-60, WF, 43-287.307.1262
SINCLAIR, Geo. W., 60+, WM, 43-288.308.1263
SINCLAIR, Charlotte, 20-60, WF, 43-288.308.1264
SMITH, Green, 20-60, WM, 43-288.308.1265
SMITH, Laura E., 20-60, WF, 43-288.308.1266
HARRISON, Wm. D., 20-60, WM, 43-289.309.1267
HARRISON, Elimira, 20-60, WF, 43-289.309.1268
HARRISON, Eva, 20-60, WF, 43-289.309.1269
HARRISON, Orville, 20-60, WM, 43-289.309.1270
HARRISON, Howard, 5-20, WM, 43-289.309.1271
SLATER, Wm. H., 20-60, WM, 43-290.310.1272
SLATER, Maria, 20-60, WF, 43-290.310.1273
SLATER, William, 0-5, WM, 43-290.310.1274
INSELY, James A., 20-60, WM, 43-291.311.1275
INSELY, Amanda I., 20-60, WF, 43-291.311.1276
INSELY, Harry, 5-20, WM, 43-291.311.1277
INSELY, Minnie, 5-20, WF, 43-291.311.1278
INSELY, Ratchel, 5-20, WF, 43-291.311.1279
INSELY, Mertile, 5-20, WF, 43-291.311.1280
HOCKENBERRY, J. W., 20-60, WM, 43-292.312.1281
HOCKENBERRY, Malissa, 20-60, WF, 43-292.312.1282
HOCKENBERRY, Clarence, 5-20, WM, 43-292.312.1283
HOCKENBERRY, Wade, 5-20, WM, 43-292.312.1284
HOCKENBERRY, Mary E., 5-20, WF, 43-292.312.1285
HOCKENBERRY, Maggie, 5-20, WF, 43-292.312.1286
COOLEY, Elinora, 60+, WF, 43-293.313.1287
SINCLAIR, Alonza, 20-60, WM, 43-293.314.1288
SINCLAIR, Annie, 20-60, WF, 43-293.314.1289
SINCLAIR, Stella, 0-5, WF, 43-293.314.1290
DALRYUMPLE, J. R., 20-60, WM, 44-294.315.1291
DALRYUMPLE, Ida, 20-60, WF, 44-294.315.1292
DALRYUMPLE, Mary, 5-20, WF, 44-294.315.1293
DALRYUMPLE, Charles, 5-20, WM, 44-294.315.1294
DALRYUMPLE, Edward, 0-5, WM, 44-294.315.1295
DALRYUMPLE, Lucinda, 60+, WF, 44-294.315.1296
KUGLAR, Hannah, 20-60, WF, 44-294.315.1297
ANDERSON, John F., 20-60, WM, 44-295.316.1298
ANDERSON, Carrie, 20-60, WF, 44-295.316.1299
ANDERSON, Helen, 20-60, WF, 44-295.316.1300
STOUT, John W., 20-60, WM, 44-296.317.1301
STOUT, Ledia, 20-60, WF, 44-296.317.1302
WEAN, Oakley, 20-60, WM, 44-297.318.1303
WEAN, Ratchel, 20-60, WF, 44-297.318.1304
WEAN, Joseph, 0-5, WM, 44-297.318.1305
SMITH, Amy, 60+, WF, 44-297.319.1306
BUNN, R. K., 20-60, WM, 44-298.320.1307
BUNN, Sarah, 20-60, WF, 44-298.320.1308
BUNN, Harry, 5-20, WM, 44-298.320.1309
BUNN, Dory, 5-20, WM, 44-298.320.1310

HUNTERDON CO. NJ 1895 STATE CENSUS
Township of Holland

BUNN, Ollie, 5-20, WM, 44-298.320.1311
BUNN, Russell, 5-20, WM, 44-298.320.1312
COOLEY, Mary A., 60+, WF, 44-299.321.1313
COOLEY, Wilson T., 20-60, WM, 44-299.321.1314
BALLAT, Truman, 20-60, WM, 44-299.322.1315
BALLAT, Lizzie, 20-60, WF, 44-299.322.1316
BALLAT, Willie, 0-5, WM, 44-299.322.1317
BALLAT, Lester, 0-5, WM, 44-299.322.1318
RUPPLE, Mahlon, 20-60, WM, 44-300.323.1319
RUPPLE, Leah, 20-60, WF, 44-300.323.1320
RUPPELL, Lottie M., 5-20, WF, 45-300.323.1321
TAYLOR, Harry, 5-20, WM, 45-300.323.1322
BALLAT, Wm., 20-60, WM, 45-301.324.1323
BALLAT, Mary, 20-60, WF, 45-301.324.1324
RITTENHOUSE, Oen?, 20-60, WM, 45-301.325.1325
RANDALLS, John S., 20-60, WM, 45-302.326.1326
RANDALLS, Nettie, 20-60, WF, 45-302.326.1327
RANDALLS, Helen, 0-5, WF, 45-302.326.1328
VANDERBILT, Oakley, 60+, WM, 45-303.327.1329
VANDERBILT, Anna E., 20-60, WF, 45-303.327.1330
HAWK, Firman, 5-20, WM, 45-303.327.1331
HAWK, George, 5-20, WM, 45-303.327.1332
HOWARD, Edward, 20-60, WM, 45-304.328.1333
HOWARD, Annie, 20-60, WF, 45-304.328.1334
HOWARD, Edward, Jr., 20-60, WM, 45-304.328.1335
HOWARD, Raymond, 5-20, WM, 45-304.328.1336
HOWARD, Hettie, 5-20, WF, 45-304.328.1337
HOWARD, Gladis, 0-5, WF, 45-304.328.1338
DRAINEY, Lizzie, 20-60, WF, 45-304.328.1339
ROWLAND, James, 20-60, OM, 45-305.329.1340
ROWLAND, Lucy, 20-60, OF, 45-305.329.1341
ROWLAND, Wm. T., 0-5, WM, 45-305.329.1342
ROWLAND, Ethel, 0-5, WF, 45-305.329.1343
PINKERTON, Syrus R., 20-60, WM, 45-306.330.1344
PINKERTON, Annie, 20-60, WF, 45-306.330.1345
WILLIAMSON, James, 60+, WM, 45-306.330.1346
WRIGHT, Benjamen, 20-60, WM, 45-307.331.1347
WRIGHT, Jennie, 20-60, WF, 45-307.331.1348
WRIGHT, Howard, 5-20, WF, 45-307.331.1349
WRIGHT, Ella, 0-5, WF, 45-307.331.1350
HUFF, John D., 20-60, WM, 46-308.332.1351
HUFF, Martha, 20-60, WF, 46-308.332.1352
HUFF, Joseph, 5-20, WM, 46-308.332.1353
CONOR, John H., 20-60, WM, 46-308.333.1354
CONOR, Delia, 20-60, WF, 46-308.333.1355
CONOR, Mary E., 5-20, WF, 46-308.333.1356
CONOR, Cora, 5-20, WF, 46-308.333.1357
SLOWER, Abaram, 20-60, WM, 46-309.334.1358
SLOYER, Annie, 20-60, WF, 46-309.334.1359
SLOYER, Elinora, 5-20, WF, 46-309.334.1360
SLOYER, Lizzie, 5-20, WF, 46-309.334.1361
SLOYER, Olmer, 5-20, WM, 46-309.334.1362
SLOYER, Herbert, 5-20, WM, 46-309.334.1363
SLOYER, Hattie, 5-20, WF, 46-309.334.1364
SLOYER, Cleveland, 5-20, WM, 46-309.334.1365
SLOYER, Clayton, 5-20, WM, 46-309.334.1366
SLOYER, Wallace, 5-20, WM, 46-309.334.1367
SLOYER, Abaram, 0-5, WM, 46-309.334.1368
SLOYER, Etna, 0-5, WF, 46-309.334.1369
BROTZMAN, Reuben, 60+, WM, 46-310.335.1370
BROTZMAN, Otis, 20-60, WM, 46-310.335.1371
BRAY, John, 5-20, WM, 46-310.335.1372
MICKLE, Lizzie, 5-20, WF, 46-310.335.1373
SNYDER, Sallie, 20-60, WF, 46-310.335.1374
WATSON, Harry, 20-60, WM, 46-311.336.1375
WATSON, Ruthanna, 20-60, WF, 46-311.336.1376
WATSON, Frank, 20-60, WM, 46-311.336.1377
WATSON, Ida, 5-20, WF, 46-311.336.1378
HUFF, Joseph J., 20-60, WM, 46-312.337.1379
HUFF, Susanna, 20-60, WF, 46-312.337.1380
HUFF, George, 5-20, WM, 47-312.337.1381
HUFF, Arthur, 5-20, WM, 47-312.337.1382
HUFF, Wm., 5-20, WM, 47-312.337.1383
HUFF, Lambert, 5-20, WM, 47-312.337.1384
HUFF, Isiac, 0-5, WM, 47-312.337.1385
HUFF, Robert, 0-5, WM, 47-312.337.1386
SEARLESS, Austin, 20-60, WM, 47-312.338.1387
SEARLESS, Lizzie, 20-60, WF, 47-312.338.1388
DALRYUMPLE, F. A., 20-60, WM, 47-313.339.1389
DALRYUMPLE, Laura, 20-60, WF, 47-313.339.1390
DALRYUMPLE, Cora M., 5-20, WF, 47-313.339.1391
STONE, Frank A., 20-60, WM, 47-314.340.1392
STONE, Cora, 20-60, WF, 47-314.340.1393
STONE, Aaron, 20-60, WM, 47-314.340.1394
STONE, Harry, 5-20, WM, 47-314.340.1395
STONE, Minnie, 5-20, WF, 47-314.340.1396
STONE, Frank, 5-20, WM, 47-314.340.1397
STONE, Raymond, 5-20, WM, 47-314.340.1398
ROBINS, Jonathan, 60+, WM, 47-315.341.1399
ROBBINS, Charles P., 20-60, WM, 47-315.341.1400
ROBBINS, Emma, 20-60, WF, 47-315.341.1401
BARTON, Susan A., 60+, WF, 47-315.342.1402
BARTON, Frederick, 5-20, WM, 47-315.342.1403
LOCK, Lizzie, 20-60, WF, 47-315.342.1404
LOCK, Ethel, 5-20, WF, 47-315.342.1405
LOCK, Alma, 0-5, WF, 47-315.342.1406
COLE, Peter, 60+, WM, 47-316.343.1407
COLE, Hannah, 60+, WF, 47-316.343.1408
COLE, Nellie, 20-60, WF, 47-316.343.1409
TEETS, Wm., 20-60, WM, 47-317.344.1410
TEETS, Hortance, 20-60, WF, 48-317.344.1411
TEETS, Joseph, 20-60, WM, 48-317.344.1412
TEETS, Elinora, 5-20, WF, 48-317.344.1413
DALTON, John, 60+, WM, 48-317.344.1414
STROUSE, John, 60+, WM, 48-318.345.1415
STROUSE, Margeret, 20-60, WF, 48-318.345.1416
CLARK, Ellen, 5-20, WF, 48-318.345.1417
GANO, Isabella, 20-60, WF, 48-319.346.1418
GANO, Mary C., 20-60, WF, 48-319.346.1419
CLARK, Wm. N., 20-60, WM, 48-320.347.1420

HUNTERDON CO. NJ 1895 STATE CENSUS
Township of Holland

CLARK, Mary, 20-60, WF, 48-320.347.1421
CLARK, Cassy, 5-20, WF, 48-320.347.1422
CLARK, Harry, 5-20, WM, 48-320.347.1423
CLARK, Fannie, 5-20, WF, 48-320.347.1424
CLARK, Walter, 5-20, WM, 48-320.347.1425
MOORE, Scott, 20-60, WM, 48-320.348.1426
FISHER, Annie, 20-60, WF, 48-320.348.1427
FISHER, Cora, 5-20, WF, 48-320.348.1428
WISMER, Dentis, 20-60, WM, 48-321.349.1429
WISMER, Carrie, 20-60, WF, 48-321.349.1430
RANDALLS, Ellen N., 20-60, WF, 48-322.350.1431
RANDALLS, Carrie, 5-20, WF, 48-322.350.1432
KEMERY, Kesiah, 60+, WM, 48-323.351.1433
KEMERY, Ida, 20-60, WF, 48-323.351.1434
KEMERY, Nellie, 5-20, WF, 48-323.351.1435
KEMERY, George, 5-20, WM, 48-323.351.1436
VANSYCKLE, S. W., 20-60, WM, 48-324.352.1437
VANSYCKLE, Annie, 20-60, WF, 48-324.352.1438
VANSYCKLE, Lula, 5-20, WF, 48-324.352.1439
VANSYCKLE, Alwilda, 5-20, WF, 48-324.352.1440
VANSYCKLE, Mary, 60+, WF, 49-324.352.1441
VANCLEVE, Reo B. G., 20-60, WM, 49-325.353.1442
VANCLEVE, Jennie, 20-60, WF, 49-325.353.1443
VANCLEVE, Milford, 5-20, WM, 49-325.353.1444
VANCLEVE, Russell, 0-5, WM, 49-325.353.1445
VANCLEVE, Rebecca, 0-5, WF, 49-325.353.1446
HARTMAN, Dinah, 60+, WF, 49-325.353.1447
VANSYCKLE, George W., 20-60, WM, 49-326.354.1448
VANSYCKLE, Mary, 20-60, WF, 49-326.354.1449
MISSON, John, 20-60, WM, 49-326.355.1450
MISSON, Annie, 20-60, WF, 49-326.355.1451
BAKER, Isiac, 20-60, WM, 49-327.356.1452
BAKER, Sallie, 20-60, WF, 49-327.356.1453
BELLIS, Hummer H., 20-60, WM, 49-328.357.1454
BELLIS, Emmeline, 20-60, WF, 49-328.357.1455
BELLIS, G. W., 20-60, WM, 49-328.357.1456
BELLIS, Cora R., 5-20, WF, 49-328.357.1457
BELLIS, Chester A., 5-20, WM, 49-328.357.1458
BELLIS, Harry, 5-20, WM, 49-328.357.1459
THOMPSON, W. C., 20-60, WM, 49-329.358.1460
THOMPSON, Jennie, 20-60, WF, 49-329.358.1461
THOMPSON, Charley A., 5-20, WM, 49-329.358.1462
RILEY, Alfred, 20-60, WM, 49-330.359.1463
RILEY, Emma, 20-60, WF, 49-330.359.1464
MYERS, Joseph, 60+, WM, 49-331.360.1465
MYERS, Elisabeth, 20-60, WF, 49-331.360.1466
SHIVE, Laura, 5-20, WF, 49-331.360.1467
BUNN, Wm. H., 20-60, WM, 49-332.361.1468
BUNN, Mattie H., 20-60, WF, 49-332.361.1469
HOUSELL, Charles B., 20-60, WM, 49-333.362.1470
HOUSELL, Ella, 20-60, WF, 50-333.362.1471
HOUSELL, Ida, 5-20, WF, 50-333.362.1472
HOUSELL, Randolph, 5-20, WM, 50-333.362.1473
HOUSELL, Raymond, 5-20, WM, 50-333.362.1474
HOUSELL, Cora, 5-20, WF, 50-333.362.1475
HOUSELL, Charles, 5-20, WM, 50-333.362.1476
HOUSELL, George, 5-20, WM, 50-333.362.1477
HOUSELL, Florence, 0-5, WF, 50-333.362.1478
SPROWL, Ann, 60+, WF, 50-333.363.1479
SWICK, John B., 20-60, WM, 50-334.364.1480
SWICK, Mahala, 20-60, WF, 50-334.364.1481
SWICK, Thomas, 20-60, WM, 50-334.364.1482
SWICK, Mary, 5-20, WF, 50-334.364.1483
SWICK, Walter, 5-20, WM, 50-334.364.1484
SWICK, Johnnie, 0-5, WM, 50-334.364.1485
JOHNSTON, Edith, 0-5, WF, 50-334.364.1486
HUNT, Thomas, 60+, WM, 50-335.365.1487
HUNT, Sarah, 20-60, WF, 50-335.365.1488
HUNT, Stanford, 20-60, WM, 50-335.365.1489
GODOWN, Charles R., 20-60, WM, 50-336.366.1490
GODOWN, Alice, 20-60, WF, 50-336.366.1491
GODOWN, Nellie, 5-20, WF, 50-336.366.1492
GODOWN, Johnnie, 5-20, WM, 50-336.366.1493
GODOWN, Noah, 5-20, WM, 50-336.366.1494
GODOWN, Cathern, 60+, WF, 50-336.366.1495
PICKERING, George, 20-60, WM, 50-337.367.1496
PICKERING, Annie, 20-60, WF, 50-337.367.1497
PICKERING, Nellie, 5-20, WF, 50-337.367.1498
PICKERING, Mamie, 5-20, WF, 50-337.367.1499
PICKERING, Paul, 0-5, WM, 50-337.367.1500
PICKLE, Geo. W., 60+, WM, 51-338.368.1501
WISMER, John S., 20-60, WM, 51-338.368.1502
WISMER, Ledia, 20-60, WF, 51-338.368.1503
WISMER, Annie, 5-20, WF, 51-338.368.1504
WISMER, John, 5-20, WM, 51-338.368.1505
WISMER, Samuel, 5-20, WM, 51-338.368.1506
WISMER, Maggie, 5-20, WF, 51-338.368.1507
WISMER, George, 0-5, WM, 51-338.368.1508
THOMPSON, Joseph A., 60+, WM, 51-339.369.1509
THOMPSON, Sanford, 20-60, WM, 51-339.369.1510
THOMPSON, Eliza J., 20-60, WF, 51-339.369.1511
VANDORN, Alice B., 20-60, WF, 51-339.369.1512
THOMPSON, Joseph W., 5-20, WM, 51-339.369.1513
THOMPSON, George R., 5-20, WM, 51-339.369.1514
VANDORN, Roscow, 5-20, WM, 51-339.369.1515
THOMPSON, Martin, 20-60, WM, 51-340.370.1516
THOMPSON, Amy J., 20-60, WF, 51-340.370.1517
RITTENHOUSE, Hugh, 20-60, WM, 51-341.371.1518
RITTENHOUSE, Josephina, 20-60, WF, 51-341.371.1519
KITCHEN, Wm., 20-60, WM, 51-341.371.1520
SINCLAIR, Peter, 60+, WM, 51-342.372.1521
SINCLAIR, E. H., 20-60, WF, 51-342.372.1522
SINCLAIR, J. J., 20-60, WM, 51-342.372.1523
STOUT, Margeret, 60+, WF, 51-343.373.1524
SCARBOROUGH, Ezra, 60+, WM, 51-344.374.1525
SCARBOROUGH, Ann E., 60+, WF, 51-344.374.1526
SCARBOROUGH, Emeline, 20-60, WF, 51-344.374.1527
THOMPSON, N. W., 60+, WM, 51-345.375.1528
THOMPSON, Hannah, 60+, WF, 51-345.375.1529
SNYDER, Samuel S., 20-60, WM, 51-346.376.1530

HUNTERDON CO. NJ 1895 STATE CENSUS
Township of Holland

SNYDER, Ann, 60+, WF, 52-346.376.1531
SNYDER, Geo., 20-60, WM, 52-346.376.1532
MINNICK, Samuel, 20-60, WM, 52-347.377.1533
MINNICK, Margeret, 20-60, WF, 52-347.377.1534
MINNICK, Laura, 20-60, WF, 52-347.377.1535
MINNICK, Emma, 5-20, WF, 52-347.377.1536
MINNICK, Edna A., 5-20, WF, 52-347.377.1537
MINNICK, Sarah, 5-20, WF, 52-347.377.1538
TAGGER, Lambert, 20-60, WM, 52-348.378.1539
TAGGER, Margeret, 20-60, WF, 52-348.378.1540
CLARK, Jennigs, 20-60, WM, 52-348.378.1541
CLARK, Jermiah, 20-60, WM, 52-348.378.1542
CLARK, Cathern, 60+, WF, 52-348.378.1543
THOMPSON, Maria, 60+, WF, 52-349.379.1544
THOMPSON, Isabella, 20-60, WF, 52-349.379.1545
THOMPSON, Fannie, 5-20, WF, 52-349.379.1546
CLARK, Robert, 20-60, WM, 52-350.380.1547
CLARK, Veleria, 20-60, WF, 52-350.380.1548
CLARK, Jaromme, 5-20, WM, 52-350.380.1549
CLARK, Lilily, 5-20, WF, 52-350.380.1550
SINCLAIR, Thomas R., 20-60, WM, 52-351.381.1551
SINCLAIR, Phebe, 20-60, WF, 52-351.381.1552
SINCLAIR, Mark, 5-20, WM, 52-351.381.1553
HAWK, David, 5-20, WM, 52-351.381.1554
METLAR, Syrus, 20-60, WM, 52-352.382.1555
METLAR, Carrie, 20-60, WF, 52-352.382.1556
METLAR, Clarenda, 60+, WF, 52-352.382.1557
MILLER, H. A., 20-60, WM, 52-353.383.1558
MILLER, Emma, 20-60, WF, 52-353.383.1559
MILLER, Gretta, 5-20, WF, 52-353.383.1560
MILLER, Annie, 0-5, WF, 53-353.383.1561
MILLER, Charles, 0-5, WM, 53-353.383.1562
CARFREY, Morgan, 60+, WM, 53-354.384.1563
CARFREY, Susan, 20-60, WF, 53-354.384.1564
CARFREY, Gertude, 5-20, WF, 53-354.384.1565
EICKE, Fleetes R., 20-60, WM, 53-354.384.1566
STULL, John, 60+, WM, 53-355.385.1567
STULL, Mary, 60+, WF, 53-355.385.1568
SHERRER, Sallie, 60+, WF, 53-355.385.1569
VANDERBILT, Frank, 20-60, WM, 53-356.386.1570
VANDERBILT, Jennie, 20-60, WF, 53-356.386.1571
COLE, Orville, 5-20, WM, 53-356.386.1572
HUFF, Wm. T., 20-60, WM, 53-357.387.1573
HUFF, Etta, 20-60, WF, 53-357.387.1574
HUFF, Hattie, 0-5, WF, 53-357.387.1575
HUFF, Amy, 0-5, WF, 53-357.387.1576
WADE, Richard, 20-60, IM, 53-358.388.1577
WADE, Jane, 20-60, IF, 53-358.388.1578
WADE, Alexandra, 20-60, WM, 53-358.388.1579
WADE, Belle, 20-60, WF, 53-358.388.1580
WADE, Jane, 20-60, WF, 53-358.388.1581
WADE, George, 5-20, WM, 53-358.388.1582
WADE, John, 5-20, WM, 53-358.388.1583
WADE, Maggie, 5-20, WF, 53-358.388.1584
BECKMAN, Augustus, 20-60, WM, 53-359.389.1585
BECKMAN, Georgia, 20-60, WF, 53-359.389.1586
BECKMAN, Emma, 5-20, WF, 53-359.389.1587
BECKMAN, Willie, 5-20, WM, 53-359.389.1588
BIRD, Robert, 20-60, WM, 53-360.390.1589
BIRD, Metilda, 20-60, WF, 53-360.390.1590
BIRD, Howard, 0-5, WM, 54-360.390.1591
HAWK, Charles P., 5-20, WM, 54-360.390.1592
ROCKAFELLOW, Margeret, 60+, WF, 54-360.390.1593
SHIVELY, Stiers D., 20-60, WM, 54-361.391.1594
SHIVELY, Annie E., 20-60, WF, 54-361.391.1595
SHIVELY, George, 20-60, WM, 54-361.391.1596
SHIVELY, Minnie, 20-60, WF, 54-361.391.1597
SHIVELY, Lizzie, 5-20, WF, 54-361.391.1598
SHIVELY, Lula, 5-20, WF, 54-361.391.1599
SHIVELY, Arthur, 5-20, WM, 54-361.391.1600
HUMMER, Robert, 20-60, WM, 54-362.392.1601
HUMMER, Ella, 20-60, WF, 54-362.392.1602
HUMMER, Lloyd, 0-5, WM, 54-362.392.1603
HUMMER, Ethel, 0-5, WF, 54-362.392.1604
LAEBUSTINE, Wm., 5-20, WM, 54-362.392.1605
SWICK, Lizzie, 5-20, WF, 54-362.392.1606
HUMMER, Jacob F., 60+, WM, 54-363.393.1607
HUMMER, Elisabeth, 20-60, WF, 54-363.393.1608
HUMMER, Ella, 5-20, WF, 54-363.393.1609
HUMMER, J. F., Jr., 5-20, WM, 54-363.393.1610
LAURUE, Jahn, 20-60, WM, 54-364.394.1611
LAURUE, Charley, 5-20, WM, 54-364.394.1612
LAURUE, Mary, 20-60, WF, 54-364.394.1613
BLOOM, John C., 20-60, WM, 54-365.395.1614
BLOOM, Mary B., 20-60, WF, 54-365.395.1615
BLOOM, John D., 5-20, WM, 54-365.395.1616
BLOOM, Edna, 5-20, WF, 54-365.395.1617
VANDERBILT, Wm., 20-60, WM, 54-366.396.1618
VANDERBILT, Cornelia, 20-60, WF, 54-366.396.1619
VANDERBILT, Annie, 20-60, WF, 54-366.396.1620
VOORHEES, C. E., 20-60, WM, 55-367.397.1621
VOORHEES, Rebecca, 20-60, WF, 55-367.397.1622
VOORHEES, Carry, 5-20, WF, 55-367.397.1623
VOORHEES, Howard, 5-20, WM, 55-367.397.1624
VOORHEES, Harvey, 5-20, WM, 55-367.397.1625
VOORHEES, Mary, 0-5, WF, 55-367.397.1626
STRYKER, Erven, 5-20, WM, 55-367.397.1627
STULL, Ella, 20-60, WF, 55-367.397.1628
HUNT, Philip, 20-60, WM, 55-368.398.1629
HUNT, Elmira, 20-60, WF, 55-368.398.1630
HUNT, Isiac, 5-20, WM, 55-368.398.1631
RUNION, Oakley, 60+, WM, 55-368.399.1632
TINSMAN, Emma, 20-60, WF, 55-368.399.1633
SASSAMAN, Rev. H. D., 20-60, WM, 55-369.400.1634
SASSAMAN, Isabella, 20-60, WF, 55-369.400.1635
SASSAMAN, Dorathy, 5-20, WF, 55-369.400.1636
HOPPOCK, R. S., 20-60, WM, 55-370.401.1637
HOPPOCK, Elisabeth, 20-60, WF, 55-370.401.1638
HOPPOCK, Lizzie, 5-20, WF, 55-370.401.1639

HUNTERDON CO. NJ 1895 STATE CENSUS
Township of Holland

WEAN, Mathias, 20-60, WM, 55-371.402.1640
WEAN, Eliza, 20-60, WF, 55-371.402.1641
WHITE, Saml. A., 20-60, WM, 55-372.403.1642
WHITE, Mary A., 20-60, WF, 55-372.403.1643
WHITE, Jesse, 20-60, WM, 55-372.403.1644
WHITE, Mamie, 20-60, WF, 55-372.403.1645
WARREN, Harry, 20-60, WM, 55-373.404.1646
WARREN, Mary, 20-60, WF, 55-373.404.1647
WARREN, Reuben, 0-5, WM, 55-373.404.1648
WARREN, John, 20-60, WM, 55-373.404.1649
WARREN, Lizzie, 5-20, WF, 55-373.404.1650
HALSEY, Mary J., 20-60, WF, 56-374.405.1651
HALSEY, Cora B., 5-20, WF, 56-374.405.1652
CACENDER, Amos, 60+, WM, 56-375.406.1653
CACENDER, Julia, 60+, WF, 56-375.406.1654
RITTENHOUSE, Eitta, 60+, WF, 56-376.407.1655
TAYLOR, John G., 20-60, WM, 56-377.408.1656
TAYLOR, Ratchel, 20-60, WF, 56-377.408.1657
HAWK, Jacob, 60+, WM, 56-378.409.1658
HAWK, Piety, 60+, WF, 56-378.409.1659
BLOOM, Peter, 60+, WM, 56-379.410.1660
BLOOM, Emma, 20-60, WF, 56-379.410.1661
COLE, John, 60+, WM, 56-380.411.1662
COLE, Elmira, 20-60, WF, 56-380.411.1663
COLE, Annie, 5-20, WF, 56-380.411.1664
HAWK, Edna, 5-20, WF, 56-380.411.1665
VANSYCKLE, Holloway, 60+, WM, 56-381.412.1666
VANSYCKLE, Elisabeth, 60+, WF, 56-381.412.1667
APTGAR, C. V., 20-60, WM, 56-382.413.1668
APTGAR, Martha, 20-60, WF, 56-382.413.1669
WILSON, Carrie, 20-60, WF, 56-382.413.1670
WOLVERTON, Theodore, 20-60, WM, 56-383.414.1671
WOLVERTON, Nettie, 20-60, WF, 56-383.414.1672
LEANEARD, Howard, 20-60, WM, 56-383.414.1673
COOLEY, Preston, 20-60, WM, 56-384.415.1674
COOLEY, Sallie, 20-60, WF, 56-384.415.1675
COOLEY, Robert, 0-5, WM, 56-384.415.1676
HARRISON, Howard, 5-20, WM, 56-384.415.1677
COOLEY, Grace, 0-5, WF, 56-384.415.1678
MELLICK, Wm., 20-60, WM, 56-385.416.1679
MELLICK, Emma, 20-60, WF, 56-385.416.1680
MELLICK, Harry, 20-60, WM, 57-385.416.1681
MELLICK, Florence, 5-20, WF, 57-385.416.1682
MELLICK, Annie, 5-20, WF, 57-385.416.1683
MELLICK, Mary, 5-20, WF, 57-385.416.1684
MELLICK, Altha, 0-5, WF, 57-385.416.1685
KEEPHART, Uriah, 20-60, WM, 57-386.417.1686
KEEPHART, Emma, 20-60, WF, 57-386.417.1687
KEEPHART, Annie, 5-20, WF, 57-386.417.1688
KEEPHART, Laura, 5-20, WF, 57-386.417.1689
APTGAR, Lucinda, 60+, WM, 57-386.418.1690
APTGAR, Develias, 20-60, WM, 57-386.418.1691
APTGAR, Slyvaneus, 20-60, WM, 57-386.418.1692
APTGAR, Altha, 20-60, WF, 57-386.418.1693
SEVERS, John B., 20-60, WM, 57-387.419.1694
SEVERS, Elisabeth, 20-60, WF, 57-387.419.1695
SEVERS, Nellie, 20-60, WF, 57-387.419.1696
SEVERS, Harry, 5-20, WM, 57-387.419.1697
SEVERS, Laura, 5-20, WF, 57-387.419.1698
SEVERS, Annie, 5-20, WF, 57-387.419.1699
SEVERS, Lizzie, 5-20, WF, 57-387.419.1700
ULMER, Wm., 20-60, WM, 57-388.420.1701
ULMER, Nora, 20-60, WF, 57-388.420.1702
STULL, Charles, 20-60, WM, 57-389.421.1703
HUFF, Henry, 20-60, WM, 57-390.422.1704
HUFF, Sarah, 20-60, WF, 57-390.422.1705
HUFF, Lizzie, 5-20, WF, 57-390.422.1706

HUNTERDON CO. NJ 1895 STATE CENSUS
Borough of Junction

BOROUGH OF JUNCTION
Warren O. Laudenberger, commissioner

EVELAND, John S., 20-60, WM, 1-1.1.1
EVELAND, Mary E., 20-60, WF, 1-1.1.2
EVELAND, Isabella, 5-20, WF, 1-1.1.3
EVELAND, Luther, 5-20, WM, 1-1.1.4
EVELAND, Ethel, 5-20, WF, 1-1.1.5
EVELAND, George, 5-20, WM, 1-1.1.6
EVELAND, Myrtle, 0-5, WF, 1-1.1.7
EVELAND, Clara, 0-5, WF, 1-1.1.8
EVELAND, Florence, 0-5, WF, 1-1.1.9
BEAM, George, 20-60, WM, 1-2.2.10
BEAM, Daisy, 20-60, WF, 1-2.2.11
BEAM, Lester, 5-20, WM, 1-2.2.12
BEAM, Ethel, 0-5, WF, 1-2.2.13
SILVERTHORN, Paul, 20-60, WM, 1-3.3.14
SILVERTHORN, Eliza, 20-60, WF, 1-3.3.15
MOORE, Thomas, 20-60, WM, 1-4.4.16
MOORE, Ella, 20-60, WF, 1-4.4.17
LIPPINCOTT, Charles, 20-60, WM, 1-5.5.18
LIPPINCOTT, Belle, 20-60, WF, 1-5.5.19
LIPPINCOTT, Lester, 5-20, WM, 1-5.5.20
SWAYZE, Belle, 5-20, WF, 1-5.5.21
TOMEY, Charles, 20-60, WM, 1-6.6.22
TOMEY, Emma, 20-60, WF, 1-6.6.23
TOMEY, Mabel, 5-20, WF, 1-6.6.24
TOMEY, Jessie, 0-5, WF, 1-6.6.25
TOMEY, Florence, 0-5, WF, 1-6.6.26
WORMAN, James, 20-60, WM, 1-7.7.27
WORMAN, Elizabeth, 20-60, WF, 1-7.7.28
WORMAN, Anna, 5-20, WF, 1-7.7.29
WORMAN, Albert, 5-20, WM, 1-7.7.30
FULPER, Lemuel, 20-60, WM, 2-8.8.31
FULPER, Elizabeth, 20-60, WF, 2-8.8.32
FULPER, Hattie, 5-20, WF, 2-8.8.33
FULPER, Blanche, 5-20, WF, 2-8.8.34
STIRES, Edward, 20-60, WM, 2-9.9.35
STIRES, Matilda, 20-60, WF, 2-9.9.36
STIRES, Charles, 20-60, WM, 2-9.9.37
STIRES, Etha, 5-20, WF, 2-9.9.39
STIRES, David, 5-20, WM, 2-9.9.39
SHURTS, George F., 60+, WM, 2-10.10.40
SHURTS, Sarah Ann, 20-60, WF, 2-10.10.41
HOLDEN, James, 20-60, WM, 2.11.11.42
HOLDEN, Bertha, 20-60, WF, 2.11.11.43
HOLDEN, Emma, 5-20, WF, 2.11.11.44
HOLDEN, Cora, 5-20, WF, 2.11.11.45
HOLDEN, Ida, 5-20, WF, 2.11.11.46
APGAR, Frank, 20-60, WM, 2-12.12.47
APGAR, Lizzie, 20-60, WF, 2-12.12.48
APGAR, Eva, 5-20, WF, 2-12.12.49
APGAR, Mabel, 0-5, WF, 2-12.12.50
WALSH, Michael, 60+, IM, 2-13.13.51
WALSH, Hannah, 20-60, IF, 2-13.13.52
WALSH, John, 20-60, WM, 2-13.13.53
WALSH, William, 20-60, WM, 2-13.13.54
WALSH, Joseph, 20-60, WM, 2-13.13.55
MORAN, Anthony, 20-60, IM, 2-14.14.56
MORAN, Mary, 20-60, IF, 2-14.14.57
MORAN, John, 0-5, WM, 2-14.14.58
MORAN, Annie, 0-5, WF, 2-14.14.59
READINGTON, Michael, 20-60, IM, 2-14.14.60
SNYDER, William H., 20-60, WM, 3-15.15.61
SNYDER, Katie, 20-60, WF, 3-15.15.62
SNYDER, Mabel, 0-5, WF, 3-15.15.63
SNYDER, Charles, 0-5, WM, 3-15.15.64
SNYDER, Nellie, 0-5, WF, 3-15.15.65
HENDERSHOT, Annie, 20-60, WF, 3-15.15.66
HOUSEL, John, 20-60, WM, 3-16.16.67
HOUSEL, Nellie, 20-60, WF, 3-16.16.68
HOUSEL, George, 5-20, WM, 3-16.16.69
HOUSEL, Hannah, 5-20, WF, 3-16.16.70
HOUSEL, Ruth, 5-20, WF, 3-16.16.71
HOUSEL, Stewart, 0-5, WM, 3-16.16.72
HUMMELL, Moses, 20-60, WM, 3-16.17.73
HUMMELL, Mercy, 20-60, WF, 3-16.17.74
HUMMELL, Walter, 0-5, WM, 3-16.17.75
ANDERSON, Lavinia, 20-60, WF, 3-17.18.76
ANDERSON, Luella, 5-20, WF, 3-17.18.77
ANDERSON, John, 5-20, WM, 3-17.18.78
ANDERSON, David, 5-20, WM, 3-17.18.79
HOCKENBURY, Jonas, 20-60, WM, 3-17.18.80
WAITE, Warren S., 20-60, OM, 3-17.19.81
WAITE, Mary C., 20-60, WF, 3-17.19.82
WAITE, Helen, 5-20, WF, 3-17.19.83
WAITE, Chester C., 5-20, WM, 3-17.19.84
WAITE, Frank D., 5-20, WM, 3-17.19.85
WAITE, Delma M., 5-20, WF, 3-17.19.86
JOHNSTON, James, 20-60, WM, 3-18.20.87
JOHNSTON, Ella, 20-60, WF, 3-18.20.88
JOHNSTON, George, 5-20, WM, 3-18.20.89
JOHNSTON, James, 0-5, WM, 3-18.20.90
JOHNSTON, Edith, 0-5, WF, 4-18.20.91
HENRY, John, 20-60, OM, 4-18.21.92
HENRY, Mary, 20-60, OF, 4-18.21.93
HENRY, John, 5-20, WM, 4-18.21.94
HENRY, Margaret, 5-20, WF, 4-18.21.95
HENRY, Mabel, 5-20, WF, 4-18.21.96
HENRY, Leo, 0-5, WM, 4-18.21.97
HENRY, Ella, 0-5, WF, 4-18.21.98
SULLIVAN, Ellen, 60+, IF, 4-18.22.99
SULLIVAN, Jeremiah, 20-60, WM, 4-18.22.100
KANE, Daniel, 20-60, IM, 4-18.23.101
KANE, Thomas, 20-60, WM, 4-18.23.102
KANE, Richard, 5-20, WM, 4-18.23.103
KANE, Daniel, 20-60, WM, 4-18.23.104

HUNTERDON CO. NJ 1895 STATE CENSUS
Borough of Junction

KANE, Katie, 5-20, WF, 4-18.23.105
CASEY, Cornelius, 20-60, WM, 4-18.24.106
CASEY, Mary, 20-60, WF, 4-18.24.107
CASEY, Katie, 5-20, WF, 4-18.24.108
CASEY, Mary, 5-20, WF, 4-18.24.109
CASEY, Maggie, 0-5, WF, 4-18.24.110
CASEY, Mary, 60+, IF, 4-18.24.111
SULLIVAN, Mary, 20-60, IF, 4-18.25.112
SULLIVAN, Mary, 20-60, WF, 4-18.25.113
SULLIVAN, James, 20-60, WM, 4-18.25.114
SULLIVAN, Augustus, 20-60, WM, 4-18.25.115
WELLER, Philip, 20-60, WM, 4-18.26.116
WELLER, Ella, 20-60, WF, 4-18.26.117
WELLER, Edward, 0-5, WM, 4-18.26.118
WELLER, Sadie, 5-20, WF, 4-18.26.119
WELLER, Laura, 5-20, WF, 4-18.26.120
WELLER, Cora, 5-20, WF, 5-18.26.121
WELLER, Hamilton, 5-20, WM, 5-18.26.122
GALLIGER, Margaret, 20-60, IF, 5-19.27.123
DINEEN, John, 60+, IM, 5-20.28.124
DINEEN, Margaret, 60+, IF, 5-20.28.125
WAHLEN, John, 60+, IM, 5-21.29.126
WAHLEN, Catharine, 60+, IF, 5-21.29.127
SMITH, Benjamin, 20-60, WM, 5-22.30.128
SMITH, Emma, 20-60, WF, 5-22.30.129
SMITH, Frank, 5-20, WM, 5-22.30.130
SMITH, Laura, 5-20, WF, 5-22.30.131
SMITH, Mary, 5-20, WF, 5-22.30.132
MALONEY, Daniel, 60+, IM, 5-23.31.133
MALONEY, Mary, 60+, IF, 5-23.31.134
HUNT, Lydia, 20-60, WF, 5-24.32.135
HUNT, Theodore, 5-20, WM, 5-24.32.136
HUNT, Caleb, 5-20, WM, 5-24.32.137
KELLER, John, 20-60, WM, 5-25.33.138
KELLER, Jennie, 20-60, WF, 5-25.33.139
KELLER, Charles, 5-20, WM, 5-25.33.140
KELLER, Maude, 5-20, WF, 5-25.33.141
KELLER, Fannie, 5-20, WF, 5-25.33.142
KELLER, Jennie, 5-20, WF, 5-25.33.143
OSBORN, James, 20-60, WM, 5-26.34.144
OSBORN, Mira, 20-60, WF, 5-26.34.145
OSBORN, Girtia, 5-20, WF, 5-26.34.146
VAN ARSDALE, Frederick, 20-60, WM, 5-27.35.147
VAN ARSDALE, Martha, 20-60, WF, 5-27.35.148
VAN ARSDALE, William, 5-20, WM, 5-27.35.149
VAN ARSDALE, Samuel, 5-20, WM, 5-27.35.150
VAN ARSDALE, Frederick, 5-20, WM, 6-27.35.151
VAN ARSDALE, George, 5-20, WM, 6-27.35.152
VAN ARSDALE, Sadie, 5-20, WF, 6-27.35.153
VAN ARSDALE, Stewart, 5-20, WM, 6-27.35.154
VAN ARSDALE, Maggie, 0-5, WF, 6-27.35.155
CONLEY, William, 20-60, IM, 6-28.36.156
CONLEY, Catharine, 20-60, IF, 6-28.36.157
CONLEY, John, 5-20, WM, 6-28.36.158
CONLEY, Ellen, 20-60, WF, 6-28.36.159
CONLEY, Lizzie, 20-60, WF, 6-28.36.160
CONLEY, Kate, 5-20, WF, 6-28.36.161
CONLEY, Maria, 5-20, WF, 6-28.36.162
CONLEY, Maggie, 5-20, WF, 6-28.36.163
CONLEY, Julia, 5-20, WF, 6-28.36.164
CONLEY, Thomas, 5-20, WM, 6-28.36.165
SMITH, John T., 60+, WM, 6-28.36.166
SMITH, Hattie, 20-60, WF, 6-28.36.167
SMITH, Pauline, 0-5, WF, 6-28.36.168
TOMEY, John C., 60+, OM, 6-29.37.169
TOMEY, James, 20-60, WM, 6-29.37.170
TOMEY, Sarah, 20-60, WF, 6-29.37.171
TOMEY, Milla, 20-60, WF, 6-29.37.172
TOMEY, Mary, 5-20, WF, 6-29.37.173
BLOOM, Mathias, 20-60, WM, 6-30.38.174
BLOOM, Amanda, 20-60, WF, 6-30.38.175
BLOOM, George M., 5-20, WM, 6-30.38.176
BLOOM, Edward J., 5-20, WM, 6-30.38.177
BENNETT, John, Jr., 20-60, WM, 6-31.39.178
BENNETT, Emma, 20-60, WF, 6-31.39.179
BENNETT, Sallie, 5-20, WF, 6-31.39.180
BENNETT, John, Sr., 60+, WM, 7-31.39.181
BENNETT, Abi, 60+, WF, 7-31.39.182
LONG, Storm, 20-60, WM, 7-32.40.183
LONG, Georgia, 20-60, WF, 7-32.40.184
LONG, Walter, 5-20, WM, 7-32.40.185
RIDDLE, Edgar E., 20-60, WM, 7-33.41.186
RIDDLE, Lulu, 20-60, WF, 7-33.41.187
RIDDLE, Maude, 0-5, WF, 7-33.41.188
HARDY, Joseph, 20-60, WM, 7-34.42.189
HARDY, Kate, 20-60, WF, 7-34.42.190
HARDY, Minnie, 5-20, WF, 7-34.42.191
LAKE, John C., 60+, WM, 7-35.43.192
LAKE, Harriett, 60+, WF, 7-35.43.193
LAKE, Ida M., 20-60, WF, 7-35.43.194
VONLOVENSKJOLD, Lulu, 20-60, WF, 7-35.43.195
TRANSUE, Reuben, 20-60, WM, 7-36.44.196
TRANSUE, Amanda, 20-60, WF, 7-36.44.197
TRANSUE, Charles, 5-20, WM, 7-36.44.198
TRANSUE, Frank, 5-20, WM, 7-36.44.199
TRANSUE, Hattie, 5-20, WF, 7-36.44.200
TRANSUE, Ella, 5-20, WF, 7-36.44.201
HUMMELL, George, 20-60, WM, 7-37.45.202
HUMMELL, Sarah, 20-60, WF, 7-37.45.203
HUMMELL, Wilburn, 5-20, WM, 7-37.45.204
STAPLES, Sarah, 20-60, WF, 7-37.46.205
STAPLES, Herbert, 5-20, WM, 7-37.46.206
STAPLES, John, 5-20, WM, 7-37.46.207
STAPLES, Floyd, 5-20, WM, 7-37.46.208
STAPLES, Guy, 5-20, WM, 7-37.46.209
STAPLES, Bessie, 0-5, WF, 7-37.46.210
STAPLES, Frank, 0-5, WM, 8-37.46.211
GOBLE, David, 20-60, WM, 8-38.47.212
GOBLE, Sarah, 20-60, WF, 8-38.47.213
HOUSTON, Thomas, 20-60, OM, 8-39.48.214

HUNTERDON CO. NJ 1895 STATE CENSUS
Borough of Junction

HOUSTON, Margarette, 20-60, WF, 8-39.48.215
HOUSTON, Rebecca, 5-20, WF, 8-39.48.216
HOUSTON, Elizabeth, 0-5, WF, 8-39.48.217
GOBLE, Charles, 20-60, WM, 8-40.49.218
GOBLE, Anna, 20-60, WF, 8-40.49.219
CREGAR, Conrad, 60+, WM, 8-41.50.220
CREGAR, Sarah, 60+, WF, 8-41.50.221
CREGAR, Frank, 20-60, WM, 8-41.50.222
CREGAR, Carrie, 20-60, WF, 8-41.50.223
CREGAR, Peter, 5-20, WM, 8-41.50.224
CREGAR, Edward, 20-60, WM, 8-41.50.225
HAWK, Alfred, 20-60, WM, 8-41.51.226
HAWK, Amanda, 20-60, WF, 8-41.51.227
BOWLBY, John, 60+, WM, 8-42.52.228
BOWLBY, Jane, 20-60, WF, 8-42.52.229
KITCHEN, Howard, 5-20, WM, 8-42.52.230
VUSLER, John, 60+, WM, 8-43.53.231
VUSLER, Annie, 20-60, WF, 8-43.53.232
EVERITT, Edward, 20-60, WM, 8-44.54.233
EVERITT, Emma, 20-60, WF, 8-44.54.234
EVERITT, Edna, 0-5, WF, 8-44.54.235
JOHNSTON, Elizabeth, 60+, WF, 8-44.54.236
BOWLBY, Peter, 60+, WM, 8-45.55.237
BOWLBY, Eliza, 20-60, WF, 8-45.55.238
GORDON, Elizabeth, 20-60, WF, 8-45.56.239
CRATER, Nancy, 20-60, WF, 8-46.57.240
CRATER, Theodore, 20-60, WM, 9-46.57.241
CRATER, Thomas E., 20-60, WM, 9-46.57.242
CRATER, Tillie, 20-60, WF, 9-46.57.243
CRATER, Barbara, 20-60, WF, 9-46.57.244
CRATER, Jennie, 20-60, WF, 9-46.57.245
CRATER, Nora, 20-60, WF, 9-46.57.246
CRATER, Lizzie, 20-60, WF, 9-46.57.247
LANCE, Winfield, 20-60, WM, 9-47.58.248
LANCE, Annie, 20-60, WF, 9-47.58.249
LANCE, William, 20-60, WM, 9-47.58.250
KUHNS, William, 20-60, WM, 9-47.58.251
KUHNS, Minnie, 20-60, WF, 9-47.58.252
BOWLBY, Stewart, 20-60, WM, 9-48.59.253
BOWLBY, Hannah, 20-60, WF, 9-48.59.254
BOWLBY, Florence, 5-20, WF, 9-48.59.255
BOWLBY, Charles, 5-20, WM, 9-48.59.256
EVERITT, John, 20-60, WM, 9-49.60.257
EVERITT, Allie, 20-60, WF, 9-49.60.258
EVERITT, Lida, 5-20, WF, 9-49.60.259
EVERITT, Jessie, 5-20, WF, 9-49.60.260
EVERITT, Mary, 60+, WF, 9-49.60.261
BOWLBY, William, 20-60, WM, 9-50.61.262
BOWLBY, Sarah, 20-60, WF, 9-50.61.263
BOWLBY, Millard, 5-20, WM, 9-50.61.264
BOWLBY, Louisia, 5-20, WF, 9-50.61.265
BOWLBY, Floyd, 5-20, WM, 9-50.61.266
BOWLBY, Edna, 0-5, WF, 9-50.61.267
HAGAMAN, Maurice, 20-60, WM, 9-51.62.268
HAGAMAN, Annie, 20-60, WF, 9-51.62.269
HAGAMAN, Roy, 0-5, WM, 9-51.62.270
DALRYMPLE, Norman, 20-60, WM, 10-52.63.271
DALRYMPLE, Elizabeth, 20-60, WF, 10-52.63.272
DALRYMPLE, Howard J., 5-20, WM, 10-52.63.273
DALRYMPLE, Sadie S., 5-20, WF, 10-52.63.274
BARTRON, Catharine, 60+, WF, 10-52.63.275
BOWLBY, Peter, 20-60, WM, 10-53.64.276
BOWLBY, Celestia, 20-60, WF, 10-53.64.277
BOWLBY, Leigh, 5-20, WM, 10-53.64.278
BOWLBY, Harvey, 5-20, WM, 10-53.64.279
BOWLBY, Judson, 5-20, WM, 10-53.64.280
EVERLY, Nicholas, 20-60, WM, 10-54.65.281
EVERLY, Sallie, 20-60, WF, 10-54.65.282
EVERLY, Howard, 5-20, WM, 10-54.65.283
APGAR, Absalom, 20-60, WM, 10-55.66.284
APGAR, Martha, 20-60, WF, 10-55.66.285
APGAR, Anna, 5-20, WF, 10-55.66.286
APGAR, Preston, 5-20, WM, 10-55.66.287
APGAR, Irvin, 5-20, WM, 10-55.66.288
MAYBERRY, John, 20-60, WM, 10-56.67.289
MAYBERRY, Mary, 20-60, WF, 10-56.67.290
MAYBERRY, Charles, 20-60, WM, 10-56.67.291
MAYBERRY, Grace, 20-60, WF, 10-56.67.292
MAYBERRY, Edith, 5-20, WF, 10-56.67.293
MAYBERRY, Lida, 5-20, WF, 10-56.67.294
REEVES, Andrew J., 60+, WM, 10-57.68.295
REEVES, Adaline, 20-60, WF, 10-57.68.296
EVERITT, Joseph W., 60+, WM, 10-58.69.297
EVERITT, Lavina, 20-60, WF, 10-58.69.298
YOUNG, May, 20-60, WF, 10-58.69.299
YOUNG, J. Leslie, 0-5, WM, 10-58.69.300
LAKE, Jesse, 20-60, WM, 11-59.70.301
LAKE, Mary, 20-60, WF, 11-59.70.302
LAKE, Bertha, 20-60, WF, 11-59.70.303
BOWLBY, William, 60+, WM, 11-60.71.304
BOWLBY, Lydia, 20-60, WF, 11-60.71.305
ROUNSAVILLE, Whitfield, 20-60, WM, 11-60.71.306
SHERRER, Abraham, 20-60, WM, 11-61.72.307
SHERRER, Mary, 20-60, WF, 11-61.72.308
JOHNSTON, William H., 20-60, WM, 11-62.73.309
JOHNSTON, Kate, 20-60, WF, 11-62.73.310
JOHNSTON, Lewis, 5-20, WM, 11-62.73.311
JOHNSTON, Celest, 5-20, WF, 11-62.73.312
JOHNSTON, Florence, 5-20, WF, 11-62.73.313
JOHNSTON, Ruth, 0-5, WF, 11-62.73.314
SERVIS, Howard, 60+, WM, 11-63.74.315
SERVIS, Belinda, 20-60, WF, 11-63.74.316
SERVIS, Howard, 20-60, WM, 11-63.74.317
BOWLBY, Jacob, 60+, WM, 11-64.75.318
BOWLBY, Ebbie, 60+, WF, 11-64.75.319
BOWLBY, James, 20-60, WM, 11-64.75.320
BOWLBY, John H., 20-60, WM, 11-64.76.321
BOWLBY, Esther, 20-60, WF, 11-64.76.322
BOWLBY, Lloyd, 5-20, WM, 11-64.76.323
CASE, Samuel, 20-60, WM, 11-65.77.324

HUNTERDON CO. NJ 1895 STATE CENSUS
Borough of Junction

CASE, Susan, 20-60, WF, 11-65.77.325
CASE, Walter, 20-60, WM, 11-65.77.326
HUNT, William, 20-60, WM, 11-65.78.327
HUNT, Nellie, 20-60, WF, 11-65.78.328
HAWK, Clarence, 20-60, WM, 11-66.79.329
HAWK, Allie, 20-60, WF, 11-66.79.330
JOHNSTON, Melvina, 20-60, WF, 12-66.80.331
JOHNSTON, Alva, 5-20, WM, 12-66.80.332
JOHNSTON, Verna, 5-20, WF, 12-66.80.333
ALLEN, William, 20-60, WM, 12-67.81.334
ALLEN, Maggie, 20-60, WF, 12-67.81.335
SLATER, Belle, 20-60, WF, 12-67.81.336
BLACKBURN, William, 20-60, WM, 12-68.82.337
BLACKBURN, Irene, 20-60, WF, 12-68.82.338
MESLER, Walter, 20-60, WM, 12-69.83.339
MESLER, Lettie, 20-60, WF, 12-69.83.340
MESLER, Edna, 5-20, WF, 12-69.83.341
MESLER, Walter, 0-5, WM, 12-69.83.342
MESLER, Clarence, 0-5, WM, 12-69.83.343
RIDDLE, Elizabeth, 60+, WF, 12-70.84.344
RIDDLE, Maggie, 20-60, WF, 12-70.84.345
HOPPOCK, John, 60+, WM, 12-71.85.346
HOPPOCK, Mary, 20-60, WF, 12-71.85.347
NASON, Ezra, 20-60, WM, 12-72.86.348
ALBRIGHT, Morris R., 20-60, WM, 12-72.86.349
ALBRIGHT, Maggie, 20-60, WF, 12-72.86.350
SHURTS, Peter S., 20-60, WM, 12-73.87.351
SHURTS, Anna, 20-60, WF, 12-73.87.352
SHURTS, James R., 5-20, WM, 12-73.87.353
SHURTS, Bertha, 5-20, WF, 12-73.87.354
SHURTS, George J., 0-5, WM, 12-73.87.355
RIDDLE, Jennie, 20-60, WF, 12-73.87.356
DWYER, Ella, 20-60, IF, 12-74.88.357
DWYER, Mary, 20-60, WF, 12-74.88.358
DWYER, William, 20-60, WM, 12-74.88.359
GOTSILL, Patrick, 20-60, IM, 12-75.89.360
GOTSILL, Bridget, 20-60, IF, 13-75.89.361
GOTSILL, John, 20-60, WM, 13-75.89.362
GOTSILL, Patrick, 5-20, WM, 13-75.89.363
GOTSILL, Annie, 20-60, WF, 13-75.89.364
GOTSILL, Lizzie, 5-20, WF, 13-75.89.365
GOTSILL, Mary, 5-20, WF, 13-75.89.366
RABER, Thomas, 20-60, WM, 13-76.90.367
RABER, Anna, 5-20, WF, 13-76.90.368
MOWERY, Josiah, 20-60, WM, 13-76.91.369
MOWERY, Rebecca, 20-60, WF, 13-76.91.370
MOWERY, Getha, 5-20, WF, 13-76.91.371
MOWERY, Charles, 5-20, WM, 13-76.91.372
BURROUGHS, Robert, 20-60, WM, 13-77.92.373
BURROUGHS, Eliza, 20-60, WF, 13-77.92.374
HOWLEY, Dennis, 20-60, WM, 13-78.93.375
HOWLEY, Marria, 20-60, WF, 13-78.93.376
HOWLEY, William, 5-20, WM, 13-78.93.377
HOWLEY, John, 0-5, WM, 13-78.93.378
HOWLEY, Mary, 0-5, WF, 13-78.93.379
HOWLEY, Walter, 0-5, WM, 13-78.93.380
BOGART, George, 20-60, WM, 13-78.94.381
BOGART, Bertha, 20-60, WF, 13-78.94.382
BOGART, Mira, 0-5, WF, 13-78.94.383
BOGART, Alvah, 0-5, WM, 13-78.94.384
WORKHEISER, Martin, 20-60, WM, 13-79.95.385
WORKHEISER, Sarah, 20-60, WF, 13-79.95.386
WORKHEISER, Henry, 20-60, WM, 13-79.95.387
WORKHEISER, John, 5-20, WM, 13-79.95.388
WORKHEISER, Esther, 20-60, WF, 13-79.95.389
WORKHEISER, Hellen, 5-20, WF, 13-79.95.390
WORKHEISER, Sabina, 5-20, WF, 14-79.95.391
SHROPE, William, 20-60, WM, 14-79.96.392
SHROPE, Frank, 20-60, WM, 14-79.96.393
ANDERSON, D. Watson, 20-60, WM, 14-80.97.394
ANDERSON, Emma, 20-60, WF, 14-80.97.395
GARRISON, Joseph, 20-60, WM, 14-81.98.396
GARRISON, Sarah J., 20-60, WF, 14-81.98.397
GARRISON, William H., 5-20, WM, 14-81.98.398
GARRISON, Lulu, 5-20, WF, 14-81.98.399
GARRISON, George, 5-20, WM, 14-81.98.400
McCARTY, Michael, 60+, IM, 14-82.99.401
McCARTY, Ella, 20-60, WF, 14-82.99.402
McCARTY, Maggie, 20-60, WF, 14-82.99.403
LYNCH, Nora, 20-60, IF, 14-82.99.404
SULLIVAN, May, 5-20, WF, 14-82.99.405
LAUDENBERGER, William R., 60+, WM, 14-83.100.406
LAUDENBERGER, Savilla, 60+, WF, 14-83.100.407
WYATT, Richard, 60+, OM, 14-83.100.408
SKILLMAN, Stewart, 20-60, WM, 14-84.101.409
BUTLER, John, 60+, IM, 14-85.102.410
BUTLER, John J., 20-60, WM, 14-85.102.411
BUTLER, Edward, 20-60, WM, 14-85.102.412
BUTLER, Mamie, 20-60, WF, 14-85.102.413
BUTLER, Annie, 5-20, WF, 14-85.102.414
BUTLER, William, 5-20, WM, 14-85.102.415
SMITH, Thomas J., 20-60, WM, 14-85.103.416
SMITH, Casandra, 20-60, WF, 14-85.103.417
SMITH, Viola, 5-20, WF, 14-85.103.418
HURLEY, Daniel, 20-60, IM, 14-86.104.419
HURLEY, Margaret, 20-60, IF, 14-86.104.420
HURLEY, Lizzie, 5-20, WF, 15-86.104.421
HURLEY, Varonica, 5-20, WF, 15-86.104.422
CONLEY, John, 60+, IM, 15-87.105.423
REILLY, Maggie, 20-60, WF, 15-87.105.424
REILLY, William, 0-5, WM, 15-87.105.425
OSMAN, George, 60+, WM, 15-88.106.426
OSMAN, Ann, 60+, WF, 15-88.106.427
FITZGIBBON, William, 20-60, IM, 15-89.107.428
FITZGIBBON, Bridget, 20-60, IF, 15-89.107.429
FITZGIBBON, Ella, 5-20, WF, 15-89.107.430
ILIFF, William J., 60+, WM, 15-90.108.431
VANDERBILT, Kate, 20-60, WF, 15-90.108.432
HIXON, John H., 20-60, WM, 15-91.109.433
HIXON, Caroline, 20-60, WF, 15-91.109.434

HUNTERDON CO. NJ 1895 STATE CENSUS
Borough of Junction

HIXON, Louisia, 20-60, WF, 15-91.109.435
McCORMICK, Mathew, 20-60, IM, 15-92.110.436
McCORMICK, Kate, 20-60, IF, 15-92.110.437
McCORMICK, May, 20-60, WF, 15-92.110.438
McCORMICK, John, 20-60, WM, 15-92.110.439
McCORMICK, Frank, 20-60, WM, 15-92.110.440
SNYDER, Hugh, 20-60, WM, 15-93.111.441
SNYDER, Emma, 20-60, WF, 15-93.111.442
SNYDER, Edward, 5-20, WM, 15-93.111.443
SNYDER, Kate May, 0-5, WF, 15-93.111.444
SNYDER, Jennie, 20-60, WF, 15-93.111.445
MOYNIHAN, Daniel, 20-60, IM, 15-94.112.446
MOYNIHAN, Julia, 20-60, IF, 15-94.112.447
MOYNIHAN, Mary, 0-5, WF, 15-94.112.448
MOYNIHAN, John, 0-5, WM, 15-94.112.449
MOYNIHAN, Joseph, 0-5, WM, 15-94.112.450
CAHILL, Cornelius, 60+, IM, 16-95.113.451
CAHILL, Margaret, 60+, IF, 16-95.113.452
SPLANE, Morris, 60+, IM, 16-96.114.453
SPLANE, Ann, 60+, IF, 16-96.114.454
SPLANE, Mary, 20-60, WF, 16-96.114.455
WHITE, Robert, 20-60, IM, 16-97.115.456
LABAR, Andrew, 20-60, WM, 16-98.116.457
LABAR, Mary, 20-60, WF, 16-98.116.458
LABAR, Harry, 0-5, WM, 16-98.116.459
LABAR, Floyd, 0-5, WM, 16-98.116.460
RUSH, Ralph D., 60+, WM, 16-98.117.461
RUSH, Sarah Jane, 60+, WF, 16-98.117.462
RUSH, Elmer J., 20-60, WM, 16-98.117.463
HUGHES, Freeman, 20-60, WM, 16-99.118.464
HUGHES, Olive, 20-60, WF, 16-99.118.465
HUGHES, Jessie, 20-60, WF, 16-99.118.466
HUGHES, Percy, 5-20, WM, 16-99.118.467
HUGHES, Raymond, 5-20, WM, 16-99.118.468
HUGHES, Ethel, 5-20, WF, 16-99.118.469
HUGHES, Reginald, 0-5, WM, 16-99.118.470
CAVERLEY, Nora, 60+, IF, 16-100.119.471
CAVERLEY, Andrew, 20-60, WM, 16-100.119.472
CAVERLEY, Henry, 20-60, WM, 16-100.119.473
CAVERLEY, John, 20-60, WM, 16-100.119.474
SNYDER, Valentine, 20-60, WM, 16-101.120.475
SNYDER, Maggie, 20-60, WF, 16-101.120.476
SNYDER, William M., 20-60, WM, 16-101.120.477
SNYDER, Emory J., 5-20, WM, 16-101.120.478
SNYDER, George O., 5-20, WM, 16-101.120.479
ERVIN, Martin, 20-60, WM, 16-102.121.480
ERVIN, Mary, 20-60, WF, 17-102.121.481
ERVIN, John, 5-20, WM, 17-102.121.482
ERVIN, Martin, 0-5, WM, 17-102.121.483
ERVIN, John, 60+, IM, 17-103.122.484
ERVIN, Bridget, 60+, IF, 17-103.122.485
ERVIN, Nicholas, 20-60, WM, 17-103.122.486
BUTLER, Nancy, 60+, IF, 17-104.123.487
BUTLER, John, 20-60, WM, 17-104.123.488
DESMOND, Julia, 60+, IF, 17-105.124.489
DESMOND, Jeremiah, 20-60, WM, 17-105.124.490
CASTNER, Benjamin, 20-60, WM, 17-106.125.491
CASTNER, Mary E., 20-60, WF, 17-106.125.492
CASTNER, Johnston, 20-60, WM, 17-106.125.493
CASTNER, Charles, 5-20, WM, 17-106.125.494
CASTNER, Edson, 5-20, WM, 17-106.125.495
CASTNER, Percy, 5-20, WM, 17-106.125.496
LOFTUS, Patrick, 20-60, IM, 17-107.126.497
LOFTUS, Sarah, 20-60, IF, 17-107.126.498
LOFTUS, William, 20-60, WM, 17-107.126.499
RINEHART, Edward, 20-60, WM, 17-108.127.500
RINEHART, Emma, 20-60, WF, 17-108.127.501
RINEHART, Leona, 5-20, WF, 17-108.127.502
RINEHART, Addie, 0-5, WF, 17-108.127.503
RINEHART, Lottie, 0-5, WF, 17-108.127.504
REILLY, Mary, 60+, IF, 17-109.128.505
REILLY, Adelia, 20-60, WF, 17-109.128.506
REILLY, Ella, 5-20, WF, 17-109.128.507
CASE, Levi, 20-60, WM, 17-110.129.508
CASE, Eliza, 20-60, WF, 17-110.129.509
SMITH, Alvah, 20-60, WM, 17-110.129.510
ALPAUGH, Mervin B., 20-60, WM, 18-111.130.511
ALPAUGH, Emma, 20-60, WF, 18-111.130.512
ALPAUGH, Ernest, 5-20, WM, 18-111.130.513
SMITH, Charles O., 20-60, WM, 18-112.131.514
SMITH, Sarah, 20-60, WF, 18-112.131.515
SMITH, Charles O., Jr., 5-20, WM, 18-112.131.516
SMITH, Hazel, 5-20, WF, 18-112.131.517
McCARTY, Agnes, 5-20, WF, 18-112.131.518
McCARTY, Patrick, 20-60, WM, 18-112.131.519
MARTENIS, Mary Ann, 60+, WF, 18-113.132.520
MARTENIS, Maggie, 20-60, WF, 18-113.132.521
YOUNG, Lewis, 60+, WM, 18-114.133.522
YOUNG, Rachel, 60+, WF, 18-114.133.523
YOUNG, Mary, 20-60, WF, 18-114.133.524
YOUNG, Belle, 5-20, WF, 18-114.133.525
McCARTY, Johanna, 60+, IF, 18-115.134.526
CONLEY, Patrick E., 20-60, WM, 18-115.135.527
CONLEY, Coretta, 20-60, WF, 18-115.135.528
CONLEY, Mary F., 5-20, WF, 18-115.135.529
CONLEY, John E., 5-20, WM, 18-115.135.530
CONLEY, Anna A., 5-20, WF, 18-115.135.531
CONLEY, Henry W., 0-5, WF, 18-115.135.532
VLIET, Louisa, 20-60, WF, 18-117.136.533
STRUBLE, John, 20-60, WM, 18-118.137.534
STRUBLE, Elizabeth, 20-60, WF, 18-118.137.535
BAGGS, Margaret, 60+, IF, 18-118.138.536
BAGGS, David, 20-60, WM, 18-118.138.537
HANN, John, 20-60, WM, 18-119.139.538
HANN, Margaretta, 20-60, WF, 18-119.139.539
HANN, Joseph, 5-20, WM, 18-119.139.540
HANN, Eva, 5-20, WF, 19-119.139.541
HANN, Mercy E., 0-5, WF, 19-119.139.542
SULLIVAN, Patrick, 20-60, IM, 19-120.140.543
SULLIVAN, Maria, 20-60, IF, 19-120.140.544

HUNTERDON CO. NJ 1895 STATE CENSUS
Borough of Junction

SULLIVAN, Daniel, 20-60, WM, 19-120.140.545
SULLIVAN, Eugene, 5-20, WM, 19-120.140.546
HANN, Wilson, 20-60, WM, 19-121.141.547
HANN, Catharine, 20-60, WF, 19-121.141.548
HANN, William, 5-20, WM, 19-121.141.549
HANN, Bertha, 5-20, WF, 19-121.141.550
HANN, Gussie, 0-5, WF, 19-121.141.551
HOUSTON, Robert, 60+, OM, 19-122.142.552
HOUSTON, Jane, 60+, OF, 19-122.142.553
CRATER, Agnes, 20-60, WF, 19-122.142.554
CRATER, Thomas E., 0-5, WM, 19-122.142.555
KILEY, John, 20-60, WM, 19-123.143.556
KILEY, Hannah, 20-60, WF, 19-123.143.557
KILEY, William W., 5-20, WM, 19-123.143.558
KILEY, John, Jr., 5-20, WM, 19-123.143.559
KILEY, Thomas, 5-20, WM, 19-123.143.560
KILEY, George O., 5-20, WM, 19-123.143.561
KILEY, Charles B., 5-20, WM, 19-123.143.562
KILEY, Edward M., 0-5, WM, 19-123.143.563
KILEY, Joseph A., 0-5, WM, 19-123.143.564
HOWLEY, Timothy, 60+, IM, 19-124.144.565
HOWLEY, Mary Ann, 20-60, WF, 19-124.144.566
SHANNAHAN, Patrick, 20-60, IM, 19-125.145.567
SHANNAHAN, Margaret, 20-60, IF, 19-125.145.568
SHANNAHAN, James, 5-20, IM, 19-125.145.569
SHANNAHAN, Thomas, 5-20, IM, 19-125.145.570
SHANNAHAN, Morris, 5-20, IM, 20-125.145.571
SHANNAHAN, Patrick, 5-20, IM, 20-125.145.572
SHANNAHAN, Maggie, 0-5, WF, 20-125.145.573
CONDON, Thomas, 20-60, IM, 20-126.146.574
CONDON, Mary, 20-60, IF, 20-126.146.575
KELLY, John, 20-60, WM, 20-126.146.576
CLEARY, James, 20-60, IM, 20-126.146.577
FINE, Samuel, 20-60, WM, 20-127.147.578
FINE, Jennie, 20-60, WF, 20-127.147.579
FINE, Harry, 5-20, WM, 20-127.147.580
FINE, Frederick, 5-20, WM, 20-127.147.581
FINE, Susan, 5-20, WF, 20-127.147.582
FINE, Laura, 5-20, WF, 20-127.147.583
FINE, Ella, 0-5, WF, 20-127.147.584
FINE, Russel, 0-5, WM, 20-127.147.585
CONLEY, John, 20-60, IM, 20-128.148.586
CONLEY, Johanna, 20-60, IF, 20-128.148.587
CONLEY, Mary, 5-20, WF, 20-128.148.588
CONLEY, John, 5-20, WM, 20-128.148.589
CONLEY, Maggie, 5-20, WF, 20-128.148.590
STACK, Daniel, 20-60, IM, 20-129.149.591
STACK, Catharine, 20-60, IF, 20-129.149.592
CONLEY, James, 20-60, WM, 20-130.150.593
CONLEY, John, 5-20, WM, 20-130.150.594
CONLEY, James, 5-20, WM, 20-130.150.595
CONLEY, Frank, 5-20, WM, 20-130.150.596
CONLEY, Edward, 5-20, WM, 20-130.150.597
CONLEY, Daniel, 5-20, WM, 20-130.150.598
CONLEY, Nettie, 0-5, WF, 20-130.150.599
CONLEY, Maggie, 5-20, WF, 20-130.150.600
BARRY, David, 60+, IM, 21-131.151.601
BILL, Achatz, 60+, GM, 21-132.152.602
BILL, Mary Ann, 20-60, IF, 21-132.152.603
BILL, Mathias, 20-60, WM, 21-132.152.604
BILL, Rosina, 5-20, WF, 21-132.152.605
BILL, Elizabeth, 5-20, WF, 21-132.152.606
KILMARY, Sarah, 60+, IF, 21-132.152.607
SPLANE, Sarah, 20-60, IF, 21-133.153.608
CONLEY, Philip, 60+, IM, 21-134.154.609
CONLEY, Mary, 20-60, IF, 21-134.154.610
CONLEY, Hanora, 5-20, WF, 21-134.154.611
CONLEY, Agnes, 0-5, WF, 21-134.154.612
FOLEY, Catharine, 60+, IF, 21-135.155.613
ROBERTS, Margaret, 60+, OF, 21-136.156.614
KITCHEN, Robert, 20-60, WM, 21-137.157.615
KITCHEN, Lizzie, 20-60, WF, 21-137.157.616
KITCHEN, Everitt, 5-20, WM, 21-137.157.617
KITCHEN, George, 5-20, WM, 21-137.157.618
KITCHEN, Austin, 5-20, WM, 21-137.157.619
KITCHEN, Frederick, 5-20, WM, 21-137.157.620
KITCHEN, Margaret, 0-5, WF, 21-137.157.621
EVERITT, Richard, 60+, WM, 21-137.157.622
DALBERG, Andrew, 20-60, OM, 21-138.158.623
HACK, Harry, 20-60, WM, 21-139.159.624
HACK, Mary, 20-60, WF, 21-139.159.625
HACK, Wilbert, 0-5, WM, 21-139.159.626
HACK, Myrtle, 0-5, WF, 21-139.159.627
KILEY, Thomas, 60+, IM, 21-140.160.628
KILEY, Alice, 60+, IF, 21-140.160.629
KILEY, Thomas, 20-60, WM, 21-140.160.630
KILEY, James, 5-20, WM, 22-140.160.631
COULTER, Mary, 20-60, WF, 22-141.161.632
HEATH, Peter V., 20-60, WM, 22-142.162.633
HEATH, Frances, 20-60, WF, 22-142.162.634
HEATH, Abraham, 20-60, WM, 22-142.162.635
HEATH, William, 20-60, WM, 22-142.162.636
HEATH, Oakley, 20-60, WM, 22-142.162.637
SPLANE, James, 20-60, WM, 22-143.163.638
SPLANE, Maggie, 20-60, WF, 22-143.163.639
SPLANE, Morris, 5-20, WM, 22-143.163.640
SPLANE, Nellie, 5-20, WF, 22-143.163.641
SPLANE, Annie, 5-20, WF, 22-143.163.642
SPLANE, Loretto, 5-20, WF, 22-143.163.643
KEMMERER, Sarah A., 60+, WF, 22-144.164.644
ANDERSON, Theodore, 20-60, CM, 22-145.165.645
WAIDMANN, Adolphus, 60+, OM, 22-146.166.646
WAIDMANN, Ella, 60+, GF, 22-146.166.647
WAIDMANN, Charles J., 20-60, WM, 22-146.166.648
WAIDMANN, Marcus, 20-60, WM, 22-146.166.649
WAIDMANN, Erna, 20-60, WF, 22-146.166.650
WAIDMANN, Belle, 20-60, WF, 22-146.166.651
QUICK, George, 20-60, WM, 22-146.167.652
QUICK, Susan, 20-60, WF, 22-146.167.653
QUICK, Charles, 5-20, WM, 22-146.167.654

HUNTERDON CO. NJ 1895 STATE CENSUS
Borough of Junction

QUICK, Harry, 5-20, WM, 22-146.167.655
WARWICK, Lewis, 20-60, WM, 22-147.168.656
WARWICK, Rosa, 20-60, WF, 22-147.168.657
WARWICK, Harvey, 5-20, WM, 22-147.168.658
WARWICK, Etta, 5-20, WF, 22-147.168.659
WARWICK, Fannie, 5-20, WF, 22-147.168.660
WARWICK, Adolphus, 0-5, WM, 23-147.168.661
DAVISON, Jane, 20-60, WF, 23-148.169.662
DAVISON, Harry, 5-20, WM, 23-148.169.663
DAVISON, Florence, 5-20, WF, 23-148.169.664
DAVISON, Wade, 5-20, WM, 23-148.169.665
DAVISON, Maud, 5-20, WF, 23-148.169.666
SULLIVAN, Daniel, 60+, IM, 23-149.170.667
BURD, Moses S., 20-60, WM, 23-150.171.668
BURD, Amay M., 20-60, WF, 23-150.171.669
BOWLBY, John F., 20-60, WM, 23-151.172.670
BOWLBY, Alice, 20-60, WF, 23-151.172.671
BOWLBY, Ruth, 0-5, WF, 23-151.172.672
LAUDENBERGER, Warren O., 20-60, WM, 23-151.173.673
LAUDENBERGER, Jennie M., 20-60, WF, 23-151.173.674
HOUSEL, Andrew, 20-60, WM, 23-152.174.675
HOUSEL, Caroline, 20-60, WF, 23-152.174.676
HOUSEL, Josaphine, 20-60, WF, 23-152.174.677
HOUSEL, Cyrus E., 20-60, WM, 23-152.174.678
FENWICK, Robert, Jr., 20-60, WM, 23-153.175.679
FENWICK, Anna, 20-60, WF, 23-153.175.680
FENWICK, Robert E., 0-5, WM, 23-153.175.681
FENWICK, Charles H., 0-5, WM, 23-153.175.682
RINEHART, Maggie, 20-60, WF, 23-154.176.683
RINEHART, Eliza, 60+, WF, 23-154.176.684
COUCH, Maggie, 20-60, WF, 23-154.176.685
COUCH, Harold, 0-5, WM, 23-154.176.686
WOLVERTON, Daniel, 60+, WM, 23-155.177.687
WOLVERTON, Mary C., 60+, WF, 23-155.177.688
TAYLOR, Richard, 60+, OM, 23-155.177.689
TAYLOR, William, 20-60, WM, 23-155.177.690
BAYLOR, Ellsworth P., 20-60, WM, 24-155.177.691
HOWELL, John, 20-60, WM, 24-155.177.692
SHROPE, Christopher, 20-60, WM, 24-156.178.693
SHROPE, Lavina, 20-60, WF, 24-156.178.694
SHROPE, Roy, 5-20, WM, 24-156.178.695
SHROPE, Ethel, 0-5, WF, 24-156.178.696
SHROPE, Robert, 60+, WM, 24-156.178.697
SHROPE, Hetty, 60+, WF, 24-156.178.698
FLEMING, George, 20-60, WM, 24-157.179.699
FLEMING, Annie, 20-60, WF, 24-157.179.700
FLEMING, Louisa, 5-20, WF, 24-157.179.701
FLEMING, Esther, 5-20, WF, 24-157.179.702
FLEMING, Mabel, 5-20, WF, 24-157.179.703
FLEMING, Andrew, 5-20, WM, 24-157.179.704
VANDERBELT, Susan A., 60+, WF, 24-158.180.705
VANDERBELT, John, 20-60, WM, 24-158.180.706
CRAMPTON, Elizabeth C., 60+, WF, 24-159.181.707
CRAMPTON, Thomas, 20-60, WM, 24-159.181.708
CRAMPTON, Elizabeth, 20-60, WF, 24-159.181.709
CRAMPTON, Mary M., 20-60, WF, 24-159.181.710
WORMAN, John, 20-60, WM, 24-160.182.711
WORMAN, Rose, 20-60, WF, 24-160.182.712
WORMAN, Mabel, 5-20, WF, 24-160.182.713
HOMLER, Joseph, 20-60, WM, 24-161.183.714
HOMLER, Catharine, 20-60, WF, 24-161.183.715
HOMLER, George, 5-20, WM, 24-161.183.716
HOMLER, Joseph, 5-20, WM, 24-161.183.717
HOMLER, Viola, 0-5, WF, 24-161.183.718
BOWLBY, Lewis S., 20-60, WM, 24-162.184.719
BOWLBY, Minnie, 20-60, WF, 24-162.184.720
BOWLBY, Edward, 5-20, WM, 25-162.184.721
BOWLBY, Lewis, 5-20, WM, 25-162.184.722
BOWLBY, John, 0-5, WM, 25-162.184.723
BOWLBY, Minnie, 0-5, WF, 25-162.184.724
ADAMS, Frank, 20-60, WM, 25-163.185.725
ADAMS, Emma, 20-60, WF, 25-163.185.726
ADAMS, Frances, 0-5, WF, 25-163.185.727
HARDY, Peter, 20-60, WM, 25-164.186.728
HARDY, Barbara, 20-60, WF, 25-164.186.729
HARDY, George, 0-5, WM, 25-164.186.730
CRAMER, Elizabeth, 20-60, WF, 25-164.186.731
FENWICK, Robert, 60+, OM, 25-164.187.732
FENWICK, Sarah B., 60+, WF, 25-164.187.733
BANGHART, Mary B., 20-60, WF, 25-164.187.734
WALTERS, Jacob, 20-60, WM, 25-165.188.735
WALTERS, Ellen, 20-60, WF, 25-165.188.736
SHAY, Lizzie, 5-20, WF, 25-165.188.737
SHAY, Joseph, 20-60, WM, 25-165.188.738
SHAY, Walter, 5-20, WM, 25-165.188.739
SHAY, Fritts, 5-20, WM, 25-165.188.740
TERRIBERRY, Rebecca, 60+, WF, 25-166.189.741
TERRIBERRY, Lizzie, 20-60, WF, 25-166.189.742
TERRIBERRY, Mary, 20-60, WF, 25-166.189.743
OLIVER, George, 20-60, WM, 25-167.190.744
OLIVER, Mary E., 20-60, WF, 25-167.190.745
HUMMER, George, 5-20, WM, 25-167.190.746
HUMMER, Carrie, 5-20, WF, 25-167.190.747
HUMMER, Sadie, 5-20, WF, 25-167.190.748
BOGART, Isaac, 60+, WM, 25-168.191.749
BOGART, Mary E., 60+, WF, 25-168.191.750
BOGART, Lyman, 20-60, WM, 26-168.191.751
BOGART, Anna, 20-60, WF, 26-168.191.752
YOUNG, Arch M., 20-60, WM, 26-169.192.753
YOUNG, Martha J., 20-60, WF, 26-169.192.754
YOUNG, A. Roy, 5-20, WM, 26-169.192.755
YOUNG, J. Mabel, 5-20, WF, 26-169.192.756
HELLEMS, William, 20-60, WM, 26-170.193.757
HELLEMS, Elizabeth, 20-60, WF, 26-170.193.758
SHERRER, Joseph, 20-60, WM, 26-170.194.759
SHERRER, Ann Elizabeth, 20-60, WF, 26-170.194.760
SHERRER, Laura, 5-20, WF, 26-170.194.761
RHODES, Jeremiah B. J., 20-60, WM, 26-171.195.762

HUNTERDON CO. NJ 1895 STATE CENSUS
Borough of Junction

RHODES, Fannie, 20-60, WF, 26-171.195.763
RHODES, Harold, 0-5, WM, 26-171.195.764
STRUBLE, William, 20-60, WM, 26-172.196.765
STRUBLE, Lizzie, 20-60, WF, 26-172.196.766
STRUBLE, William, 0-5, WM, 26-172.196.767
STRUBLE, Rena, 0-5, WF, 26-172.196.768
VAN ARSDALE, Margaret, 60+, WF, 26-172.196.769
TERRIBERRY, Elizabeth, 20-60, WF, 26-173.197.770
WILSON, Lottie, 5-20, WF, 26-173.197.771
BOSENBURY, William, 20-60, WM, 26-173.198.772
BOSENBURY, Cealia, 20-60, WF, 26-173.198.773
BOSENBURY, Ada, 5-20, WF, 26-173.198.774
BOSENBURY, Russel, 0-5, WM, 26-173.198.775
UMSTEAD, Mary, 5-20, WF, 26-173.198.776
DIEHL, Frank, 20-60, WM, 26-174.199.777
DIEHL, Anna, 20-60, WF, 26-174.199.778
DIEHL, Rebecca, 5-20, WF, 26-174.199.779
DIEHL, Leo, 5-20, WM, 26-174.199.780
DIEHL, Anna, 0-5, WF, 27-174.199.781
DIEHL, Loretta, 0-5, WF, 27-174.199.782
BOGART, Frederick, 20-60, WM, 27-174.200.783
BOGART, Tillie M., 20-60, WF, 27-174.200.784
BOGART, Ella, 0-5, WF, 27-174.200.785
CRATER, George, 20-60, WM, 27-175.201.786
CRATER, Mary, 20-60, WF, 27-175.201.787
CRATER, Walter, 5-20, WM, 27-175.201.788
CRATER, Nellie, 5-20, WF, 27-175.201.789
BOWLBY, Harry, 20-60, WM, 27-175.201.790
BOWLBY, Jennie, 5-20, WF, 27-175.201.791
BIGELOW, Harry M., 20-60, WM, 27-175.202.792
BIGELOW, Lizzie, 20-60, WF, 27-175.202.793
BIGELOW, Mary, 5-20, WF, 27-175.202.794
BIGELOW, Russel, 5-20, WM, 27-175.202.795
BIGELOW, Beatrice, 0-5, WF, 27-175.202.796
ADAMS, Charles, 20-60, WM, 27-176.203.797
ADAMS, Carrie, 20-60, WF, 27-176.203.798
ADAMS, Ruby, 0-5, WF, 27-176.203.799
ADAMS, Verna, 5-20, WF, 27-176.203.800
QUINN, Timothy, 20-60, IM, 27-177.204.801
QUINN, Catharine, 20-60, IF, 27-177.204.802
WALLANDER, Charles, 20-60, OM, 27-178.205.803
WALLANDER, Annie, 20-60, WF, 27-178.205.804
WALLANDER, Hazel, 5-20, WF, 27-178.205.805
WALLANDER, Carl, 0-5, WM, 27-178.205.806
SQUIRES, Eliza, 60+, WF, 27-178.205.807
THOMSON, Robert C., 20-60, WM, 27-179.206.808
THOMSON, Melinda, 20-60, WF, 27-179.206.809
THOMSON, Nellie, 5-20, WF, 27-179.206.810
THOMSON, Bertha, 5-20, WF, 28-179.206.811
THOMSON, Jennie, 20-60, WF, 28-179.206.812
THOMSON, Lola, 20-60, WF, 28-179.206.813
DUCKWORTH, John, 20-60, WM, 28-180.207.814
DUCKWORTH, Margaret, 20-60, WF, 28-180.207.815
DUCKWORTH, Lizzie, 20-60, WF, 28-180.207.816
DUCKWORTH, Lucretis, 5-20, WF, 28-180.207.817
DUCKWORTH, Terrence, 5-20, WM, 28-180.207.818
DUCKWORTH, Clark, 5-20, WM, 28-180.207.819
BEATTY, Frank, 20-60, WM, 28-180.207.820
BEATTY, Lessie, 20-60, WF, 28-180.207.821
BEATTY, Margaret, 0-5, WF, 28-180.207.822
ADAMS, Ohio W., 20-60, WM, 28-180.207.823
PEACHER, John W., 20-60, WM, 28-181.208.824
PEACHER, Ella, 20-60, WF, 28-181.208.825
PEACHER, William, 5-20, WM, 28-181.208.826
PEACHER, Warren, 5-20, WM, 28-181.208.827
PEACHER, Edward, 5-20, WM, 28-181.208.828
GARY, John W., 20-60, WM, 28-182.209.829
GARY, Zula, 20-60, WF, 28-182.209.830
YOUNG, Ida, 20-60, WF, 28-183.210.831
YOUNG, Susia, 5-20, WF, 28-183.210.832
YOUNG, Jennie, 5-20, WF, 28-183.210.833
NILES, Nora, 5-20, WF, 28-183.210.834
AUMICK, Solon M., 20-60, WM, 28-183.211.835
AUMICK, Rachel, 60+, WF, 28-183.211.836
McCARTY, Daniel, 60+, IM, 28-184.212.837
McCARTY, Johanna, 60+, IF, 28-184.212.838
McCARTY, Ella, 20-60, WF, 28-184.212.839
McCARTY, Mary Ann, 20-60, WF, 28-184.212.840
O'CONNOR, John, 5-20, WM, 29-184.212.841
GROFF, Jacob, 20-60, WM, 29-185.213.842
GROFF, Rebecca, 20-60, WF, 29-185.213.843
GROFF, William F., 5-20, WM, 29-185.213.844
GROFF, Edgar H., 5-20, WM, 29-185.213.845
GROFF, Nellie C., 0-5, WF, 29-185.213.846
LANNING, Mary A., 60+, WF, 29-185.213.847
SULLIVAN, Daniel, 20-60, WM, 29-186.214.848
SULLIVAN, Anna, 20-60, WF, 29-186.214.849
SULLIVAN, Hugh D., 5-20, WM, 29-186.214.850
SULLIVAN, John L., 0-5, WM, 29-186.214.851
SULLIVAN, Marguerit, 0-5, WF, 29-186.214.852
HANNIGAN, Patrick, 20-60, IM, 29-187.215.853
HANNIGAN, Mary, 20-60, IF, 29-187.215.854
HANNIGAN, Patrick, 20-60, WM, 29-187.215.855
HANNIGAN, William, 20-60, WM, 29-187.215.856
HANNIGAN, John, 5-20, WM, 29-187.215.857
DRAKE, Robert, 20-60, WM, 29-188.216.858
DRAKE, Annie, 20-60, WF, 29-188.216.859
DRAKE, Lewis, 5-20, WM, 29-188.216.860
DRAKE, Lillie, 5-20, WF, 29-188.216.861
SMITH, Arthur K., 20-60, WM, 29-188.217.862
SMITH, Nora, 20-60, WF, 29-188.217.863
SMITH, Myrtle, 0-5, WF, 29-188.217.864
SMITH, Charles, 0-5, WM, 29-188.217.865
MAHAR, Thomas, 60+, IM, 29-189.218.866
MAHAR, Johanna, 60+, IF, 29-189.218.867
MAHAR, William, 20-60, WM, 29-189.218.868
MAHAR, James, 20-60, WM, 29-189.218.869
WAUGHAN, Johanna, 20-60, WF, 29-189.219.870
McGRANER, James, 20-60, WM, 30-189.219.871
McGRANER, George, 5-20, WM, 30-189.219.872

HUNTERDON CO. NJ 1895 STATE CENSUS
Borough of Junction

CONLEY, William, 20-60, WM, 30-189.219.873
LYONS, Lewis H., 20-60, WM, 30-190.220.874
LYONS, Daisy, 20-60, WF, 30-190.220.875
LYONS, Lewis M., 0-5, WM, 30-190.220.876
RINEHART, William R., 60+, WM, 30-191.221.877
RINEHART, Addie A., 20-60, WF, 30-191.221.878
RINEHART, Asa, 20-60, WM, 30-191.221.879
RINEHART, Mary, 5-20, WF, 30-191.221.880
CONLEY, Patrick, 20-60, WM, 30-192.222.881
CONLEY, Mary, 20-60, WF, 30-192.222.882
CONLEY, Francis, 5-20, WM, 30-192.222.883
CONLEY, Joseph, 5-20, WM, 30-192.222.884
CONLEY, Margaret E., 0-5, WF, 30-192.222.885
RINEHART, Mary A., 20-60, WF, 30-193.223.886
RINEHART, Edward, 5-20, WM, 30-193.223.887
RINEHART, Albert, 5-20, WM, 30-193.223.888
RINEHART, Addie, 5-20, WF, 30-193.223.889
LUNGER, Henry B., 60+, WM, 30-193.224.890
LUNGER, Sarah, 60+, WF, 30-193.224.891
COUGLE, Charles E., 20-60, WM, 30-194.225.892
COUGLE, Mary E., 20-60, WF, 30-194.225.893
COUGLE, Martha, 5-20, WF, 30-194.225.894
COUGLE, Mary E., 5-20, WF, 30-194.225.895
COUGLE, Charles E., 0-5, WM, 30-194.225.896
COUGLE, Emma F., 0-5, WF, 30-194.225.897
BEAM, James, 20-60, WM, 30-195.226.898
BEAM, Anna, 20-60, IF, 30-195.226.899
CORKERY, John, 20-60, IM, 30-196.227.900
CORKERY, Anna, 20-60, OF, 31-196.227.901
CORKERY, Michael, 20-60, WM, 31-196.227.902
CORKERY, Daniel, 20-60, WM, 31-196.227.903
CORKERY, John, 5-20, WM, 31-196.227.904
CORKERY, Mary, 5-20, WF, 31-196.227.905
CORKERY, Nellie, 5-20, WF, 31-196.227.906
CORKERY, Lizzie, 5-20, WF, 31-196.227.907
CORKERY, James, 5-20, WM, 31-196.227.908
SCULLY, John, 20-60, WM, 31-196.227.909
UNDERWOOD, Charles, 20-60, WM, 31-197.228.910
UNDERWOOD, Mary, 20-60, WF, 31-197.228.911
UNDERWOOD, Herbert, 5-20, WM, 31-197.228.912
UNDERWOOD, Clarence, 5-20, WM, 31-197.228.913
UNDERWOOD, Helen, 5-20, WF, 31-197.228.914
UNDERWOOD, Charles, Jr., 5-20, WM, 31-197.228.915
ADAMS, Ohio W., 20-60, WM, 31-198.229.916
ADAMS, Angie, 20-60, WF, 31-198.229.917
MELICK, Catharine C., 60+, WF, 31-199.230.918
MELICK, Frank, 20-60, WM, 31-199.230.919
HODGKISS, Greata, 20-60, WF, 31-199.230.920
HODGKISS, Harry, 5-20, WM, 31-199.230.921
HOUSTON, Frederick, 20-60, WM, 31-199.231.922
HOUSTON, Addie, 20-60, WF, 31-199.231.923
HOUSTON, Frederick, 5-20, WM, 31-199.231.924
HOUSTON, Lloyd, 0-5, WM, 31-199.231.925
COWELL, Weller, 20-60, WM, 31-200.232.926
COWELL, Ella, 20-60, WF, 31-200.232.927
SMITH, Mahlon, 20-60, WM, 31-200.233.928
SMITH, Ella, 20-60, WF, 31-200.233.929
SMITH, Harry, 5-20, WM, 31-200.233.930
NORRIS, John, 20-60, WM, 32-201.234.931
BEESBURG, Maggie, 5-20, WF, 32-201.234.932
PIERSON, Walter, 5-20, WM, 32-201.234.933
APGAR, Charles, 20-60, WM, 32-202.235.934
APGAR, Julia C., 20-60, WF, 32-202.235.935
APGAR, Raymond F., 5-20, WM, 32-202.235.936
HUSELTON, Sarah, 60+, WF, 32-202.236.937
FISHER, Joseph, 20-60, WM, 32-203.237.938
FISHER, Carrie, 20-60, WF, 32-203.237.939
A'HERON, Terrence M., 20-60, IM, 32-203.237.940
FENWICK, Howard, 20-60, WM, 32-204.238.941
FENWICK, Frances, 20-60, WF, 32-204.238.942
FENWICK, Fannie, 5-20, WF, 32-204.238.943
FENWICK, Lida, 5-20, WF, 32-204.238.944
FENWICK, Thomas, 0-5, WM, 32-204.238.945
FENWICK, Carrie, 0-5, WF, 32-204.238.946
GRAYBILL, Jennie, 20-60, WF, 32-205.239.947
GRAYBILL, Vivian, 0-5, WF, 32-205.239.948
MILLER, William, 5-20, WM, 32-205.239.949
GERMAN, Jethro, 20-60, WM, 32-205.240.950
GERMAN, Mary, 20-60, WF, 32-205.240.951
GERMAN, Walter, 20-60, WM, 32-205.240.952
GERMAN, Elmer, 5-20, WM, 32-205.240.953
VANNATTA, Mary, 20-60, WF, 32-205.240.954
VANNATTA, Mabel, 5-20, WF, 32-205.240.955
DRAKE, William, 20-60, WM, 32-206.241.956
DRAKE, R. Belle, 20-60, WF, 32-206.241.957
DRAKE, John, 5-20, WM, 32-206.241.958
DRAKE, Harry, 5-20, WM, 32-206.241.959
DRAKE, Nellie, 5-20, WF, 32-206.241.960
DRAKE, Getha, 0-5, WF, 33-206.241.961
ROBINSON, Benjamin R., 20-60, WM, 33-207.242.962
ROBINSON, Louisa, 20-60, WF, 33-207.242.963
LEHN, Samuel, 20-60, WM, 33-208.243.964
LEHN, Henrietta, 20-60, WF, 33-208.243.965
WOLVERTON, Richard, 20-60, WM, 33-209.244.966
WOLVERTON, Elmira, 20-60, WF, 33-209.244.967
BAKER, Amzy, 20-60, WM, 33-210.245.968
BAKER, Mary, 20-60, WF, 33-210.245.969
BAKER, Perry, 5-20, WM, 33-210.245.970
RINEHART, Arthur, 20-60, WM, 33-211.246.971
RINEHART, Rose, 20-60, WF, 33-211.246.972
RINEHART, Nettie, 0-5, WF, 33-211.246.973
RINEHART, Stephen, 5-20, WM, 33-211.246.974
RINEHART, Thomas, 5-20, WM, 33-211.246.975

INDEX

ABBAT: Bercil 38 Viola 38
ABBOTT: Alice Ann 84 Andrew W. 59 Anna 78 Chas. 78 Edith 66 Edith D. 114 Edward 59 Ella 114 Emma 66 Freddie 66 I. B. 114 Jacob S. 66 Jos. 78 Lena M. 114 Lidia 59 Margaret 64 Minnie 59 Rob. L. 81 Sarah 63 Warren 78 West 73
ABERLE: Carrie 112 Catharine 112 Charlie 112 John 112 Lydia 112 Mary 112 Minnie 112
ABLE: Any 3 Artie 111 Bertha 19 Carrie 111 Charles 19 Emily 50 George 19 Harry 111 James 19 Jane 111 Joseph 19 K. (Mrs.) 18 Lambert S. 6 Lester 19 Lewis 3 Lillard 3 Lucinda 6 Mary B. 19 Peter T. 6 Rachael 6 Sophia 19 Wm. 19
ADAMS: Angie 159 Carrie 158 Charles 158 Emma 157 Frances 157 Frank 157 Ohio W. 158 159 Ruby 158 Verna 158
ADDAMS: Iva M. 21
ADRIANCE: Albert 116 Orville 116 Sarah C. 116
AGANS: Andrew 37 Charles M. 36 Dunham 126 Fred 36 Jacob L. 95 Leuella 126 Mary 37 126 Mary E. 95 Matilda C. 97 Rada 126 Walter B. 95
AGENS: Mathias 129 Rachel 129
AGER: Elizabeth 142
AGIN: Emaline 82 James 82
A'HERON: Terrence M. 159
AKERS: George 88 Julia 88
ALBRIGHT: Blanche H. 15 Estella 15 George E. 15 George P. 15 Maggie 154 Morris R. 154 Robert E. 15
ALEXANDER: Elizabeth 87
ALGARD: Charles 100 James 100 John 100 Margarette 100
ALLEGAR: Edward 56 John W. 48 Lemuel J. 98 Lizzie 98 Maria 48 Martha 59
ALLEN: Abner 39 Abner A. 30 Abraham 90 Andrew 100 Ann A. 30 Anna D. 19 Arthur 119 Catharine E. 30 Catherine A. 19 Charles 101 Charles O. 30 Charles S. 19 Edgar 19 Elmer S. 39 Ethel Elizabeth 119 Eva M. 19 Harry 120 Kate 120 Lasella 39 Lizzie 78 Maggie 154 Mariah 119 Mary B. 101 Mary D. 19 Mary E. 19 Mathias C. 30 Matilda M. 30 Nathan 90 Peter D. 43 Pheba A. 97 Rose 119 Sarah E. 90 Walter A. 101 William 120 154
ALLER: Catharine 36 Charles E. 118 Charlotte 36 Conrad 118 Cornelious G. 104 Edna B. 34 Elizabeth 37 Erma 48 Geo. C. 36 Geo. W. 37 Hannah A. 104 Hannah M. 118 Henry 34 Henry E. 48 Howard 36 Isaac S. 36 Jacob 104 James M. 36 John 109 Johnson V. 36 Joseph 109 118 Julia 48 Lewellen N. 126 Lina P. 48 Lizzie L. 36 Lydia 126 Mary A. 36 Mary B. 36 Matilda Y. 34 Nellie 118 Thomas Owen 126
ALLIGOR: Hannah M. 42 John L. 42 Louisa 42
ALMOND: Frank 92
ALPAUGH: Aaron 45 Abby 133 Ada 119 Alace 122 Alice 104 Alice L. 122 Amos 121 Anna C. 35 Anna M. 43 Arcla 45 Austin 141 Barrat 141 Barrat L. 141 Benja 103 Bertha 133 Bessie L. 130 Bula 119 Caroline 143 Caroline M. 121 Carrie 133 Carrie M. 122 Catherine A. 9 134 Charles 104 141 Charles H. 35 Chester 108 Clarance F. 43 Cole 134 Commelia 9 Conrod 45 David A. 118 David B. 42 Edith 26 Edna 36 Elijah S. 44 Elizabeth 36 130 Elizabeth C. 119 Ella 36 Elmira 120 Elnor 134 Elsie J. 36 Emma 81 124 155 Emma J. 133 Ernest 155 Ethel 43 Eva 134 Fanny V. 35 Frank M. 130 Frank O. 35 Frank W. 36 Freddie 141 Furman H. 101 Geo. 36 Geo. A. 43 George 119 George N. 133 George W. 128 Grace 122 Harvey D. 130 Hattie 108 Hellen M. 122 Hester E. 42 Hettie 119 Howard 36 Howard T. 36 Huldah 108 Isabelle 141 Isabelle T. 36 Isaiah M. 45 Iva D. 130 Jacob N. 119 Jacob R. 35 James N. 119 Jane 36 Jane H. 126 Jared 81 Jennie 126 Jennie M. 128 John 133 John D. 122 John G. 22 John M. 30 John N. 35 John W. 45 Kate L. 126 Lambert K. 130 Laura 130 Laura M. 130 Lena L. 128 Leona 130 Levy 122 Lewis E. 36 Lizzie E. 128 Louisa 132 Lulu 104 Luther 130 Lydia 105 Mable 122 Mame 116 Margaret T. 122 Mariah 118 Mary 22 26 45 134 143 Mary A. 43 127 Mary C. 133 Mary E. 9 130 Mary J. 101 Mary V. 36 Mathias 105 Matilda 30 Maurice 81 Mervin B. 155 Miller 26 Minerva B. 122 Minnie 133 Paul H. 35 Peter 127 134 Peter A. 36 Radie 119 Robert 141 Sadie 35 Sarah A. 42 128 Sarah C. 122 Spencer 141 Spencer A. 9 Stella 40 Stephen R. H. 134 Sumner 119 Susan 133 Susan C. 116 Sylvester 133 Una 119 W. C. 143 Walter 133 Wesley 32 Wesley S. 36 Willard 124 William 105 133 William A. 128 William C. 116 William L. 126 132 Wilmer 81 Wm. 26 Wm. B. 141
ALSHOUSE: Amanda 71
ALTEMUS: Agnes 47 Hermin 47 Ida 47 James W. 48 Maggie 47 Raymond 47
ALVATOR: Elizebath 94 George 94
ALWARD: Elisha 60 Phoebe 60
AMERMAN: Alvah 131 Elias 131 Ezra 131 Susan 131
ANDERS: Annie E. 136 Clifford 136 Dentis 136 Earl 136 Edmunt 136 Eva 136 George 136 John 136 Katie 136 Mary 136
ANDERSON: Anna M. 6 Annie 93 Annie E. 128 Benj. 42 Bertha 128 Bessie 143 Carrie 146 Cathern 143 Charles C. 143 Charles R. 20 D. Watson 154 David 151 Edgar 142 Edward 128 Elizebath 102 Ellen 142 Ellis 128 Elwood E. 42 Emma

HUNTERDON CO. NJ 1895 STATE CENSUS
Index

114 154 Florence W. 131 Frances 18 George 6 142 Hariett M. 6 Harriet 93 Harriett 42 Helen 146 Henry B. 20 Howard 142 Jacob 142 Jacob R. 142 James 6 132 James I. 142 Jane 142 John 103 119 151 John B. 114 John F. 146 Joseph 42 Laura 20 Lavinia 151 Lawrence 128 Lizzie W. 50 Louis 20 Lucella 93 Lucretia 132 Luella 151 Lydie 96 Martin 45 Mary 143 Mary E. 103 Norwood 6 Peter T. S. 6 Prudence 62 Rachael E. 6 Rachael H. 6 Rachael W. 42 Raymond 132 Robert P. 42 Ruth T. 18 Sallie 114 Serenia 128 Sherwood L. 18 Sigmond 132 Theodore 93 156 Tillie 42 Verga H. 6 Watson 42 Willard 132 Wm. E. 20

ANGEL: Ellis K. 138 Emma J. 138 Eseter? 138 Ettie 138 John W. 138 Mahlon 138 Wilson 138

ANGLE: Harry 52 Sarah K. 52

APGAR: Aaron 45 Aaron A. 134 Absalom 153 Ada A. 123 Agusta 11 Allen 132 Allen C. 129 Amy 108 Anan T. 123 Andrew 132 Andrew A. 132 Andrew J. 131 Ann 32 Anna 153 Anna F. 117 Anna M. 131 Annie 50 128 129 Annie C. 134 Annie M. 134 Atlas 45 Benjamin 122 Benjamin A. 120 Benjamin F. 116 Bertha 35 131 Bertha May 122 Bessie 19 Bloomfield 26 116 Caroline 134 Carrie 122 Cashus M. 132 Catharine 53 Catherine A. 133 Catherine E. 120 131 Charles 11 116 159 Charlotte 132 Chloe 117 Clara 12 23 130 Clarance 41 Conrad C. 132 Conrad J. 133 Conrod F. 34 Cora V. 130 Daisy 112 David C. 120 David L. 116 Delilah 116 Eli 12 Elias C. 120 Elijah 134 Eliza 131 132 Elizabeth 21 112 116 120 Elizabeth B. 117 Ella 50 Ella E. 129 Ella N. 16 Ellen 134 Ellis 119 Elmer 29 Elmer A. 131 Embley 108 Emily A. 134 Emma 21 23 50 120 122 Emma E. 128 Ethel 131 Euphemia 50 Euretta 128 Eva 132 151 Eva D. 133 F. Wilson 11 Fanny L. 45 Florence 53 Florence E. 16 Florence N. 133 Frank 19 26 29 131 132 151 Frank N. 133 Freddie 77 Frederick 50 Frederick A. 117 120 Frederick H. 120 Geo. A. 33 George 131 George A. 122 George F. 134 George H. 117 131 George K. 128 George W. 6 Girtrude 117 Grover C. 50 117 Grover G. 134 H. S. 51 H. Stanford 16 Hannah 131 Hannah M. 133 Harbet 134 Harison 134 Harlem 26 Harold 120 Harry 132 Harvey 120 122 Hazel 116 132 Hellen T. 120 Henrietta 132 Henry A. 33 84 Hervy W. 116 Hezekiah 122 Homer 11 Howard E. 35 Ida 133 Ida A. 45 Ida M. 19 Ina A. 130 Irvin 153 Irvin E. 116 Irving 126 Isaac O. 133 Isabella 132 Isiah 128 133 Isiah L. 133 Iva 29 Jacob 132 Jacob C. 39 Jacob S. 33 Jacob W. 131 James M. 117 Jane 6 40 119 Jane E. 132 Jason 129 Jennetta 129 Jennie 132 Jennie B. 116 Jennie M. 33 John 5 11 41 John A. 54 John B. 26 John C. A. 120 John H. 132 John R. 7 120 132 John W. 45 131 Joseph H. 32 Julia 128 Julia A. 44 117 132 Julia C. 159 Julia M. 121 Kate 7 84 120 131 Kate D. 16 Kesiah J. 132 Keturah R. 33 Laura 32 116 Laura H. 33 Lenora 122 Lenora M. 120 Leslie 133 Lester 131 Letta 53 Lewis 35 Lewis J. 133 Lewis W. 123 Lillie 112 128 Lizzie 16 26 33 112 132 134 151 Lizzie M. 131 Lottie H. 45 Lucy 1 Lugene 40 Luther 133 Luvena 45 Lydia 26 122 Lydia E. 133 Mabel 151 Mable 118 Malicia 122 Mame 133 134 Mamie 122 Manchis H. 50 Manchus B. 134 Margaret 2 134 Margaret J. 39 Maria 132 Mariah 131 Marshal F. 120 Martha 153 Martin W. 117 Mary 4 11 129 131 132 133 134 Mary A. 120 Mary B. 16 Mary C. 54 Mary E. 29 116 129 133 Mary J. 45 Mathias S. 132 May 132 Meda 132 Minerva 132 Minnie 123 Minnie A. 132 Minnie B. 33 N. L. 51 Naham 133 Nancy 133 Nathan 10 120 Nathan H. 120 Nathan T. 129 Nellie 134 Newton J. 45 Nora 134 Norwood 23 Oliver 84 131 Oscar 33 Otis 132 Paul P. 2 Peter 134 Peter A. 120 Peter K. 134 Peter N. 132 Philip 128 Preston 153 Rachael 11 Radie 117 Ransfield S. 33 Rasco 45 Raymond 34 Raymond F. 159 Raymond H. 39 Rebecca 26 Robert 129 Robert L. 32 Roscoe 116 Russel 35 Russel S. 33 Ruth 26 33 112 Sadie 19 119 Sallie 53 Samuel 21 Samuel G. 132 Samuel W. 16 Sarah 118 132 Sarah A. 39 Sarah E. 116 128 Sarah L. 120 Sherwood 132 Sigmond 116 Simon 132 Sophia J. 41 Stanley 120 Stephen 134 Susan 129 132 Theodore 129 Theodore F. 132 Vera 118 Viola D. 123 Walter 117 121 William 33 133 William A. 53 William C. A. 133 William E. 130 131 William J. 129 William L. 130 William S. 131 William W. 130 Wilmer H. 118 Wilson J. 45 Wm. 26 Wm. C. 41 112 Wm. H. 26 Wm. L. 40 Wyckoff A. 41 Zenis 120

APTGAR: Adelia 143 Altha 150 C. V. 150 Develias 150 James 143 Jennie C. 143 Katie *143* Lucinda 150 Martha 150 Slyvaneus 150

ARKELL: Charles 32 Sarah E. 32

ARNWINE: Florence 61 Geo. T. 61 Geo. W. 71 Sarah T. 61 Susan 71 Wm. 56

ARTHUR: Alice 137 Beattress 137 Edward 137 Ethel 137 Florence 137

ASHCROFT: Edwin 3 Margaret A. 3

ASHTON: Andrew H. 87 David 24 Elijah R. 87 Hannah M. 87

ASTLE: Geo. 32 Harriet 32 Hattie A. 32 James T. 32 Lydia 32 Minnie H. 32 William 32

ATKINSON: Sarah 114

ATKSON: Anna E. 7 William S. 7

HUNTERDON CO. NJ 1895 STATE CENSUS
Index

AUMICK: Rachel 158 Solon M. 158
AYLWARD: John 14 Marga 14 Mary A. 14 Richard 14 Richard N. 14 Thomas 14
BACHMAN: Charles 112 Dora F. 112 Leonora 112
BACHUS: John 122
BACON: Anna 31 Jacob D. 31 Lazaran 31 Mahala 31 Rebecca 31
BAGGS: David 155 Margaret 155
BAILEY: Elizabeth 122 Ethel L. 122 Hannah C. 122 Isaac P. 122 Josephine 81 W. 81
BAINBRIDGE: Wm. 70
BAKER: Addie 141 Amy F. 99 Amzy 159 Bloomfield 10 Diana 30 Elsie 54 Emma 2 Euphemia 141 Fanny 99 George 140 142 Grace E. 54 Harry 141 Hattie 49 Henry 30 Isaiah 99 Isiac 148 Jacob 2 Jenette G. 140 John 99 Joseph 99 Josiah W. 99 L. B. 49 Lizzie 2 Lizzie C. 141 Louiza 99 Lousia 2 Margeret A. 141 Mary 159 Paul 140 Perry 159 Phillip 2 Rettie 99 Rudolf 2 Sallie 148 Samuel 8 Theresa 140 William 99 William H. 54
BALDWIN: Fannie O. 30 John M. 104 Judson 104 Mary 104 Morris 104 Nettie 104 Sarah D. 104
BALKY: Hattie 78
BALLAT: Lester 147 Lizzie 147 Mary 147 Truman 147 Willie 147 Wm. 147
BANGHART: Annie 20 Charles E. 123 Frank 20 Frank H. 20 John W. 12 Mary B. 157 Matilda 12 Sarah A. 123 William 128 Zachariah T. 123
BANSTEER: Ruth B. 40
BARACROFT: Levera 65 Sarah 68 Stacy 68
BARBER: Cornelia 72 Emma A. 72 George H. 72 Jno. E. 67 John V. C. 72 Margaret 67 Miranda 72 Samuel C. 67 Wm. H. 67
BARCROFT: Bartie 111 Harriet 107
BARKLEY: Maria E. 35
BARLEMAN: Frank 117

BARLOW: Asa R. 56 Asher H. 56 Geo. W. 42 Harry C. 42 John B. 42 Joseph 56 Margaret B. 56 Minnie E. 42 Prall D. 56 Rebecca 56 Russel E. 42 Wm. 56
BARNES: Charlotte 4 Edna May 4 Joseph 4 Martha 4 Samuel Talor 4
BARR: Isabella 122 James 122 Marion 122 William 122
BARRA: Biddy 72
BARRACK: Charles B. 94
BARRASS: Blanch 53 Edward 53 Harry 53 Julia 53 Mary A. 53
BARREN: Emma 111
BARRON: Eva 117 Frank D. 135 George W. 135 Herbert 138 Jacob 117 Jacob L. 117 Letitia 135 Mable A. 135 Sarah 117 Tilman A. 135
BARRY: David 156
BARTELET: Ann M. 145 Annie M. 145 Ella 145 Peter C. 145
BARTHOLOMEL: Ida 139 Mable 139 Sallie 139
BARTHOLOMEL Carrie 139
BARTHOLOMEL W. F. 139
BARTON: Frederick 147 Susan A. 147
BARTRON: Catharine 153
BASS: James 18 Mary C. 18 Walter 145
BATEMAN: Amelia 63 Israel S. 63 Lizzie 63 Mattie 63
BATES: Emanda 42 Emanda J. 42 Sarah A. 42 Wm. 42
BAUR: Michael 70 Scott 70
BAYLOR: Earl 15 Ellsworth P. 157 George A. 15 Martha 95 Sallie A. 15
BEACK: Jacob 112
BEAM: Anna 159 Daisy 151 Enos 130 Ethel 151 George 151 James 159 Jennie 129 John H. 129 John W. 129 Lester 151 Mary C. 129 Myrtle 129
BEARDER: Andrew 59 Annie 66 Annie M. 95 Cyrenus 66 Elizabeth 56 Emily 66 Geo. 66 Mary 56 59 Wm. R. 56
BEATTY: Frank 158 Lessie 158 Margaret 158
BEAVERS: Alice A. 37 Edward 121 Edward G. 37 Eliza 120 Fred 37 George F. 120 Harmon

37 Harriet 118 Howard 37 Joseph 37 Julia A. 37 Luchris 37 Maggie 37 Mary J. 40 Peter A. 118 Rachel 120 Rada 120 Wava 118
BEBBLER: Juliers 16
BECHT: Alice (Mrs.) 143 Margeret 143
BECKER: Alice 23 Frank 23 Helena 19 John 23 Katie 19 23 Maggie 23 Mary 23 Nicholas 19 Sarah 19
BECKERLEY: Ellen N. 17 Viola 17 Wm. H. 17 Wm. R. 17
BECKMAN: Augustus 149 Ellen 146 Emma 149 Georgia 149 Henry 146 Henry P. 146 Mary 106 Mary E. 146 Willie 149
BEEMAN: Frank 53 Matilda 53
BEERMAN: John 27
BEERS: A. Lizzie 21 Charles 21 David 4 Edith P. 2 Elizabeth 113 Flora S. 2 Frank 4 Hannah E. 4 Harriett 4 Howard 9 Jonathan 113 Katie A. 5 Rebecca 113 Roy 2 Sarah H. 2 William S. 2
BEESBURG: Maggie 159
BELFAR: Fred 39
BELL: Daniel 117 George 117 Margaret 117
BELLEFIELD: Leah 53
BELLIS: Alice 108 Alice V. 89 Amy Bell 5 Andrew C. 89 Anna K. 110 Anna M. 30 91 Annie 113 Annie H. 91 Bertha 140 Carrie 140 Charles 110 Charriet 30 Chester A. 148 Clara 103 Clarasa J. 113 Cora R. 148 David 91 103 Edgar S. 5 Ella A. 51 Elmer 103 Emma J. 137 Emmeline 148 G. W. 148 Geo. W. 64 Glen H. 91 Godfred 140 Harry 103 148 Henry S. 91 Herbert S. 141 Hiram D. 91 Holloway 113 Hummer H. 148 J. Anna 51 Jacob 91 James 30 Jennie 141 John 137 John C. 140 John E. 139 John W. 83 89 John Y. 51 Leonard B. 51 Lizzie 91 137 Mahlon R. 5 Martin C. 141 Mary 56 64 137 Mary Amy 5 Mary E. 37 141 Mary F. 5 Munson 113 Orvill 64 Otellia 103 Rachel 64 Sahra E. 139 Sallie 136 Sarah C. 91 Sarah E.

HUNTERDON CO. NJ 1895 STATE CENSUS
Index

89 Sarah M. 30 Stella 113
Susan 140 Tirman H. 139
Tommie 137 Wm. 37
BENJAMIN: Auther 85 Bertha 85
Frank 85 George 85 John 85
Mary S. 85 Rachel 85 Raleigh
85 Ranseller 85 Thomas 15
BENNER: Hattie E. 110
BENNET: Isiac 141
BENNETT: Abi 152 Anna R. 5
Emma 152 Geo. E. 40 Hannah
123 J. Rittenhouse 5 John 152
John P. 5 John Y. 123 Johnson
H. 123 Joseph R. 5 Lenora Ann
5 Sallie 152
BENWARD: Lizzie 13 Sarah 13
BERDLEMAN: Adda 18 Adelade
18 John 18
BERGER: Bell A. 47 Ellen J. 47
George 47 Harry 47 Kate 47
Laura M. 47
BERGNER: Edward J. 50 John C.
50
BERKAW: Bergen 37 Charles H.
38 Ella 37 Emma 40 John G. 38
Laura 37 Laura B. 38 Letta 40
Lizzie G. 38 Louisa 29 Lulu G.
37 Mary L. 38 Peter B. 38
Williard E. 29
BERRY: Amanda 26 Emily 50
Florence 123 Grace 22 Howard
22 Joseph 50 Lucy 22 Sadie 22
Wm. H. 22
BERTHOLOMEW: Sawilla 18
BESS: Emma 46 Peter 46
BESSON: Catherine F. 8 Esther 63
Lulu 63 Mary E. 8 Sophia 62
Thos. 63
BEST: Abram L. 94 Cornelous 103
Eliza 103 Geo. N. 64 Hannah
W. 64 Julia E. 94 Lizzie 94
BIBBANS: Edgar R. 126
BIDWELL: Annie S. 99 Bessie H.
99 Edward 98 Floyd 99
Fredrick 98 Nancy 98 Verena D.
98
BIGBY: Jennie 16 Mabel 16
Samuel 16
BIGELOW: Beatrice 158 Harry M.
158 Lizzie 158 Mary 158
Russel 158
BIGERLEE: Alice E. 35 Maggie
35
BIGGS: Chas. 44 Elmer E. 44
Ethel 44 Howard 44 Lizzie 44

BIGLEY: Annie 19 Clarence 20
Henry 19 Mary J. 19 Ora 20
BILBY: Eliza 61 Henry 61
BILL: Achatz 156 Elizabeth 156
Mary Ann 156 Mathias 156
Rosina 156
BIRD: Ada 83 Alvah 73 Andrrew
72 Britton? H. 73 Carrie D. 47
Catharine 73 Charles C. 92
Cyrus W. 120 David M. 128
Elijiah N. 140 Elizabeth A. 128
Geo. W. 64 George C. 120
Georgeanna 54 Harry W. 120
Howard 149 Jacob C. 120 James
54 John K. 120 Joseph B. 54
Julia 140 Katie 73 Lewis 73
Lewis H. 120 Lois 140 Mary E.
140 Mary I. 130 Metilda 149
Milliard C. 140 Orvil 128
Ratchel 140 Rebecca A. 128
Robert 149 Russel 128 Sallie 73
Sarah 47 65 Sarah J. 64 Susan
E. 120 Walter 54 Willard J. 120
BISSEY: Cyrus 70 Harriet 70 John
18 Mary 18 70 Rachel 70
Reuben T. 70
BISSY: Charles 112 Mary 113
BLACK: Esther 145 Hannah 52
W. S. 52 William H. 145 Zac 71
BLACKBURN: Henry 47 Irene
154 Jane 47 William 154
BLACKFAN: Sarah 40
BLACKWELL: Alice M. 78
Andrew 82 Andrew J. 84 Arria
H. 93 Augustus E. 78 Bertie S.
84 Chas. B. 78 Clifford E. 85
Clinton B. 93 Cora May 85
David W. 83 Ella H. 85 Ella Y.
83 Grace H. 78 Harry S. 82
Jeramiah V. D. 90 L. Schenck 87
Louie A. 85 Maggie W. 83
Martha 78 Mary Ann 84 Mary
H. 83 Matilda A. 82 Oliver T.
83 Richard 84 Sallie M. 78
Sarah K. 87 Wellingford P. 85
BLANE: Lydia 130
BLANEY: Geo. 71
BLAZIER: George A. 127 George
F. 127 Jeremiah E. 127 Sarah J.
127
BLEILER: Valentine 66
BLOGER: Henry 18
BLOOM: Abgail 105 Alma 94
Amanda 152 Anna 9 Anna F.
110 Bertha 11 108 Daniel 21 73
David 114 Edna 149 Edward

105 109 Edward E. 9 Edward J.
152 Emily 137 Emma 150
Frederick 106 George F. 110
George H. 9 George M. 152
Grace M. 94 Hanner M. 5
Isabell 11 Isabella 108 J. L. 15
John C. 149 John D. 149 Julia
A. 21 Laura 94 Lewis 94 137
Lizzie 114 Martha 11 Mary 106
137 Mary B. 149 Mary E. 9
Mathias 152 Matilda 15 Minnie
21 Ollie 110 Orval 11 Orville
108 Peter 150 Preston 110 R. R.
109 Russell 110 Rymond 110
Sallie A. 73 Sarah 9 Sophia D.
109 Thisbe W. 11 Walter S. 11
William 11 106 108 William V.
9 Willis 108 Willus 11 Wm. C.
15 Wm. H. 15
BOBB: Frederick 29 Mary A. 29
BODINE: Ampleus 60 Bennie R.
74 Charlotte 77 Chas. W. 74
Clara W. 81 Cornelius 73
Daniel S. 77 David 58 Essie 74
Geo. 56 Hannah 69 Harry 58
Henry F. 58 Jane 60 Jane H. 69
Jennie 74 Jennie M. 74 John M.
97 John R. 97 Lizzie 60 Lucy
M. 73 Martha 48 49 Mary 74
Mary D. 58 Miriam 73 Myrton
60 Oletta S. 77 Olive 97
Pauline 97 Russel 74 Samuel 60
Samuel R. 73 Sarah C. 97 Sarah
L. 73 Wesley 74
BOEMAN: Annie 29 Lulu 29
Margaret 29 Stela 29 Theodore
R. 29 Walter 29
BOGARDUS: Addie 125 Mary C.
65 Nehemiah 65
BOGART: Alvah 154 Anna 157
Bertha 154 Ella 158 Frederick
158 George 154 Isaac 157
Lyman 157 Mary E. 157 Mira
154 Tillie M. 158
BOILEAU: Emmelire 144 John K.
B. 144
BOLTON: John 92
BONASH: Annie M. 130 Carrie A.
130 Edward M. 130 Elmer H.
130 Grace M. 130 Mary E. 130
Rasmus R. 130 William F. 130
BOND: Annie 63 Chas. 63 David
63 Martha 63 Uree 63
BONHAM: Barbara 108 Everitt 65
Jennie 108 Lafayette 108 Laura

163

HUNTERDON CO. NJ 1895 STATE CENSUS
Index

108 Mary 67 Moses 100 Priscilla 8 Saml. C. 100
BONNELL: Anna C. 32 Chas. 54 Eclement 1 Elizabeth M. 10 Elmer E. 32 George W. Jr. 10 Harry 49 John G. 10 Keziah M. 6 Lois 49 Marion M. 34 Mary 54 Romayne 54 Sarah Ann 1 William 6
BOOFMAN: John 122
BOOK: Jno. H. 80 Mary 80
BORELLA: Della 74 Jos. 74 Josephine 74 Mary 74 Matilda 74 Nicklace 74
BORROUGHS: Arletta 131
BOSENBURY: Ada 158 Cealia 158 Charles 20 Charles R. 93 Cornelius 106 David 20 Edgar 32 Elijah 20 Harrison R. 93 Hetta 106 John 51 Lydia 93 Mame 20 Margaret 32 Mary 51 Russel 158 Samuel 46 Sarah 32 Thomas 32 William 158
BOSS: Aaron 130 Anna 41 Elizabeth 53 Elsie 145 Elwood 41 H. C. 145 Helen 41 Howard 41 Jane 16 Joseph B. 16 Mary A. 130 Ratchel 145 Sarah J. 41 Stella P. 41
BOTTOMLEY: Angeline 124 William 124
BOUERS: Joseph 100
BOUGHNER: Fannie 70 Furman 70 Lizzie 70 Wm. 70
BOUYER: Adaline 33 Geo. B. 33
BOWDEN: Anna 64 Anna E. 64 Arena 64 Hannah 64 Margaret 64 Richard 64 Watson 64
BOWERS: Jacob F. 31 Josephine F. 31 Lilian J. 31
BOWLBY: Alice 157 Amanda 24 Annie 125 Arthur 14 Carrie 13 Celestia 153 Charles 153 Chas. W. 53 Chester 23 Clara L. 53 David 12 Ebbie 153 Eddie 24 Edgar L. 53 Edith 12 Edna 153 Edward 157 Eliza 153 Elizabeth 13 Emma 14 Estella 12 Esther 153 Florence 153 Floyd 153 George 24 Hannah 153 Harry 13 158 Harvey 12 153 Hazel 53 Jacob 153 James 153 James A. 12 Jane 153 Jennie 158 John 4 123 153 157 John F. 157 John H. 153 John R. 4 Joseph 23 Judson 153 Lee 14 Leigh 153 Lewis 157 Lewis S. 157 Lizzie 24 Lloyd 153 Louisia 153 Lulu 14 Lulu M. 53 Lydia 153 Lydia H. 53 Martin L. 13 Mary 23 26 53 Mary J. 12 Millard 153 Minnie 157 Nelson 14 Peter 153 Rebecca 23 24 Richey 23 Robert 13 Rosco 13 Ruth 157 Samuel 23 Sarah 4 153 Smith 2 Stewart 153 Susanah 26 Ulysses 26 William 53 153 Wm. 26

BOWLSBY: Mary 102 Wm. R. 45
BOWMAN: Ada 102 Adeline 98 Annie 102 Asa A. 98 Louie F. 100 Mary C. 100 Wesley 102 Willie G. 100
BOWNE: Bart. E. 73 Belle M. 98 Ed. S. 79 Edeith M. 98 Eliza W. 63 Emanuel K. 79 Harvey G. 79 Hattie P. 70 Jacob K. 63 Jerry 70 Jno. D. 73 Katie 79 Lillie M. 79 Margaret 70 Rachel M. 73 Rebecca P. 63 Susana R. 79 William B. 98 Wilson 70
BOYD: Elizabeth P. 90 Florence A. 90 Robert 90 William M. 90
BOYLE: Mary 56
BRADY: Ada 78 Anna 78 Calvin 65 Edwin S. 78 Emanuel 70 Frederick 85 Geo. W. 78 George H. 85 Howard 65 Larehaine 85 Leonard 85 Levi S. 85 Lewis 85 Mary 68 Simpson A. 85 Stella 78 Violetta 78 William F. 85
BRAGG: Albert R. 120 Fanny 45 Florence S. 45 Floyd F. 120 Frank H. 120 Georgia I. 45 Grace M. 120 Henry N. 35 John 118 Lewis 118 Louisa 35 Mary C. 118 Wm. 45
BRAGGE: Bertie 38 Frank 38 Rebecca 38 Wm. 38
BRASELMAN: Eddie 32 Edward 32 Mary 32
BRAY: Amy 69 Anderson 69 Jno. 69 John 147 Phobe 69
BREEMAN: Alice 49
BRENER: Annie 99
BREWER: Adda M. 84 Caroline 63 Charles 1 Corinda A. 65 Earl 65 Elisha W. 84 Ella A. 10 Francis C. 8 Geo. 61 Gertrude 84 Gertrude V. 84 Gideon 66 Hannah 67 Henrietta V. 84 Jno. W. 65 Julia 84 Mary E. 84 Nancy 61 Thomas W. 63 William 10 William H. 84 Wm. H. 61
BRIER: Edward 89
BRINK: Aaron 109 Alfred 113 Charles 109 Daisy B. 113 Ellen 111 Florence 71 Frank 77 H. Ward 109 Harvey 113 Ishmail 111 Jennie 71 Kate 113 Laura 113 Linda 77 Lizzie 107 Lucinda 81 Margaret 77 Mary 71 Mary A. 109 Saml. 81 Shired 71 Wm. 77
BRINTON: Agnes 117 Elizabeth 117 Rilla 117 Walton 117
BRISTOL: Annie 14 Samuel A. 14
BRITTON: Bell 113 Charles 113 Cintha 113 Clara 113 D. D. 107 Emly 108 Emma 113 Ephrahan 103 Geo. D. 108 Geo. M. 108 George 113 John 113 Laura Bell 107 Mary C. 113 Maud S. 107 Minda 111 Opal M. 107 Selinda 113 William 113 Wm. 108 113 Wm. H. 111
BROADHEAD: Edward 137 Harry 137 Ida 137 John 146 Sallie 146
BROKAW: Bessie 14 Cornelious E. 31 Cornelious N. 31 Francis 14 Frank 31 George 14 Grace 14 Maggie G. 31 Mary C. 31 Rachel 14
BROMIE: Nick 72
BROOKS: George W. 127 Lulu 127 Lydia 127
BROTZMAN: Florence 139 George 139 Otis 147 Reuben 147 Susie 139
BROUER: Ida 97
BROWER: Lewis W. 122
BROWN: Ada M. 96 Alice 19 Anna E. 39 Benj. 39 Betty 51 Carrie 51 54 Earnst 141 Edna 96 Edward 96 Edward C. 60 Elizabeth 140 Emley 96 Estella 123 Fannie J. 78 Florance 96 Geo. W. 39 Hareld E. 96 Harris 80 Harry H. 78 Henry S. 102 Ida 60 Jacob W. 39 Jennie E. 60 John H. 96 Joseph 138 Josephine 96 Lillis C. 19 Lizzie 133 Lizzie C. 102 Lucy C. 123 Mary 36 Mary A. 116 Mary E. 102 141 Melvia D. 96 Nelson 140 Peter W. 39 Richard 72 Ross J. 123 Sadie 119 Samuel

HUNTERDON CO. NJ 1895 STATE CENSUS
Index

R. 116 Stacy 140 Thomas 50 119 Walter 36 William 2 Wm. 60
BROWNE: Alice M. 78 Wm. J. 78
BRUCE: Harry 91
BRUDEN: Mary 27
BRUNER: George 17 Mary 118 Sophia F. 17
BRUSE: Joseph 87 Lizzie 87
BRYAN: Annie 52 Bertha 57 Chester 57 Eddie 60 Edgar 53 Edward 52 Ella 57 Geo. 57 Holcombe 57 Justice 57 Mary 57 Mary C. 52 Samuel 57 Walter 53
BRYANT: Blanch 118 Elma 102 George L. 118 Howord 102 Jennie 118 John 102 Lizzie 102 Mattie 102 Robert 118
BUCANNON: Edeith 96 John 95 John H. 96
BUCHANAN: Angeline 58 Ann 73 Elizabeth 58 62 Howard S. 62 Isaac C. 62 James P. 73 John C. 62 John R. 62 Lizzie M. 62 Mary 64 Matthias 64 Peter 58 Ross 58 Susan C. 62
BUCK: Anna 88 Annie 105 Belle 135 Charles 105 Christopher 105 David W. 88 Emaline 88 Emma 105 Fred 105 Frederick 88 Fritz 88 George W. 88 Jacob 106 James H. 88 John 88 105 135 Lewis 88 Margaret 106 Marry 105 Mary M. 88 Minnie 135 Peter 67 Rebecca A. 88 Sofiere 88 Victoria 88 Walter 135
BUCKLEY: Nellie 115 William 115 Wm. (Mrs.) 115
BUDD: Anna 113 Hannah 113 Rheese 113 Stella 113
BUEL: Joseph 92
BULMER: Anna 13 Annie 132 Clarance 53 Emma 53 Harry 53 Howard 53 John W. 132 Laura 132 Peter R. 53 Sadie 53 Valine 53 Willie 53
BUNN: Alvah 133 Anjie 48 Anna 32 B. K. 146 Carrie A. 35 Charles H. 35 Crissie 48 Daisey 133 Dory 146 Elsie 48 Grace 133 Harry 142 146 Henry 18 133 Jacob 106 John 59 Joseph 124 Judiah 59 Julia 106 Luther 133 Maggie M. 59 Mary 48 133

Mary J. 128 Mary L. 128 Mathias S. 32 Matilda 59 Mattie H. 148 Oliver 129 Ollie 147 Peter A. 128 Ramsey A. 35 Rhoda C. 133 Russell 147 Sarah 146 Sarah E. 53 Theo. A. 53 William H. 32 Wilson 143 Wm. H. 148
BURCOGH: Amanda 22
BURD: Amay M. 157 Catherine 104 Charlie E. 95 Clara L. 95 David M. 95 Edward 21 Frank E. 96 Ida M. 95 Iva 21 John W. 86 Joseph L. 10 Kate C. 95 Laura 21 Leonord G. 96 Luella S. 86 Maria L. 86 Mary 10 Mary A. 96 Moses S. 157 Reuben A. 86 Sarah 10 95
BURGE: David 140
BURGESS: Geo. 59 Rebecca 59 Wm. 136
BURGSDRESSER: Jennie 140 John A. 140 Mary E. 140 Ratchel J. 139 Samuel 139 Stewart 139
BURGSTRESSER: Annie 137 Carrie 137 Denica 137 Eli 137 Fayette 106 Hannah 146 Ida A. 106 John 146 Joseph 106 Katie 137 Levinna 137 Walter 137
BURK: B. F. 138 Wm. H. 138
BURKE: Catharine 50 Edward 125 Ellen 123 125 James 123 John 125 Thomas 123 William 123 125 William J. 125
BURKET: Corinda S. 3 John W. 3 Lemuel H. 3 Mary Edna 3
BURKETT: Adeline 115 Bertha 115 Charles 115 Chas. 61 Eliza 65 Jackson 56 65 Lizzie 115 Margaret 56 Martha 115 Nancy 108 Oscar 115 Wm. 115
BURLS: Emma 35
BURNS: Cora S. 82 Emma A. 83 Florence 115 Frank 10 Jennie W. 82 John 82 John B. 82 Mary A. 82 Samuel A. 83 Sarah E. 82 William 83
BURR: Wm. 23
BURRELL: George 117 George Anna 117 Jennie 117 Margaret 117
BURRESS: Annie 100 Rusell 100
BURROUGHS: Eliza 154 Mary F. 82 Robert 154

BURROUGS: Clara 144 Clarence 144 Helen 144 Lizzie 144
BURWELL: Charles R. 15 Lizzie H. 15 Margaret E. 15 Mary J. 15
BUSELMEYERS: Frank 106
BUSENBURY: Elijah 13 Lizzie 13 Mary J. 13
BUSH: Blanche 100 Egbert T. 73 Emma 99 Evelyn 74 Florance M. 99 Maria 131 Martha 129 Percy W. 74 Sarah E. 74 Sidney M. 99
BUSHNELL: Catherine 28
BUTLER: Adolph 92 Alida 112 Alonzo 7 Ann 7 Anna K. 5 Annie 20 23 154 Annie J. 47 Asher 18 Bessie 22 Catherine 1 Charles 18 Chas. 47 Christina 22 David F. 1 David H. 5 Earl 22 Edward 23 154 Elmer 48 Florence 22 Frank 22 George T. 5 Hannah E. 5 Harry 23 Henry 20 James 18 Jane B. 11 John 11 22 154 155 John H. 18 John J. 154 Joseph K. 5 Josiah 112 Keziah 47 Lida M. 6 Lina 48 Mahala 1 Malcolm 47 Mamie 154 Margaret 20 23 Margeret 141 Martha 23 Mary 18 22 47 Mary E. 22 92 Nancy 155 Oliver 1 Ruth 22 Sedgwick 6 William 47 154 William C. 47 William H. M. 11 Wm. 20 Wm. E. 23
BUTTERFOOS: Andrew 106 Charles 108 Clarinda 106 Floyd 109 Lizzie 109
BUTTERFOSS: Hester A. 80
BUTTLER: Ann 103
BYERLAN: Albert 35
BYRLEY: Frederick 44
CACENDER: Amos 150 Julia 150
CACKENER: Chaltta 18
CAHART: Asa D. 1
CAHILL: Cornelius 155 Margaret 155
CALLAHAN: Elizabeth 126
CALVIN: Sarah 109
CAMBERLIN: Alfred R. 43
CAMMEL: Ellen 72
CAMMELL: Aaron 43
CAMPBELL: Abraham 124 Amanda 111 William 111
CANE: Mary 60
CAPE: George 111
CAPEFOOT: Barbara 117

HUNTERDON CO. NJ 1895 STATE CENSUS
Index

CAPPY: Arky 74 Carrie 74
  Domenick 74 Frank 74
  Josephine 74
CARBERRY: James 14 Margaret
  14 Michael 14
CAREY: Adaline 47 Barbra 50
  Cora 50 Cortland 50 Harry 50
  John 50 John T. 47 Lester 50
  Maggie 50 William 50
CARFREY: Gertude 149 Morgan
  149 Susan 149
CARHART: Allie A. 30 Arthur I.
  30 Elmira 12 John B. 30 Leon
  30 Lewis 41 Lizzie M. 18
  Lydia 18 30 Samuel J. 30
CARKHUFF: Annie E. 93 Hannah
  79 Henry 79 Jacob Q. 93
  Leonard W. 93 Mary L. 93
  Minnie 79
CARKUFF: Mattie E. 99 Peter J.
  99
CARLE: Anne 36 Lewis 36
  Scharett C. 36
CARLING: David 20 Harriet 20
  John 117
CARLISLE: Della M. 122
  Elizabeth 122 John P. 122
  Robert 122 William K. 122
CARNEL: Allen 142 Elizabeth 142
CARPENTER: Amelia L. 52
  Bertha M. 145 Chas. 47 Flora
  145 Flori I. 145 Jane 47 John
  52 John S. 52 Julia W. 52 Leon
  47 Nettie 47 Sarah D. 52
  Wescot 47 William H. 47 Wm.
  H. 145
CARR: Ella 105
CARRELL: Amelia 66 David 66
  Edith 66 Elizabeth 65 Florence
  66 Jno. 65 Jno. A. 65 Jos. 66
  Mary B. 66 Mary E. 66 Mary
  Jane 57 Maud S. 66 Samuel 57
CARRH: George 3
CARRINE: Cathern 144 Wm. 144
CARROLL: Francis 107
CARTER: Charles S. 18 Frances
  18 Margaret 18
CARVER: Ida J. 69 Laura B. 69
  Lewis 69 Preston E. 69 Wm. S.
  69
CASE: Ada 48 Addie 7 Amy L. 82
  Ann 103 Anna E. 6 46 Anna
  Eliza 11 Annie 50 Annie M. 100
  Anthoy L. 93 Asa 101 Benj. 48
  Bessie 30 Blanch 63 Caroline 13
  Carrie 83 Catharine 50

Catherine 13 Cathorine 5
Charles A. 10 Charles C. 92
Charles W. 83 93 Charles Y. 98
Charlotte 105 Chas. 37 Chas. B.
  65 Chester 26 Christiana 30
Clarinda 68 Cornelia 92
Cornelia A. 92 Daniel M. 11
Dewitt C. 7 E. Luella 83 Edna
  10 Edward 114 Eli 108 Elijah
  R. 7 Elisha 30 Eliza 155
Elizebath A. 101 Ella 63 Ella B.
  93 Ella Bell 6 Ella C. 92 Ella N.
  11 Elmer 92 Elmina 59 Emma
  106 Emma B. 6 Eva 64 Frank
  64 Geo. F. 45 Hannah 100
Harry W. 11 Henry 38 Henry V.
  D. 90 93 Hiram 25 Howard B.
  93 Howord 98 Ida M. 13 Jacob
  114 Jacob W. 100 James W. 100
Jane 7 Jennie 25 106 Jennie A.
  25 Jesse 90 Jessie M. 6 Jno. W.
  64 John 48 John D. 100 John F.
  8 John Q. 101 John R. 98 John
  W. 6 Jonathan 101 Jos. D. 79
Joseph R. 6 Joseph R. Jr 6 L.
Maria 98 Laura 26 48 108
Lavina 114 Levi 7 155 Levi H.
  82 Levi W. 6 Lewis C. 7 52
Lillie 103 Lillie May 11
Liscombe 38 Lizzie 37 48 100
Louis 52 Lucretia 79 Lucy 26
Lucy B. 7 Luticia A. 83 Maggie
  26 Maria L. 98 Martha 114
Martin 7 92 Martin V. 92 Mary
  1 27 52 101 108 114 Mary A. 13
  38 82 Mary B. 93 Mary E. 7 83
  101 Mary Ida 6 Mary L. 10
Mary M. 27 90 Mathias H. 27
Matilda R. 90 Mitchell R. 11
Nathaniel W. 1 Oliver 79 Pearl
  113 Peter 50 Pheobe 42
Rachael A. 8 Rachall A. 101
Regessa 7 Sadie 65 Sallie A. 13
Samuel 153 Sarah 92 106 Sarah
  A. 8 25 Sarah C. 10 Sarah E. 7
  11 101 Sarah Jane 10 Sidney Y.
  25 Stella M. 115 Stephen Y. 26
Susan 154 Susan S. 7 Theo H.
  13 Trommer 13 Walter 154
William B. 10 William C. 100
William H. 7 William J. 97
William K. 101 William R. 7 83
Wilson 79 Wm. 59 Wm. R. 13
Wm. T. 65
CASEY: Cornelius 152 John 12
  Kate 12 Katie 152 Lizzie 12

Maggie 12 152 Mary 12 152
Nellie 12 Willie 12
CASH: Hannah 50
CASSADY: Carrie 99
CASTINO: Kate 132
CASTNER: Benjamin 155 Charles
  155 Edson 155 Johnston 155
  Mary E. 155 Percy 155
CATES: Wm. 138
CATHCART: George 97
CAVERLEY: Andrew 155 Henry
  155 John 155 Nora 155
CAVILLIER: Edeth 103 Edgor 103
  George 103 John 103 John S.
  103 Kate C. 103
CAWLEY: Arthur 13 Bessie 13
  Frank 13 Herbert 13 Mary L. 13
  Penelope 13
CETHCART: Cora 73 Ella 73
  Lizzie 73
CHALOUPKA: John 7
CHAMBERLAIN: Amey 117
  Emma J. 127 John 117 Joseph
  117 Malon 127 William 117
CHAMBERLIN: Abraham V. 86
  Ada 107 Anna F. 86 Annie 21
  Bertha 107 Catharine 92 Charles
  36 Dora 107 Emma 36 Eugene
  32 Florence 36 Forris K. 86
  Frank 56 Isaac 109 Jacob 21
  James S. 88 Jane 14 Jno. M. 57
  John 27 107 Joseph 36 Lewis 88
  Lewis A. 88 Lillie 27 Mary 43
  Mary A. 86 Mathias 14 Peter B.
  11 Sarah 88 Sarah E. 57 Stella
  11 Susan 109 Walter 109
  William 107 Wm. 14
CHANDLER: Edward 102 Rachall
  102 Richard 39
CHANNEL: Mary 144
CHERRY: Cora H. 82 Elizabeth
  125 George W. 82 83 Harriet 83
  Isaac 82 James 125 John 83 125
  Margaret 125 Mary 125
  Rebecca A. 82
CHESTNUT: George 122
CHIAVERIN: Frank 74 Valdewarl
  74
CHRISTAINSEN: Alex C. 35
  Anna C. 35 Niels 35 Sophie G.
  35
CHRISTIANA: Lizzie 29
CHRISTIANSON: Chas. 63 Hans
  63 Mary 63
CHRYSTIE: Emily T. 125 Purcivol
  125

CISCO: Eliza 13 Peter 13
CLARK: Ann E. 33 Anna 36
  Annie 100 Archibald L. 121
  Cassy 148 Cathern 149 Charles
  S. 121 Clifford C. 86 Ellen 147
  Emma J. 138 Etna 100 Fannie
  148 Geo. 36 Geo. N. 36 George
  100 Grace L. 121 Hannah 89
  138 Harriet E. 86 Harry 148
  Jacob 138 James S. 33 Jane 100
  Jaromme 149 Jennigs 149
  Jermiah 138 149 John A. 86
  Lilily 149 Lizzie S. 33 Margaret
  R. 36 Mary 148 Mary E. 86
  Nettie L. 33 Peter 89 Phillip 89
  Robert 149 Sarah C. 121 Smith
  121 Susan H. 36 Susan M. 142
  Theodor 100 Veleria 149 Walter
  148 William E. 86 William H.
  86 Wm. N. 147
CLARKE: Florence 131 John B. R.
  131 Mary L. 131 Nannie M. 131
CLARKSON: Richard 92
CLATON: Lavina 9 William B. 9
CLAUSON: Annie 99 Charles 104
  Elina 99 Jennie 99 John H. 99
  Sophia 99
CLAWSON: Herbert 123
CLAYHAUNER: Lizzie 89
  William M. 89
CLEARY: James 156
CLEMENCE: Eveardus 82 Mattie
  M. 82 Minnie B. 82 William V.
  82
CLINE: Amanda 60 Elizabeth 57
  Jennie 60 69 Jno. 57 Jordan J.
  60 Miller 57 Sallie 64
  Samantha 57 Sylvester 57
  William C. 127 Wilson B. 64
CLOSSON: Asa B. 83 Edna 50
  Ella 84 Erle D. 84 Frank 50
  Geo. G. 59 Gordon 59 Hannah
  83 Ida 59 Jennie B. 59 Jennie
  M. 83 John W. 50 Katie 59
  Ramond S. 84 Stillford 84
  Susan 59
CLYDE: John C. 20 Margaret H.
  20 Martha H. 20
COATES: Annie 60 Delia 60 Edna
  60 Ethel B. 60 Hariet R. 60
  Lemuel 60 Wm. 60
COATS: Elmer 96 Sarah E. 96
  Thomas 96
COBB: Adalade 62
COBBS: Lulu 70
COBEL: Geo. 70

COLE: A. J. 138 Addie 24 Annie
  150 Benj. L. 38 Benjamin 129
  Caroline 48 Charles B. 129
  Clarance 38 Cora 92 Diannah 27
  Elinora 142 Elizabeth 142
  Elmira 150 Frederick 38 George
  145 George E. 142 George N.
  129 George T. 24 Georgia Anna
  38 Godfrey 16 Hannah 147
  Harry 144 Helen M. 142 Henry
  142 Henry C. 145 Isabella 116
  Jacob 16 Jacob M. 24 Jennie
  145 John 150 John S. 23
  Levenia 16 Lou 129 Lucinda 16
  Maggie 145 Mary A. 144 145
  Mary S. 64 Michael 64 Milton
  144 Minnie A. 24 Nellie 147
  Neoma 16 Orval H. 24 Orville
  106 149 Peter 147 Sallie 138
  Sarah 119 Sophia 129 Theodore
  27 Thomas 142 Vinnie 106
  Wm. H. 64 142
COLEMAN: Lena 75
COLLENS: Mary 124
COLLIGAN: Rose 71
COLLINS: Dennis 3 Jeremiah C. 3
  John 9 Mary Ann 3 Mary J. 3
  Michael 2 Phillip A. 3 Tom 141
  William 4
COLTRAIN: Betty 81
COMERFORD: Hanora 121 James
  121 Margaret 121 Perie 121
COMFORD: John 10
COMMEFORD: Annie 27 James
  27 John 27 Kate 27 Margaret
  27 Mary 27 Nellie 27
COMPTON: Bertha 78 Ellis W. 95
  Jeremiah 95 Jno. F. 78 Kaziah
  95 Lambert 95 Lizzie 95 Mellie
  95 Sadie 95 Sarah C. 78
  Theodor 95 Willson M. 95
CONCKLIN: E. H. 109 Emma 109
  Ida May 109 William I. 109
CONDON: Mary 156 Thomas 156
CONE: Eddie 43
CONLEY: Agnes 156 Anna A. 155
  Catharine 152 Coretta 155
  Daniel 156 Edward 156 Ellen
  152 Francis 159 Frank 156
  Geo. 48 Hanora 156 Henry W.
  155 James 156 Johanna 156
  John 152 154 156 John E. 155
  Joseph 159 Julia 152 Kate 152
  Lizzie 152 Maggie 152 156
  Mame 31 Margaret E. 159
  Maria 152 Mary 156 159 Mary

  F. 155 Nettie 156 Patrick 159
  Patrick E. 155 Philip 156 Sarah
  48 Thomas 152 William 152
  159
CONNARD: Julia 84
CONNELLEY: Ellen 27 Kate 125
  Thomas 27
CONNELLY: Alice 127 Hannah
  134 James 121 John 127 Kate
  127 Mary 121 123 127 Nora
  121 123 Thomas 127 William
  123
CONNER: Eli M. 89 Elwood 68
  Emma R. 89 Harvey N. 68
  Jennie 22 Jessie R. 89 Lizzie 22
  Martha L. 106 Nevius 68
  Patrick 72 Sallie 68 William 106
CONNETT: Sallie 54
CONNOLEY: Alice 24 Hannah 24
  Michael 24 Patrick 24 Thomas
  24 Wm. J. 24
CONNOLLEY: Catherine 27
CONNOR: Debora 132
CONOR: Cora 147 Delia 147 John
  H. 147 Mary E. 147
CONOVER: A. Lambert 140
  Amanda 43 Ambrase F. 126
  Anna 44 Bessie 140 Caroline 73
  Caroline F. 129 Charles 126
  Cora 43 Cornelia 129 David E.
  118 David H. 95 Elizabeth 126
  Frank C. 129 George C. 127
  George H. 129 Harley 116
  Horace Wood 118 Jacob H. 129
  Jane H. 118 Jennie A. 129 John
  43 44 128 John G. 126 Jonas M.
  43 Laura A. 127 Lizzie 44 95
  Margaret C. 129 Mary 126
  Nathan A. 116 Nicholas 129
  Peter H. 95 Rachel 87 Richard
  73 Roscoe 127 Sarah A. 126
  Sarah J. 116 Stanley 129
  Theodore Y. 126 Wesley 44
  Zilpha M. 129
CONYER: Jocob 126
COOK: Alvah B. 34 Edward L. 6
  Ella 112 Emma J. 6 Ettie 71
  George 85 101 Gertie 9 Hannah
  85 James 48 John R. 6 Laura
  101 Mary A. 89 Nathaniel H. 89
  Samuel 85 Talor S. 6 Wm. D.
  59
COOLEY: Alton R. 5 Alton T. 5
  Awildia 8 Daisy L. 8 Edna M. 8
  Elinora 146 Emma F. 5 Foster
  B. 8 Grace 150 Grace J. 8 Jane

G. 145 Jennie R. 8 John B. 8
Mahlon M. 8 Mary 64 Mary A.
147 Myrtie 8 Paul 145 Preston
150 Robert 150 Sadie A. 8
Sallie 150 Samuel E. 8 Sarah
144 Sharlet L. 8 Ulysess S. G. 8
William M. 8 Wilson T. 147
CORCOL: Mary 75 Michael 75
Salvator 75
CORCORAN: Thos. 81
CORILLE: Rosslyn H. 25 William
B. 25
CORKERY: Anna 159 Daniel 159
James 159 John 159 Lizzie 159
Mary 159 Michael 159 Nellie
159
CORNELIUS: Joel 67
CORNELL: Stephen G. 65
CORNINGS: George 95 Jane 95
Keziah 95 Lizzie 95
CORNOG: Elizabeth 62 Jacob R.
62 Warren A. 62 Wm. E. 62
CORSON: Aaron R. 123 Amos 35
Annie 51 Annie M. 123
Elizabeth 36 118 Fannie L. 35
Frederick B. 123 George 52
Harry 52 John 51 109 John H.
58 Lettie 58 Lewis E. 120 Lidia
A. 58 Lizzie 58 109 116 Lizzie
B. 120 Lulu J. 120 Mahlon 57
Mary H. 51 Mary J. 123
Purcival 123 Ruben 123 Sarah
58 Susan J. 120 William H. 123
CORYELL: Francis 107
CORZATT: Archibald 126 Elnora
126 Fannie B. 126 Hollaway
126 Lawrence 126 Lewis 126
Margaret 48 116
COSS: Edwin Burts 9
COTTRAL: Fannie 77 Smith C. 77
COUCH: Harold 157 Maggie 157
COUGHLAN: Michael J. 116
COUGHLIN: Bessie 27 David E.
144 Francis 27 Margeret 144
Michael 27 Sophia 144
COUGLE: Charles E. 159 Edward
21 Elizabeth W. 21 Ellen 37
Emma F. 159 Frankie 37 Harry
B. 21 James C. 21 Joseph B. 37
Joseph C. 37 Lilian R. 21
Martha 159 Mary E. 159 Rozlia
21
COULTER: Mary 156
COWAN: Anna 43 Francis 43
Jennie W. 43

COWDERICK: Alford 76 Jonathan
76
COWDRICK: Augustus 72 Laura
B. 72 Mary 72
COWDRIE: Zephaniah H. 72
COWELL: Abaham 4 Calvin 23
Charles T. 23 Diann 9 Ella 159
Frank 72 George 23 James 72
Joseph 72 Lottie 23 Martha E.
23 Matilda A. 4 Oliver 23
Russie 72 Toney 72 Treassie 72
Weller 159
COX: Carrie 51 Catharine L. 45
Conrad 128 George E. 128
Harry 128 Henry 33 James M.
69 Jane 51 Jennie 69 Jennie E.
45 John 128 Johnson 45 Lewis
44 Mary E. 45 Oliver 51 Otella
44 Permelia 128 Peter H. 44
Samuel 45 Stella B. 45 Susan
128 Urma 51 William 128 Wm.
A. 45
COYLE: Edeith 94 Ella 94 John
94
CRAFT: Blanche 44 Charlott 44
Christopher M. 44 David W. 87
Elinor C. 44 Jennie E. 87 John
H. 44 Lucy 82 Lugreta M. 44
Nicholas N. 30 Phebe A. 87
Rose C. 44 Sarah M. 44
Theodore Y. 87
CRAGE: Frank 31
CRAIGHEAD: Bertha M. 135
Horace M. 135 Howard M. 135
Mary E. 135 Tom S. 135 Wm.
S. 135
CRAMER: Andrew J. 30 Austin 46
133 Austin L. 33 Berten L. 44
Carrie V. 46 Catharine 35 44
Charles 126 Charles W. 118
Cora S. 44 David C. 39 Edna 47
Elizabeth 36 53 157 Emily A. 30
Frank 117 Frank P. 37 Fred 54
Freddie T. 46 Harley L. 133
Harmon H. 126 Harriett 39
Harry L. 33 Howard E. 39
Howard M. 37 Isaac 127 Isaac
H. 37 Jacob F. 133 Jennie 37
John 128 John B. 40 John C. 32
John W. B. 36 Larrance 33
Laura 40 46 Lily J. 34 Lizzie 37
Lizzie P. 47 Lottie 37 Lydia S.
39 Lyman 44 Manda A. 34
Martha 36 Mary 37 117 Mary C.
118 Mary J. 46 Mathias 37
Mathias J. 34 Mathias M. 34

May E. 33 Rose 133 Sarah S. 32
Susan A. 133 Theo. 35 Theo. J.
36 Walter N. 44 Willard B. 37
William 47 Wm. P. 34
CRAMPTON: Amanda 49 Charles
49 Elizabeth 157 Elizabeth C.
157 Emma 49 George 121 Julia
A. 121 Lawrence 121 Mary M.
157 Thomas 157
CRANDLE: Alice 20 Bridget 20
John 20 Katie 20 Mary 20
Stephen 20
CRANE: Benj. 50
CRATE: Joseph 38 Leon T. 38
Mary E. 38 Wilson R. 38
CRATER: Agnes 156 Anna 33
Barbara 153 Bessie H. 52 Frank
33 George 158 Jennie 153
Jennie B. 119 Lizzie 153 Louisa
52 Melanchthon 119 Morris D.
52 Nancy 153 Nellie 158 Nora
153 Sarah E. 119 Theodore 153
Thomas E. 153 156 Tillie 153
Walter 119 158 Warren 52
CRATSLEY: Alfred 22 Alfred G.
26 George 21 George S. 26
John R. 26 Lizzie 21 Margaret
15 Mary C. 26 Merenda R. 26
Rebecca 24 Russel 21 Samuel
21 Sarah A. 26
CREAGER: Amelia 27 Carrie 32
Catharine 27 Charles C. 23 Cora
A. 32 Fanny 15 Frank 32
George 15 Harry 15 Larren 23
Lizzie 15 Mabel 27 Naum 23
Peter 27 Roslina 15 Samuel 15
Whitfield 27 William 33
CREAMER: Annie D. 103 Elsey
103 Walter 103
CREELY: George 116
CREGAR: Aaron 32 Abraham 30
Abraham J. 126 Addie 32
Almetta 32 Archabald 32 Carrie
153 Carrie C. 129 Catharine 30
Catherine 127 Catherine A. 129
Conrad 153 Edgar 129 Edgar I.
116 Edward 153 Elias 126
Elizabeth S. 124 Eva 126 Frank
153 George 30 George N. 126
Hannah 30 Harriet 116 126
Hattie H. 30 Isaac L. 124 Jacob
30 Jacob C. 30 John D. 133
John H. 41 Katie 124 Lizzie F.
126 Louisa J. 41 Luella 132
Lydia C. 30 129 Margaret 116
Mary 128 Mary E. 133 Matilda

129 Peter 126 153 Peter B. 133
Raymond D. 116 Sallie A. 30
Sara 116 Sarah 153 Sarah E.
129 Susan 124 Sylvester V. 30
Thomas B. 129 William 129
Winfred 129
CREGER: George 32
CRESMAN: Catherine 19 Chrissie
19 George 19 John 19 Lewis 19
Peter 19 Wm. 19
CREVELING: Adrena J. 15 Alfred
G. 21 Alfred J. 21 Anna S. 21
Anne 19 Bella 18 Charles F. 93
Charles S. 21 Cora 131 Edith
W. 15 Eliza 51 Elsworth S. 15
Emma C. 14 Frank H. 131 Isaac
51 Jacob 14 James A. 21 James
F. 21 James L. 21 Jennie 18
John R. 15 John W. 18 19 Julia
11 Julia E. 93 Julia J. 21 Laura
H. 16 Louis 19 Luy E. 21
Marcus 18 Margarite 51 Margie
M. 15 Mary 19 Mary A. 16
Matilda 27 Mildred A. 15 Nellie
18 Salenda 146 Thisby M. 15
Wm. 27 Wm. S. 15 19
CRIPS: Chas. J. 61 Geo. B. 61
Martha 61 Wm. 61
CROCKER: Mary 63
CROFFERD: Thomas 14
CROFFORD: Mary 144
CRONCE: Alvia B. 98 Amand 63
Amy C. 5 Anna J. 98 Asa 61
Augustus 114 Auther S. 9
Beulah M. 5 Charles H. 93
Clarance E. 98 Cline 92 Cora B.
9 Eddie 92 Edward 94 Ethel R.
9 Francis 9 Frederick 88
George W. 97 Harold 67 Hellen
88 Henry C. 110 Hiram W. 9
Ira 26 Isaac 108 John 67 John
C. 11 Joseph C. 88 Kale 98
Larenie 61 Leon A. 98 Lewis 63
Luella T. 93 Maggie B. 88
Margaret T. 5 Mary 9 88 Mary
A. 26 97 Mary E. 98 Nancy 92
Paul Q. 88 Reba 110 Sallie 67
Sarah Catherine 11 Thomas C. 5
Walter 92 William 92 97 100
Wm. 64
CROSDALE: Phebe H. 86 Robert
R. 86
CROSON: Annie 62 Bertha 62
Jennie 62 Sarah 62 Willard K.
62

CROTSLEY: Andrew 52 Annie S.
50 David 50 Emma S. 50 John
G. 50 Lydia 50 Mary E. 50
Rufus 51 Sarah E. 52
CROUSE: Cathern 140 Ethel 145
Forest 141 Ida 141 Jacob 144
Laura 139 Sarah E. 144 Walter
141 William 139 Wm. 140
CROWLEY: Elizabeth 117
Thomas 117
CRUM: Belle 127 Christianna 127
Geo. W. 59 Grover C. 59 Henry
59 Isaac R. 59 Jos. 59 Maggie
59 Mary H. 62 Olive 60 Rhebe
59 Richard 66 Ruth 59
CULLEN: Bridget 123 Elizabeth
123 Jeremiah 123 John 123
Mary A. 125 Patrick 123
CULLENS: Henry P. 75 Horace 68
Mary A. 68 Sallie E. 75 Stacy
B. 68 Susan R. 68 Theo. 68
CULVER: Anna May 106 Eliza
106 Ella 113 Elmer 113 Grover
C. 106 Maria W. 98 Matilda 106
Morris B. 98 Nellie 106 Percy
D. 98 Sallie 106 Samuel 106
Venia H. 98 William 106
CULVIN: Bernard 31 Ella B. 31
Rose A. 31
CUMMINGS: Nettie 46 Sarah 46
CURNAN: James 18
CURTIS: Albanus E. 90 Alfred 108
Alice 8 Anna 9 Bertha 108
Bertha M. 90 Charles H. 8
Claurence N. 90 Edith B. 90
Ella S. 8 Ellen B. 73 Eva S. 90
Evaline E. 90 Everitt 56
Florence E. 9 Howard 59 Isariel
109 Jennie 73 John B. 90 K. W.
109 Mary 109 Mary A. 98
Mary E. 8 Mary S. 90 Milton 8
Morris 98 Morris R. 90 Rebecca
D. 90 Selena 108 Snyder 90
Victoria E. 90 Willard 9 Willard
H. 9
CYPHERS: Andrew 136 Hartzell
136 Jacob 136 Maggie 136
Mary 136 Peter 136 Salome 136
DACHRODT: Wm. 19
DAILEY: Annie 123 Bridget 123
127 Edward 123 Ellen 123 John
123 127 Martin 127 Mary 116
123 Michael 123 Morris 123
Timothy 123
DAISY: Peter 13
DALBERG: Andrew 156

DALLEY: Edna R. 82 Ellenor M.
82 Richard S. 82
DALRYMPLE: Abraham D. 21
Altha 4 Amy M. 104 Andrew 60
Andrew J. 21 Ann 90 Ann E. 11
Annie E. 95 Anson M. 20 Benja
94 Bertha 95 Bessie 100 Bessie
C. 47 Caroline 21 Caroline B.
21 Catharine A. 47 Catherine 6
Charity 18 Charles 24 Chas. 49
Clara 84 Clara M. 21 Clarkson
97 Clifford 95 Delilah 63 Edith
20 Edward 107 Elias L. 97
Elizabeth 21 153 Ella 96 97
Ellis 5 Ellis M. 15 Elmer E. 94
Emma 94 Emma B. 91 Erwin
104 Fred A. 49 Fred P. 94
George E. 94 George T. 91
Harriet 110 Hattie 20 Hazel 95
Henryetta 94 Hiram W. 97
Howard J. 153 Ina 49 Innis 53
Irvin 49 Isaac L. 47 Jacob B.
106 James 5 20 Jamima 20 Jane
97 Jno. 66 John 15 21 47 John
B. 90 John C. 53 John V. 96
Johnson 61 Joseph 104 114
Joseph M. 82 Judson 84 Kate
109 Keziah E. 11 Levi 47 Lillie
24 Lillie M. 21 Lizzie 24 47 49
Lucinda 57 Lulu 61 Lydia 53
Mabel 4 Margaret 114 Martha
15 Mary 104 Mary B. 5 106
Mary E. 15 21 49 60 Mary S. 53
Mathias T. 15 Mattie A. 94
Norman 153 Phoebe 114 S. 53
Sadie S. 153 Samuel 11 110
Samuel B. 6 Samuel S. 84 Sarah
82 Sarah E. 100 Sarah M. 84
Search 100 Stanford 24 Stout 49
Susanah 24 Thomas D. 15
Thomas I. 95 Thomas J. 11 24
Thos. 63 William 109 Winnie 5
DALRYMPLE Ann 83
DALRYUMPLE: Charles 146
Charley 139 Cora M. 147
Edward 146 F. A. 147 Florence
139 George D. 139 Ida 146 J.
R. 146 Laura 147 Lucinda 146
Mary 146 Sahra E. 139 Willie
139
DALTON: John 147
DANBERRY: Adam H. 85 Annie
H. 82 Augustus 86 Claurence 85
Cleveland 85 Frank 86 Hannah
86 Jane A. 85 John S. 86 John
W. 86 Joseph 85 Mary 86 Peter

H. 85 Ramond C. 82 Samuel C. 82 Sarah 89 Stella 86 Stephen 89 Walter 86
DANIELS: Wm. 69
DANLEY: Edward N. 65 Geo. H. 65 Lizzie 65
DARANTO: James 72
DARLESS: Annie S. 145
DARMON: Charles H. 145 Marette 145
DARNELL: C. R. 145 Joseph R. 145
DATON: Abraham 87 Beatrice 87 Clara 87 Jennie 87 Jesse 87 Jesse P. 87 Josie 87 Martha 87
DAUS: Eletta 5 John N. 5
DAVENPORT: Abram 97 Laffaette 97 Lucinda 97 Samuel S. 97 William 104
DAVIS: Anna S. 34 Bartin R. 34 Charles 44 Conrod 34 Daisy H. 2 Daniel 143 David 123 Edward W. 34 Elisha 13 Ella S. 143 Elston V. 34 George 126 Harry 13 Helen 34 Howard 13 Jennie V. 34 John 14 John C. 1 Joseph 13 Lulu V. 34 Mabel M. 34 Mamie 13 Marion 34 Mary 13 14 128 Miller 13 Philip 127 Robert W. 143 Sallie 143 Sarah Ann 1 Sener L. 34 Steward V. 2 Viola May 2 W. E. 34 Walter 119 William 1 William E. 34 Wilson 143
DAVISON: Florence 157 Harry 157 Jane 157 Jennie 105 John 105 Magraette 105 Maud 157 Wade 157
DAWE: Joseph 119
DAWES: John 41 Laura 41
DAWS: Alice 41 John 41
DAWSON: Katie 78
DEAN: Alice 80 Carrie W. 64 Chas. C. 64 Gardiner 64 Hattie 64 Horace 64 James 64 James B. 80 Lida 64 Lulu 64 Mary E. 80 Russel 80 Susan R. 64 Wm. P. C. 80
DEATS: Ernley 95 Gilbert 94 Hiram 94 Leland F. 95 Lizzie 95 Mellissa 94 Walter 94
DEENY: C. Carroll 115 E. K. 115 Josephine 115
DEGNAN: James 119 Jane 119 John 119 Mary J. 119 Michael P. 119 Minnie 119 Thomas H. 119 William F. 119
DeHART: Harry 142
DEHART: Carrie 13 Dora J. 13 Florence 22 John 22 John W. 13 21 Lena 22 Lizzie 22 Mary J. 21 Milleo 12 Samuel H. 13 Woodruff 22
DEITZ: Carrie R. 113 Charles M. 113 Elizabeth 113
DELANCO: Jos. 72
DELLICKER: Bertha 132 Lewis 132 Melvina 132 William 132
DEMASS: Albert 81 Catharine 81 Chas. W. 81 Mary E. 81 Walter H. 81 Wm. 81
DeMOTT: Daisy 42 Jennie A. 42 John M. 42
DEMOTT: Albert J. 104 Ella J. 104 Isaac 104 Willis 104
DEMPSEY: Jerry 79 Malinda 79 Rosina 79
DEMUTT: Anna J. 11 Arndt R. 11 Cornelius H. 11 Ida Bell 11
DENNIS: Blanche 20 Elizabeth 20 George 20 John 20 Lillie 20 Maud 20 Nora 20 Sadie 20 Wm. 20
DENTIS: Jermiah 140 Maggie 140 Margeret 140 Robert 140
DEREMER: Emma 143 Wm. 143
DESMOND: Jeremiah 155 Julia 155
DEVLIN: Augustine 117 Elizabeth 117 Hugh 117 James 117 John 117 Joseph 117 Mary A. 117 Michael 117
DEWYER: Mary 16 Michael 16
DEXTER: Elizabeth 125
DEYOUNG: Frank 124 Henrietta 124 Henry 124 Jennie 124
DIAMOND: Emma 77 Lettice 77 Mary 77 Samuel 77 Thos. 77 Victoria 77 Wm. 77
DICKENS: Chas. 70
DICKEY: Maggie 1
DICKINSON: Wesley 72
DIEHL: Anna 158 Frank 158 Leo 158 Loretta 158 Rebecca 158
DIER: Frederick 89
DIETZ: Luther 141
DILENGER: Mary 100
DILLEY: Anna 46 Anna B. 37 Charles V. 37 Clarance 46 Clarance M. 45 Fred 46 Isaac 46 John 46 Joseph V. 37 Lewis 46 Mary 46 Mary C. 37 Matilda 20 Robert T. 37 Stephen 46 Sylvester V. 37 Tillie 46
DILLS: Charley 140
DILLTS: Abram 99 Albert C. 99 Albert M. 96 Luella 94
DILTS: Ada 84 Ada M. 79 Alma 76 Alvah 38 Anna 38 Anna J. 14 Annie 65 Caroline 80 Charles 14 Cora 14 Cora B. 69 David M. 37 Eddie 69 Edith 76 Elizabeth 63 68 76 Elvia 76 Emma 85 Emma S. 84 Fannie 86 Fred 79 Freddie A. 87 Garrett 1 Geo. 69 George L. 82 Hannah 65 83 126 Henry 36 126 Herbert 76 Ida M. 69 Iona 76 79 Isaac C. 37 J. Howard 83 Jacob 83 87 James 109 James P. 70 Jane 76 Jennie 37 Jno. C. 65 Jno. W. 79 John C. 14 John F. 126 John R. 83 Jonathan M. 76 Leroy 76 Lester 79 Letetia 70 Levi 38 Lewis C. 87 Liddia 10 Lizzie 76 Maning F. 27 Martha 59 Martha A. 87 Martha E. 82 Martin 14 Mary 109 Mary F. 83 Mattie 59 Mosses R. 77 Ogden H. 86 Orville H. 86 Rachel A. 82 Reading 80 Rebecca 69 S. Wilson 85 Salindia 27 Samuel W. 84 Sarah 126 Sarah A. 37 Spencer L. 76 Trimmer 37 William 63 William F. 84 Willis 76 Wm. 38 Wm. J. 69
DINEEN: John 152 Margaret 152
DINGLE: Frank H. 5
DIPPLE: Augustus 32 Catharine 29 Charles A. 29 Mary 32 Sarah 32 William 29
DIREMER: Moses 22
DISTEL: Joseph 1
DITIMAR: Clinton 78
DITMORE: Elmina 83
DITNORE: Elvina 86
DIVIEY: Litetia 67
DIVINEY: Emma 67 Jos. 67 Katie 67 Matilda 67 Miles 67
DOBBINS: Mary B. 62 Wm. L. 62
DOBSON: Harry 121
DOCKERTY: Bertha M. 87 John 91 Rebecca A. 87 William D. 87
DOEERTY: Martha 95
DONAHOE: Mary 119
DONOVAN: Catherine 122 Michael 122

HUNTERDON CO. NJ 1895 STATE CENSUS
Index

DORAN: Bridget 25 James J. 25
  John 25 John F. 25 Lawrence E.
  25 Leo M. 25 Owen 124 Sarah
  124 Thomas V. 25 Walter J. 25
  Wm. A. 25
DORKING: Frederick 63
DORLAND: Arabelle 119
  Elizabeth 119 Grace 119 Jennie
  119 Laura 119 Leonard W. 119
  William 119 William W. 119
DORSEY: Bridget 20 Wm. 20
DOUBT: Lillie 54
DOUGHERTY: Ephraim T. 9
  William 8
DOUGLAS: A. A. 18
DOUTS: John 50
DOW: Allen H. 65 Annie M. 65
  Catharine E. 65 Mosses 65
DOWD: Austin W. 35 Edward 35
  Ella 35
DOYLE: Ann 81 Annie 27 David
  27 David B. 27 Freddie 81
  Harry 81 James 81 John 27
  Lawarence 27 Mary 27 Thomas
  27 Wm. 81 Wm. J. 27
DRAINEY: Lizzie 147
DRAKE: Ann 87 Anna B. 31
  Anna E. 86 Annie 158 D. W. 49
  D. Webster 49 E. Lizzie 86
  Eddie 31 Edna 31 Elisha H. 86
  Fannie 67 Francis B. 49 George
  N. 31 Getha 159 Grace 67
  Harry 31 159 John 31 127 159
  Joseph G. 86 Lewis 158 Lillie
  127 158 Margaret E. 86 Mary
  67 127 Mary L. 86 Melvin 31
  Nellie 159 Nora 31 R. Belle 159
  Rachael 31 Robert 158 Sallie
  108 Sarah C. 31 Smith W. 87
  Ulysis G. 31 William 159 Wm.
  O. 67
DUBON: Esther 94 Walter J. 94
  William 94
DUCKWORTH: Aletha 9 Alfred
  26 Cecelia A. 29 Charles 4 141
  Chester A. 141 Christopher 127
  Clarance C. 29 Clarence J. 1
  Clark 158 Cline 26 Dunbar 2
  Edgar 26 Edward 1 143 Elwood
  143 Essie 12 Etta E. 29
  Euphena E. 29 Eva 143
  Frederick 12 George 12 Harvey
  26 Ira 12 Irvin 26 James 143
  John 158 John Johnson 4 John
  W. 141 John Wesley 4 Laura 53
  Laura May 1 Leroy 53 Lillie 26

  Linus B. 1 Lizzie 4 26 158
  Lucretis 158 Maggie 26 Maggie
  A. 4 Mamie A. 29 Mansfield G.
  53 Margaret 158 Mary 141
  Mary E. 143 May 1 Milton 4
  Minnie B. 29 Ola 4 Rachel 26
  Rebecca 12 Ret 26 Robert S. 53
  Roxana 53 Sarah M. 9 Susan L.
  9 Terrence 158 Uhler H. 9
  Walter 26 William J. 9 William
  M. 29 William Martin 1
  William Y. 9
DUFFICY: Barney 6 Ella H. 6
  John S. 6
DUFFY: Alice 146 Cora 146 Edith
  146 Edward 146 Margeret 146
  N. E. 146
DUIGNAR: Annie 76 Ella 76
  Hugh 76 Kate 76 Mary 76
  Tressa 76
DUNGAN: Elizabeth C. 93 Phoebe
  93 William B. 93
DUNHAM: David 126 Gertrude C.
  52 Harry 126 Sallie 50 Willie
  54
DUNN: Martha Y. 49 William C.
  49
DURHAM: Catharine 90 Edwin C.
  91 Edwin H. 89 Elizabeth 89
  Granville E. 89 John C. 91
  Mattie 90 Rebecca H. 91
DURLING: Annie 77 Calvin 77
  Calvin J. 77 Esther 77 Lilian 77
  Minnie 77
DURMAN: Cathern 144 Cathern
  K. 144 Charles 144 Thomas 143
DURNS: Andrew 80
DUSENBURY: Lydia S. 53
DWYER: Ella 154 Mary 154
  William 154
EARLEY: Aaron M. 44
EASTERLY: Amelia 137 William
  137
EBERLY: Minnie 54
ECKEL: Albert S. 145 Caroline F.
  140 Geo. W. 143 George S. 140
  Jacob B. 3 Mary B. 140 Mary C.
  145 Samuel V. 140 Susan E.
  109 Williard S. 143
ECKERT: Fulmer 9 John W. 9
  Mattie M. 9
EDDY: Bertha R. 113 Eva 113
  Geo. 113 Geo. W. 113 Hellen R.
  113 Rachel I. 113 Sam. O. 113

EDINGER: Cora B. 135 Jack 135
  Jennie 137 John 135 Martha 135
  Mary 135 Wm. 135
EDMONDS: Jane 12
EDMONDS: ___ 12 Annie 95 127
  Clarence 12 Harry 12 Howard
  95 James 12 Jonathan 12
  Joseph 12 Lizzie 12 Lorenzo D.
  93 Mary 93 Mary A. 127
  Morris 95 Ruth 16 Samuel 12
  Susan 12 William 116
EDMUNDS: A. Mabel 4 Abram 4
  Catherine 4 Dewitt C. 4 Edna 60
  George C. 4 Howard 46 J. Ethel
  4 Matilda 60 Milton H. 39 46
  Rhutson C. 60 Susia 46 Wilda 4
EDWARDS: Arthur 80 Edward 80
  Geo. 80 James 90 Jane 80
  Lavina 90 Mary 80 Nellie 90
  Sarah 90
EGBERT: Martha 98
EGE: Charles W. 85 Danl. B. 63
  Nellie C. 85 Sarah L. 85
EGERTER: George 96 Kate 7 96
  Roy 96 Tillie 96
EGERTY: Benjamin 13 Harvey 13
  Jacob 13 Oliver 14 Rebecca A.
  13
EGGERT: Alice M. 95 Harry F. 95
EHLE: Frank 128 Lizzie 128
  Luella 128 Peter 128 Philip 128
  Rachel 128
EICHLIN: Amanda 137 Archie 142
  Benjamen 141 Charley 137
  Clarence 139 Cora 137 Flora 20
  Hannah 111 Hugh 113 James
  137 Ledia 137 Levi 20 Loranno
  137 Lucinda 139 Luelia 140
  Maggie 20 Margaret 20
  Margeret 140 Martha 142 Mary
  J. 140 Mattie 20 Minnie 141
  Roy 137 Ruth 111 Samuel 140
  142 Sarah Jane 113 William P.
  140
EICK: Anna H. 9 Asa 37 Elias C.
  42 Hattie C. 42 Hezekiah 38
  Ida B. 9 Jacob 47 Jane 46 John
  46 John A. 9 Leslie 37 Lydia 40
  Minnie 47 Nellie 37 Raider 46
  Raymond 37 Rebecca 54 Sallie
  S. 37 Silas W. 37 Theo. 40
  Wesley 105 Wesley G. 42
  William 54
EICKE: Fleetes R. 149
EILENBURG: Florence 111
  Howard 111 Martha 111

ELBERTSON: Lucretia 92
ELDREDGE: Anna R. 23 George 23 Mary 23
ELDRIDGE: John 14 John W. 138 Ratchel N. 138
ELGARD: Catharine 72 Flossie 72 John M. 72 Mary E. 64 Robert 72 Sadie 72
ELLICOTT: Bennie 56 Geo. 56 Rachel 56 Sarah M. 56
ELLIS: Albert 25 Elmer 25 Nora 25 Richard 25 Sarah 25
ELSTON: James 123 Joseph 123 Lydia A. 123
EMERY: Alonzo V. 84 Andrew W. 104 Ann 125 Annie 49 Arletta 17 Austin F. 125 Bitie 84 Charles 118 Charles A. 53 Edwin 118 Elizabeth 53 Elmer 105 George L. 125 Godfrey 49 Harold L. 124 Harry 125 Henry J. 17 Howord 105 Joseph B. 53 Laura 17 Lydia 118 Margaret 53 Mary 105 125 Mary E. 104 Milton 104 Nathaniel 84 Nattie 105 Nellie 84 Sarah H. 84 William G. 98 Wm. G. 53
EMMONS: Clarance 35
EMONS: Alfred 99 Edna 99 Harry 99 John 99
EMORY: Allen E. 112 Clara B. 112 Martha R. 112 William 112
ENGLE: Herbert 106
ENSELY: Edith 146
ENSLEY: Harry 8
ENT: Annie 84 Charles 84 Chas. 62 Davis 69 Ethel 69 George H. 84 Gertie 62 Jerusha 69 John 62 91 Jonathan 84 Joseph H. 84 Laura M. 91 Lizzie F. 84 Mary 62 Mary Etta 91 Mary J. 84 Nellie 62 Nellie W. 84 Sarah 69
ERICKSON: Sarah 79
ERVIN: Bridget 155 John 155 Martin 155 Mary 155 Nicholas 155
ERWIN: Margeret 145
ESPOSITO: Feressa 74 Lucy 74 Onfrit 74 Pasquy 74
ESTES: Asyntha 122 Clarence 122 Cornelia 122 Olive 122
ESTY: Frank 50 Roy 50 Ruth P. 50 Selinda 50
EVELAND: Clara 151 Ethel 151 Florence 151 George 151 Isabella 151 John S. 151 Luther 151 Mary E. 151 Myrtle 151
EVERETT: David L. 121 Jacob R. 4 Martha 4 Mary Elizabeth 4 Rebecca 121
EVERINGHAM: Jane E. 85 Joseph 85 Wilford 85
EVERITT: Adella 76 Allie 153 Anna May 106 Annie A. 76 Asa 102 Benjamin 108 Bertha 106 Bessie 106 Catharine 80 Charles R. 106 Chas. B. 61 Daniel 111 Edna 153 Edward 153 Elizabeth 58 Ely 58 Emeline 106 Emma 153 Ezekiel 75 Frank 111 Geo. A. 76 Grace M. 96 Henry 76 Horace 111 Ida J. 61 Jane 76 Jessie 153 John 153 John K. 102 Jonathan N. 72 Jos. 80 Joseph P. 96 Joseph W. 153 Judson 61 Lambert 108 Lavina 153 Lena 106 Lida 153 Lillie M. 111 Lizzie 79 Luella 72 Martha J. 61 Mary 153 Rachel 79 Richard 156 Rosco 11 Roscoe 106 Saml. 76 Samuel K. 102 Sarah C. 102 Sarah G. 68 Susan 102 Theo. 76 Thos. 75 Wm. 68 Wm. B. 72 Wm. H. 68 Wm. L. 58
EVERLY: Forest 103 Gertrude 103 Howard 153 May 103 Nicholas 153 Phillips 103 Sallie 153
EVERSOLE: Edna 36 Ella 35 Howard 34 Martha 36 Walter 35
EWEING: David Y. 89 John Q. A. 85 Sarah 89 Sarah A. 85 Zallah 89
EXTON: Christianna 126 Daisy 126 Lewis A. 126 Mary 126
EYCK: Euphemia 127 Philip 127
FAHR: Cora 145 John W. 145
FAIRCHILDS: Rose 87
FAREL: Peter 43
FARGO: Anna 106 Bella 107 Clarance 106 Enna 106 Frank 106 Leslie 107 Raymond 107 Wilbur 107
FARLEY: Adalade 26 Angeline 36 Bertha 26 Catherine 102 Chester 26 Elsie 132 Geo. 80 George 102 George A. 128 Harry 102 141 Henrietta 124 Hoyt A. 36 Huldy 132 Isaac 102 Jno. 80 Joseph W. 132 Lizzie 45 Margaret 126 130 Minnie 128 Oliver A. 36 Oscar 26 Phobe 80 Preston 128 Rem. 80 Richard C. 130 Sandford 80 Socratus G. 132 Theodore 26 Ula 128 Wilson 25 Wm. 80
FARRAND: Harry 145 Margeret C. 145 S. C. (Mrs.) 144
FARROW: Almira 27 Anna 19 Clarkson 27 Elizabeth 25 Grace 27 Raymond 27 Wm. B. 25
FAUCET: Clive 68 Harry 78
FAUSS: Amy 59 Edward 80 Elizabeth 64 Ella 57 Emma 80 Gertrude 58 Hannah 57 Jemimah 57 Jno. 64 Mary H. 63 Orthniel 64 Rachell 64 Ransler H. 58 Sadie 58 Saml. 63 Samuel 57 Susan 57
FAUST: Ratchel 137 William 137
FAZAKERLY: Henry J. 53 Nelly 53 Richard 53 Theresa 53
FAZIO: Nick 72
FELL: Mary S. 68
FEMLY: Anna M. 44 Ella 44 Moses 44
FENSTEMAKER: Anna 37 Milton H. 37 Russel 37 Wm. H. 37
FENTON: Robert 122
FENWICK: Anna 157 Carrie 159 Charles H. 157 Fannie 159 Frances 159 Howard 159 Lida 159 Robert 157 Robert E. 157 Sarah B. 157 Thomas 159
FERRARI: Andrea 75 Annie 75 Ferdinand 75 Levy 75 Mary 75 Raphael 75 Rena 75
FERRIS: Arthur N. 35 Jennie E. 35 John E. 35 Mary R. 35
FETTERS: John G. 23 Mary R. 23
FIELD: Lewis 126
FIELDS: Lillie 84 Mahlon 57 Rachel 56 Samuel 56 Sarah 57 Smith 56 Susan 56 Wm. C. 56
FILSON: D. E. 109 M. A. 109 Mary Z. 109 Sarah 109 Wm. H. 109
FINE: Annie 138 Ella 156 Frederick 156 Harry 156 Henry 4 Howell 138 Ida 98 Jacob 138 Jennie 156 John S. 128 Julia 128 Kesiah 128 Laura 156 Maria 138 Martha 128 Minnie E. 138 Russel 156 Sahra 138 Samuel 156 Sarah 128 Susan 156 Thompson 138

HUNTERDON CO. NJ 1895 STATE CENSUS
Index

FINK: George 98 Henry (Mrs.) 59
  Henry K. 59 Hettia 98 Ida 59
  Walter 98
FINNEY: Francis 110 William 110
  Wm. F. 110
FISHER: Ada 78 Ada K. 38 Addie
  61 Alice 65 Alice S. 60 Alvin
  63 Ann 78 Anna B. 78 Annie
  73 79 148 Bertie 63 Bessie 65
  70 78 Carrie 159 Clifford 86
  Cora 63 148 Danl. 79 David 63
  Deborah 63 Dell 69 Ed. 78
  Elizabeth 60 Ella 63 Elmira 79
  Emma 34 41 60 63 76 Farley 79
  Flora H. 83 Frank 69 Frank H.
  70 Frederick 84 Gardner 73
  Geo. H. 63 Geo. T. 61 Gertie 78
  Hannah 73 Harvey 61 78 Hattie
  L. 83 Henry 73 Hiram 76 Ida
  M. 78 Irene 78 Jacob J. 83
  James 38 James E. 60 James I.
  78 James J. 70 James W. 63
  Jennie 63 Jesse B. 70 Jno. 66 73
  Jno. M. 60 Jos. 79 Joseph 159
  Kate 78 114 Katie L. 66 Laura
  B. 79 Lemuel 101 Lina 60
  Lizzie 63 Louisa 83 M. Ramond
  83 Maggie 65 Maria 78 Martha
  H. 66 Martha V. M. 63 Mary F.
  38 Mary H. 79 Maud 69 115
  Minnie 63 Minnie N. 60 Nelson
  108 Peter 114 Raymond 61
  Robert 61 Robt. 79 Russel 76
  Samuel 79 Sarah E. 69 Sarah F.
  70 Susan H. 79 Theo. 78
  Thomas S. 83 Walter 38 61 78
  William W. 92 Wilson 34 Wm.
  70 Wm. H. 78 Wm. J. 63 65
FITZER: Charles E. 2 Charley 141
  Emma J. 2 George C. 2 James 2
  Jonas J. 2 Lizzie 141 Lizzie B. 2
  Mary 2 Mella 14 Moris 2 Nellie
  M. 2 Rebecca 2
FITZGIBBON: Bridget 154 Ella
  154 William 154
FITZHUGH: Henrietta 61
FLAGG: Christina 60
FLAHERTY: Margaret 27 Wm. 27
FLATT: Arthur 121 Fannie 121
  Susan 118
FLECK: Amanda 71 Bertha 71
  Eva 71 Horace 71 Mary 71
  Robt. 71 William 2 Wm. 71
FLEMING: Andrew 157 Annie 157
  Annie J. 95 Bertha 102 Carrie
  97 Charles 24 Cora 7 Danial F.
  95 David B. 97 Della 97
  Dorsilla 102 Esther 157
  FLorance 102 Fred 95 George
  102 157 George W. 102 Howard
  1 102 Jennie 98 Jonas 95 Kate
  97 L. Bessie 18 Lem B. 95
  Louisa 157 Lucinda 18 Lyda
  Ann 6 Mabel 157 Martha 102
  Mary E. 95 Richard 1 Sarah 95
  Thomas 2 Valiere 95 William 1
  Wm. 18
FLEMMING: Katie 141 Mary S.
  125
FLEMMINGS: David 32 Frank
  133
FLOMERFELT: Catherine 129
  David G. 129 Ella 130 George
  130 Sarah 130 William R. 130
FLUNNEL: Frank 75 Mary 75
  Michael 75
FLYNN: Alexander 127
  Alexandria 127 Ann 127 John
  127 Kate 119 127 Mary 127
  Patrick 127 Thomas 126
  William 127
FOLEY: Catharine 156
FOOSE: Elmira 23 Euphemia 140
  Ida 140 John 23 140 Maud 140
  Nellie M. 140 W. L. 140 Willie
  140
FORCE: Ada 33 Carrie 20 Carrie
  D. 33 Frank 20 Geo. 33 Irene
  33 Jacob 20 Lenora 33 Lizzie
  M. 33 Moses 20 Sarah 20
FORGUS: Minnie 44 Theo. 44
FORMAN: Caroline 144 Mable
  144 Margeret C. 144 Mary E.
  144 Mary V. 115 Wm. 144
FOUST: Levi 137
FOWLER: Annie 54 Catharine 56
  Jennie 54 Joseph H. 122 Mary
  A. 122 Solomon 56 Theo. F. 54
  William G. 54
FOX: Bertha 54 Catherine L. 9
  Cyrus R. 54 Daniel 54 Elizabeth
  54 Ellie M. 54 Henry J. 9 Jacob
  F. 29 John W. 108 Jordan R. 9
  Mary 54 Rutsen C. 54 Sarah 54
  Susie May 9
FRACE: Elizabeth 10 Howard E.
  26 J. M. 54 Lyda S. 26 Martin
  10 Mary C. 26 Mary J. 54 May
  54 Minnie 10 Wm. W. 26
FRALEY: Cathern 138 Letilda 137
  Lovella 137 Mary 137 Oscar
  137 Sahra 137 Wm. 138

FRANCIS: Nancy 82 Sarah E.
  (Mrs.) 57
FRANK: Jos. 72
FRANKLIN: Katie 139
FRANKS: Julia 126 Luther 126
FRASER: Edwin 89 Ella 89
FRECH: Anna B. 29 Barbary 29
  George M. 29 John 29 Maggie
  E. 29
FREEMAN: Delia 141 William
  141
FREMBUS: Frank 130
FRETZ: Horace 81 Ida 1 Jno. H.
  77 Mary C. 77 Minnie J. 77
  Raymond M. 77 Samuel 1
FREY: E. J. 54 Louisa 54
FRISCO: Allis 34
FRITTS: Albert 7 Albert V. 44
  Andrew M. 5 Anna 36 Anna B.
  40 Anna C. 36 Annie L. 114
  Benj. S. 32 Catharine 40 Charles
  39 Clara E. 32 Cora B. 38
  Daniel 125 David 26 Edna 30
  Eliza 114 128 Elizabeth 26 39
  116 Ellen 50 131 Elmer E. 40
  Elmer R. 105 Emanuel 39
  Emma 38 131 Frederick 130
  Harriet 7 Henry 128 Ida M. 38
  Isaac 44 Jacob 50 Jennie 122
  Juda 131 Lauretta 30 Lemuel 38
  Lily 32 Lydia 7 Maggie 105
  Maggie J. 38 Mamie 39 Marion
  S. 32 Mary 5 Mary E. 36
  Maryette 128 Morris 128 Oliver
  36 Rachael S. 44 Sarah 12
  Stires 105 Susan 128 William
  122 William J. 30 William M. 5
  Wm. 37
FRITTZ: Theodore 114
FRITZ: Fred 99 Infant 99 Mory 99
FULKERSON: Edgar 32
FULMER: Bessie 111 C. H. 111
  Catharine 111 Henry 114 Kate
  17 Leroy 111 Nettie 114 Sallie
  114 Susie 111 Wm. A. 17
FULPER: Annie M. 127 Blanche
  151 Catherine 22 Edgar H. 127
  Elizabeth 151 Gertrude 101
  Hattie 151 Isaiah 23 Jacob 22
  James 101 John S. 22 John W.
  29 Lemuel 151 Lizzie 101
  Mary A. 23 Minnie V. 29 Sarah
  101
FUNK: Henry L. 17 Laura 72
  Mary 17

FURGUSON: Catharine 91 Stacy 89
FURRY: Cicilia 9 George H. 9 William B. 9
FYNKS: Andrew 45 Jennie 45 Mrs. 45
GALLAWAY: Edwin H. 120 Lizzie 120 Sarah J. 120
GALLEGER: Mary 18
GALLIGER: Barney 121 Margaret 152
GANO: Albert L. 10 Arthur 53 Bertha 22 Carrie Y. 31 Cora B. 31 Daisie 29 Daniel B. 10 Elizebath 103 Erwin 21 Frank 53 Grace 29 Isabella 147 Ishmael 5 Jane 21 John C. 10 Joseph 22 Katie 22 Lambert 1 Lydia 29 Mabel F. 31 Maggie 22 Manning F. 31 Mary 5 53 Mary C. 147 Mary H. 10 Ora 21 Peter W. 10 Saml 103 Sansberry 21 Susan 3 Susie L. 10 Wellington 24 William 5 29 William S. 10
GANOE: Bertha 122 Lemuel L. 125 William W. 122
GARDINER: Sarah K. 104
GARDNER: Kate 12 Mary E. 17 Mollie 72 Samuel 72 Susan 18
GARFIELD: James A. 73
GARMAN: Catharine 64
GARRABRANT: Arthur 52 Edeth C. 52 Jennie D. 52 Richard 52
GARRETT: David 9 Spencer B. 9
GARRISON: Annie 53 Chas. 47 Floyd 47 George 154 Ida May 98 J. W. 53 Joseph 154 Lizzie 98 Lulu 154 Mary 47 Sarah J. 154 William H. 98 154
GARY: Nancy 83
GARY: Ada 99 Anna May 1 Christopher C. 99 Clara L. 94 Claude E. 101 Edward E. 94 Elias 97 Elizabeth 42 Ella 10 Emma E. 94 Enoch 99 Fremont 42 George 99 Harvey 99 Hattie E. 101 John W. 158 Johnson 1 42 Kesia 1 Lizzie 99 Maggie 1 Martha 99 Mary J. 42 MaryE. 94 Newton 56 Raymond 10 Russel 10 Samuel 83 Susie E. 42 Zula 158
GASKELL: Lizzie 18 Ora 18
GASKILL: Martha 113
GAUD: Dory 75 Felly 75 Tony 75

GAUNT: Charles 145 Ella B. 145 Ethel 145 Lizzie 145 Mable 145
GEBHARDT: G. W. 49 John 49 Rebecca 49
GEBHART: Clara A. 54 Elenor L. 54 Eve C. 54 Evelina 54 William C. 54 William R. 54
GEE: Champion 126
GENNET: Annie S. 82 John A. 82
GENTHER: Annie M. 102 John G. 102 Sarah 102
GERMAN: B. Franklin 101 Claude E. 101 Elizabeth 62 Elmer 159 James 101 Jethro 159 Johnson 101 Lillie M. 101 Martha V. 101 Mary 159 Walter 159 William 99
GETHARD: Anna C. 43 Annie M. 59 Clarance M. 43 George 72 John 38 Kate 38 Lewis C. 43 Nelson 38 Robt. 62 Willie 38
GIBBS: Chas. 68 Euphemia 49 Eva 68 Jennie 68 Mary J. 68 Viola 68
GIBSON: Charles 12 Christina 12 Frank 12 James 12 Sarah 121
GILBERT: Clara 108 Elwood 108 Joseph 108 Lillian 108 Maria 108
GILLEN: Nellie 129 Ransom G. 129 Sarah A. 129
GILROY: James 20 John 20 Mary 20 Nora 20 Wm. 20
GIMSON: Edwin M. S. 84 Ellen 84
GLERTZ: August 18
GLITZ: Otto 18
GOBLE: Anna 153 Charles 153 David 152 Sarah 152
GODDARD: Margaret S. 84 William 84
GODLEY: Elimira 144 Emma 144
GODOWN: Alice 148 Cathern 148 Charles R. 148 Estella 25 Ettie 68 Frank O. 1 Geo. 56 Gideon 60 Harry 91 Hettie F. 1 James O. 25 Jno. 56 John 31 Johnnie 148 Jonas 2 Jonathan J. 67 Leon C. 67 Lillie M. 67 Mahalia 31 Martha 56 Mary 2 Nellie 148 Noah 148 Ressel 67 Roy 25
GOLSWATER: Mary 52
GOODELL: De Valso 58 Essie 58
GOODFELLOW: Frank 70 George R. 20 James 59 Mary Jane 59

GOOLEY: Mary 51 Michael 51 Rose 51 Tressa 51
GORDON: Amy 66 Arthur 49 Cornelia 109 Edith 109 Elizabeth 153 Elsie W. 76 Freddie 109 Henrietta 109 Isabella 49 James P. 76 Laura M. 76 Lewis 109 Martha 66 76 Mary 49 Sarah 70 Sylvanus 66 William 49 109
GORMAN: Johanna 72
GOTSILL: Annie 154 Bridget 154 John 154 Lizzie 154 Mary 154 Patrick 154
GOULD: Annie E. 129 Edwin 129 Malinda 129 Sarah 129
GOVITZ: Anna 2 Clemhint 2 Emil 2 Joseph 2 Kate 2 Louisa 2 Mary L. 2
GRAHAM: Jno. 77 Margaret 77 Wm. 77
GRANDIN: Fanny 44 Jane 48 Julia F. 44
GRATER: Mary 158
GRAVES: Bertha 21 Clifton B. 21 Fredie 21
GRAY: Charles 91 Elizabeth 42 Floid A. 91 Jacob E. 91 James S. 42 John 91 Johnson 42 Julia 91 Laura E. 42 Lillia M. 91 Margaret 42 Mary C. 83 Mildred 91 Peter T. 42 Wm. 78
GRAYBILL: Jennie 159 Vivian 159
GREAGER: Sarah A. 33
GREEN: Abraham 85 Anna 65 Annie 85 Bertha 65 Carrie W. 62 Catharine 35 Chas W. 65 Edith 65 Eliza 58 Elizabeth 62 65 Fannie 65 85 Geo. 62 Geo. C. 63 Ida 65 Irena 62 Jacob L. 65 James 63 Jennie 62 Jno. H. 62 Jos. 64 Lizzie 65 Mabel E. 62 Mary 88 Mary H. 63 Mary L. 85 Morris 88 Rachel 64 Rettie 65 Salome 63 Theodore 62 Voorhees 85 William 85 Wm. 79 Wm. L. 62
GREGAR: Andrew 32
GREGORY: Grace 103 Mary 49
GRESVER?: Jacob 133
GREY: David 108 Dora 108
GRIGGS: Lillie H. 87 Lizzie 89
GRIPPIN: Lemuel P. 34 Mary 34
GROFF: Amanda 131 Edgar H. 158 Ella 131 Jacob 158 May

131 Nellie C. 158 Peter H. 131
Rebecca 158 William F. 158
GROSE: Augus 56 Augustus 56
Lizzie 56
GROSS: Margaret A. 2
GROVE: Artie A. 83
GROVENDYKE: Annie B. 127
Franklin B. C. 127 Jacob N. 41
Rachel C. 127 Rebecca 41
Sanford 41
GROVER: Benjamin 87 Bertha 87
Ellwood 87 Emma 87 Jacob 87
John H. 87 Margaret 87 Sarah
E. 87 Wilmer 87
GROVES: Arthur 14 Fred 14
George 14 Hattie 14 James 14
Jennie 14 Lulu 14 Mary 14
Rachel 14 Stewart 14
GRUBE: Anna Lousia 2 Lewis 2
Mamie F. 2 Sylvania C. 2
William J. 2
GRUVER: Erwin 20 Gilberta 20
Lillie 20
GUINNER: George 106
GUITHER: Annie 81 Esther 81
Geo. 81 Hannah 81 Lloyd 81
Viola 81
GULICK: Albert E. 10 Aller 50
Alma E. 50 Amanda 50 Bessie
129 Charles 123 Charles L. 52
Charles S. 129 Clara 49 Corinne
50 Cornelius E. 86 David M. 52
Elizabeth 10 Ella E. 10 Ellen 53
Emma 10 50 Florence E. 10
Frank 49 Frederic J. 10
Frederick A. 86 Hiram 10
Howard 129 Jacob 10 Jas. C. 50
John 53 Lewis H. 49 Lillian R.
10 Lizzie 129 Mable J. 10 Mary
53 Mary B. 49 Mary C. 52
Mary E. 86 Mary Y. 52 Nancy
C. 49 Peter G. 10 Philip 52
Ramond C. 86 Raymond 52
Selma 49 Stella 10 Stephen 10
Theo. L. 50 William B. 86
William R. 10 Wm. 50
GUTMAN: Hamilton 18 Phoebe 18
HACK: Chas. 53 Harry 156 Libbie
53 Louisa 53 Mary 156 Myrtle
156 Wilbert 156
HACKET: William H. 129
HACKETT: Agnes 27 Amanda 13
Amy Catherine 3 Annie A. 29
Benjamin 12 Bessie 27
Catharine 12 Charles W. 22
Cora E. 129 Edwin C. 24 Elijah

39 Ellen 3 Frank N. 125 George
A. 27 Grace R. 24 Harvey V. 24
Jacob 24 Jane 39 Jennie B. 125
John 12 29 John C. 3 126 Lena
22 39 Lillie M. 22 Margaret 32
Mary 12 126 Mary Allice 3
Mary C. 22 Mary E. 24 Nate 48
Nellie 12 Samuel 39 Sarah A.
24 Sarah J. 29 Stephen 12
Theodosia 13 Thomas 12
Watson W. 22 William C. 3
William Y. 125 Wm. 12
HAGAMAN: Ada M. 63 Albert S.
2 Annie 153 Bell 115 Carrie
111 Carrie H. 63 Cora E. 2 Ella
G. 63 Grover C. 2 J. Monroe 78
Jos. 79 Lewis 115 Lorenzo D.
111 Lucinda 78 Martha A. 79
Maurice 153 Raman C. 2 Roy
153 Sandford D. 63 Sarah 2 86
Willard R. 2 William H. 2
HAGAR: Lizzie 111
HAGARMAN: Joseph 143
Margeret A. 143
HAGER: Adam 144 Annie 139
Annie B. 138 Annie L. 138
Bessie 139 Cathern 138 142
Christopher 142 Cornelias 142
David O. 138 Edward 139 Elias
139 Elisabeth 138 Emma 142
Fannie 137 Francis M. 142
George W. 138 Hannah 142
Harry 138 Hiram E. 137 Jennie
146 John 145 Jonas 146 Laura
C. 68 Lizzie 68 Lona 146
Mahlon 138 Margaret 139 145
Mary 145 Newberry 68 Nora
108 Peter 138 139 Susanna 145
William 137 Wm. 145
HAGERMAN: Abraham C. 34
Amanda 139 Bertha 140
Clarance 34 Edna 139 Frank 34
Hiram 25 Jennie 34 John 139
Lambert C. 139 Laura 34
Malinda 25 May 34 Susan 139
Viola 34 Wm. F. 25
HAGERTY: Elizabeth 128 Ellis
128 Mary C. 128
HAGGARTY: Jennie 112
HAGGERTY: Phoebe 69 Wm. H.
69
HAIGHT: James 24 Mary J. 24
Wm. 24
HAINES: Edwin S. 90 Isaac 66
John 90 Jos. 66 Lina 66 Mary
66 Samuel 90 Sarah M. 90

HAINEY: Lewis 137
HALL: Bertha 51 Bertha M. 7
Bessie 134 Charles C. 51 Cora
A. 51 Cornelia 48 Daniel 38 E.
C. (Mrs.) 58 E. C. (Rev.) 58
Edward 21 112 Ella 134 Fred 43
George 48 Gussie 48 Harlie S.
51 Helen 36 Helena J. 7 Ida 48
Jacob 51 Lillie F. 7 Millie 134
Minnie C. 36 Percy 134 Richard
H. 36 Sarah 42 William 48
William H. 51 William M. 7
HALOCKE: James 38
HALSEY: Alfred 1 Cora B. 150
Lewella 4 Mary J. 150 Orval 4
William H. 5
HALSTED: Charles F. 117
HALTON: Wm. 80
HAMMELL: Lottie 135
HAMMER: Martha 64
HAMPTON: Amy Y. 31 Jno. 56
Jno. T. 61 Joseph 31 Lucy B. 61
Mary 56 Morris 97
HAMSHOCK: H. 80
HANCE: Abraham S. 18 Anna 18
John 23 John E. 23 John T. 18
Mary C. 145
HANDCOCK: Abner 93 Rhoda 93
HANEY: Bella 108 Ethel 108
Hugh 108 Jonas 108 Orlean 108
HANLEY: Michael 116
HANN: Albert 40 42 48 69
Anderson 68 Anna 37 42 Bertha
42 156 Catharine 156 Charles
103 Clarance 103 Edeith 96
Eliza 68 Ella M. 62 Elsie 68
Emeline 69 Emma 68 Ethel 103
Eva 155 Florence 69 Freddie 40
Geo. R. 62 George 48 Gussie
156 Hannah 40 Harriet G. 68
Ida 40 54 96 Irene 103 Jane 48
Jennie W. 69 John 48 103 155
Joseph 155 Julia 96 Lambert 68
96 Lambert G. 96 Lena M. 62
Lenora 48 Lizzie 103 Lizzie E.
48 Margaretta 155 Marilda 40
Mary A. 42 Mellissa 96 Mercy
E. 155 Moses 37 Myrtie A. 62
Newton 69 Olive 38 Oscar 69
William 156 Willie R. 40
Wilson 156
HANNA: Bertha 100 Fanny 100
George 100 Ida M. 100 Lizzie
100 Mary 6 100 Nora E. 100
Robbert 6 100 William 6 Willie
100

HANNESS: Mary 50
HANNIGAN: John 158 Mary 158 Patrick 158 William 158
HANSE: Geo. W. 145 Harry 145
HARA: Laura 104
HARDON: Anna C. 110 Ephenia 109 Henry 109 John R. 110
HARDY: Barbara 157 Francis E. 120 Frank N. 120 George 157 Joseph 152 Kate 152 Minnie 152 Nellie 120 Peter 157 Susan 120 William B. 120 William J. 120
HARER: Almeda 96 Amy E. 96 Clarance D. 96 Harry W. 96 Jacob E. 97 John B. 96 Julia S. 96 Morris S. 96 W. Edger 96 William E. 96
HARING: Abel B. 111 Beulah 111 Johanna 111
HARINGTON: Dennis 12 Mary 12
HARLEY: Samuel 143
HARMON: Byrum 111 Harry M. 111 Mammie 111
HARNER: Sarah A. 82
HARPER: Adalade 53 J. C. 53
HARR: Annie 118 Christian 118 Ella 118 Nevius 118
HARRIS: Frank 142
HARRISON: Annie 141 Carry 141 Charles 3 141 Charles W. 141 David 18 Edward 3 Elida 141 Elimira 146 Eliza A. 140 Elizabeth 3 Emma 3 Ev 146 Evaline 7 George B. 2 7 George W. 2 Harmond 2 Harry 143 Harry L. 140 Howard 146 150 Jacob B. 7 Jane 143 Jennie 2 John 2 John E. 140 Joseph 3 Leonah 3 Manning 1 Martin D. 140 Mary 141 Mary H. 3 Maud S. 11 Nellie May 2 Orville 146 Samuel 3 Sarah J. 18 Thomas 143 Wm. D. 146
HARSELL: Alfred 101 Bessie 101 Christopher 101 Lizzie 101 Mary A. 38 Russell W. 42 Rutson 101 Samuel P. S. 38 Willcott 101
HART: Alace 119 Amos M. 83 Anna 119 Annie S. 84 Bessie M. 84 Catherine 18 Cecelia 9 Charles S. 16 Charley 139 Clara 139 David 139 Eddie 139 Elizabeth T. 83 Emma 25 George 139 George B. 119 Howard 26 John 16 Joseph 25 Josephin 16 Lizzie 26 Mary 108 Mary Ann 83 May 139 Nathan C. 84 Nelson E. 84 Peter 137 Samuel 137 Susan 119 Susan L. 108 Wm. 26 Wm. D. 16

HARTMAN: Dinah 148
HARTPENCE: Amy 80 Andy B. 98 Annie 98 Bertha 3 Chas. 61 Edith M. 68 Edward 80 Elijah R. 107 Elizabeth 64 Elmer 68 Elmer C. 3 Emeline 107 Enock C. 3 Everitt? 73 Ewing 98 Francis 105 Geo. W. 113 George A. 107 George B. 83 Grace 73 Hannah 79 Harry 98 107 Harry K. 104 Hellen C. 3 Hiram B. 100 Howard 68 Isadora 68 Jno. 61 Jno. W. 80 John 98 105 Joseph 40 Lambert 80 Lela 83 Lizzie 104 Lucinda 3 Lucy R. 68 Mahala 83 Margarette 98 Mary 105 Mattie E. 83 Minnie 106 Nellie 98 Olie 80 Orvill 79 Paul E. 3 Peter 106 Phoebe 61 Pracilla 113 Rachel 64 65 Robt. 64 Ruth M. 3 Saml 104 Samuel 65 Susie 107 Tillie M. 79 Ulysis G. 79 Walter K. 100 William 101 William B. 3 Willis 68 Wm. 79

HARTRUM: Annie 52 Christopher C. 127 Daniel 132 Edgar 127 Eliza B. 125 Gilbert 45 Grace 127 Jacob 127 Jennie I. 125 Lewis 125 Mary A. 125 Orvill 127 Rachel 127 William 127
HARTZELL: Annie 146 Peter 146
HARVEY: Archie 83 Eliza B. 83 Eliza J. 83 James L. 83 John T. 83 Mary J. 83 Nat Boston 83 Susanna 83 William C. 83 Wm. 63
HASSEL: Holaway 16 Isaac 1 Matilda 16 Robbins 1
HASSELL: Amos 59 Annie 59 Bessie 59 Freddie 59 Johiel 59
HASTIE: James L. 56 Mary E. 56
HATLEY: Kate 72
HAUGHAWOT: Lizzie M. 12 Luther F. 12 Whitfield 12
HAUGHWOUT: Charles 13 Frank 13 Sarah 13
HAVER: Alvah H. 43 Anna M. 43 Bell 40 Catharine 43 Charles 40 Clara F. 43 David 40 Geo. V. 43 Grant 94 Helen 105 Ida 94 Jennie 105 John W. 105 Lenora 43 Lillie 105 Lizzie E. 43 Mabel 40 Maggie P. 43 Margaret 40 Mary 40 Mary L. 40 Minnie L. 43 Peter F. 43 Samuel 105 Wm. B. 40 Wm. R. 43

HAWK: Alfred 153 Allie 154 Amanda 153 Anna 2 Anna B. 16 Arzella 2 Caroline 2 112 Carrie B. 18 Charles P. 149 Chester 112 Chester H. 16 Clarence 154 Clifford 114 Daniel S. 141 David 149 Della 112 Edgar J. 114 Edith 16 Edna 150 Edward 60 Elizabeth 18 141 Elizabeth Ann 7 Emeline 135 Firman 147 Forman 7 Frank 16 G. F. 112 George 18 147 Godfred 141 Gussie 114 Howard 2 Ida 142 Jacob 150 Jacob C. 112 Jasper 7 John 53 John S. 16 Kate 16 Lester C. 18 Lulu 114 Maggie 112 Mamie 112 Martin H. 3 Phillip L. 2 Piety 150 Rachael C. 3 Rosco H. 3 Sahra 141 Sahra M. 141 Sallie 16 Samuel D. 7 Sarah 112 Silas 53 Solomon 142 Susan 142 Willis D. *142*
HAWKENS: John S. 125 Lillie 125
HAYCOCK: Ardel 136 Belle 136 Frank 136 Madison 136 Sahra 136
HAYES: David L. 144 Susan E. 144
HAYNES: John C. 32 Lulu C. 32 Minnie E. 32
HAYS: James 14 John 14 Margaret 14
HAZELEET: Anna M. 29 Elizabeth 29 James 29
HAZELET: Annie D. 13 Jennie A. 13 John W. 13 Maud P. 13 Phillip A. 13
HAZELETT: Abbie 22 Sylvester 22 Theodore O. 22
HEANEY: Anna E. 21 Clara L. 21 Clara M. 21 John H. 21 Mary B. 21 Wm. L. 21
HEATER: Bessie 145
HEATH: Abraham 156 Ann 58 Catharine 69 Chas. 69 72 Clark 68 Cornelia 68 Edith 64 Edward M. 58 Eva 61 Frances

156 Geo. W. 69 James 68 Laura
65 Levi 58 Lizzie 58 May 68
Oakley 156 Peter V. 156 Robt.
58 Rutan 65 Sallie 65 Walter 68
William 156
HEATON: Ella 68 Harry 68 Jos.
M. 68 Mary 68
HECK: Christopher 16
HEFFERMAN: John 117 Mark 117
Nellie 117 Rose 117 William J.
117
HEIGHT: Alfred 126 Clarence 126
Cleveland 126 Edward 126
Frederick 126 Sarah 126
HEIM: Elizabeth 35 John 35
Maggie 35
HEISEY: Jennie 129
HEIST: Roy 141
HELLEMS: Elizabeth 157 William
157
HELLER: Annie N. 139 Augusta
113 Caroline 116 Charles 116
Eli 139 Samuel 113 Susan M.
139
HELLIER: Catharine 64 Cornelia
A. 79 Edward 64 Hannah 81
Wm. H. 79
HENARIE: Kate F. 107 Mary Ann
107
HENDERSHOT: Adam 129 Ann
133 Anna 42 Annie 13 96 105
151 Annie J. 31 Arabelle 39
Asa 30 Bertie 134 Bessie 134
Charles E. 101 Charlot S. 43
Cora 134 Eddie R. 43 Elsie 134
Emma 40 Frank W. 31 Fred E.
42 Georgeanna 134 Hannah 43
45 46 Harry 13 Henry W. 96
Jacob 101 Jacob J. 45 Jennie
134 John 29 John C. 43 John
M. 45 Joseph H. 45 Lewis 40
133 Margarette 101 Martha 13
46 Mary 46 101 Mary A. 30
Mary J. 13 Mary M. 101 Nellie
May 128 Peter 13 Peter A. 133
Rachael A. 45 Robert 40 Sarah
A. 128 Theo 39 Theo. H. 43
Thomas 32 Watson 39 Willard
L. 101 William 29 William B.
134 William H. 101
HENDERSON: Andrew 124
Benjamin 124 Edgar C. 28 Ella
116 Lydia A. 118 Meta H. 28
Rachael E. 32 William 118 Wm.
J. 28
HENN: Kate 104 William 104

HENRY: Alice 25 Andrew F. 91
Carrie 75 David 125 Dayton 35
Elizabeth 35 Ella 151 Ella W.
45 Gatos 75 Geo. W. 45 George
R. 91 Harmon J. 35 46 Ida 105
Jacob 34 Jacob C. 45 James 74
Jane 125 Jennie 35 John 151
John H. 125 John W. 45 Julia
M. 35 Leo 151 Lillie 105
Mabel 151 Margaret 35 151
Martin L. 35 Mary 74 151 Mary
A. 45 Mary C. 125 Mary E. 10
Mary M. 91 Peter S. 25 Peter T.
41 Samuel 75 Samuel B. 10
Sarah A. 41 Sophia 25 Stella 10
Stephen R. 35 Walter 105 Wm.
D. 41
HERDER: Allice 92 Arretta 90
David R. 88 Elizabeth 88
Horace P. 88 Howard 92 Howell
H. 89 Jacob S. 89 John H. 88
Mary E. 88 Sarah E. 89 Viola 90
HERRINGTON: Jacob 45
HERSTINE: Ella 110
HEWITT: Amelia 61 Catharine
110 Chas. 61 Edna 61 Elroy
110 Emma R. 69 Geo. B. 69
Harvey 61 Holdren 110
Johathan 61 Laura J. 69 Minnie
76 Minnie D. 69 Sarah E. 61
Wm. S. 69
HIBBARD: Henry D. 124 Lyman
C. 124 Ruby S. 124
HIBLER: Ellen N. 38 Mary E. 102
Peter W. 102 Wm. H. 38
HICE: May 145 Susan 64
HIGGENS: Laura 42 Mahlon C. 42
HIGGINS: Alex 66 Alex. 59
Annie 58 Asher 89 Britton 62
Caroline 59 Carrie 89 Carrie V.
88 Charles B. 110 Charlotte 59
Chris 66 Cornelius 88 David 59
66 84 David V. 89 Eddie 58
Edna 59 Elizabeth 110 Ella 88
89 Ella M. 83 Fannie M. 88
Florence 88 Florence L. 84
Floyd 58 Francis M. L. 83
Frederick 88 110 Geo. H. 62
Geo. W. 59 Hannah E. 62 Henry
C. 88 Howard K. 88 Ida 83 Ira
88 Ira C. 88 James G. 66 Jane
89 Jno. 66 John W. 89 Joseph
V. M. 88 Leonard 61 Lewis 58
Lizzie 61 Luella R. 62 Mabell
89 Margaret 66 Martha R. 62 66
Mary 64 88 Mary F. 66 Mary H.

110 Mary S. 66 Mattie 58
Nathaniel H. 82 Phoebe 66
Sadie 88 Sarah A. 88 Sarah V.
M. 88 Susan B. 84 Theodore Y.
82 Victora 82 Wm. 66 Wm. C.
66
HILDABRANT: Ada M. 116 Ella
33 Emily T. 116 Geo. L. 38 Ina
43 Lizzie 43 Maria 38 Mary E.
116 Nathan 33 Sylvester V. 116
William W. 116 Wm. 35 Wm. J.
43
HILDEBRANT: Mary 33
HILDERBRANT: Ella G. 94
Howard 94 Lucinda 94 Miller
94
HILKERMAN: August 120
HILL: Amanda 42 Andrew 5 Ann
117 Anna J. 5 Anna M. 86
Annie 101 Benjman S. 9 Carrie
T. 35 Charles 37 Cornie A. 92
Daniel R. 4 David 42 David C.
92 David S. 86 David V. D. 86
Deboria 11 Eleanor 70 Ella 42
Emeline 4 Emma 37 Emma B. 9
Erma B. 5 Etta V. 86 Eva 43
Fanny V. 54 Frank 117 Hannah
92 James L. 5 James S. 5 Jennie
34 Katie 42 Lewis 36 117 Mary
37 117 Mary E. 5 Michael 117
Peter 37 42 Rynear H. 86 Sadie
L. 86 Thomas 117 William 106
William M. 5
HILLPOT: Ella 111 Mary 111
Reuben 111 Virgie 111 William
111
HINER: Alvi 7 Elbrig 7 Ella 96
Emeline 108 Fannie 8 Frank P.
14 Harry W. 14 Jane 3 Jennie
11 John 14 John F. 14 Lewis R.
96 Margaret 11 Mary 14 Mary
Marthy 7 Nancy 6 Nora 7
Oliver 133 Philip 142 Phillip A.
7 William K. 3 Wm. 14 Wm. E.
14
HINES: Joseph 31 Katie 31
Maggie 31 Margaret T. 38
Patrick 31
HINKEL: George 8 Sarah 8
HINKLE: Albert 106 Augustus 33
Elizabeth 115 Emma J. 33
Hiram 106 John B. 144 Joseph
106 Lewis 115 Lillie 9 Mary E.
144 William M. 9
HIRES: Elizabeth 56 Ellen 56
Richard 56

HIXON: Caroline 154 John H. 154
  Louisa 155
HIXSON: Caroline 89 Charles C.
  89 Clawrence 89 Eliza 89
  Frank 21 Grace 21 Jane E. 89
  John W. 89 Julia 89 Kate H. 89
  Mary 89 Nelson D. 89 Noah R.
  89 Noah S. 89 Norah 21 Walter
  A. 89 William C. 89 William T.
  89 Zephaniah M. 89
HOAGANANT: Mary 114
HOAGLAND: Adeline 114 Annie
  114 Carrie 59 Catharine 78
  Daniel H. 84 Edna 78 Ella 114
  Elmer 114 Emma M. 59
  Frederick 93 Grover C. 84
  Hannah M. 92 Harry 78 114
  Howard 59 78 85 Jacob 92
  Jennie 59 Jno. 59 John D. 93
  Jose 114 Lemuel 93 Lillie 114
  Marinda 78 Mary 93 Mary Ann
  84 Nancy 84 Paul 78 Russell 59
HOALMAN: Walter 10
HOCKEBURY: John 102
HOCKENBERRY: Alvah 132
  Amanda 140 Christopher 132
  Clarence 146 David 143 Edson
  J. 129 Elizabeth 132 Emma 132
  Eva 132 Harriet 132 Ida 132
  Isaac A. 129 J. W. 146 Jacob
  132 John H. 132 John W. 132
  Louisa 132 Maggie 146 Malissa
  146 Mary D. 140 Mary E. 146
  Silas 132 Wade 146 Whitfield
  140 William 132 William L.
  132 Wilson 132
HOCKENBERY: Anna M. 30
  Mary E. 30
HOCKENBURY: Adaline 32
  Aletta 46 Alvah 32 Asa 76
  Austin 46 Bate 56 Bertha 59
  Bessie 40 Charles 40 Chas. 59
  Daisy 56 Dora 40 Edward 46
  Elizabeth 59 Geo. W. 58 Hester
  A. 76 Hiram 61 Jno. H. 75 Jno.
  S. 75 Jonas 151 Laura 75
  Lavina 58 Lewis A. 40 Lizzie
  40 Mary 58 76 Mary Ann 2
  Matilda 59 Melvin 59 Nellie 59
  Peter S. 59 Rebecca 56 Sallie 40
  Sarah 75 Sarah Ellen 2 Susan 33
  Tunis 46 Wm. 40
HODGKISS: Greata 159 Harry 159
HOFF: Ada B. 96 Andrew J. 61
  Ann 103 Annie 73 114 Cora 107
  Cornelia J. 107 Cornelius 115
  Elizebath 98 Ella 9 Ella J. 107
  Emma C. 107 Estella 107 Harry
  114 Harry F. 73 Helen M. 73
  Hezekiah 107 Ida May 107
  Isabella 107 Jacob H. 96 Jacob
  J. 73 James 98 John D. (Mrs.)
  109 John M. 98 Jonathan 74
  Joseph 9 Judson 107 Judson B.
  74 Judson B. (Mrs.) 74 Lewis
  107 Lucy M. 61 Luella 61
  Lydia 107 Mable 107 Malissa J.
  65 Martha E. 98 Mary 61 Mary
  A. 73 Mary Ann 94 Mary E. 96
  Mary J. 74 Nellie 107 Samuel 8
  Sarah C. 8 Sarah D. 9 Sarah J.
  115 Snyder 107 Susan C. 96
  Sylvester 61 William 114 Wm.
  A. 73
HOFFMAN: Aaron B. 53 Abbie R.
  45 Abey 104 Abraham 131
  Addison 39 Addison A. 46
  Agusta 130 Albert 132 Albert C.
  35 Alex 51 Alice 130 Alma 112
  Amelia 110 Amzie F. 129 Ann
  121 Anna 10 39 46 Anna C. 35
  Anna E. 17 36 Anna J. 39 Anna
  V. 46 Annie 14 95 110 Annie J.
  125 Annie K. 49 Annie S. 55
  Artemus 95 Augustus 55
  Augustus W. 45 Austin A. 34
  Bertha 51 54 121 122 Bessie 125
  Beulah 95 Carrie 30 54 125
  Carrie M. 129 Catharine 46
  Catharine A. 46 Charles 130
  Charles A. 125 Charles V. 103
  Charles W. 134 Chas. C. 65
  Chattles A. 125 Chattles R. 129
  Clara B. 104 Clara L. 46
  Clarence 71 129 Clyde 34 David
  T. 34 Delmer E. 31 Dora 65
  Eddie S. 55 Edith A. 46 Edna 41
  128 Edna L. 44 Edwin A. 70
  Eglantine 129 Elias J. 55 Elijah
  44 Eliphalet 130 Elisha 45
  Eliza A. 116 Eliza P. 49
  Elizabeth 44 53 Ella E. 104
  Ellen 71 132 Elva 71 Emaline
  41 Emma 34 46 Emma F. 129
  Emma L. 36 Essie 130 Estella
  121 Estina L. 55 Ethel L. 134
  Fannie 29 130 Fanny C. 44
  Florence 71 Floyd 130 Francis
  110 Frank 17 51 Fred B. 95
  Fred H. 36 Garrot C. 125 Geo.
  71 Geo. H. 36 38 Geo. W. 34 65
  George 103 George F. 128 134
  George S. 31 George W. 55 121
  Gilford W. 46 Hannah M. 130
  Hariette 103 Harmon H. 125
  Harry C. 10 Harry E. 29 Harry
  L. 44 Harry W. 121 Hattie T. 45
  Hazel M. 36 Henry 130 Henry
  B. 44 Hiram 104 Howard 46
  132 Isaac 7 38 95 Isaac C. 34
  Isaac H. 129 Isaac N. 121 Isaac
  P. 36 Isiah 139 Ivin 125 J. P. 49
  Jacob 29 40 103 124 Jacob K.
  125 James 10 41 104 James W.
  80 Jane 124 Jeremiah 132 Jerry
  130 Jerry K. 54 John 65 112 113
  John C. 132 John D. 39 44 John
  H. 46 John R. 29 46 John W. 44
  Jos. B. 71 Joseph C. 112 Joseph
  R. 36 Kate 95 Laura A. 34
  Lemuel 71 Lenard I. 36 Lenora
  35 Leroy 132 Levi 113 Lewis
  35 46 Lida 133 Lizzie 34 51 132
  133 Lizzie L. 38 Lizzie S. 31
  Luther 46 Lydia M. 41 Lyman
  D. 104 Maggie 44 Maggie E. 44
  Malinda 80 Marcus 122
  Margaret 54 125 129 Margaret
  A. 34 Martha 30 Mary 17 29
  Mary A. 46 113 Mary E. 34 35
  44 Mary M. 34 36 Mathias 30
  Matilda 121 Miller E. 38 Minnie
  112 125 Minnie M. 65 129
  Nathan 36 Nettie B. 104 Noah
  116 Pardon C. 134 Peter 133
  Peter F. 39 46 Pheoba 101
  Phoenix 34 Rachael 7 Rachall
  C. 104 Rachel 130 132
  Raymond 54 Raymond M. 36
  Robert 132 134 Roy 71 Rufus
  104 Russell I. 125 Rutherford
  121 S. D. 49 Sadie 133 Samuel
  14 38 Sarah 125 Sarah A. 46
  Sarah E. 46 Sarah J. 65 Sarah
  M. 132 Slella 113 Steward 46
  Susan A. 29 Theodore 133
  Thomas A. 132 Thomas M. 134
  Thomas T. 17 Walter 51 Walter
  R. 29 Wesley 51 William 110
  William A. 129 William E. 29
  William G. 47 William H. 105
  129 William K. 101 Wilson J.
  36 Wm H. 46 Wm. 71 Wm. A.
  34 Wm. H. 44 Wyckoff N. 35
HOGERBOUT: Emma J. 137 Peter
  S. 137
HOGLAND: William 6

HOLCOMB: Mary A. 109
Theodore 109 William 109
HOLCOMBE: Ada 72 Ada B. 82
Addison 78 Alice 78 Amanda
63 Arthur 67 Augustus S. 67
Becy L. 67 Benjamin A. 72
Bennie A. 72 Bertha 72 C. Van
Doren 66 Calvin C. 82 Charles
82 Chester 70 Clark B. 66
Claud R. 67 Cornelia 70 David
L. 72 Elias 87 Elijah 79 Elisha
67 Eliza 75 78 Ella 59 Elma 72
Eva 78 Ferdinand S. 70 Freddie
R. 66 Geo. 78 Geo. N. 59
Hannah C. 67 Helen 78 Henry
P. 92 Hervey 72 Hiram M. 59
Ida J. 82 Ida K. 70 J. C. 66 J.
Stout 63 Jacob H. 72 Jacob S.
63 James C. 78 Jno. I. 78 Jno.
R. 78 Julia 70 82 Kate 59 83
Kate A. 66 Levi 82 Lillie 75
Lurilla B. 66 Lydia 72 Martha
78 83 Mary Ann 87 Mary C. 72
92 Mary E. 79 Mary H. 79
Mary L. 78 Mary M. 82 Minnie
67 Reading 75 Sallie 78 Sarah
E. 66 Stella 78 Thos. 78 Wm.
N. 70 Wm. S. 66
HOLDEN: Annie 146 Bertha 151
Cora 151 Emma 151 Ida 151
James 151
HOLEMAN: Lizzie D. 85 Reuben
A. 85 Sadie May 85 Samuel E.
85
HOLGAND: Mary 140
HOLJES: E. Ida E. 3 Fannie E. 6
Florence A. 6 Markley K. 6 Paul
K. 6 Phillip R. 6 Richard H. 3
William H. 6 William H. M. 6
HOLLAND: Mary E. 8 Thomas 8
HOLMAN: Annie 67 Chas. 67
Harry 67 Ida 67 Jennie 67
HOLSISER: Joseph 143 Laura 143
HOLSOPPLE: Francis 62 Frank F.
62 Grace 62
HOLT: Martha R. 92 Mary E. 92
Mary J. 92 William Y. 92
HOMLER: Catharine 157 George
157 Joseph 157 Viola 157
HONNESS: B. F. 48 Geo. 48
Sarah 48
HOPE: Alace M. 116 Anna E. 47
Bessie 65 Chas. 64 Cornelia 48
Edward 49 Geo. 62 Henry H.
116 James W. 116 John 47
Katturah 65 Lester 48 Louisa 48
Lucretia 65 Mary 132 Runyon
65 Susan 62 Walter 65 Wm. 62
HOPLER: John 19 Margie M. 19
Mary 19
HOPPAUGH: Catharine C. 32
Conrad 119 Daniel 128 Eliza A.
119 Elsie E. 128 Frank 30
Hannah 30 Jacob 40 Joseph 30
Peter 128
HOPPOCK: Albert 105 Alton H.
141 Amos 15 Anna 6 Bella 58
Carrie 24 Charley 141 Cornelia
56 Dora H. 60 Elisabeth 149
Elizebath 102 Emma 22 Emma
L. 141 Floyd 141 Frank B. 22
Geo. 65 George 6 Hannah D. 58
Hannah M. 60 Henry W. 56
Hiram D. 60 James D. 6 Jane E.
65 Jennie 67 141 Jno. D. 60
John 109 154 John (Mrs.) 109
John W. 102 Jonathan 67
Jonathan M. 63 Joseph 27 Laura
B. 56 Lizzie 58 60 63 149 Lucy
59 Lyda 6 Margaret A. 24 Mary
64 65 154 Matilda 67 Nathan 24
Nelson F. 22 R. S. 149 Radie
141 Reading 6 William H. 6
William M. 6 Wm. P. 58 Zada
63
HORN: Catharine 86 Frederick 86
John J. 86 Rachel A. 85
HORNBAKER: Jarvam 26
Margaret 26 Mary E. 26
HORNE: Ann 73 Bennie 58 Edith
60 Hattie 56 Herbert 56 77
Jerry T. 73 Jno. 77 Lucy C. 77
Mary 56 Nathaniel B. 73 Rachel
77 Theodore 56 Velma 77
Walter 77 Wm. 77
HORNER: Bennie 58 Cora 58
Fenton 58 Frank 58 Geo. B. 75
Henry 58 Hiram 58 Ida 142
Louie 58 Martha 75 Sadie 58
Saml. 75 Selena 58 Westley 142
Wm. 75
HORTMAN: Aaron 100 Annie 82
Annie M. 91 Howard E. 91 John
86 Randall P. 82
HOSMON: Lizzie 88
HOTHOUSE: Joseph 142
HOUCK: Ase T. 17 Matilda 17
Samuel 17
HOUGH: Anna M. 111 D. C. 111
Hannah 111 Joseph C. 111
Mary 111 Mary Jane 111 Sophia
111
HOUGHAWOUT: Charles 15
HOUSEL: Amy J. 3 Andrew 157
Anna 3 Anna E. 3 Anna L. 8
Bartlett B. 3 Bessie 83 Caroline
157 Charles 92 Chas. 79 Cyrus
E. 157 Edward 67 Elizabeth 92
Emma J. 8 Emma S. 83 Frank
79 George 151 George W. 19
Grace H. 83 Hannah 151 James
16 John 151 John W. 19
Josephine 157 Laura 79 Lavinia
8 Levi P. 92 Lewis 80 Lizzie 88
Martha 19 Martha D. 3 Mary C.
67 Nellie 151 Ruth 151 Sadie
80 Sadie W. 83 Sarah E. 8
Sarah J. 88 Stewart 151
Theodore H. 8 Walter 88
Watson 127 William 88 William
B. 3 William E. 83 William F.
92 Wilson 8 Wm. 79
HOUSELL: Annie 144 Benjamin
104 Charles 148 Charles B. 148
Cora 148 Elizabeth 113 Ella 148
Fannie 110 Florence 148
George 148 Ida 148 Randolph
148 Raymond 148
HOUSLEY: Edward 65 Lida 65
Mary 65
HOUSTON: Addie 159 Elizabeth
153 Frederick 159 Jane 156
Lloyd 159 Margarette 153
Rebecca 153 Robert 156
Thomas 152
HOUT: Charles 83 Eliza A. 83
HOWARD: Annie 147 Edward 147
Gladis 147 Hettie 147 Matilda
C. 13 Raymond 147 Wm. H. 13
HOWAY: Ollive 124
HOWELL: B. D. 55 Carrie 55
Ellen 42 Harry 55 John 157
Lester 55 Nora 42 Wesley 42
HOWLEY: Dennis 154 John 154
Marria 154 Mary 154 Mary Ann
156 Timothy 156 Walter 154
William 154
HOYT: Enoch 34 Irene C. 34
Lydia B. 34
HOYTE: Charles 105 Florance 105
Fred 105 Mary A. 105
HUBBARD: Julia 35 Theo. 35
HUBBS: Daniel 25 George 22
HUBER: Chas. 79 Freddie 79 80
Jno. 79 Jno. F. 80 Laura 80
Margaret 79 Mary 79 Minnie M.
79 Oscar 80
HUDDLESON: Robert 15

HUNTERDON CO. NJ 1895 STATE CENSUS
Index

HUFF: Amy 149 Anna L. 18
  Annie 141 Arthur 147 Augustus
  141 Charles S. 3 Charley 141
  Chester 23 Daisy 141 Elizabeth
  92 Elmer 93 Emma 7 Ernest L.
  17 Erven D. 141 Etta 149 Eva
  Larine 7 Frank 141 George 147
  George W. 3 Hattie 20 149
  Henry 150 Isiac 147 Jacob C.
  141 Jennie 23 141 Jessie R. 2
  John D. 147 Joseph 2 147
  Joseph J. 147 Julia M. 20
  Keziah A. 17 Lambert 147
  Lessely 141 Lizzie 141 150
  Mable 141 Maggie 141 Martha
  141 147 Mary 2 Mary Ann 114
  Mary C. 3 Meriam 20 Netta W.
  2 Ratie 141 Robert 147 Samuel
  R. 3 Sarah 150 Solomon 141
  Susanna 147 Vieletta 21 Wesley
  88 William Steward 7 Wm. 147
  Wm. L. 17 Wm. T. 149
HUFFMAN: Austin S. 104 Barton
  82 Catharine A. 93 David 93
  Martin 88 Rebecca 88 Sarah B.
  82 William E. J. 93
HUGHES: Ethel 155 Freeman 155
  Hattie E. 84 Jessie 155
  Josaphene 56 Lambert 56 Olive
  155 Percy 155 Raymond 155
  Reginald 155 Ruhama 56
HULL: Edward S. 136 Ida 136
  Maria 136 Renview L. 7
HULLEY: Annie 58 Hannah 58
  Matilda 58 Thos. 58
HULSIZER: Addie E. 29 Alfred L.
  29 Allice 57 Anna B. 14
  Barbera 15 Beaula V. 50 Bertha
  50 Bessie 50 Catherine 14
  Christopher V. 29 Daisy D. 30
  David 104 Edward 57 Emily B.
  14 Emma A. 50 Euphemia 57
  Fannie 15 Fanny 104 Frank 104
  Ida M. 29 Irvin 15 Jacob 102
  Jacob S. 29 James 15 John A. 14
  John B. 104 John C. 102
  Juddison K. 30 Lizzie 14 M. H.
  50 Mabel 29 Mahlon 104
  Margaret 57 Martin 18 Mary
  104 Mary A. 104 Norwood 104
  Peter 102 Rachael A. 30 Rachal
  W. 102 S. C. 18 Sarah 18 104
  Sarah E. 29 Sarah R. 102
  Thomas 15 William C. 30 Wm.
  D. 57 Wm. K. 15 Wm. R. 14
  Wm. T. 50

HULTZ: Edward 72
HUMMEL: Archibald 118 Harriet
  118 Henry 15 Joseph 15
  Margaret 15 Permelia 21
  Steward 118 Thomas 21
HUMMELL: George 152 Mercy
  151 Moses 151 Sarah 152
  Walter 151 Wilburn 152
HUMMER: Andrew 111 Anna 119
  Anna A. 29 Annie 105 Arthur
  D. 58 Belinda C. 29 Carrie 157
  Charles 111 Electa 16 Elias W.
  29 Elisabeth 149 Ella 149
  Elmer F. 116 Embley 111
  Emma 106 Esley 58 Ethel 149
  Florance 105 Frank W. 58
  George 111 142 157 George F.
  29 119 Gertrude 111 Goretta 58
  Ina A. 124 Isaac H. 116 Isaac J.
  128 Isabella J. 116 J. F. 149
  Jacob F. 149 James C. 16 Jennie
  B. 116 Jessie 111 Jno. 58 John
  W. 118 Laura E. 116 Ledia 142
  Lizzie 111 Lloyd 149 Mahlon
  O. 16 Mansfield 29 Margaret
  106 114 Maria 111 114 Martha
  119 Mary 111 Mary A. 118
  Mary C. 116 Mary S. 29
  Raymond S. 116 Robert 106 149
  Sadie 5 16 157 William 105 114
HUNT: Alice 80 Amanda 70
  Amos 84 Amy 80 Annie L. 84
  Arthur W. 43 Bell 114 Caleb
  152 Charles E. 86 Clark T. 77
  Cynthia M. 28 David K. 38
  Eddison 43 Eden 75 Edgar 28
  Edward I. 79 Elizabeth 73 Ella
  A. 85 Ella C. 84 Elmira 149
  Emery A. 86 Emma 73 Emma
  A. 86 Ethel L. 43 Florence 80
  George N. 116 Hannah M. 86
  Harriet 76 Harry 73 Harry A. 28
  Henry R. 83 Henry V. D. 83
  Herbert S. 79 Isiac 149 James
  H. 76 Jennie 76 Jesse M. 73
  Jno. 80 Jno. F. 77 John 137
  John E. 84 John J. 6 John R. 43
  Jonathan A. 84 Jos. 76 Lizzie 67
  76 Lorina 77 Lydia 152 Mamie
  H. 83 Margaret 75 Marrin 84
  Mary 76 79 Mary A. 20 43
  Mary C. 6 Mary J. 116 Mary V.
  76 Minnie 28 Minnie A. 116
  Nellie 154 Nicholas 38 Oliver
  W. 43 Pembrook L. 79 Philip
  142 149 Rachel J. 79 Raymond

  77 Rebecca 137 Rebecca E. 38
  Richard 70 Sadie C. 38 Sallie 73
  75 Samuel 86 137 Sarah 148
  Sarah A. 83 Sarah E. 116
  Stanford 148 Susan H. 34
  Sylvanus L. 85 Theodore 152
  Thomas 148 Thomas E. 27
  Thos. 76 William 154 William
  N. 116 Wm. V. 43
HURLEY: Ada 113 Daniel 154
  Ella 113 Irving 113 Lizzie 154
  Margaret 154 Raymond 113
  Varonica 154
HURST: Earl 3 Freddy 3 Mary A.
  3 Robert P. 3 Royal V. 3 Silas 3
  Thomas D. 3
HUSELTON: Sarah 159
HUTCHESON: Albert E. 79
HYDE: Cora 112 Ella 112 Freddie
  112 Hiram 11 Isaac W. 6 Lizzie
  S. 11 Maetta D. 11 Mahalia 11
  Martin 11 Mary 112 Wilson 112
HYLER: Martha 103 Stella 103
ILIFF: William J. 154
ILIOFF: James 142 Rebecca 142
INGGRAM: Norman 80
INGHAM: E. S. 49 Eva S. 49
  Juneta 49 Kate S. 49 Pauline 49
INGLE: Charles 23 Delbert 23
  Edward 23 John 23 Lawrence
  25 Luella 23 Margaret 23 Wm.
  H. 23
INSELY: Amanda I. 146 Harry 146
  James A. 146 Mertile 146
  Minnie 146 Ratchel 146
INSLEY: Anna 18 Clarence 18
JACKSON: Charlotte 127
  Elizabeth 86 John 126
JAMES: Bessie E. 31 Margarett
  126
JARDINE: Sarah 68
JEFFERIES: Chas. 53
JENKINS: Rebecca A. 23
JENNERS: Geo. 63 Sopha 63
JOHNSON: Aaron 112 Ada 61 62
  Addie L. 22 Albert R. 72 75
  Alice 12 Alice E. 134 Alvanus
  R. 4 Ande R. 68 Annie 24 100
  Annie K. 91 Annie M. 56 Bell
  32 Bennie R. 74 Bergan 89
  Bertha G. 22 Carrie 49 56 60
  Carrie R. 61 Catharine 78
  Charles 97 105 107 Charles B.
  114 Chas. 62 76 Chas. S. 71
  Chas. W. 44 Chester W. 60
  Clara W. 91 Clark B. 72 Cora B.

HUNTERDON CO. NJ 1895 STATE CENSUS
Index

4 Daisy L. 4 Daniel 6 David 12
Dobora 48 Dola 107 Dora 44
Edgar C. 44 Edward C. 112
Elias L. 102 Elizabeth 61 74
Elizabeth B. 91 Ella 71 Ellen
102 Elveria 114 Emma 62 71
109 Emma A. 56 Eva 32 Eva E.
134 Florence 24 France 61
Frank 73 Fred B. 68 Fred C. 48
Freddie 107 Gardner B. 72 Geo.
B. 68 Geo. C. 56 Geo. H. 61
Geo. S. 61 George E. 100
George R. 12 Hannah 74 108
Hannah E. 76 Hannah M. 24
Hart 91 Harvey 61 Henry 76
Henry W. 71 Hiram 61
Holcombe W. 73 Howard 23 56
71 Howard W. 24 Isiah 134
Jacob M. 32 James 12 James L.
44 James W. 48 68 Jennie 49
132 Jerry 61 John 23 97 107
John A. 92 John M. 132 John
W. 11 Joseph O. 91 Julia 56
Kate 61 76 Laura 23 61 Laura
B. 68 Lewis 38 130 Lilian 61
Lillie 23 Lizzie 4 32 108 Lulu S.
44 Lydia E. 132 Mable 132
Mamie 102 Margaret 112 132
Margarette 97 Mary 32 48 50 52
105 107 109 Mary A. 68 73
Mary C. 80 Matilda S. 6 Mattie
T. 44 Maud 61 91 Minnie 76
Nancy 108 Olivia 22 Permelia
72 R. Green 60 Rachel W. 61
Robt. 74 Sallie A. 72 Samuel
102 Sarah 61 71 Sarah J. 71
Sarah S. 61 Sarah T. 12 Stover
107 Susan 109 Susan B. 91
Susan C. 73 Taylor 50 Theodore
91 Thos. C. 80 Uriah P. 73
Wesley 71 Willard 76 William
49 112 William E. 97 Wilson 71
Wm. 23 44 62 Wm. E. 22 Wm.
V. 68
JOHNSTON: Alace 116 Alva 154
Andrew 116 Celest 153 Edith
148 151 Elizabeth 153 Ella 151
Florence 153 George 151 Henry
W. 116 James 151 Kate 153
Leroy 116 Lewis 153 Lewis C.
116 Mary 53 144 Melvina 154
Minnie 116 Nancy 116 Ruth
153 Verna 154 William H. 153
JOLIN: Alfred P. 126 Annie 126
Bartlett 122 Hannah 126 Mary
123 Samuel J. 126

JONES: Burton S. 54 Charles 19
E. E. 54 Eliza A. 126 Emma S.
54 Frank 105 Geo. 32 Georgia
44 John R. 94 John S. 103
Lydia 132 Mary T. 94 Mella A.
103 Priscilla L. 103 Wade 93
Willard L. 103
JORDON: James 13
JOYCE: Hugh 70
JULIAN: Claude E. 10 Claude E. Jr
10 Harvey F. 10 Helena A. 10
John M. 10 Rose C. 10
JUMPER: Anna 16 Harry 17 Hilda
17 Lattie 17 Percy 17 Sarah 16
JUPIR: Reuben 141
KACHLINE: Aaron P. 110 Charles
110 Edward 110 Emma 110
Lina 110 Lizzie 110 M. D. 110
William O. 110 Wm. 110
KAFFITZ: Jacob 18
KAFRITZ: Phillip 89
KAGAN: Charles W. 41
KAISER: Aloysius 120 Jane 120
Jennie 120 John 120 John H.
120 Joseph A. 120 Mamie 120
KALBERGE: Augustus 121
KANE: Daniel 151 George 93
Hellen 93 Jane 93 Katie 152
Martha 90 Richard 151 Robert
93 Sadie 93 Sarah 124 Thomas
151 William 119
KANNA: Katie 30 Mary 30
William 30
KARNES: Asa 122 Jennie 122
KARR: John 127 Mary J. 127
KEARNS: Alexandria 131 Annie
131 Charles 131 Emma 131
Eugene 80 Jennie 131 Kate 80
Luther 131 Margaret 131 Peter
80 Walter 131
KEELER: Laura 112 William H.
11
KEEN: Edward 8 Ruhamah 8
KEEPHART: Annie 150 Charles 3
Ella Ann 3 Emma 150 Frederick
3 Henry 3 Jennie 3 Laura 150
Samuel 3 Uriah 150
KEEPHORT: Fred 105 Hezikiah
105 Rachall 105
KEHOE: Joseph 31 Katie 31
KEIFER: Alfred W. 16 Charles S.
16 George H. 16 Lewis 16
Lizzie 16 Mary 16 Michael 16
Oscar E. 16
KEIFRITS: John 98

KELLER: Charles 152 Fannie 152
Jennie 152 John 152 Maude 152
KELLEY: Adalaid 87 Asher 87
James 118 Jane 87 John 118 125
Margaret 118 Milton 22 Norah
77 Paterick 119 Peter 118
KELLY: Allice 54 Jno. 77 John 21
156 Margaret 21 Mary 21
Michael 21 Patrick 21
KEMERY: Annie 144 Charles 144
Earl 144 George 148 Henry B.
144 Ida 148 Kate 144 Kesiah
148 Lona 146 Nellie 148
Watson 144
KEMINHOUR: Benjamin 26
Joseph 26 Margaret 26
KEMMERER: Sarah A. 156
KEMPSEY: Paterick 120
KENNEDAY: Edna 54
KENNEDY: Annie 124 Charlton
W. 84 Clara 144 Eva A. 84
George C. 84 George W. 84
Lillie E. 84
KENT: Margaret 49
KEOWN: Charlotte 57
KEPHART: Anna 38 Wm. 38
KERR: Abel 73 Ada 73 Amelia 62
Andrew 79 Bart 69 Bartolette 73
Bernard 39 Bernard Sr. 39
Bertha 73 Dora 69 Ella 99 Ellen
69 Eva 57 Frances 39 Frank 69
Henrietta 64 Hugh 99 Jno. 62
John 39 Katie 57 L. S. D. 108
Lena 73 Lewis D. 64 Margaret
39 Martha J. 108 Mary E. 73
Mattie W. 64 Nora 73 Orville 73
Oscar 57 Richard 108 Sallie 57
Viola 73
KICE: Amanda 122 Dasey 122
Emma 116 George 122 John L.
122 Peter 122 William 122
KIERMAN: Ellen 13 John 13
Joseph 13 Susan 13
KILEY: Alace 117 Alice 156
Charles B. 156 Edward 25 67
127 Edward M. 156 Ellen 67
Francis 127 George O. 156
Hannah 156 James 127 156 Jno.
67 John 156 Jos. 67 Joseph A.
156 Kate 127 Laura 25
Margaret 127 Michael 67
Patrick 67 Richard 67 Thomas
127 156 Thos. 67 William 127
William W. 156
KILMARY: Sarah 156

KIMBALL: Alice H. 52 Austin S. 52 Ella 52 Ella M. 52 Ellen H. 52 Fred S. 52 Jacob 52 William H. 52
KIMBLE: Elvina 89 Rebecca 111
KIMENHOUR: Francis C. 4 Frank 4 Jennie 4 Maudleane 4 Michael 4 Permila 4
KING: Andrew 91 Bertha G. 101 Britton 57 Chas. W. 57 Elimira 101 Eva J. 101 Hannah 101 Joseph 101 Luther H. 101 Maggie B. 57 Martha A. 57 Mary Edna 57 Mettler 102 Peorl E. 101 Ruth 101 William J. 101
KINGSLEY: Emily L. 53
KINKLE: Edward 110
KINNEY: Anderson Y. 39 Andrew K. 7 Anna 7 Catharine E. 39 Charles D. 10 Clara 140 Clarence A. 7 Earl 37 Edna 142 Ella 38 Elmer 140 Emily 140 Floyd W. 4 Frank 13 140 Garret 37 Geo. W. 39 George 142 George H. 7 Hellen 10 Henry 10 Henry S. 140 Howard 140 James C. 13 John 13 121 John P. 39 Joseph C. 39 Katie 142 Laura 140 Lizzie A. 38 Mahlon 38 Martha J. 39 Martin 121 Mary 10 37 60 121 Mary Agnus 4 Michael 121 Rebecca A. 13 Saml 64 Sarah 38 Sarah A. 38 William E. 4 Wm. H. 60
KIPP: Cornelia N. 120 Isaac L. 120 Mary B. 120
KIRKWOOD: William 1
KISE: Alfred 85 Lester 69
KITCHEN: Alena 66 Alison W. 4 Amelia 139 Annie S. 138 Austin 156 Carrie B. 5 Catherine 4 Chester D. 5 Edith 15 Edward 139 Everitt 156 Frederic 5 Frederick 156 George 15 156 George E. 4 Hannah 15 Howard 153 Judson 15 Kate 25 Lambert 5 Laura 138 Lessie J. 140 Lizzie 5 66 156 Maggie H. 138 Margaret 156 Mary 15 140 Mary C. 140 Nellie 15 Nora 5 Philip A. 140 Raymond 66 139 Robert 140 156 Ross 88 Roy 138 Samuel 66 Thomas E. 4 Viola 66 W. J. 138 Whitfield 4 Wm. 25 148

KLINE: Clara 45 David M. 44 Edgar 44 Elizabeth 44 Ella M. 49 Francis A. 50 Henry B. 92 Henry M. 52 Ida 44 J. Ed. 49 James R. 39 50 Jennie C. 92 John 108 Johnny 44 Lambert 40 Lizzie 108 Lucinda 45 Lucy 44 Mollie E. 49 Oliver 45 Samuel 44 Sarah E. 52 Wm. 111
KNIGHT: A. M. 47 C. P. 47 Mary 47 Moses D. 47
KNOX: Florence 34 Jessie 34 John 34 John H. 34 Lizzie 34 Samuel 34 Sarah H. 34
KOHL: Charles 146
KOOPER: John 137
KRAUSS: Annie 12 Bessie 12 Christian F. 12 Christian F. Jr 12 Fanny 12 Gertrude 12 Henry 12 Lizzie 12 Mabel 12 Mary M. 12 Sarah J. 12
KREMER: George B. 17 Lizzie 17 Martha 17 Philip K. 19
KRIETZ: Ray 11
KRINIC: Edward 21 Eva 21 George M. 20 Martin 20 Mary 21 Phobe 20 Wm. 21
KROUT: Berni 103 John 103
KRYMER: Aaline 38 Catherine 133 Charles H. 32 Chrissie S. 32 David 38 David G. 30 31 Elizabeth 30 Ella 37 Ella S. 31 Englebert 37 Garrett P. 32 Howard C. 31 Jacob 31 Jacob M. 31 Julia 32 Lambert 38 Mabel 31 Marilda 31 Mary E. 104 Oliver 104
KUGEL: George 2
KUGLAR: Annie T. 144 Edgar H. 144 Hannah 146 Joseph 144
KUGLER: Addie 108 Anna 7 Carrie 110 Cora 115 Francis 115 Harriett 108 Hellen 111 John 110 Judson 115 Marion 110 Oliver R. 110 Susan 111
KUHL: Alford 67 Bella 67 Geo. 67 Walter 67
KUHNS: Minnie 153 William 153
KULP: Anna 11 Cathern 139 Enos 139 Harry 11 Tillie 139
KUTNER: Grace 135
LABAR: Andrew 155 Floyd 155 Harry 155 Mary 155
LADLIE: Ada 118 Irene 118 Nellie 118 Susan S. 118 William J. 118

LAEBUSTINE: Wm. 149
LAFFROM: Wm. 72
LAING: John A. 95
LAIR: Amy 67 Anna A. 9 Bell 15 Cora 114 Dilts 143 Edward 114 Ella F. 9 Emily 30 George 143 George F. 9 George W. 9 Hannah 143 Hugh W. 9 Jno. 78 Jos. 78 Joseph 143 Maggie 111 Margaret 108 Marion 111 Mary 114 Mary A. 78 Minnie 9 Nettie 15 Peter W. 108 Sarah 81 Sylvester 78 Thomas J. 111
LAIRD: David 80
LAKE: Alton 60 Bertha 153 Deborah 60 Edgar 85 Elizabeth 62 Ervin 22 Frank 85 Hannah 85 Hannah M. 85 Harriett 152 Ida M. 152 Isaac 60 Jacob 66 85 Jesse 153 Jesse J. 17 John c. 152 Joseph P. 21 Kate 26 Lucinda 60 Lydia A. 22 Martha 85 Mary 153 Matilda 17 Ora 17 Rebecca A. 85 Sarah 85 Sylvester 62 William 85
LAMB: Edith 56 Edward 56
LAMBERT: Annie 70 Cora M. 70 Dora 60 Edna 70 134 Elias 65 Emma 65 Freddie 60 Harriet 134 Harry 31 45 J. Clifford 70 Jno. 70 Louisa 70 Mary L. 70 Nelson 65 Susan 60 Wilford 59
LAMPEN: Elizabeth 115 John 114
LANBACH: Walter 136
LANCASTER: Charles E. 106 Henry C. 106 John 106 Keturah 106
LANCE: Aaron E. 121 Addie 128 Alvah A. 133 Annie 153 Arthur 128 Blanch R. 133 Caroline 128 Edgar 128 Elizabeth 133 Ester 121 Fanny M. 115 George B. C. 121 Hattie 128 Howard P. 133 Hugh K. 133 Jacob 39 Jenetta J. 115 John 45 48 115 John E. 128 John T. 128 Leonard A. 133 Lewis 128 Lillie 121 Lizzie J. 128 Mary 128 Mary E. 39 Mary J. 125 Mary L. 52 Matilda 48 Minnie E. 133 Nancy 128 Percy 121 Sadie 39 Samuel S. 121 Sarah 125 Sarah A. 125 Theo. Y. 52 Walter B. 52 Walter W. 133 William 125 153 William C. 133 William W. 133 Winfield 153 Wm. 44

HUNTERDON CO. NJ 1895 STATE CENSUS
Index

LANDERS: Michael 16
LANDON: Edward 107 Mary D. 107
LANDROL: Dominick 72
LANNING: Albert 113 Albert E. 106 Catherine 8 Charity 15 Charles W. 8 Daniel 106 Daniel B. 113 Elender 8 Ella 8 Ellen 106 Emma 129 Etta 106 Euguene 106 Eva 130 Ida 15 John 15 Judson 130 Lavina 130 Levi S. 8 Lizzie 8 15 Maggie 8 Mary A. 158 Mary H. 113 Myrtle 129 Richard 106 Samuel D. 8 Steward 129 Wallace 8
LANTZ: Anna 26 Eddie 112 Jacob 112 John J. 112 Lillie 112 Manerva 26 Nellie 112 Russell 112
LARE: Charles 17 Margaret 17 Martin 17 Sarah 17
LARGE: Ebonezer 100 Ruth 8 Sarah 98 William 98
LARISON: Adel 63 Andrew 70 Annie 70 Augustus 70 Benjamin 84 Carmon 70 Cornelius W. 84 David W. 78 Dillie 70 Ellen 74 Elwood 62 Geo. 80 Henrietta 80 Howard 69 78 Jennie 74 Jno. D. 70 Lauwley? 64 Lucy 74 Luella 63 Martha 63 Mary 78 84 Mary E. 11 Mary J. 84 Sarah 78 Stella 70 Wm. 70
LARKE: Dora 73
LAROWE: Abba 87 Cora M. 87 David O. 86 Edward M. 87 Mary B. 87 Mary C. 87 Willford 87
LARRISON: Jno. W. 64
LARU?: George 88
LARUE: Ada 69 Amy C. 98 Calvin 72 Charles B. 86 Daniel 63 Elmer 57 Elonzo 126 Elsie W. 69 Frank 109 George 103 Harry 107 Hillda 69 Howard M. 86 Ida M. 103 Jno. C. 79 Jno. D. 69 John 103 107 Julia 107 Lambert 86 Lester R. 69 Lizzie 79 Loyde C. 103 Margaret 63 Mary B. 64 Mary E. 86 Minnie 63 Permelia 67 Ruth 72 Sarah 103 109 Susan 86 Thomas 109 Uriah 98 Walter 86 Williams 103
LASSAR: William 33

LATIMER: Adalaide 116 Annie 118 Blanche 116 Frank 118 Frank I. 116 George 122 Harry 116 Margarette 118 Minerva 122 Walter R. 116 William 116
LATOURETTE: Daniel 92 Edith 92 George 130 Julia E. 92 Kate E. 130 Mary E. 92 Rose E. 92
LAUDENBERGER: Jennie M. 157 Savilla 154 Warren O. 157 William R. 154
LAUDENSTINE: Elwood 106 Maggie 106 Mary 106
LAUDON: Joseph 45
LAURUE: Charley 149 Jahn 149 Mary 149
LAUSHE: Bertha 105 John G. 105 Joseph W. 105 Martha 105
LAWSHE: Abe 73 Clara B. 79 David 77 Fannie 73 Ira 75 Lillie 79 Mary B. 77 Olive 73 Sallie 79 Samuel B. 79 Sarah 73 Sarah E. 77
LAWSON: James 49
LEACOCK: William J. 100
LEANEARD: George 146 Howard 146 150 Mary 146 Samuel 146
LEAR: Josephine 69
LEATCH: Jane 57
LEATHERMAN: A. S. 54 Ella 54 Maud 54
LEAVER: Albert A. 97 Amy E. 97 Cora A. 97 George D. 97 Lucy M. 97 M. Lizzie 97 Morris H. 97 William C. 97
LEBOUTILIER: Austin 121 Clement 121 Cora 121
LEDGER: Chas. 73 Eddie 77 Florence 77 Frank 73 James 73 Jane 73 Jennie 77 Jno. 77 Maggie 77 Margaret 77 Mary 73 77 Patrick 73 Sylvester 73 Wm. 73 77
LEE: Euphemia 126
LEEDS: Isaac 112
LEFFEVER: Albert 71 Arthur 13 Charlotte 71 Geo. 71 Harrietta 22 James 13 Jno. 71 Lizzie 71 Lydia 13 Maggie 13 Pall B. 22 Rachel A. 71 Sandford 71 Susan 71 Susan D. 13 Wm. 22 Wm. B. 71 Wm. W. 71
LEGGAT: Simon 35
LEHN: Henrietta 159 Samuel 159
LEHR: Carrie 144 145 Cathern 145 Moses W. 145 Wm. D. 145

LEIDICK: Herbert 117 Josephine 117 Raymond 117
LEIDISCH: Mary 117 William 117
LEIGH: Ada L. 39 Alvah L. 39 Annie 54 B. V. 54 Bennet V. 54 Bloomfield 54 Charles 18 Charles W. 54 Cornelia 50 Ella 54 Frank 44 54 Geo. 64 Geo. H. 50 Harry 54 Henry T. 39 Joseph 104 Lizzie 104 Lizzie K. 54 Mable B. 54 Mahala 66 Martha 39 Mary 54 Mary A. 39 42 Mary E. 39 104 Mary V. 54 Minnie 54 Robert 54 Sallie 42 Samuel H. 42 Samuel W. 54 Sarah 54 Sarah V. 54 Susan A. 39 Ulysis G. 66 Willard 42
LEIGHT: Eliza A. 25
LENEARD: George 141 Jennie 141 John 141 Laura 141
LENGTH: Robt. 80
LENNARD: Anna 8 Anna M. 8 Auther C. 8 Birtie W. 8 David C. 8 Elizabeth 10 Ezra D. 8 George H. 8 May B. 8 Susan W. 8
LENNY: Amelia 35
LEONARD: Betty 74 Frank 74 Lulu 39 Mary 74 Matilda 39 Peter 74 Tony 74 William 119 Wilson 39
LEONORD: George 102
LERCH: Annie L. 145
LERCHENMILLER: Max 4
LETTS: Andrew 25 Elizabeth 25
LEVEN: Isaac 31
LEVY: Ada 117 Flossie 117 Soloman 117 Victor 117
LEWDROP: Anna 17 John 17
LEWIS: Celestia 64 Drucilla 64 Emeline 122 Jno. 81 Joseph 16 17 Mabel 16 17 Mary 16 17 Matilda 11 Sarah 107 Wm. 64
LIBBLER: Augusta 90 Augustas F. 90 John 90
LIES?: Lewis 31
LINABERRY: Ellen 17 John S. 17
LINCOLN: Annie 80 Geo. 80 Jno. 80 Jos. 80 Lizzie 80 Mary 80
LINDABERRY: Aaron 134 Annie 134 Elizabeth 128 George P. 121 Harley 121 Lydia 133 Martha 121
LINDABERY: John 33 Nansy 33
LINDSLEY: Annie E. 121 Charley 121 Foster H. 121

LINK: Albert 93
LIPPENCOTT: Alice 138 Andrew 138 Annie 138 Bennie 135 Charles 137 Charley 135 Ella 138 Florence 137 Frania 135 Frank 135 138 145 Fred 135 Fredericka 138 Harriet 145 Ida 135 138 James 135 Jane 138 Jennie 138 Jessie 135 John 135 138 Leah 135 Mary 135 137 138 Piercen 135 Sadie 135 Sallie 137 Samuel 135 137 Tom 135 Walter 138 Willie 135 137 Wm. 138
LIPPINCOTT: Belle 151 Charles 151 Lester 151
LIPPS: Adalade 99
LISK: Josie 49 R. R. 49
LITTLE: Abram S. 97 Charles T. 103 Danial F. 94 Daniel 107 Dayton 97 Ella 107 George C. 95 Howard 95 Julia M. 94 Kate 97 Mary J. 95 Porter C. 94 Sarah E. 94 Sedwick 95 Wilson 107 Wm. D. 18 Wm. R. 18
LOANBEER: Samuel 98
LOBB: Emma 25 Godfrey C. 25
LOCK: Alma 147 Ethel 147 Lizzie 147
LOFTUS: Patrick 155 Sarah 155 William 155
LOMISON: Jennie 40 Winfield 40
LONG: Anna K. 107 Frank 74 Georgia 152 Grace L. 107 Henry F. 107 James D. 96 Jos. 74 Josephine 74 Laura H. 107 Lenna 74 Mary 74 Pasquy 74 Storm 152 Victor 74 Walter 152
LONGCORE: Lois 133 Mary E. 133
LOPER: Cora 114 Elsie 114 Raymond 114 William P. 114
LORE: George 136
LORET: Leonard 75
LORETTA: Frank 72 Josie 72 Julia 72 Mamie 72 Nick 72
LOSEY: Edward S. 91 Isaac V. D. 91 Lavinda 91
LOTT: Alice 41 Chester 41 Ella 25 Iva 25 Lizzie 41 Mansfield 25 Mary 41 Olive 25 Russell 41 Stella M. 25 Wm. 41
LOUDER: Clara 3 John 3
LOURIE: Israel 31

LOUX: Eddie 62 John 62 Kate 62 Mabel 62 Mahlon 62 May 62 Mertie 62
LOVEING: John 100
LOVELAND: Anthony 56 Chas. 56 Chas. J. 56 Edna 56 Elizabeth 56 Ethel 56 Ida 56
LOW: Elizebath 97 John 15 John B. 93 Martha 93 Rebecca 15
LOWE: Austin W. 34 Bessie 89 Charles 139 Dana 89 Dean 139 Edna S. 34 Emily 34 Emma 89 139 Frank 139 Jane M. 50 Jane T. E. 144 John N. 144 Judgton 144 Lizzie 89 Rachel A. 93 Sarah M. 35 Sylvester 35 Vanrenselar 34 William 89
LUDE: George 99 John 99
LUGLOW: Adelia 144
LUKENS: Abraham L. 8 Bertha 8 Charles 114 Chester 2 Ethel A. 8 Fannie 2 Jennie 8 Josie 8 Lydia 2 Nathaniel B. 8 Sarah 8 Seth 8
LUNDY: Arthur W. 111 T. S. 111 Willis 111
LUNGER: Carroll 52 Elizabeth 35 Emma 49 52 Geo. H. 42 Henry B. 159 Jennie 49 52 John 49 52 Margarite 52 Mary Ann 42 Minnie 52 Nellie 52 Raymond 42 Robert 52 Samuel G. 52 Sarah 159
LUX: Anna 87 Antonia 87 Jannie 87 John 87 Lillie 87 Louis 87 Otta 87
LYKES: Allie 97 Mary A. 97
LYNCH: Bridget 67 76 Ellen 67 Geo. 67 Jno. 67 Margaret 67 Mary 67 77 Nora 154 Richard 67 Wm. 67 81
LYNN: Jane 92
LYONS: Ada 107 Bertan 109 Charles M. 109 Daisy 159 Frank 107 Geo. W. 107 Gussie 109 Harry 107 Jonas B. 109 Kate H. 109 Letha 107 Lewis H. 159 Lewis M. 159 Simpson B. 109 Wilbur 107
MACANTAL: Martha 146
MACANTEA: Earl 143
MACARTHY: Dennis 127 Ella 127 Johanna 127 Michael 127 Thomas 127
MACENTAL: Emma 143 Helen 143

MACINTOSH: Alexandria 124 David 121 Madge 124 Margaret 124
MACK: Ellen 23 Lizzie 23 Sarah 23 Wm. 23
MACKEY: John 126
MADISON: Ada 53 Annie 47 50 Clyde W. 51 Frank 47 George 53 John 47 Lizzie 51 Louie 53 Miller C. 51 Ora 53 Russell 47 Sarah 50 53
MAHAFEE: Anna L. 34
MAHANY: Bridget 121 Dennis 121 Frank 121 John 121 William 121
MAHAR: James 158 Johanna 158 Thomas 158 William 158
MAHLON: Patrick 13
MAINS: Annie W. 47 Bishop W. 47 George D. 47 Howard W. 47 John M. 47 Laura 47 Wm. L. 47
MAITLAND: John 119
MAJOR: Clara 136 Elisabeth 145 Katie 136 Ledia 145 Samuel 136
MALLABANCE: Willim 122
MALLERY: Annie E. 101 Arthur 103 Carrie 103 Claria G. 101 Cora B. 102 Eugenia 101 Frank 103 Helen S. 102 Ira D. 101 Lizzie 103 Mildred 101 Rachall 103 Rose 103
MALONEY: Daniel 152 Mary 152
MANCINE: Dony 75 Lewis 75 Phillip 75
MANEY: John 14 Kate 14 Mary 14
MANGE: Jacob 23
MANN: Franie Etta 6 Levi D. 6 Raymond 6
MANNERS: Cornelia T. 90 Elizabeth V. 87 Emma S. 90 Frederick S. 90 Hellen O. 90 Jacob 111 Jacob S. 90 Jennie D. 90 Jessie B. 90 M. Kate 90 Myra R. 111 William H. 90
MANNESS: Calvin 68 Sarah A. 68
MANNING: Aaron 142 Aaron C. 50 Aaron D. 50 Albert 29 Annie 136 Catharine 50 Clarance J. 32 Cornelia 142 Edna 50 Ella 54 Emanuel 54 Emeline 7 Garret 32 George 51 136 Hannah 4 Isiac B. 142 James 54 John 51 John N. 32 45 John R. 7 Julia 136 L. D. 50

Mary E. 142 Mary J. 32 Matilda
51 Nicholas 43 Phoebe 54
Raymond R. 32 Richard B. 32
Samuel 51 125 Sarah E. 50
Syrus C. 32 William A. 4
MAPLE: James 144 Kate 144
MAREKLE: Rachael 31 Rose L.
31
MARMON: Bell 33 William 33
MARR: Jennie 111
MARSHALL: Anderson 37
Charlotte 37 Chas. 64 Elizabeth
80 Emily R. 39 Fannie 64
Freddie B. 39 Geo. 64 80 Geo.
W. 39 Harry 99 Harvey 99 Jane
99 Jno. 64 John 53 John T. 39
Lizzie 37 64 Lulu M. 39 Mabel
H. 39 Maud H. 39 Rhoda 64
Ruben 99 Steword 99 Walter S.
39
MARTENDALE: Alfred 84 Susie
M. 84 Wellington 84
MARTENIS: Annie B. 143 Annie
Belle 126 Carl 143 Emma 143
Essie E. 127 Fannie E. 127
Hellen 127 Jacob C. 127
Leonard C. 127 Lizzie 96 Luella
K. 30 Maggie 155 Maggie A. 30
Mary Ann 155 Mary S. 143
Ralph A. 143 Saml. 96 Sarah
127 Willie 143
MARTER: Edith M. 92 Emson 92
MARTIN: Addie 70 Agnes 51
Albert J. 1 Allis 70 Daisy B. 1
Edward A. 97 Ella 111 Ella H. 1
Ellen 124 Emmit 51 George
Green 1 Grace J. 4 Harry 14
Hester E. 91 Hetta 6 Jacob 14
Johanna M. 124 Johannah 51
John 124 Lela 4 Lizzie 111
Maggie 51 Mame 51 Margaret
Jane 1 Mary 97 Mary Ann 7
Mary Ellen 4 Maud 6 Nellie 14
Peter 4 Sarah A. 97 Sarah E. 14
Sylvester 7 Walton 6 William T.
124 Wm. H. 111
MASAULEY: Ella 54 George 54
Nina 54
MASON: Carrie 77 Cora 77
Emma 76 Geo. W. 77 Lambert
H. 9 Lewis H. 9 Mammie M. 9
Mary E. 9 Nellie 77 Raymond
76 Samuel 9 Wesley 67 Wm. P.
77
MASSE: Annie 105
MAST: Samuel 21 Sarah 21

MASTS: Elmina 103 Howord 103
John 103 William 103
MATHERSON: Anthony R. 40
Bessie 40 Ethel 40 Johnny 40
Sarah J. 40 Willie 40
MATHES: Bessie 96 Frank 96
Fred 96 Joseph R. 96 Lizzie 96
MATHEWS: Allena 5 Andrew 86
Anna M. 29 Charles H. 91
Daniel M. 108 Edward H. 5 86
Ellen 85 George 11 Ida T. 84
Isaac Elwood 4 John H. 4 John
W. 87 Lambert B. 11 Laura E. 5
Lizzie 24 Lydia 4 Mary 84
Mary A. 97 Mary E. 84 Minnie
S. 5 Rebeca 95 Vincent R. 84
Wesley 24 William 85 William
H. 97 Wm. R. 95
MATHIAS: Ann 31
MATHIS: Alice 95 Blanche 95
Charles 95 Earnest 95 Elnora 95
George S. 96 Harry 95 Isaiah 95
Joseph 95 Mary M. 95 Saml. B.
95 Willie D. 95
MATTHEWS: Chas. 46 Leslie 29
Lizzie 11 Mills 62 Rufus B. 11
MATTIS: Geo. 40 Harry H. 42
Lily 42 Mary C. 32 Mathias F.
32 Newton 36 Sarah E. 32 Wm.
J. 42
MAXWELL: Amos 21 Charles 129
Emma J. 31 Frank 108 Geo. M.
40 Lizzie 108 Loyd 40 Mary 40
Mary J. 21 Samuel 31 Sarah 108
Sarah L. 31 William 31 39
MAYBERRY: Charles 153 Edith
153 George 22 Grace 153 John
153 Lida 153 Mary 153
MAYFIELD: Annie 92
MAYO: Bella 77 Chas. 77 James
77 Jno. 77 Juda 77 Lelia 77
Lizzie 77 Robert 77 Wm. 77
McALISTER: Minnie 113 Selina
113
McALONE: Geo. 71 Jno. 71
Minnie B. 71 Rachel J. 71 Thos.
71 W. Wallace 71
McBRIDE: Carrie 18 Catherine 18
McCAIN: Julia B. 51 Lizzie J. 51
William 51 Willie H. 51
McCALLY: Josephine 3
McCARTHY: Catherine 27 Dennis
14 Hannora 14 Maggie 14
Michael 27 Nancy 27 Thomas
27

McCARTY: Agnes 155 Annie 76
Daniel 158 Ella 154 158
Florence 76 Jno. 76 Johanna
155 158 Maggie 154 Mary Ann
158 Michael 154 Owen 76
Patrick 155 Stephen 76 Wm. 76
McCATHARN: Bessie 129
Charlotte 133 David 133 David
F. 133 Ellen E. 133 Irene 133
John N. 129 Joseph 129 Lida
129 Mame 133 Nathan 133
Peter K. 133 Rella 133 Rhoda
133 Sarah 129 133
McCLAIN: Alethea 112 Bella 112
Delia 106 Florence 112 Harry
112 Irving 111 Jordan 106
Mary 112 Walter 106 Wilda 112
William 112
McCLARY: Elnor 103 Inece 103
Joseph 103 Tillie 103
McCLOUGHAN: Amy 99 Annie
95 Catherine 95 Edna 33
Elizabeth A. 33 Euphoeba A. 31
Frank 95 Freddie 42 George 55
Hannah 55 Harry K. 33 Hattie
99 Henry 33 99 Howard 37
Jacob 99 John 31 42 John W. 95
Lela 55 Malinda 99 Mary 55
Mary E. 95 Peter A. 41 Russell
41 Susan A. 41
McCOLLOUGH: Bathilda 141
Frank 141 Lawerence 141
William 141
McCONELL: Charles 101 Emma J.
101 Lizzie M. 101 Stella 101
McCONNELL: Cecil R. 9 Geo. P.
37 Ida 9 Jennie 37 John 42
Joseph H. 9 Lulu 37 Melinda 38
Raymond 9 Wm. H. 37
McCORD: Emily 124
McCORMICK: Frank 13 155 John
155 Kate 155 Lillie 13 Mary 13
Mathew 155 Matilda 13 May
155
McCOY: Anna 37 Conrod 37
Eliza D. 37 James F. 37 John 37
John B. 37 Martin 37 Rose V.
37
McCREA: Andrew J. 114 Bessie
25 Blondena 25 Catherine 2
Catherine N. 132 David 2
Edwin 2 Ella 1 19 Emma 2
Flora 19 Francis 114 John 25
Lizzie 105 Nellie 25 William
132
McCUEAN: Etta 121

HUNTERDON CO. NJ 1895 STATE CENSUS
Index

McDEDE: Cecelia 56
McDERMOTT: Maggie 49
McDOLE: Charles 27 Ida 27
McDONALD: Ann 121 Annie 121
 Ella 80 Ellen 121 James 80
 John 65 121 Maggie 80 Mary
 121 Nellie 121 Paterick 121
 Patrick 80 William 121
McGINLEY: Francis 121 James
 117 121 Joseph 121 Kate 117
 Mary 121
McGRAND: Ella 117
McGRANER: George 158 James
 158
McGUCKEN: James 81
McHENRY: Elizabeth 79
 Holcombe 79
McILROY: Adeline 94 John S. 94
 Joseph 94 Nicholas 94 Olive 94
McINTYRE: Annie 109 Howard
 109 L. Loyd 109 Lillie 109
 Lucinda 109 Oscar 109 Robert
 109 Robert (Mrs.) 109 Sarah
 109 Walter 109
McKANE: Jane 144
McKENZIE: David 119
McKINNEY: Anna M. 17
 Catherine 17 Michael 17
McLAIN: Benjamin S. 124 Dewitt
 118 Elmer 123 Ethel E. 124
 Frank H. 121 Frederick R. 121
 Girtrude 123 Hannah E. 121
 Harriet L. 123 Henry 123 Henry
 K. 120 Jennie 123 Marzilla 123
 Nora B. 124 Purcivol 123
McLOUGHAN: Clara 1 Jennie 1
 John 1 Mary Ellen 1 Theodore
 10
McMAHON: Anna T. 30 Austin 30
 James 30 Mary 30 Thomas 30
 39
McNEAL: Caroline 71 Wm. 71
McPEEK: Annie 136 Blanche 136
 Emma 136 Esther 136 Fred 135
 Isiac 136 James 136 Jessie 136
 John 136 Leo 136 Maggie 135
 Mary 135 Minnie 136 Owen
 136 Roy 136 Sallie 136
 Tinsman 136 Warren 136
 William 135
McPERSON: Aaron 8 Cornelia 8
 Eliza 8 Laura 8 Samuel 8 Susan
 8
McPHERSON: Ada N. 102 Addie
 7 Ange 102 Annie 101 Arthur
 101 Asa 101 Bergen 101 Bessie
 7 Fred W. 102 Geo. 43 George
 101 George G. 102 Gershum
 105 Harry 102 Henry E. 102
 Howard L. 43 Jennie 101
 Jermiah 101 John 101 John B.
 105 Katie 101 Laura 43 Lizzie
 101 Louie 101 Margarette 105
 Mary 43 Mary N. 101 Minnie J.
 43 Saml C. 101 Sherdon L. 105
 Theodor 101
MEADE: Agnes 123 Ellen 123
 Ellen T. 121 Garret 123 Garrot
 121 James 123 John 123
 Margaret 125 Mark 123 Mary
 121 123 Thomas 123 William
 123
MEANEY: Annie 116 Julia 116
 Kate 116 Margaret 116 Patrick
 H. 116 Timothy T. 116
MECHLING: Edward M. 5 John 5
 Margaret 5 Mary Jane 108 Peter
 C. 108
MEIRS: Anna E. 35 Charles R. 35
 Ida L. 35 Ida M. 35 Lily A. 35
 Linda K. 35
MELCHOR: Bella M. 138 Ida 138
 John 138 Ratchel 138
MELICK: A. V. 43 Alvah 29
 Anna G. 33 Baltise E. 34
 Catharine C. 159 Edgar J. 65
 Elnor S. 44 Elsie E. 65 Frank
 159 Gertie 65 Gilbert C. 33
 Godfrey 57 Hannah 57 Hannah
 E. 65 Hattie 57 John V. 44 Jos.
 65 Kate A. 40 Lizzie 53
 Margaret V. 43 Peter W. 53
 Sallie B. 33 Theo. 40 Wilmie
 W. 34
MELIGAN: Authur 37 John C. 37
 Maggie E. 37 Sarah E. 37
MELLICK: Altha 150 Annie 150
 Blanche 17 Charles 145 Chester
 A. 146 Emma 17 150 Florence
 150 Harry 150 Isabella 145
 Luella 146 Mary 150 Maud 17
 Paul 146 Theo. 17 Wm. 150
 Wm. R. 17
MELLIGAN: Alfred 41 Andrew B.
 104 Charles 41 Charoline 41
 Eva 41 Geo. 41 John 41 Minnie
 104 Nathan 24 41 Viola 41
 Wm. 41
MELROY: Asher S. 27 Esther M.
 27 James 24 Jennie 24 John L.
 27 Martin 24 Minerva 27 Sella
 24 Watson C. 27 Wm. 27
MENAUGH: Mary 79 Susan 79
 Wm. 79
MERRELL: Edna 100 Emma 100
 Orvil 100 Ramond 100
MERRIL: Arthur H. 44 Enoch 44
 James B. 44 Lulu V. 44
 Raymond D. 43 Sarah C. 43
 Sarah J. 44 Theo. 43
MERRILL: Annie B. 122 Bertha S.
 122 David B. 122 Katie 62
 Lewis 62 May 62 Wm. O. 62
MESLER: Clarence 154 Edna 154
 Lettie 154 Walter 154
MESSER: David 137
MESSINGER: Nellis 59
METLAR: Carrie 149 Clarenda
 149 Syrus 149
METLER: Andrew 1 Deliah 1
 Elsie 9 Ethel 9 Henry B. 9
 Howard 9 Ida Bessie 1 Lillie 9
 Mary E. 1 William B. 1
METTER: Bertha 114 Edna 49
 Eliza 114 Horace 114 Ida M.
 114 Isaac S. 49 Levi 48 Lewis
 114 Lydia 114 Peter 48 R. V.
 48 William 49 Wm. 114 Wm.
 O. 114
METTLER: Ann E. 18
MEYERS: Mary 62 Willis 62
MEYRS: Ida M. 7 Orval 7 Reed 7
MICHAELS: Carl 22 Lena 22
 Meta 22 Nellie 22 Robert 22
 Willie 22
MICHEAL: John I. 30
MICKELSON: Amelia 34 Annie E.
 34 Edna 34 Geo. 34 Hannah 34
 John 34 Johnny 34
MICKLE: Lizzie 147
MIERS: Daniel 54 Jacob F. 54
 Martha 54
MIFFLIN: William 88
MILLER: Albert 100 Alfred 25
 Annie 149 Arthur 138 144
 Bessie 27 29 Carrie 135 144
 Charles 130 149 Charles F. 27
 Charles W. 127 Clara 117 Clark
 100 Edward 117 Elizabeth 144
 Emma 149 Esther 13 Frances L.
 29 Frank 126 George 100
 Gretta 149 H. A. 149 Harriet E.
 29 Harry R. 21 Hattie S. 29
 Henry 35 Ira 131 Jacob N. 131
 Jennie 13 Jennie G. 35 John 21
 100 104 John H. 29 John T. 120
 Julia 21 Kate 27 Laura 127
 Lewis 13 Louanna 130 Luther

144 Lydia C. 120 Martha 135
Mary 13 130 Mary C. 104 Mary
E. 21 Milton H. 13 Nellie 138
144 Newton 37 Oliver 27 Radie
131 Ruth 117 Sarah E. 131
Stella 144 Susie 27 Thomas 126
William 159 Wm. 135 Wm. H.
138 Zeddie May 120

MILLS: Annie 16 Barren 16
Bennie 79 Charles 13 Clara 16
Eddie 16 Florence 16 Frank H.
13 Hattie R. 13 James 16 John
R. 22 Lena 1 Lenora 22 Mary
E. 13 Matilda 13 Mordecai 3
Perl C. 13 Wm. E. 14 Wm. H.
13

MINNICK: Edna A. 149 Emma
149 Laura 149 Margeret 149
Samuel 149 Sarah 149

MISSON: Annie 107 148 John 148
Mary 112 May 109 Sarah 81

MITCHEL: Albert 103 Curtis L.
103 Edward J. 103 Ella 103
Mary C. 103 Oliver F. 103

MITCHELL: James T. 120 Mary
E. 120

MITCHNER: Albert 136 Charley
136 Katie 136 Raymond 136
Roy 136 Stewart 136 Thomas
86 Wm. 136

MOELLER: Agusta 124 August
124 Clara 124 Conrad 124
Frederick 124 George 124
Marilda 124

MOKE: Ed. C. 52 Mame 52

MONN: Lena 117 Nicholas 117
Truman 117

MONTANYA: Eliza 121 Harriet
121 Jeremiah 121

MOODY: Anna 80 Mary J. 80
Wm. 80 Wm. W. 80

MOONAN: Jno. 76 Kate 76

MOONEY: Annie 12 John 12
Joseph 12 Maggie 12 Robert 12

MOORE: Adaline 120 Amos H. 68
Anna 107 Anna Bell 59 Annie
58 70 Archabald 11 Arthur 12
Carl 137 Catharine 77 Chas. 75
Chas. W. 59 Clarence 135
Cornelius 59 Daniel F. 107
David 59 Edith 137 Edna 59
Edward 59 107 Eli C. 4
Elisabeth 138 Ella 151 Ella A.
12 Elva 59 Ethel 68 Floyd 12
Frank 137 Geo. 70 75 Gideon
78 Grace 76 Harry W. 120
Henry S. 86 Jacob 137 James 59
77 Jennie 58 138 Jno. 73 John
138 John E. 4 John S. 120 Jos.
B. 63 Jos. G. 58 Justice L. 63
Kate 59 Katie B. 139 L. F. 4
Lambert 70 Laura 138 Lillie 68
Lizzie 59 Louisa 73 Maggie 76
Margaret B. 63 Martha B. 12
Mary 81 Mary A. 135 Mary
Ann 59 Mary E. 138 Milton 59
Minnie 68 Newberry 135 Oscar
L. 63 Percy 120 Permelia 59
Phoebe 70 107 Rebecca 75
Robert H. 93 Sahra 139 Scott
148 Silas V. 12 Stewart W. 135
Theo. 76 Thomas 151 Warren
139 William 138 Wm. D. 63
Wm. S. 77 135

MORAN: Annie 151 Anthony 151
John 151 Mary 151

MORGAN: Elias E. 118 John 11
Lewis P. 118 Mary A. 118 Peter
D. 118 Walter S. 118

MORRIS: Amanda 71 Annie 59
Catharine B. 113 Court. 71
Emeline 113 Emma 71 Gardner
59 L. W. 113 Mary 14 Minnie
113 Otto 71 Rebecca 59 Sarah
E. 87 William J. 87 William L.
113

MORRISON: Bertha 31

MOSHER: Irvin 50

MOSIER: William 109 William
(Mrs.) 109

MOUNT: Geo. 62 Marie 62 Mary
E. 62 Mary N. 62 Ward A. 62

MOWERY: Charles 154 Getha 154
Josiah 154 Rebecca 154

MOYLE: Bertha E. 24 Charles W.
24 George W. 24 Henry 24
John S. 24 Mabel 24 Mamie D.
24 Mary E. 24

MOYNIHAM: Julia 155

MOYNIHAN: Daniel 155 John 155
Joseph 155 Mary 155

MULLEN: Peter 119

MULLIGAN: Bernard 52
Catharine A. 47 Charles 24
Emma 51 Frank 47 Harvey W.
24 Hellen 52 James 52 John 51
Kate 52 Lilly 52 Maggie 47 52
Margaret 14 Mary 52 Mary C.
52 Melissa 24 Michael 52
Michael B. 47 Michael C. 52
Nellie 51 Patrick 51 52 Rose 51
Thomas 51 Walter T. 24
William 51 Wm. 14

MULROVAY: Thos. 67

MUNSON: Ida 82 Ira 82 Jennie 82
John W. 82 Lenora 82 Sarah C.
82

MUREKLE: Joseph 31

MURPHY: Dennis 14 Mary 14
Timothy 13

MURRAY: A. Frank 118 Annie S.
119 Bessie 118 Charles H. 118
James L. 119 Margarette 119
Mary 118 Paterick H. 119 Wm.
H. 63

MUSSELMAN: Rosy 29

MYER: Adaline H. 30 Rezena 30
Sarah 30

MYERES: George 100

MYERS: Adeline 114 Charles 25
Charlotte 118 Chas. 66 Cornelia
66 Deemy 106 Elisabeth 148
Eliza 101 106 Ephraim 66
Freddie 106 Gertie 66 Henrietta
25 Henry 114 Howard S. 118
Israel 101 John 114 Joseph 148
Josie 106 Julia 101 Lillie B. 118
Lulu 106 Maud 106 Ollie 119
Piatty 114 Royal H. 118 Russel
25 Samuel 106 Voorhess 101
Winfield S. 101

MYRES: Albert 4 Albert J. 14
Catherine 16 Charles 16 Eddie
J. 16 Eliaha 26 Elizabeth 4 Eva
14 Frank P. 16 Jno. E. 56 Lena
E. 14 Lizzie 16 Luella 16 Mary
A. 105 Mary Jane 56 Mattie 16
Naomi 26 Wm. 21 Wm. E. 14

NAFF: Ida T. 83 Jesse C. 83

NAGLE: Annie 123 Ella 123
James 123 John 123 Joseph 123
Mary 123 Robert 123

NAILOR: Howard 7 Theodore 7

NARDUCI: Caren 74 Carrie 74
Eugene 74 John 74 Jos. 74
Mary 74 Tony 74 Vicki 74

NASH: A. B. 113 Eliza 113
Roscoe 113

NASON: Ezra 154

NAUGHRIGHT: Adaline 120
Andrew W. 120 Augusta 120
Bertha 122 Charles A. 120
Jacob K. 120 Sadie 120 William
S. 120

NAYLOR: Elizabeth 77 Emeline
57 60 Jos. G. 60 Leonard 63

NEAL: Emma Louisa 119

NEICE: Anna Bell 7 Anna J. 11
  Charles A. 11 Charles N. Jr 8
  Frank L. 11 Hanner C. 11
  Harmond 5 Harry C. 7 Horace
  G. 11 Lizzie C. 7 Rosco C. 11
  William W. 7
NEIGH: Earl 51 Eva 51 Joseph 51
NEIGHBOR: Adaline 130 Ann 117
  Annie 119 Annie J. 117 David
  117 Elizabeth 129 Emma 117
  Grace 129 Harley 128 John D.
  117 Leonard D. 129 Leonard G.
  130 Lucy 128 Mary E. 117
  Miller 128 William H. 117
NEIGHBOUR: Conrad 130 Mary
  130
NEILSON: William G. 125
NESTLEY: Annie 135 Ellen 135
  Elsie 135 John 135 Lottie 135
  Maggie 135 Peter 135
NEVENS: Albert 27 Ellie 27
  James 27 Mary 27 Patrick 27
NEVINS: John 27
NEWTON: Maggie 78
NICE: Aaron 135 Addie 135
  Minnie 135 Nancy 135
NICHOLAS: Clarah 6 Mary 6
  Oliver 6
NICHOLS: David 7 Elizabeth T. 7
  Will D. 7
NICKLACE: Gates 75 Stephen 75
NIECE: Almia 5 Anna Bell 108
  Catharine 109 Chester 108 Cora
  61 Edwin 79 Ella 79 110 Enoch
  79 George W. 5 Hiram 79
  Israel 61 J. L. 108 J. L. (Mrs.)
  108 Jane 79 Jennet 79 Martha
  110 Orville 108 Oscar 61 Stacy
  B. 110 Wilber 79 William 109
NILES: Nora 158
NIPER: Mame A. 33 Peter S. 33
  Schuyler A. 33
NIXON: Amelia 100 Annie 100
  Charles 107 Earl 107 Edward 7
  Ella 97 100 Elwood 100 Ernley
  E. 100 Freddie 107 Harry 97
  John F. 96 Justus L. 100
  Lambert 97 Lila 112 Lillie M.
  100 Maria 107 Mary 96
  Matilda 112 Oliver 107 Warford
  L. 100 William 7
NOLF: Cathern 138 Edward 138
  Reginna 138
NONAMAKER: Mary Ann 84
  Silas 84
NORRIS: John 159

OAKES: Addie M. 21 Amanda 24
  Annie 21 Charles 24 Edna 31
  Ellanora 24 Florence 24 George
  19 21 24 Ida 31 Katie 19 21
  Lizzie 21 Mary 19 24 Matilda
  19 Perria 31 Peter 24 Peter W.
  24 Ruth 21 Steward 31 Wm. E.
  21 Wm. F. 21
OAKLEY: Pauline 48
OAKS: Amy 137 Christiana 19
  Dorathe R. 102 Earnest 97
  Edward 127 Edward P. 102 Eli
  102 Harry P. 98 Harry S. 102
  Hiram 102 Ida R. 102 John 19
  Leon 137 Lewis 102 Martha 102
  Mary 97 Russell 137 Ruth 102
  Theodore 137 William P. 97
  Willie O. 97
OBERG: Henry 72 Herman 67
  Steph 72
OBRIAN: Catherine 127 Mary 127
  Paterick 127
OBRIEN: John 24 Mary 24
  Thomas 24
OCONNOR: Ellen 123 Jennie 123
  Timothy 123
O'CONNOR: John 158
ODELL: Seymour 1
OHARA: Joseph 15 Joseph O. 138
  Susan 15
O'HARA: Lurinda 1
OHARON: Annie 14 Edward 14
  Ellen 14 Frances 14 James 13
  John 13 Kate 14 Margaret 14
  Mary 13 Michael 14 Patrick 13
OLIVER: George 157 Mary E. 157
OLOCKLIN: Mary 27 Michael 27
ONEIL: Jno. R. 80 Mary 80 Peter
  80
ONEILL: Margaret 119
OPDYKE: Alexander 25 Alma 67
  Amos 11 Anna 9 Annie 96
  Bessie 115 Charles 25 Chas B.
  95 Chas. 69 Clara 67 Clarance
  102 Claude 25 Cora V. 1
  Cornelia 69 Daisy M. 94 E.
  Dale 114 E. W. 114 Elizabeth
  18 26 Elizebath 102 Emly 114
  Emma 98 G. L. 53 George 19
  106 George B. 98 George E. 25
  Grace 67 Hannah 94 95 Hareld
  98 Henry 1 106 Hiram 95
  Horace 7 James 102 Jennie 25
  John 18 John H. B. 96 Joseph 94
  Kate S. 1 Laura 115 Lenora 94
  Leon Abbet 1 Leroy 9 Lester

  102 Lillie G. 96 Maggie 48
  Mary 11 25 106 Mary E. 110
  Mary Jane 1 Nathaniel E. 4
  Orben 18 Orvill 65 Oscar 26
  Rachael Jane 4 Samuel 106
  Samuel E. 9 Sarah 19 Steward
  H. 1 William J. 1 Wm. 25 67
  115
ORT: Edgar R. 5 Franklin H. 5
  Jacob B. 5 Jacob K. 5 James K.
  14 Matilda B. 14 Miller F. 15
  Minnie 5 Minnie E. 14
  Semantha 5 Walter E. 14
ORTH: Edward 59
ORTS: John 131 Joseph 131 Luch
  131 Phebe 131 William 131
OSBORN: Catherine 24 Girtia 152
  James 152 Minnie A. 13 Mira
  152 Wm. 24
OSHEA: Annie 125 Bernard 125
  Ellen 125 John 125 Mary 125
  Paterick 125
OSMAN: Ann 154 George 154
OSMUN: Bell 115 Blanch L. 14
  Charles W. 14 Clarence 122
  Edward 122 Frederick 122
  Holloway 122 Holloway B. 122
  James 108 John C. 115
  Josephine 108 Lizzie M. 14
  Margaret 122 Myrtle 122 Viola
  122
OSTERSTOCK: Alfred K. 19
  Chester 19 Cooper E. 19
OTT: Clarance P. 110 Claude W.
  110 Elenora 110 Herbert 61
  Oliver T. 110
OWENS: Thomas 52
PACE: Emma A. 118 William 118
PACKER: James N. 121
PAINTER: Arthur E. 96 Cora B. 96
  Elisha K. 40 Elizabeth A. 15
  James 40 Joseph H. 15 Mary C.
  96 Mary E. 40 Oliver 40
  Rachael 40 Wm. B. 96
PALL: Hannah 22 Wm. 22
PALM: Alexandr 74 Frank 74
  Raphael 74 Rosy 74
PALMER: E. K. 110 Frederick 110
  Horace 110 Mary 110 Thomas
  110
PANDE: Frank 75 Jane 75 Joseph
  75 Mary 75 Michael 75 Polly
  75 Sely 75
PARENT: Chas. E. 80 Ella 75 Eva
  L. 80 Florence 75 Iva L. 80 Jos.
  75 Mary A. 75

PARENTS: Jos. 74 Lizzie 75
  Pasqe 74 Tony 74
PARK: Catherine 18 Stacy N. 18
PARKER: Abbie 1 Agnes M. 1
  Anna E. 17 Charlotte 17
  Charlotte W. 17 Clarence 3
  Eliza 17 Emma E. 3 Isaac 1
  James 18 Kate S. 3 Luther C. 17
  Malinda S. 3 Mary 17 Mary M.
  18 May H. 3 Nora B. 3 Wm. H.
  17 Yarley C. 3
PARKES: Florence 64 Horace 64
  Marilla 64 Nedville 64 Sarah 66
  Wm. 66
PARKS: Alton S. 9 Arthur 119
  Asa L. 35 Ella 1 Emma J. 35
  Hugh 1 Jennie 9 Joseph 119
  Joseph P. 119 Melvin P. 119
  Ralph 9 Samuel 35 Walter M. 9
  Walter W. 119 William 119
PARRY: E. V. 50 Emily 50
PATRICK: Wm. 26
PAXON: Lewis 74 Susana 74
PEABODIE: Sarah 62
PEACHER: Edward 158 Ella 158
  John W. 158 Warren 158
  William 158
PEARSON: Archer 11 George 11
PEER: G. L. (Mrs.) 108 Garret L.
  108
PEGG: Anna J. 5 Charles H. 82
  Christopher 5 Emma 79 Jacob
  V. M. 82 Jennie 81 Jesse 79
  John 61 83 Matilda 83 Matthias
  61 81 Rebecca 61 Reva 61
  Robert C. 82 Susan 83 Susan B.
  82 William 81 Wm. 79 81 Wm.
  (Mrs.) 81
PENDER: Kathaline 119
PENTZ: John F. 116 Ola 116
PEOPLESDORPH: Amanda 12
  Charles 12 Curtis 12 Joseph 12
  Maggie 12
PERRY: Addie A. 117 Addie S.
  117 Amanda 117 Augustus 117
  Clarence 117 Lelah R. 117
  Lewis S. 117
PERSON: Anna 15 Charles 15
  Ella 15 Harry 15 John B. 15
  Rachel 26 Stewart 26
PETTY: Charles 19 Cline 19
  Emma 18 Ida 19 Inez 19 Lizzie
  19 Mary 23 Minnie 19 Sadie 19
  Sarah 19
PEVEE: Malinda 117

PFEIFFER: Annie 139 Cathern 139
  Charles 139 Charley 139 Eddie
  139 Frank 139 Katie 139
  Thomas 139
PFEIL: Elizabeth 115 John 115
  Simeon 115
PHILHOUER: Conrad 101 Mahlon
  G. 101 Ruth 101
PHILHOWER: Abraham 130
  Adaline 128 Alvah 43 Bula A.
  128 Carrie 129 Catherine C. 132
  Grace 132 Irvin M. 129
  Margaret A. 129 Mary E. 130
  Mary J. 130 Peter B. 128 Ralph
  H. 129 Richard J. 132 Simon
  128
PHILIP: David 22 Frank 23 Henry
  23 Rebecca 23
PHILIPS: Annie E. 137 Annie M.
  141 Emma 141 Fred 138
  George 141 H. L. 141 H. O. 141
  Harry 141 Jennie 137 141 John
  D. 141 John R. 141 Lizzie M.
  141 Mahlon H. 137 Mary S. 141
  Minnie 138 Nellie 137 141
  William 137 Wm. E. 137
PHILKILL: Benjamin 115 Bessie
  M. 7 Charles 115 Eliza 56 Jno.
  56 John B. 7 Lizzie 115 Lizzie
  K. 7 Mary Ann 56 Oscar S. 7
  Russel 7
PHILLIPS: Ada 118 Adaline 63
  Alva W. 86 Amy 77 Andrew J.
  77 Anna B. 75 Annie 23 Austin
  68 75 Carrie E. 84 Eckel 66
  Edward 63 Emma 66 118
  Freddie 75 Grace A. 86 Henry
  63 Jno. 66 John 118 John H. 84
  Lenella 118 Lida P. 86 Mary 76
  86 Mary A. 69 Mary B. 75
  Ramsey C. 65 Richard H. 86
  Sarah E. 65 Susie 86 Thomas J.
  29 Victoria 75 Wm. 75
PIAT: William 139
PICKEL: Anna L. 9 Catherine T. 9
  Elizabeth 9 George 9 James H. 9
  Jonathan 9 Marion 9 Samuel B.
  9
PICKELL: Austin 41 Bell 41
  Elmer 41 Frank 41 Geo. 41
  Jacob K. 41 John 42 John B. 42
  Lewis 41 Margaret 42
PICKERING: Annie 148 George
  148 Mamie 148 Nellie 148 Paul
  148
PICKLE: Geo W. 148

PIDCOCK: Almeta 67 Ann 80
  Anna 34 Augustus S. 67
  Catharine 67 Chas. A. 67
  Elizabeth A. 34 George M. 17
  Helen A. 17 Mary R. 67 Minnie
  17 Nellie 67 Peter S. 67 Reba
  67 Stella M. 67
PIEL: John 99 Mary 99
PIELL: Agnus L. 10 Anna 8
  Author W. 6 Christopher C. 6
  Frederic H. 9 Lizzie Y. 6
  Theodore 8
PIERCE: Frank 74
PIERSON: Andrew J. 101 Jane 101
  Mary 101 Ruben 101 Walter
  159
PILGER: Emma 70 Peter 70
PINE: Howard W. 36 Johnny H. 36
  Sarah J. 36
PINKERTON: Amasa B. 109
  Annie 147 Clinton 112 Dora
  112 Frank 112 Jennie 114 John
  112 John W. 112 Lavinda 112
  Mary 112 Rebecca 109 Syrus R.
  147 Thomas 109 William 109
  112
PIPER: Amy 26 Annie 26 Flora 26
  Fredrick 26 Jennie 26 May 26
PITTENGER: Abraham 26 Addie
  82 Alfrid S. 82 Allie 26 Annie
  26 Arthur 26 Edith 81 Eunice
  H. 6 Frank 26 Harriet C. 82
  Harry 26 81 Henry 115 John M.
  94 Jonas R. 82 Kate 115 Levina
  108 Lucinda 39 Mamie B. 6
  Martin F. 39 Mary 108 Mary E.
  82 Minnie 26 Sarah 81 William
  E. 6 Wm. 81
PITTITENGER: Elinora 143
  Elizabeth 143 Emma L. 143
  Lizzie 143 Sylvester 143
PITTMAN: Alma C. 29 John E. 32
  Lottie E. 29 Rosa 92 William H.
  29
PLUM: Charles 126 Chas. H. 64
  Daisy 126 Eva 126 Frank 126
  James 128 Jennie C. 129 Jos. 63
  Josie 108 Lizzie 126 Mahala
  128 Martha P. 64 Mary 126
  Mary C. 108 Mary L. 126
POLHEMUS: Abraham A. 92
  Abra'm. V. 92 Alberta 92 Annie
  92 Corinda E. 92 Cornelius K.
  90 Hellen N. 90 Jacob N. 91
  Jacob W. 92 John C. 91 Kate 90
  92 Lida 92 Lizzie C. 92 Nellis

HUNTERDON CO. NJ 1895 STATE CENSUS
Index

D. 92 Ramond 91 Zenis L. N. 90
POOL: Carrie 50
POOLE: Anna E. 119 David C. 119 Jacob E. 119 Leona N. 119 Sarah A. 119 Walter 119
POORE: Dora 111 Elias L. 111
PORT: Catharine 60 Clara B. 60 Jno. W. 60 Mary 60 Robt. 60 Wm. 60
PORTER: James T. 25 John W. 25 Mary 25 Rebecca 142
POTTS: Amanda 98 Anna M. 42 Annie 95 Bertie May 97 Clarance 98 Edmond 103 Edward 103 Elijah 97 Elizabeth 42 Emma A. 42 Forman H. 95 Frank 70 Geo. 70 Geo. W. 42 George 98 Godfrey H. 97 Hareld 97 Hazel 103 I. Belle 95 Jane 98 Jane E. 42 John R. 42 Joseph O. 95 Joseph P. 104 Laura 104 Lester 104 Lewis R. 98 Lizzie 98 Louis S. 98 Lydie 103 Mahlon K. 103 Margarette 97 Marry 103 Mary 97 Peter 16 Quinn 96 Robert E. 42 Sadie 103 Sadie B. 95 Sarah 98 143 Susie D. 42 Thana 70 Wellington 103 William B. 98
POULSON: Annie 70 Blanch 70 Chas. 66 Daniel 62 Geo. 66 Harriet 59 Israel 59 Jennie 70 Jno. B. 70 Laura 66 Lillie 62 Lucy 66
POWELL: Jno. 72 Nick 72
POWERS: Bridget 116 James 116 Johanna 116
PRALL: Abraham J. 92 Abraham W. 82 Andrew H. 82 Annie 54 Annie K. 96 Catharine 90 Clawrence A. 82 Edieth 82 Elizabeth B. 92 Elizebeth 82 Frank Louds 97 Horace G. 92 Horras G. 97 J. Schofield 92 Jane 96 John 90 John K. 96 Josiah 7 Lizzie 97 Lucian V. 96 Lyda 7 Mary 92 Mary E. 82 Mary W. 91 Sarah A. 91 William B. 92
PRASTER: Delbert 117 John M. 117 Thomas 117
PRATTE: Edman R. 31 Miama H. 31
PRAUL: Anna 37 Catharine 37 Nathan 37 Ralph 37

PRESTON: Roxanna 144
PRETTY: Arline 124 Caroline 124 Ella A. 124 Joseph 124 Mary 124 Sarah 124
PRICE: Buriah 61 Charles 51 Cornelius 79 Ethel 79 Isabella 79 James 79 John 51 Laura 51 Russel 79 Sarah 51 Theo. 51
PRIEST: Sophia 81
PRIMMER: Joshua 63 Mary 63
PRISTER: Fortuna 115
PROBASCO: A. J. 38 Alex 49 Alex. 50 Carrie 94 Elizebath 97 Harriet 49 John 94 Mary 51 Sylvester 94 Theodor 97 William 94
PROCTOR: Emma 14
PROOL: Henry 125 Jacob 125 Sarah 125
PROST: Annie 104 Jennie 104 John 103 Mariah 104
PULLEN: Emaline 85 John H. 85 Jonathan 85
PURRIS: Elizabeth 43
PURSELL: Annie 143 Ella 143 Jane (Mrs.) 142 Levitt 143 Maggie 143 Mamie 145 Mary 143 Ratchel 146 Robert 143 Sidney 111 Wilson 143
PUTCHE: Kate 101
PUTCHER: Rhoda 61
PUTSEHER: Harry 99 Henry 99 Lizzie 99 Mamie 99 Mory E. 99
PYATT: King 56
PYLES: Ellen 128 John 128 Sumner D. 128
QUACCO: Wilson 51 53
QUEARRY: Alice 125 Ellis 125 Emma A. 124 Frank 124 John N. 124 Lillie 124
QUEEN: Allen J. 19 Charles W. 19 Cora J. 19 Eleanor 11 Emma 11 John W. 3 Livera 3 Lizzie G. 19 William 11
QUICK: Ada 66 Amy 51 Anna C. 85 88 Charles 156 Elliott P. 91 Ezekial C. 88 Geogea 91 George 156 George P. 87 Hannah 87 Harry 157 Harry M. 91 Hattie E. 85 Herbert 140 Howard S. 88 Jacob H. 87 Jane Ann 91 John V. 88 Johnson J. 87 Laurence D. 88 Levi H. 85 Mamie B. 87 Martha V. 91 Matilda 88 Rachel A. 88

Simeon 51 Susan 156 William B. 91
QUIN: Jonathan 80 Josephine 80 Rebecca 80
QUINN: Catharine 158 Timothy 158
QUINTER: Fannie 62 Mary 62
QUIRK: Amy 115 Damey 58 Ella 110 William 110
RABER: Anna 154 Thomas 154
RACE: Ada 94 Austin 95 Christopher 25 Dorthy 4 Ella 15 Elma 95 Fannie 25 138 Geo. W. 96 George E. 98 George W. 4 Henry 94 Henryetta E. 94 Jacob S. 96 Laura L. 4 Lela M. 98 Lizzie L. 4 Lloyd 138 Mabel 15 Mary Agnus 4 Mary B. 25 May 138 Nancy J. 98 Ruben R. 95 Stacy B. 15 Susan 96 Tinney 138 William 96 William Lambert 4 William R. 95 Wm. B. 25
RADDLEY: Catharine 35 Samuel 35
RAKE: Jno. 61
RAMSEY: Alvah L. 39 Alvah P. 45 Anna 45 Bertha L. 45 Catharine L. 45 Catharine M. 45 Dora K. 45 Elizabeth 3 Ella 46 Emma C. 45 Geo L. 45 Geo. W. 40 Georgia 45 Gertrude 45 Henry A. 40 James 40 James C. 45 James L. 45 James R. 40 James X. 45 John A. 3 John H. 45 John S. 39 Joseph 46 Joseph L. 45 Joseph N. 45 Laura V. 45 Lizzie A. 45 Maggie 46 Maggie A. 40 Marilda 39 Mary 46 Mary V. 33 May 45 Minnie L. 40 Parker L. 45 Rachael 40 Reuben M. 45 Robert H. 3 Ruth B. 40 Sanford 46 Sarah A. 40 Susan C. 46 William N. 33
RANDALL: Emma 110 Florence 110 Joseph 110
RANDALLS: Carrie 148 Ellen N. 148 Helen 147 Jennie 144 John S. 147 Nettie 147
RANDSALLS: Mary 145
RAPP: Alton C. 137 Anna 3 Annie 137 Cathern 137 Eliza 137 Fred 136 Harvey E. 138 Jonas 137 Lizzie 136 Maria 136 Mary 136 137 Mary L. 138 Nellie 136

Peter 138 Sahra 137 138 Walter 138 Wm. 138
RASE: John H. 124 Mary 124
RAUB: Anna A. 144 Lizzie 144 Samuel 144
RAULSTON: Edward 94
RAWLINGS: Annie B. 146 Sarah 146
RAY: John 127
REA: Adelade 103 Ann K. 84 Augustus 84 Elizabeth 61 Elma 103 George A. 84 Jane K. 6 Jennie 61 John J. 6 Joseph S. 103 Newton 10
READING: Ada M. 76 Anderson 72 Anderson B. 95 Annie 103 Annie E. 95 Arthur 76 Asher 58 Augustus B. 72 Bart S. 71 Bertha 71 Bessie M. 71 Charles 113 Charles (Mrs.) 113 Charles N. 113 Earl 61 Eliza C. 76 Elizabeth 75 Ema L. 61 Ethel 103 Eveline 113 Frances 103 Frances L. 103 Frank 61 Geo. 75 Geo. H. 71 Gideon 103 Hannah 103 Hellen G. 71 Herbert J. 71 Horace M. 76 Hulda 65 James N. 113 Jane E. 72 Jno. W. 69 John M. 96 John Y. 98 Jos. C. 61 Kate H. 61 Katie 61 Kensyl 61 Larison 68 Lester 96 Lettie 96 Lillie M. 113 Lizzie 72 Lorilla 68 Lucinda 69 Lucy 58 Mabell 103 Mary E. 71 Maude 103 Mildred 61 Morris 96 Raymond A. 76 Rhoda 76 Rich'd B. 71 Rity 61 Roy C. 95 Sadie 61 Sarah E. 61 Sarah J. 71 Susan 115 Sybilla 61 Thos. C. 71 Willard 71 Wm. W. 72
READINGTON: Michael 151
REAPE: Lydia V. 129
RECKLEY: Charles 53 Ellen 53
REDER: Carl 26 Eliza 26
REDHEAD: Alford 79 Elizabeth 79 Fred 79 Wm. 79
REED: Alfred L. 34 Alma E. 57 Amos H. 57 Anna F. 91 Anna May 1 Anna R. 57 Anson M. 57 Augustus J. 12 Bennie R. 57 Bertha 87 Birtrie D. L. 57 Bulah 66 Carrie C. 91 Carrie M. 29 Charles 1 Deborah 1 Edeth 1 Edna 1 76 Elizabeth 76 Elsie 51 Emma 130 Emma J. 91 Ervan M. 29 Fannie 87 Hannah 34 Hattie 88 Henry 13 Howard 76 Jason 88 Jennie L. 57 Jeremiah 1 Jewel S. 57 Jno. L. 66 John 34 35 88 90 John J. 91 John T. 51 Kesiah 130 Levi 87 Lewis C. 91 Mabel 34 Maggie 12 Margaret 88 Mary C. 88 Mary E. 91 Patrick 12 Peter 141 Rachael 35 Robert C. 88 Sadie M. 91 Sarah 76 Sarah C. 91 Sarah R. 29 Sylvester R. 29 Terressa 51 Thomas 34 Walter 69 Walter D. 91 Walter L. 57 William 51 William N. 87 Wm. 34 76
REEVES: Adaline 153 Andrew J. 153 Austin H. 52 Claudia 52 E. A. 54 Eliza 48 Frederick 66 George 48 Irvin 48 John C. 52 Josephine 48 Mable 52 Martha 66 William A. 52
REIGEL: Mattie M. 27
REIGLE: Emma 113 Erasmus L. 18 Estella 113 Harvey 67 Lorenzo 113 Sarah C. 111 Sylvester 111
REILEY: John 18
REILLY: Adelia 155 Ella 155 Maggie 154 Mary 155 William 154
REILY: Jane B. 110
RENOLDS: Martha 144
REORDAN: Annie 117 Francis 118 John 118 Margaret 117 118 Robert 117 Thomas 117 Timothy 118 William 118
REPER: Albert 128 Annie 128 Belle 128 Clara 128 John H. 128 Mary 128 Mary E. 128
RESLER: Geo. 61
REUMSCHUSEL: Catharine 34 Emma M. 34 Henry 34
REX: Ora 67
REYNOLD: Margaret 125 Mary 125 Paterick 125
RHEA: Abram 51 Bessie 49 Clarance 51 Edgar 51 James 51 Kate 51 Lelia 51 Maggie 51 Robert 51
RHINE: Christopher 72 Mary 72
RHINEHART: Anna 25 44 Chrissie 24 David 44 Emma L. 45 Floyd 26 Georgana 26 Hannah 25 Howard J. 26 Jennie A. 45 Jennie M. 44 Lizzie 26 Martin 25 Minnie 25 Morris 45 Philip K. 45 Robert 26 Wm. P. 26
RHODES: Fannie 158 Gertrude 111 Harold 158 Jeremiah B. J. 157
RHYNE: James 44
RIBBANS: Minnie 126
RICE: Carrie 125 Charles 125 Kate 125 Lydia 109 Noah 125 Royal 125
RICHARDS: Ella 112 Elsie 112 Geo. 112 Harriet 92 Sallie 112 Warren 112 William 112 Wm. 112
RICHARDSON: Grant 77 Laura 77 Mary 77 Ophelia 77 Silas 77
RICKER: Amsey N. 23 Margaret 23
RIDDLE: Annie 25 David 25 Edgar E. 152 Elizabeth 154 Etta 25 Florence 12 Frank G. 12 George R. 16 Herbert 25 James 12 Jennie 25 154 Jennie S. 16 Lulu 152 Maggie 154 Mary E. 12 Maude 152 May K. 16 Robert 25 Sovenia 25 Wm. C. 25
RIDER: Edward 143 George 143 Lizzie 143
RIEGLE: Emily 118 Frederick 118
RILEY: Alfred 148 Austin N. 140 David 87 Emma 148 George 87 Henry E. 89 Howard 87 Isaac 89 James R. 89 Jennie M. 89 John O. 140 John R. 87 John S. 89 Leah 140 Lizzie 87 Mary B. 140 Paul 140 Rosa 87 Sarah A. 85 Warren 140
RINEHART: Ada V. 36 Addie 155 159 Addie A. 159 Albert 159 Albert H. 36 Arthur 159 Asa 159 Charles 132 Charles M. 36 Cora 132 Edward 155 159 Eliza 157 Emma 155 George M. 132 Hannah 132 Helen 43 Jennie 132 Leona 155 Lizzie 44 Lottie 155 Maggie 157 Mary 159 Mary A. 159 Mary J. 132 Nettie 159 Philip A. 43 Raymond 43 Rose 159 Sarah 43 Stephen 159 Thomas 159 William R. 159
RISENER: Georganna 100 Josephine 100
RISLER: Annie H. 57 Cyrus 57 Ethel 57 Florence 57 Frank H. 57 Grover C. 57 Hannah 100

Huldy H. 57 Isabel 57 Jacob 57
James 57 Jennie 57 Jno. T. 57
Katie 57 Mrs. Samuel 57 Russie
57 Samuel 57 Sarah 57 Willis
57 Wilmer 57 Wm. P. 57
RISSLER: M. (Mrs.) 111
RITTENHOUSE: Aba 11 Al 108
Amy 102 Andrew B. 33 Arthur
114 Asa 72 Bessie 114
Catharine 114 Chas. P. 49 Dillie
70 Edna S. 7 Edward 7 Eitta
150 Eleanor 69 Elijah R. 11
Elizabeth 115 Ellis H. 114
Emma B. 7 Emma L. 33 Francis
56 Geo. B. 33 Grace E. 69
Harvey E. 7 Hazel 108
Hodorama 97 Hugh 148 Ida 101
Jackson E. 11 James J. 78
Jennie 33 Jennie M. 7 John B. 7
Josephina 148 Judson 69 Leon
A. 114 Lillie 108 Lillie U. 78
Lizzie 54 Louisa 72 M. J. 49
Mahlon 11 Mallie P. 33 Martha
D. 69 Martha J. 98 Meranda 56
Miriam 69 Nellie 111 Nellie M.
33 Newton B. 69 Oen? 147
Oscar 54 Rufus P. 33 Saddie
145 Sarah 97 Sarah E. 11 Sarah
L. C. 7 Stella 114 Stella B. 7
Susan M. 11 Thomas 114
Walter T. 33 Watson 65
William 115 William O. 54
Wilson T. 7 Wm. E. 69
ROACH: Jno. P. 71 Mary 71
ROBBINS: Annie 138 Benj. F. 31
Blanch 56 Caroline 1 Carrie 31
Charles P. 147 Charley 138 140
Clayton 142 Cora Bell 1 David
143 Edward 138 Edwin S. W.
83 Ella 17 Emma 147 Ephraim
56 Etta 140 Frank 140 Hannah
143 Hannah W. 83 Harry K. 17
Hellen 83 Isabelle 17 Isiac 143
Jacob 145 Johnathan 1 John H. 1
John V. H. 83 Jonas 1 143
Joseph 56 99 Linley C. 83
Louisa 143 Mary 138 140 Mary
C. 56 Mary E. 56 Sallie 142
Sarah 99 Sarah Jane 1 Susan M.
17 Sylvester 17 Virgie A. 83
Warren M. 31 Wm. B. 56
ROBBINSON: John 41
ROBERSON: Adelia 11 Amy 100
Annie M. 94 Augustus E. 94
Bessie 94 Carrie 107 Catharine
115 Cora 77 120 Crishie 107
David 114 David O. 115 Deliah
113 Edeith 96 Edith 77 Edna
102 Edna S. 94 Elmer 77
Emma 94 114 Emma L. 11
Fannie 134 Frank 107 Geo. 77
George 120 Harriet 115 Hattie
96 Henry C. 107 Ida 95 Jane 73
111 Jennie 112 Jeremiah K. 100
John 114 Jonathan 102 Joseph
111 Justine 95 Laura 11 Lewis
D. 115 Mary 114 Melvin 94
Nettie 94 Samuel M. 11 Sarah
A. 120 Thomas C. 11 Wallis I.
96 Walter 115 William 114
William O. 115 Wilson 111
ROBERTS: Carrie S. 10 Charles
W. 10 Elizabeth E. 10 Hannah
M. 10 Jane 81 John B. 10
Margaret 156 Sedwrick L. 10
ROBINS: Jonathan 147
ROBINSON: Abigail 72 Alfred
110 Allie L. 131 Annie 112
Annie M. 131 Benjamin R. 159
Charles 110 Chas. 72 Dory M.
131 Edson C. 131 Edward E. 46
Elizabeth 69 Elmer 100 Esther
A. 145 Frank 100 110 Franklin
72 Freddie 110 Geo. 71 Geo. L.
110 Georgia 41 Halsey M. 131
Hannah M. 100 Harry 112
Howard 100 Hugh 110 Irving
110 Isaac S. 131 Jennie 100
Joel 134 John W. 145 Johns S.
100 Kelley C. 131 Kinzie E. 131
Leon E. 100 Lewis C. 112
Louisa 159 Lulia A. 145
Margaret 69 110 Mary 62 71
Morris 41 Olive 100 Pauline M.
134 Peter S. 131 Rachel A. 131
Rella 110 Samuel 71 Sophia D.
131 Susan 100 Thos. 69
William A. C. 100 Wm. 62
ROBISIN: Charles 12
ROBISON: Demerest 110 George
12 Howard 12 Jennie 33 Lottie
12 Mabel 12 Samuel 33 Sarah
12 William 12
ROCKAFELLAR: Abbie 43 Albert
P. 48 Anna 44 Bertha 44 David
44 Edward T. 43 Howard H. 43
J. F. 48 James B. 48 Jennie E.
48 Jerusha 43 John 43 John H.
44 Joseph C. 48 Peter 43 Sarah
44 Sarah T. 43 Sylvester P. 48
ROCKAFELLOW: Amelia 107
Ann 121 Annie M. 100 Carrie
100 Charles 109 David D. 58
Efinger H. 7 Elijah L. 6 Eliza 97
Elizabeth 70 Erastus 70 Eva 7
Henry 121 Ida M. 58 Margaret 7
Margeret 149 Mary E. 58 Mary
H. 70 Mary T. 7 Phillip 70
Samuel 107 Wesley 70 William
J. 100 Wm. K. 58
RODENBAUGH: Amanda 22 Ann
24 97 Bertha 69 Beulah 97
Charles 24 Christiana 16 Crissie
48 Edward 48 50 60 Emery 16
Florence 24 George 22 George
H. 24 Hannah 16 Henry 48
Jacob 116 John 97 John M. 120
Laura 97 Lee 22 Lizzie C. 97
Mary 48 60 97 116 Mary E. 120
Mattie 48 Robert S. 48 Stewart
24 Thomas 16 Wm. 22
ROGEN: Josephine 146 Mary A.
146 Thomas 146
ROLLE: Frank 6 Jacob 11 John 8
ROLPH: Emma L. 130 Maggie M.
130
ROMINE: Asa 60 Horace R. 79
Jane 79 R. Holcombe 79 Sarah
60 Wesley H. 79
RONEY: Owen 71
ROOKS: Andrew 68 Charity 68
Charles S. 72 Eddie 68 Elijah 68
Eugene 68 Frank 72 Franklin 72
George L. 72 John D. 72 Kate
72 Louis J. 72 Mary A. 68
Sallie 68 Sarah 68
ROON: Frank 122
ROPLH: John U. 130
ROSEBERRY: Tom 139
ROSEBURY: Bessie May 1 David
E. 1 Edgar B. 1 Ellanora 1
Robert M. 1 Walter C. 1
ROSENBERGER: George D. 18
Hannah 18 Hannah E. 23 Jennie
18 John B. 18
ROSS: Joe 75 Jos. 75 Josephine 75
Leon 75 Nancy 75 Nat 75
ROSSERSON: Ann S. 31 Bessie T.
31 David J. 31 Ida G. 31
Nathan H. 31 Rose 31
ROTH: Elmer 45
ROTHROCK: Alice 25 Arthur 25
David B. 25 Elwood L. 25
Nettie A. 25 Rosa 25
ROUETTE: Elizebath 94 Susan 94
William H. 94
ROUNDER: Barney 2 Mary 2

ROUNSAVILLE: Almon 25 Annie 142 Cora S. 93 D. 142 Grace 142 Harrison 63 James C. 93 Lemnan 142 Lessely 142 Lillie E. 25 Mary J. 25 Peter 25 142 Stella 142 Whitfield 153 Wilmania 93

ROUNSVILLE: George F. 10 Lizzie 10 Mary 10

ROUTH: Peter 40

ROWE: Asher 91 John 93 Sarah J. 102

ROWLAND: Birdsel S. 32 Ethel 147 George H. 32 Henry 78 Henry (Mrs.) 79 James 147 Jane 105 John C. 133 John H. C. 51 Josephine 51 Lily A. 32 Lucy 147 Nina 52 Reginald 52 Rynear 32 Samuel J. 52 Sarah B. 52 Wm. T. 147

RUCH: Bessie M. 145 Charles M. 145 Cora S. 145 Hattie 145 Lloyd 145

RUDDOCK: Mary 144

RUFE: Ella N. 146

RUNION: Oakley 149

RUNK: Lizzie 11

RUNKEL: Elisha C. 101 Sidney M. 101

RUNKLE: Catharine 79 Henrietta 80 Jno. Y. 79 Lizzie 79 Mary H. 79 Rufus 78 Wesley 78

RUNON: Ann 20

RUNYAN: Erastus 50 Howard 5 Mary 50 Mary Jane 5 Oakley 5 Stella 5

RUNYON: Ada 85 Adela 85 Anna 30 Bertsil 30 Bessie 30 Canelia 30 Charles 30 Freddie 30 George 30 Jacob 85 John 30 Lemuel 85 Lizzie 91 Margaret 85 Maria 30 Mary Q. 89 Nellie A. 30 Rusco 30 Samuel 89 Sarah E. 85

RUPELL: Andrew 99 Saml 99 Sarah 99

RUPLE: Adam 73 Adam (Mrs.) 73 Albert 5 Amanda 5 Anna 5 Barbara Ann 3 Bessie 73 Edith 73 Edward 4 5 Elizabeth 5 Ella 4 Geo. 73 George W. Jr 4 George W. Sr 5 Harry Austin 3 Howard 73 Jacob 4 Jennie 4 Jno. 73 John C. 4 Levi R. 5 Lida 5 Lulu 73 Maggie 4 Mary 4 Mary J. 25 Nathaniel 5 Raymon Wiley 4 Roy 4 Sarah 73 Sarah Ann 3 Walter 4 William H. 3 William L. 4

RUPPELL: Lottie M. 147

RUPPLE: Leah 147 Mahlon 147

RUSH: Ada 48 Chas. 48 Elizabeth 48 Elmer J. 155 Harriet 139 Henry D. 139 Lillie 48 Ralph D. 155 Sarah 48 Sarah Jane 155

RUSSEL: Kate 14 Mary 14 Patrick 14

RUTAN: Ada J. 54 Arla 54 Charles 54 Charlotte A. 32 E. P. 54 Elizabeth F. 32

RUTH: George 6 Harvey 6 Mary Etta 6 Walter 6

RUTT: Mary A. 9 Matilda E. 9 William W. 9 Woolsey A. 9

RYAN: Daniel E. 143

RYNEARSON: Clarence 66 Emma 66 Frederick 66 Garret 64 Jennie 64 Jno. 66 Oliver S. 64

SAFFER: John A. 146

SAILOR: Sallie 144 William R. 144

SALTER: Charles B. 110 Ellen 109 Emma W. 110 Ida May 110 Joel 109 Samuel 90 Sarah A. 109

SALTERS: Alice M. 7 Jonathan 7 Lottie F. 7 Raymond E. 7

SALVATO: Della 74 Julia 74 Luvisa 74 Mary 74 Michael 74 Rosy 74 Stella 74

SALVIE: Carm 75 Francis 75 Lena 75 Mary 75 Sandy 75 Savie 75 Servis 75 Thomas 75

SAMMONS: Emma 52

SAMPSON: Grace J. 14 John 14 Uddie 14 Wm. H. 14

SANDERS: Ada M. 97 Jacob 37

SANDFORD: Lorilla 69 Wm. W. 69

SANSMAN: Wm. 18

SASSAMAN: Alice 144 Dorathy 149 H. D. 149 Horace F. 144 Isabella 149 Mamie 144

SAUMS: Anna M. 88 Lewis 88 Lizzie 88 Sarah L. 88 William S. 88

SAVANDA: Lewis 78

SCADDEN: Elizabeth 78 Oscar 78

SCARBOROUGH: Ann E. 148 Emeline 148 Ezra 148

SCHAIBLE: Freddie H. 106 Ida May 106 Lizzie May 106 William L. 106

SCHAPPLER: Henry 88 Mamie 88

SCHEETZ: Emma 108 Mary Jane 115

SCHEITARLY: Jennie 76 Jno. 76 Lavina 76

SCHENCK: Catharine M. 90 Cornie M. 88 Davis? V. L. 67 Eliza V. 67 Horatio H. 86 Liscomb T. 84 Louisa 86 Mabell L. 88 Mary C. 88 Mary E. 67 Samuel C. 67 Virginia 84 William D. 88

SCHILER: Harmine 21 Harry 21 Wm. 21

SCHOMP: Anna Jane 100 Charity 100 Ella T. E. 55 George M. 100 Hannah 42 John T. B. 55 Lillian M. 55 Lydia B. 55 Mahalah 100

SCHOOLEY: Edna S. 17 Elizabeth 18 George W. 18 Mary E. 17 Mary J. 18 Victor Y. 18 Wm. A. 17 Wm. E. 18

SCHULLEY: Bridget 118 Delia 118 Ella 121 John 118 Kate 121 Margaret 121 Mary 117 Paterick 118 Peter 121

SCHULYER: Peter M. 42

SCHUYLER: Alice M. 31 Alvah M. 31 Amos 118 Andrew H. 31 Benj. W. 31 Bertha 42 Catherine 11 Edward W. 36 Elizabeth 121 Elizabeth N. 36 Elmer 118 Elmer E. 31 Frank 36 Geo. B. 36 Harry 36 Howard 118 Jamimah 118 Jennie 118 Jennie T. 31 John A. 36 Leon 31 Lizzie 118 Lord G. 42 Mame L. 36 Mary A. 31 Samuel 121 Wesley W. 31 William R. 11

SCHWENDENER: John J. 140 Mary F. 140 Mathias 140 Mosy D. 140

SCHYLER: Annie 97

SCOTT: Amanda 135 Charles B. 96 George W. 17 96 Hannah 96 Isabelle 17 John W. 96 Lizzie 13 Mary 96 William L. 96

SCUDDER: Eugine 90 Harry L. 90 James T. 90 Josha H. 90 Lillie 90 Mary E. 90

SCULLEY: Mamie 27 Patrick 27 Susan 27

SCULLY: John 159

SEAL: Aamos 120 Amos H. 131 Angie R. 125 Ann 129 Annie

129 Annie L. 117 119 Austin 129 Benjamin 129 Conrad H. 129 Daniel 129 Ellen 129 Emma 131 George A. 129 Grace 129 Harley 122 Harrison B. 125 Harry 122 Isaac A. 129 Jacob M. 125 Jesse 119 John Q. 117 John S. 118 122 Lemuel 122 Lillie 131 Margaret B. 125 Martha 119 Mary J. 129 Nellie 129 131 Neoma 125 Rachel R. 118 Raymond 26 Rutherford 122 Sarah 120 129 Sarah B. 122 Theodore 122 Thomas B. 125 Voorhees 122 William 116 William C. 119 William E. 125

SEALS: Annie 26 Austin 51 Carrie E. 86 Clara 51 Cora M. 86 Daisey 50 Edith 51 Edith L. 86 Edward 51 Ella 50 Elmer E. 50 Florence 51 George 51 Gussie 51 Hazel 51 Iantha 50 Leona 23 Mary 23 67 Nathan 9 Peter 67 Pheobe 85 Samuel 86 Sarah F. 86 Wm. 39

SEARFOSS: Helena 136 Wm. 136

SEARLESS: Austin 147 Lizzie 147

SEBRING: Annie J. 93 Edith M. 93 Thomas D. 93

SEDGEMAN: Thomas 116

SEGRAVES: Eugene 23 Herald 23 Sarah 23

SEGUINE: Jennie 15 Lucy P. 15 Wm. P. 15

SEIFERT: Albert 20 Amber 20 Charles H. 20 Clair 20 Eddie 20 Lizzie 20

SEIGEL: Juhad 139

SERGEANT: Bertha 71 David 134 Geo. 71 Herbert 71 Jennie 60 Jno. 71 Lizzie 71 Mary M. 60 Oscar 71 Sallie 71 Wm. T. 60

SERVIS: Abraham Q. 83 Amanda 63 Belinda 153 Catharine 83 Elizabeth 58 78 Elizebeth 89 Ella 63 Farley 68 Geo. 58 Geogeanna 92 Howard 153 John F. 83 John H. 63 John M. 89 Joseph 62 Mary 63 Mary E. 93 Nathaniel 65 Tunis 63 Willliam M. 92

SEVERS: Annie 150 Carrie 4 Cora R. 4 Elias C. 4 Elisabeth 150 Elizabeth 3 Emanuel 1 Enock W. 3 George B. 3 George H. 3 Harry 150 John B. 150 John Sen. 6 Laura 150 Levi 1 Livera 3 Lizzie 150 Lydia 6 Nellie 150 Samuel M. 3 Samuel M. Jr. 3 Sarah 1

SHAFER: Cora 38 Geo. H. 38 Jane 37 Joseph 25 Keturah 21 Mary A. 43 Oriole 43 Peter K. 43 Samuel 37 Sarah F. 38

SHAFFER: Amanda 145 Amelia A. 50 Amy 146 Annie M. 145 Canelias 135 Carrie 146 Charles 135 David 146 Elisabeth 135 Emeline 146 Emma 142 Frank 135 145 Geo. R. 146 Henry 135 Howard 135 John 146 Jonas 135 Jordon 145 Lizzie 146 Louis 145 Margeret 146 Saddie 146 Samuel 135 Walter 146 Wm. S. 145

SHANKLEN: Eddie 41

SHANNAHAN: James 156 Maggie 156 Margaret 156 Morris 156 Patrick 156 Thomas 156

SHANNON: Margaret 67 Martha 19 Mary 67 Mary C. 19 Michael 67

SHAPRO: Solomon 31

SHARITT: Alta M. 30 Anna M. 30 Ethel G. 30 Joseph M. 30

SHARP: Addie 40 Anna A. 40 Asa 40 Barbary 45 Bertha L. 125 Bessie 52 Catherine M. 133 Chrissie 133 David B. 33 David C. 40 David M. 133 Edith O. 43 Edward 45 Firman G. 52 Florence 133 France E. 34 Frances E. 33 43 Frank G. 125 Garret 43 George W. 52 Girtrude K. 125 Hattie 52 Henry H. 133 Howard 40 Hoyt 40 Irene 133 Jacob F. 125 John L. 40 John W. 125 Katuria 133 Keturah 33 Lambert K. 52 Laura 125 Lucy 45 Lydia M. 52 Mary 21 Mary E. 43 52 May 39 Minnie 45 Nora 43 Sarah 52 Sarah L. 125 Walter 40 William 52 Willie 40 Wm. 42 45 81 Wm. B. 45

SHAW: Lizzie 76

SHAY: Fritts 157 Joseph 157 Lizzie 157 Walter 157

SHEAHAN: Annie 126 Edward 126 John J. 126 Margaret 126 Mary 126 Michael 126 Paterick 126

SHEARER: Edith 18 Ezekiah K. 18

SHEATS: Cora M. 78 Earl 78 Hattie E. 78 Ida M. 78 Jno. R. 78 Minnie C. 78

SHEETS: Andrew 47 Bergen 43 Catharine A. 42 Edna 43 Elizabeth 42 Ella 98 Elsie 47 Embly O. 42 Emma 99 Erven 139 Eva 43 Geo. H. 43 George L. 99 Germania 43 Hannah 40 Howard 43 99 Howard S. 42 Jacob S. 101 James 99 John 42 John R. 43 Katie M. 43 Laura B. 43 Lesona 43 Mabel 43 Maggie C. 43 Mary 101 Mary E. 42 43 98 Maud 40 Nellie 47 Oller 43 Samuel S. 40 Stella M. 47 Walter 40 99 Willard 43 Zachariah 42

SHEPHERD: Alfird 73 Alvaretta 91 Arabella 62 Britton H. 126 Calvin 73 Charles B. 91 Chas. 61 Chas. O. 73 Clarenda 126 Dellilah 80 Edward 63 Elizabeth A. 59 Ellen A. 92 Emma 63 Ervin 73 Geo. 66 Geo. H. 63 Harold 130 Harry 72 Hatwell 130 Hiram 80 Hiram H. 126 Howard 92 Israel P. 62 James T. 126 James W. 92 Jennie 92 Jessie 62 John F. 62 Judson R. 63 Julia 130 Larine 77 Lelah 130 Lizzie 63 Mahlon 92 Mansfield 59 Margaret M. 126 Mary 70 Mary Ann 58 Mary C. 62 Mary S. 62 Merton L. 62 Nathaniel 58 Olive H. 62 Peter A. 77 Rachel 73 Ramond 92 Rebecca 63 Sarah 73 Sarah E. 65 Thos. J. 70 Wm. 59 65

SHEPPORD: Abram C. 95 Annie 95 Elizebath 95 Epharam 95 Mary 95 Olive 95 Roxanna 95 Sarah 95 Theodor 95 Willie 95

SHERER: Edward 22 Sarah 22

SHERMAN: Allen T. 68 Andrew 68 Anna 69 Benton 142 Bertha 76 Chas. 69 Chas. (Mrs.) 69 Cora B. 26 Ella 142 Emma 113 142 Harry 142 I. Coyell 68 Jackson 76 James 113 Lizzie 142 Mary 76 Mary A. 68 Nora 142 Sarah 68 Stacy 76 Stella 68 Stewart 142 Susan 60 Theo. 68

Wallace 68 Walter 76 William 142

SHERRER: Abraham 153 Ann Elizabeth 157 Joseph 157 Laura 157 Mary 153 Sallie 149 Sarah E. 144

SHERRERD: Carrie 124 Frances 124 Francis 124 Hawley 124 John 124 John M. 124 Morris 124

SHERWOOD: Edith 77 Edward 77 Emma J. 77 Jno. F. 77 Luella 77

SHIELDS: A. Hazel 111 Carrie 111 Charles M. 111 E. Shirley 111 Harrison H. 111

SHIFFERMILLER: Henry 85

SHIPMAN: Charles 17 Emma 17

SHIVE: Abel P. 52 Harriet 52 J. Stover 52 Laura 148 William 52

SHIVELY: Annie E. 149 Arthur 149 Edgar 140 George 149 John P. 140 Lizzie 149 Lula 149 Mary E. 140 Minnie 149 Sarah 140 Stiers D. 149 Wilson 141

SHOEMAKER: Fanny 27 Mary M. 26

SHOUPE: Emma 107 Grace 107 Madge 107

SHRINER: Caroline 135 Clara 135 Mable 135 Susan 135 Titus 135

SHROPE: A. L. 23 Christopher 157 Emma 23 Emma R. 24 Ethel 157 Frank 154 Frank D. 23 Hazel 23 Hetty 157 John H. 24 Judson J. 22 Laura 23 Lavina 157 Mary 22 Robert 157 Roy 157 Saphronia 23 Viola 23 William 154

SHURLEY: Jos. 72

SHURTS: Abby A. 22 Agnes C. 33 Ann C. 33 Anna 154 Anna S. 33 Austin W. 33 Bertha 33 154 Carol 41 Carrie 22 Catharine 33 Charles R. 124 Emily 33 Emma 41 Frank 41 Geo. A. 33 George F. 151 George J. 154 Henry H. 33 Isaac 33 Jacob 41 James R. 154 John 41 Lottie M. 33 Lyman L. 124 Martha E. 33 Mary W. 33 Maud 41 Mercel A. 33 Michael 22 Nancy 41 Peter S. 154 Rachael 33 Robert V. 33 Samuel J. 33 Sarah Ann 151 Sarah J. 124

SHURTZ: Ella 115 Florence 115 Martha 109 Nathan 109 Nathan L. 115 Wm. R. 115

SHUSTER: Catherine 11 Charles 11 Elizabeth 11 John 11 Nathaniel R. 11 Samuel S. 11

SIBLEY: Charlotte 69

SICKLE: John 1

SIDDERS: Charles 18 Frank 19 Hummer B. 9 John 18 Lizzie 19 Myrtle 19 Sophia 9 18 Wesley 19

SIGAFOOS: Charles 106

SIGAFOSS: Alice 136 Annie 139 Henry 136 Irena 136 John 136 Laura 136 Lilian 136 Mary 139 Rebecca 136 Rosy 136 Samuel 136

SIGLER: Fanny 27 Radie 27 Robert 25 Zachariah T. 27

SIGLEY: Thomas 41

SILLERS: Jennetta 124

SILLERY: Augustus 76 James 76 Lizzie 76 Mary 77 Norah 77

SILVARA: Cora H. 82 Joseph W. 82

SILVERS: Carrie 90 Edward H. 90 Emma 90

SILVERTHORN: Eliza 151 Elizabeth 8 John 8 Margaret 8 Mary E. 111 Minnie 111 Paul 151 Reuben 111 Susan 72 Wm. 111

SIMANTON: Bessie 6 Ephraim 6 Florence 6 Isabell 6 John 9 Joseph W. 6 Mattie 6 Sarah C. 6

SIMPSON: David 119 James R. 120 Minnie G. 120 Oscar C. 120 Welthie P. 120 William G. 120

SINCLAIR: Albert 109 Alonza 146 Amy 137 Annie 146 Archie M. 138 Austin 143 Caroline 141 Catherine 20 Charlotte 146 Cora 136 Daniel H. 143 E. H. 148 Eda L. 20 Elisabeth 135 Eliza 137 Ella 136 139 Emma 137 Frank 20 Geo. W. 146 Harry 141 Hart 138 Herbert 143 J. J. 148 Jane 109 Jesse 135 Jessie 137 John V. 139 Ledia O. 138 Lester 144 Lewis 20 Lizzie 109 Lizzie B. 138 Lotta 109 Luia 144 Mabelle 141 Maggie 114 Mark 149 Mary 20 135 136 137 143 Maud 143 Milton 137 Nora 136 Ofenile 136 Peter 114 135 148 Phebe 149 Raymond 141 Robert K. 141 Russell 136 Sahra 139 Samuel 144 Sarah A. 109 Simian 135 Solomon 135 Stella 146 Theodore 109 Thomas R. 149 Wm. 20 137

SINCLEAIR: Bessie B. 7 Elizabeth 7 Garrett L. 7 Hugh M. 7 John H. 7 Josephine 7 Katie M. 7 Sarah C. 7 William 7

SINE: Joseph L. 102 Peter 64 Rachal J. 94 Sarah A. 64

SINGLETON: Wm. 78

SIPES: Ethel 112 Freddie 112 Jason 112 Mina 112 Oliver 112 William 112

SIPLER: Andrew 93 Annie C. 93 Charles M. 91 Cora 93 George 93 Jennie 93 John 93 John H. 93 Rebecca 93 Spence 93

SIPLEY: Annie 104 Catherine 104 Henry B. 104 Mary 104

SKED: Bessie D. 84 Hannah 91 Richard 84

SKILLMAN: Adaline C. 82 Annie 119 Catharine 82 John P. 82 Lewis 119 Sarah 78 Sarah A. 82 Stewart 154 Thomas 82 William 82

SKINNER: Abraham 127 Belle 127 George C. 26 Henry 127 Jennie 65 Kate M. 12 Leslie H. 26 Margaret 22 Mary A. 127 Mary T. 26 Nathaniel 12 Ruth 12 Ruth E. 26 Sarah 127 Smith 64 William 127 Wm. 22

SLACK: Aaron 112 Abraham 110 Andrew 114 Annie 110 Bertha 107 Burris 72 Cyrennus 109 Edward 110 Eva 110 Harmon 110 Harry 110 Jennie 70 Jerry 70 Jno. 71 John L. 110 John W. 110 Jos. 70 Lela 110 Levina 114 Lizzie 71 Mary 72 Mary Ann 112 Matilda 110 Melvin 114 Minnie 110 Raymond 110 Wilbur 107 Wilda 107 Wm. R. 21 Wm. S. 114

SLADDEN: Ann 47 Annie 47 Benson 47 Charles 51 Fanny 47 Harry 51 Vera 51

SLATER: Belle 154 Emma Jane 109 Isaac 14 Maria 146 Thos. 76 William 146 Wm. H. 146

SLONE: John 36 Maggie 36

SLOWER: Abaram 147

HUNTERDON CO. NJ 1895 STATE CENSUS
Index

SLOYER: Abaram 147 Annie 147 Clayton 147 Cleveland 147 Elinora 147 Etna 147 Hattie 147 Herbert 147 Lizzie 147 Olmer 147 Wallace 147
SMALLEY: Charity L. 8 David D. 8 David D. Jr 8 Edwin See 8 Harriet M. 8 Maud Estelle 8
SMITH: A. K. 48 A. Lincoln 54 Abbie 144 Abraham 24 Abraham W. 19 Addie E. 17 Agnas 143 Agnes 81 Albanes 104 Alfred L. 32 Alice 27 Alvah 155 Amanda 60 Amos 33 35 60 Amy 50 104 146 Amzi L. 134 Andrew 22 89 Ann 47 Ann E. 81 Anna 20 38 81 Anna B. 32 Anna E. 15 Anna J. 35 Annie 52 81 127 Arletta G. 89 Arthur 65 Arthur B. 68 Arthur K. 158 Bella 57 69 Belle 134 Benj. 102 Benj. C. 50 Benjamin 152 Benjamin C. 78 Bertha 78 Bessie 47 60 65 69 142 Carrie 57 Casandra 154 Catharine 55 81 Catherine 17 127 Charles 22 47 104 158 Charles O. 26 155 Charles W. 84 Chas. 70 Chas. A. 81 Chas. C. 57 Clara 32 Clark 65 Clifford A. 145 Cortland 102 Cyrus B. 39 Daniel 48 Danl 78 David 48 Deborah 57 Delilah 51 Dennis 124 Dory 64 Earnest 69 Edith 81 Edna F. 15 Edward 104 Elizabeth 24 58 70 Elizebath 96 Ella 39 64 159 Ella K. 27 Ellen A. 144 Elsie A. 19 Emeline 70 Emily 47 Emma 29 37 69 152 Emmett 35 Englebert 32 Ethel 81 Etta B. R. 89 Ettie 69 Eva 48 142 Eva C. 81 Evalena 15 Fanny M. 32 Florence 70 Francis 48 81 Frank 22 67 73 104 152 Frank W. 32 Fred 44 Freddie 58 Fredrick 59 G. L. 112 Gabrel L. 30 Geo. 57 Geo. R. 70 142 Geo. W. 81 George 17 47 George W. C. 89 Gerald W. 145 Grace 16 Green 81 146 Harriet 78 Harry 65 69 104 159 Harry D. 143 Hattie 152 Hazel 155 Hellen B. 54 Henry 94 Henry A. 26 Henry R. 69 Herbert C. 61 Horace H. 39 Howard 16 58 Howord M. 104 Ida 143 Irving 112 Isaac 29 60 89 Isaac L. 60 Isabella 124 Jacob 55 78 Jacob B. 37 60 Jacob R. 70 James 36 James B. 13 117 James T. 27 Jerald 52 Jesse 64 Jesse W. 70 Jessie N. 32 Jno. L. 58 Jno. W. 81 John 33 124 John A. 37 John B. 20 John C. 19 84 John H. 32 John N. 127 John R. 143 John T. 152 Jos. 81 Jos. L. 60 Joseph M. 144 Judson G. 27 Julia 104 Kate 15 Kate C. 44 Kate K. 94 Kate M. 48 Laura 78 152 Laura B. 32 35 Laura E. 146 Lavina 65 Ledia B. 145 Leonard N. 60 Lewis W. 89 Lillian 54 Lina 65 134 Lizzie 22 135 Lizzie H. 20 Lizzie T. 18 Lonso 33 Lucinda 110 117 Lucy 37 Lulu 36 Luther H. 35 Lydia 27 133 M. K. 52 Madaline 142 Maggie 16 Mahlon 37 57 135 159 Mahlon H. 48 Mamie C. 47 Manda 36 Margaret 13 60 64 Marjorie 54 Martha 102 Martha V. 20 Mary 19 64 69 112 143 152 Mary A. 30 31 Mary D. 81 Mary E. 44 48 124 143 Mary J. 81 134 Mary M. 104 Matilda 58 Mattie 60 May 26 Minnie 32 65 Morris S. 102 103 Mrs. 36 Myrtle 158 Nathan 112 Nathan H. 35 Nellie B. 47 Nora 158 Ollny 33 Paul 143 Paul T. 89 Pauline 152 Phillip 81 Ratie 26 Raymond R. 57 Rebecca K. (Mrs.) 18 Rena 65 Rette 112 Reuben H. 16 Robert 53 Robt. C. 57 Roscow 135 Roxanna 104 Roy 142 Rusell 104 Sallie 15 Samuel 47 55 Samuel B. 58 Sarah 39 155 Sarah A. 124 Sarah E. 60 Sarah E. W. 89 Sidney M. 104 Simeon H. 15 Stanly 81 Stella 16 Steward 35 Stewart 53 Stewart V. 143 Sutphin 70 Sybilla 47 Theodore 60 Thomas J. 154 Thomas R. 142 Thos. 81 Venie 102 Victoria H. 70 Viola 16 154 Walter S. 32 William 3 32 124 William G. 31 Wm. 36 75 Wm. B. 57 Wm. C. 64 Wm. H. 22 Wm. K. 57 Wm. L. 145 Wm. M. 143 Wm. P. 44 Wm. R. 47 51
SNELL: Laura 100
SNOOK: Alvah C. 84 Amos 85 86 Augustus 86 Charles 87 Cora M. 85 David B. 86 Eden L. 86 Eve 86 Florence G. 86 Harry 86 Homer 84 Howard S. 86 Ida May 86 Ira M. 86 J. Monroe 84 John V. 86 Joseph A. 85 Kate R. 84 Lillie 86 Lucinda 90 Mary A. 86 Mary E. 86 Peter G. 86 Peter J. 86 Richard W. 86 Sarah 87 Sarah E. 84 85 86 Stephen 86 Tillie A. 86
SNORDIS: Jack 74 Mary 74
SNOWDEN: Susan 49 Wm. 49
SNYDAM: David N. 35 Geo. B. 35 Rettie 35
SNYDER: Abraham P. 17 Ada 67 69 Addie 143 Alice 39 Andrew 56 Ann 149 Anna 34 56 Annie 56 Annie C. 98 Annie J. 99 Annie L. 69 Barren 38 Bessie 50 56 58 Britton 91 Burris 99 Carrie 39 Catharine 99 Celia 2 Charles 96 151 Chas. 80 Chas. O. 143 Christian 21 Christopher 105 Clarance 100 Cleveland 91 Clifford Eorl 99 Climton 17 Clossie 70 Cora B. 67 Cora S. 100 Daniel R. 143 David W. 97 Dewitt 54 Dianna 107 Ed 69 Edith 2 34 Edward 155 Eleanor 99 Ella 2 57 91 98 106 143 Ella N. 97 Elsie 2 56 Elwood 70 Emaline 91 Emma 155 Emma E. 58 Emory J. 155 Ethel L. 97 Francelia 112 Frank V. 69 Geo. 80 149 George O. 155 George W. 97 Georgie 106 Grover 56 H. Alma 67 Harry 107 Harvey 71 Helen 106 Henry 80 Hugh 155 I. Belle 98 Ida 57 Ira P. 143 J. Thompson 58 J. W. 99 Jane M. 100 Jennie 112 155 Jeremiah 99 Jessie 17 137 Jno. C. 69 Jno. H. 67 John 37 John B. 2 John R. 106 Johnson 58 80 Joseph A. 2 Kate May 155 Katie 151 Laura 34 58 Lena 65 Levi 67 Lizzie 17 34 106 Louisa 35 Lucy 34 Ludlow 91 Lydia A. 10 Mabel 151 Maggie 30 69 155 Malinda 69 Margaret 60 Mary 8 56 141 Mary Ann 2 105 Mary J. 137 Mary M. 60 Mary R. 18 Mary S. 65 Matilda 69 Mattie E.

58 Maxwell 57 May P. 100
Minnie B. 98 Nellie 151
Newton 35 Olive 58 Oscar 56
Peter 10 91 Peter T. 34 Peter W.
91 Pierson 78 Quintus E. 98
Raymond 17 Rhoda 97 Ruth 97
Sadie 106 Sallie 147 Samuel
107 Samuel A. 56 Samuel B. 69
Samuel S. 148 Sanford 143
Sarah 70 Sarah E. 39 Stella 91
Theo 39 Thos. B. 65 Tillie 39
Tillie C. 100 Valentine 155
Valeria J. 98 Viola M. 58
Warford L. 100 Whitfield H. 97
Wholston V. 2 Wilbert 39
William 99 William H. 100 151
William M. 155 Willson 100
Wilson H. 65 Wm. 39 57 Wm.
H. 17 60 Wm. R. 21
SOLLIDAY: Elizabeth 116
SOLOMON: Nathan 83
SOUDERS: Annie 145 Annie M.
140 Elisabeth 137 George 136
Ida 145 John 137 Kitty 140
Maria 136 Rebecca 141
Sylvannes 140
SPAIN: Francis 87 Mary L. 87
SPANGENBURG: Elizabeth 38
John 38 John W. 37 Sarah 37
SPERLING: Allice 57 Annie E. 69
Georganna 69 Jno. 69 Lizzie 57
Nelson 57
SPITZER: Emma 139 142 Fred
139 142
SPLANE: Ann 155 Annie 156
James 156 Loretto 156 Maggie
156 Mary 155 Morris 155 156
Nellie 156 Sarah 156
SPROWL: Ann 148
SPURLING: Daniel 80 David 60
Emma 60 Harvey 60 Mary 60
Rettie 60 Rob. 69 Russel 60
Sallie 80
SQUIRES: Eliza 158
SROPE: Armandah 111 Florence
114 Henry I. 113 Isaac 111
Lena 113 Martin E. 111 Mary J.
113 Wm. T. 111
STAATES: Amos 16 Frank 16
Lena 16 Sarah E. 16 Susan 16
Viola 16 Walter 16
STAATS: John B. 92 Lillie F. 92
Maria 92 Peter S. 92
STACK: Catharine 156 Daniel 156
STAHLE: Ethel May 82 Herman
82 Sarah M. 82

STAHLER: Daniel 113 Hannah
111 Mary A. 113 Rhoda 113
Rhoda Bell 113 Samuel 113 W.
Russell 111 Walter 113 William
111
STALY: Ottam 29
STAMATS: Emma 19 Frank 17
George 19 23 Hummer 17
James 23 Katie 17 Lizzie 17
Maggie 23 Margaret 17 Mary K.
17 Oscar 17 Raymond 17 Susan
17
STAMETS: Cora 84 Olive 84
STANGLE: Charles 2 Elizabeth
140 Fannie 2 Frank 1 2 Harry
140 John 2 Joseph 2 Lena 2
Lizzie 2 Louis 140 Mary 1 2
Mattie 140 Sarah 2 Ubert 140
Willie 140
STANLEY: Rebecca 86
STAPLES: Bessie 152 Floyd 152
Frank 152 Guy 152 Herbert 152
John 152 Sarah 152
STARES?: Mary 145
STARNAR: Ida V. 29 Theodore 29
STASETIS: Mary 31
STASSATT: Amelia 41 Anna 41
August 41 Emma 41 Geo. 41
Jacob 41 Johnny 41 Lillie 41
Maggie 41 Mary 41
STATTS: John W. 8 Mary J. 8
Walter 8
STEMETO: Wm. 37
STEMETS: Charles 7
STEMMETS: Elisabeth 139 Emma
105 George 139 Harry T. 139
James 105 John 105 Sarah 105
STENABAUGH: Charles 98
Elizebath 98 Martha A. 98
Saml. 98 Sarah J. 98
STENNER: Caroline 66 David 66
Henry 105 Jno. C. 66
STENNES: Samuel 62
STERN: David 144 Frank 137
Jacob 137 Laura 137 Nettie 144
Sallie A. 136 Wm. 136
STEVANS: Chester 119
STEVENS: Chas. 65 Sallie 65
Susan A. 120 Wm. 65
STEVENSON: Annie 67 Caroline
101 David 22 Edward 22 Ellen
105 Emma 22 Eva 104 George
22 105 Hannah M. 131 Harry D.
104 Hellena 104 Henry C. 101
Howard 22 John 104 Laura 103
104 Lewis 104 105 MaBelle 104

Rebecca 49 Rebecca A. 5 Ross
105 Sadie 22 67 Samuel 5 22
Sarah 22 Susan J. 101 Thomas
131 Tillie 104 William 131
Willie 104 Wilson 67 Wm. R.
67
STEVERS: Lucinda 141
STEWARD: Anna 41 Elizabeth 41
Jennie L. 41 Wm. 41
STEWART: Addie S. 78 Beatrice
84 Chas. H. 78 Lydia 78 Robert
78 S. Lean 49 Samuel 49 Wm.
81
STHALER: Abilda 64
STIGER: Adaline 48 Elias M. 35
Mary E. 35
STIGERS: Elijah 44 Emily 133
Emma 44 Georgia 44 Hannah
M. 45 Jacob M. 35 John 45
Mary 44 Nathan 133 Sarah M.
35
STILLWELL: Caroline 85 Charity
A. 89 Essay 89 John 85
Jonathan H. 85 Josephine 85
Madora 85 Margaret A. 85
Sarah E. 85 Simpson D. 89
Viola 85
STILWELL: Anna 78
STIN: Philip 19
STINE: Jane W. 21
STINER: Wm. C. 21
STINTSMAN: C. B. 114 George
114 Joseph 114 Wm. 114
STIRES: Aaron 134 Annie H. 104
Cathern 139 Charles 139 151
Daniel 116 David 104 151 E.
Fanny 98 Edward 151 Eleazer
15 Elisabeth 139 Elizabeth 22
116 Etha 151 Frank 139 Frank
H. 98 Gertrude 15 Howard 22
139 J. Taylor 102 Jacob 134
John 134 Joseph G. 98 Joseph
O. 104 Lowe 139 Margaret T.
32 Mary 15 Matilda 151
Minnie 139 Peter B. 134 Russell
139 Sarah 134 Sarah A. 123
Susan 134 Thomas 139 Tunis 22
Viola 15 Whitfield *139* Willard
D. 22 William 123 William J.
104
STOCKTON: Annie 77 Elizabeth
77 Holt 53 Jno. 77 Kate 53
Louisa 53
STONE: Aaron 147 Abbie 144
Caroline 121 CHarles 121 Cora
147 Edith 118 Edward 121

Esrial 7 Fannie 118 Frank 147
Frank A. 147 Harry 147 Ira 146
Joseph 118 Joseph L. 31 Kate J.
31 Katie 145 Lizzie C. 31
Margeret 146 Mary 31 44 Mary
C. 121 Minnie 147 Raymond
147 Wm. 146

STONEBACK: Chester 136 Ema
S. 136 Floyd 136 Henry S. 136
Ida E. 136 James O. 136 Rosette
136

STOPP: Mary M. 19

STORE: Amos 38 Anna 38 Edna
30 Evona 38 Herbert R. 30 Jane
30 John 38 Margaret J. 38
Newton 30 Rettie 38 Robert E.
39 Rose 38 Ruth T. 39

STORM: Jacob 27 Lydia 27

STOUT: A. W. 54 Alvan C. 85
Amy Jane 11 Anna 5 Anna J. 11
Any 110 Austin 107 Bateman
11 Bella 63 Catherine E. 5
Charles 107 Charles E. 90
Cornie R. 90 Crissie C. 9 Daniel
85 Delia 125 Doratha M. 125
Edith 66 Edward P. 11 Effie C.
125 Ella D. 11 Elmer H. 5
Elmer W. 66 Emely B. 90
Emma 110 Ervin 66 Geo. 70
George W. 9 11 Godfrey C. 5
Homer 85 Howard 91 Howard
C. 88 Howard S. 9 Ida 90
Isabella 66 Jacob K. 35 Janeway
107 Jennie 47 54 John 91 John
H. 90 John W. 146 Joseph P. 11
Julia H. 91 Laroy 66 Ledia 146
Letha 47 Lewis D. 88 Lillie E. 5
Lizzie 110 Lizzie M. 9 Louisa
B. 91 Lucinda 85 Mame 35
Margeret 148 Martha 85 Mary
35 81 Mary Ann 109 Mary C.
88 Mary E. 107 Mary H. 85 91
Mary Jane 9 Morris P. 125
Obadiah 110 Roy 143 Samuel S.
5 Samuel Jr 11 Samuel Sr 9
Sarah C. 47 Sarah E. 88
Simpson S. 91 Sophia 79 Theo.
66 Theodore 125 Walter G. 47
William 85 William E. 90
William F. 5 Zeph 63

STOVER: Alva 144 Elisabeth 144
Henry 107 Isabella 107 Isiac H.
144 Jacob L. 144 Jacob M. 144
John W. 144 Margeret 144
Mary 107 Mary C. 107 Walter
107 Wm. H. 144

STREEPY: George 17 Nettie 17
Wm. 17

STREICK: Albert 33 Anna M. 33
Sallie K. 33

STRIMPLE: Annie 75 Calvin G.
75 Chris. 75 Deborah 57 Emma
L. 82 George E. 82 George S.
82 Gertie R. 82 Jesiah D. 82
Lillian M. 75 Lucinda 64
Mahlon 64 Sarah 75

STROLL: Dony 74 Peter 74
Seresa 74

STRONG: Edwin J. 92 Elizabeth
92 Hester J. 92 James E. 92
John J. 92 Joseph 92 Julia M. 92
Laura E. 92 Narcissa 92 Sarah
L. 92

STROUBLE: Amanda F. 119
Catherine E. 122 Elias 123
George W. 122 Jacob 119
Jennie 123 Joseph C. 122
Louisa May 119 Sarah A. 119
Willard D. 119

STROUSE: Annie 135 144 Charley
135 Ella 135 Florence 144
Harry 135 John 147 Lizzie 135
Mammie 135 Margeret 147
Reeden 144 Silas 135 William
139 Willie 135 Wm. 69

STRUBLE: Annie C. 124 Charlotte
A. 124 Elizabeth 155 Emily B.
124 Horatio G. 124 Howard S.
15 Jacob 124 John 155 Lena P.
15 Lizzie 158 Margarette O. 124
Rebecca A. 15 Rena 158
William 158

STRYKER: Albert W. 10 Anna 34
Bell A. 113 Carrie 113 Carrie H.
89 Clara 70 David 89 110 144
Dora 113 Edwin 78 Elizabeth 52
Elizebath 94 Ellen 47 Ellis R. 34
Elmer 70 Ernest 107 Erven 149
Frederick 89 Geo. L. 32 Geo. R.
113 Hannah 88 Howard 89 J.
Dawes 10 Jacob Q. 88 Jane Ann
89 John 47 113 John C. 34 John
R. 88 Joseph 49 Joseph R. 10
Joseph S. 90 Josiah 34 Larrison
94 Laura 33 Lenora T. 34
Lester 49 Lizzie 107 Margeret
144 Martha V. 33 Mary 49
Mary L. 34 Mary V. 90 Mattie
94 May 78 May B. 10 Nelson
47 Peter 114 Phoebe 114
Raymond 113 Richard 92 Sarah
Ellen 10 William 113

STUCKER: Bertha G. 20

STULL: Addie 60 Amos 57
Charles 150 Ella 149 Helen 145
Hugh 145 Jane 3 John 149
Katie 57 Levi 57 Mary 149
Peter 3

STURGEON: Alexandria 122
Fannie 122 Mary J. 122

STURM: Carrie L. 38 Fred 38
Mary L. 38

STURN: Elijah 24 Isdora 24 Sadie
24 Wm. 24

STUTE: Alice 19 Anna 19 Annei
A. 19 Wilhelmina B. 19

SULLIVAN: Anna 158 Augustus
152 Daniel 156 157 158 Ellen
151 Eugene 156 Hugh D. 158
James 74 152 Jeremiah 151
John L. 158 Jos. 74 Marguerit
158 Maria 155 Mary 74 152
May 154 Michael 74 Nicklace
74 Patrick 155 Peter 74

SUMMERS: Louisa E. 83 Samuel
W. 83

SUREN: Andrew 81 Ann 81
Francis 81 Martin 81 Minnie 81
Wm. 81

SURENE: Wm. M. 74

SUTPHIN: Alida 89 Anna 91
Annie 50 Auther 90 Catharine
90 Catharine V. N. 82 Clinton
29 Howard 91 Jacob S. 89 Jos.
V. D. 79 Lewis 91 Lewis C. 90
Mary C. 5 Mary J. 90 Mathew
M. N. O. 90 Mattie 30 Milton R.
82 Rachel A. 89 Ralph D. 90
Rettie May 5 Sadie 82 William
82 William B. 5

SUTPHON: Ramond 89

SUTTEN: Amy H. 30 Dunham 31
George 31 Joseph G. 30 Lester
N. 35 Luther 35 Lydia 35 Oliv
31 William A. 30

SUTTON: Agnes S. 34 Alexander
W. 33 Alice 57 Annie 57 71 131
Archibold 132 Austin E. 34
Charles 131 Clara 131 Dory 75
Edith 36 Edna 123 Edna M. 34
Elsie 133 Emanuel 132 Emily
M. 133 Emma 131 Essie 131
Etta 131 Frank P. 133 Freddie
71 Geo. 39 Geo. N. 46 Geo. T.
71 Grace 131 Harry 36 71
Henry 131 India 39 Isaac 44
Jennie 131 John 133 John A.
132 John C. 133 John L. 39

HUNTERDON CO. NJ 1895 STATE CENSUS
Index

Kate 42 57 Katie 39 Katie D. 44
Lambert 133 Laura 39 Leon 132
Lizzie 131 Lottie V. 39 Louisa
133 Lydia 131 Mahlon 131
Marshall 131 Martin 131 Mary
E. 131 Mary J. 132 Mary L. 39
Minnie 133 Philip 131
Raymond 36 Roy 131 Sarah A.
33 Sarah G. 39 Theodore 62 132
Uriah 57 Wesley 131 Willard 39
Wm. H. 36
SUYDAM: Alice 97 Catharine 62
Christopher 72 Cora 62 Edith 72
Edward 72 Elijah H. 98 Ella 98
Ella A. 97 Enoch B. 97 Ethel B.
102 Eva 72 Florance 97 Isaac
97 Jennie 98 John M. 98 Lelia
C. 97 Lizzie 102 Lulu 73
Mamie F. 97 Mary 71 May B.
97 Minnie 9 Olive 62 Robson
73 Rose 97 Roy 97 S. Merrit 73
Sallie B. 9 Taylor 97 Taylor E.
98 Viola A. 97 Wallace 73
Walter 102 William H. 9
SWACKHAMMER: Jobial 130
SWALLOW: Amy 81 Jno. W. 75
Rebecca E. 75 Wilson 75 Wm.
80
SWAN: Mary C. 107
SWARER: Annie E. 101 Augustus
59 Catharine 70 Hannah 48
Jacob 70 John 48 59 John A.
101 Lizzie 38 Mary A. 48
Samuel 59 Samuel (Mrs.) 59
Theo. 48
SWAYZE: Belle 151 Grace 23
Leantha 23 Minnie 23 Nora 23
Ruella 114 Wm W. 23 Wm. W.
23
SWAZAY: Catharine 66 Jos. 66
Wm. 64
SWEARER: Geo. 38
SWEAZEY: Eliza 51 Jacob 51
SWEAZY: Arabella S. 31 Austin
32 Carrie 32 Clara M. 31 John
31 Levi 102 Rebeca 102
Whitfield 32
SWICK: Bella 111 Charles H. 111
Isaac 108 John B. 148 Johnnie
148 Laura 108 Lizzie 149
Lizzie L. 43 Mahala 148 Mary
148 Nellie 54 Thomas 148
Walter 148
SWINK: Ledia 139

SWOPE: Ava 142 Charley 142
Elinora 142 Ora M. 142 Roy R.
142 Wm. E. 142
SYLVESTER: Annie 59 John G.
59
TAGGER: Lambert 149 Margeret
149
TALBOT: Mary 67
TALOR: Alexander H. 10 Carrie
B. 1 Charity 1 Charles 1
Elizabeth R. 5 Harvey W. 1
Peter M. 5 Sarah Agusta 1
William A. 1
TARNER?: Sybille 49
TATE: John 122 Lizzie B. 122
Samuel 122
TAYLOR: Alfred 108 Angeline
108 Anna 108 Bertha 107
Chester 107 Edward 107 George
W. 117 Harry 147 Harvey 108
Hugh 108 Isabel 56 John G. 150
Kate 107 Lewis H. 125 Lydia 46
Martha 49 Myrtle 107 Paul 56
Peter 56 Ratchel 150 Richard
157 Sarah 107 Susan 49
William 157
TEATS: Ada 50 Alfred 19 Asa
131 Carrie 50 131 Charles 131
Clifford L. 50 Ellen 131 Frank
131 Harriet L. 19 Harry 50
Jennie 50 Jesse 50 Jessie 50
Lizzie 50 Mabel 50 Margaret
131 Robert 19 Susan 19
Watson 131 William 50
TEETEMER: Mary A. 145
TEETS: Elinora 147 Hortance 147
Joseph 147 Wm. 147
TEMPLE: J. T. 80
TENEYCK: Jacob 127
TENEYCKE: Margaret A. 15
TENYKE: Alin 51 Delena 51
Mary E. 51 Richard 51 Wilbur
51
TERRIBERRY: Annie E. 124 Elias
121 Elizabeth 158 Emily C. 124
Josephine M. 124 Lizzie 157
Mary 157 Mary C. 121 Mattie
121 Nathan S. 124 Philip 128
Rebecca 157 Sarah 128
TERRSBERRY: Grace 48 Joseph
48 Nate 48 Stewart 48
TETTEMER: Edward 13 Elsie I.
113 Harry 113 Hellen 113
THARP: Charles 96 Daniel 13
Grace J. 102 Joseph 102 Mary

A. 102 Matilda 62 Rachel 13
William L. 102 Wm. 62
THATCHER: Amanda 47 Amy C.
109 Annie 136 Bessie 136
Catharine K. 90 Catherine 18
Clara 136 Eddie 136 Edna B. 16
Elizabeth 109 Emily 18 Emma
136 Helen B. 16 Howard 136
Isaiah 47 Jesse B. 16 Joseph 32
Martha 29 Mary 135 136 Nellie
136 Rolan 136 Thomas 135
Whitfield 109
THAW: Edward 74 Kate 74
Roddy 74
THIRKELL: Robert 51
THOMAS: Annie 135 Edward 144
Eliza 135 Jennie 144 Lizzie S.
144 Susan 144 W. E. 144
Wilson 144
THOMPSON: Amy J. 148 Charles
122 Charley A. 148 David L.
122 Eliza J. 148 Fannie 149
Florence 27 George R. 148
Hannah 148 Hugh 26 Isabella
149 Jennie 27 148 John 122
Joseph 27 Joseph A. 148 Joseph
W. 148 Mame 27 Maria 149
Martin 148 Mary 27 Mary E.
122 Mary J. 122 N. W. 148
Rosalee 122 Sanford 148 Susan
122 W. C. 148 Wm. C. 142
THOMSON: Bertha 158 Jennie
158 Lola 158 Melinda 158
Nellie 158 Robert C. 158
THORP: Ella A. 130 Hazel 130
Infant 130 Lewis I. 130 Lina
130 Mary L. 130 Myrtle 130
Orie M. 130
THUMA: Jacob 19
THURSTON: Mary E. 41
TIETSWORTH: Jacob S. 19 Lydia
19 Mary 20 Wm. 20
TIGER: Adaline 40 Anna 125
Aramanda 53 Besse E. 53
Bessie 30 Carrie 125 Catharine
L. 40 Cathirine 129 Christopher
30 David 118 Elisa S. 30 Ellen
30 Emma 125 Jacob 53 Jacob
E. 40 John 14 John G. 40 Julia
118 Lizzie L. 40 Maggie 125
Mattie 40 Nancy 101 Norah C.
40 Pearl 40 Peter J. 125 Sada E.
53 Sadia 125 Sarah 40 Sarah A.
40 Wm. C. 35
TIGHE: Catherine 123 Celia 123
Francis 123 John L. 123

HUNTERDON CO. NJ 1895 STATE CENSUS
Index

Lawrence 123 Margaret 123
  Michael 123
TILHOWER: Elizabeth 121
TINE: Benj. F. 41 Catharine 41
  Eliza J. 39 Geo. N. 39 Jennie 41
  John 41 Josie Y. 39 Laura 41
  Mary C. 41 Whitfield 39
TINSMAN: Edith May 13 Emma
  149 Frederick 31 Howard 136
  Maggie 136 Mary 136 Mary J.
  136 Mary W. 13 Recfred 100
  Sherid 136 Sylvester J. 13
TITUS: Chas. 67 Geo. 67 Geo. H.
  70 Rebecca 67 Sarah P. 85
TODD: Carrie 49 54 Daniel 49
  Emaline 45 Geo. A. 45 Geo. W.
  45 Jacob N. 45 James 22 Jane
  E. 73 Mary 49 Sarah 21 44 49
TOMER: Annie 112 Charles 112
  Elizebath 94 John B. 94
  Josephine E. 112 Mary Ann 94
  N. J. 112 William 94
TOMEY: Charles 151 Emma 151
  Florence 151 James 152 Jessie
  151 John C. 152 Mabel 151
  Mary 152 Milla 152 Sarah 152
TOMLINSON: Ann 17 Della 68
  Elisha P. 68 Frank J. 96 I. Belle
  96 John W. 96
TOMSON: Annie E. 48 Charles E.
  10 Charles E. Jr 10 Chester 49
  Elmer 49 Emanuel 48 Maggie
  49 Rachael 10
TONER: Josephine 124 Peter 124
TRANSAW: Anna 4
TRANSUE: Amanda 152 Charles
  152 David 22 Ella 152 Frank
  152 Godfrey L. 22 Hattie 152
  John A. 22 Lavina 22 Reuben
  152
TRANSUNE: Anthony 139
  Benjainen 139 Charley 141
  Cornelia 139 Mary 141
TRANTER: Ada C. 125 Benjamin
  125 Sarah 125
TRAUMBAUR: Anna M. 110
TREAT: Asa 126 Elizabeth 118
  Emma L. 126 Isiah G. 118
  Willard H. 126
TREELAND: Geo. W. 144
TREGGER: Wm. 142
TRESSAR: Arthur 41 David 41
  Emma 41 Katie 41 Wm. 41
TRIMMER: Albert 99 Aletta 98
  Ann 114 Belle 97 Bertha E. 130
  Bessie 27 Celia 130 Charles 38
  Charlotte 98 Clara 18 Edward
  27 Edward C. 97 Ella 130
  Emaline 99 Englebert 38 Fecil
  129 Francis 54 Frank 18 Grace
  K. 98 James T. 130 Jane 38
  Jeramiah 27 John 38 99 John H.
  130 Leland 130 Lewis D. 129
  Lizzie 97 105 130 Louisa 130
  Luella 27 Martha 38 Martha S.
  96 Mary 27 53 Minnie 130
  Newton K. 98 Philip S. 130
  Preston A. 98 Sadie 27
  Samantha J. 129 Samuel 38
  Sarah 130 Sarah E. 27 Sedwick
  99 Susan 97 Susan L. 130
  Thatcher T. 97 Walter G. 96
  William C. 102
TROUT: Archibald 70 Arthur 70
  Aslater 8 Eddie C. 8 Emma 8
  Frank 70 George H. 8 Jennie 83
  Jere T. 96 Jeremiah 108
  Jeremiah H. 96 Jno. 63 John D.
  98 Jos. M. 60 Laura D. 98
  Maggie T. 96 Margaret 108
  Mary 63 70 Mary Ann 108
  Mary E. 8 Minnie 70 Roy 70
  Saml. T. 96 Sarah E. 96
  Theodor H. 96
TROUTS: Carrie 115
TROXELL: Clarence 145 Edith
  145 Edward 145 Ida 145
  Thomas 145
TROXLE: Amandus 120
TRUEHART: Amanda L. 87
  Catharine A. 87 Isaac 87 Martha
  V. 87 William G. 87 William H.
  87
TUCKER: Isreal S. 117 Jennie 117
  Mary 117
TULLEY: Thos 72
TUNISON: Alberta 103 Bergan
  103 Catharine 49 John 49 103
  Rebeca 103 Rena 49
TUNSTELL: Benjamin 90
TURNER: Annie 133 Elizabeth
  133 Elwood 133 Girtrude 133
  Herbert 39 Laura 133 Maggie
  39
TYSON: Bertha 78 Geo. W. 78
ULMER: Alma 109 Annie 137
  Carrie 108 Charley 137 138 Earl
  138 Edward 113 Edwin 109
  Eliza 138 Elizabeth 113 Ella
  113 Elnira 108 Elsie 109 Emma
  J. 137 Floyd 138 France 138
  Fred 137 Isariel 113 Jacob 108
  Jennie 137 John 137 Lambert 57
  Lizzie 113 137 Maggie 138
  Mary 146 Minnie 113 Nettie
  137 Nora 150 Russell 109
  Sadie 109 Wm. 146 150
UMSTEAD: Mary 158
UNDERWOOD: Charles 159
  Clarence 159 Helen 159 Herbert
  159 Mary 159
VAIL: Abram R. 98 Evangeline 98
  Howard E. 98 James L. 98 Jane
  D. 98 Jennie 98 John H. 98
  Mary C. 98 Willis W. 98
VALLEY: Cormine 124 Lewis 120
VAN ARSDALE: Frederick 152
  George 152 Maggie 152
  Margaret 158 Martha 152 Sadie
  152 Samuel 152 Stewart 152
  William 152
VAN BELARD: Eva 33
VAN CAMP: Charles 102 Geo. C.
  71 Jane 71 Larrison 102 Mary
  102 Nellie 71 Ressel P. 71
  Theo. 71 William 104
VAN CLEVE: Dora 77 Saml. 77
VAN DEVENDER: Milton 49
VAN DOLAH: Cyrus 66 Hannah
  66 Henry 70 Rachel 70
VAN DOREN: Clara J. 99 David
  P. 99 Henry 59 Lewis H. 99
  Lucy A. 99 Mory T. 99 Sarah 59
  Stella 99
VAN DORN: Abraham 88 Annie
  88 Edgar 88 Jacob 88 Sarah 88
VAN DYKE: Annie G. 77 Bennie
  77 Earnest 77 Edward 77
  Helena 77 James 77
VAN FLEET: Alvah H. 39 Anna
  91 Anna C. 39 Ella 46 Hannah
  39 Jacob 44 Jane 29 John 91
  John J. 91 Lillie 91 Matilda 44
  Melvina 91 Wm. L. 46
VAN HENSHA: Lena 44
VAN HORN: Caroline 58
  Elizabeth 60 Henry 60 Horatio
  59 Laura 60 Lewis 58 Ross 58
  Sarah J. 71 Ulysis G. 71
VAN HORNE: Carrie 71 Mabel A.
  71 Sandford W. 71
VAN HOUTEN: Annie L. 89
  Carrietta 89 David E. 89 John
  H. 89 Sarah F. 89
VAN KINEY: Frank 104 John 104
  Sarah A. 104
VAN LERVERSE: Howard 42

HUNTERDON CO. NJ 1895 STATE CENSUS
Index

VAN MARTER: Alice 92 Joseph 92 Mary 92 Sadie 92 William J. 92

VAN NAMBURGH: Henry A. 33

VAN NEST: Albert 120 Eva 120 James 120 Jennie 120 Mary 120 Rezo 120

VAN SCHOSEN: Chas. 44 Lottie 44

VAN SINDERLEN: Garetta G. 89 John H. 89 Linder A. 89 Lucella 89 Mabell C. 89

VAN SYCKEL: Andrew 33 Conrod 40 Cora 33 Fanny L. 40 Howard 44 James 44 Lamar 53 Lydia S. 33 Mary E. 53 S. 53 William 53

VAN SYCKELL: Anna 44 Catharine 44

VANCAMP: Charles 11 Eldridge 5 Elmer 36 Fannie 11 Williard 145

VANCLEVE: Emma E. 144 H. M. 144 Jennie 148 Milford 148 Rebecca 148 Reo. B. G. 148 Russell 148

VANDABELT: Emma Agusta 4 Emma S. 10 George A. 4 Harmond K. 4 Henry 10 Isabel 8 Jonathan 10 Lucy J. 10 Nellie B. 10 Robert 10

VANDEMARK: Cathorine 100 Gilbert 100 Jacob 100 James A. 100 Job 100 Margarette 100 Mary C. 100

VANDERBELT: John 157 Lizzie 70 Peter 25 Susan A. 157

VANDERBILT: Ada 145 Anna E. 147 Annie 143 149 Calvin 143 Cathern 137 Cornelia 149 Develias 138 Earl 143 Elisabeth 145 Elizabeth 142 146 Florence 146 Floyd 145 Frank 149 Georganna 142 George 143 Harry 145 Jacob 145 Jennie 149 John 114 137 Kate 154 Katie 145 Ledia A. 138 Levi 146 Margaret 143 Mary 138 146 Mary E. 143 Mertile 145 Namia J. 143 Nellie 142 Oakley 147 Sallie 145 Sallie M. 138 Samuel 145 Spencer 137 Stacy 138 Westley 146 Wm. 149 Wm. D. 142 Wm. M. 142

VANDERMARK: Abe 61 Bulah 61 Francis 61 Nellie 61 Peter 61 Susan 61 Thomas 61

VANDERVERE: Harry 128

VANDIEW: Abraham Q. 90 Alice 92 Catharine 90 Etta 90 Francis R. 90 Harry 87 John H. 92 Mary H. 92

VANDOREN: Allice Jane 4 Angie R. 4 Levitt S. 4 Sarah 97

VANDORN: Alice B. 148 Roscow 148

VANKIRK: Anna M. 85 George W. 85

VANMARTER: David S. 86 Jacob S. 86 Mary C. 86

VANNATTA: A. Florence 27 Anna 123 Charles W. 27 Elizabeth 123 Emma 123 Floyd 27 Grace 27 James 123 John 123 Mabel 159 Mary 27 159 Walter 133

VANNOY: Jno. S. 67

VANSANT: Isaac N. 20 Mrs. 20

VANSICKLE: Annie 116 Catherine 126 David 126 Irene C. 116 John H. 126 John S. 116 Lucy A. 126 Sarah F. 126

VANSYCKLE: Alwilda 148 Annie 148 Charley 143 Elisabeth 150 George W. 148 Harry 143 Holloway 150 J. (Mrs.) 112 James 112 Lula 148 Mary 148 Peter 143 S. W. 148 Sahra 143

VANSYCLE: Hanner 3 Harvey R. 5 John A. 3 Joseph R. 5 Mary E. 5 Spencer A. 8

VANWAGENEN: Silas W. 17

VANZANDT: Henry 117

VANZELAS: Mary E. 138 Samuel 138

VAUGHER: William 38

VENABLE: Alice 58 Annie 58 Charlotte 58 Edward 58 Frank 58 Frank W. 58 Lizzie 58 Sarah 58

VLIET: Abraham 17 Addie 18 Alice 21 Alice V. 16 Delezene 21 Edgar M. 21 Elisha T. 17 Emily T. 17 Erel J. 20 Eve S. 20 Frank 18 Garet E. 18 Garret M. 16 George M. 16 Jacob J. 21 John T. 17 Lida 18 Louisa 155 Mary E. 20 Mary J. 18 Rachel 17 Reba J. 17 Sarah 17 Semantha 17 Stephen A. D. 18 Wm. T. 20

VOGELSANG: Jno. 63

VOLENTINE: Abraham 121 Frank C. 121 Harry 121 Maud 121 Thomas 121

VOLK: Elizebath 102 Foster M. 102 Francis 102 George E. 102 John J. 102 Lucy 102 Mary E. 102 No name infant 102 William B. 102 William J. 102

VONLOVENSKJOLD: Lulu 152

VOORHEES: Alvah 45 Bessie H. 90 C. E. 149 Carrie A. 48 Carry 149 Catharine 45 Cortland 48 Elias W. 43 Elizabeth K. 52 Elizabeth R. 48 Emma 43 Floyd E. 130 Foster M. 48 Francis M. 130 Harvey 149 Howard 149 Jane 43 Jaques W. 90 Jennie D. 90 Jonathan H. 90 Lucas A. 45 Luther C. 90 Margaret 45 Mary 149 Mary T. 52 Naomi 52 Nathan W. 52 Oscar 43 Ralph 48 Rebecca 149 Sadie V. D. 90 Samuel L. 48 Sarah L. 43 Willard 43

VOORHIS: Maggie 114 Rachel 114 Theadotia 114

VORHEESE: Augustus 110

VREELAND: Lena 115

VRUMINE: Augustus 136

VUSLER: Annie 153 Catherine 23 John 153 Lewis 24

WACK: Elisa 32 Ella 32 J. S. 32 Mary C. 32

WADE: Alexandra 149 Belle 149 George 149 Jane 149 John 149 Maggie 149 Richard 149

WAER: Eva 130 Steward 130

WAGNER: Adeline 48 Ahimen R. 48 Carrie B. 50 Emma 73 Frank 73 G. W. 50 Georgie 48 Hazel 48 Kate 73 Livera A. 17 Peter C. 48 Rachel 59 Rhoda 73 Samuel L. 17 Sylvester 59

WAHLEN: Catharine 152 John 152

WAIDMANN: Adolphus 156 Belle 156 Charles J. 156 Ella 156 Erna 156 Marcus 156

WAITE: Chester C. 151 Delma M. 151 Frank D. 151 Helen 151 Mary C. 151 Warren S. 151

WALBERT: D. S. 110 Sarah 110

WALDRON: Ann 50 David 93 Magdalene 96 Senna 50

HUNTERDON CO. NJ 1895 STATE CENSUS
Index

WALK: Domenick 74 Frank 74 James 75 Mary 74 Rock 74 Tony 74
WALKER: Hannah 57 Jacob S. 3 Lizzie 93 Martha 57 Samuel 44 123 Susan 57 Theodore 57 William 91 Wm. 57
WALLANDER: Annie 158 Carl 158 Charles 158 Hazel 158
WALLICE: Thomas 15
WALROUTH: Carrie 76 Harry 76 Julia 76 Wm. 76
WALSH: David 119 Hannah 151 John 151 Joseph 151 Michael 151 William 151
WALTER: Lewis 24
WALTERS: Andrew 24 Bertha 24 Bessie 6 Bloomfield 6 Carrie E. 6 Ellen 157 George 128 Jacob 157 Jane 128 Joseph 140 Marcenia 24 Mary A. 103 Saml. K. 103
WALTON: Annie T. 130 Charles E. 130 Charles E. A. 130 Grace 130 Sarah C. 130
WAMBOLD: Edgar 54 T. D. 54
WANAMAKER: Catharine 109
WARD: A. D. 99 Abigal A. 23 Albert C. 99 Frank E. 99 Ida 99 John C. 99 Laura M. 99 Lottie 99 Lydia 99
WARDELL: Aaron 46
WARFORD: Amos 106 Annie 111 Catharine 106 Eliza 73 Elizabeth 49 Ella 115 Francis 108 Johnson 111 Lizzie 106 Mary 115 Nellie 108 Orville 111 Rebecca 65 106 Sidney T. 115 Thomas 107
WARMAN: Annie S. 74 Bertha 23 Catharine 74 Catharine E. 66 Edna 66 Emma C. 74 Emma J. 23 Eyears 23 Floyd 66 Harry 66 Hattie 66 John 23 John M. 23 Joseph 20 Lambert T. 74 Lucy 66 Margaret 20 Mary E. 23 74 Mottie 128 Sybilla 74 Theo. 66 Theodore 20 Wm. P. 66 Wm. R. 20 Wm. S. 74
WARMSTON: Thressa 21
WARNER: Herman 68 Leah 68 Lizzie 68
WARREN: Harry 150 John 150 Lizzie 150 Mary 150 Reuben 150

WARRICK: Elma H. 82 Ida M. 61 John 87 92 Judson 61 Lemuel 82 87 Mary H. 82
WARRINGTON: Amanda 127 Amanda P. 54 C. B. 54 John 55 127 Louisa 127 Mary A. 54
WARWICK: Adolphus 157 Etta 157 Fannie 157 Harvey 157 Lewis 157 Rosa 157
WATSON: Charles 106 Foster 106 Frank 147 Harry 147 Ida 147 J. C. (Mrs.) 106 Ruthanna 147
WATT: James 72
WATTERHOUSE: Ben 97
WAUGHAN: Johanna 158
WEAN: Anna 94 Clara M. 10 Clayton 94 David 6 94 Eliza 150 Ella 94 Ella May 6 Elmer H. 10 Emanuel S. 10 Frank 94 Fred 94 George 94 George W. 94 Gersham 94 Jennie 94 Joseph 146 Lem 95 Mary B. 10 Mary J. 10 Mary Jane 6 Mathias 150 Mathies 95 Morris 94 Oakley 146 Ratchel 146 Walter E. 10 William 94 William B. 6
WEAVER: Amanda 145 Amy 146 Asher 145 Bella 146 Florence 71 Ida 71 Irena 145 Julia 71 Wm. H. 71
WEBER: Carrie 60 Charles 24 Clara 24 Fredrick 24 Helen 24 Henry A. 60 Mary M. 24 Russel 24 Sallie M. 60 Samuel 22 Samuel F. 24
WEIDER: Abbie 18 Belle 142 Emma 18 Frank P. 140 Hannah 140 Howard 142 Jennie 142 John 140 John D. 18 Jonas R. 135 Josephine 140 Lizzie 142 Raymond 140 Reese 139 Roy 142 Susan 139
WELCH: Anna K. 8 Edgar E. 8 Elizabeth C. 8 Elsie 3 Hannah 75 John C. 19 Jos. 75 Katie 75 Michael 75 Saml. 75 Tony 75
WELLER: Anna M. 49 Cora 152 Deborah 6 Edward 152 Ella 152 Emma L. 49 George W. 6 Hamilton 152 Herbert B. 6 John B. 49 Laura 152 Lewis A. 6 Maria 49 Philip 152 Sadie 152 Theodore 6
WELLES: Charles 94
WELSH: Lizzie May 125 Richard 67

WENE: Anna M. 22 Caroline 25 David S. 22 Earl 24 Elizabeth 24 Esther 24 George W. 17 Hannah 22 Howard 25 Jennie 22 John L. 24 John P. 25 John W. 24 Margaret A. 3 Mary M. 24 Nancy 13 Sarah 24 Sarah M. 17 Watson A. C. 24
WENRICK: George. W. S. 83 Jennie E. 83
WERT: Albert M. 90 Annie J. 90 David S. 90 Deliah C. 90 Jacob H. 90 Jessie C. 90 Lela May 91 Mamie J. 90 Margaret 91
WEST: Anna Jane 100 Ethel M. 101 Frances A. 101 Howard H. 101 Jacob 103 Jacob C. 101 Jennie 103 Jennie H. 101 John R. (Mrs.) 113 Joseph 103 Lemuel R. 100 Lizzie 103 Lynden T. 101 Stella 103 Wm. 60
WHALAND: Eliza 123 Ellen 123 Kate 123 Maggie 123 Richard 123 Thomas 123
WHEELER: Ida A. 27
WHISTON: Annie 124 August 124 James 124 Jennie 124 William 124
WHITE: Alfred 1 Annie M. 137 Catharine 48 Charles 110 Danl. 80 Edwin C. 110 Elisabeth 137 Ethel N. 110 Halena 68 Hannah 68 Harry R. 8 Henry 49 137 Jacob 115 Jennie Ethel 2 Jesse 150 Jno. (Mrs.) 80 Jno. W. 80 John 2 John H. P. 8 Jos. 68 Kate 68 Lillie M. 110 Lizzie 1 110 Mamie 150 Mary 72 Mary A. 150 Mary Ann 115 Matilda 53 Maud S. 53 Ransom 53 Robert 155 Saml. A. 150 Walter 68 Wesley 68
WHITEHEAD: Emely 88 Samuel 92
WHITENACK: Lizzie 85 Susannah 85 Susie 85
WHITLOCK: Frank 65 Mary 65
WIELLER: George 2 Henry 2 John D. 2 John J. 2 Joseph 2 Julia 2 Louisa 2 Mary A. 2 Mary Ann 2
WIGGANS: William 51
WIGGENS: Louisa 32 Mathias 32
WIGGINS: John 51 Mary 51
WIGMAN: George 100

WILEY: Maria 73
WILLAMSON: James M. 19
WILLEVER: Anna E. 16 Elisha 15
 Elizabeth 15 Elizabeth W. 16
 George W. 16 J. Ernest 20 Jacob
 V. 20 James 23 James H. 16
 Joseph 25 Lena B. 15 Lenora B.
 20 Lydia 23 Roy C. 15 Sadie 15
 Stella E. 15
WILLEY: Earl 94
WILLIAMS: A. P. 109 Albert P.
 110 Angelo 75 Annie 75
 Benjamen 144 C. V. 109
 Charles 88 Clarance V. 109
 Clarence 140 Clarisy 114
 Concetta 75 Cornelius 104
 Domenick 75 Edward G. 109
 George 122 Howord 104 Jabez
 140 James 118 Jenet B. 109
 Jennie 89 104 John 104 Lidia 61
 Lizzie 140 Lorenzo 61 Mary
 110 140 144 Mary E. 109
 Rachel 118
WILLIAMSON: Abraham 41
 Abra'm. T. 91 Amos 19 Amy 64
 Andrew R. 41 Anna 69 80 Anna
 M. 64 Asher B. 62 Asher M. 80
 Asher V. 58 Authur 41 Barton
 58 Bell 49 Benton 16 Bertha 19
 90 Caroline 18 Carrie 23
 Catharine 83 Charity 5 Charles
 C. 4 Charles R. 5 Chas. 64
 Chester 90 Chester H. 23 Cora
 E. 49 David 83 Della 16
 Dorothy E. 23 E. Stanton 83
 Elias 68 Elizabeth A. 82 Emelia
 104 Emily 68 Enoch W. 4 Ethel
 130 Eva B. 64 Eva M. 64
 Ezabell 90 Frank P. 58 Fred B.
 69 Geo. C. 41 Grace 58 Grover
 C. 68 Hannah 68 Hattie 49
 Helena A. 15 Herman R. 41 Ida
 64 Ida M. 58 Ingham 18 Iola
 131 Ira 130 Israel P. 58 Jacob
 H. 58 James 147 Jennie 58
 Jessie B. 4 Jno. H. 69 John 49
 130 John C. 82 John S. 91 Jos.
 68 69 Jos. (Mrs.) 68 Joseph G.
 104 Lewis E. 5 Lola 49 Lolly
 49 Lulu B. 69 Lydia 16
 Margaret 19 Margaret A. 130
 Margaret R. 91 Martha 57 Mary
 58 92 Mary A. 69 Mary E. 82
 Mary L. 83 Mary M. 41 91
 Matthias 57 Minnie 15 16 Peter
 90 Pierson A. 74 Prudence 64
 Raymond 5 Reuban A. 5
 Richard 64 82 Roy 130 Sarah 5
 Sarah Elizabeth 4 Sarah Ellen 1
 Sarah L. 41 Susan 19 Thurman
 16 Tusla C. 41 Viola 1 Watson
 S. 1 William 90
WILLSON: Amy 96 Annie 99
 Bessey 99 Caroline 99 Charles
 99 Ella 99 Flora 99 George 99
 Irene 99 John G. 99 Mary 104
 Mary A. 96 Samuel T. 74 Stella
 99 Victoria L. 74 William 104
WILSON: Ada M. 83 Alford 71
 Alfred 83 Amelia 80 Amos 65
 Amy 145 Andrew D. 80 Ann 50
 Annie E. 145 Annie S. 71
 Austen S. 83 Bertha 10 72 Carl
 38 Carrie 150 Carrie D. 80
 Carrie H. 84 Catharine A. 90
 Charles 124 Chas. 63 Cinthia 83
 Clinton B. 65 Cora 73 83
 Cornelius 80 David 81 Delia 89
 Della 83 Drusilla 61 Earl 76
 Earnest F. 83 Edward H. 83
 Edward M. 73 Elizabeth 8 64 65
 Emeline 72 Emma 108 Emma
 K. 37 Enock L. 83 Etta S. 72
 Eva 10 Francis M. 76 Freddie
 63 Geo. 63 68 Geo. H. 33
 George 138 George P. 72
 George S. 10 Gilbert 108
 Hannah 68 Harry L. 84 Henry
 124 Hervey 69 Howard 58 83
 Howard (Mrs.) 58 Iseral 84
 Jacob C. 89 Jacob K. 62 James
 S. 64 Jane 76 Jennie 10 Jennie
 L. 10 Jno. 61 Jno. S. 80 John C.
 8 John H. 84 90 John M. 10 72
 Jos. D. 61 Joseph P. 10 Joseph
 R. 10 Julia 72 73 Kate Irene C.
 82 Keturah M. 33 Laura B. 83
 Lemuel 87 Leonard 83 Leonard
 D. 124 Lewis C. 80 Lida S. 83
 Lizabeth 38 Lizzie E. 84 Lizzie
 J. 80 Lottie 158 Lottie L. 33
 Lucy 113 Mable 124 Maggie 65
 Margaret A. 10 Mary 63 138
 Mary H. 61 72 Matilda I. 76
 May 65 Minnie H. 76 Nathaniel
 G. 92 Peter 37 Raymond 38 65
 Richard H. 76 Rose B. 62
 Ruthanna 86 Sadie R. 65 Sallie
 61 Samuel 38 Samuel H. 68
 Samuel S. 10 Sarah E. 10 87 124
 Sarah J. 86 89 Theo. 80 Thomas
 E. 86 Wallice E. 83 William 8
 William H. 86 William S. 124
 Wm. 38 62 Wm. E. 65 Wm. H.
 138 Wm. W. 69
WILT: David 79 Jno. R. 79 Mary
 79
WINANS: Ella 120 Gilbert H. 120
 Joseph C. 120
WINDLAND: Augustus 88 Carrie
 88 Charles H. 87 Isaac 88 John
 88 Lizzie 87 Nellie 87 Sarah E.
 87 Walter 87 William E. 87
WINGER: Alfred 127 Edgar H.
 127 Harry M. 127 John B. 127
 Mary C. 127 Romain 127 Roy
 H. 127 Sarah 127
WINTERMUTE: Louisa 32
WINTERS: Florence 139 Geo. D.
 40 Harry D. 139 Laura 139
 Lizzie 139 Louisa 139 Nettie
 139 Robert 139 Theodore 139
WISER: Catharine 80
WISMER: Amelia 143 Annie 148
 Carrie 148 Dentis 148 Frank
 145 George 148 Harry 143
 John 148 John E. 143 John J.
 143 John S. 148 Ledia 148
 Maggie 148 Samuel 148
WIZE: Emma C. 16 George R. 16
 Oscar T. 16 Sarah J. 16 William
 16
WOLF: Abraham 34 Austin 34
 Austin E. 35 Bennie 142 Bertha
 142 David 142 Fanny E. 34
 Jennie 142 Jennie E. 35 John H.
 35 Mary 142 Motline 142
WOLFE: Allen L. 36 Amy G. 40
 Ethel C. 36 Frank W. 35 Harry
 H. 36 Lottie S. 36 Nellie H. 36
 Sarah J. 40 Sarah M. 35 Simon
 V. 40 Wm. C. 40
WOLVERTIN: Chas. 68 Elias 68
 Elizabeth 68 Geo. V. 56 Jos. 68
 Mary 70
WOLVERTON: Ann 76 Anna 134
 Annie M. 134 Asher 76
 Benjamin 134 Benjamin S. 134
 Caroline 81 Daniel 157
 Elizabeth 134 Elmira 159 Frank
 134 Jolin 134 Margaret 134
 Mary C. 157 Mary E. 134
 Maurice 81 Nettie 150 Richard
 159 Richard T. 134 Theodore
 150
WOOD: Cornelia 76 Emma 76
 Horace 116 Mary J. 116

WOODRUFF: Adaline 64 Alex. 59
  Alice 64 Carrie 60 Chas. 59
  Edwin 60 Francenia 60 Harry 60
  John 64 Jos. 64 Julia C. 60
  Maggie 59 Ruth 53 William 134
  Wm. 60 Wm. H. 63
WOOLDSON: John 32
WOOLF: Alice 142 Allen 140
  Bessie 4 140 Emanuel 3 Eva 4
  Florence 3 Frederic 3 Helen 140
  Lizzie 3 Mary 142 Phillip
  Russel 3 Rebecca May 3 Wm.
  142
WOOLSON: Sarah 49
WOOLVERTON: Elmira 108
  Laura 108 V. R. 108
WORKHEISER: Esther 154 Hellen
  154 Henry 154 John 154 Martin
  154 Sabina 154 Sarah 154
WORMAN: Albert 151 Anna 151
  Catharine 111 Elizabeth 151
  James 151 John 112 157 Mabel
  157 Rose 157 Sarah 112
WORMSER: Amanda 25 Annie 25
  Bartholomew 25 John 25 Joseph
  25 Mary 25 William 25
WORTMAN: Geo. H. 66 Jacob 66
  Norman 66 Sarah E. 66
WRIGHT: Amanda 144 Annie 110
  Annie L. 96 Benjamen 147
  Charity 108 Charles C. 96
  Cornelia A. 6 David 108
  Elizabeth 6 Ella 147 Emeline
  108 Harman 96 Howard 147
  Isabelle 22 Jane 8 Jennie 147
  Maggie 110 Mrs. 114 Reuben R.
  108 Silas S. 110 Sylvester H. 6
  William 6 Wm. 22
WYANT: Robert 139
WYATT: Richard 154 Sarah J. 63
  Thomas 63
WYCHOFF: Ada L. 30 Annie 122
  Benjamin S. 122 Carrie 122
  Charles G. 30 David C. 30 Elisa
  30 John S. 30 Joseph H. 30
  Mary A. 122

WYCKERSHOIN: Francis 124
  Lillie 124
WYCKOFF: Amanda 88 Andrew
  88 Augusta 47 Benjamin L. 15
  Benjamin T. 87 Carrie E. 88
  Charles H. 89 Charles P. 87
  Edgar 47 Ellen 89 Elmer 87
  Emma 49 George 124 George
  A. 15 George L. 89 Haynis 37
  Henrietta V. 15 Hester A. 124
  Ida 15 J. Newton 92 Jacob V. 88
  James W. 47 Jennie A. 47
  Joseph 48 Laura 87 Lena 91
  Lewis 87 Lewis G. 124 Mary A.
  15 Mary E. 48 89 Matilda 87
  Nathan S. 47 Nelson 87 Orville
  A. 88 Permelia 87 Richard J. 87
  Rosana 48 Sarah 92 Sarah A. 87
  Sietta 87
WYCOFF: Aaron 71 Ann E. 62
  Freddie 71 Mary E. 71
WYER: Catherine 118 Joseph 118
WYKER: Florence 111 Lizzie 108
  Wm. 108
WYKER?: Abram B. 97
YANERELLI: Lewis 75 Mary 75
YANNARELLI: Lucy 75 Nicklace
  75
YARD: John 126 Peninh 23 Rose
  55 Sarah T. 126 Stephen 55
  William C. 126
YATES: Josephine 49
YAWGER: Abbie 29 Adaline 33
  Albert S. 42 Anna C. 42 Belard
  43 Catharine 45 52 Catharine C.
  30 Charles H. 42 Eddison 33
  Elijah W. 36 Elisha W. 38
  Elizabeth 38 Ella 36 Ellen 45
  Emma 43 Emma J. 43 Eva M.
  43 Frederick 42 Harry 36 Harry
  H. 45 Henry 36 Henry H. 43
  Ida 52 Ira B. 33 Iva R. 36 John
  C. 38 John M. 42 John W. 37 43
  Josie 37 Lottie 37 Lourod? 42
  Manda 36 Margaret 52 Martha
  36 Mary 42 Mary A. 126 Peter

  29 Peter A. 38 45 Raymond 42
  Richard S. 45 Robert D. 29
  Sallie M. 36 Sarah 45 Sarah A.
  126 Syntha H. 126 William H.
  52 Wm. 42
YORKE: Henry W. C. 40 Lizzie 40
  Nellie A. 40
YORKS: Alice S. 40 Jennie 42
  John S. 42 Minnie 42 Willard E.
  40
YOUNG: A. Roy 157 Anna C. 82
  Annie 102 131 Annie E. 46
  Annie May 91 Arch M. 157
  Arthur 131 Austin 41 Belle 155
  Benj. E. 50 Bertha 29 Bessie 20
  53 Caroline 94 Catharine 41
  Charles 41 Elicott 102 Elizabeth
  46 Elmer E. 23 Emma 41 53
  Eston 19 Fanny 41 Frederick A.
  29 Geo. P. 46 Hazel M. 29
  Henry N. 93 Hiram D. 102
  Howard 41 Ida 158 J. C. 53 J.
  Leslie 153 J. Mabel 157 Jacob
  49 144 Jacob C. 88 Jacob F. 91
  Jennie 158 John A. 47 John C.
  20 John D. 41 John H. 46 John
  W. 88 94 Kesiah 47 Leonard D.
  131 Letilda 143 Lewis 155
  Lillie 102 Lizzie 91 Mamie 29
  Maria L. 88 Martha 144 Martha
  J. 157 Mary 19 84 118 155
  Mary A. 95 102 131 Mary I. 29
  Mary M. 20 Mary R. 46 Mary
  T. 49 Mattie 91 May 153 Peter
  C. 82 Rachel 155 Ralph 91
  Sadie A. 88 Samuel 131
  Susanna 84 Susia 158 Theo. F.
  47 Valentine 19 Willard R. 46
  William 95 118 William A. 29
  131 William S. 85 Wm. J. 20
YOUNGKEN: Eliza B. 110
ZEBRISKEY: Lewis 93
ZEPPHLIN: Earnest 44

Other Heritage Books by Patricia B. Duncan:

1850 Fairfax County and Loudoun County, Virginia Slave Schedule

1850 Fauquier County, Virginia Slave Schedule

1860 Loudoun County, Virginia Slave Schedule

Clarke County, Virginia Death Register, 1853–1896, with Birth Records, 1855–1856, Entered on Death Register

Clarke County, Virginia Marriages, 1836–1886

Clarke County, Virginia Marriages, 1887–1925

Clarke County, Virginia Will Book Abstracts: Books A–I (1836–1904) and 1A–3C (1841–1913)

Fairfax County, Virginia Birth Register, 1853–1879

Fairfax County, Virginia Birth Register, 1880–1896

Fauquier County, Virginia, Birth Register, 1853–1880

Fauquier County, Virginia, Birth Register, 1881–1896

Fauquier County, Virginia, Marriage Register, 1854–1882

Fauquier County, Virginia, Marriage Register, 1883–1906

Fauquier County, Virginia Death Register, 1853–1896

Hunterdon County, New Jersey 1895 State Census, Part I: Alexandria–Junction

Hunterdon County, New Jersey 1895 State Census, Part II: Kingwood–West Amwell

Genealogical Abstracts from The Lambertville Press, *Lambertville, New Jersey: 4 November 1858 (Vol. 1, Number 1) to 30 October 1861 (Vol. 3, Number 155)*

Genealogical Abstracts from The Democratic Mirror *and* The Mirror, *1857–1879, Loudoun County, Virginia*

Genealogical Abstracts from The Mirror, *1880–1890, Loudoun County, Virginia*

Genealogical Abstracts from The Mirror, *1891–1899, Loudoun County, Virginia*

Genealogical Abstracts from The Mirror, *1900–1919, Loudoun County, Virginia*

Genealogical Abstracts from The Telephone, *1881–1888, Loudoun County, Virginia*

Genealogical Abstracts from The Telephone, *1889–1896, Loudoun County, Virginia*

Jefferson County, [West] Virginia Death Register, 1853–1880

Jefferson County, West Virginia Death Register, 1881–1903

Jefferson County, Virginia 1802–1813 Personal Property Tax Lists

Jefferson County, Virginia 1814–1824 Personal Property Tax Lists

Jefferson County, Virginia 1825–1841 Personal Property Tax Lists

1810–1840 Loudoun County, Virginia Federal Population Census Index

1860 Loudoun County, Virginia Federal Population Census Index

1870 Loudoun County, Virginia Federal Population Census Index

Abstracts from Loudoun County, Virginia Guardian Accounts: Books A–H, 1759–1904

Abstracts of Loudoun County, Virginia Register of Free Negroes, 1844–1861

Index to Loudoun County, Virginia Land Deed Books A–Z, 1757–1800

Index to Loudoun County, Virginia Land Deed Books 2A–2M, 1800–1810

Index to Loudoun County, Virginia Land Deed Books 2N–2U, 1811–1817

Index to Loudoun County, Virginia Land Deed Books 2V–3D, 1817–1822

Index to Loudoun County, Virginia Land Deed Books 3E–3M, 1822–1826

Index to Loudoun County, Virginia Land Deed Books 3N–3V, 1826–1831

Index to Loudoun County, Virginia Land Deed Books 3W–4D, 1831–1835

Index to Loudoun County, Virginia Land Deed Books 4E–4N, 1835–1840

Index to Loudoun County, Virginia Land Deed Books 4O–4V, 1840–1846

Loudoun County, Virginia Birth Register, 1853–1879

Loudoun County, Virginia Birth Register, 1880–1896

Loudoun County, Virginia Clerks Probate Records: Book 1 (1904–1921) and Book 2 (1922–1938)

(With Elizabeth R. Frain) *Loudoun County, Virginia Marriages after 1850, Volume 1, 1851–1880*

Loudoun County, Virginia Partially Proven Deeds

Loudoun County, Virginia 1800–1810 Personal Property Taxes

Loudoun County, Virginia 1826–1834 Personal Property Taxes

Loudoun County, Virginia Will Book Abstracts, Books A–Z, Dec. 1757–Jun. 1841

Loudoun County, Virginia Will Book Abstracts, Books 2A–3C, Jun. 1841–Dec. 1879 and Superior Court Books A and B, 1810–1888

Loudoun County, Virginia Will Book Index, 1757–1946

Genealogical Abstracts from The Brunswick Herald, *Brunswick, Maryland: Mar. 6 1891–Dec. 28 1894*

Genealogical Abstracts from The Brunswick Herald, *Brunswick, Maryland: Jan. 4 1895–Dec. 30 1898*

Genealogical Abstracts from The Brunswick Herald, *Brunswick, Maryland: Jan. 6 1899–Dec. 26 1902*

Genealogical Abstracts from The Brunswick Herald, *Brunswick, Maryland: Jan. 2 1903–June 29 1906*

Genealogical Abstracts from The Brunswick Herald, *Brunswick, Maryland: July 6 1906–Feb. 25 1910*

CD: *Loudoun County, Virginia Personal Property Tax List, 1782–1850*

www.ingramcontent.com/pod-product-compliance
Lightning Source LLC
Chambersburg PA
CBHW081352230426
43667CB00017B/2802